ONDE NÃO HÁ MÉDICO

David Werner
com colaboração de
Carol Thuman, Jane Maxwell
e Andrew Pearson

Julie Cliff
Alda Mariano
Khátia Munguambe

hesperian
Publishing for community
health and empowerment

TALC

LONDRES 2009

Titulo: **Onde Não Há Médico**

Edição em língua portuguesa para África: © TALC 2008

Editor: TALC – Teaching Aids at Low Cost

Autores: Julie Cliff, Alda Mariano e Khátia Munguambe

Coordenação editorial (Moçambique): Kapicua, Livros e Multimédia, Lda.

Arranjo gráfico: Elográfico

Capa: Bob Linney

Impressão: Thomson Litho, Glasgow, Escócia

N.º de registo: 6030/RINLD/2009

ISBN: 978-0-9558811-0-7

Londres, (Grã-Bretanha) 2009

A TALC (Teaching Aids at Low Cost) é uma organização de beneficência registada na Grã-Bretanha sob o nº 279858 e uma sociedade de responsabilidade limitada registada na Inglaterra sob o nº 1477636 que distribui e produz materiais e manuais de ensino destinados a elevar a qualidade dos cuidados de saúde e a aliviar a pobreza no mundo inteiro.

A Hesperian Foundation é uma editora, sem fins lucrativos, de livros e boletins de informação sobre a prestação de cuidados de saúde ao nível das comunidades. A Hesperian Foundation é a proprietária dos direitos de reprodução da edição em língua inglesa de "Where There Is No Doctor", da qual o presente livro é uma tradução.

TALC – Teaching Aids at Low Cost

P. O. Box 49, St. Albans, Herts.,

AL1 5TX, United Kingdom

Tel: + 44 (0) 1727 853869

Fax: + 44 (0) 1727 846852

email: info@talcuk.org

website: www.talcuk.org

HESPERIAN

1919 Addison Street, Suite 304

Berkeley, California 94704, USA

Tel: + 1 (510) 845-1447

Fax: + 1 (510) 845-9141

email: hesperian@hesperian.org

website: www.hesperian.org

hesperian

Publishing for community
health and empowerment

Índice

Capítulo 1

Crenças populares e medicamentos caseiros _____ **37**

Capítulo 2

As causas das doenças _____ **54**

Capítulo 3

Como examinar um doente _____ **60**

Capítulo 4

Sinais de perigo _____ **86**

Capítulo 24

Doenças crónicas -- 477

Capítulo 25

Doenças da pele -- 500

Capítulo 26
Doenças dos olhos _____ **533**

Capítulo 27
Doenças da boca _____ **548**

Capítulo 28
Saúde da criança _____ **558**

Prefácio

A publicação desta edição do livro *Onde Não Há Médico* é uma contribuição importante para melhorar as condições de trabalho de todos aqueles que se dedicam à árdua tarefa de melhorar a saúde dos países africanos de língua portuguesa.

Os profissionais de saúde, particularmente de nível básico e médio, passam a dispor de um instrumento em que se podem apoiar para enfrentar os problemas de saúde com que se deparam no dia-a-dia.

O livro pode também ser usado por todas as pessoas que se interessam pela sua saúde e pela saúde da comunidade, particularmente quando não têm possibilidade de ir com facilidade a uma unidade sanitária.

Este livro baseia-se nos princípios dos Cuidados de Saúde Primários e contém material produzido por diversos programas de saúde em vários países e organizações internacionais. Ele contém informação valiosa sobre a prevenção e o tratamento das doenças mais frequentes no nosso País.

Já a anterior edição brasileira deste livro foi usada pelos trabalhadores de saúde ao nível primário, não só em Moçambique, mas também nos outros países africanos de língua portuguesa.

Estamos certos de que esta nova edição do livro em língua portuguesa, actualizada e aumentada com capítulos novos e adaptada à realidade actual, vai servir ainda melhor os trabalhadores de saúde do nível primário dos vários países africanos de língua portuguesa.

O Ministro da Saúde de Moçambique

Prof. Dr. Paulo Ivo Garrido

Agradecimentos

A revisão e adaptação do livro *Onde Não Há Médico* para uma versão em português, dirigida aos países africanos de expressão portuguesa, contou com a contribuição e apoio técnico de muitas pessoas, algumas das quais contribuíram de forma substancial nos diversos capítulos.

Assim, a TALC e os coordenadores querem agradecer a imprescindível colaboração das pessoas que contribuíram substancialmente para a revisão dos diversos capítulos:

Ana Maria Nóvoa, António Barradas, Esperança Sevene, José Capão, Mohsin Sidat, Paula Perdigão.

Também querem agradecer às pessoas que contribuíram para rever, adaptar, actualizar e escrever novo texto para capítulos específicos do livro:

António Tanda (Capítulo 27), Carla Silva Matos (Capítulos 14 e 24), David Matsinhe (Capítulo 27), Esperança Sevene (Capítulos 6, 7, 8 e Informação sobre os Medicamentos), Eulália Macovela (Capítulos 31 e 32), Felisbela Gaspar (Capítulos 1, 2, e 22), Ken Rankin (Capítulo 15), Lília Jamisse (Capítulos 31 e 32), Lurdes Fidalgo (Capítulo 10), Murray Dickson (Capítulo 27), Naomi Richman (Capítulo 33), Ricardo Barradas (Capítulos 5, 9, 15, e 21), Yolanda Zambujo (Capítulo 26).

Índice de assuntos: José Capão

À tradutora: Maria José Seixas

Aos desenhadores das ilustrações: Felicity Cary, Jamie Thompson, Lois Carter, Manuel Simbine (Tunga)

Ao desenhador da capa: Bob Linney

Às pessoas que contribuíram com material ou comentários:

Alcino Ndeve, Allan Schapira, Amélia Cumbi, Armindo Tiago, Augusto Cabral (falecido), Benedita da Silva, Beverley Snell, Cristina Raposo, David Beran, David Clegg, David Morley, Derek McNiel, Domingos Nicala, Ferruccio Vio, Frederico Paulo Diogo, Francelina Romão, Gay Palmer, Gaye Thompson, George Povey, James Pfeiffer, Jane Paisley, Jane Scobie, Janet Duffield, Jenny Peters, John Yudkin, José Capote, José João Matavele, Kathleen Murtagh, Lídia Gouveia, Lindsey Breslin, Lori Newman, Manuel Novela, Margaret Smithers, Maria da Luz Vaz, Michael Brian, Moira Dick, Pamela Zinkin, Paulo Proto, Peggy Henderson, Peter Wegener, Polly Gaster, Prafulta Jaiantilal, Rachel Ploem, Rino Scuccato, Robin Biellik, Robyn Alders, Sandy Cairncross, Stephen Carr, Terezinha da Silva, Ussumane Daúto Ussumane.

Agradecimentos especiais para Lucy Ramirez Li e Sandy McGunegill que forneceram material diverso e fizeram comentários valiosos sobre o texto.

Muitas pessoas, instituições e organizações contribuíram com o seu tempo, ideias, sugestões, críticas, e apoio moral para que este livro se tornasse uma realidade. Entre elas um agradecimento especial para Baltazar Chilundo e os membros de Departamento de Saúde da Comunidade da Faculdade de Medicina, Universidade Eduardo Mondlane, Carlos Bambo, Maharifa Rajabo, e Martinho Dgedge, do Departamento de Formação do Ministério da Saúde, Monash University, Health Alliance International, Hesperian Foundation, Family Health International, Alberto Garcia Muchave, Alexandra Cairncross, Ana Sofia Roberto, Bernardo Capitine, Caroline Ennis, Elisabete Inglesi, Gerri Dickson, Hilary Heine, Jorge Blanco, José Capão, Luísa Huo, Maria Adozinda Mutisse, Mary Doyle, Mauro Salia, Olívia Chiziane, Rafael Zunguze, Ricardo Trindade, Sílvia Gurrola Bonilla, e Sultana Ismael.

Este livro só foi possível graças ao financiamento de:

AB Trust

ASDI (Agência Sueca de Desenvolvimento Internacional)

CIDA (Agência Canadiana de Desenvolvimento Internacional – Fundo Canadiano para Iniciativas Locais)

DANIDA

Fundação Calouste Gulbenkian

Governo australiano

Irish Methodist World Development and Relief Committee

Mercury Phoenix Trust

MISEREOR

Rotary Club of St. Albans

St. Peter´s Church, St. Albans

The Charles Hayward Foundation

US Centers for Disease Control and Prevention

US President´s Emergency Plan for AIDS Relief

A todos os outros indivíduos e organizações que apoiaram a realização do projecto mas solicitaram o anonimato.

Pela parte da editora TALC, Lois Carter agradece especialmente José Capão pelas suas contribuições diversas e valiosas à produção do livro.

Como usar o livro

Para encontrar um tópico, isto é, o título de um capítulo, de uma divisão dentro de um capítulo, um assunto ou uma questão relacionada com uma situação de saúde ou uma doença, sua prevenção e tratamento, use o **Índice** (pág. v) ou o **Índice de assuntos** (pág. 769).

O **Índice** fica no início do livro e apresenta os capítulos e as divisões dos capítulos pela ordem em que aparecem no livro.

O **Índice de assuntos** fica no fim do livro e enumera todos os tópicos importantes inseridos no livro por ordem alfabética (a, b, c, d...).

Para encontrar a **informação sobre o uso dos medicamentos** usados no livro veja as **páginas verdes,** que se encontram na pág. 693.

Há várias maneiras de localizar um medicamento nas páginas verdes.

Pode localizá-los na **Lista de medicamentos,** pág. 687. Nesta lista, os medicamentos estão na ordem em que aparecem nas páginas verdes, agrupados segundo o seu uso.

Pode localizá-los, também, por ordem alfabética do nome, no **Índice de medicamentos** (pág. 691), ou no **Índice de assuntos** (pág. 769).

As **dosagens dos medicamentos** estão presentes só nas **páginas verdes.** Quando encontrar o nome dum medicamento no livro, seguido de um número de página, procure nas páginas verdes a referida página. Por exemplo, a dosagem de AAS e a de paracetamol estão na pág. 719 das páginas verdes.

Se não compreendeu o **significado de alguma das palavras ou siglas** usadas no livro, pode encontrá-lo no **Vocabulário** ou **lista das palavras difíceis,** que começa na pág. 755, ou na **Lista das siglas** (pág. 753). Também pode procurar a palavra no **Índice de assuntos,** para ver se foi explicada noutra parte do livro.

Se não consegue encontrar a doença que procura no livro, veja se é apresentada com um nome diferente ou se está no capítulo que trata do mesmo tipo de problemas.

Leia o ÍNDICE e o ÍNDICE DE ASSUNTOS.

Introdução à edição em língua portuguesa para África

O original do livro **Donde No Hay Doctor** foi escrito em 1973 por David Werner para as comunidades camponesas que vivem nas montanhas do México. Este livro foi traduzido para mais de oitenta idiomas e utilizado em mais de cem países. Uma edição para África foi editada em inglês, em 1977, pela editora original, a Hesperian Foundation, com o apoio de Carol Thuman e Jane Maxwell e, em 1979, pela editora Macmillan, com o apoio de Andrew Pearson.

Em Moçambique, o livro **Onde Não Há Médico,** de edição brasileira, foi largamente usado no período pós-independência por trabalhadores de saúde de nível primário. Daí que tenha surgido a ideia de se editar em Moçambique uma versão africana em língua portuguesa.

A editora original, a Hesperian Foundation, dos Estados Unidos, solicitou o apoio da TALC **(Teaching Aids at Low Cost),** uma organização irmã britânica, para produzir uma versão africana em português. A TALC traduziu o livro, angariou os recursos necessários e coordenadou a produção do livro até à sua publicação. Lois Carter, gestora dos projectos na editora TALC, idealizou o projecto desta versão e deu apoio ao longo do todo o processo. Ela solicitou o apoio de Julie Cliff, Khátia Munguambe e Alda Mariano, que coordenaram e solicitaram as intervenções e opiniões de um conjunto de cola-boradores de diversas especialidades.

Além de adaptar e actualizar o livro, foi necessário redigir novos capítulos e fazer novas ilustrações sobre as doenças, sua prevenção e tratamento. Neste processo, foram usados manuais e seguidas orientações e normas do Ministério da Saúde de Moçambique, material da Organização Mundial de Saúde e de muitas outras fontes.

Embora direccionado para Moçambique, o livro foi escrito no intuito de ser útil aos outros países africanos de língua portuguesa.

Este livro foi originalmente escrito para as pessoas que vivem longe das unidades sanitárias, em lugares onde não há médico. Esta edição é dirigida ao trabalhador de saúde de nível primário. Espera-se que nele o trabalhador possa encontrar a informação que necessita para tratar da saúde e cuidar bem das pessoas e suas comunidades.

O livro foi escrito em conformidade com a filosofia segundo a qual o trabalhador de saúde deve compartilhar os seus conhecimentos e ajudar as pessoas a aprender a cuidar da sua própria saúde. Este livro é para todas aquelas pessoas que se preocupam com a saúde. Além de orientar o tratamento na unidade sanitária, procura indicar como se pode resolver muitos problemas de saúde em casa.

A editora e os autores entendem que este livro pode ser usado tanto por pessoas com formação na área da saúde como por pessoas sem formação nesta área, mas isso não deve substituir o tratamento médico convencional e a procura de conselho médico qualificado sempre que disponível.

Se o leitor não tiver a certeza do que fazer em caso de emergência ou doença grave, deverá obter ajuda e conselho de pessoas com mais experiência ou das autoridades médicas e sanitárias locais, ou transferir o doente para uma unidade sanitária com mais recursos.

Este livro, para ser inteiramente útil, deve ser adoptado por pessoas que conheçam os problemas de saúde e hábitos das comunidades onde trabalham.

A editora e os autores do livro *Onde Não Há Médico* encorajam os indivíduos e organizações interessadas a copiar, reproduzir e adaptar, de acordo com as necessidades locais, partes ou a totalidade do livro.

Qualquer organização ou indivíduo que deseje copiar, reproduzir ou adaptar o livro com propósitos comerciais deve obter primeiro a autorização da TALC, a editora.

As pessoas ou programas que desejarem utilizar qualquer parte deste livro para prepararem o seu próprio material podem fazê-lo, desde que citem a fonte. Não é necessário pedir autorização aos autores ou editor, desde que as partes reproduzidas sejam distribuídas gratuitamente ou a preços baixos, e sem fins comerciais.

Este livro constitui uma experiência que esperamos seja útil e possa ajudar a melhorar os cuidados de saúde, mas os coordenadores desta edição estão conscientes de que ela contém certamente algumas limitações que, esperam, poderão vir a ser ultrapassadas com a ajuda dos utilizadores. As suas experiências, tradições, práticas e sugestões podem contribuir para o aperfeiçoamento deste livro, de forma a melhor cobrir as necessidades das comunidades.

Os comentários e sugestões poderão ser enviados à TALC. Obrigado pela sua ajuda.

Julie Cliff, Alda Mariano, Khátia Munguambe

Declinação de responsabilidade

Os autores e a editora deste livro não podem garantir que a informação nele contida seja **completa e correcta e não deverão ser responsabilizados por qualquer dano que surja em resultado do seu uso.**

As indicações e doses dos medicamentos nele constantes são as recomendadas na literatura e estão de acordo com as práticas das comunidades médicas. Os tratamentos, medicamentos e doses nele referidos não têm aprovação específica duma instituição médica nacional ou internacional para o seu uso nas indicações para as quais são recomendados.

Porque os padrões de uso podem mudar com o tempo, é aconselhável que o utilizador se mantenha actualizado sobre as recomendações, particularmente aquelas relacionadas com os novos medicamentos. O folheto informativo de cada medicamento deve ser consultado ou deverão ser seguidas as instruções e conselhos médicos sobre o seu uso e dosagem.

Este livro foi escrito com base nos conhecimentos existentes em 2008. Há sempre inovações que melhoram a prevenção e o tratamento das doenças. Encorajamos o leitor a actualizar-se sempre. As recomendações para a prevenção e o tratamento podem também variar de país para país. É necessário seguir sempre as recomendações da sua autoridade sanitária.

Os autores agradecem de antemão todas as sugestões ou críticas enviadas pelos leitores no sentido de garantir a evolução contínua desta publicação e a sua adaptação constante à realidade do terreno.

Os comentários devem ser enviados para o seguinte endereço:

TALC, P.O. Box 49, St. Albans, Herts., AL1 5TX, Grã-Bretanha

ou por e-mail para:

ONHMPortugues@talcuk.org

A TALC pretende colocar este livro à disposição do público na Internet, no *site* www.talcuk.org. Dado que os tratamentos recomendados evoluem constantemente, sugerimos ao pessoal médico que visite este *site* e confira as eventuais actualizações desta edição.

A editora

Algumas palavras para o trabalhador de saúde ao nível primário

Este livro foi escrito para o trabalhador de saúde ao nível primário, o agente comunitário de saúde e qualquer outra pessoa que queira aprender e fazer mais pelo bem-estar e saúde da comunidade.

Se for um/a agente comunitário/a de saúde, um/a enfermeiro/a, ou mesmo um/a médico/a, preste atenção: este livro não foi escrito apenas para si. Foi escrito para **todas as pessoas.** Este livro é para ser compartilhado!

Quem é o agente comunitário de saúde?

O agente comunitário de saúde é uma pessoa que encaminha a família e a comunidade no sentido de promover uma boa saúde. Muitas vezes é escolhido pelos membros da comunidade por ser uma pessoa carinhosa e dinâmica.

Alguns recebem treino, em cursos ou seminários organizados pelo Ministério da Saúde ou outras organizações. Outros não têm um cargo oficial, são simplesmente membros da comunidade que o povo respeita pelas suas capacidades de curar ou de ajudar em questões de saúde. Muitas vezes eles(as) aprendem através da observação, a ajudar os outros, ou estudando sozinhos.

De um modo geral, **um agente comunitário de saúde pode ser qualquer pessoa que tenha interesse em tornar a sua comunidade num lugar mais saudável.** Isso significa que, praticamente, qualquer pessoa pode e deve ser um agente de saúde:

- Os pais podem ensinar os seus filhos a manterem a higiene.

- Os camponeses podem trabalhar juntos para que a terra produza mais alimentos.

- Os professores podem ensinar aos alunos como devem evitar e tratar as doenças comuns e os ferimentos.

- Os alunos podem compartilhar com os seus pais o que aprendem na escola.

O agente comunitário de saúde trabalha e vive no mesmo ambiente que as pessoas da sua comunidade. A sua primeira obrigação é compartilhar os seus conhecimentos com os outros.

- Os vendedores de medicamentos podem informar-se sobre o uso correcto dos medicamentos que vendem e podem aconselhar quem os compra sobre os seus efeitos e riscos.

- As parteiras podem informar os casais sobre a importância duma boa alimentação durante a gravidez, sobre o aleitamento materno e sobre o planeamento familiar.

O livro deve ser utilizado para ensinar aos outros aquilo que se aprendeu. Talvez se possa reunir pequenos grupos para lerem um capítulo do livro de cada vez e para trocarem ideias sobre o seu conteúdo.

Este livro fala principalmente das **necessidades de saúde** das pessoas. Mas, para ajudar a comunidade a ser um lugar mais saudável, é preciso conhecer os seus problemas e as suas **necessidades humanas.** A compreensão e o respeito pelas pessoas são tão importantes como os conhecimentos sobre a medicina e a higiene.

Sugestões para o trabalhador de saúde

Eis algumas sugestões que podem ajudar a satisfazer tanto as necessidades humanas como as de saúde:

1. SER CARINHOSO

Uma palavra amiga, um sorriso, uma palmadinha no ombro, ou qualquer outro gesto de carinho é, muitas vezes, mais importante do que qualquer outra coisa que se possa fazer.

Tratar as pessoas como iguais. Mesmo quando se está com pressa ou preocupado, é preciso não esquecer os sentimentos e as necessidades das outras pessoas. Muitas vezes ajuda se nos perguntarmos, "O que faria eu se esta pessoa fosse da minha família?"

Tratar os doentes como seres humanos. Ser bondoso em especial com aqueles que estão muito doentes ou a morrer e ser amável com as suas famílias. Mostre que se preocupa com eles.

TER COMPAIXÃO

O carinho, muitas vezes, ajuda mais do que um medicamento. Nunca tenha receio de mostrar que se preocupa com as pessoas.

2. COMPARTILHAR OS SEUS CONHECIMENTOS

A primeira função do trabalhador de saúde é ensinar o que sabe. Isso significa ajudar as pessoas a aprender como podem evitar as doenças. Também significa ajudar as pessoas a aprenderem a reconhecer e a tratar as doenças, incluindo o uso adequado de remédios caseiros e de medicamentos comuns.

Muitos problemas de saúde comuns podem ser tratados pelas pessoas nas suas próprias casas.

Procure formas de partilhar o seu conhecimento.

3. RESPEITAR AS TRADIÇÕES E AS IDEIAS DAS PESSOAS

O facto de se aprender coisas sobre a medicina moderna, não quer dizer que se pode desprezar os métodos de tratamento tradicional da comunidade. Muitas vezes perde-se o carinho humano na arte de curar quando se começa a utilizar a ciência médica. É uma pena porque...

> **Se puder utilizar o melhor da medicina moderna juntamente com o melhor da medicina tradicional, a combinação pode ser mais valiosa do que utilizar apenas uma delas.**

Desse modo, pode-se enriquecer a cultura da comunidade e não retirar-lhe o seu valor.

Quando se sabe claramente que alguns remédios caseiros ou hábitos são prejudiciais (por exemplo, colocar fezes (cocó) no cordão umbilical do recém-nascido), é necessário mudar esses hábitos. Mas isso deve ser feito com cuidado, respeitando aqueles que acreditam nisso. Nunca se deve dizer apenas às pessoas que elas estão erradas. Deve-se ajudar as pessoas a entender o PORQUÊ de fazer algo diferente do habitual.

As pessoas levam tempo a mudar as suas atitudes e tradições e são fiéis àquilo que pensam que está correcto. Isso deve ser respeitado.

A medicina moderna não tem a solução para todos os problemas. Já ajudou a resolver alguns mas também provocou outros. As pessoas habituaram-se a tomar medicamentos em excesso e esqueceram-se de como cuidar de si próprias e das outras ao seu redor.

É necessário respeitar as pessoas, suas tradições e dignidade humana. É preciso aproveitar os conhecimentos e habilidades que possuem.

4. RECONHECER AS SUAS LIMITAÇÕES

Não importa se tem poucos conhecimentos ou habilidades. Pode-se fazer um excelente trabalho desde que se saiba o que se está a fazer. Ou seja:

Fazer apenas aquilo que se sabe. Não fazer coisas que não se aprendeu ou de que não se tem experiência quando se sente que isso pode fazer mal ou pôr as pessoas em perigo.

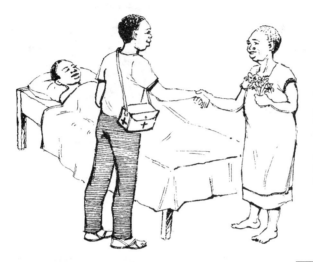

Trabalhar com os curandeiros e parteiras tradicionais – não trabalhar contra eles.

Aprender com eles e encorajá-los a que aprendam consigo.

Usar o bom senso e reconhecer as suas limitações!

Muitas vezes, a decisão do que se deve ou não fazer depende das circunstâncias e das possibilidades de transferir o doente ou conseguir ajuda de alguém mais experiente.

Não se deve correr riscos desnecessários. Mas quando existe o perigo da pessoa piorar se não se agir logo, não se deve ter receio de fazer alguma coisa que pensamos que poderá ajudar.

Fazer sempre o melhor que se pode para proteger a pessoa doente sem se preocupar consigo próprio.

O Centro de Saúde fica muito longe, mas aqui não podemos dar o tratamento que a sua criança precisa. Posso acompanhá-la até lá.

Reconhecer as suas limitações.

5. CONTINUAR A APRENDER

É preciso aproveitar todas as oportunidades para aprender mais, lendo livros ou outra informação a que se tiver acesso. Isso ajuda a ser um melhor trabalhador, professor ou pessoa.

É bom estar sempre pronto para fazer perguntas aos médicos, aos agentes e técnicos de saúde, aos extensionistas da agricultura ou a qualquer outra pessoa com quem se possa aprender alguma coisa.

Continuar a aprender

– Não deixe que alguém lhe diga que há coisas que não é preciso aprender ou saber.

Nunca perder a oportunidade de fazer cursos ou receber treinos de capacitação.

A nossa primeira obrigação é ensinar e se não se continuar a estudar para aprender mais, em breve não temos nada de novo para ensinar aos outros.

6. PÔR EM PRÁTICA AQUILO QUE SE ENSINA

As pessoas têm tendência a prestar mais atenção ao que se faz do que ao que se diz. Por isso, sendo um agente de saúde, tem de tomar um cuidado especial com o seu comportamento, de modo a dar bons exemplos à comunidade.

Antes de pedir às pessoas para construírem latrinas, o agente de saúde deve construir primeiro uma, para a sua própria família.

Além disso, ajudando a organizar um grupo de trabalho – por exemplo, para cavar um buraco para a deposição do lixo – o agente de saúde deve ser exemplar, participando activamente como as outras pessoas.

Praticar aquilo que se ensina

(senão, quem vai escutar o que você diz?).

7. TRABALHAR COM PRAZER

Quando se quer que as pessoas tomem parte na melhoria da comunidade e se preocupem com a saúde dela, o agente deve ter prazer em participar nessas actividades. Se não, quem é que vai querer seguir o seu exemplo?

Deve-se procurar fazer com que os trabalhos da comunidade sejam divertidos. Por exemplo, fazer uma vedação para afastar os animais duma fonte de água pública pode ser um trabalho pesado. Mas se toda a comunidade apoiar para que este trabalho se torne numa ocasião festiva – talvez com comida e música – o trabalho será feito mais depressa, com alegria, e pode tornar-se divertido. As crianças trabalham mais e com gosto se transformarem o trabalho num jogo.

Trabalhar pelas pessoas e não pelo dinheiro.
(As pessoas valem muito mais do que o dinheiro).

O trabalhador de saúde pode ser pago ou não pelo trabalho que faz.

Mas nunca se pode recusar a cuidar de uma pessoa que é pobre ou que não pode pagar, nem pode tratá-la mal.

Deste modo se ganha o amor e o respeito das pessoas. Isso vale muito mais que o dinheiro.

8. PENSAR E AJUDAR OS OUTROS A PENSAREM NO FUTURO

Um agente de saúde responsável não espera até que as pessoas adoeçam. Procure evitar a doença antes que ela surja. É preciso encorajar as pessoas a tomarem medidas **hoje** para a protecção futura da sua saúde.

Muitas doenças podem ser prevenidas. Então, a sua responsabilidade é ajudar as pessoas da sua comunidade a compreender as causas dos seus problemas de saúde e a encontrar formas de os evitar ou eliminar.

A maior parte dos problemas de saúde tem diversas causas, ligadas umas às outras. Para resolver o problema, deve-se procurar e tratar **as causas**, tentando chegar à raíz do problema.

Por exemplo, a diarreia é uma causa de morte muito frequente em crianças. A diarreia é causada em parte por falta de limpeza (saneamento do meio e higiene pessoal). Pode-se prevenir com a construção de latrinas e ensinando as regras básicas de higiene (ver capítulo 11).

> **As crianças que mais sofrem e morrem por diarreia são aquelas que têm uma alimentação inadequada.**

Os seus corpos não têm força para combater as infecções. Por isso, para evitar a morte causada por diarreia, devemos prevenir a malnutrição.

Porque será que muitas crianças sofrem de malnutrição?

- Será porque as mães não sabem quais são os alimentos mais importantes (por exemplo, o leite materno)?

- Será porque a família não tem dinheiro suficiente ou terra para cultivar os alimentos de que necessita?

- Será porque poucas pessoas controlam a maior parte da terra e da riqueza?

- Será que os pobres não possuem os meios para fazerem o melhor aproveitamento da terra?

- Será que as famílias têm mais filhos do que podem sustentar?

- Será que os pais gastam o pouco dinheiro que têm a beber?

- Será porque não conseguem compreender que compartilhando e trabalhando juntas, podem mudar as condições em que vivem e morrem?

Muitas destas questões, podem estar relacionadas com as causas de morte das crianças na comunidade. Como agente de saúde é da sua responsabilidade ajudar as pessoas a compreender e a resolver estes problemas.

Mas é importante lembrar que, para evitar as mortes causadas por diarreia, é necessário muito mais do que latrinas, água potável e uma boa nutrição. O planeamento familiar, um melhor aproveitamento da terra e uma distribuição mais justa da riqueza e da terra são, a longo prazo, mais importantes.

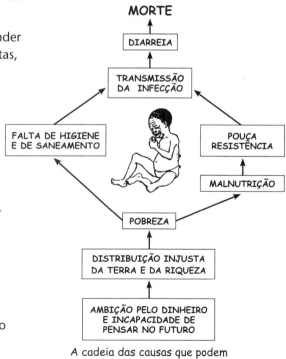

A cadeia das causas que podem levar à morte por diarreia.

Há muitos factores relacionados com os cuidados de saúde

Outros factores, como **a produção de alimentos, a educação das mulheres** e as **más relações entre as pessoas,** podem estar por detrás de diversos problemas de saúde.

Quando se tem interesse na prosperidade da comunidade a longo prazo, deve-se ajudar as pessoas a encontrar soluções para os problemas verdadeiros e importantes.

A saúde é mais do que não estar doente. Consiste no bem-estar do corpo, da mente, e da comunidade. As pessoas vivem melhor em ambientes saudáveis, onde possam confiar umas nas outras, trabalhar juntas para satisfazer as suas necessidades diárias, compartilhar os bons e os maus momentoss, e ajudar-se mutuamente a crescer e a viver uma vida melhor.

É necessário fazer o melhor que se pode para resolver os problemas do dia-a-dia, lembrando sempre que o principal dever de um/a agente de saúde é ajudar a comunidade a tornar-se num lugar mais saudável e mais humano para viver.

Como agente de saúde, tem uma grande responsabilidade.

Por onde se deve começar?

Observar bem a comunidade

Quem cresceu numa comunidade e conhece bem as pessoas, já tem conhecimentos dos seus problemas de saúde e compreende o que se passa. Mas para ter uma ideia mais completa, é preciso observar a comunidade com cuidado.

Um agente comunitário de saúde, deve preocupar-se com o bem-estar **de toda a gente** – e não só daqueles que conhece bem ou que o procuram. É preciso ir ao encontro das pessoas, visitando-as em casa, no campo, nas escolas, e compreender as suas alegrias e preocupações. Juntamente com elas, tem de observar os seus hábitos, as coisas do dia-a-dia que promovem a boa saúde e as que podem resultar em doenças.

Antes de pôr em prática qualquer programa ou actividade, numa comunidade, tem que se pensar bem sobre o que vai ser preciso e se vai dar resultado. Para fazer isso, deve-se ter em conta **tudo** o que se segue:

1. **Necessidades percebidas** – o que as pessoas sentem que são os seu maiores problemas.

2. **Necessidades reais** – medidas que as pessoas devem tomar para resolverem os seus problemas.

3. Vontade – entusiasmo das pessoas no sentido de planearem e tomarem as medidas necesssárias.

4. Recursos – pessoas, habilidades, materiais e/ou dinheiro para levar a cabo as actividades que foram identificadas como necessárias.

Abaixo apresentamos um exemplo simples de como cada uma destas coisas pode ser importante. Vamos supor que um homem que fuma muito se vem queixar que tem tosse de manhã.

1. Para este homem a **necessidade percebida** é livrar-se da tosse.

2. A sua **necessidade real** é deixar de fumar (para eliminar o problema).

Não, obrigado

3. Para se ver livre da tosse tem que ter uma grande **vontade** de deixar de fumar. Para isso ele tem que saber a importância de deixar de fumar.

4. Um **recurso** que o pode ajudar a deixar de fumar é explicar-lhe o mal que isso lhe faz, bem como à sua família (ver pág. 221). Outro recurso que o pode ajudar, é o apoio e o encorajamento da família, dos amigos, e do/a agente de saúde.

Identificar as necessidades

Um agente de saúde deve, em primeiro lugar, identificar quais são os principais problemas da saúde das pessoas da sua comunidade e quais são as suas grandes preocupações. Para recolher a informação necessária para decidir quais são as suas grandes necessidades e preocupações, talvez seja útil fazer uma lista de perguntas.

Nas próximas páginas temos exemplos do tipo de perguntas que se pode fazer. Mas é preciso pensar bem nas perguntas que podem ser importantes **para a sua comunidade.** Devem ser feitas as perguntas que não só ajudam a obter a informação desejada, mas que também podem dar às pessoas a oportunidade de fazerem perguntas importantes.

Não se deve fazer uma lista de perguntas muito longa ou complicada – especialmente se for uma lista para utilizar nas visitas casa-a-casa. Temos que ter sempre presente **que as pessoas não são números** e que não gostam de ser tratadas como tal. À medida que se vai recolhendo a informação, nunca podemos esquecer que o nosso principal objectivo deve ser identificar o que cada pessoa quer e sente.

Exemplos de perguntas para uma lista para ajudar a identificar as necessidades de saúde da comunidade e ao mesmo tempo fazer com que as pessoas possam reflectir

NECESSIDADES QUE AS PESSOAS SENTEM

O que é que as pessoas acham que são os seus grandes problemas, preocupações e necessidades – de um modo geral e não apenas relacionados com a saúde?

 ## ALOJAMENTO E SANEAMENTO DO MEIO

De que são feitas as diversas casas? Paredes? Soalho? São mantidas limpas? Onde é que se cozinha? No chão ou noutro local? Como sai o fumo do interior da casa? Como dormem as pessoas?

Têm problemas com mosquitos, moscas, pulgas, percevejos, ratos, ou qualquer outra praga? De que modo as afecta? O que fazem para controlar isso? E que mais poderia ser feito?

A comida está protegida? Como poderia estar melhor protegida?

Caso haja animais (cães, galinhas, cabritos, etc.), quais são os que as pessoas deixam entrar em casa? Quais são os problemas que eles causam?

Quais são as doenças mais comuns nos animais? Como afectam a saúde das pessoas? O que está a ser feito em relação a essas doenças?

De onde é que as famílias tiram a água? É adequada para beber?

Quantas famílias têm latrinas nas suas casas? E quantas famílias as utilizam correctamente?

Se não usam latrinas, quais são os locais onde as pessoas defecam e/ou despejam as fezes?

A aldeia está limpa? Onde é que as pessoas despejam o lixo? E porquê?

 ## POPULAÇÃO

Quantas pessoas vivem na comunidade? Quantas mulheres e quantos homens? Quantas/quantos têm menos de 15 anos (menos de 1 ano, 1 a 4 anos, e 5 a 14 anos)?

Quantas crianças frequentam a escola? Quantas meninas? Quantos rapazes? Quão útil é o ensino escolar? As crianças aprendem o que precisam de saber? Através de que outros meios aprendem as crianças?

Quantas pessoas sabem ler e escrever? Quantas mulheres? Quantos homens? Existe na comunidade a alfabetização de adultos?

Quantas pessoas (crianças e adultos) morreram este ano? Quais foram as principais causas? Que idades tinham? Alguma mulher morreu durante a gravidez ou o parto? As suas mortes poderiam ter sido evitadas? Como?

Quantas crianças nasceram este ano?

A população (número de pessoas) está a aumentar ou a diminuir? Isso trouxe alguns problemas?

Quantos filhos tem a maioria dos casais?

Quantos pais estão interessados em não ter mais filhos, ou em não os ter com tanta frequência? Quais são as razões? (Ver planeamento familiar, pág. 650).

Quantas mães solteiras existem na comunidade? Quantos orfãos? Quantos homens trabalham fora da sua comunidade?

NUTRIÇÃO

As mães dão de mamar aos seus bebés? Por quanto tempo?

São dadas papas às crianças? Se sim, a partir de que idade?
De que são feitas?

Quais são os alimentos principais que as pessoas comem?
De onde vêm – da machamba familiar ou da compra?

As pessoas comem toda a variedade de alimentos disponíveis?

Quantas crianças nascem com baixo peso (menos de 2,5 kg)?

Quantas crianças apresentam falta de crescimento ou baixo peso (ver pág. 560) ou mostram outros sinais de malnutrição?

Que informação têm os pais e os alunos sobre as necessidades nutricionais?

TERRA E ALIMENTOS

A terra produz alimentos suficientes para cada família?

Como é distribuída a terra para cultivar? Quantas pessoas têm títulos das terras que cultivam?

Que esforços estão a ser feitos para que a terra produza mais?

Como são armazenadas as colheitas? Estragam-se ou perdem-se muitos produtos das colheitas? Porquê?

SAÚDE

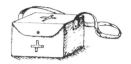

Quem são e onde vivem as parteiras tradicionais e os curandeiros da comunidade?

Quais são os métodos de curar e que medicamentos tradicionais são utilizados?

Que métodos dão mais efeito? Quais são os que fazem mal ou são perigosos?

Qual é a unidade sanitária para onde se transfere os doentes que não se consegue tratar localmente? Qual é a distância entre a unidade sanitária e a comunidade? Fazem-se partos na unidade sanitária? Os serviços lá são bons? Qual é o preço da consulta? Fazem-se cobranças ilegais?

Quantas crianças são vacinadas? Contra que doenças?

Que outras medidas de prevenção estão a tomar? Que outras medidas podem ser tomadas? Que importância têm?

Quais são as principais doenças nos homens, mulheres e crianças?

Com que frequência é que as pessoas adoeceram no ano passado? Por quantos dias cada pessoa esteve doente? Quais foram as doenças? Porquê?

Quantas pessoas têm doenças crónicas (doenças prolongadas)? Quais são as doenças?

Quantas pessoas fumam? Quantas pessoas tomam bebidas alcoólicas com muita frequência? Qual é o efeito que isso tem na sua saúde ou na das suas famílias?

AUTO-AJUDA

Que coisas afectam a saúde da comunidade?

Que problemas de saúde comuns as pessoas sabem tratar em casa?

As pessoas têm interesse em aprender a cuidar de si próprias duma maneira segura e eficaz? Porquê? Como podem aprender mais? O que é que as impede?

As pessoas trabalham juntas para satisfazer as necessidades comuns? Compartilham ou ajudam-se umas às outras quando as necessidades são grandes?

O que se pode fazer para melhorar a comunidade e torná-la num lugar saudável para viver? Por onde é que se pode começar?

Utilizar os recursos locais para responder às necessidades

A resolução dum problema vai depender dos recursos que estiverem disponíveis localmente.

Algumas actividades exigem recursos de fora (materiais, dinheiro ou pessoas). Por exemplo, realizar um programa de vacinação só é possível se alguém de fora trouxer as vacinas – muitas vezes de outros países.

Há outras actividades que podem ser realizadas com os recursos locais. Uma família ou um grupo de vizinhos pode fazer uma vedação à volta duma fonte de água potável ou construir latrinas simples utilizando o material que têm à mão.

Alguns recursos que vêm de fora, tais como as vacinas e alguns medicamentos essenciais, podem fazer uma grande diferença na saúde das pessoas. Deve-se fazer o máximo para os conseguir. Mas, em geral, é do maior interesse da comunidade:

> **Utilizar os recursos locais sempre que for possível.**

Quanto mais o agente de saúde e as pessoas puderem fazer por si próprios, e quanto menos dependerem da assistência de fora, mais saudável e forte se tornará a sua comunidade.

Pode-se contar com os recursos locais sempre que são precisos, pois estes estão sempre disponíveis e, muitas vezes, funcionam melhor e custam menos. Por exemplo, se se encorajar as mães a dar de mamar em vez de dar o biberão, isso será uma auto-ajuda através dum recurso local de alta qualidade – o leite materno! Isso também evitará muitas mortes e doenças desnecessárias nos bebés.

Quando se desempenha as funções de trabalhador de saúde, é necessário ter sempre presente que:

> **O recurso mais valioso para a saúde das pessoas são as próprias pessoas.**

Decidir o que fazer e por onde começar

Depois de se analisar com cuidado as necessidades e os recursos, as pessoas da comunidade e o agente de saúde devem decidir quais são as mais importantes e as que se devem resolver primeiro.

Por exemplo, em muitas comunidades, a malnutrição é uma causa de outros problemas de saúde. **As pessoas só podem ser saudáveis se tiverem o suficiente para comer.** Sejam quais forem os problemas que se decida resolver, a primeira preocupação deve ser a de melhorar a alimentação das pessoas.

Existem muitas maneiras de encarar a malnutrição, porque há muitos factores que contribuem para este problema. É necessário reflectir sobre que medidas se pode adoptar e quais irão funcionar melhor na prevenção da malnutrição.

Apresenta-se a seguir exemplos de métodos para melhorar a nutrição. Algumas medidas trazem resultados imediatos. Outras demoram mais tempo. Com as pessoas da comunidade deve ser decidido quais são as medidas que irão funcionar melhor na área em que vivem.

ALGUNS MÉTODOS PARA MELHORAR A NUTRIÇÃO

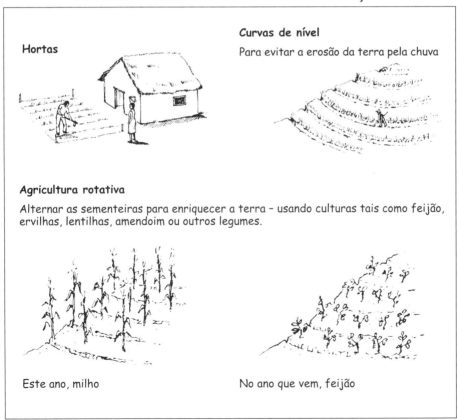

Hortas

Curvas de nível

Para evitar a erosão da terra pela chuva

Agricultura rotativa

Alternar as sementeiras para enriquecer a terra – usando culturas tais como feijão, ervilhas, lentilhas, amendoim ou outros legumes.

Este ano, milho

No ano que vem, feijão

MAIS MÉTODOS PARA MELHORAR A NUTRIÇÃO

Irrigação da terra

Viveiro de peixe

Criação de abelhas

(Apicultura)

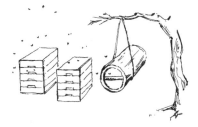

Fertilizantes naturais

Estrume

Melhor armazenamento
dos alimentos

← Latas

Para impedir a
entrada de ratos

Famílias mais pequenas

Através do planeamento familiar

Experimentar novas ideias

Começar numa área pequena

Nem todas as sugestões acima indicadas vão funcionar na sua região. Algumas funcionam se forem adaptadas à situação específica e aos recursos disponíveis. Muitas vezes só experimentando é que se sabe se as coisas vão dar resultados. Ou seja, fazendo uma experiência na própria área.

Quando se experimenta uma ideia nova, deve-se **começar sempre numa pequena área.** Assim, se a experiência falha, ou se tem que mudar de método, não se perde muito. Se der bons resultados, as pessoas vêem o sucesso e podem começar a aplicar a ideia numa área maior.

Se uma experiência não der resultados positivos não se deve desanimar. Talvez se possa experimentar, de novo, com algumas alterações. Pode-se aprender tanto dos erros como dos sucessos.

Aqui damos um exemplo de como experimentar uma ideia nova.

Sabe-se que um certo tipo de feijão é um excelente alimento para o fortalecimento do corpo. Mas será que cresce na nossa área? E se crescer as pessoas vão comê-lo?

Pode-se começar por semear um pequeno canteiro – ou dois ou três pequenos canteiros com características diferentes de solo e/ou de água. Se o feijão crescer bem, pode ser cozinhado de diferentes maneiras e dar a provar às pessoas. Se elas gostarem, pode-se semear mais feijão nos canteiros com as características que se verificaram ser as melhores. Mas a experiência de semear noutros pequenos canteiros, de características diferentes, deve ser continuada para ver se se consegue uma colheita ainda melhor.

Talvez existam várias características que se queira mudar. Por exemplo, o tipo de solo, a preparação do solo com adubos, a quantidade de água, ou variedades diferentes de sementes. Para compreender melhor o que dá resultado e o que não dá, não se deve mudar mais do que **uma** característica de cada vez, mantendo o resto sem alteração.

Por exemplo, para saber se o adubo animal (estrume) ajuda as sementes a brotar e as plantas a crescer e qual a quantidade do adubo necessária, pode-se semear o feijão em vários canteiros, lado a lado, nas mesmas condições de água e solo e utilizando o mesmo tipo de semente. Mas antes de semear, em cada canteiro pode-se misturar uma quantidade diferente de estrume, como ilustrado na figura abaixo:

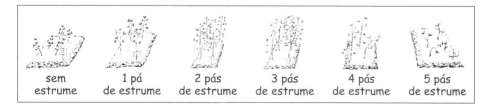

| sem estrume | 1 pá de estrume | 2 pás de estrume | 3 pás de estrume | 4 pás de estrume | 5 pás de estrume |

Esta experiência mostra que uma certa quantidade de estrume ajuda, mas estrume em excesso pode prejudicar as plantas. É só um exemplo. As experiências podem dar resultados diferentes. Experimente!

Trabalhar por um equilíbrio entre a população e a terra

A saúde depende de muitos factores, mas depende sobretudo de as pessoas terem comida suficiente.

A maior parte dos alimentos vem da terra. A terra bem trabalhada pode produzir maior quantidade de alimentos. O agente comunitário de saúde precisa de saber como aproveitar a terra para produzir melhor e alimentar melhor as pessoas – no presente e no futuro. Mas, mesmo que um terreno seja muito trabalhado, só pode alimentar um número limitado de pessoas. E hoje, **muitos camponeses não têm terra suficiente para produzir a quantidade de alimentos necessários para satisfazer as suas necessidades ou para se manter saudáveis.**

Em muitas partes do mundo, a situação está a agravar-se, em vez de melhorar. Os casais têm muitos filhos e por isso vai havendo, de ano para ano, mais bocas para alimentar a partir da escassa terra disponível.

Muitos programas de saúde pocuram trabalhar por um equilíbrio entre a população e a terra através do "planeamento familiar", ou seja, ajudar os pais a terem o número de filhos desejados. Segundo se pensa, famílias mais pequenas resultarão em mais terra e mais alimentos para compartilhar. Mas o planeamento familiar em si não é suficiente.

Para uma família pobre muitas vezes ter muitos filhos é uma necessidade económica – especialmente quando muitos morrem quando ainda crianças. No mundo de hoje, **para a maioria das pessoas, ter muitos filhos constitui a forma de segurança social mais certa com que elas podem contar.** Os filhos ajudam no trabalho sem serem pagos e, conforme vão crescendo, até podem trazer algum dinheiro para casa. Quando os pais envelhecem, alguns dos filhos – ou netos – talvez possam vir a cuidar deles.

É sabido que onde a terra e a riqueza são mais justamente repartidas e onde a população tem uma maior segurança económica, as pessoas preferem ter menos filhos. O planeamento familiar só dá resultado quando é uma escolha das pessoas. Mas não é só através do planeamento familiar que se pode conseguir um equilíbrio entre a população e a terra: é necessário também que haja uma melhor distribuição da riqueza e uma sociedade mais justa.

Uma porção limitada de terra sustenta só um número limitado de pessoas.

Um equilíbrio permanente entre a população e a terra deve ser fundado numa distribuição justa.

Trabalhar para alcançar um equilíbrio entre

Um equilíbrio entre o tratamento e a prevenção significa muitas vezes um equilíbrio entre as necessidades imediatas e as de longo prazo.

A função do trabalhador de saúde na comunidade é de trabalhar junto das pessoas e em harmonia com os seus desejos, ajudando-as a encontrar as respostas para os problemas que sentem na sua própria pele. A primeira preocupação das pessoas muitas vezes é encontrar alívio para as pessoas doentes e para as que estão a sofrer. Portanto, **uma das principais preocupações deve ser ajudar a curar**.

Mas também é preciso pensar no futuro. Enquanto se cuida das necessidades urgentes das pessoas estas também têm que ser ajudadas a pensar no futuro. Elas devem ser ajudadas a comprender que muitas doenças e muito sofrimento podem ser evitados se adoptarem medidas preventivas.

Mas, cuidado! Às vezes os trabalhadores e os que planificam projectos de saúde vão longe demais. Na sua ânsia de prevenir os males do futuro, podem demonstrar pouca preocupação com as doenças e o sofrimento que já existem. Ao não responderem às necessidades actuais da população, os trabalhadores de saúde podem não conseguir a cooperação das pessoas, fazendo com que a maior parte do seu trabalho preventivo resulte num fracasso.

O tratamento e a prevenção caminham de mãos dadas. O tratamento precoce evita, muitas vezes, o agravamento das doenças ligeiras. Quando se ajuda as pessoas a serem capazes de reconhecer os problemas de saúde comuns e a tratá-los de imediato, pode-se evitar muito sofrimento desnecessário.

O tratamento precoce é uma forma de medicina preventiva.

Para se obter a cooperação das pessoas, deve-se **começar por onde as pessoas estão,** trabalhando com o objectivo de alcançar um equilíbrio entre a prevenção e o tratamento que seja aceitável para elas. Esse equilíbrio vai depender muito das atitudes que as pessoas têm em relação à doença, à cura, e à saúde. À medida que se ajuda as pessoas a pensar no futuro, as suas atitudes vão mudando e mais doenças serão controladas, fazendo com que a balança vá pendendo naturalmente a favor da prevenção.

Não se pode dizer à mãe duma criança que está doente que a prevenção é mais importante do que a cura, porque nesse momento ela não quer ouvir isso. Mas pode-se dizer, enquanto se ajuda a mãe a cuidar da criança, que a prevenção é tão importante como a cura.

Trabalhar para a prevenção – mas não forçar!

Utilizar o tratamento como uma porta de entrada para a prevenção. Uma das melhores oportunidades para falar com as pessoas sobre a prevenção é quando elas vão à consulta para receberem tratamento. Por exemplo, se uma mãe traz um filho com lombrigas, é preciso explicar-lhe bem como deve tratar a criança. Mas também se pode, e deve, explicar claramente, quer à mãe quer à criança, como é que as lombrigas são transmitidas e o que devem fazer para evitar que isso aconteça de novo (ver pág. 317).

Utilizar o tratamento como uma oportunidade para ensinar a prevenção.

Utilização racional de medicamentos

Uma das partes mais difíceis e importantes dos cuidados preventivos é ensinar às pessoas como utilizar os medicamentos de maneira racional. Alguns medicamentos modernos são muito importantes e podem salvar vidas. Mas **para a maioria das doenças não é necessário tomar medicamentos**. Geralmente, o próprio corpo combate a doença desde que a pessoa repouse, tenha boa alimentação e, se for necessário, tome alguns remédios caseiros simples.

As pessoas podem pedir medicamentos sem necessidade. O trabalhador de saúde pode sentir a tentação de lhos dar apenas para agradar. Mas, se se fizer isso, as pessoas, quando ficam boas, são levadas a pensar que foi esse tratamento que as curou. Mas na realidade foi o seu corpo que se curou sozinho.

Em vez de acostumar as pessoas a dependerem de medicamentos, é melhor dedicar algum tempo a explicar **porque** é que não se deve utilizar medicamentos desnecessáriamente. Também se deve ensinar **às pessoas o que elas devem fazer** para se tratarem.

Deste modo se ajuda as pessoas a dependerem dos recursos locais (elas mesmas), em vez de recursos vindos de fora (medicamentos). Assim também se protege a sua saúde, porque **não existe medicamento que não tenha riscos na sua utilização**.

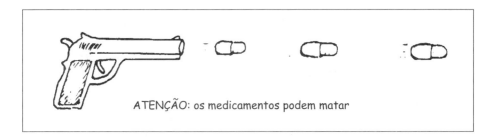

ATENÇÃO: os medicamentos podem matar

Três problemas de saúde comuns para os quais as pessoas pedem frequentemente medicamentos de que não precisam são (1) a constipação, (2) a tosse ligeira, e (3) a diarreia.

Para tratar a constipação o melhor remédio é descansar, tomar muitos líquidos e, se for preciso, tomar paracetamol. A penicilina e outros antibióticos não ajudam.

Para tratar a tosse ligeira ou mesmo uma tosse mais forte com catarro ou *escarro*, é melhor beber muita água que ajuda a soltar o catarro e diminuir a tosse mais rapidamente. Isto é melhor do que tomar um xarope para a tosse. Inalar o vapor de água quente também ajuda e traz maior alívio (ver pág. 301). Não é bom tornar as pessoas dependentes de xaropes ou de outros medicamentos de que não precisam.

Para a maior parte das diarreias em crianças é mais importante que estas bebam muitos líquidos e comam bem (ver pág. 346). Os medicamentos para parar a diarreia e os antibióticos não ajudam a criança a ficar melhor e podem ser perigosos. **O segredo para a recuperação da criança é a mãe e não o medicamento.** Ajudando as mães a compreenderem isso e a aprenderem o que devem fazer, pode salvar as vidas de muitas crianças.

Os medicamentos são frequentemente utilizados em excesso, tanto pelos médicos como pelas pessoas em geral. Isso é de lamentar por muitas razões:

■ É um desperdício.

■ Faz as pessoas dependerem de algo de que não precisam (e muitas vezes não têm dinheiro para comprar).

■ A utilização de qualquer medicamento constitui um risco. Há sempre a possibilidade de o medicamento fazer mal à pessoa.

■ Além disso, quando os medicamentos são usados com muita frequência para problemas que não são graves, deixam de fazer efeito no combate às doenças perigosas.

Um exemplo dum medicamento que perdeu o seu efeito é a tetraciclina. O abuso deste antibiótico nas infecções ligeiras fez com que deixasse de fazer efeito para tratar a cólera. O uso excessivo da tetraciclina fez com que o micróbio da cólera se tornasse *resistente* (ver pág. 115).

Pelas razões acima indicadas o uso dos medicamentos deve ser limitado.

Mas como? Nem as restrições e normas rígidas, nem a limitação para que apenas pessoas experientes sejam autorizadas a prescrever os medicamentos evitou o abuso. Só quando as pessoas estiverem melhor informadas é que será possível o uso limitado e racional dos medicamentos.

> **Ensinar e informar as pessoas sobre o uso racional e limitado dos medicamentos é um dos trabalhos importantes do trabalhador de saúde.**

Para mais informações sobre o uso e abuso dos medicamentos, ver capítulo 6. Ver capítulo 8, para uso e abuso das injecções. Ver capítulo 1 para o uso racional dos remédios caseiros.

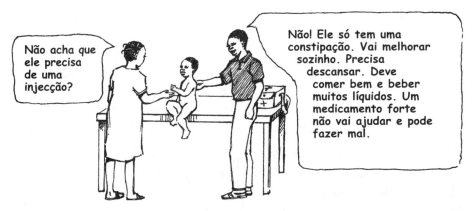

Não acha que ele precisa de uma injecção?

Não! Ele só tem uma constipação. Vai melhorar sozinho. Precisa descansar. Deve comer bem e beber muitos líquidos. Um medicamento forte não vai ajudar e pode fazer mal.

Quando os medicamentos não são necessários, explicar as razões com paciência.

Como verificar o progresso feito (avaliação)

Na sua actividade como trabalhador de saúde, será de grande utilidade verificar de tempos a tempos **que** e **quanto** êxito você e a sua comunidade já obtiveram. Se houve mudanças, quais foram as que melhoraram a saúde e o bem-estar da comunidade?

Pode-se anotar, em cada mês ou ano, as medidas que foram tomadas na área de saúde e que podem ser avaliadas. Por exemplo:

- Quantas famílias construíram latrinas?

- Quantos agricultores participaram em actividades para melhorarem a terra e as colheitas?

- Quantas mães e crianças participaram nos Programas de Saúde Materno-Infantil?

Este tipo de perguntas ajuda a avaliar **cada medida que foi tomada.** Mas, para descobrir qual foi o resultado ou o **impacto** dessas medidas na saúde das pessoas, é preciso conseguir responder a outras perguntas, tais como:

- Quantas crianças tiveram diarreia ou lombrigas no último mês ou ano? – comparar com o número de crianças que tiveram diarreia ou lombrigas antes da construção de latrinas.

- Quanto rendeu a colheita esta época (milho, feijão, ou outras culturas) – comparada com as anteriores à introdução dos métodos aperfeiçoados?

■ Quantas crianças estão com o peso normal e a ganhar peso nos CARTÕES DE SAÚDE DAS CRIANÇAS (ver pág. 559), comparando com o peso das crianças antes da introdução dum programa nutricional?

Para se poder avaliar o impacto de qualquer medida, é preciso recolher informações antes e depois da sua introdução. Por exemplo, se quisermos ensinar às mães a importância de alimentar os filhos só com leite do peito nos primeiros seis meses de vida, é necessário contar primeiro quantas mães já o estão a fazer. Depois, começa-se o programa de ensino e contam-se de novo as mães em cada ano. Desta maneira, pode-se fazer uma boa ideia do efeito dos conhecimentos que foram transmitidos às pessoas no decorrer do programa.

Pode-se e deve-se fixar objectivos. Por exemplo, espera-se que 80% das famílias tenham latrinas no período de um ano. Todos os meses se faz a contagem. Se ao fim de 6 meses apenas um terço das famílias tem latrinas, sabe-se que é preciso trabalhar mais para alcançar o objectivo previsto.

> **A fixação de objectivos ajuda as pessoas a trabalhar com mais empenho e a conseguir mais resultados.**

Para avaliar os resultados das medidas de saúde ajuda muito se se contar e medir certas coisas **antes, durante,** e **depois da sua implementação.**

Mas atenção! **A parte mais importante deste trabalho não pode ser medida.** Essa é a parte que consiste **no relacionamento do trabalhador de saúde** com as outras pessoas e no **relacionamento entre estas:** como as pessoas aprenderam e como elas trabalham em conjunto, com amabilidade, responsabilidade, a compartilhar e a ter esperança. Estas coisas não podem ser medidas. Mas devem estar sempre presentes quando se identifica quais foram as mudanças realizadas.

Ensinar e aprender juntos
– o trabalhador de saúde como educador

À medida que se for compreendendo quantas coisas afectam a saúde, talvez se pense que o trabalhador de saúde tem um trabalho gigantesco. Nenhum trabalhador de saúde vai conseguir fazer muito se tentar trabalhar sozinho nos cuidados de saúde.

> **Só quando as pessoas participarem activamente no cuidado da sua própria saúde e da saúde da comunidade é que se consegue realizar mudanças importantes.**

O bem-estar da comunidade não depende apenas da participação duma pessoa, mas de toda a gente. Para que isso aconteça, deve-se partilhar as responsabilidades e os conhecimentos.

É por isso que **o trabalho inicial, na qualidade de trabalhador de saúde, é ensinar** – ensinar as crianças, os pais, os agricultores, os professores, os outros trabalhadores de saúde – o maior número de pessoas possível.

A arte de ensinar é a habilidade mais importante que uma pessoa pode aprender. Ensinar é ajudar os outros a crescer e crescer com eles. **O bom professor não é uma pessoa que impõe ideias na cabeça das outras pessoas. Ele ajuda os outros a desenvolver as suas próprias ideias e a descobrir coisas sem auxílio dos outros.**

O ensino e a aprendizagem não devem estar limitados à escola ou unidade sanitária. Devem acontecer em casa, no campo e no caminho. Sendo-se trabalhador de saúde, uma das melhores oportunidades que se tem para ensinar é quando se está a tratar dos doentes. Mas deve-se aproveitar todas as oportunidades que surgem para trocar ideias, partilhar, mostrar e ajudar as pesssoas a pensarem e a trabalharem juntas.

Nas próximas páginas se mencionam algumas ideias que o podem ajudar a fazer isso. São apenas sugestões.

DUAS MANEIRAS DE ENCARAR OS CUIDADOS DE SAÚDE

Instrumentos de ensino

Cartazes e exposições. "Uma imagem vale mil palavras." Desenhos simples, com ou sem legendas, podem ser pendurados nos centros de saúde ou em lugares públicos onde as pessoas possam vê-los. Pode-se copiar algumas ilustrações deste livro.

Modelos e demonstrações ajudam as pessoas na transmissão de ideias. Por exemplo, quando se quer explicar às mães e às parteiras o cuidado que devem tomar ao cortar o cordão umbilical do recém-nascido, pode-se fazer uma boneca para representar o bebé e prender-lhe um cordel à barriga com um alfinete.

Cassetes de vídeo. Existem cassetes de vídeo sobre muitos temas de saúde que podem ser mostrados em público e que são muito úteis e didácticos.

Na pág. 791 e seguintes encontra-se uma lista das organizações através das quais se pode solicitar material didáctico, sobre a saúde, para usar na comunidade.

Outros métodos de transmitir ideias

Contar histórias. Quando se tem dificuldade em explicar alguma coisa, pode-se fazer isso contando uma história, de preferência que tenha ocorrido na realidade. Deste modo, se poderá expor melhor as ideias.

Por exemplo, se contar que, às vezes, um agente comunitário de saúde faz melhor diagnóstico do que um médico as pessoas podem não acreditar. Mas se contar uma história sobre uma agente chamada Rosa que trabalhava numa aldeia na província de Nampula, talvez possam compreender melhor.

Um dia uma criança doente chegou ao posto de saúde da aldeia. Ela já tinha sido vista pelo médico dum centro de saúde próximo porque a criança estava malnutrida. A criança também tinha tosse e o médico tinha receitado um xarope. A Rosa estava preocupada com a criança. Ela sabia que esta pertencia a uma família pobre e que um irmão mais velho tinha morrido várias semanas antes. A Rosa foi visitar a família e ficou a saber que o irmão, antes de morrer, tinha estado doente durante muito tempo e que tinha tido tosse com sangue. A Rosa foi ao centro de saúde dizer ao médico que suspeitava que a criança estava com tuberculose. Fizeram os exames à criança e a Rosa tinha razão. Por aqui se pode ver que a agente descobriu o problema grave antes do médico – porque ela conhecia as pessoas da sua comunidade.

As histórias despertam mais interesse e deste modo as pessoas aprendem melhor. Ajuda se os trabalhadores de saúde tiverem jeito para contar histórias.

Teatro popular. As histórias que transmitem ideias importantes têm ainda mais impacto nos membros da comunidade se forem transformadas em peças de teatro. Talvez o/a trabalhador/a de saúde, o/a professor/a, ou um elemento da comunidade possam organizar peças de teatro curtas ou uma peça humorística com as crianças da escola.

Por exemplo, para dar ênfase à ideia de que a comida deve ser protegida das moscas para evitar a transmissão das doenças, várias crianças podem mascarar-se de moscas e zumbir à volta da comida. As moscas contaminam a comida que não está coberta. Depois as crianças comem essa comida e ficam doentes. Mas as moscas não podem alcançar a comida que está tapada. Por isso as crianças que comem a comida que está protegida das moscas não ficam doentes.

> **Quantos mais métodos forem utilizados para compartilhar ideas, mais pessoas comprendem e se lembram.**

Um outro exemplo:

Maria e Lisa, ambas com 14 anos e estudantes da mesma turma, perguntam-se porque é que Amélia não tem ido à escola há várias semanas. Elas sabem que o pai da Amélia faleceu há seis meses. As pessoas dizem que ele tinha tuberculose. Maria e Lisa estão preocupadas e decidem visitar a colega em casa. Ao chegar a casa encontram a Amélia a preparar a refeição para os três irmãos mais novos. A mãe está no hospital. Amélia está muito triste. Ela diz às amigas que o médico disse-lhe que a mãe tem SIDA. Os seus tios, que são seus vizinhos, não querem tomar conta deles. Eles dizem que o SIDA é uma doença infecciosa e que têm medo. Dizem também que estão muito zangados por a mãe da Amélia ter SIDA, pois isso significa que ela dormia com muitos homens. Portanto, a Amélia tem que tomar conta dos irmãos e terá de deixar a escola.

Esta peça dá oportunidade de confortar alguém afectado pelo SIDA, lidar com o medo que as pessoas têm, e pensar no impacto do HIV e SIDA em indivíduos e famílias. Pode também oferecer a oportunidade para falar sobre a vulnerabilidade das crianças e mulheres, a discriminação contra as pessoas afectadas pelo HIV e SIDA e como estas poderão ser apoiadas.

Trabalhar e aprender juntos para o bem-estar de todos

Há muitas maneiras de despertar o interesse e de conseguir a participação das pessoas no trabalho conjunto para satisfazer as necessidades da comunidade. Aqui estão algumas ideias:

1. O **Comité de Saúde da Comunidade.** Os membros da comunidade podem escolher um grupo de pessoas dinâmicas e entusiastas para ajudar a organizar e a dirigir actividades relacionadas com o bem-estar da comunidade – por exemplo, fazer aterros para o lixo ou construir latrinas.

2. **Debates em grupos.** Grupos de mães, pais, crianças, jovens, curandeiros, ou outros podem discutir as necessidades e os problemas que afectam a saúde da comunidade. O principal objectivo será ajudar as pessoas a trocar ideias e a tirar partido daquilo que já sabem.

3. **Jornadas de trabalho.** Projectos comunitários como a instalação dum poço de água ou a limpeza da aldeia tornam-se rápidos e divertidos se toda a gente ajudar. Jogos, corridas, petiscos e pequenos prémios contribuem para que se faça do trabalho um jogo. Usar a imaginação!

As crianças podem fazer uma enorme quantidade de trabalho imaginando que é um jogo!

4. **Cooperativas.** As pessoas podem ajudar a manter os preços baixos se compartilharem as ferramentas, os armazéns e talvez a terra. A cooperação pode ter uma grande influência no bem-estar da população.

5. **Visitar as salas de aulas na escola.** É preciso trabalhar com o/a professor/a para estimular as actividades relacionadas com a saúde, através de demonstrações e de peças de teatro popular. Também se pode convidar pequenos grupos de alunos a visitar o posto de saúde. As crianças não só aprendem depressa, como podem ajudar de muitas maneiras. Se se der uma oportunidade às crianças elas ficam satisfeitas e tornam-se num recurso valioso.

6. **Reuniões de saúde para as mães e as crianças.** É muito importante que as mulheres grávidas e as mães com crianças pequenas (com menos de 5 anos) estejam bem informadas sobre o que é necessário para elas e os seus filhos se manterem de boa saúde. As visitas regulares ao posto de saúde são uma boa oportunidade para fazer a consulta pré-natal, vacinar e pesar as crianças e aprender. Devemos aconselhar as mães a guardarem bem os cartões de saúde e a trazê-los para o registo da idade e do peso das crianças. As mães que compreendem o conteúdo dos cartões, geralmente têm orgulho em garantir que os filhos comam e cresçam bem.

7. **Visitas ao domicílio (em casa).** É importante que o agente comunitário de saúde visite as pessoas como amigo, sobretudo aquelas que têm problemas, que não vêm ao posto de saúde com frequência, ou que não participam nas actividades de grupo. Mas é preciso respeitar a vida privada das pessoas. Se as visitas não são bem-vindas, é melhor não ir – a não ser que haja alguma criança ou pessoa indefesa em risco/perigo. Actualmente, as pessoas com doenças crónicas são assistidas em casa por pessoal da saúde ou voluntários das organizações não governamentais. Os doentes com SIDA e outras doenças, por vezes fracos devido à doença, beneficiam, deste modo, de cuidados de saúde e de outro tipo de apoio de que necessitam.

Métodos para partilhar e trocar ideias num grupo

Como trabalhador de saúde é necessário compreender que o êxito na melhoria da saúde da população vai depender mais das suas capacidades de comunicar com as pessoas do que dos conhecimentos médicos ou técnicos sobre a saúde. Só se a comunidade participar ou trabalhar em conjunto é que os problemas podem ser superados.

As pessoas não aprendem muito com o que os outros lhes dizem para fazer. Aprendem com o que pensam, sentem, discutem, vêem e fazem em conjunto.

Por isso, o bom professor não fala **para** as pessoas sentado atrás da secretária. Fala e trabalha **com** elas. Ajuda as pessoas a pensar com lucidez sobre os seus problemas e a encontrar maneiras possíveis de os resolver. Aproveita todas as oportunidades para partilhar as ideias aberta e amigavelmente.

FALAR COM AS PESSOAS   NÃO PARA ELAS

Talvez a acção mais importante do trabalhador de saúde seja tornar as pessoas conscientes das suas próprias capacidades, ajudá-las a ganhar confiança em si próprias. Algumas vezes as pessoas não mudam as coisas de que não gostam porque não têm confiança em si próprias. É muito frequente acharem que não sabem e que não têm poder. Mas isso não é verdade. Todas as pessoas sabem alguma coisa e podem fazer mudanças no lugar onde vivem, melhorar o meio ambiente, cultivar a terra, ou melhorar as suas casas. Os camponeses podem fazer muitas coisas importantes que muita gente instruída não consegue fazer.

Ajudando as pessoas a compreender o quanto elas já sabem e já fizeram para melhorarem o lugar onde vivem, leva-as a compreender que podem aprender e fazer ainda mais. Trabalhando juntas, elas têm a possibilidade de efectuar mudanças a favor da sua saúde e bem-estar.

Então, como dizer isso às pessoas? Muitas vezes o trabalhador de saúde não pode!

Mas pode ajudá-las a descobrir algumas destas coisas por si próprias – promovendo debates em grupo. Aí deve-se falar pouco, mas começar o debate fazendo certas perguntas. Desenhos simples, como o da ilustração na página seguinte, duma família de camponeses, podem ajudar. É preciso fazer um desenho adaptado, com casas, pessoas, animais e plantas que estejam de acordo com a própria região.

Utilizar desenhos e fotos para fazer as pessoas debaterem e pensarem em grupo

Pode-se mostrar um desenho, como este, a um grupo de pessoas e pedir para que façam comentários, fazendo perguntas para que as pessoas falem das coisas que sabem e que podem fazer.

Alguns exemplos de perguntas:

- Quem são as pessoas no desenho e como vivem?

- Como era a região antes de chegarem as pessoas?

- Quais foram as mudanças que ocorreram na região?

- Como é que essas mudanças afectam a saúde e o bem-estar das pessoas?

- Que outras mudanças podem essas pessoas fazer? Que mais podem elas aprender a fazer? O que é que as impede? Como poderiam aprender mais?

- Se um médico ou um advogado fosse morar nesta região e não tivesse mais dinheiro ou ferramentas do que as pessoas, acha que eles poderiam cultivar a terra tão bem como elas? Porquê ou por que não?

Este tipo de debate em grupo ajuda a estabelecer a autoconfiança das pessoas e as suas capacidades de mudarem as coisas. Também as faz sentir como membros mais integrados da comunidade onde moram.

No início as pessoas podem sentir-se tímidas e não dizer o que pensam. Mas, geralmente, depois de algum tempo, começam a falar abertamente e a fazer perguntas importantes por si próprias. Todas as pessoas devem ser encorajadas a dizer o que pensam, e sem medo. Deve-se pedir às pessoas que falam muito para que dêem oportunidade àquelas que demoram mais a tomar a iniciativa de falar.

Pode-se inventar mais desenhos e perguntas para iniciar debates que possam ajudar as pessoas a pensar nos problemas, as suas causas e as possíveis soluções.

Que perguntas se pode fazer para que as pessoas pensem sobre as causas do estado da criança com diarreia que se vê nesta ilustração?

Tentar fazer perguntas que levem a outras e fazer com que as pessoas façam perguntas. Por exemplo, quando as pessoas discutem um desenho como este, quais factores são elas capazes de apontar, que podem causar a morte por diarreia (ver pág. 7)?

Como tirar maior proveito deste livro

Qualquer pessoa que saiba ler pode consultar este livro em casa.

Mesmo aquelas que não sabem ler, podem aprender com os desenhos. Mas, para tirar o maior proveito do livro, as pessoas necessitam de algumas instruções que podem ser feitas de várias maneiras.

O trabalhador de saúde, ou quem entrega este livro, deve verificar se a pessoa que o recebe compreende o seu Índice de assuntos, o Índice, as páginas verdes e o Vocabulário. É preciso ter um cuidado especial a dar exemplos de **como consultar o livro**. Insistir para que cada pessoa leia com muito cuidado as partes do livro que podem ajudar a compreender o que pode ser útil, ou quando é importante transferir o doente (ver o capítulo 4 sobre os **SINAIS DE PERIGO**). Indicar claramente a importância de **prevenir doenças** antes que elas comecem. Dizer às pessoas que prestem atenção especial aos capítulos 10 e 11, que tratam de como **comer bem** (nutrição) e da **higiene** e **saneamento do meio**.

Muitas coisas podem ser explicadas resumidamente. Mas quanto mais tempo se levar a explicar como se deve consultar o livro, ou a **ler e consultá-lo com as pessoas**, mais proveito as pessoas tirarão dele.

Como trabalhador de saúde, deve encorajar as pessoas a reunirem-se em **grupos pequenos** para ler o livro, e debater alguns capítulos. Identifique quais são os maiores problemas da região – o que se pode fazer para resolver os problemas de saúde que já existem e como prevenir problemas idênticos no futuro. Procurar fazer com que as pessoas pensem no futuro.

Talvez algumas pessoas interessadas se possam reunir para uma **aula pequena e breve** usando o livro como material de leitura. Os membros do grupo podem discutir como reconhecer, tratar e evitar vários problemas. Cada membro do grupo deve ter a sua vez para ensinar e explicar as coisas aos outros.

Para que as aulas se tornem divertidas pode-se representar cenas breves. Por exemplo, alguém pode fingir que tem uma certa doença e pode explicar o que sente. Os outros então podem fazer perguntas e examinar o doente (ver capítulo 3). O livro deve ser utilizado como um guia para tentar descobrir qual é o problema e como este pode ser resolvido. O grupo deve lembrar-se de fazer o "doente" aprender mais sobre a sua própria doença – e deve terminar a representação debatendo com ele (a) maneiras de prevenir a doença no futuro. Isso tudo pode ser feito na aula.

Como trabalhador de saúde, uma das melhores maneiras de utilizar correctamente este livro é a seguinte: quando as pessoas vêm procurar tratamento, procure no livro o seu problema e descubra como tratá-las. Isso leva mais tempo, mas é mais útil para a pessoa do que simplesmente tratá-la. Assim, **a doença dá oportunidade para ajudar as pessoas a aprender.**

Estimado trabalhador de saúde – seja quem for e esteja onde estiver, tenha ou não um título ou um cargo oficial, ou se for simplesmente uma pessoa, como eu, interessada no bem-estar dos outros – tire bom proveito do livro.

Mas lembre-se que não vai encontrar neste livro nem em outro a parte mais importante dos cuidados de saúde. A chave da boa saúde está consigo e com as pessoas da comunidade, no cuidado, na preocupação e na estima de uns para com os outros. Se quiser ver a sua comunidade saudável, deve-se guiar por estes elementos.

> **Cuidar e compartilhar são a chave da saúde.**

Sinceramente,

David

David Werner

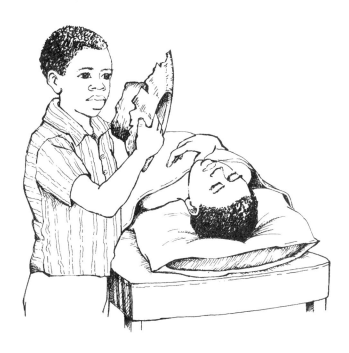

Nota

Este livro é para ajudar as pessoas a resolverem a maior parte dos problemas comuns de saúde, mas não tem as respostas para todos os problemas. Em caso de doença grave ou quando não se tem a certeza de como tratar um problema de saúde, deve-se procurar apoio ou transferir o doente para uma unidade sanitária com mais recursos.

Crenças populares e medicamentos caseiros

Em todo o mundo as pessoas usam remédios caseiros e recorrem a tratamentos dos chamados "médicos tradicionais" e líderes espirituais. Há centenas de anos que, em alguns lugares, os costumes antigos e os tratamentos tradicionais têm sido transmitidos de pais para filhos.

Muitos problemas de saúde resolvem-se bem com meios, hábitos e crenças tradicionais e outros apenas podem ser resolvidos com tratamentos modernos. É importante respeitar os hábitos e tradições locais da população.

Existem crenças, atitudes e hábitos da comunidade que são benéficos e que ajudam a resolver alguns problemas de saúde. Deve-se estimular a comunidade para que continue a usá-los.

Algumas crenças, atitudes e hábitos não ajudam nem prejudicam e podem continuar a ser utilizados.

Outras crenças, atitudes e hábitos são prejudiciais à saúde. É preciso tentar modificar estes hábitos, mas com cuidado para não ofender as pessoas.

Quer os remédios caseiros, ou os receitados pelos "médicos tradicionais" ou líderes espirituais, quer os medicamentos modernos, devem ser tomados com cuidado, obedecendo a doses correctas.

Não prejudicar ninguém.
Só se deve usar ou recomendar remédios
caseiros quando se tem a certeza de que eles não
fazem mal e se sabe exactamente como devem
ser utilizados.

Remédios caseiros que ajudam

Ao longo dos anos, se foi comprovando que, para certas doenças, os remédios caseiros funcionam tão bem como os medicamentos modernos e às vezes ainda melhor. Aqueles são geralmente mais **baratos** e, nalguns casos, **mais seguros** ou menos perigosos.

Por exemplo, muitos chás de ervas que as pessoas tomam em casa para o tratamento da tosse e das constipações são melhores e causam menos problemas do que os xaropes para a tosse e outros medicamentos que alguns médicos receitam.

Também alguns líquidos caseiros, como a água de arroz e a água de lanho, são geralmente eficazes para o tratamento da diarreia. O mais importante é que o bebé com diarreia beba muitos líquidos.

Para diarreias, os líquidos caseiros são muitas vezes eficazes.

Limitações dos remédios caseiros

Algumas doenças podem ser aliviadas com remédios caseiros. Outras só podem ser tratadas com medicamentos modernos, como é o caso da maior parte das infecções graves. Doenças como a malária, a cólera, a pneumonia, a meningite, o tétano, a tuberculose, as infecções de transmissão sexual e a febre que ocorre depois do parto devem ser tratadas, o mais rapidamente possível, com medicamentos modernos. As crianças com convulsões (ataques) ou respiração rápida, ou as que não conseguem beber ou mamar, também devem ser tratadas com medicamentos modernos. Para estas doenças, não se deve perder tempo em querer tratá-las primeiro apenas com remédios caseiros.

No tratamento da mordedura de cobra algumas pessoas utilizam remédios caseiros. Em certos lugares as pessoas acreditam que certas folhas são eficazes para tratar estas mordeduras. Noutros lugares, é popular a utilização da pedra preta considerada "especial".

Pedra preta

Felizmente, muitos casos de mordedura de cobra dão-se por serpentes não venenosas e quando o são por cobras venenosas, pouco ou nenhum veneno é injectado através dos dentes. O remédio caseiro aparenta funcionar. Contudo, sabe-se muito bem que algumas pessoas morrem por causa da mordedura de cobra e, por isso, é sempre melhor ir depressa à unidade sanitária mais próxima, onde o tratamento pode ser administrado, se for necessário.

O SIDA é um exemplo duma doença grave, para a qual já existem actualmente medicamentos eficazes nos serviços de saúde. São os chamados anti-retrovirais (ver pág. 424). Embora estes medicamentos não curem o SIDA, podem trazer um grande alívio dos sintomas da doença e permitir que a pessoa viva por muitos mais anos. Mas, porque o SIDA é uma doença que pode levar à morte, estão a ser vendidos muitos medicamentos fora dos serviços de saúde que pretendem tratar esta doença. Estes medicamentos NÃO CURAM A DOENÇA. Existem algumas plantas medicinais que podem aliviar alguns sintomas do SIDA. Contudo, é melhor investir numa boa alimentação (ver pág. 413) e não em medicamentos que não temos a certeza se funcionam ou não.

> **É mais seguro tratar as doenças mais graves com medicamentos modernos – seguindo os conselhos dum trabalhador de saúde, sempre que possível.**

Métodos antigos e novos

Alguns métodos modernos que vão ao encontro das necessidades de saúde, funcionam melhor do que os antigos. Mas, às vezes, as tradições antigas são melhores. Por exemplo, os métodos tradicionais de cuidar das crianças ou das pessoas idosas são muitas vezes mais carinhosos e assim funcionam melhor do que alguns métodos modernos.

Por exemplo, há poucos anos atrás todos pensavam que o leite da mãe era a melhor forma de alimentação para um bebé recém-nascido. Tinham razão! Depois, as grandes companhias produtoras de leite artificial começaram a dizer às mães que era melhor alimentar os bebés com biberão. Mesmo não sendo verdade, isso levou a que muitas mães acreditassem naquelas companhias e começassem a alimentar os seus bebés com biberão. E o resultado foi que milhares de bebés têm sofrido, desnecessariamente, e morrido de infecções ou de fome. Por estas razões, o aleitamento materno continua a ser a melhor opção.

> **Deve-se respeitar as tradições da comunidade e procurar melhorar as que forem úteis.**

Crenças que podem beneficiar as pessoas

Alguns remédios caseiros agem directamente sobre o corpo, outros fazem efeito apenas porque as pessoas acreditam neles. **Acreditar num tratamento pode ajudar muito na cura duma doença.**

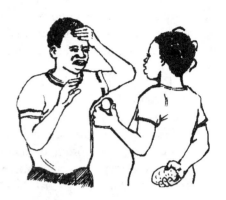

Por exemplo, as rodelas de batata aplicadas na testa duma pessoa com forte dor de cabeça, podem fazer efeito (melhorar), se esta realmente acredita nisso.

É a fé que a pessoa tinha no tratamento e não a batata, que a fez sentir-se melhor.

Muitos remédios caseiros funcionam dessa maneira. Ajudam principalmente porque as pessoas têm fé neles. Por essa razão eles podem ser especialmente úteis para tratar doenças que, em parte, existem na imaginação das pessoas, ou para aquelas que são causadas por suas crenças, preocupações, medos ou temores.

Neste grupo de doenças estão incluídos: os "feitiços", a histeria, as dores incertas, e a ansiedade.

Para todos estes problemas, **a amabilidade ou o "toque" do curandeiro tradicional ou do líder espiritual podem ser muito importantes**. Muitas vezes, isto não passa duma simples demonstração de interesse pela pessoa, um desejo de ajudar o doente a acreditar que se vai curar ou simplesmente de o ajudar a aliviar a tensão ou a preocupação.

Algumas vezes, a confiança duma pessoa num remédio pode contribuir para a solução dos problemas de origem realmente física. Muitos **medicamentos de marca** (por exemplo, medicamentos para melhorar a "potência sexual") são vendidos, embora não tenham um efeito real; mas parecem funcionar porque a propaganda do medicamento é tão boa que faz com que as pessoas acreditem nele. **Os medicamentos que actuam deste modo são chamados "placebos"**, o que significa "coisas que dão prazer". Normalmente os xaropes para a tosse ou os "tónicos" são, na verdade, placebos. Eles ajudam o doente a sentir-se mais confortável e seguro, e o doente não se sente bem sem eles, mesmo que o "problema" que o levou a recorrer a estes medicamentos se tenha resolvido sozinho.

> **Muitas coisas fazem bem só porque as pessoas acreditam que elas fazem bem.**

Crenças que podem prejudicar as pessoas doentes

O poder da crença pode ajudar a curar pessoas, mas também lhes pode fazer mal. Se uma pessoa acredita muito que alguma coisa lhe pode fazer mal, o seu próprio medo pode torná-la doente.

> Muitas coisas fazem mal só porque as pessoas acreditam que elas fazem mal.

Feitiçaria

Se uma pessoa acredita, com bastante convicção, que alguém tem o poder de lhe fazer mal, pode realmente ficar doente. Quem acredita que está enfeitiçado ou drogado pode ser, na verdade, vítima dos seus próprios medos.

Os feiticeiros não têm poder sobre as outras pessoas, a não ser pela sua habilidade de fazer acreditar que o têm. É por essa razão que:

> É impossível enfeitiçar uma pessoa que não acredita na feitiçaria.

Por exemplo, uma mulher que está com medo dum feitiço fica nervosa e não come nem dorme bem. Ela começa a enfraquecer e a perder peso. Acha que isso é um sinal de que foi enfeitiçada e assim fica ainda mais nervosa e mais amedrontada. E piora cada vez mais.

Algumas pessoas pensam que estão "enfeitiçadas" quando sofrem de doenças assustadoras, tais como o SIDA, ou cancro. Essas doenças não têm nada a ver com feitiçaria. **Quando se tem uma doença grave, é necessário procurar ajuda na unidade sanitária mais próxima.**

Quando se tem uma doença, não se deve apontar logo para um feitiço

Não se deve procurar um feiticeiro para contra-atacar com um feitiço mais poderoso

Mas, sim, procurar conselhos que possam ajudar a sair do medo e da preocupação

Perguntas e respostas sobre algumas crenças populares e remédios caseiros

Talvez algumas das crenças da comunidade sejam idênticas às que abaixo se descrevem. É preciso pensar na melhor maneira de identificar quais são as crenças da comunidade local que ajudam a ter uma boa saúde e quais são as que podem ser prejudiciais.

Quando as pessoas desconfiam que alguém está enfeitiçado, é verdade que a pessoa melhora se se vinga contra a suposta pessoa que encomendou o feitiço?		NÃO! Ninguém fica a ganhar fazendo mal aos outros
É verdade que quando o parto da mulher está a demorar é porque ela manteve relações sexuais com outra pessoa que não é o marido?		NÃO! O atraso de parto é um sinal de perigo para a mãe e para o bebé. A mãe deve ir urgentemente para a maternidade mais próxima. Tanto a mãe como o bebé podem morrer, se não forem tratados com urgência.
Fazer massagens na barriga de uma mulher durante o parto, ajuda o bebé a nascer bem?		NÃO! Se estas massagens forem feitas com violência, isto pode provocar hemorragias e possivelmente o bebé pode nascer morto. As massagens após o parto ajudam na contracção do útero
É verdade que o primeiro leite da mãe é bom para o bebé?		SIM. O leite, de cor amarelada, que sai no início (chamado colostro) é muito bom para o bebé.

É verdade que depois do parto a mulher deve ficar cerca de 6 meses ou mais sem manter relações sexuais com o marido porque o bebé pode ficar doente (emagrecer, crescer a barriga, saírem veias na cabeça, o pescoço fica leve e não consegue levantar a cabeça)?

NÃO! Os pais podem ter relações sexuais cerca de 60 dias depois do parto, quando a mulher se sentir bem. Ela deve ir antes à unidade sanitária para fazer planeamento familiar. Esperar mais de 60 dias, pode obrigar o homem a ter relações fora de casa com riscos de trazer doenças de transmissão sexual incluindo o SIDA. Se a criança tem esses problemas, leve-a ao hospital.

É verdade que as mulheres que ficaram viúvas recentemente e aquelas que abortaram, podem transmitir tuberculose aos seus parceiros por manterem relações sexuais, sem antes terem seguido os rituais tradicionais?

NÃO! A tuberculose transmite-se de uma pessoa infectada para outra através de tosse. O controlo da tuberculose não se resolve com métodos tradicionais, mas sim pelo tratamento com medicamentos.

É verdade que uma criança pode contrair tuberculose, se for posta no colo de uma pessoa que recentemente perdeu um ente querido e manteve relações sexuais?

NÃO! Como já foi dito, a tuberculose contrai-se só através do contacto com uma pessoa infectada, através de pequenas gotas de saliva. Se a criança conviver com alguém que tem a doença, pode apanhar a doença facilmente, porque as defesas do seu corpo ainda são muito fracas.

É verdade que depois do falecimento de uma pessoa casada, a viúva ou viúvo deve manter relações sexuais com alguém da família para purificação?

NÃO! Nunca se sabe de que é que morreu a pessoa. Esta pode ter morrido de SIDA e a viúva ou viúvo também pode já ter contraído a doença. Ou pode acontecer que a pessoa escolhida para manter relações sexuais com o viúvo ou viúva, também seja portadora de HIV ou outras ITS.

É verdade que dar banho a uma pessoa quando está doente, pode lhe fazer mal?		NÃO! As pessoas doentes devem ser lavadas com água morna todos os dias de modo a garantir uma boa higiene.
É verdade que quando uma pessoa tem febre alta, deve ser agasalhada para que o ar não lhe faça mal?		NÃO! Pelo contrário! Quando uma pessoa tem febre alta, deve ser destapada e despida para arrefecer e deixar o corpo apanhar ar. Isso vai ajudar a baixar a febre (ver pág. 331).
É verdade que respirar o vapor de folhas de eucalipto fervidas alivia constipações e tosses secas?		SIM. É um método tradicional que ajuda. O vapor desbloqueia as vias respiratórias.
Uma pessoa com diarreia deve evitar comer e beber até melhorar?		NÃO! A diarreia provoca desidratação. A pessoa com diarreia perde líquidos e nutrientes essenciais, por isso deve beber muitos líquidos e comer bem.
É verdade que a epilepsia é transmitida de uma pessoa que está tendo um ataque para outra? Será que a epilepsia é causada por espíritos maus?		NÃO! A epilepsia é causada por um problema no cérebro e não é contagiosa.
É verdade que as injecções são o melhor remédio para qualquer doença, e que deve-se procurar alguém que dê injecções caso estas não sejam receitadas no hospital?		NÃO! Se no hospital não receitarem injecções é porque a sua doença não necessita de tal tratamento. As pessoas que dão injecções fora do hospital normalmente usam a mesma seringa para várias pessoas. Esta prática é muito perigosa e contribui para a transmissão de várias infecções incluindo a hepatite e o HIV.

Fontanela deprimida

A fontanela é um ponto mole que se situa no cimo da cabeça dum bebé recém-nascido. Às vezes também é chamada de "moleirinha".

Normalmente leva cerca de um ano, a um ano e meio, para que a fontanela se feche totalmente.

Mães em diferentes países sabem que quando a fontanela se afunda, os seus bebés estão em perigo. Existem diversas crenças populares que as mães acreditam serem uma explicação para isso. Algumas acreditam que existe uma cobrinha ou lombriga (*nyoka*) no estômago da criança que às vezes sobe até à cabeça, e puxa a cabeça para baixo, fazendo com que esta se divida (fontanela deprimida).

Nada disso ajuda porque **a fontanela deprimida é, na realidade, causada pela desidratação** (ver pág. 342). Isto só quer dizer que a **criança está a perder mais líquidos do que consome**, geralmente devido a diarreia ou vómitos.

Tratamento:

Continuar a dar leite do peito. Dar à criança muitos líquidos (ver pág. 346). Às crianças com menos de 6 meses de idade, deve-se dar só água simples fervida (e continuar a amamentar).

A criança deve ser levada à unidade sanitária mais próxima.

PARA TRATAR UMA FONTANELA DEPRIMIDA

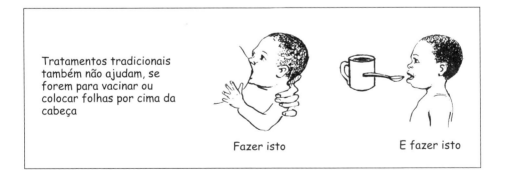

Tratamentos tradicionais também não ajudam, se forem para vacinar ou colocar folhas por cima da cabeça

Fazer isto

E fazer isto

ATENÇÃO: Se a fontanela está **abaulada**, ou seja, saliente para cima, isto pode ser um sinal de meningite. Neste caso, deve-se começar o tratamento imediatamente (ver pág. 376), referindo a criança com **urgência** para a unidade sanitária mais próxima.

Como verificar se o remédio caseiro funciona ou não

Só porque muitas pessoas usam tratamentos caseiros, isso não quer dizer que estes funcionam sempre bem ou que não têm perigo. Muitas vezes é difícil saber quais os remédios que fazem bem e quais os que podem fazer mal. É necessário fazer uma investigação cuidadosa para se ter a certeza. Cada país e cada região tem os seus remédios caseiros.

Aqui estão alguns exemplos que podem ajudar a saber quais são os remédios que provavelmente funcionam bem ou, melhor, que não são perigosos:

1. Tratamentos que, ao longo dos anos, têm demonstrado que podem ser aplicados sem qualquer perigo para os doentes:

   1. Água de arroz ou de lanho dada às crianças que têm diarreia.

   2. Xarope de cebolas para os adultos que têm tosse.

2. Os tratamentos que utilizam matérias sujas ou fezes de animais ou de pessoas, nunca podem fazer bem e podem causar infecções graves. Estes nunca devem ser usados!

   Exemplos:

   1. Colocar fezes dum animal no umbigo não cura a ferida e pode causar infecções perigosas como o tétano

   2. Alimentar um recém-nascido que tenha cólicas, com raspas da ponta dum pilão embebidas em água e atadas num canto duma capulana

Plantas medicinais

Existem muitas plantas com propriedades curativas. Alguns dos melhores medicamentos modernos são feitos a partir de plantas silvestres.

No entanto, nem todas as plantas medicinais que as pessoas usam funcionam. Outras, apesar de funcionarem, são usadas de maneira errada. É necessário investigar e aprender sobre as propriedades das plantas da área onde se vive e ficar a saber quais são as que funcionam bem.

 CUIDADO! Algumas plantas medicinais podem ser muito venenosas quando se excede a dose recomendada. Por essa razão, muitas vezes, é melhor usar medicamentos modernos, uma vez que a dose é mais fácil de controlar e já foram estudados.

Aqui estão alguns exemplos de plantas que podem ser úteis se forem usadas correctamente:

Alho

Usos

O alho é usado para problemas da pele, comichão, candidíase, dor do ouvido, febre, tosse, náuseas, flatulência (gases), diarreia. Uma bebida feita com alho pode muitas vezes ajudar a eliminar os parasitas intestinais, conhecidos como oxiúros (vermes em linha).

Deve-se sempre consumir perto das refeições para não criar problemas do estômago.

Preparação e dose

Verme em linha ou diarreia

1. Cortar fininho, ou esmagar, 4 dentes de alho e misturar com um copo de líquido (água, sumo ou leite).

Ou

2. Misturar 1 a 3 dentes de alho com 1 copo de água, ferver num mínimo de 10 minutos num recipiente tapado. Deixar arrefecer.

Para os oxiúros (verme em linha) – beber 1 copo por dia durante 3 semanas.

Para a diarreia – beber 1 copo de 2 em 2 horas até a diarreia passar, continuando a comer e a beber outros líquidos.

Tosse

Esmagar 9 dentes de alho, acrescentar o sumo de 1 limão e 1 ou 2 colheres de sopa de mel.

Para crianças – 1 colher de chá desta mistura, 3 vezes/dia; para adultos – 1 colher de sopa, 3 vezes por dia.

Atenção: Para bebés com menos de 1 ano usar açúcar em vez de mel.

Problemas da pele, comichão e candidíase

Descascar e lavar bem 1 a 3 dentes de alho e pilar.

Aplicar na zona afectada 2 vezes por dia. Se depois duma semana o problema não passa, encaminhar para a unidade sanitária mais próxima.

Cebola

Usos

A cebola é boa para quem tem tosse e pode ser usada em alguns problemas da pele.

Preparação e dose

Tosse

Preparar o xarope de cebola (ver pág. 301).

Também se pode cozer a cebola e comer e beber o caldo. Recomenda-se 2 a 3 cebolas por dia, juntamente com o seu caldo. Com o caldo também se pode gargarejar.

A cebola também pode ser consumida sob a forma de sumo fresco: esmaga-se bem a cebola, mistura-se com sumo de limão e mel e toma-se às colheres.

Crianças com 1 ano, ou mais: 1 colher de chá, 3 a 4 vezes por dia.

Atenção: Para bebés com menos de 1 ano, usar açúcar em vez de mel.

Adultos: 1-2 colheres de sopa, 3 a 4 vezes por dia.

Cataplasma (penso húmido)

Coze-se a cebola, estende-se aos pedaços num pano bem limpo e aplica-se localmente. Também se pode aplicar, directamente, as cascas grossas de cebola cozida sobre a pele.

Feridas, furúnculos, abcessos e queimaduras

Aplica-se a cebola esmagada em forma de cataplasma. Para fazer "amadurecer" os abcessos, pode-se aplicar uma cataplasma quente de cebola cozida ou assada.

Cajueiro

Outros nomes
Carosso (Zambézia), Corosso (Niassa),
Dingaloche, Encuajo (Cabo Delgado),
Khanju (Maputo – Ronga), Mucado (Nampula)

Usos
Diarreias

Preparação e dose

Diarreia no adulto

Ferve-se 1 litro de água e depois colocam-se na água já fervida, durante 10 minutos com a panela tapada, 4 a 5 folhas novas e 3 a 4 pedaços pequenos de casca do tronco do cajueiro. Bebe-se 1 chávena desse chá, 3 vezes por dia, ao mesmo tempo que se bebe outros líquidos à vontade.

Laranjeira

Uso

Febre, cansaço, falta de sono, ansiedade e dores menstruais.

Preparação e dose

Ferver 1 litro de água e mergulhar 3 folhas, ou 6 flores, durante 5-10 minutos, na água já fervida. Tomar 3 a 4 chávenas, por dia, especialmente antes de dormir.

Também se pode ferver 1 colher do pó da casca de laranja seca, em meio litro de água, durante 15 minutos. Para preparar o pó, deve-se esmagar a casca de laranja seca, depois de cortada em pedacinhos. Pode-se pôr mel para ficar doce. Tomar 1 chávena pequena, depois de cada refeição.

Atenção: Nos bebés com menos de 1 ano usar açúcar em vez de mel.

Papaeira

Uso

A papaia madura ajuda a digerir os alimentos, e a tornar as fezes mais moles. A seiva e as folhas são recomendadas para as pessoas que sofrem de dores de estômago.

A papaia também pode ser utilizada para o tratamento de escaras, porque a fruta contém alguns químicos que ajudam a amolecer e fazem com que as crostas secas sejam mais fáceis de retirar.

Preparação e dose

Azia, flatulência, indigestão

Seiva. Misturar 3 a 4 colheres de chá da seiva da papaieira, com uma quantidade igual de mel numa chávena de água quente.

Sementes. Secar e esmagar até ficarem em pó. Misturar 3 colheres de chá do pó com mel ou dissolver num copo de água.

Atenção: Nos bebés com menos de 1 ano usar açúcar em vez de mel.

Uma chávena/copo desta mistura até 3 vezes por dia, durante 1 semana.

Folhas. Ferver 1 folha tenra (nova) da papaieira em 1 litro de água, durante 15 minutos.

Tomar 1 chávena, 3 vezes por dia.

Escaras: primeiro limpa-se e lava-se a escara que tem a crosta seca; depois ensopa-se um pano, ou uma gaze esterilizada, na seiva da papaieira e põe-se esse penso na escara. Deve-se repetir a limpeza e o curativo, 3 vezes por dia.

Mandioqueira

Uso

A folha da mandioca pode ser utilizada para o tratamento de micoses entre os dedos.

Preparação e dose

Lavar muito bem a folha, pilar e aplicar a folha pilada no local das micoses 2 vezes por dia.

Beijo-de-mulata

Outros nomes

Xiflorane (Changana), Flore (Ronga)

Uso

Esta planta é tradicionalmente usada para tratar diabetes, dores menstruais, e reumatismo.

Preparação e dose

Ferve-se 1 litro de água. Depois de fervida tira-se do fogo e colocam-se 4 a 5 folhas de beijo-de-mulata durante 5 a 10 minutos. Este chá pode ser tomado, quente ou frio: 1 chávena, 2 vezes ao dia.

Cacana

Outros Nomes

Ncacana, Incacana, Imbaba, Ncaca, Tiaca, Nganga, Mbava, Ingaca, Mucacana

Usos

Furúnculos, "limpeza do sangue", hepatite.

Preparação e dose

Furúnculos

Lavar bem as folhas e esmagar. Aplicar 1 mão cheia do preparado sobre a pele na zona afectada 3 vezes por dia.

"Limpeza do sangue" e hepatite

Ferver 1 litro de água e, depois, adicionar 1 mão cheia de folhas. Depois de 10 minutos retira-se o líquido que se coloca numa garrafa.

Para os adultos: toma-se 1 chávena desta água, quente ou fria, 3 vezes ao dia (o chá é muito amargo).

Cactos

Usos

Os frutos são usados no tratamento da tosse. As folhas podem ser utilizadas para tratar tosse, feridas e contusões.

Preparação e dose
Tosse

Descascam-se os frutos com cuidado para não picarem. Podem ser comidos frescos ou pode-se fazer um xarope. Para fazer o xarope, cortam-se os frutos às rodelas e acrescenta-se açúcar escuro, deixando repousar este preparado durante cerca de 10 horas. Depois põe-se esta mistura ao lume e cozinha-se até obter uma pasta líquida que se côa para extrair o xarope.

Adultos: 1 a 2 colheres de sopa, 3 vezes por dia, até a tosse passar (não mais de 7 dias).

Crianças: 1 colher de chá, 3 vezes por dia, até a tosse passar (não mais de 7 dias).

Ou corta-se a folha ao meio de forma longitudinal (ao longo da folha) e coloca-se açúcar castanho no meio (para 1 folha utilizam-se 1 a 2 chávenas de açúcar). Deixa-se a folha a gotejar o suco, para um recipiente, durante 1 dia. O suco recolhido é depois fervido até se obter uma consistência de xarope.

Adultos: 1 a 2 colheres de sopa, 3 vezes por dia.

Crianças: 1 colher de chá, 3 vezes por dia.

Feridas e contusões

Lavar a ferida com água e sabão. Depois, cortar as folhas ao meio e aquecê-las ao lume. Enquanto quentes aplicam-se, directamente, no local afectado.

Cassia alata

Outro nome

Nembe-nembe

Usos

Extractos da folha fresca ajudam no tratamento de tíneas.

Preparação e dose

Limpar a zona afectada com água quente e sabão. Lavar bem a folha e esmagar. Aplicar na zona afectada. Cobrir com um pano limpo e mudar 3 a 4 vezes por dia.

Eucalipto

Usos

O eucalipto é indicado para a tosse.

Preparação e dose

Banhos de vapor (inalações) são a melhor forma de aproveitar todas as proprie-dades do eucalipto (ver pág. 301).

Ir à unidade sanitária se o problema não se resolver ou se agravar!

Clisteres, laxantes e purgantes: quando se devem e não devem usar

Muitas pessoas fazem clisteres (injectar água para o intestino através do ânus), tomam laxantes e purgantes frequentemente. A "mania dos purgantes" existe em todo o mundo.

Os laxantes são como purgantes, mas mais fracos. Os laxantes amolecem e aceleram a passagem das fezes; os purgantes causam diarreia.

Os clisteres e os purgantes são tratamentos caseiros populares e também são utilizados em certos cultos, por exemplo, Ziones. Muitas pessoas acreditam que a febre e a diarreia podem "ser lavadas" fazendo um clister, ou tomando um purgante ou um laxante. Mas, infelizmente, esses esforços para "limpar" o corpo doente ou purgar, muitas vezes causam ainda mais lesões no intestino que já está lesionado. Os clisteres podem ser perigosos.

Os clisteres, purgantes e laxantes muitas vezes são perigosos.

Casos em que o uso de clisteres ou laxantes/purgantes se torna perigoso

Nunca fazer um clister ou dar laxante/purgante nos seguintes casos:

- **Dor abdominal forte**, ou qualquer outro sinal de **apendicite** ou de um **abdómen agudo** (ver pág. 262).
- **Ferimento de bala** ou outro **trauma no intestino**.
- **Fraqueza**. Isso vai enfraquecer a pessoa ainda mais.
- Bebés com **menos de 2 anos de idade**.
- Crianças com febre alta, vómitos, diarreia ou sinais de desidratação (ver pág. 342).
- Não usar laxantes/purgantes com frequência ou durante muito tempo.

Um método melhor

Alimentação com fibra (ver pág. 218). O método mais saudável e suave de evacuar fezes mais moles e mais frequentes é comer mais alimentos com muita fibra natural como frutas (papaia), legumes (cenouras), maçaroca cozida, mandioca e sementes como as de abóbora ou girassol. Beber muita água também ajuda.

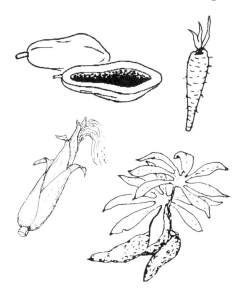

As pessoas que por hábito comem muitos alimentos que contêm fibra natural sofrem muito menos de hemorróidas, prisão de ventre e cancro do intestino, do que as pessoas que comem muita comida processada (por exemplo, *nicknacks*, hambúrgueres, *pizzas*, cachorros-quentes, enlatados, bolos).

2 | As causas das doenças

As pessoas têm maneiras diferentes de explicar a causa duma doença.

Um bebé está com diarreia. Mas porquê?

- **Em certas comunidades**, talvez digam que isso aconteceu porque os pais fizeram algo errado, por exemplo, terem irritado um espírito, terem tido relações sexuais antes do tratamento tradicional do bebé.

- **Um médico** talvez diga que é porque o bebé tem uma infecção.

- **Um trabalhador de saúde pública** talvez diga que é porque os membros da comunidade não usam uma boa fonte de água, ou não usam latrinas.

- **Uma activista** talvez diga que as condições que frequentemente levam à diarreia são causadas pela distribuição injusta da terra e de bens.

- **Um professor** talvez atire a culpa à falta de educação.

Cada pessoa vê as causas da doença com base na sua própria experiência e seus pontos de vista. Quem tem razão, então, acerca da causa? Provavelmente a maior parte das pessoas tem razão, pelo menos até certo ponto. Isto porque...

> **As doenças frequentemente resultam duma combinação de várias causas.**

Cada uma das causas acima mencionadas pode ser parte da origem da diarreia naquela criança.

Prevenir e tratar doenças é mais fácil se a pessoa tiver conhecimentos sobre as doenças mais comuns na comunidade e as suas causas.

Este livro descreve diversas doenças de acordo com a medicina moderna.

Para utilizar bem este livro e empregar com cuidado os remédios aqui recomendados, terá que ter alguns conhecimentos sobre as doenças e suas causas segundo a ciência médica. A leitura deste capítulo pode ser útil.

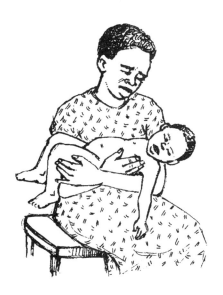

Diferentes tipos de doenças e as suas causas

Ao considerar como evitar doenças ou como tratá-las, ajuda se pensar nelas em dois grupos: as infecciosas e as não infecciosas.

Doenças infecciosas são aquelas causadas por "bichinhos" geralmente designados por micróbios. Muitas doenças infecciosas podem passar duma pessoa para outra.

Doenças não infecciosas não passam de pessoa para pessoa. Elas têm outras causas. Portanto, é importante saber quais são as doenças infecciosas e quais não são.

Doenças infecciosas

Como se transmitem

Os micróbios saem do nosso corpo e entram no corpo de outra pessoa por diferentes vias de transmissão, como por exemplo:

Saída do corpo	Transmissão	Entrada no corpo de outra pessoa	Doença (exemplo)
Fezes	Fecal-oral	Boca, pela água ou alimentos	Diarreia Cólera Lombrigas
Tosse, espirros	Ar (via aérea)	Inalação (através do nariz)	Tuberculose Pneumonia Meningite Sarampo
Secreções nasais e da garganta	Contacto	Inalação	Sarampo
Pele	Contacto directo	Pele	Tínea Lepra
Pele	Contacto indirecto através de roupa, toalhas	Pele	Tínea
Olhos	Contacto, moscas	Olhos	Conjuntivite Tracoma
Órgãos genitais	Relações sexuais	Órgãos genitais	Corrimento uretral ou vaginal Úlcera genital HIV
	Insecto	Picada de insecto	Malária Febre de dengue Doença do sono
Urina, fezes	Caracol na água	Pele	Bilharziose
Fezes	Contacto	Pele	Ancilostomíase
Sangue	Picadas de agulha, transfusão de sangue (via sanguínea)	Sangue	HIV e SIDA Hepatite

Uma forma de transmissão importante é da mãe para o filho, como pode acontecer no HIV e SIDA (ver pág. 400).

Existem também micróbios no meio ambiente que podem entrar no corpo através duma ferida, é o caso do tétano.

Alguns micróbios presentes nos animais também podem sair do corpo do animal e entrar no nosso corpo por várias vias, por exemplo, doença do sono, febre da carraça.

Tipos de micróbios

Existem vários tipos de micróbios: bactérias, vírus, fungos, e parasitas.

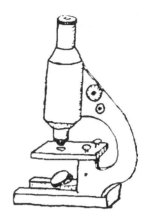

As bactérias são tão pequenas que não se podem ver sem um microscópio – um aparelho que faz as coisas pequenas parecerem maiores. Os vírus são ainda mais pequenos que as bactérias. A observação dos vírus requer um microscópio especial que permite aumentar a sua imagem.

Os antibióticos (a penicilina, o cotrimoxazol, etc.) são medicamentos que ajudam a curar algumas doenças causadas por bactérias (ver capítulo 7). **Os antibióticos não fazem efeito contra doenças causadas por vírus**, tais como gripes, constipações, papeira e varicela.

> **Não trate infecções por vírus com antibióticos. Eles não ajudam e podem ser perigosos.**

Para algumas infecções virais existem medicamentos que são chamados **antivirais**. Estes medicamentos permitem o controlo das infecções virais, mas não conseguem eliminar completamente os vírus do corpo do doente. Um exemplo são os anti-retrovirais utilizados no tratamento da infecção pelo HIV.

Doenças não infecciosas

As doenças não infecciosas têm diversas causas, mas nunca são causadas por micróbios (bactérias ou outros micróbios), nem passam duma pessoa para outra. É importante compreender que os medicamentos que combatem os micróbios, tais como os antibióticos, não ajudam a curar as doenças não infecciosas.

> **Lembre-se: os antibióticos não servem para doenças não infecciosas.**

Problemas causados por algo que se desgasta ou altera dentro do corpo:	Problemas causados por algo externo que causa danos ou prejudica o corpo:	Problemas causados por falta de algo de que o corpo necessita:
Reumatismo	Alergias	Malnutrição
Ataque cardíaco	Envenenamento	Pelagra
Ataques epilépticos	Mordedura de cobra	Anemia
Trombose	Tosse nos fumadores	Bócio e cretinismo
Catarata	Alcoolismo	Cegueira nocturna e xeroftalmia

Problemas com os quais as pessoas nascem:	Problemas mentais
Estrabismo (olhos vesgos)	Nervosismo devido a alguma preocupação (ansiedade)
Atraso mental	Depressão
Anemia das células falciformes	Doenças usualmente atribuídas à feitiçaria
Pé boto	Demência

Doenças que muitas vezes são confundidas ou às quais se dá os mesmos nomes

Muitos dos nomes vulgares que as pessoas usam para as suas doenças já eram usados muito antes de se conhecerem os micróbios ou bactérias, ou ainda os medicamentos que os combatem.

Na realidade, a maioria dessas doenças conhecidas por nomes locais são as mesmas que a ciência médica conhece. Apenas os nomes são diferentes.

Para muitas doenças, os remédios caseiros fazem bem. Mas para outras, os tratamentos com medicamentos modernos funcionam muito melhor e podem salvar a vida.

Isto é verdade, principalmente nas infecções graves como a pneumonia, a cólera, a tuberculose e a meningite.

Para usar este livro e decidir que tratamento dar, **é importante que conheça a doença pelo nome usado na medicina moderna.**

Se não consegue encontrar a doença que procura neste livro, veja se existe com um nome diferente ou no capítulo que trata do mesmo tipo de problema.
Leia o ÍNDICE DE ASSUNTOS e o ÍNDICE.

Se não tem a certeza de que doença se trata – principalmente se ela parece ser grave – transferir o doente.

As doenças também têm nomes vulgares ou **tradicionais** usados pelas pessoas. Muitas vezes o mesmo nome é dado a diversas doenças que, para a ciência médica, são diferentes.

Não é possível dar exemplos para cada comunidade onde este livro vai ser usado.

Alguns exemplos:

A febre é muitas vezes chamada de malária, ainda que possa ser de facto uma gripe ou outra infecção. Por exemplo, no sul de Moçambique, dores de cabeça acompanhadas de febres e calafrios constituem um problema de saúde conhecido por "dzedzedze".

Um doente que diz ter asma pode querer dizer que tem dificuldade respiratória ou falta de ar, sintomas que podem estar associados a outros problemas respiratórios tais como pneumonia, bronquite, tuberculose, problemas do coração.

Às vezes, nas crianças, a febre alta resulta em convulsões (ataques), que muitas vezes são confundidas com epilepsia, e esta é designada "doença da lua".

Procure saber os nomes tradicionais das doenças na sua comunidade.

Muitas vezes os sintomas de que se queixam os doentes são causados por preocupações em relação ao trabalho, dinheiro, estudos, casa, etc. Na grande maioria dos casos, estes *não podem ser tratados com medicamentos*.

Como examinar
um doente

Quando um doente procura ajuda, é necessário começar por lhe fazer algumas perguntas importantes e examiná-lo cuidadosamente, de modo a perceber quais são as suas preocupações e necessidades. É necessário procurar **sinais** e **sintomas** que ajudam a perceber qual a doença que a pessoa pode ter (**diagnóstico**) e/ou se a pessoa está gravemente doente.

Existem algumas coisas muito importantes que se deve perguntar e observar em todos os doentes: as que o doente sente ou de que se queixa (**sintomas**); e as que se observam quando se examina o doente (**sinais**). Os sinais podem ser muito importantes quando se examina crianças e doentes que não conseguem falar.

Para saber quais são os **sintomas** do doente, devem ser feitas perguntas que permitem colher a sua **história clínica** (ou *anamnese*). Para se observar os **sinais** da doença, é preciso fazer um **exame físico** cuidadoso do doente.

Se o doente é **uma criança**, as perguntas devem ser feitas à mãe ou à pessoa adulta que a acompanha e é necessário, antes de tudo, pedir e examinar o seu Cartão de Saúde.

É fundamental conhecer se a criança está a ganhar peso normalmente, de acordo com a sua idade, e se tem as vacinas em dia. Se a criança não está a crescer bem, deve-se procurar identificar se pode existir uma razão para isso (doenças anteriores, dieta, problemas familiares como o nascimento de outra criança, etc.)

Se o doente é **um idoso**:

- Tratar com respeito, mantendo a sua dignidade.

- Ouvir com cuidado o que diz.

- Levar as suas queixas a sério, em vez de classificar os problemas como próprios da idade.

- Aceitar que o doente pode ter problemas de visão e audição.

- Facilitar o acesso a medicamentos gratuitos para as doenças crónicas, por exemplo, comprimidos para a diabetes.

- Providenciar, se possível, serviços de reabilitação como a fisioterapia, para os problemas da marcha e artrites que surgem com a idade.

O exame dum doente deve ser sempre feito num lugar onde haja bastante claridade: de preferência à luz do dia – **nunca** num quarto escuro.

Para complementar e/ou confirmar o diagnóstico da doença devem ser pedidos **exames laboratoriais**, quando e onde for possível realizá-los.

O que fazer?
- Receber o doente com uma frase amistosa, apresentar-se e perguntar o nome do doente.

- Se o doente não fala português, usar a língua local.

- Deixar o doente à vontade para dizer tudo o que sente.

- Garantir ao doente a confidencialidade das informações que dá.

Não deve:
- Movimentar-se constantemente ou sair da sala enquanto está a atender o doente.

- Fazer gestos ou comentários que dão a entender que não concorda com aspectos negativos da vida do doente.

- Deixar que outros colegas entrem na sala onde estamos a observar o doente.

História clínica (perguntas)

O contacto com o doente deve começar com uma atitude e *uma frase amistosas,* antes de se começar a fazer perguntas para obter a história clínica. Isto é muito importante para quebrar as dificuldades de comunicação e permitir ao doente dar a história completa, pelas suas próprias palavras.

É importante fazer uma pergunta de cada vez e ter a certeza que o doente a percebeu bem. Só se deve continuar o interrogatório depois de ter recebido uma resposta clara à pergunta anterior.

As perguntas devem ser feitas seguindo uma sequência que permita identificar:

- qual é a **queixa principal** do doente, quando e como começou, como evoluiu, de modo a perceber qual é a **história actual** da sua doença;

- se o doente teve doenças anteriores à actual, bem como as suas anteriores condições sociais, e/ou profissionais. Isto pode permitir compreender quais os **antecedentes pessoais** do doente que podem estar relacionados com o seu estado actual de saúde;

- se existem, ou existiram, doenças na família do doente (**antecedentes familiares**) que podem ter influência no seu estado actual de saúde.

A colheita da história clínica também permite ir avaliando o estado geral do doente: por exemplo, se este revela ou não muita dor, se está nervoso ou deprimido, etc.

> **À medida que se interroga e se examina um doente, devem ser anotados todos os achados que se vão encontrando.**

Queixa principal e história actual

Para identificar o sintoma que constitui a queixa principal do doente e para colher a história actual da sua doença, pode-se fazer as seguintes perguntas ao doente, à mãe ou acompanhante duma criança doente:

De que é que se queixa? O que é que o incomoda mais neste momento?

É preciso notar que, por vezes, o doente não consegue comunicar a sua queixa principal, logo no primeiro contacto com uma pessoa que não conhece bem. Só à medida que a conversa vai progredindo se consegue saber qual é a queixa ou preocupação principal do doente. Por exemplo: um doente com impotência sexual, pode não referir logo de início essa queixa; uma mulher com problemas de infertilidade (dificuldade em ter filhos) pode vir queixar-se duma dor abdominal.

Como e quando começou a doença?

A definição do início e da duração do sintoma deve ser muito clara.

- Início súbito ou há poucos dias, indica uma situação aguda
- Início gradual ou o sintoma presente há mais de 2 semanas indica uma situação crónica

  No caso da *tosse* por exemplo, pode sugerir:

- Início súbito – um corpo estranho
- Há poucos dias – uma infecção viral ou bacteriana
- Há mais de 2 semanas – tuberculose pulmonar

O que aconteceu desde que começou esta doença?

É importante tentar perceber qual tem sido a **evolução** da doença desde que começou.

Por exemplo, um doente que refere que está a emagrecer progressivamente, é porque está a piorar. Neste caso devemos suspeitar que o doente pode ter SIDA ou uma outra doença grave.

Há alguma coisa que alivia, ou que faz piorar, o seu problema?

Por exemplo:

- na úlcera duodenal (ver pág. 294), o doente pode referir uma dor que alivia depois de comer
- na insuficiência cardíaca (ver pág. 487), o doente refere falta de ar que é agravada pelo esforço físico

É a primeira vez que tem este problema, ou isto já aconteceu antes?

Por exemplo: no caso de asma, o doente dá uma história de que já teve anteriormente ataques idênticos de dificuldade respiratória e de tosse.

Na colheita da história actual da doença, é muito importante definir bem as características dos sintomas que o doente refere.

Usando a tosse como um exemplo, deve-se perguntar se esta é acompanhada de expectoração e quais são as suas características. Se esta é:

- amarela/esverdeada – sugere uma *infecção bacteriana* (pneumonia, bronquite)
- com sangue – sugere *pneumonia* ou *tuberculose pulmonar*

Se o doente refere dor, é preciso perguntar:

- Onde é que dói? (Pedir para apontar o lugar exacto com um dedo)
- Dói sempre ou só de vez em quando?
- Como é essa dor? (aguda? intensa? tipo ardor?)
- Consegue dormir, apesar da dor?

Se o doente é uma criança que ainda não fala, é preciso procurar sinais de dor. É preciso observar os seus movimentos e o modo como a criança chora. Por exemplo: uma criança que tem dores de ouvido, muitas vezes esfrega o mesmo lado da cabeça ou puxa a orelha.

Outro aspecto fundamental da história clínica actual consiste em recolher informação sobre a gravidade do sintoma que o doente refere como queixa principal.

Por exemplo, no caso duma criança com diarreia, é preciso saber o número de dejecções (número de vezes que tem diarreia) por dia. Isto ajuda a avaliar o risco que a criança corre de ficar desidratada.

Ainda no caso duma criança, é preciso perguntar se a criança brinca bem: uma criança que brinca normalmente, em geral não tem uma doença séria.

Desde que começou esta doença, já fez algum tratamento ou tomou alguma coisa?

Deve-se procurar saber se o doente já fez algum tratamento, para evitar a repetição de prescrições (receitas) que possivelmente não resultaram. Por exemplo, um doente que fez um tratamento completo com um medicamento antimalárico e continua com febre alta, pode não ter malária, ou então pode ter uma malária resistente a esse medicamento.

Na sua família, ou na sua área, estão outras pessoas com um problema como este?

Muitas doenças são infecções que passam dumas pessoas para as outras (por ex., sarampo, sarna).

Se um familiar próximo está ou esteve com a mesma doença, isto pode ajudar a identificar o diagnóstico e o procedimento a seguir com o doente.

No caso de diarreia aguda, se outras pessoas na área estão com a mesma doença, deve-se pensar em cólera.

Antecedentes pessoais

Na colheita da história clínica, é importante conhecer alguns aspectos da vida do doente, anteriores ao aparecimento da doença actual e que podem estar relacionados com esta. Para isso, devem ser dirigidas perguntas ao doente, de modo a identificar:

Doenças anteriores

Perguntar ao doente se teve outras doenças, se esteve internado, se foi operado, ou foi a consultas anteriores. Isto deve ser registado, por ordem do aparecimento, anotando as datas em que surgiram e a sua duração.

Com a experiência, aprende-se a perguntar os pontos mais importantes dos antecedentes pessoais e a identificar os que podem estar relacionados com a doença actual. Por exemplo:

- Uma criança com perda de peso: o processo da doença pode ter iniciado desde a altura em que a criança teve sarampo, há meses atrás.
- Um adulto com infecções de repetição: sugere um diagnóstico de HIV e SIDA.

Tipo e condições de trabalho

É importante conhecer, não só o tipo de trabalho actual do doente, mas também outro ou outros que o doente teve no passado. Por exemplo: o doente que agora é camponês, mas já foi trabalhador das minas.

Uso de medicamentos

O uso prolongado de certos medicamentos pode dar informação sobre a doença actual. Por exemplo: o AAS pode ser a causa duma gastrite.

Antecedentes familiares ou hereditários

É útil tentar saber se alguém da família sofreu, ou tem sofrido de alguma doença. Isto pode ajudar a identificar algumas doenças hereditárias, tais como alergias, asma, etc.

Exame físico

Depois de colher a história clínica, o trabalhador de saúde que está a atender o doente tem de fazer o seu exame físico. Muitas vezes, na unidade sanitária, a bicha dos doentes é longa e nem sempre é possível fazer um exame físico completo e pormenorizado a cada um deles. Mesmo assim, é necessário fazer, pelo menos, um exame físico *relevante* para as queixas ou sintomas apresentados pelo doente. Nos doentes em que o diagnóstico não está claro tem que ser feito um exame mais completo e cuidadoso.

O exame físico de um doente consiste em:

- Observar o **estado geral** do doente (aspecto geral).
- Determinar os **dados vitais**.
- Fazer o **exame sistemático** do corpo.

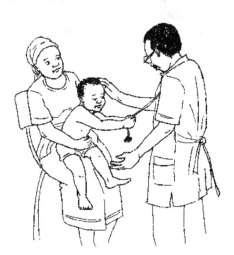

O exame duma criança faz-se da mesma forma que o dos adultos, mas a mãe, ou o pai, devem estar presentes. As crianças pequenas devem estar, sempre que possível, ao colo dos pais e é importante criar um ambiente para que elas se sintam à vontade. Por exemplo, pode-se deixar a criança brincar com o estetoscópio ou com outros objectos durante a observação. Uma criança que está assustada e a chorar pode levar a conclusões erradas.

Pontos importantes e a não esquecer no **exame da criança:**

- Avaliar, antes do exame, a temperatura e o peso.
- Pedir aos pais o cartão de saúde da criança para verificar o seu crescimento e as vacinas.
- Mandar despir completamente a criança, mas sem a incomodar ou irritar.
- Nas crianças deve ser feito, por rotina, um exame completo e procurar com atenção os possíveis sinais de perigo (ver capítulo 4).

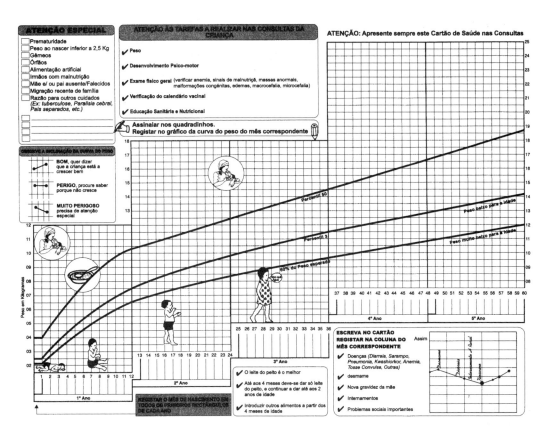

Estado geral de saúde (aspecto geral)

Durante a colheita da história clínica, deve-se ir avaliando o estado geral do doente observando-o com cuidado. É necessário prestar atenção ao:

Estado **mental** do doente: está a conversar ou a agir normalmente ou está deprimido e/ou nervoso? No caso de um bebé: está a chorar muito?

Estado de consciência do doente: está sonolento, letárgico, ou mesmo em coma? O doente letárgico não está desperto e alerta como deveria estar e não mostra interesse no que acontece à sua volta. O doente em coma não responde aos estímulos (picar, beliscar).

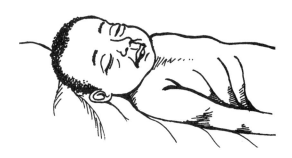

Estado **físico geral** do doente:

- Avaliar a **gravidade** da doença (ver capítulo 4, Sinais de Perigo). O doente parece estar bem ("não doente"), "doente", "muito doente", ou com um problema crónico e debilitado? Pode-se ter logo uma ideia da gravidade do problema, no caso de um doente que chega transportado numa maca: este pode estar muito doente ou incapaz de andar.

- Em geral, uma criança que se apresenta muito quieta, pode estar muito doente, enquanto que um bebé que grita e chora com força, não deve estar muito doente.

Quando uma **criança**, entre os 2 meses e os 5 anos de idade, não consegue beber ou mamar, está com convulsões, ou não acorda, estes são **sinais gerais de perigo** (ver pág. 87). Esta criança deve ser imediatamente transferida para a unidade sanitária mais próxima ou para uma unidade sanitária com mais recursos.

- Avaliar o estado de **nutrição** do doente: este parece bem ou malnutrido? Está muito magro? Tem inchaço (edema)? Quando o doente perdeu peso aos poucos e ao longo dum período longo, ele pode ter uma **doença crónica** (uma doença que dura muito tempo), tal como SIDA e/ou tuberculose.

- Procurar sinais de **desidratação** (ver pág. 343) e de choque (ver pág. 243).

- Observar também a **cor** da pele e dos olhos. A pele negra saudável pode esconder mudanças da cor, por isso deve-se procurar observar a palma da mão, a língua e a parte interior das pálpebras.

- A **palidez** pode ser um sinal de anemia (ver pág. 289) ou de choque (ver pág. 243).

- A **cor amarelada** (*icterícia*) pode ser o resultado duma malária (ver pág. 332), duma doença no fígado, como por exemplo hepatite (ver pág. 326) ou cirrose (ver pág. 497), ou ainda da vesícula biliar (ver pág. 296). Pode também aparecer em bebés recém-nascidos e em crianças que nascem com um problema no sangue que se chama anemia falciforme (ver pág. 583).

- A **pele azulada** pode ser sinal dum problema grave de respiração, ou de coração.

Às vezes a cor da pele muda quando uma pessoa está doente. Por exemplo, no kwashiorkor a cor da pele e do cabelo fica mais clara (ver pág. 165). Isto também pode acontecer numa pessoa com SIDA e/ou com tuberculose.

Dados vitais

Os dados ou sinais vitais do doente são aqueles que permitem avaliar rapidamente a gravidade da doença e/ou o seu risco de vida.

Estes são:

- A temperatura;
- O pulso;
- A frequência respiratória;
- A tensão arterial.

Temperatura

É aconselhável medir a temperatura do doente, mesmo quando parece que este não tem febre. Quando a pessoa está muito doente, a temperatura deve ser medida, pelo menos, 2 vezes ao dia e os valores observados devem ser anotados.

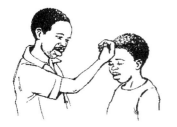

Quando não existe um termómetro, pode-se ficar com uma ideia da temperatura colocando as costas duma mão na testa do doente e depois na nossa própria ou na de outra pessoa saudável. Se o doente tem febre, sente-se a diferença.

- É importante saber quando e como é que a febre aparece, quanto tempo dura e como acaba. Isto pode ajudar a identificar a doença. Nem sempre a febre é causada por malária, embora haja o hábito de a tratar com tal, em muitos locais. É necessário lembrar que pode haver outras causas de febre. Para saber o que fazer em caso de febre, ver pág. 329.

- A temperatura normal é de cerca de 37°C. Acima de 37,5°C é considerada febre.

- Nas crianças doentes, deve-se medir sempre a temperatura.

Atenção: Num recém-nascido a temperatura muito alta ou **muito baixa** (menos de 36°) pode indicar uma infecção grave (ver pág. 576).

Como usar um termómetro

Quando se tem um termómetro, deve-se tirar a temperatura do doente, pelo menos, 2 vezes ao dia e escrever sempre a hora e os valores observados.

COMO LER O TERMÓMETRO (EM GRAUS CENTÍGRADOS – °C):

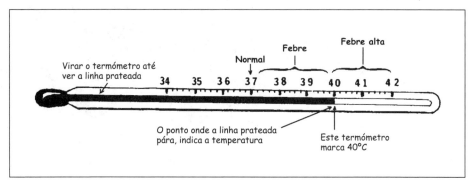

COMO TIRAR A TEMPERATURA:

1. Limpar o termómetro com água e sabão ou com álcool. É preciso sacudi-lo com movimentos rápidos do pulso até que marque menos de 36 graus.

2. Colocar o termómetro...

debaixo da língua (mantendo a boca fechada) ou

na axila se houver perigo da pessoa morder o termómetro ou

no ânus, com cuidado, numa criança pequena (molhar ou untar o termómetro primeiro)

3. Deixe o termómetro no local durante 3 ou 4 minutos.

4. Ler a temperatura (na axila a temperatura é mais baixa do que na boca; no ânus é um pouco mais alta do que na boca).

5. Lavar bem o termómetro com água e sabão ou com álcool.

Pulso (batimentos do coração)

Para sentir a pulsação, deve-se colocar os dedos no punho do doente, como mostra o desenho. (Não usar o polegar para sentir o pulso).

Se não se consegue encontrar a pulsação no punho, deve-se procurar sentir no pescoço...

... ou escutar os batimentos do coração

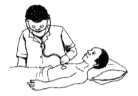

Para avaliar o pulso (batimento do coração) é necessário ter atenção à força, rapidez e regularidade dos batimentos cardíacos. O pulso mede-se contando os batimentos, por minuto, com a ajuda dum relógio.

PULSO NORMAL PARA PESSOAS EM REPOUSO

adultos .... de 60 a 80 batimentos por minuto

crianças .... de 80 a 100 batimentos por minuto

bebés .... de 100 a 140 batimentos por minuto

O pulso torna-se mais rápido quando a pessoa faz exercício, quando fica nervosa ou com medo, ou se tem febre. Em geral, o pulso aumenta 20 batimentos por minuto por cada grau (°C) de aumento da temperatura.

Quando uma pessoa adulta ou uma criança está muito doente, deve-se medir o pulso, com frequência, e escrever os valores juntamente com os da temperatura e os da frequência respiratória.

É importante observar as características do pulso. Por exemplo:

● Um pulso fraco e rápido pode ser sinal de choque (ver pág. 243).

● Um pulso muito rápido, ou muito lento e irregular, pode ser sinal de doença do coração (ver pág. 487).

● Um pulso relativamente lento num doente com febre alta pode ser sinal de febre tifóide (ver pág. 464).

Respiração

Quando se faz o exame físico dum doente, deve-se prestar muita atenção à forma como o doente respira. É necessário:

- Observar as características da respiração, quanto à sua: intensidade (é profunda ou superficial); velocidade (quantos movimentos respiratórios por minuto – frequência respiratória); e dificuldade.

- Observar se o tórax (peito) do doente se move igualmente, de ambos os lados, quando este respira.

- Escutar, com cuidado, o som da respiração do doente. Por exemplo:

- Um som de tipo "assobio" (pieira ou sibilos) e dificuldade durante a expiração pode ser sinal de asma (ver pág. 480).

- O estridor é um som áspero produzido quando se inspira, principalmente em crianças. O estridor produz-se quando há inflamação na laringe, traqueia ou na garganta devido a infecção (ver pág. 373). Se duvida da presença do estridor, ponha o ouvido perto da boca.

- Uma respiração ruidosa, tipo "ronco", e dificuldade durante a inspiração numa pessoa inconsciente produz-se quando a língua ou muco ou pus ou outra coisa está a obstruir a garganta (vias aéreas) do doente.

- No adulto, observar se tem desconforto ao deitar.

Frequência respiratória

Para medir a frequência respiratória, conta-se o número de **movimentos respiratórios/por minuto**, com a ajuda dum relógio ou dum cronómetro. A frequência respiratória normal depende da idade e é, em média: 16 a 20/por minuto nas crianças maiores de 12 meses e nos adultos; até 30/por minuto nas crianças mais pequenas, dos 2 aos 11 meses de idade; e até 40/por minuto nos bebés, de 1 semana a 2 meses. Quando há febre alta ou uma doença respiratória, o doente respira mais rápido do que o normal. A frequência respiratória aumenta quanto mais grave for a doença respiratória, por exemplo, a pneumonia.

FREQUÊNCIA RESPIRATÓRIA QUE INDICA RESPIRAÇÃO RÁPIDA

Idade	Movimentos respiratórios/minuto
Bebé de 1 semana até 2 meses	≥ 60
2 meses até 11 meses	≥ 50
1 ano até 5 anos	≥ 40
5 anos até 12 anos	≥ 30
13 anos ou mais	≥ 20

Tensão arterial

É importante saber medir a tensão arterial (TA). Deve-se avaliar a TA principalmente nas seguintes situações:

- Mulheres grávidas

- Mulheres em trabalho de parto

- Mulheres que tomam (ou planeiam tomar) a pílula ou injecção para planeamento familiar

- Pessoas com mais de 40 anos de idade

- Pessoas obesas (gordas)

- Qualquer pessoa com sinais de problemas de coração (ver pág. 487), AVC (ver pág. 488), dificuldade em respirar, dores de cabeça frequentes, edema (inchaço) das pernas, diabetes (ver pág. 490), ou problemas urinários

- Pessoas que se sabe que têm tensão arterial alta

- Doentes que estão a perder muito sangue (hemorragia)

- Doentes em choque (ver pág. 243), devido por exemplo, a hemorragia, desidratação, reacção alérgica, ataque cardíaco

Como medir a tensão arterial

Existem dois tipos de aparelhos para medir a tensão arterial:

E o esfigmomanómetro com uma coluna que mostra o nível do mercúrio.

Uma braçadeira pneumática com um manómetro para medir a tensão arterial.

Como medir a tensão arterial:

- **O doente tem de estar relaxado**. Exercícios recentes, mau humor, ou nervosismo podem fazer a tensão arterial subir e dar um valor alto. Quando se mede a TA deve-se explicar ao doente o que se vai fazer para que este não se assuste ou fique amedrontado.

- **Apertar a braçadeira**, depois de a enrolar na parte superior do braço (sem roupa) do doente.

- **Fechar a válvula** na pêra (bolinha ou bomba) de borracha começando por rodar o parafuso no sentido dos ponteiros do relógio.

- **Insuflar a bomba** (pêra) **e fazer subir a pressão** para mais de 200 milímetros do mercúrio.

- **Colocar o estetoscópio** na curva interna do cotovelo.

- **Escutar o pulso com atenção** à medida que se deixa sair, **lentamente**, o ar da braçadeira. Enquanto o ponteiro do manómetro (ou o nível do mercúrio) desce lentamente, **fazer 2 medições:**

1. **A primeira medição no momento em que se começa a ouvir o bater suave da pulsação.** Isto acontece quando a pressão na braçadeira desce para a tensão mais alta da artéria (sistólica). Esta tensão sistólica é alcançada cada vez que o coração contrai e bomba o sangue para as artérias. Numa pessoa normal, a tensão sistólica ("máxima") anda à volta de 110 a 120 mmHg.

2. Continuar a afrouxar a pressão lentamente enquanto se escuta com atenção e fazer **a segunda medição quando o som da pulsação desaparece.** Isto acontece quando a pressão na braçadeira desce para a tensão mais baixa da artéria (diastólica). Esta tensão diastólica ocorre quando o coração descansa entre as pulsações. Normalmente a tensão diastólica ("mínima") anda à volta de 60 a 80 mmHg.

Os valores encontrados na medição da TA devem ser anotados, especificando os valores da TA sistólica e diastólica. Em linguagem corrente, diz-se que a TA normal duma pessoa adulta é de '120 - 80', e pode-se escrever assim:

$$TA \frac{120}{80} \quad ou \quad TA \; 120/80 \; mm \; Hg$$

120 é a medição da TA "máxima" (sistólica)

80 é a medição da TA "mínima" (diastólica)

A **tensão arterial normal** no adulto é à volta de 120/80, mas até 140/90 pode ser considerada normal.

A TA sistólica é mais importante para decidir se o doente precisa de tratamento porque tem **TA alta**. Mas, muitas vezes este valor fica elevado só porque o doente está nervoso. Se a TA sistólica é de 140 ou mais, deve-se repetir a medição da TA, depois de 5 a 10 minutos de repouso. Se a TA "máxima" continua alta (140 ou mais), deve-se proceder como indicado na pág. 485.

Se uma pessoa tem, normalmente, a **tensão arterial baixa**, não tem razão para se preocupar. De facto, uma TA com valores mais para o lado baixo do normal, 90/60 a 110/70, significa que o mais provável é que esta pessoa venha a ter uma longa vida e é menos provável que venha a sofrer duma doença cardíaca ou dum AVC.

Uma descida súbita da tensão arterial pode ser um sinal de perigo, principalmente se desce para baixo de 60/40. Os trabalhadores de saúde devem estar atentos para qualquer descida súbita da tensão arterial nas pessoas que estão a perder sangue, estão com diarreia com perda abundante de líquidos ou que têm um outro risco de desenvolver choque (ver pág. 243).

Exame sistemático do corpo

Nuca

Em doentes graves, ou com alteração de consciência, é necessário procurar ver se apresentam rigidez de nuca. Para isso, tenta-se dobrar a nuca inclinando a cabeça do doente até o queixo tocar no peito. Se houver resistência, há rigidez de nuca, o que é um sinal de meningite (ver pág. 376). No caso duma criança pequena com suspeita de meningite, deve-se também verificar se a fontanela está abaulada (saliente para cima).

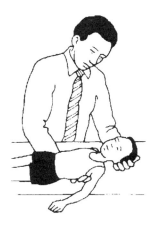

Olhos

Durante o exame físico é importante observar os olhos do doente. Por exemplo, os olhos encovados podem ser sinal de desidratação.

É também importante:

Observar a cor da parte branca dos olhos: está normal, vermelha, ou amarela?

Reparar em qualquer mudança na visão do doente.

Fazer o doente virar lentamente os olhos para cima, para baixo e para os dois lados. Movimentos bruscos ou desiguais dos olhos podem ser sinal de lesão cerebral.

Prestar atenção ao tamanho das *pupilas* (a parte preta do centro do olho). Se estão muito grandes ou muito pequenas, podem ser sinal de envenenamento ou de efeito de certas drogas.

Observar ambos os olhos e procurar qualquer diferença entre os dois, principalmente no tamanho das pupilas:

Quando se observa uma grande diferença no tamanho das pupilas, isto indica quase sempre uma emergência médica e este doente deve ser transferido rapidamente para uma unidade sanitária com mais recursos.

● Uma diferença no tamanho das pupilas dum doente inconsciente ou que sofreu recentemente uma pancada, ou um ferimento na cabeça, pode ser um sinal de lesão cerebral.

● Se o olho com a pupila menor é muito doloroso, o doente pode ter uma irite, que é uma infecção muito grave do olho (ver pág. 538).

● Se é o olho com a pupila maior que dói muito, a ponto de causar vómitos, o doente pode ter um glaucoma (ver pág. 539).

> **Comparar sempre as pupilas dum doente que está inconsciente ou que teve um ferimento na cabeça.**

Para identificar diversos problemas dos olhos, ver capítulo 26.

Ouvidos, nariz, boca e garganta

Ouvidos: Procurar sempre sinais de dor e/ou de infecção nos ouvidos – principalmente ao examinar uma criança que está com febre ou constipada. O bebé que chora muito e puxa a orelha pode ter uma infecção no ouvido (ver pág. 374).

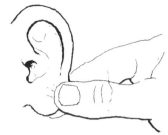

Deve-se puxar a orelha com cuidado: se isto provoca dor, a infecção está provavelmente no canal do ouvido. Deve-se procurar também sinais de pus e vermelhidão dentro do ouvido. Uma lanterna pequena poderá ajudar. Mas nunca se deve introduzir palito, arame, ou qualquer outro objecto dentro do ouvido.

Procurar ver se há inchaço e dor atrás da orelha.

Certificar se o doente ouve bem ou se ouve menos dum lado do que do outro. Esfregar os dedos perto do ouvido do doente para verificar se este ouve o barulho.

Nariz: Está a pingar ou entupido? (Reparar se e como um bebé respira pelo nariz). Iluminar e espreitar pelas narinas para ver se há muco, pus ou sangue no nariz; verificar também se há vermelhidão, inchaço (edema) ou mau cheiro. Procurar sinais de sinusite ou de rinite alérgica (ver págs. 304, 306).

Boca e garganta: Com uma lanterna, ou à luz do dia, examinar a boca e a garganta do doente. Verificar se o doente tem aftas, lesões esbranquiçadas em forma de placas (candidíase oral); gengivas inflamadas; língua dolorosa; dentes estragados, ou abcessos. Nos HIV-positivos, o exame detalhado da boca é essencial (ver pág. 421).

Para examinar a garganta, deve-se pedir ao doente para abrir a boca e dizer "aaahh...". Quando não se consegue ver bem a parte de trás de garganta, pode-se empurrar a língua do doente, para baixo, com o cabo duma colher ou uma espátula. Verificar se a garganta está vermelha e se as amígdalas (duas "bolas" ou massas na parte de trás da garganta) estão inchadas ou se têm pontos com pus (ver pág. 370).

Pele

É importante examinar o corpo todo do doente, mesmo que a doença não pareça ser muito grave. As crianças devem ser completamente despidas. Deve-se procurar cuidadosamente qualquer alteração, incluindo:

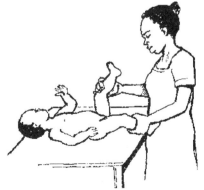

- feridas
- erupção
- borbulhas, manchas, ou marcas anormais
- inflamação (sinal de infecção com calor, dor e inchaço)
- inchaço dos pés ou generalizado

- inchaço dos gânglios linfáticos (pequenos caroços no pescoço, axilas, ou virilha)
- caroços anormais ou nódulos
- cabelo fino, perda anormal de cabelos ou perda de cor ou brilho (ver pág. 165)
- queda das sobrancelhas (lepra?, ver pág. 386)

Em crianças pequenas é preciso examinar a pele entre as nádegas, a área dos genitais, entre os dedos das mãos e dos pés, atrás das orelhas, e nos cabelos (à procura de piolhos, tinha, erupções e feridas).

Se a criança tem febre e há suspeita de sarampo, deve ser observado o estado em que se encontra a pele quando uma luz bate nela dum lado. Os primeiros sinais de erupção cutânea de sarampo na face duma criança com febre podem ser vistos desta maneira.

Para identificar diversos problemas e/ou doenças da pele, ver capítulo 20.

O abdómen (barriga)

Se o doente se queixa de dores abdominais (dor de barriga), é preciso:

- Procurar identificar o local exacto da dor;
- Perguntar se a dor é constante ou se começa e acaba de repente como as *cólicas*;
- Examinar o abdómen (barriga), palpando primeiro para procurar qualquer inchaço ou massa anormal.

O local da dor pode dar uma indicação da causa.

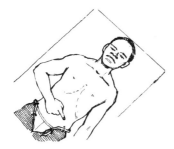

Primeiro, pedir ao doente para apontar com um dedo onde é que dói.

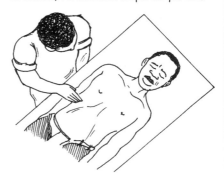

Depois, começando no lado oposto ao indicado pelo doente, palpar suavemente as várias partes do abdómen, terminando na parte que dói.

Verificar se a barriga está mole, dura (rigidez), ou se há defesa muscular. Uma barriga dura ou com defesa muscular pode indicar um abdómen agudo, que é sinal da presença de inflamação dos tecidos ou órgãos abdominais – talvez apendicite ou peritonite (ver pág. 263).

Procurar massas anormais na barriga.

Se o doente tem uma dor forte e constante no abdómen, com náuseas, e não consegue defecar, coloque o ouvido ou estetoscópio na barriga, e tente ouvir o ruído (gorgolejo) dos intestinos. Quando não se ouve nada, ou sons espaçados, isto é um sinal de perigo. (Ver abdómen agudo, pág. 262).

Os desenhos que se seguem, mostram áreas do abdómen que habitualmente doem quando um doente tem os seguintes problemas:

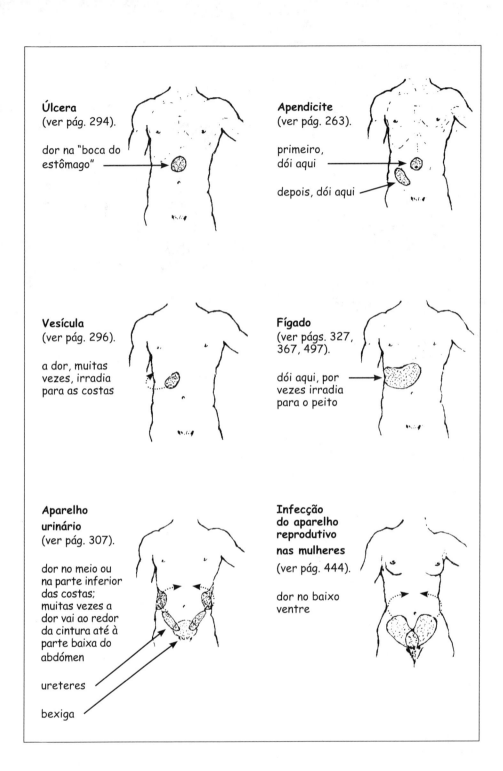

Úlcera
(ver pág. 294).

dor na "boca do estômago"

Apendicite
(ver pág. 263).

primeiro, dói aqui

depois, dói aqui

Vesícula
(ver pág. 296).

a dor, muitas vezes, irradia para as costas

Fígado
(ver págs. 327, 367, 497).

dói aqui, por vezes irradia para o peito

Aparelho urinário
(ver pág. 307).

dor no meio ou na parte inferior das costas; muitas vezes a dor vai ao redor da cintura até à parte baixa do abdómen

ureteres

bexiga

Infecção do aparelho reprodutivo nas mulheres
(ver pág. 444).

dor no baixo ventre

Músculos e nervos

Quando um doente se queixa de dormência, fraqueza ou perda de controlo de parte do seu corpo, é preciso examinar com cuidado o modo como o doente anda e se move. Deve-se pedir ao doente para ficar de pé, para se sentar e/ou para se deitar numa posição bem direita e comparar cuidadosamente os dois lados do corpo.

Face:

Pedir ao doente para sorrir, franzir as sobrancelhas, abrir bem os olhos e fechar os olhos e apertar: observar se há qualquer diferença dum dos lados.

Se o problema começou mais ou menos subitamente, deve-se pensar num acidente vascular cerebral (AVC, ver pág. 488), na paralisia de Bell (ver pág. 476), ou num traumatismo.

Se começou lentamente, pode ser um tumor no cérebro. Este doente deve ser transferido, o mais rápido possível, para uma unidade sanitária com mais recursos.

Também é preciso verificar se o movimento dos olhos é normal, o tamanho das pupilas (ver pág. 533) e a visão do doente.

Braços e pernas:

Deve-se começar por observar como é que o doente se movimenta e/ou anda.

Quando se observa um enfraquecimento generalizado dos músculos de todo o corpo, incluindo os dos membros, pode ser por causa dum problema "neuro-lógico", ou um sinal de malnutrição, de emagrecimento progressivo por causa do HIV e SIDA, ou duma doença crónica (de longo prazo) tal como a tuberculose ou cancro.

Para diagnosticar a presença duma paralisia, é preciso examinar o volume da massa muscular, o tónus dos músculos, a sua força e os reflexos do doente.

A paralisia pode ser simétrica (igual dos 2 lados) ou assimétrica (desigual), dependendo do tipo de doença.

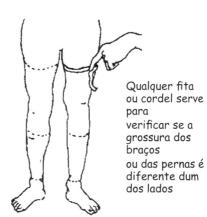

Qualquer fita ou cordel serve para verificar se a grossura dos braços ou das pernas é diferente dum dos lados

- Para verificar se há perda de musculatura, basta verificar – ou medir – se há diferença na grossura dos braços ou das pernas, como demonstra a figura anterior.

- Para verificar o tónus muscular, movimenta-se o membro para se observar se os músculos se apresentam contraídos e rígidos (espásticos), ou se estão moles (flácidos).

- Depois, deve-se fazer as seguintes manobras para verificar a força muscular dos membros, comparando sempre os 2 lados:

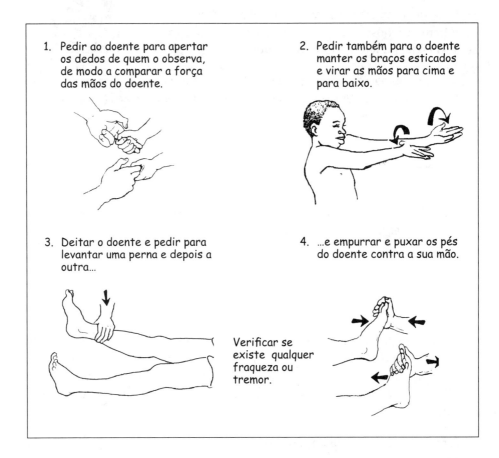

1. Pedir ao doente para apertar os dedos de quem o observa, de modo a comparar a força das mãos do doente.

2. Pedir também para o doente manter os braços esticados e virar as mãos para cima e para baixo.

3. Deitar o doente e pedir para levantar uma perna e depois a outra...

4. ...e empurrar e puxar os pés do doente contra a sua mão.

Verificar se existe qualquer fraqueza ou tremor.

- É fundamental testar os reflexos do doente, principalmente os reflexos dos joelhos:

TESTE DOS REFLEXOS DO JOELHO

Com a perna do doente pendente e descontraída, bater levemente com um martelinho ou com os dedos, mesmo abaixo da articulação do joelho.

Se a perna dá um pequeno salto, a reacção é normal.

Se a perna dá um grande salto para a frente, significa que os reflexos estão aumentados, o que é sinal de doença.

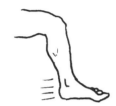

No caso de paralisia dos membros, é preciso distinguir entre **paralisia flácida** e **espástica**. Assim, na:

1. Paralisia flácida: os músculos apresentam-se flácidos (moles) e os reflexos (dos joelhos) estão ausentes.

2. Paralisia espástica: os músculos apresentam-se contraídos e rígidos e os reflexos estão aumentados.

Todos os casos de paralisia flácida que começaram há pouco tempo – paralisia flácida aguda (PFA) – nas crianças até aos 15 anos de idade, devem ser notificados com urgência, porque podem ser devidos a poliomielite.

Para mais detalhes sobre as causas de paralisia, ver pág. 474.

Há algumas doenças perigosas que causam rigidez ou movimentos estranhos:

● Se, numa criança gravemente doente, o pescoço está "preso" (rígido) ou as costas estão rígidas e arqueadas para trás, deve-se pensar em meningite (ver pág. 376), ou em tétano (ver pág. 455). Se a cabeça não inclina para a frente ou não se consegue colocá-la entre os joelhos da criança, é provável que tenha meningite.

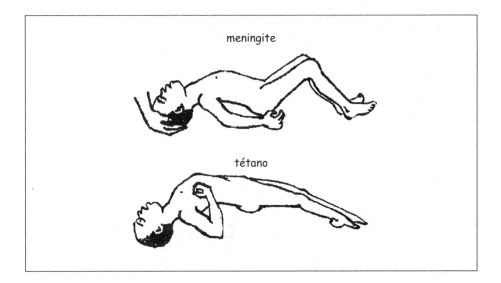

meningite

tétano

- Se a criança tem **sempre** alguns músculos contraídos e faz muitos movimentos estranhos ou aos "esticões" (espasmos), pode ter uma paralisia **espástica** devida a uma lesão cerebral na altura do nascimento, que se chama **paralisia cerebral** (ver pág. 582).

- Se os movimentos estranhos, ou espasmos, começam subitamente e com perda de consciência, a criança pode estar com convulsões (ataques, ver pág. 291).

Para examinar a falta de sensibilidade nas mãos, pés, ou outras partes do corpo:

Explicar ao doente o que vai fazer.

Usar uma bola de algodão para tocar a pele e pedir ao doente para apontar com um dedo o local tocado, tendo o doente os olhos abertos. Repetir a manobra até que o doente entenda o que se pretende com o teste.

Pedir ao doente para fechar os olhos e se ele sentir o toque do algodão na sua pele, para indicar com um dedo o local tocado.

- A perda de sensibilidade dentro ou perto de manchas ou sinais no corpo, pode ser um sinal de lepra.

- A perda de sensibilidade em ambas as mãos ou pés pode ser sinal de malnutrição, diabetes, ou lepra.

Exames complementares

Exames laboratoriais

Os exames laboratoriais são úteis para confirmar o diagnóstico clínico. Portanto, antes de pedir um exame laboratorial, deve-se pensar em como é que este pode ajudar na conduta a seguir.

Mesmo na ausência de laboratório...

Pode ser feita uma primeira avaliação, por observação das fezes, vómitos, urina, expectoração, etc. Esta foi, durante milhares de anos, a única maneira de fazer "exames complementares". Em baixo, mencionam-se algumas alterações que podem ajudar no diagnóstico:

Fezes

As fezes do doente podem fornecer muita informação ao clínico:

- **fezes com sangue**: disenteria bacilar ou amebiana; hemorróidas ou cancro do recto se o sangue cobre as fezes sem se misturar.
- **fezes pretas**: podem ser devidas a perdas de sangue no tubo digestivo (hemorragia digestiva); porém, doentes em tratamento com sal ferroso também apresentam fezes pretas.
- **diarreia preta**, malcheirosa: trata-se de sangue que provém do estômago (melena); transferir com urgência para uma unidade sanitária com mais recursos.
- **fezes sem cor ou brancas:** falta de bílis; acontece no caso de doença do fígado, como hepatite, obstrução do canal da vesícula biliar, etc.
- **fezes diarreicas** que parecem **água de arroz** com cheiro esquisito: suspeitar de cólera.
- **fezes com vermes** ou partes de vermes: em forma de fita, ténia; em forma de esparguete, ascaris.

Urina

- **urina avermelhada**: tem sangue, doença das vias urinárias, nos jovens mais frequentemente bilharziose.
- **urina cor de coca-cola ou cor de chá**: doença do fígado (tem o mesmo valor das fezes sem cor).

Vómitos

- **vómitos com sangue:** se forem abundantes, transfira com urgência, pode ser devido à ruptura de varizes esofágicas; noutros casos trata-se de sangue ingerido proveniente dos pulmões ou hemorragias da boca e das narinas.
- **vómitos pretos:** significa que o sangue ficou algum tempo no estômago e foi digerido.

Sinais de perigo

Para cada doença, deve-se ensinar ao doente ou à mãe da criança quando deve ir á unidade sanitária.

Uma vez na unidade sanitária, o doente que tem um problema que não pode ser tratado a este nível deve ser transferido.

Transfira o doente ao primeiro sinal duma doença grave. Não espere que a pessoa agrave, pois torna-se mais difícil transferi-la.

É muito importante procurar os sinais que indicam que a doença é grave ou perigosa. Uma lista de Sinais Gerais de Perigo que mostram a gravidade da doença encontra-se em baixo. Se o doente tem um destes sinais, transfira urgentemente para uma unidade sanitária com mais recursos.

Sinais gerais de perigo

Um doente que apresenta um sinal geral de perigo tem um problema grave. Os doentes com um sinal geral de perigo necessitam de ser transferidos URGENTEMENTE para uma unidade sanitária com mais recursos. As mães também devem ser educadas a levar a criança à unidade sanitária se esta tiver um destes sinais.

Crianças com menos de 2 meses

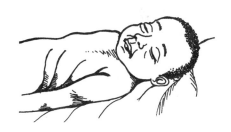

- Não consegue mamar
- Tem convulsões
- Não acorda (inconsciente ou coma)
- Tem dificuldade em respirar

Na pág. 576 encontram-se descritos outros sinais de perigo no recém-nascido.

Crianças de 2 meses até 5 anos

- Não consegue beber ou mamar
- Vomita tudo o que come
- Tem convulsões (ataques)
- Está letárgica (não está desperta e alerta como deveria e não mostra interesse no que acontece à sua volta)
- Não acorda (inconsciente ou coma)
- Tem dificuldade em respirar
- Tem dor intensa

Crianças com 5 anos ou mais e adultos

- Não consegue beber
- Tem convulsões
- Está confusa, agitada ou letárgica
- Não acorda (inconsciente ou coma)
- Tem dificuldade em respirar
- Tem dor intensa
- Não consegue andar sem apoio

Há muitas doenças que podem ser graves, por exemplo, pneumonia (ver pág. 371), desidratação (ver pág. 343), malária (ver pág. 332), sarampo (ver pág. 585), anemia (ver pág. 289) e mastoidite (ver pág. 374) e os doentes com estes problemas precisam de ser transferidos com urgência. Procure os sinais de gravidade de cada doença que obriguem a transferir o doente. As indicações para a transferência da mulher grávida encontram-se no capítulo 31, Saúde da Mulher.

Tratamento antes da transferência

É preciso transferir um doente grave nas melhores condições possíveis.

Quando um doente precisa de ser transferido, com urgência, para uma unidade sanitária com mais recursos, deve-se iniciar rapidamente o tratamento antes de transferir.

Muitos doentes precisam de iniciar o tratamento com antibióticos ou outros medicamentos antes de serem transferidos. Os medicamentos e as doses a administrar em cada situação encontram-se indicados nas páginas onde se descreve cada doença e nas páginas verdes. Por exemplo, se o doente tem febre alta (ver pág. 329), malária (ver pág. 332), asma (ver pág. 480), diarreia/desidratação (ver pág. 342), convulsões (ver pág. 291).

É muito importante encorajar a mãe a continuar a amamentação. Se o doente consegue beber, recomende que continue a beber líquidos. Caso o doente tenha diarreia ou sinais de desidratação e possa beber, entregue uma quantidade de solução de SRO (ver pág. 728) para que beba com frequência, durante o trajecto para a unidade sanitária.

Quando se suspeita que o doente tem uma infecção bacteriana grave é aconselhável administrar antibióticos antes de o transferir para uma unidade sanitária com mais recursos. A seguir se indicam os antibióticos que poderão ser administrados de acordo com a idade do doente.

Crianças com menos de 2 meses:	Crianças com 2 meses a 5 anos:	Crianças com 5 anos ou mais e adultos:
penicilina cristalina (ver pág. 695) e gentamicina (ver pág. 701)	cloranfenicol (ver pág. 700)	penicilina cristalina (ver pág. 695) e gentamicina (ver pág. 701)

Para administrar penicilina cristalina e gentamicina, deve-se, se possível, canalizar uma veia. Caso não seja possível canalizar uma veia, administre uma dose única de penicilina procaína (ver pág. 696) e gentamicina (ver pág. 701) por via I.M.

O cloranfenicol **deve ser** administrado por via I.M. Se não tiver cloranfenicol injectável, administre por via oral.

Caso a unidade sanitária fique longe, entregue ao doente ou seu familiar as doses adicionais de antibiótico por via oral e explique-lhe quando dá-las durante a viagem.

Se se suspeita que o doente tem malária grave ele deverá ser transferido após ter sido administrada a primeira dose de quinino I.M. (ver pág. 715).

Muitos doentes graves têm falta de açúcar no sangue (hipoglicemia), que deve ser tratada ou prevenida antes da transferência.

Tratar e prevenir a hipoglicemia

A hipoglicemia é falta de açúcar no sangue. Muitas vezes não há sinais evidentes de hipoglicemia, embora esta possa causar coma (inconsciência). É frequente nos doentes com malária grave e outras infecções graves, e nos doentes que não comem durante vários dias.

A hipoglicemia deve ser tratada ou prevenida. Por isso, antes de transferir o doente com doença febril muito grave, deve-se dar:

Nas crianças, leite materno ou água açucarada. Se a criança está inconsciente, glicose a 10% E.V. (ver pág. 729), se a houver e se se conseguir canalizar a veia.

Nos adultos, glicose a 30% E.V. (ver pág. 729), se a houver e se se conseguir canalizar a veia. Se não, administre água açucarada por via oral, se o doente consegue beber.

Para preparar água açucarada: dissolva 4 colheres de chá rasas de açúcar numa chávena de água potável.

> **Não dar nenhum tratamento que possa retardar a transferência.**
> **Não atrase a transferência para administrar medicamentos que não são necessários.**

Transferir não é despachar: cuide para que o doente chegue ao destino nas melhores condições possíveis.

Guia de transferência

Os doentes transferidos devem levar uma Guia de Transferência.

Quando transferir um doente, mande sempre uma Guia com toda a informação:

- O nome e a idade do doente,
- A data e a hora da transferência do doente,
- A descrição dos problemas do doente, a razão pela qual transferiu o doente,
- O tratamento administrado,
- Qualquer outra informação que o trabalhador de saúde da unidade sanitária que recebe o doente necessite para atender melhor o doente,
- O seu nome e o nome da sua unidade sanitária.

Quando não é possível transferir o doente, deve-se dar o melhor tratamento e cuidados possíveis dentro das limitações da unidade sanitária em que se encontra.

Transferir para a consulta do clínico

Às vezes, o doente tem um problema que não pode ser resolvido por si. São casos complicados, mas que não são urgentes porque o doente não apresenta sinais de perigo nem há risco de morte.

Caso exista um clínico dentro da sua unidade sanitária, refira o doente a este. Se não existe, transfira o doente para uma unidade sanitária com mais recursos.

Como cuidar de um doente

A doença enfraquece o corpo. Para uma pessoa recuperar as forças e sentir-se melhor, são precisos cuidados especiais. Muitas vezes, não há necessidade de tomar medicamentos, mas os cuidados são sempre importantes. Muitas pessoas com doenças prolongadas precisam de ser cuidadas em casa.

> **Muitas vezes, os cuidados que uma pessoa doente recebe, são a parte mais importante do seu tratamento.**

Abaixo se referem os princípios a seguir para cuidar bem dum doente, em casa ou numa unidade sanitária:

Conforto da pessoa doente

A pessoa que está doente deve repousar num lugar sossegado e confortável, com muito ar fresco e claridade.

Não deve sentir nem muito calor nem muito frio. Se o ar é frio ou a pessoa sente calafrios, deve-se cobri-la com um lençol, uma capulana ou uma manta. Mas se o tempo está quente ou a pessoa está com febre, então ela não deverá ser coberta.

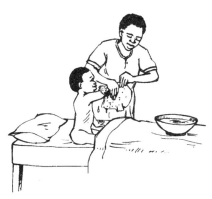

Higiene pessoal

É importante que a pessoa doente se mante-nha limpa. Deve tomar banho todos os dias.

Se está muito doente para se levantar da cama, deve ser ajudada a tomar banho.

> **A pessoa doente deve ser lavada todos os dias.**

Como dar banho na cama

- Ajudar a despir a roupa do doente e cobri-lo com uma capulana. Manter coberta a parte que não esteja a ser lavada.

- Permitir que o doente lave as partes do corpo que conseguir e quiser.

- Ajudar o doente a lavar-se:

1. Começar pelo pescoço, e depois sucessivamente, os membros superiores, tórax, axilas, abdómen, membros inferiores e genitais.

2. Virar o doente para um lado e lavar a parte posterior e lateral. Depois, virar o doente para o outro lado, e lavar a parte posterior e lateral que ficou por lavar. Por último, limpar bem a área inter-nadegueira, da frente para trás. No fim, lavar as mãos do doente e cuidar das suas unhas.

3. Começar sempre da parte limpa para a parte mais suja.

Mudar a roupa de cama

A roupa, os lençóis e as mantas devem estar sempre limpos.

Mudar a roupa de cama diariamente e sempre que estiver suja. A roupa suja deve ser tratada como se descreve abaixo.

Como mudar a roupa de cama suja a um doente acamado, durante o banho:

- Virar a pessoa de lado.

- Enrolar o lençol debaixo sujo em direcção às costas.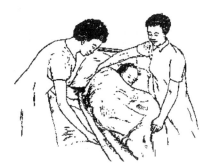

- Limpar e secar a pele.

- Colocar um lençol lavado e enrolado no sentido do comprimento a meio da cama, contra as costas da pessoa.

- Virar a pessoa para o outro lado, para cima do lençol lavado.

- Retirar o lençol sujo.

- Desenrolar o lençol limpo de modo a cobrir o resto da cama.

- O lençol deve ficar bem esticado, sem rugas.

Verificar se o doente tem feridas. Se tiver, lavar com água morna com compressas ou um pano limpo, usando luvas ou plásticos. Secar a pele.

Pode aproveitar-se este momento para fazer exercícios com o doente:

- Movimentar as articulações.
- Respirar profundamente.
- Levantar-se e andar um pouco, se conseguir.
- Conversar com o doente, enquanto se trata dele.

Limpar a boca

Os cuidados da boca são muito importantes para prevenir infecções.

O doente deve escovar os dentes 2 vezes por dia. Para isso, pode precisar da ajuda da família. Para mais detalhes sobre os cuidados da boca, ver capítulo 27, Doenças da Boca.

Cuidar das unhas e do cabelo

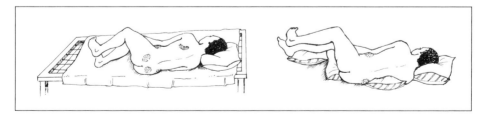

- É importante manter as unhas cortadas porque as bactérias podem viver debaixo destas. Cortar as unhas cuidadosamente. Evitar cortar a pele do doente.
- Manter o cabelo e a barba bem tratados, curtos e limpos.

Mudar de posição na cama

- Uma pessoa que está muito fraca e não se pode virar sozinha na cama, deve ser ajudada a mudar de posição na cama a cada 1-2 horas, e a fazer exercícios. Isto ajuda a evitar feridas e úlceras (escaras) que aparecem quando se está deitado na mesma posição durante muito tempo. As feridas formam-se nas regiões ósseas do corpo onde há maior pressão contra a cama, tais como as nádegas e as ancas.

A pessoa acamada pode desenvolver prisão de ventre e problemas pulmonares. Mudar frequentemente a posição da pessoa ajuda a evitar a pneumonia (ver pág. 371), que é um perigo para alguém que está muito fraco ou doente, e que tem de ficar muito tempo na cama.

A falta de movimentos leva à rigidez e enfraquecimento dos músculos.

Como prevenir as escaras

- Mudar a posição do doente na cama, com jeito, de hora a hora, ou tão frequentemente quanto possível: sucessivamente de costas, de barriga para baixo, ou dum lado e do outro.

- Se possível, levantar ou sentar o doente, todos os dias. Ajudar a sentar na cadeira de vez em quando, dependendo do seu estado. Levantar o doente em vez de arrastá-lo. Estimular a marcha sempre que possível.

- Ensinar o doente a respirar profundamente algumas vezes.

- Movimentar as 7 articulações principais (pulso, joelho, cotovelo, tornozelo, ombro, anca, pescoço), devagar, todos os dias, 2 sessões por dia, 5 vezes cada exercício. Se o doente sente dores, não forçar. Os exercícios não devem causar dor ao doente.

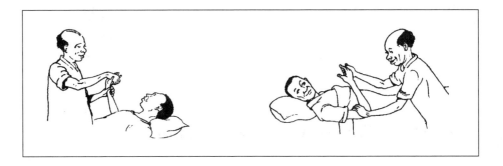

Fazer massagens diárias com vaselina nas áreas acima mencionadas, para estimular a circulação do sangue.

- Confirmar que o doente não está deitado numa área molhada. Caso tenha incontinência urinária (dificuldade em reter a urina), usar vaselina nesta zona para evitar assadura da pele.

- Mudar a roupa de cama todos os dias e todas as vezes que se sujar com urina, fezes, vómito, etc.

- Usar roupa de cama e travesseiros fofos, se houver.

- Colocar panos ou almofadas entre as pernas ou outros sítios onde os ossos são salientes ou a pele é muito fina.

- Se alguém estiver fraco e não for capaz de andar muito, ter cuidado que as suas pernas não estejam dobradas por longos períodos de tempo.

- Uma criança com uma doença crónica grave deve ser levantada e andar ao colo várias vezes ao dia.

Tratamento das escaras

◆ Lavar as escaras com água e sabão.

◆ Preencher as escaras com compressas esterilizadas ou um pano limpo humedecidos com água ou água salgada (1 colher de chá de sal para 1 litro de água).

◆ Estas compressas devem ser trocadas por novas, 2 vezes por dia.

Lavagem de roupa contaminada

A roupa do doente que esteja contaminada com sangue, pus, fezes, vómito, saliva, ou sémen, deve ser lavada com lixívia (javel). A concentração de lixívia nos produtos que se encontram à venda é variável. Por isso, devem seguir-se as instruções para lavagem de roupa que estão escritas no frasco da lixívia, ou as instruções nas páginas verdes (ver pág. 740).

● Usar luvas ou plásticos para proteger as mãos durante a lavagem da roupa.

● Deixar a roupa mergulhada na lixívia durante 10 minutos.

● Depois, passar bem por água limpa.

● Lavar então, com água e sabão, da mesma maneira que a outra roupa.

● Se não houver lixívia, ferver a roupa durante 20 minutos.

● Outros objectos contaminados com secreções do doente devem também ser mergulhados em lixívia, ou enterrados, queimados ou deitados na latrina.

Prevenção de infecção

Sangue, feridas abertas, fezes ou vómitos podem conter micróbios e portanto, transmitir doenças. Por isso, devem usar-se luvas de borracha ou de plástico antes de tocar na pele com lesões, sangue ou outros líquidos corporais, ou itens contaminados com estes líquidos. Se não houver luvas, poderá improvisar-se um saco de plástico que não tenha furos. Devem calçar-se luvas ou saco de plástico sempre que se despejar urina ou fezes na latrina.

Se tiver feridas nas mãos, a pessoa que cuida do doente deve proteger as feridas com um penso ou pano limpo.

> **A pessoa que cuida do doente deve lavar as mãos antes e depois de prestar cada cuidado!**

Como lavar as mãos

- Usar água e sabão.

- Se não há água corrente, depois de lavar com sabão, uma segunda pessoa deve verter a água limpa para remover o sabão.

- Não usar toalha, mas deixar secar as mãos ao ar.

- Não usar a mesma água outra vez.

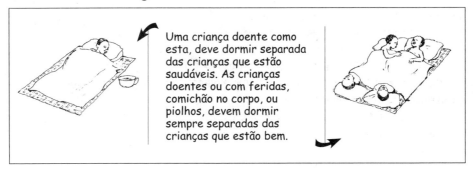

Uma criança doente como esta, deve dormir separada das crianças que estão saudáveis. As crianças doentes ou com feridas, comichão no corpo, ou piolhos, devem dormir sempre separadas das crianças que estão bem.

Se alguma criança tiver uma doença contagiosa, como papeira, sarampo, ou constipação, não se deve deixá-la aproximar-se de bebés ou de outras crianças pequenas.

Enquanto tiver tosse, a pessoa que tem tuberculose deve comer e dormir afastada das crianças. Se for possível, deve dormir num quarto separado.

Líquidos

Em quase todas as doenças, a pessoa doente deve tomar muitos líquidos, como por exemplo: água, chá, sumos, caldos, etc.

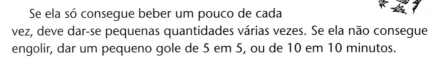

Se ela só consegue beber um pouco de cada vez, deve dar-se pequenas quantidades várias vezes. Se ela não consegue engolir, dar um pequeno gole de 5 em 5, ou de 10 em 10 minutos.

Se a pessoa está muito doente, deve medir-se a quantidade de líquido que a pessoa bebe cada dia. Um adulto precisa de beber pelo menos 2 litros por dia, e deve urinar pelo menos 3 ou 4 vezes por dia. Se o doente não está a beber e a urinar o suficiente, ou se começa a ter sinais de desidratação (ver pág. 342), deve fazer-se com que beba mais. Tratar como recomendado para a desidratação.

A diarreia e os vómitos causam perda de líquidos e sais minerais. A transpiração também causa perda de grandes quantidades de água. Esta água perdida deve ser reposta e recomenda-se a ingestão de cerca de 8 copos de líquido por dia, no adulto. A criança também deve beber muita água. A quantidade deve ser maior quando a pessoa tem diarreia ou vómitos. É aconselhável que, sempre que possível, a água, principalmente a do rio, dos poços e furos, seja fervida e arrefecida antes de se a consumir.

Boa alimentação

Dar de comer e beber o máximo que o doente puder. É preciso ter paciência. Uma criança ou adulto doente, muitas vezes não quer comer muito. Portanto, dar alguma coisa para comer muitas vezes por dia.

A pessoa doente deve ter uma alimentação equilibrada (ver pág. 153).

Se o doente está muito fraco, dar estes mesmos alimentos amassados ou bem passados, em forma de sopas ou papas, mais frequentemente durante o dia (4 a 5 vezes).

Podem encontrar-se boas receitas para papas enriquecidas na pág. 176.

Algumas bebidas e comidas não fornecem nutrientes e por isso, é melhor evitá-las. É o caso dos refrescos, rebuçados e gelinhos.

Como regra geral:

> **Os alimentos que são bons para nós quando estamos saudáveis são também bons quando estamos doentes.**

As coisas que nos fazem mal quando estamos saudáveis fazem pior quando estamos doentes.

Quando se está melhor, deve-se comer mais para recuperar o peso.

As pessoas doentes muitas vezes não têm apetite. Por isso, deve-se tentar melhorar o sabor da comida. Mas deve-se ter cuidado com o que se usa, porque pode provocar náusea ou dor do estômago.

Melhorar o sabor da comida

Melhorar o sabor dos alimentos com ervas e condimentos. Juntar cebola e alho aos guisados e sopas, para dar sabor.

Tomar a refeição acompanhada de pequenos goles de líquidos.

Mastigar bem os alimentos e movimentá-los dentro da boca.

Beber água misturada com uma pequena quantidade de sumo de limão, antes das refeições, estimula o apetite.

Abaixo se descrevem alguns conselhos a dar aos doentes que têm problemas em alimentar-se:

Perda de apetite

- Tentar não comer sozinho.
- Comer sempre que tiver vontade.
- Comer pequenas porções de alimentos leves, dos que mais gosta.
- Fazer lanches nutritivos sempre que possível.
- Escolher alimentos energéticos e construtores (ver pág. 157).
- Tomar bebidas ricas em energia e proteínas, como o leite e o *maheu*.
- Evitar comidas com cheiro forte.
- Fazer exercício físico. Tentar fazer caminhadas diárias, antes das refeições.

Perda de peso

- Tentar fazer pequenos lanches fora do horário normal das refeições, mesmo que isso signifique comer 4 ou 5 vezes por dia. Uma peça de fruta é um óptimo lanche.
- Comer alimentos ricos em proteínas (ver pág. 157) para fortalecer os músculos.
- Adicionar gordura aos alimentos, se for tolerada. A gordura torna a comida mais apetitosa e fornece mais energia.

Náuseas e vómitos

- Esperar até ficar um pouco melhor antes de fazer uma refeição, mas não deixar de se alimentar.
- Fazer refeições leves ao longo do dia.
- Tomar líquidos entre as refeições.
- Beber bebidas frias aos poucos. Os sumos puros de fruta (caseiros) são melhor tolerados.
- Comer alguns alimentos frios.
- Cozer os alimentos em água e sal.
- Comer alimentos secos tais como bolachas de água e sal, pão torrado, bananas.
- Evitar alimentos muito temperados ou condimentados.

- Evitar frutos ácidos, tais como laranjas e outros citrinos, ananás.
- Evitar cafeína (café e chá) e álcool.
- Escolher alimentos que não sejam muito gordos ou muito doces.
- Evitar preparar a comida quando estiver com náuseas.
- Não se deitar logo após ter comido. Se tiver de se deitar, recostar-se sobre almofadas.

Fadiga, letargia

- Aceitar a ajuda de familiares e amigos na preparação da comida.
- Comer alimentos que sejam fáceis de comer e não precisem de preparação, por exemplo, banana, abacate, amendoim e castanha de caju, fruta fresca.
- Se precisar de ficar na cama, manter os alimentos à mão.
- Lembrar que a fadiga pode ser o resultado de anemia (ver pág. 289).

Algumas doenças exigem conselhos especiais. Estes são dados nas páginas seguintes:

■ feridas na boca e garganta	pág. 553
■ diarreia	pág. 341
■ úlcera do estômago, azia e flatulência	pág. 294
■ diabetes	pág. 490
■ problemas do coração	pág. 487
■ prisão de ventre	pág. 297

Aliviar as dores

O alívio das dores é importante para o conforto do doente. Existem meios para aliviar a dor, que são descritos na pág. 282.

Tabaco e álcool

O tabaco e o álcool são substâncias que prejudicam o corpo.

Aconselhar o doente a não fumar, evitar bebidas alcoólicas e a procurar ajuda para deixar de fumar (ver pág. 221) e beber (ver pág. 680).

Falta de sono

A falta de sono é muito frequente, por exemplo, devido às dores ou preocupações. Para o tratamento, ver pág. 679.

Confusão mental

A confusão mental pode ser difícil para a família, que necessita de muito apoio. Deve-se manter o doente num lugar familiar, na presença de pessoas conhecidas, calmas e simpáticas. Os conselhos para cuidar dum doente com confusão mental em casa encontram-se na pág. 670.

Deve-se excluir cuidadosamente a presença de doenças físicas que possam ser tratadas, intoxicações, ou deficiência de vitaminas (pelagra), ver pág. 523.

Apoio moral e social

Estar acamado, e não poder realizar as suas actividades do dia a dia, faz com que o doente fique triste e preocupado, principalmente quando ele é quem sustenta a família.

É importante estar atento a estes problemas, dando conselhos, carinho e apoio.

Sinais de perigo

É muito importante procurar sinais que o avisem de que a doença da pessoa é grave ou perigosa. Uma lista de sinais que mostram que a doença é grave, encontra-se no capítulo 4. Se o doente tem um destes sinais, proceder à sua transferência.

Cuidados especiais com a pessoa que está muito doente

Muitas vezes, os familiares preferem que o doente fique em casa, se está muito grave. Neste caso, deve organizar-se aconselhamento e apoio prático para os doentes e para os familiares que prestam cuidados. Em algumas doenças, como o HIV e SIDA, existem grupos de apoio organizados em associações de voluntários.

Observação das alterações

Deve observar-se se ocorre alguma mudança no doente que indique se está a melhorar ou a piorar.

Deve avaliar-se o estado geral do doente e fazer as seguintes observações:

- Falta de apetite? Está a comer/beber?
- Tem diarreia, vómitos?
- Tem dor?
- Tem tosse?
- Tem febre, suor?
- Dorme bem?
- Tem prisão de ventre, urina bem?
- Como está a pele? Há algum sinal de inflamação (está inchada, quente ou vermelha)? Tem feridas, pus ou escaras?
- Sabe onde está, e com quem, qual é o dia?

Preparação para a morte

A triste realidade é que nem todos os doentes vão ficar curados. A morte é o fim natural da vida.

Muitas vezes cometemos o erro de, a todo custo, fazermos todos os possíveis para tentar manter viva uma pessoa moribunda. Às vezes este esforço aumenta o sofrimento e a tensão para a própria pessoa e familiares. Há muitas ocasiões em que a melhor coisa a fazer é não procurar desesperadamente um "medicamento melhor" ou um "médico melhor" mas ficar perto da pessoa que está a morrer e dar-lhe carinho, apoio e conforto. Nas últimas horas, o amor e a aceitação são muito mais importantes do que os medicamentos.

Ajudar uma pessoa e a sua família a aceitar e preparar-se para a morte não é fácil.

Podemos ajudar, tendo em conta alguns assuntos que podem surgir em relação ao processo da morte:

■ Desejo de reconciliação com membros da família ou outras pessoas;

■ Diminuição da capacidade de trabalhar e cuidar de si mesmo;

■ Desejo de apoio espiritual;

■ Necessidade de preparação para proteger os sobreviventes, como crianças e esposo/a;

■ Divisão dos bens (terreno, casa, propriedades);

■ Documentação dos últimos desejos (como última vontade).

Quanto mais avançada a doença parece, mais urgente é a necessidade de falar destes assuntos. Se a família recusa enfrentar estas coisas a tempo, deve ser convencida de que enfrentará problemas maiores, mais tarde. É importante que o doente seja estimulado a falar sobre a sua morte e planeá-la. Isto pode ajudar a atenuar a dor.

Como manusear o cadáver

O manuseamento do cadáver é particularmente importante em algumas doenças infecciosas, em que as pessoas que o manuseiam correm o perigo de apanhar a doença, por exemplo, cólera (ver pág. 357) e doenças de Marburg e Ébola (ver pág. 463).

Regra geral: nas doenças transmissíveis, tomar as mesmas precauções que usou com o doente em vida.

Uso correcto dos medicamentos

Curar sem medicamentos

Para curar a maioria das doenças, não é necessário utilizar medicamentos. O organismo tem as suas defesas próprias, ou maneiras de resistir e de lutar contra a doença. Na maior parte dos casos, essas defesas naturais são muito mais importantes para a saúde do que os medicamentos.

> **As pessoas melhoram da maior parte das doenças, por si mesmas, sem precisar de utilizar medicamentos.**

Para ajudar o corpo a vencer ou a melhorar duma doença, muitas vezes só é preciso:

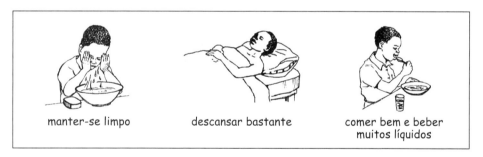

| manter-se limpo | descansar bastante | comer bem e beber muitos líquidos |

Mesmo no caso de doenças mais graves, quando é mesmo preciso tomar medicamentos, **é o corpo que deve vencer a doença:** o medicamento é só uma ajuda.

A higiene, o descanso, e a comida nutritiva são muito importantes.

Grande parte da arte de cuidar da saúde dum doente não deve – nem deveria – depender do uso de medicamentos. Mesmo que se viva num local onde não existem medicamentos, pode-se fazer muita coisa para prevenir e tratar a maior parte das doenças comuns – quando se sabe como o fazer.

> **Muitas doenças podem ser prevenidas ou tratadas sem medicamentos.**

Uso correcto de medicamentos

Muitas vezes o trabalhador de saúde receita mais medicamentos do que aqueles que são necessários, podendo, por isso, causar mais doenças e em alguns casos, a morte.

> **Nenhum medicamento é completamente seguro. Existe sempre perigo no uso de medicamentos.**

Alguns medicamentos são muito mais perigosos do que outros.

Infelizmente, às vezes as pessoas usam medicamentos muito perigosos para tratar doenças ligeiras. **Nunca se deve usar um medicamento muito forte para uma doença ligeira.**

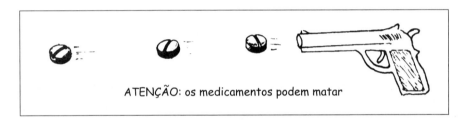

ATENÇÃO: os medicamentos podem matar

Regras para o uso de medicamentos

Às vezes as pessoas usam bons medicamentos de maneira errada, de forma que estes fazem mais mal do que bem. **Para fazer efeito, o medicamento deve ser usado correctamente:**

1. Usar medicamentos só quando forem necessários.

2. Conhecer o medicamento que se receita e saber usá-lo correctamente. Conhecer as precauções necessárias para o uso de qualquer medicamento que se administra ao doente (ver as páginas verdes).

3. Calcular correctamente a dose, para cada doente em particular.

4. Se o medicamento não serve, ou se causa problemas, deve ser logo suspenso.

5. Quando houver mais que um medicamento com a mesma eficácia (mesmo efeito), escolha o mais seguro e barato.

Nota: Muitos trabalhadores de saúde receitam medicamentos quando não são necessários, porque pensam que o doente não fica satisfeito quando não se receita um medicamento.

> Usar medicamentos só quando se tem a certeza de que eles são
> mesmo necessários e quando se sabe como utilizá-los.

Medicamentos sem receita dos trabalhadores de saúde

Em muitos locais, nas farmácias e nas lojas autorizadas a vender medicamentos, pode-se comprar medicamentos sem receitas. Alguns dos medicamentos vendidos nas farmácias e nas lojas podem ser muito úteis.

Outros não servem para nada.

MUITO CUIDADO com os medicamentos vendidos nos mercados: podem ser muito perigosos porque não são próprios para a doença e/ou porque se encontram em péssimas condições de conservação.

Reacções adversas aos medicamentos (RAM)

Os medicamentos são uma grande ferramenta para tratar a maioria das doenças mas em algumas situações podem actuar como venenos. Um dos grandes problemas com o uso de medicamentos é o surgimento duma resposta nociva e não desejada, a chamada *reacção adversa a medicamentos.* Para além das RAM, os problemas relacionados com medicamentos incluem: uso inadequado, abuso de medicamentos, intoxicações, falência terapêutica (falta de efeito) e erros de medicação.

As RAMs mais importantes são: os efeitos secundários, as reacções alérgicas e as malformações congénitas.

Efeitos secundários

Estes efeitos ocorrem mesmo quando se administram doses normais do medicamento.

Por exemplo:

- O ácido acetilsalicílico (AAS), para a dor, pode causar gastrite e úlcera do estômago.
- O cloranfenicol, para infecções graves como a meningite, pode produzir uma anemia grave e levar à morte.
- Os anti-retrovirais, para o tratamento do HIV e SIDA, podem produzir diarreia.

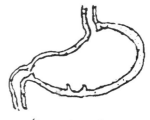

Úlcera do estômago

Reacções alérgicas

Uma alergia é uma sensibilidade ou reacção anormal a certos medicamentos que afecta apenas certas pessoas.

A pessoa que já teve uma reacção alérgica a um medicamento, mais facilmente sofre de nova reacção se voltar a tomá-lo. Em geral estas reacções alérgicas são mais graves.

As reacções alérgicas podem ser ligeiras ou graves (choque anafiláctico, ver pág. 128). Por exemplo: alergia à penicilina (ver pág. 130).

Malformações congénitas

Alguns medicamentos podem produzir deformidades no feto, chamadas malformações congénitas (ver pág. 578), se a mãe os tomar durante a gravidez, sobretudo nos primeiros 3 meses.

Por exemplo, a fenitoína, usada na epilepsia, pode provocar vários tipos de malformações no feto: do crânio e do rosto, dos dedos e unhas, atraso mental, etc.

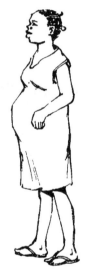

> **Antes de dar um medicamento a uma mulher, deve-se sempre perguntar se está grávida.**

ATENÇÃO: Nos países que já possuem sistemas de farmacovigilância organizados, todas as RAM observadas nas unidades sanitárias devem ser notificadas de acordo com o sistema de notificação do país.

Outros problemas relacionados com medicamentos

Tolerância e dependência

Alguns medicamentos fazem com que o organismo se habitue a eles e a pessoa que os toma tem que ir aumentando a dose para que sinta o seu efeito. Isto significa que a pessoa adquiriu **tolerância** ao medicamento.

Por exemplo:

■ O diazepam, usado para dormir, pode ir perdendo o seu efeito e o doente necessita de ir aumentando a dose para poder adormecer.

■ O salbutamol, para a asma: usado em excesso, pode ir perdendo o seu efeito.

Outros medicamentos fazem com que a pessoa já não possa passar sem eles. A isto chama-se **dependência** a um medicamento. A morfina é um medicamento que causa dependência.

Intoxicação

A intoxicação produz-se quando se toma uma dose de medicamento maior do que a que o corpo tolera. Isto pode acontecer por erro, por acidente ou por tentativa de suicídio ou homicídio.

Para o tratamento de intoxicação, ver pág. 274.

Interacção

É uma modificação do efeito dum medicamento que é produzida por outra substância.

Esta substância é, geralmente, outro medicamento que a pessoa está a tomar em simultâneo. Por exemplo: a rifampicina, medicamento para o tratamento da tuberculose, pode anular o efeito das pílulas contraceptivas (ver pág. 652). Por isso, uma mulher em tratamento com rifampicina que esteja a usar aquele método de planeamento familiar, pode engravidar.

Alguns alimentos, ou bebidas alcoólicas, também podem produzir uma interacção com alguns medicamentos. Por exemplo: o metronidazol (ver pág. 702), combinado com o álcool, pode provocar um mal-estar muito desagradável, acompanhado de náusea e vómitos.

Em muitos locais, existem crenças de que quando as pessoas estão a tomar medicamentos, não devem comer, e/ou fazer, uma série de coisas. Na verdade, para a maioria dos medicamentos, não há qualquer problema de que sejam tomados juntamente com certos alimentos.

Para evitar a interacção, evite receitar muitos medicamentos ao doente.

Antes de administrar qualquer medicamento, deve-se perguntar ao doente se está a tomar outro medicamento ou a ingerir bebidas alcoólicas.

Existem situações em que, sem dúvida alguma, é melhor **não** tomar medicamentos.

1. As mulheres grávidas ou as mulheres que estão a amamentar devem evitar todos os medicamentos que não sejam absolutamente necessários.

2. É preciso ter muito cuidado quando se utilizam medicamentos em bebés recém-nascidos. **Sempre que possível deve-se procurar conselho médico antes de lhes administrar qualquer tipo de medicamento.** É preciso cumprir rigorosamente com a dose recomendada e ter a certeza de que não se está a dar medicamento a mais.

3. A pessoa que já teve qualquer tipo de reacção alérgica – urticária, comichão, etc. (ver pág. 292) – depois de tomar penicilina, amoxicilina, sulfadoxina-pirimetamina, ou outros medicamentos, **não deve voltar a tomar estes medicamentos durante toda a sua vida.** Uma nova reacção pode ser muito mais perigosa e levar à morte.

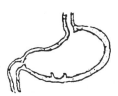

4. As pessoas que têm gastrite ou úlceras do estômago (ver pág. 294) devem evitar medicamentos que contêm AAS.

5. Há medicamentos específicos que são prejudiciais ou perigosos em pessoas com certas doenças. Por exemplo, as pessoas com hepatite não devem tomar certos medicamentos porque têm o fígado danificado.

6. As pessoas que sofrem de insuficiência renal crónica (ver pág. 498) devem tomar um cuidado especial com os medicamentos que tomam.

Os erros mais perigosos na utilização dos medicamentos

Aqui está uma lista dos erros mais comuns – e mais perigosos – que as pessoas cometem no uso dos medicamentos. O uso errado dos seguintes medicamentos causa muitas mortes todos os anos. MUITO CUIDADO!

1. Injecções de qualquer medicamento

A crença frequente de que as injecções são melhores do que os medicamentos tomados por via oral, não é verdadeira. Muitas vezes, os medicamentos tomados por via oral fazem o mesmo efeito ou até melhor do que as injecções. Além disso, **a maior parte dos medicamentos são mais perigosos quando injectados do que quando administrados por via ora**l. O uso de injecções deve ser muito limitado (ler o capítulo 8 com cuidado).

2. Penicilina (ver pág. 693)

A penicilina só faz efeito em certos tipos de *infecções*. O uso de penicilina para constipações ou qualquer dor, ou febre, é um grande erro. A penicilina é perigosa para algumas pessoas, podendo causar reacções alérgicas graves, como o choque anafiláctico (ver pág. 128), logo após a sua aplicação. Antes de a usar, é preciso conhecer os riscos e as precauções que se deve tomar (ver pág. 130).

Tomar cuidado, especialmente, com a penicilina injectável! Só usar quando for realmente necessária!

3. Sulfadoxina-pirimetamina (fansidar) e sulfametoxazol-trimetroprim (cotrimoxazol)

A sulfadoxina-pirimetamina é usada no tratamento da malária, e o cotrimoxazol no tratamento das infecções respiratórias agudas. Estes medicamentos são uma combinação duma sulfamida com outro componente: sulfadoxina-pirimetamina, no caso do fansidar (ver pág. 711) e sulfametoxazol-trimetroprim, no caso do cotrimoxazol (ver pág. 699). As sulfamidas podem desencadear reacções alérgicas da pele muito graves. A combinação de duas sulfamidas aumenta o risco e a gravidade das reacções. Por isso, estes medicamentos não devem ser administrados ao mesmo tempo.

4. Corticosteróides (**prednisolona**, ver pág. 736)

Estes medicamentos são muito fortes e algumas vezes são necessários para tratar, por exemplo, ataques graves de asma, ou choque alérgico. Mas, alguns trabalhadores de saúde, incluindo médicos, receitam estes medicamentos nas dores ligeiras porque obtêm efeitos mais rápidos. **Isso é um grande erro**, porque podem causar efeitos adversos graves ou perigosos – principalmente se são usados em doses altas ou por um tempo prolongado. Eles diminuem as defesas do organismo contra a infecção. Podem, ainda, piorar a tuberculose, fazer sangrar as úlceras do estômago e enfraquecer os ossos, de tal modo que estes podem partir-se facilmente.

5. Vitaminas

Infelizmente, muitas pessoas gastam dinheiro em xaropes e fortificantes que contêm vitaminas. Em muitos deles faltam as vitaminas mais importantes ou estas se encontram em doses baixas. Mas, mesmo que as contenham, é muito melhor investir numa boa alimentação. Dar a uma pessoa fraca e magra comida de boa qualidade e mais vezes ao dia, ajuda-a muito mais do que dar-lhe vitaminas e minerais suplementares.

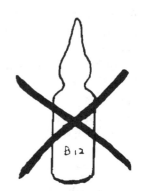

A vitamina B12 não ajuda a tratar a anemia ou a "fraqueza", excepto em casos muito específicos. Quando injectada traz certos riscos.

Para a maior parte dos casos de anemia os comprimidos de sal ferroso e ácido fólico, são mais seguros e eficazes (ver pág. 289).

Existe uma grande crença de que as vitaminas são muito seguras. Por isso, são muitas vezes receitadas sem necessidade. Algumas vitaminas podem provocar efeitos adversos, principalmente quando usadas na forma injectável.

Regra geral, NÃO SE DEVE INJECTAR VITAMINAS. As injecções são sempre mais perigosas, mais caras, e geralmente não são mais eficazes do que os comprimidos.

Uma pessoa que se alimenta bem não precisa de tomar vitaminas suplementares.

A MELHOR MANEIRA DE OBTER VITAMINAS:

Estes são melhores do que estes — Isto é melhor do que isto — Isto é melhor do que isto

Para mais informações sobre vitaminas, quando são necessárias, e quais os alimentos que as contêm, ler capítulo 10, pág. 158.

6. Alimentar através das veias (soros, soluções endovenosas – E.V.)

Algumas pessoas acreditam que um litro de solução nas veias ("soro") vai torná-las mais fortes ou vai enriquecer o sangue. Elas estão erradas!

O soro não é mais do que água pura com um pouco de sal ou açúcar. Isso dá pouca energia e torna o sangue mais fino, e não mais rico. Isso não melhora a anemia nem torna a pessoa mais forte.

Quando a pessoa que aplica a solução E.V. na veia não tem muita prática, existe o perigo de infectar o sangue da pessoa doente. E isso pode matá-la.

O soro pode salvar vidas, mas deve ser usado apenas quando o doente não consegue tomar nada pela boca (vómitos persistentes, prostração, convulsões ou ataques, coma) ou quando está muito desidratado ou em choque (ver pág. 243).

Sempre que o doente pode engolir, deve-se dar mais líquidos a beber. Isto vai-lhe fazer melhor do que injectar um litro de soro E.V.

Os doentes que conseguem comer, ficam mais fortes com alimentos nutritivos do que com qualquer tipo de soro E.V.

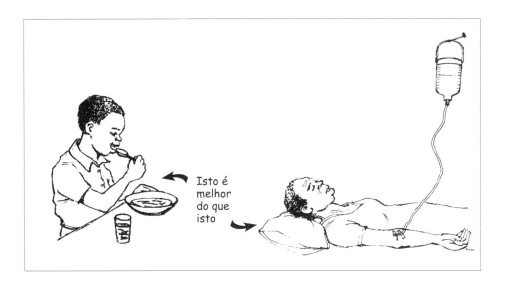

Isto é melhor do que isto

7. Laxantes e purgantes (ver pág. 52)

É sempre perigoso dar um laxante ou purgante a um bebé, a uma pessoa muito fraca, desidratada, ou que tem uma dor intensa no abdómen. Infelizmente, muitas vezes as pessoas pensam que um purgante lhes traz saúde ou que "limpa" o que há de mau no corpo. No capítulo 1 já foi explicado que **os purgantes ou laxantes fortes quase sempre fazem mais mal do que bem.**

Para saber qual é o uso correcto dos laxantes, ver pág. 732.

Uso correcto dos antibióticos

Quando usados correctamente, os antibióticos são medicamentos extremamente úteis e importantes. Eles combatem diversas infecções e doenças causadas por *bactérias*. Os antibióticos mais conhecidos são a penicilina, a amoxicilina, o cotrimoxazol, o cloranfenicol e a kanamicina.

Um único antibiótico não é eficaz para tratar todas as infecções. Os diversos antibióticos agem de maneira diferente contra infecções específicas.

Alguns antibióticos matam mais tipos de bactéria e são chamados antibióticos de *largo espectro.* Exemplos: a amoxicilina e o cotrimoxazol.

Outros, tais como a penicilina e a gentamicina, matam menos tipos de bactérias e são chamados antibióticos de *estreito espectro.*

Todos os antibióticos têm os seus riscos de utilização, mas alguns são muito mais perigosos do que outros. É preciso ter muito cuidado na escolha e no uso de antibióticos. Para além dos efeitos adversos, o uso indiscriminado de antibióticos pode levar ao surgimento de bactérias resistentes.

> **Nunca usar um antibiótico a não ser quando se sabe que doenças ele combate e quais são as precauções a tomar para o usar sem perigo.**

As páginas verdes contêm informação sobre o uso, a dose, os riscos e as precauções para os antibióticos recomendados neste livro. Para sua consulta deve-se procurar o nome do antibiótico no índice alfabético que se encontra no início das páginas verdes.

REGRAS GERAIS PARA O USO DE ANTIBIÓTICOS

1. Nunca usar um antibiótico, a não ser que o doente tenha uma infecção bacteriana.

2. Quando não se sabe exactamente como usar um antibiótico e para que tipo de infecções pode ser usado, não se deve utilizar.

3. Usar somente o antibiótico que é recomendado para a infecção que se quer tratar. (Procurar a doença no livro).

4. Saber quais são os riscos de utilização do antibiótico e tomar todas as precauções recomendadas (ver as páginas verdes).

5. Usar o antibiótico somente na dose recomendada (nem mais, nem menos). A dose depende da doença e do peso ou idade da pessoa doente.

6. Administrar o antibiótico durante o período recomendado. Tomar o antibiótico menos dias do que o recomendado pode causar resistência das bactérias.

7. Nunca usar injecções se o antibiótico, tomado por via oral, vai fazer o mesmo efeito. Aplicar injecções somente quando for absolutamente necessário.

8. Se o antibiótico causar erupção na pele, comichão, dificuldade ao respirar, ou qualquer outra reacção grave, deve parar imediatamente o antibiótico e recomendar ao doente para **nunca mais voltar a usá-lo**.

9. **Usar antibióticos somente quando a necessidade é grande.** Quando usamos antibióticos com muita frequência estes deixam de fazer efeito.

REGRAS PARA O USO DE ANTIBIÓTICOS ESPECÍFICOS

1. Antes de aplicar a injecção de penicilina, ou ampicilina, deve-se perguntar se o doente é alérgico a medicamentos e ter sempre à mão ampolas de *adrenalina* prontas para controlar uma reacção alérgica, se isso acontecer.

2. Para as pessoas que são alérgicas à penicilina, deve-se usar um outro antibiótico tal como a eritromicina (ver pág. 698).

3. Usar o cloranfenicol somente para doenças graves pois este medicamento pode provocar reacções adversas graves. Nunca se deve utilizar cloranfenicol no recém-nascido.

4. Nalgumas infecções graves deve-se usar mais do que um antibiótico. Nunca se deve associar antibióticos do mesmo grupo (ex.: penicilina e amoxicilina), pois isso não traz nenhum benefício terapêutico e tem maior risco de efeitos adversos.

5. Nunca dar tetraciclina ou doxiciclina a uma mulher grávida ou a crianças com menos de 8 anos de idade pois estes medicamentos depositam-se nos dentes e nos ossos tornando-os mais fracos.

6. Para as pessoas alérgicas ao cotrimoxazol deve-se usar outro antibiótico como a amoxicilina (ver pág. 697).

O que fazer se um antibiótico parece não fazer efeito

A maioria das infecções comuns causadas por bactérias começam a melhorar com o uso de antibióticos depois dos primeiros 2 dias de tratamento. **Se o antibiótico que se está a usar não está a fazer efeito, é possível que:**

1. A doença não é aquela que se pensou inicialmente que era. Pode-se estar a usar o antibiótico errado. Deve-se procurar identificar exactamente qual é a doença – e usar o antibiótico certo.

2. A toma do antibiótico não está a ser correcta: a dose é insuficiente (baixa); não se está a obedecer aos intervalos de toma (em vez de 3 vezes por dia, está-se a fazer 1 ou 2 vezes por dia); ou pode haver perda de medicamento por vómito. É necessário verificar o que se passou.

3. O doente está a tomar outros medicamentos ou alimentos que interferem com o efeito do antibiótico (por exemplo, se a pessoa tomar leite ou hidróxido de alumínio com a doxiciclina, eles diminuem o efeito deste antibiótico).

4. As bactérias ficaram *resistentes* ao antibiótico que se está a usar. Mudar para outro antibiótico recomendado para tratar a doença em causa. Se não resulta – transferir o doente para uma unidade sanitária com mais recursos.

5. O trabalhador de saúde não está treinado para tratar a doença. Neste caso, é preciso transferir rapidamente o doente para uma unidade sanitária com mais recursos, principalmente se o estado do doente é grave ou se está a piorar.

ESTAS DUAS CRIANÇAS TIVERAM CONSTIPAÇÃO

Quem é culpado?

Penicilina!
(ver choque alérgico, pág. 128).

Por que é que esta criança melhorou?

Ela não tomou nenhum medicamento, só tomou sumos de fruta, comeu bons alimentos e descansou.

Os antibióticos não servem para tratar a constipação.

A importância do uso limitado de antibióticos

Deve ser limitado o uso de medicamentos para as situações em que são realmente necessários. No caso dos antibióticos, pelas seguintes razões:

1. **Intoxicações e reacções.** Os antibióticos não matam apenas as bactérias, mas podem também prejudicar o organismo, por intoxicação ou causando reacções adversas (ver pág. 105).

2. **Alterações do equilíbrio natural.** Nem todas as bactérias que estão no corpo são prejudiciais. Pelo contrário, algumas são necessárias para o corpo funcionar normalmente. Os antibióticos muitas vezes matam também as bactérias que ajudam o corpo. No bebé a quem é dado um antibiótico, aparecem às vezes infecções por fungos na boca (candidíase oral ou "sapinhos", ver pág. 554). Na mulher que tomou antibióticos, aparece às vezes um corrimento vaginal causado por *candida* (ver pág. 443). Isto acontece porque os antibióticos matam as bactérias que ajudam a controlar os fungos.

   Pelas mesmas razões, as pessoas que tomam amoxicilina ou outros antibióticos de largo espectro, durante vários dias, podem ficar com diarreia. Os antibióticos podem matar alguns tipos de bactérias necessárias para a digestão e desta forma prejudicam o equilíbrio natural do intestino.

3. **Resistência ao tratamento.** A razão mais importante para limitar o uso dos antibióticos é que QUANDO OS ANTIBIÓTICOS SÃO USADOS EM EXCESSO, ACABAM POR TER MENOS EFEITO.

   Quando atacadas repetidamente pelo mesmo antibiótico, as bactérias criam mecanismos de defesa que as tornam "mais fortes" e esse antibiótico já não as consegue matar. As bactérias tornam-se *resistentes* ao antibiótico.

   Por causa da resistência, certas doenças perigosas, tais como a cólera, se tornaram mais difíceis de tratar do que há uns anos atrás. Em alguns lugares, a bactéria que causa a cólera (vibrião colérico) tornou-se resistente à doxiciclina, que é habitualmente o melhor antibiótico para a tratar. A doxicilina foi usada em excesso para combater infecções ligeiras que poderiam ter sido tratadas com outros antibióticos mais seguros e com a mesma eficácia (efeito), ou para as quais não era necessário usar nenhum antibiótico.

   No mundo inteiro, doenças infecciosas graves estão a ficar resistentes aos antibióticos – principalmente porque estes são usados em excesso para tratar infecções ligeiras. A produção de novos antibióticos está a ocorrer a um ritmo mais lento do que o do surgimento de resistências, deixando poucas alternativas. **Se queremos que os antibióticos continuem a salvar vidas, o seu uso deve ser muito mais limitado do que é actualmente.** Isto depende do seu uso cauteloso por parte dos trabalhadores de saúde e dos doentes.

Para a maioria das infecções ligeiras os antibióticos não são necessários e não devem ser usados. Pequenas infecções da pele podem, geralmente, ser tratadas com muito sucesso lavando somente com água e sabão. A melhor maneira de tratar infecções ligeiras do aparelho respiratório é beber muitos líquidos, comer bem e descansar. Para a maior parte das diarreias não há necessidade de usar antibióticos e estes até podem ser perigosos. O mais importante é que uma criança com diarreia tome muitos líquidos e coma o suficiente logo que aceite comer.

> **Os antibióticos são uma arma potente. Não se deve usar antibióticos para infecções que o corpo pode combater sozinho. Reservar os antibióticos para quando eles são, realmente, necessários.**

Como administrar medicamentos

Os medicamentos podem ser administrados aos doentes através de diferentes **vias de administração**: pela boca – via **oral**; pelo recto – via **rectal**; pela vagina – via **vaginal**; ou através de injecções – via **injectável** (que pode ser I.M., intramuscular, ou E.V., endovenosa). Alguns medicamentos são aplicados directamente sobre a pele – aplicação local (ou **tópica**).

De acordo com a via de administração pela qual vão ser usados, os medicamentos são apresentados em formas diferentes: comprimidos, xaropes, supositórios, ampolas, pomadas, etc.

Medidas

Qualquer que seja a forma de apresentação do medicamento, este deve ser administrado ao doente na dose adequada ao seu peso ou idade.

Geralmente, a quantidade do medicamento em cada forma de apresentação (comprimido, ampola, etc.) é referida em gramas (g) ou miligramas (mg).

1000 mg = 1g (mil miligramas fazem um grama)

Exemplo:

Um comprimido de paracetamol contém 500 mg (miligramas de paracetamol)

As quantidades dos medicamentos não se apresentam em números decimais, por exemplo: paracetamol, comprimidos de 500 mg e não 0,5 g.

Cuidado: Muitos medicamentos são fabricados com diferentes doses, tamanhos, e formas: Por exemplo, a forma de apresentação do paracetamol pode ser em supositórios de 2 tamanhos (e doses) e em comprimidos de 500 mg:

supositório
125 mg

supositório
250 mg

comprimido
500 mg

É preciso ter o cuidado de verificar sempre a forma de apresentação do medicamento e dar só a quantidade (dose) que é recomendada.

É muito importante verificar quantos gramas ou miligramas contém o medicamento antes de o administrar, particularmente nas crianças, para ajudar a calcular a quantidade de medicamento a dar, de acordo com a idade e/ou com o peso da criança.

Por exemplo, a criança de 2 meses a 2 anos deve tomar paracetamol – 125 mg, 4 vezes ao dia. Mas só existem comprimidos de paracetamol de 500 mg. Então, a receita deve especificar que a criança tem que tomar ¼ de comprimido (125 mg), 4 vezes por dia.

COMO AS FRACÇÕES, ÀS VEZES, VÊM ESCRITAS NAS RECEITAS

¼ comprimido	= um quarto de comprimido ou uma parte de um comprimido dividido em quatro partes iguais }	=
½ comprimido	= metade de um comprimido	=
1 comprimido	= um comprimido inteiro	=
1½ comprimidos	= um comprimido mais uma metade	=

Como medir a penicilina

A penicilina vem em diferentes formas de apresentação (comprimidos e injecções).

A penicilina injectável é medida em unidades internacionais: **U.I. = Unidade Internacional.**

Por exemplo: 1 frasco-ampola de penicilina procaína contém 3 000 000 U.I. Se a dose prescrita é de 1 500 000 U.I., é preciso administrar meia ampola.

Para mais informações sobre a penicilina, consultar as páginas verdes.

Como medir medicamentos na forma líquida

Xaropes, suspensões e outros medicamentos na forma líquida, são medidos em mililitros:

$$1 \text{ ml} = 1 \text{ mililitro} \qquad | \qquad 1 \text{ litro} = 1000 \text{ ml}$$

Muitas vezes os medicamentos apresentados em forma líquida, aparecem receitados às colheres. Geralmente, a equivalência do tamanho das colheres e da quantidade de líquido é a seguinte:

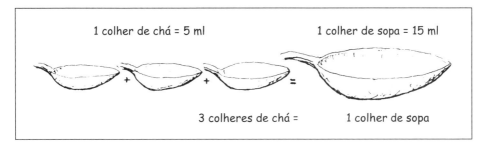

1 colher de chá = 5 ml   1 colher de sopa = 15 ml

3 colheres de chá =   1 colher de sopa

Por isso, quando a receita diz tomar 1 colher de chá, isso quer dizer, 5 ml do medicamento. Muitas vezes as "colheres de chá" que as pessoas usam têm medidas diferentes que podem variar de 3 a 8 ml.

Quando se usa uma colher de chá para dar um medicamento, é importante que esta meça *5 ml*. **Nem mais. Nem menos.**

Como ter a certeza de que a colher de chá que se usa para o medicamento mede 5 ml.

1. Comprar um xarope que já venha com uma colher plástica. Esta colher mede 5ml quando está cheia e também pode ter um risco que marca metade (2,5 ml). Esta colher deve ser guardada e usada sempre que for necessário medir outros medicamentos.

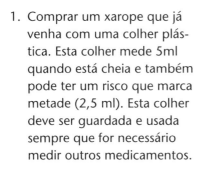

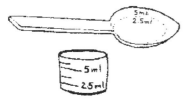

2. Também se pode usar copinhos com riscos ou uma seringa.

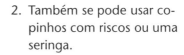

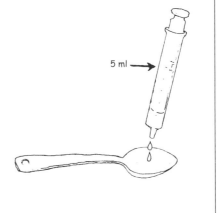

5 ml →

Como dar medicamentos a crianças pequenas

Muitos medicamentos que, normalmente, são produzidos na forma de comprimidos ou de cápsulas, também vêm na forma de xarope ou suspensão (formas líquidas) para administrar às crianças. Outra forma comum de administrar medicamentos às crianças pequenas é em supositórios infantis que se introduzem no ânus da criança.

Quando se compara o preço das formas líquidas infantis, tendo a mesma quantidade de medicamento que as outras formas, verifica-se que aquelas são mais caras do que os comprimidos ou cápsulas. Pode-se poupar dinheiro fazendo a preparação dos xaropes infantis, a partir de comprimidos ou cápsulas.

Forma de preparação:

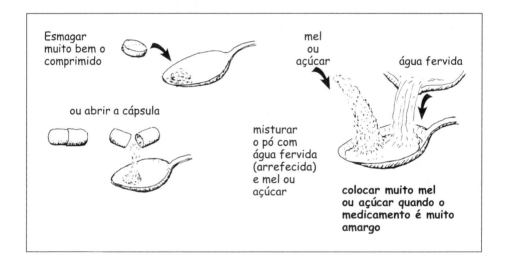

Esmagar muito bem o comprimido

ou abrir a cápsula

misturar o pó com água fervida (arrefecida) e mel ou açúcar

mel ou açúcar

água fervida

colocar muito mel ou açúcar quando o medicamento é muito amargo

Quando se faz xaropes para crianças, usando comprimidos ou cápsulas, é preciso **ter muito cuidado para não dar medicamento a mais. É preciso respeitar a dose recomendada e agitar sempre antes de usar.** Não se deve dar mel às crianças com menos de 1 ano de idade. Algumas crianças podem ter reacções perigosas.

ATENÇÃO: Para evitar que uma criança se engasgue não se deve administrar os medicamentos quando a criança está deitada de costas, nem com a cabeça inclinada para trás. É necessário garantir que a criança tem a cabeça inclinada para a frente. Nunca se deve dar a uma criança um medicamento, por via oral, quando está a dormir, a ter um ataque, ou inconsciente.

Que quantidade de medicamento se deve dar às crianças, quando se sabe apenas a dose para adultos?

De um modo geral, quanto mais pequena é uma criança, menos quantidade de medicamento ela necessita. Dar mais do que é necessário pode ser muito perigoso.

Quando se tem a informação sobre as doses para crianças, deve-se seguir cuidadosamente as instruções. As doses recomendadas para cada medicamento encontram-se nas páginas verdes deste livro ou no Formulário de Medicamentos de cada país.

Geralmente, nas crianças, a quantidade de medicamento a administrar (dose) é recomendada em dose/kg de peso da criança. Quando não se sabe o peso, a quantidade a administrar (dose) pode ser estimada pela idade da criança. Só se deve utilizar a idade da criança quando não se conhece o seu peso. Nas crianças é sempre mais seguro pesar para calcular a dose.

Para a maior parte dos medicamentos é suficiente usar tabelas por grupos de peso, como as que estão expressas nas páginas verdes deste livro.

Para estimar as doses de medicamento a administrar pela idade da criança, pode-se calcular o seu peso aproximado utilizando a seguinte tabela:

CORRESPONDÊNCIA ENTRE A IDADE E O PESO

Idade	Peso (kg)
Nascimento a 1 mês	2,5 - 3
1-3 meses	3 - 6
4-11 meses	6 - 10
12-23 meses (1–<2 anos)	10 - 12
2-3 anos	13 - 15
4-5 anos	15 - 19
6-9 anos	20 - 25
10-12 anos	26 - 30
13-14 anos	30 - 40
Adultos	~ 60 kg

Em geral, a partir dos 15 anos usa-se a dose do adulto.

Deve-se ter muito cuidado no cálculo da dose para os recém-nascidos porque estes são muito sensíveis aos medicamentos. Verificar sempre se há referência a uma dose particular para este grupo nas páginas verdes ou no Formulário de Medicamentos.

Como tomar medicamentos por via oral

É importante tomar os medicamentos mais ou menos à hora recomendada. Alguns medicamentos só devem ser tomados 1 vez por dia, mas a maior parte são para tomar várias vezes ao dia. Se não existe um relógio, não faz mal. A toma ao longo do dia pode ser estimada. Se a receita diz "1 comprimido de 8 em 8 horas", tomam-se 3 comprimidos por dia: um ao amanhecer, um ao meio do dia e um ao deitar. Se a receita diz "1 comprimido de 6 em 6 horas", tomam-se 4 comprimidos por dia: 1 ao amanhecer, 1 a meio do dia, 1 ao fim da tarde e 1 ao deitar.

Há várias maneiras de explicar ao doente:

12/12 horas	= duas vezes por dia	= 1+1	Tomar ao amanhecer e ao fim da tarde
8/8 horas	= três vezes por dia	= 1+1+1	Tomar ao amanhecer, a meio do dia e ao deitar
6/6 horas	= quatro vezes por dia	= 1+1+1+1	Tomar ao amanhecer, ao meio-dia, ao fim da tarde e ao deitar

Sempre que se dá um medicamento a uma pessoa, deve-se escrever as instruções, explicar bem à pessoa como o deve tomar e fazer a pessoa repetir como e quando ela deve tomar o medicamento. É preciso ter a certeza de que a pessoa compreendeu as instruções.

Quando administramos medicamentos por via oral, temos que ter cuidado para o doente não vomitar a medicação.

Se o doente vomitar o medicamento em:

■ **menos de 30 minutos** depois da sua ingestão, deve repetir a dose.

■ **mais de 30 minutos** depois da sua ingestão, deve esperar a próxima dose.

Como um "indicativo", para as pessoas que não sabem ler, podem ser utilizados saquinhos de plástico com estas figuras para explicar e lembrar à pessoa como e quando deve tomar o medicamento ⟶

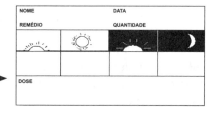

Os quadradinhos com as figuras significam: ao amanhecer, a meio do dia, ao fim da tarde e ao deitar. ─────────→

Os quadradinhos de baixo, em branco, são para representar a dose e quando é que o doente deve tomar. É preciso explicar com cuidado o que a figura quer dizer. ──→

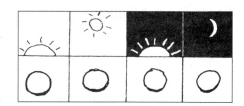

Por exemplo:

Isto quer dizer 1 comprimido 4 vezes ao dia, ao amanhecer, a meio do dia, ao fim da tarde e ao deitar.

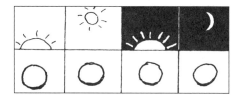

Isto quer dizer ½ comprimido 4 vezes ao dia, ao amanhecer, a meio do dia, ao fim da tarde e ao deitar.

Isto quer dizer 1/4 comprimido 2 vezes ao dia, ao amanhecer e ao fim da tarde.

No espaço de baixo, escreve-se a dose e o número de dias durante os quais o medicamento deve ser tomado. Por exemplo: mebendazol 100 mg, 1+1, durante 3 dias.

Receitar medicamentos

Se não há saquinhos de plástico – mesmo que a pessoa não saiba ler – deve-se sempre escrever toda a informação abaixo indicada:

- Nome da pessoa: Joana Estrela
- Nome do medicamento: Mebendazol 100 mg
- Dose: 1 comprimido 2 vezes ao dia
- Número de dias: durante 3 dias

Os medicamentos receitados devem ser registados no livro de registo.

Tomar os medicamentos com o estômago cheio ou vazio

Alguns medicamentos fazem mais efeito quando se tomam com o estômago vazio – isto é, meia hora antes das refeições.

Outros medicamentos devem ser tomados durante a refeição ou logo a seguir, para não causarem dor no estômago ou azia.

Os antiácidos fazem mais efeito quando tomados com o estômago vazio, 1 hora ou 2 depois das refeições e ao deitar.

Nota: É melhor tomar os medicamentos quando se está de pé ou sentado. Também se deve procurar beber um copo de água de cada vez que se toma um medicamento. Com alguns medicamentos é importante tomar muitos líquidos ao longo de dia, como por exemplo, com o cotrimoxazol.

Outras vias de administração de medicamentos

Administração por via rectal

A via rectal pode ser útil para administrar alguns medicamentos, especialmente nas crianças que rejeitam o remédio por via oral, ou nos doentes que estão com muitos vómitos ou convulsões (ataques). Na administração rectal utilizam-se, principalmente, os supositórios.

Conselhos para a administração de supositórios

- O supositório não deve estar amolecido. Para manter a sua forma original, este pode ser mergulhado em água fresca antes de ser administrado.
- Se for preciso dividir o supositório, isso deve ser feito no sentido do seu comprimento.
- Introduzir suavemente o supositório no recto, com a parte cónica para cima.
- Apertar as nádegas depois de introduzir no recto, para que o supositório não seja expulso.

Exemplo

Um exemplo da grande utilidade desta via, é a administração rectal de diazepam (ver pág. 727), numa criança com convulsões:

Se for necessária a administração rápida de diazepam numa criança, para parar uma crise de convulsões, a maneira mais prática de o administrar é pela via rectal. O efeito é tão rápido como se fosse injectado pela via E.V. e é mais seguro. Em alguns países existem apresentações de diazepam prontas para aplicação por via rectal. Caso não existam, pode-se utilizar o próprio líquido da ampola, sem o diluir, e introduzir a dose necessária, no recto da criança, com uma **seringa pequena sem a agulha.**

Administração por injecções

Quando se deve aplicar injecções

As injecções não são sempre necessárias. A maior parte das doenças, podem ser tratadas tão bem, ou melhor, com medicamentos tomados pela boca (via oral).

A boca é a porta de entrada natural do nosso organismo. Só quando não se pode usar esta via é que se deve usar injecções.

Regra geral:

> **É muito mais perigoso injectar um medicamento do que tomá-lo pela boca.**

As injecções só devem ser usadas quando forem absolutamente necessárias. Elas devem ser aplicadas apenas por trabalhadores de saúde ou por pessoas treinadas para isso.

As únicas ocasiões em que os medicamentos devem ser administrados por via injectável são:

1. Quando o doente:
- não é capaz de beber ou mamar
- vomita tudo o que ingere
- está com convulsões
- está inconsciente
- não colabora (doente mental)

2. Quando o medicamento recomendado não está disponível sob a forma oral.

3. Em algumas situações de emergências ou em casos especiais.

O que fazer quando o trabalhador de saúde receita injecções

Os médicos e outros trabalhadores de saúde algumas vezes receitam injecções quando elas não são necessárias.

Quando um trabalhador de saúde, ou um curandeiro, receita injecções, o doente deverá:

1. Perguntar se é possível receitar um medicamento alternativo, para ser tomado por via oral.

2. Caso seja indispensável a injecção, ter a certeza de que quem vai dar as injecções toma todas as precauções necessárias.

3. Dizer que prefere não tomar injecções, caso lhe tenham sido receitadas injecções de vitaminas.

Emergências que podem justificar a administração de injecções

Em certas emergências, o doente deve ser rapidamente transferido para uma unidade sanitária com mais recursos (ver capítulo 4, Sinais de Perigo). Antes de transferir o doente e havendo indicação clínica, deve ser aplicado o medicamento apropriado. Antes de aplicar uma injecção, é preciso saber quais são os possíveis efeitos adversos e tomar as precauções necessárias (ver as páginas verdes).

QUANDO NÃO SE DEVE APLICAR INJECÇÕES

Nunca dar injecções para tratar uma constipação ou gripe.

Nunca injectar um medicamento que não seja recomendado para a doença que se quer tratar.

Nunca injectar um medicamento que não se conheça e/ou sem ter em conta todas as recomendações e precauções necessárias.

Nunca dar uma injecção, a não ser quando a seringa e a agulha estão bem esterilizadas.

Medicamentos que não se deve injectar

Vitaminas. Raramente as vitaminas injectáveis são melhores do que as orais. As injecções são mais caras e mais perigosas. Devem ser usadas as vitaminas na forma de comprimidos ou de xaropes, em vez das formas injectáveis. O melhor é comer alimentos ricos em vitaminas. A vitamina B12 nunca deve ser injectada fora das consultas especializadas. O melhor é **nunca** injectar vitaminas.

A via E.V.

Só pode ser usada por pessoal bem treinado no seu uso

   1. Soros E.V.: Devem ser usados somente em casos graves de desidratação e choque e administrados por alguém treinado. Quando não são correctamente administrados podem causar efeitos perigosos ou morte.

   2. Medicamentos E.V.: O perigo de injectar medicamentos na veia é tão grande que apenas os trabalhadores de saúde treinados no seu uso o devem fazer. **Nunca** se deve injectar na veia um medicamento que tenha a indicação de "só para o uso intramuscular". **Nunca** se pode injectar num músculo um medicamento em que esteja escrito "só para o uso endovenoso".

Riscos e precauções

Os principais riscos das injecções são:

1. Infecções causadas por micróbios que penetram com a agulha.

2. Reacções alérgicas, ou tóxicas, causadas pelo medicamento.

3. Lesão de estruturas importantes como, por exemplo, o nervo ciático.

Infecções

Quando não são observadas as regras de esterilização das seringas e das agulhas, existe um grande risco de se transmitir ao doente algumas doenças graves.

Actualmente, o maior risco é a transmissão do HIV, que pode ser facilmente transmitido ao injectar-se um medicamento sem esterilizar o material.

Outras doenças que podem ser transmitidas pelo uso de agulhas e de seringas mal esterilizadas são: as hepatites virais e o tétano.

Também podem surgir abcessos, no local da injecção, quando se utiliza material mal esterilizado.

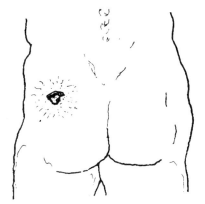

Este abcesso foi provocado por erro na observação das medidas de biossegurança.

Para prevenir a possibilidade de transmissão de doenças e de infecções locais, causadas pela administração duma injecção, devem ser tomadas as seguintes medidas:

1. Manusear correctamente as agulhas e seringas. Esterilizar a seringa e a agulha e ter muito cuidado para que sejam conservadas completamente limpas.

2. Usar apenas medicamentos recomendados para tratar a doença e ter a certeza de que estes estão em boas condições e não estragados.

3. Injectar no local correcto. Em bebés ou crianças pequenas, injectar na parte superior e exterior da coxa.

Reacções

É muito importante saber que reacções um medicamento pode produzir e tomar as devidas precauções antes de o injectar. Para mais detalhes, consulte o capítulo 6, pág. 105.

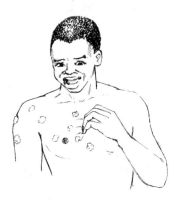

Reacções perigosas ao injectar certos medicamentos

Estes medicamentos podem, por vezes, produzir uma reacção alérgica grave, após a sua injecção. Esta reacção é chamada CHOQUE ALÉRGICO (ou anafiláctico):

♦ penicilina (incluindo ampicilina)

♦ antitoxinas que são feitas do soro de cavalo
- antiveneno contra mordedura de cobra
- antitoxinas contra o tétano
- antitoxinas contra a raiva

O risco duma reacção grave é maior numa pessoa a quem já foi aplicada uma injecção com um destes medicamentos ou outro da mesma família. O risco é muito grande se o medicamento causou uma reacção alérgica (urticária, comichão, inchaço, ou dificuldade em respirar) antes.

O CHOQUE ALÉRGICO pode resultar também da picada de vespa ou abelha ou toma dum medicamento por via oral.

COMO PREVENIR REACÇÕES GRAVES PROVOCADAS POR INJECÇÕES:

1. Usar injecções só quando for absolutamente necessário.

   Para detalhes das indicações da administração de medicamentos injectáveis, nos doentes graves, consultar a pág. 88.

2. **Antes de injectar os medicamentos atrás mencionados, ter sempre prontas 2 ampolas de adrenalina** (ver pág. 721).

3. Antes de injectar, deve-se perguntar sempre ao doente se no passado uma injecção parecida lhe causou comichão ou outras reacções. Se a pessoa disser que sim, não se pode usar este medicamento ou qualquer outro medicamento do mesmo grupo, nem injectado, nem por via oral.

4. No caso das antitoxinas, se existe a possibilidade de que a antitoxina possa provocar uma reacção alérgica (se a pessoa sofre de alergias ou asma, ou já tomou soro de cavalo antes), deve-se fazer primeiro um teste intradérmico.

   Injectar 0,1 ml de soro diluído a 1ml em soro fisiológico, por via intradérmica, e esperar durante cerca de 30 minutos. Se ao fim de 15-30 minutos no local de injecção aparecer uma pápula ou se o doente tiver mal-estar ou outros sintomas, então ele é alérgico ao soro e **não se deve administrar o soro.**

5. Depois de administrar a injecção, deve-se ficar sempre perto da pessoa, durante 30 minutos, para observar qualquer dos seguintes possíveis sinais de CHOQUE ALÉRGICO:

- "suores frios", pele pálida, fria e húmida
- pulso rápido e fraco
- a tensão arterial baixa
- dificuldade em respirar
- perda de consciência

6. Se estes sinais aparecem, é preciso imediatamente: injectar adrenalina (ver pág. 721), seguida dum anti-histamínico, por exemplo difenidramina (ver pág. 723); e transferir o doente. Se não tiver adrenalina, pode-se usar prednisolona injectável como alternativa (ver pág. 736).

COMO EVITAR REACÇÕES GRAVES ÀS INJECÇÕES DE PENICILINA E AMPICILINA

1. Para infecções ligeiras e moderadas:

dar comprimidos de penicilina

em vez de injecções

2. Antes de injectar perguntar sempre ao doente:

"Alguma vez teve urticária, comichão, inchaço ou dificuldade em respirar, depois de levar uma injecção de penicilina?"

Se a resposta for sim, não usar penicilina, ampicilina, ou amoxicilina. Usar outro antibiótico, como a eritromicina (ver pág. 696).

3. Antes de injectar penicilina:

ter sempre à mão ampolas de adrenalina

4. Após a injecção:

Observar o doente durante, pelo menos, 30 minutos.

5. Se o doente ficar muito pálido, com o pulso rápido, tiver dificuldade em respirar, ou desmaiar, injectar imediatamente adrenalina I.M. (ver pág. 721).

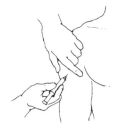

ATENÇÃO: sempre que possível, dar medicamentos por via oral, em vez de injecções. **Aplicar injecções só quando for absolutamente necessário.**

Lesão de estruturas importantes como o nervo ciático.

Por vezes, quando não se aplica a injecção no local correcto, pode-se lesionar uma estrutura importante. Por exemplo, uma injecção na nádega no local incorrecto, pode lesar o nervo ciático e causar paralisia do membro.

Como administrar uma injecção

Como preparar a seringa

O melhor é que sejam sempre usadas seringas descartáveis ou autodestrutíveis. Depois de serem utilizadas, devem ser colocadas numa **caixa para incineração** (onde são queimadas).

Seringas e agulhas descartáveis podem ser usadas somente em locais onde haja garantias de que serão imediatamente destruídas depois de usadas.

Seringas e agulhas autodestrutíveis são feitas de maneira que seja impossível usá-las mais do que 1 vez. Consequentemente, elas apresentam um risco mínimo de transmissão de infecções por via sanguínea (ver pág. 136), de pessoa para pessoa. São o tipo de seringas preferido para administrar vacinas, especialmente nas campanhas.

No geral, as seringas e agulhas de uso único devem ser usadas somente nos locais onde possam ser destruídas de forma segura depois de usadas.

No entanto, em muitos locais, pode não estar ainda disponível este tipo de seringas e é necessário recorrer ao uso de seringas e de agulhas reutilizáveis. Neste caso:

- Usar sempre uma seringa e uma agulha para cada pessoa.
- Depois de serem utilizadas, devem ser mergulhadas em hipoclorito de sódio 0,5% (ver pág. 741) para serem descontaminadas, antes de serem lavadas para posterior desinfecção, ou esterilização.

Nota: Consultar, no capítulo 9, os detalhes sobre o processamento seguro do material hospitalar.

> **Antes de começar a preparação duma injecção, lavar sempre muito bem as mãos com água corrente e sabão!**

1. Usando uma pinça, colocar a agulha na seringa tocando apenas na base da agulha e no botão do êmbolo.

2. Limpar bem a ampola de água destilada, e em seguida quebrar a sua parte superior.

3. Encher a seringa. (Cuidado para que a agulha não toque na parte externa da ampola).

4. Esfregar a borracha do frasco do medicamento com um algodão embebido em álcool ou água fervida.

ÁLCOOL

PENICILINA 1.000.000

5. Colocar a água destilada no frasco que contém o medicamento em pó.

6. Agitar bem o frasco até que o medicamento se dissolva.

7. Encher a seringa novamente.

8. Fazer sair todo o ar da seringa.

É preciso tomar muito cuidado para que a agulha não toque em nada – nem mesmo no algodão com álcool. Se por acaso a agulha tocar nos dedos, ou em alguma outra coisa, não deve ser usada. Nunca deixar agulhas espetadas nos frascos.

ONDE DAR UMA INJECÇÃO I.M.

O local usual para a administração de injecções I.M. é o músculo das nádegas, excepto nas vacinas. A injecção deve ser sempre aplicada na parte **superior externa** da nádega, nos adultos e crianças com mais de 3 anos, como mostra a figura abaixo. Se for usado outro local, há risco de lesão do nervo ciático.

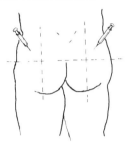

Nunca se deve injectar num local onde a pele esteja infectada ou com uma erupção.

Nas crianças com menos de 3 anos de idade, nunca se deve injectar na nádega. As injecções devem ser aplicadas no lado superior externo da coxa.

COMO DAR UMA INJECÇÃO I.M.

1. Limpar a pele com água limpa, ou com água e sabão.

2. Espetar a agulha duma vez.

3. Injectar o medicamento lentamente.

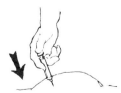

4. Retirar a agulha e limpar a pele de novo.

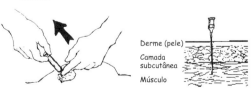

Derme (pele)
Camada subcutânea
Músculo

(Dói menos, se isto for feito com um movimento único e rápido).

COMO DAR UMA INJECÇÃO SUBCUTÂNEA (S.C.)

1. Limpe a pele com água limpa, ou com água e sabão.

2. Segure o braço pela parte inferior, seus dedos devem estar à volta do braço e formar uma prega da pele entre os dedos polegar e indicador.

3. Introduza a agulha na parte da pele abaulada numa profundidade não superior a 1 cm. A agulha deve penetrar num ângulo inclinado (cerca de 35-45°), não recto.

4. Nos diabéticos que fazem **insulina** (ver pág. 493), a injecção subcutânea deve ser dada num ângulo **de 90 graus** com a pele **se a agulha é curta** (12 mm ou menos). Mas, se a pessoa for muito magra ou se a agulha for comprida, deve-se fazer um ângulo de 45 graus.

5. Injectar o medicamento ou vacina.

6. Retire a agulha e pressione o local de injecção com uma bolinha de algodão. Se houver algum sangramento, mantenha a pressão até este parar.

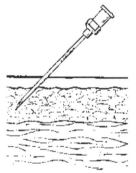

Derme (pele)

Camada subcutânea

Músculo

COMO DAR UMA INJECÇÃO INTRADÉRMICA (I.D.)

1. Limpe a pele com água limpa ou com água e sabão.

2. Introduza a ponta da agulha na pele com o bisel virado para cima – apenas o bisel e um bocadinho mais.

3. Mantenha a agulha paralela à parte superficial da pele, de modo que ela avance apenas na camada superficial da pele.

4. Não pressione muito e não aponte para baixo (senão a injecção será profunda demais, portanto, subcutânea).

5. Pressione o êmbolo com o polegar, enquanto segura a seringa entre o indicador e os dedos médios.

6. Retire a agulha e limpe a pele de novo.

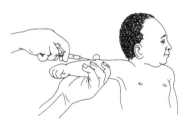

Derme (pele)

Camada subcutânea

Músculo

Sempre que der uma injecção, deve ter atenção às medidas de biossegurança, capítulo 9.

Se as seringas são descartáveis, devem ser deitadas directamente (sem retirar a agulha) nas caixas incineradoras (ver pág. 142).

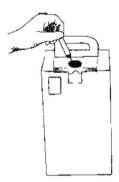

Se as seringas vão ser reutilizadas, é preciso separar a agulha da seringa com uma pinça, sem tocar na agulha com as mãos. As agulhas devem ser colocadas num recipiente apropriado e mergulhadas em solução de hipoclorito de sódio a 0,5%, durante 10 minutos, antes de serem lavadas e fervidas (ou autoclavadas, ver pág. 143).

Não recolocar a tampa na agulha.

Prevenção de infecções nas unidades sanitárias

Risco de transmissão de infecções

Quando prestam cuidados aos doentes, os trabalhadores de saúde podem entrar em contacto com líquidos do corpo, como sangue, pus ou secreções genitais (da vagina e do pénis). Os líquidos do corpo do doente podem conter agentes infecciosos (micróbios), como por exemplo, os agentes causadores da sífilis, da hepatite, ou o vírus que provoca o SIDA (HIV).

No ambiente hospitalar, em que circulam doentes e trabalhadores de saúde, assim como outras pessoas que não estão doentes, mas podem ou não ser portadoras de infecções, há o risco de transmissão de infecções entre estas pessoas, e especialmente:

- do doente para o trabalhador de saúde;

- do trabalhador de saúde para o doente;

- e dos doentes entre si.

Os agentes causadores de algumas doenças transmitem-se através do sangue. É o caso dos agentes da sífilis, hepatite, HIV, e malária. Outros agentes infecciosos, como aqueles que causam a tuberculose, sarampo, meningite, transmitem-se através do ar, trata-se duma forma de contágio por inalação.

Transmissão de infecções aos doentes e aos trabalhadores de saúde

Nos serviços de saúde, podem transmitir-se infecções aos doentes através de:

- **injecções**

- **procedimentos cirúrgicos**
  (sutura de feridas, por exemplo)

- **transfusão de sangue** infectado

- **contacto com sangue ou feridas** dum trabalhador de saúde infectado

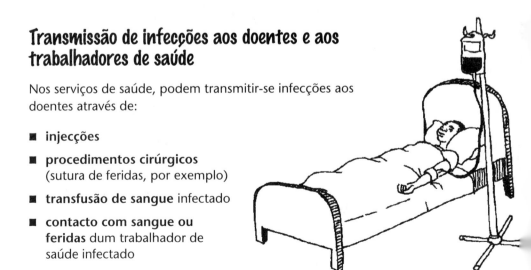

A transmissão de infecções ao doente acontece principalmente através da picada com agulha ou corte com instrumento cortante, contaminados com sangue infectado.

A maioria dos procedimentos realizados no atendimento aos doentes, não constitui risco de transmissão de infecções do doente para o trabalhador de saúde. Se forem tomadas as devidas precauções, o risco de um trabalhador de saúde se infectar a partir de um doente é reduzido. Mas pode acontecer se o trabalhador de saúde for exposto ao sangue ou outros líquidos contaminados do doente através de:

- Picada com **agulha** ou corte com **instrumento cortante**

- **Feridas abertas** (ou outras aberturas na pele provocadas por doenças da pele)

- Contacto com os **olhos** ou a **mucosa da boca**.

Risco de transmissão da tuberculose

O número de doentes com o HIV internados nas unidades sanitárias aumentou consideravelmente nos últimos anos. Estes apanham tuberculose com mais facilidade do que as pessoas sem o HIV, pelo que é especialmente importante a prevenção da sua transmissão.

Sempre que possível, os doentes com tuberculose pulmonar devem ser tratados em regime ambulatório, reduzindo as baixas hospitalares destes doentes, limitando-se, assim, o risco de transmissão da tuberculose nos serviços de saúde.

Os doentes com tuberculose pulmonar e baciloscopia positiva, após o início do tratamento, rapidamente deixam de ser infecciosos; é por isso que é urgente iniciar o tratamento destes doentes, para reduzir os riscos de transmissão da tuberculose.

Os trabalhadores de saúde que trabalham com doentes sofrendo de tuberculose, devem tomar medidas específicas de protecção, pois correm o risco de apanhar essa doença. Os trabalhadores de saúde que têm o HIV não devem trabalhar com doentes com tuberculose pulmonar.

Para prevenir a transmissão da tuberculose nos serviços de saúde, é importante que as instalações tenham uma boa ventilação e exposição aos raios solares. O doente com tuberculose pulmonar deve ser ensinado no sentido de conhecer e saber evitar os riscos de transmissão da infecção. Deve ser ensinado a cobrir a boca e o nariz quando tossir e expectorar, e usar máscara facial.

Nas enfermarias de tuberculose não deve ser admitido nenhum doente que não tenha um diagnóstico confirmado de tuberculose.

Reduzir os riscos nos serviços de saúde

PRECAUÇÕES PADRÃO

Precauções padrão (também chamadas universais ou standard) são o conjunto de normas destinadas a diminuir o risco de transmissão de micróbios no ambiente hospitalar. No ambiente hospitalar, todas as pessoas (doentes e trabalhadores de saúde) devem ser considerados como **potencialmente infecciosas** (capazes de transmitir a infecção) e como **susceptíveis à infecção** (capazes de apanhar a infecção).

As precauções padrão resumem-se no seguinte:

- **Lavar as mãos** é o procedimento mais importante para prevenir a contaminação de pessoa a pessoa, ou de um objecto contaminado a uma pessoa;
- **Usar luvas** antes de entrar em contacto com sangue ou outros líquidos corporais, pele com lesões, instrumentos sujos e lixo contaminado (sangue, pus, material de penso, agulhas);
- **Utilizar equipamento de protecção individual** (luvas, aventais, máscaras, protectores oculares e botas) para se proteger de salpicos e derrames de líquidos corporais;
- **Utilizar desinfectantes** (ver pág. 736) para limpeza de feridas, pele e mucosas do doente. Utilizar desinfectantes também para a lavagem das mãos antes de qualquer operação;
- **Utilizar práticas de trabalho seguras,** tais como não recolocar a tampa nem dobrar as agulhas de injecção;
- **Processar os instrumentos,** luvas e outro material, depois da sua utilização;
- **Descartar o lixo infeccioso ou contaminado** de forma segura.

Lavagem das mãos

A lavagem das mãos deve ser realizada com água limpa e sabão.

Deve-se lavar as mãos:

- **antes** e **depois** de examinar o doente;
- em qualquer situação em que as mãos possam ter sido contaminadas com sangue ou líquidos corporais ou por contacto com instrumentos;
- Antes de colocar luvas esterilizadas.

Para a lavagem das mãos:

- Usar água e sabão.
- Se não há água corrente, depois de lavar com sabão, uma segunda pessoa deve verter a água limpa para remover o sabão.
- Não usar toalha, mas deixar secar as mãos ao ar.
- Não usar a mesma água outra vez.

Se não houver água, utilizar um desinfectante como álcool ou cetrimida e clorexidina, para lavar as mãos.

Nos casos de cólera, usar hipoclorito (ver pág. 740) para lavar as mãos.

Equipamento de protecção individual (EPI)

O uso de equipamento de protecção individual ajuda a reduzir o risco de transmissão de micróbios no hospital. Estes equipamentos protegem áreas do corpo expostas ao contacto com materiais infecciosos e devem ser usados sempre que houver a possibilidade de contacto com sangue, líquidos corporais, mucosas ou pele lesionada.

O EPI consiste de luvas, aventais, máscaras, sapatos fechados e, por vezes, protectores oculares.

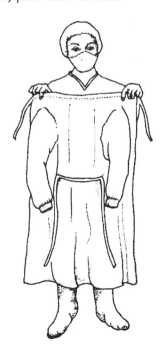

Luvas

As luvas devem ser utilizadas quando se prevê contacto com sangue ou outros líquidos corporais (ex., quando se tira sangue), ou contacto com mucosas ou pele lesionada.

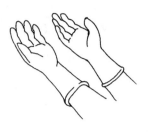

As luvas devem usar-se também para manusear materiais ou superfícies sujas com sangue ou outros líquidos.

O tipo de luva a ser utilizado, depende do tipo de tarefa a executar. Por exemplo, o pessoal de limpeza utiliza luvas de borracha e não luvas cirúrgicas, que devem ser reservadas para procedimentos cirúrgicos, partos. Para exames clínicos, usam-se luvas feitas de material plástico.

As luvas deverão ser trocadas após contacto com cada doente. Quando se utiliza as luvas não se deve realizar outras actividades, como tocar noutros objectos, atender o telefone, etc.

Quando se utiliza luvas esterilizadas deve-se:

- lavar as mãos;
- usar um par de luvas para cada doente, para evitar contaminação cruzada;
- não usar luvas retiradas dum pacote já aberto, ou cujo prazo de validade tenha expirado;
- não usar luvas rasgadas ou com furos;
- não tocar a parte externa das luvas esterilizadas quando estão a ser calçadas – manusear apenas pela parte interna, que está revirada para fora.

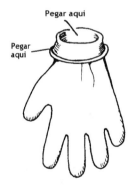

Pegar aqui

Pegar aqui

Não tocar na parte dos dedos.

Se por acaso as luvas forem contaminadas, devem ser rejeitadas imediatamente e colocado um novo par de luvas esterilizadas.

Antes de retirar as luvas, estas devem ser descontaminadas, colocando as duas mãos em solução de hipoclorito a 0,5% (ver pág. 741). Depois, retirar as luvas, revirando-as, de modo a que a parte interna fique para fora.

Deitar as luvas no lixo ou deixar que fiquem imersas (mergulhadas) na solução de hipoclorito durante 10 minutos, para depois serem processadas para reutilização.

Deve lavar-se as mãos depois de retirar as luvas.

O uso de luvas não dispensa a lavagem das mãos.

Avental

O uso do avental está indicado quando há risco de contacto com material infeccioso, por exemplo, parto, operações, doença de Marburg e Ébola (ver pág. 463). Durante o parto convém utilizar aventais impermeáveis que protejam o tronco e os membros inferiores.

É importante usar luvas e avental durante o parto.

> **O uso correcto do equipamento de protecção individual diminui o risco de transmissão de infecções.**

Práticas de trabalho seguras

No manuseamento de instrumentos perfurantes/cortantes (agulhas, lâminas, bisturis, tesouras, etc.).

Deve-se:

- Apontar sempre a parte perfurante/cortante dos instrumentos para longe e afastada das outras pessowas.
- Pegar nos instrumentos perfurantes/cortantes, um de cada vez.
- Usar recipientes para passar os instrumentos perfurantes/cortantes durante procedimentos cirúrgicos.

NÃO se deve:

- Voltar a tapar as agulhas de injecção.
- Dobrar as agulhas.
- Retirar a agulha da seringa com a mão. Se vai ser reutilizada, deve-se utilizar uma pinça para retirar a agulha.
- Não guardar as seringas para remover as agulhas mais tarde.

O QUE FAZER DEPOIS DA UTILIZAÇÃO

- Colocar as seringas, agulhas e outros materiais perfurantes/cortantes numa **caixa para incineração** ou em recipientes à prova de perfuração. Onde não existem caixas para incineração, recomenda-se recipientes feitos de cartão espesso, uma lata com tampa, ou uma garrafa ou caixa plástica grossa. Estes recipientes devem estar devidamente rotulados.

- Quando estes recipientes estão cheios até ¾, devem ser eliminados por incineração ou enterrados.

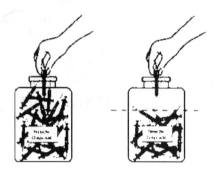

Cheio de mais: inseguro

Até 3/4: seguro

ORIENTAÇÕES PARA UMA UTILIZAÇÃO SEGURA DA CAIXA INCINERADORA

- Colocar uma caixa em cada local de injecção, e ao alcance da mão da pessoa que dá a injecção;
- Depositar a seringa e a agulha na caixa, **imediatamente** depois de dar a injecção;
- Não encher demasiado a caixa incineradora;
- Não esvaziar ou reutilizar a caixa incineradora.

Não misturar o material perfurante/cortante no lixo comum. O lixo perfurante/cortante é constituído por material potencialmente contaminado, que pode causar feridas (picadas, cortes) e infectar pessoas.

Se disponível, usar a cortador de agulha para as autodestrutíveis.

Se as agulhas e seringas vão ser reutilizadas, devem mergulhar-se em solução de hipoclorito a 0,5% durante 10 minutos, antes de serem lavadas (ver procedimento mais adiante).

Processamento do material

Deve proceder-se à descontaminação, seguida de esterilização ou desinfecção do material, de modo a que esteja pronto para ser utilizado. A esterilização ou desinfecção dum instrumento depende do material de que é feito e dos recursos existentes na unidade sanitária.

Para a execução destes procedimentos, o trabalhador de saúde deve lavar as mãos e utilizar o equipamento de protecção individual.

Descontaminação

A **descontaminação** é o processo de diminuição do número de micróbios presentes no material e superfícies, antes de se proceder à sua lavagem. A descontaminação permite um manuseamento seguro pelos trabalhadores de saúde. É o primeiro passo antes do manuseamento dos instrumentos, luvas e outros artigos contaminados. Os instrumentos contaminados com sangue ou outros líquidos corporais devem sempre ser descontaminados antes de serem lavados e esterilizados ou desinfectados.

A descontaminação do material faz-se pela sua imersão completa em solução desinfectante de hipoclorito a 0,5% durante 10 minutos (ver pág. 739); depois disso, deve lavar-se com água corrente.

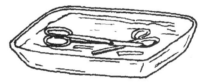

Lavagem

Através da **lavagem**, remove-se a sujidade antes da desinfecção ou esterilização. A lavagem, que deve ser feita com água e sabão, também reduz o número de micróbios.

Os instrumentos devem ser abertos ou desmontados, quando possível. Utilizar escovas para remover sujidade, prestando atenção aos espaços interiores, e às zonas de união. Depois da lavagem, os instrumentos devem ser passados por água limpa.

A secagem do material deve ser feita ao ar livre, ou utilizando uma toalha limpa. Os resíduos de água no material fazem aumentar a diluição das soluções de desinfecção ou esterilização; por isso, é importante secar o material antes da sua imersão. A secagem também ajuda a conservar o material.

Desinfecção

A **desinfecção** destrói **quas**e todos os micróbios. É isso que a distingue da esterilização, que elimina **todos** os micróbios. Apesar disso, a desinfecção é muito útil no caso de não haver condições para esterilização.

A desinfecção faz-se por:

- Fervura – imersão completa do material em água a ferver;
- Meios químicos líquidos:

| Hipoclorito a 0,1% (ver pág. 739) durante 30 minutos | Álcool a 70% (ver pág. 736) durante 30 minutos |

A **desinfecção por fervura** deve fazer-se do seguinte modo:

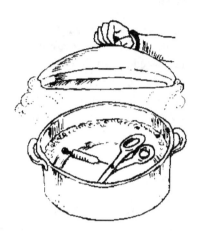

- O material deve ser mantido dentro da água – em quantidade suficiente para submergir todo o material (cobrir com pelo menos 2 cm) – a ferver durante 20 minutos, contados a partir do início da fervura. Se for colocado um outro instrumento depois de iniciado o processo de fervura, deve-se começar a contar o tempo de novo.

- Nunca deixar o material fervido permanecer na água até esfriar, pois os micróbios podem começar a crescer na água fria; também é possível que os instrumentos comecem a enferrujar na água depois de algum tempo.

- Depois de retirado da panela ou ebulidor com uma pinça desinfectada ou esterilizada, e usando luvas esterilizadas, colocar o material num recipiente esterilizado ou desinfectado. O material pode ser armazenado num recipiente coberto durante 1 semana, se for conservado seco. Se estiver molhado, deve ser usado no mesmo dia.

A **desinfecção química** faz-se por imersão total do material na solução química, livre de bolhas, durante os tempos acima indicados. Os recipientes devem manter-se tapados durante todo o processo de desinfecção. Deve utilizar-se equipamento de protecção individual no manuseio do material.

Do mesmo modo que o material desinfectado por fervura, o material desinfectado quimicamente deve ser retirado da solução desinfectante com uma pinça desinfectada ou esterilizada e deixado secar ao ar livre. Quando bem seco, o material pode ser guardado durante 1 semana, num recipiente coberto. Se húmido, deve ser utilizado imediatamente.

Esterilização

A esterilização é mais poderosa que a desinfecção, pois destrói todas as formas de vida dos micróbios. A esterilização faz-se através de:

Meios físicos

- Autoclave (calor húmido) – 127°C durante 30 minutos
- Estufa (calor seco) – 170°C durante 2 horas

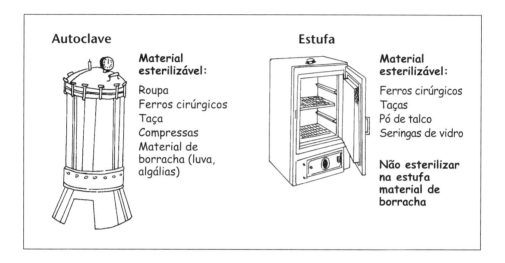

Autoclave

Material esterilizável:

Roupa
Ferros cirúrgicos
Taça
Compressas
Material de borracha (luva, algálias)

Estufa

Material esterilizável:

Ferros cirúrgicos
Taças
Pó de talco
Seringas de vidro

Não esterilizar na estufa material de borracha

PASSOS SEQUENCIAIS NO PROCESSAMENTO DO MATERIAL HOSPITALAR

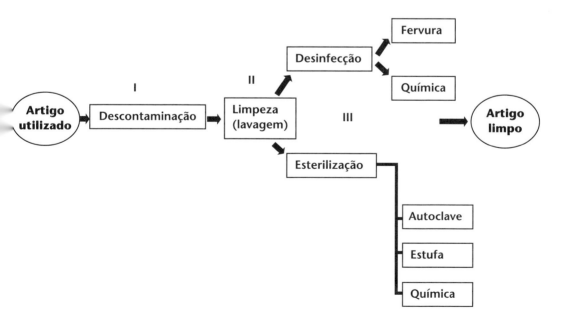

Tratamento das superfícies

As superfícies fixas (chão, paredes, tectos, portas, mobiliários, etc.) não representam risco significativo de transmissão de infecções na área hospitalar. Por isso, é desnecessária a desinfecção rotineira de superfícies, a menos que haja depósitos ou restos de líquidos e tecidos corporais.

Os locais que contêm líquidos corporais e restos de tecidos podem causar riscos a doentes e trabalhadores de saúde. Por isso, necessitam de descontaminação e desinfecção.

Procedimentos de descontaminação e desinfecção de superfícies

Descontaminação:

Retirar os restos de líquidos corporais e tecidos com um pano ou papel;

- Aplicar hipoclorito a 0,5% e deixar durante 10 minutos;
- Após este tempo de acção, remover com um pano ou papel.

Desinfecção:

- Limpar com um pano embebido em hipoclorito a 0,05%;
- Limpar com água e sabão;
- Secar as superfícies.

As áreas húmidas ou molhadas tornam-se meios de cultura nos quais se desenvolvem micróbios. Por isso, é necessária a secagem adequada das superfícies e do material.

Devido ao risco de infecção, **não se deve** varrer a seco as áreas hospitalares.

Lixo hospitalar

Deve-se cuidar do lixo para:

- Proteger as pessoas que lidam com o lixo infeccioso;
- Prevenir a transmissão da infecção aos trabalhadores de saúde e à comunidade;
- Eliminar de forma segura os materiais perigosos.

O lixo das unidades sanitárias é composto por lixo contaminado (15%) e não contaminado (85%).

O lixo **contaminado ou infectado** (sangue, pus, material de penso, agulhas). é o que pode transmitir doenças às pessoas.

O **lixo líquido** contaminado deve ser manipulado com cuidado.

- O líquido deve ser descontaminado com hipoclorito a 0,5% e depois despejado no esgoto ou drenagem. No acto do despejo, devem evitar-se salpicos.

- Se o recipiente que contém o líquido vai ser utilizado novamente, deverá ser descontaminado com uma solução de hipoclorito a 0,5% durante 10 minutos, antes de ser lavado.

O **lixo sólido** contaminado deve ser descontaminado.

Este lixo deve ser colocado em sacos apropriados e ser transportado em separado até à lixeira ou aterro. Todo o lixo deverá circular sempre em recipiente fechado.

> **O lixo contaminado não deve ser transportado juntamente com o lixo comum.**

O lixo contaminado ou infectado deve ser queimado – incinerado. Se não for possível, deve ser enterrado num aterro sanitário. Deve-se evitar exposições acidentais com materiais perfurantes/cortantes durante este processo.

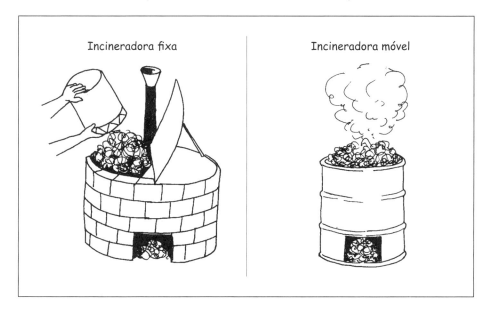

Incineradora fixa   Incineradora móvel

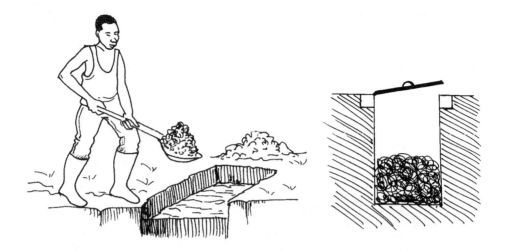

O aterro sanitário deve ser coberto, para evitar a entrada de insectos e da chuva. O lixo deve ser incinerado e coberto com areia. No caso de não ser possível incinerar, recomenda-se colocar uma nova camada de areia, diariamente.

O lixo **não contaminado** (papéis, restos da cozinha) não representa risco de transmissão da doença.

Este tipo de lixo deve ser depositado em recipientes laváveis com tampa e transportado para o aterro sanitário ou lixeira.

| Saco de lixo | Contentor de despejo com tampa |

Para manusear o lixo, deve utilizar-se o equipamento de protecção individual. Deve lavar as mãos com frequência.

Acidentes pós-exposição ao HIV

O risco de um trabalhador de saúde se infectar com o HIV, a partir de um doente, é reduzido. O maior risco de acidente por exposição ao HIV (exposição ocupacional) nas unidades sanitárias é através de picada acidental com agulha contaminada. Estas picadas ocorrem mais frequentemente quando se tenta recolocar a tampa das agulhas, depois de as utilizar.

Mas pode acontecer, se o trabalhador de saúde for exposto ao sangue ou outros líquidos contaminados do doente, através de:

● Picada com agulha ou corte com instrumento cortante contaminado com sangue ou outros líquidos corporais infecciosos.

● Contacto da pele lesada do trabalhador com cortes, feridas ou outras lesões (dermatite) ou duma mucosa (ocular, oral), com sangue ou outros líquidos do doente.

O contacto de sangue ou outros líquidos corporais infecciosos com a **pele não lesada não** constitui situação de risco para a infecção pelo HIV. Por isso, nestes casos, não se recomenda o uso de profilaxia.

Avaliação do risco

Para se avaliar o risco, deve considerar-se o tipo de exposição e os factores que aumentam o risco de transmissão. Esta avaliação é importante porque determina a necessidade ou não de fazer a profilaxia com anti-retrovirais.

FACTORES QUE AUMENTAM O RISCO DE TRANSMISSÃO

O risco **é maior**:

■ se resultar de lesão através da pele;
■ quanto mais profunda e extensa for a lesão;
■ se for sangue;
■ quando o trabalhador de saúde tem deficiência do sistema imunitário (por ex. devido a diabetes, malnutrição);
■ quando o trabalhador de saúde tem feridas ou outras lesões da pele;
■ quando o trabalhador de saúde não cumpre com as precauções padrão;
■ quando os primeiros cuidados do ferimento são inadequados;
■ quando o doente está num estado inicial ou avançado de HIV;
■ se a exposição for massiva (picada profunda, agulha de grande calibre, produto de laboratório concentrado) ou intermediária (corte com um bisturi através da luva, picada superficial com uma agulha).

O risco é menor se a exposição for mínima: lesão superficial da pele com agulha de sutura ou de pequeno calibre.

Medidas a tomar após exposição ao HIV

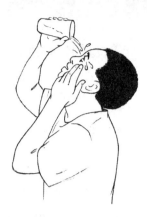

O trabalhador de saúde que sofre um acidente deverá comunicar de imediato ao seu superior hierárquico, que deverá registar a ocorrência e manter a confidencialidade.

É importante que se tomem cuidados adequados imediatamente após a exposição; a decisão de iniciar profilaxia deve ser tomada o mais rápido possível.

Primeiros cuidados

◆ Exposição através da pele: limpeza imediata com água e sabão.

◆ Exposição de mucosa (boca ou olhos): lavagem prolongada com soro fisiológico ou com água.

A profilaxia pós-exposição (PPE)

A **profilaxia pós-exposição** é um tratamento de curta duração com medicamentos anti-retrovirais (ver pág. 748) para reduzir o risco de infecção pelo HIV depois duma exposição ocupacional. Todas as unidades sanitárias devem ter um *kit* para iniciar a PPE.

A avaliação e a decisão sobre a PPE deve ser feita o mais rápido possível (é preferível iniciar a PPE nas primeiras 4 horas após o acidente, mas pode ser iniciada até 72 horas depois do mesmo).

A avaliação é realizada pelo trabalhador de saúde responsável por esta actividade.

A primeira medida é testar o doente, se for desconhecido o seu estado HIV. Se for positivo, o trabalhador de saúde deve também fazer o teste. Também se deve verificar os factores de risco de transmissão referidos acima. Se a exposição é mínima (lesão superficial da pele com agulha de sutura ou de pequeno calibre) não se inicia a PPE.

Doente e trabalhador de saúde HIV-negativos	Doente HIV-positivo ou desconhecido e trabalhador de saúde negativo	Doente e trabalhador de saúde HIV-positivos
Não são necessárias quaisquer medidas.	Iniciar a profilaxia pós-exposição (PPE) o mais rápido possível.	Os dois devem ser encaminhados para o seguimento em consulta apropriada.

Se o trabalhador de saúde for HIV-positivo ou recusa ser testado, não se inicia a PPE.

Se não for possível fazer o teste, inicia-se a PPE e tranfere-se para uma unidade sanitária com mais recursos para avaliação. Sempre que possível, o trabalhador deve levar consigo a amostra de sangue do doente e o relatório clínico.

Se o doente for HIV-positivo e o trabalhador de saúde afectado pelo acidente for negativo, e estiver distante do responsável pela avaliação, deverá deslocar-se o mais rápido possível nas primeiras 24 horas, levando consigo a amostra de sangue do doente e o relatório clínico

Registo e notificação do acidente

Recomenda-se que o acidente seja registado e notificado.

Monitorização da profilaxia

A monitorização é clínica (avaliar o estado físico e mental do doente) e laboratorial (fazer análises de controle, incluindo o teste do HIV ao fim de 6 semanas e depois, aos 3 e 6 meses).

Além do aconselhamento, é preciso encorajar o trabalhador a tomar os medicamentos de acordo com as instruções e verificar a sua aderência ao tratamento (ver definição da aderência na pág. 426).

O trabalhador de saúde deve seguir as seguintes recomendações:

- Evitar gravidez por um período de 6 meses, utilizando métodos de planeamento familiar.
- Praticar sexo seguro, utilizando o preservativo.
- Abster-se de dar sangue e de amamentar durante 6 meses.
- Consultar o clínico, em caso de aparecimento de algum efeito secundário.

Os trabalhadores que não receberam PPE devem ser monitorizados da seguinte forma:

- Repetir o teste do HIV na 6ª semana e no 3° e 6° mês.
- Aconselhamento adicional.

> **Todos os trabalhadores de saúde devem saber o que fazer e para onde se dirigir em caso duma exposição ocupacional.**

Nutrição

Doenças causadas por uma má alimentação

É necessário ter uma boa alimentação para que uma criança se desenvolva bem e as pessoas se mantenham saudáveis e com boa disposição para o trabalho e outras actividades do dia-a-dia. Muitas doenças comuns ocorrem porque as pessoas não comem as quantidades necessárias dos vários tipos de alimentos que o organismo necessita.

Se uma pessoa fica fraca ou doente porque não tem uma dieta completa ou porque não come o suficiente, diz-se que ela está mal alimentada, **desnutrida ou malnutrida.** Esta pessoa sofre de **desnutrição ou malnutrição.** Neste livro vai-se utilizar o termo **malnutrição**.

A malnutrição é uma das causas mais comuns dos seguintes problemas de saúde:

EM CRIANÇAS

- não crescem ou não ganham peso normalmente (ver pág. 560)
- atraso no andar, na fala, ou no raciocínio
- barriga grande (distendida), braços e pernas magras
- as doenças e infecções comuns persistem e muito frequentemente causam a morte

- falta de energia, a criança está triste e não brinca
- pés, rosto, e mãos inchadas, muitas vezes com feridas ou lesões na pele
- perda de cabelo, cabelo alisado, esticado, sem brilho ou sem cor
- dificuldade de visão à noite, olhos secos, cegueira

- fraqueza e cansaço
- perda de apetite
- anemia
- feridas no canto da boca

- língua ferida ou dolorosa
- perda de sensibilidade ou "ardor" nos pés
- magreza extrema (pele e osso)

A malnutrição durante a gravidez causa fraqueza e anemia na mãe e aumenta o risco de ela morrer durante ou após o parto. Também pode ser causa de aborto, nado-morto, ou de o bebé nascer com baixo peso (<2,5 kg), ou com defeitos.

Comer correctamente ajuda o organismo a proteger-se das doenças.

Não comer bem pode ser a causa dos problemas de saúde acima menciona-dos. Além disso, a malnutrição enfraquece a capacidade do corpo para se prote-ger de todo o tipo de doenças, principalmente as infecciosas:

- As crianças malnutridas têm um risco muito maior de ter diarreia grave, e morrer, do que as crianças bem nutridas.
- Nas crianças malnutridas o sarampo é muito perigoso.
- A tuberculose é mais frequente e mais grave nas pessoas malnutridas.
- Uma pessoa com SIDA precisa de comer bem. Se não comer bem, será muito mais difícil resistir às infecções oportunistas (ver pág. 406).
- A constipação é mais grave e prolonga-se por mais tempo em pessoas malnutridas.

Comer correctamente ajuda o doente a melhorar.

Uma boa alimentação não só ajuda a evitar doenças, como também ajuda o organismo a combater a doença e a ficar saudável. Por isso, quando uma pessoa está doente, é muito importante que tenha uma boa alimentação. Para detalhes sobre a alimentação duma pessoa doente, pode-se consultar o capítulo 4.

Infelizmente, algumas mães deixam de dar alimentos nutritivos à criança quando esta está doente ou com diarreia – por isso, a criança fica ainda mais fraca, não consegue combater a doença e pode morrer. **As crianças doentes necessitam duma alimentação nutritiva! Se uma criança doente não quer comer, deve ser encorajada a fazê-lo.**

Muitas vezes os sinais de malnutrição aparecem quando a pessoa adoece com outra doença. Por exemplo, uma criança que está com diarreia há vários dias, pode aparecer com o rosto, as mãos e os pés inchados, com pintas escuras, ou com feridas nas pernas. Estes são sinais de malnutrição grave. A criança necessita duma boa alimentação e de comer com mais frequência. É preciso dar-lhe de comer muitas vezes ao longo do dia.

Durante e após qualquer doença, é muito importante comer bem.

COMER BEM E MANTER-SE
LIMPO SÃO AS MELHORES
GARANTIAS PARA SE TER
UMA BOA SAÚDE

Por que é importante comer alimentos adequados?

As pessoas que não têm uma alimentação adequada ficam com **malnutrição**. Isso pode acontecer por não comerem uma quantidade suficiente de alimentos de qualquer tipo (malnutrição geral) e/ou por não comerem o tipo certo de alimentos (tipos específicos de malnutrição). Às vezes pode acontecer que as pessoas fiquem malnutridas por comerem certos alimentos em excesso, o que pode levá-las a engordar muito – obesidade.

Qualquer pessoa pode desenvolver uma malnutrição geral, mas esta é particularmente perigosa para:

- **As crianças,** porque elas necessitam de muita comida para crescerem bem e ficarem saudáveis.

- **As mulheres** em idade fértil, principalmente se estão **grávidas** ou a amamentar, porque estas necessitam de mais alimentos para se manterem com saúde, para terem filhos saudáveis e fazerem o seu trabalho diário.

- **As pessoas idosas,** porque muitas vezes perdem o paladar, ficam sem dentes e por isso não conseguem comer muito duma vez, embora precisem de comer bem para se manterem saudáveis.

- **As pessoas com SIDA,** porque não conseguem resistir às infecções oportunistas.

Uma criança malnutrida não cresce bem. Geralmente, é mais pequena e mais magra do que as outras crianças da mesma idade. É provável que esta criança seja mais irritável, chore muito, se mexa e brinque menos do que as outras crianças e que fique doente com mais frequência. Se a criança também apanhar diarreia ou outras infecções, ela perderá mais peso.

Como prevenir a malnutrição

Para a pessoa se manter saudável, é importante consumir alimentos de boa qualidade, de modo a satisfazer as suas muitas necessidades. Primeiro, os alimentos têm de fornecer energia suficiente para a pessoa se manter activa e forte. Os alimentos também devem ajudar a formar, reparar e proteger as diversas partes do corpo. Para isto, é necessário comer diariamente uma combinação de alimentos diversificados.

Alimentos de base e alimentos complementares

Em muitas partes do mundo, a maioria das pessoas come **um alimento básico de baixo custo**, em quase todas as refeições. Dependendo da disponibilidade, este alimento básico pode ser, por exemplo, o arroz, o milho, o trigo, a mandioca, a mapira, a mexoeira, o inhame, a batata-doce ou a batata. **Estes alimentos básicos normalmente cobrem a maior parte das necessidades do corpo.**

Contudo, os alimentos básicos não são suficientes para manter uma pessoa saudável. Aos alimentos básicos, é necessário adicionar **alimentos complementares,** particularmente em crianças que estão em crescimento, nas mulheres grávidas ou que estão a amamentar, nos adolescentes e nos idosos.

Mesmo que a criança coma um alimento básico regularmente e fique satisfeita, ela pode ficar magra e fraca. Isto é porque os alimentos básicos contêm muita água e fibra e o estômago da criança fica cheio antes de ela obter a energia necessária para a ajudar a crescer.

Podem ser feitas 2 coisas para satisfazer as necessidades de energia duma criança:

1. **Alimentar mais vezes a criança,** pelo menos 5 vezes por dia, quando a criança é muito pequena, magra demais, ou não está a crescer bem. Também se deve ir dando alimentos entre as refeições (petiscos).

AS CRIANÇAS, SÃO COMO AS GALINHAS: DEVEM ESTAR SEMPRE A COMER (petiscar)

2. **Juntar alimentos que dão energia concentrada,** como óleos vegetais, amendoim, leite de coco.

Se a criança enche o estômago antes de estarem satisfeitas as suas necessidades em energia, a criança vai ficar fraca e emagrecer.

Para a criança conseguir obter a energia que necessita deverá comer esta quantidade de arroz cozido.

Mas ela só necessita desta quantidade de arroz se misturar algum óleo vegetal.

Os **alimentos de energia concentrada**, acrescentados aos **alimentos de base**, ajudam a fornecer mais energia. Também devem ser acrescentados, ao alimento de base, **outros 2 tipos de alimentos:**

Sempre que possível, devem ser acrescentados **alimentos construtores** (proteínas) que ajudam o corpo a crescer, tais como feijão, leite, ovos, amendoim, peixe, mariscos, galinha e carne.

Também se devem acrescentar **alimentos protectores** que protegem o corpo das doenças, tais como frutas, folhas verdes escuras, e outros vegetais. Os alimentos protectores fornecem vitaminas e minerais.

A "alimentação principal" que a família come habitualmente fornece, em geral, a **maior parte – mas não toda –** da energia e dos outros nutrientes de que o corpo necessita. Mas, acrescentando **alimentos complementares** à **alimentação principal** (de base) pode-se fazer refeições mais nutritivas e baratas. Não é necessário comer todos os alimentos abaixo indicados, para se estar saudável. Deve-se **comer os alimentos principais, a que se está habituado, e acrescentar "alimentos complementares"** que estejam disponíveis na área. Deve-se incluir "alimentos complementares" de cada grupo, o mais frequentemente que for possível.

Uma dieta diversificada contendo alimentos básicos e complementares é considerada uma **dieta** ou **alimentação nutritiva.**

ALIMENTOS QUE DÃO ENERGIA CONCENTRADA

(muita energia em pouca quantidade)

Exemplos:

Gorduras: óleos vegetais, por exemplo de girassol, de gergelim, de amendoim, de milho, de coco

Alimentos ricos em gorduras: leite de coco ou coco ralado, carne gorda, amendoim, castanha de caju

Sementes secas: abóbora, melão, gergelim, girassol

Açucares: açúcar, cana de açúcar, sumo de cana, mel

*Nota: Alguns destes alimentos, tais como amendoim, castanha de caju e sementes, também são valiosos porque contêm proteínas que ajudam o corpo a desenvolver-se (crescer).

ATENÇÃO: **alimentar as** crianças o **suficiente** e dar-lhes de comer **frequentemente** (de 3 a 5 vezes **ao dia) é**, geralmente, **tão importante como o tipo de alimentos que consomem.**

ALIMENTOS DE BASE

Exemplos:

Cereais (milho, arroz, mexoeira, mapira, trigo, pão, massas)

Tubérculos (mandioca, batata, batata-doce, inhame)

Banana

Nota: Os alimentos de base são uma fonte de energia barata. Os cereais são também uma fonte barata de proteína, ferro e vitaminas.

ALIMENTOS CONSTRUTORES

Os alimentos ricos em proteínas ajudam a crescer, e a construir o nosso corpo

Exemplos:

Feijões: feijão-nhemba, manteiga, feijão-bóer e outros

Ervilhas, lentilhas, favas e grão-de-bico

Amendoim e castanha de caju

Sementes oleosas: gergelim e girassol

Peixe (do mar ou do rio) e mariscos

Carne: galinha, pato, cabrito, vaca, porco, coelho, de caça e ratos

Órgãos dos animais: fígado, rins, coração, miolos, dobrada

Pata de porco, patas e tripas de galinha

Leite, ovos, maheu, queijo, iogurte

Insectos e larvas

```
┌─────────────────────────────────────────────────────────────┐
│  ALIMENTOS PROTECTORES                                       │
│                                                              │
│  As vitaminas e os minerais protegem o corpo contra as doenças. │
│                                                              │
│  Exemplos:                                                   │
│     Verduras: folhas de mandioca, de abóbora, de feijão-nhemba, de │
│               batata-doce, cacana, silvestres                │
│                                                              │
│               Couve, alface, repolho, espinafre e pimentos   │
│                                                              │
│               Tomate, cenoura, abóbora, batata-doce (especialmente │
│               a de cor alaranjada), nabo                     │
│                                                              │
│               Cebola, alho                                   │
│     Frutas: manga, laranja, tangerina, papaia, goiaba, banana, ata, │
│             maracujá, licha, melancia, abacate, melão, caju, ananás, │
│             silvestres                                       │
└─────────────────────────────────────────────────────────────┘
```

Vitaminas e sais minerais

Existem, pelo menos, 17 tipos de vitaminas e 14 de sais minerais. Cada um tem uma função especial no organismo e a sua falta pode causar doenças como, por exemplo, a anemia (ver pág. 289), o bócio (ver pág. 160), pelagra (ver pág. 507), cegueira nocturna (ver pág. 544). Para obter as vitaminas e os minerais necessários, é preciso comer uma variedade de frutos e vegetais.

Vitamina A

A vitamina A ajuda a proteger os olhos e a pele, a prevenir as infecções, a recuperar mais rapidamente duma doença, e ajuda o crescimento da criança.

ALIMENTOS RICOS EM VITAMINA A

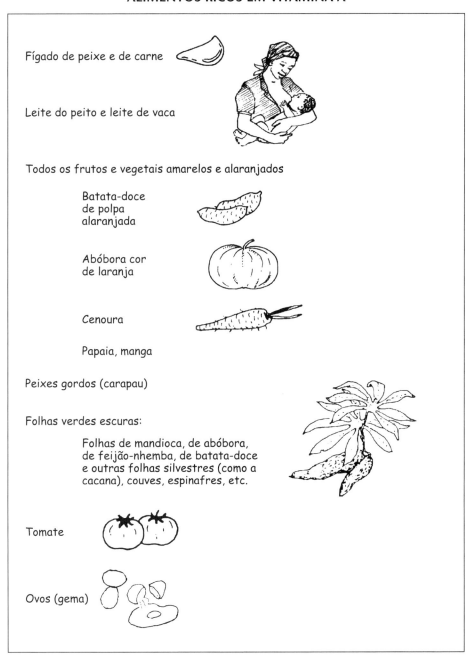

Fígado de peixe e de carne

Leite do peito e leite de vaca

Todos os frutos e vegetais amarelos e alaranjados

Batata-doce
de polpa
alaranjada

Abóbora cor
de laranja

Cenoura

Papaia, manga

Peixes gordos (carapau)

Folhas verdes escuras:

Folhas de mandioca, de abóbora,
de feijão-nhemba, de batata-doce
e outras folhas silvestres (como a
cacana), couves, espinafres, etc.

Tomate

Ovos (gema)

Para proteger as crianças, a vitamina A é administrada como suplemento pelas autoridades sanitárias, a primeira dose aos 6 meses; e as restantes doses de 6 em 6 meses até aos 5 anos de idade. Para instruções sobre a administração de vitamina A, consulte as páginas verdes (ver pág. 725).

Ferro

Um dieta adequada em ferro é essencial para prevenir a anemia.

ALIMENTOS RICOS EM FERRO

Muito ricos	Menos ricos
Carnes vermelhas (vaca, cabrito)	Folhas verdes escuras
Miudezas (fígado, coração, rim) e sangue	Legumes (feijão, ervilhas, amendoim)
Fígado de peixe	Couve
Peixe	Cereais integrais
Mariscos	Frutas secas
Frangos	Nozes
	Gema de ovo
	Sementes oleaginosas (girassol, gergelim)

Cozinhar em panelas de ferro também ajuda. Para ajudar o corpo a absorver mais ferro, deve-se comer vegetais crus e fruta às refeições e evitar beber chá e café às refeições. A fermentação e germinação dos alimentos também ajudam a aumentar a absorção do ferro dos cereais e legumes.

Iodo

O bócio é um inchaço ou saliência no pescoço que resulta do crescimento anormal duma glândula que se chama tiróide, que pode ser causado por baixo consumo de iodo.

Além do bócio, o baixo consumo de iodo pode causar atraso mental e atraso de crescimento e desenvolvimento nas crianças.

A falta de iodo na dieta duma mulher grávida pode causar a morte do bebé ou cretinismo (atraso mental). Isto pode acontecer mesmo que a mãe não tenha bócio.

A deficiência de iodo acontece principalmente nas zonas montanhosas, onde os solos têm falta de iodo. Também nas zonas onde se consome mandioca amarga mal processada, o cianeto (ver pág. 166) impede a absorção de iodo e pode causar deficiência de iodo.

Como evitar ou curar o bócio e evitar o cretinismo e atraso mental devido a falta de iodo:

1. Todas as pessoas devem utilizar **sal iodado.** Contudo, nas regiões onde o sal iodado não está disponível recomenda-se distribuição de cápsulas de óleo iodado para as crianças e mulheres em idade fértil, incluindo as mulheres grávidas.

2. Comer peixe, caranguejo e outros mariscos pode fazer bem porque contêm iodo. Misturar um pouco de algas marinhas com a comida também aumenta o iodo.

3. Processar bem a mandioca amarga antes do consumo (ver pág. 166).

Os bócios grandes podem precisar duma operação cirúrgica. Deve-se transferir os doentes que têm complicações respiratórias.

Se uma pessoa com bócio treme muito, é muito nervosa e tem os olhos salientes, pode ser um tipo diferente de bócio (bócio tóxico). Transferir para uma unidade sanitária com mais recursos.

COMO EVITAR APANHAR UM BÓCIO

NUNCA use sal sem iodo

use SEMPRE sal iodado.

O SAL IODADO
é muito melhor

SAL IODADO

SAL

Onde obter vitaminas e sais minerais: nos comprimidos, injecções e xaropes – ou nos alimentos?

Qualquer pessoa que tenha uma alimentação diversificada que inclua vegetais e frutas, recebe todas as vitaminas e minerais de que necessita. É sempre melhor comer bem do que comprar vitaminas e minerais em comprimidos, injecções, xaropes, ou fortificantes.

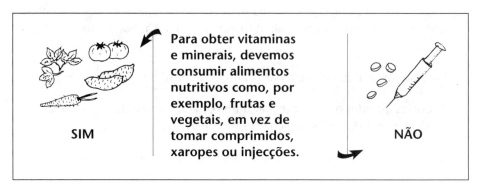

SIM

Para obter vitaminas e minerais, devemos consumir alimentos nutritivos como, por exemplo, frutas e vegetais, em vez de tomar comprimidos, xaropes ou injecções.

NÃO

Algumas vezes os alimentos nutritivos são escassos e as pessoas têm uma doença associada à falta duma vitamina ou dum mineral. Nestes casos, a pessoa deve comer o melhor que for possível e, além disso, tomar os minerais ou as vitaminas indicadas.

As vitaminas tomadas por via oral são tão eficazes como as injectáveis, mais baratas e menos perigosas. **Não se deve injectar vitaminas e minerais! É melhor que sejam ingeridos, de preferência, sob a forma de alimentos nutritivos.**

Malnutrição

A malnutrição é geralmente mais grave nas crianças, visto que estas necessitam de muito mais alimentos nutritivos, de modo a crescerem bem e a manterem-se saudáveis.

A melhor maneira de verificar se uma criança está bem ou malnutrida consiste em pesá-la regularmente de 2 em 2 meses. Uma criança saudável e bem nutrida ganha peso regularmente. O peso das crianças e o uso do Cartão de Saúde da Criança estão descritos no capítulo 28.

Uma outra maneira de observar se a criança está malnutrida é medir o perímetro do braço (diâmetro da parte superior do braço esquerdo). Este método é usado mais nas emergências, e existem fitas especiais coloridas para o efeito.

Observar a malnutrição nas crianças: o sinal do perímetro do braço.

Como tirar as medidas?

- **Braço esquerdo caído ao lado de corpo**
- **Tirar a medida no ponto médio entre o ombro e o cotovelo**
- **Tirar a medida sem apertar muito, nem soltar, a fita**
- **Registar a cor onde a fita se localiza**

Qualquer criança com mais de 1 ano e até aos 5 anos de idade, cujo diâmetro da parte superior do braço meça menos de **12½ cm (cor amarela)** está malnutrida, mesmo que o rosto, os pés e as mãos pareçam gordos. Se a medida do braço é inferior a **11 cm (cor vermelha)**, a criança está gravemente malnutrida.
Esta criança deve ser encaminhada para a reabilitação nutricional.

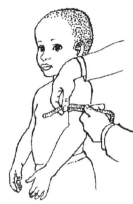

Menos de 12½ cm.

Existem diversas formas de malnutrição:

Malnutrição ligeira

Esta é a forma mais comum, mas nem sempre é evidente.

A criança simplesmente não cresce, nem ganha peso tão depressa como uma criança que está bem nutrida. Embora ela pareça bastante pequena e magra, geralmente não parece doente. Contudo, por estar malnutrida, a criança pode ter falta de força (resistência) para combater as infecções. Deste modo tende a ficar **mais gravemente doente** e demora mais tempo a melhorar, do que uma criança bem nutrida.

As crianças com esta forma de malnutrição sofrem mais de diarreia e de infecções respiratórias. Nelas, as infecções respiratórias duram, geralmente, mais tempo e evoluem mais frequentemente para a pneumonia.

O sarampo, a tuberculose, a malária e muitas outras **doenças infecciosas são muito mais perigosas** nas crianças malnutridas. Muitas delas morrem. O SIDA também se pode apresentar com malnutrição. Devemos suspeitar de SIDA se a criança não está a melhorar com o tratamento, se tem outros sinais suspeitos, ou se a mãe também está doente.

É muito importante que as crianças com malnutrição ligeira tenham cuidados especiais e alimentação adequada, **antes** de ficarem gravemente doentes. Essa é a razão pela qual é muito importante pesar regularmente as crianças pequenas. Isto ajuda a reconhecer precocemente a malnutrição e a corrigi-la.

Para corrigir a malnutrição ligeira e evitar que ela se agrave, deve-se seguir as seguintes recomendações:

Em crianças com menos de 6 meses:

● Verificar se a mãe produz pouco leite

● Detectar e tratar doenças

Em crianças com 6 meses e mais:

● Educação nutricional, com ênfase para: continuar a dar o leite do peito até aos 24 meses; e papas enriquecidas (ver pág. 176)

● Detectar e tratar as doenças

● Administrar mebendazol (ver pág. 717), sal ferroso e ácido fólico (ver pág. 725).

Malnutrição grave

A malnutrição grave ocorre mais frequentemente em bebés que deixam de ser amamentados muito cedo ou de repente, e a quem não é dada comida suficiente e na frequência adequada para cobrir as necessidades de energia. A malnutrição grave muitas vezes começa quando a criança está com diarreia ou com outra infecção. Aumenta muito na época da fome, devido a seca, cheias ou guerra.

Existem dois tipos de malnutrição grave: **o marasmo e o kwashiorkor.**

Marasmo

Os principais sinais de marasmo são os seguintes:

● A criança está muito magra, sem gordura

● A criança parece uma pessoa velha (apresenta rugas)

● A criança chora, tem vontade de comer

● A curva de peso está muito abaixo do normal

● A circunferência do braço é inferior a 11 cm nas crianças de 6 meses a 5 anos

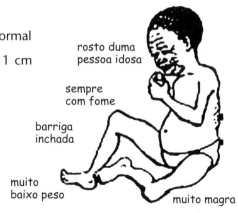

rosto duma pessoa idosa

sempre com fome

barriga inchada

muito baixo peso

muito magra

Esta criança recebe comida insuficiente ou de nenhuma qualidade.

Está com marasmo. Por outras palavras, ela está esfomeada.

O corpo é muito pequeno e magro: é pouco mais do que "pele e osso".

ESTA CRIANÇA É SÓ "PELE E OSSO".

Kwashiorkor

O principal sinal de kwashiorkor são os pés inchados, e em alguns casos, o inchaço (edema) pode generalizar-se a todo o corpo. Além disso, ver os outros sinais na figura abaixo.

Para verificar se há **edema** deve-se fazer o seguinte teste:

- Fazer pressão, com um dedo, na parte superior do pé.
- Observar se a pele volta logo ao seu estado normal. Se a criança tem edema o local onde o dedo fez pressão mantém-se "encovado" durante alguns segundos.

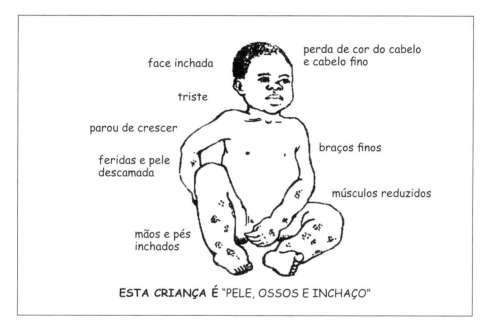

perda de cor do cabelo e cabelo fino

face inchada

triste

parou de crescer

feridas e pele descamada

braços finos

músculos reduzidos

mãos e pés inchados

ESTA CRIANÇA É "PELE, OSSOS E INCHAÇO"

Às vezes, o kwashiorkor e o marasmo podem existir na mesma criança. Chama-se, nesses casos, kwashiorkor-marasmático.

A criança com malnutrição grave, deve ser urgentemente avaliada pelo trabalhador de saúde para decidir se recebe a reabilitação nutricional na comunidade ou na unidade sanitária. Antes da criança ir para a unidade sanitária, administrar uma dose de vitamina A (ver pág. 725).

Reabilitação nutricional

É fundamental que a mãe receba uma educação nutricional. Devem ser feitas demonstrações práticas de preparação de papas e de outras refeições com base nos produtos disponíveis na zona.

Deve-se sempre manter o leite do peito.

A reabilitação nutricional deve ser feita de acordo com as normas do país.

No início, é feita com alimentos especiais e alguns medicamentos, que devem ser substituídos por papas enriquecidas, assim que for possível.

Devem ser tratadas as infecções associadas, em particular a malária e a pneumonia. Os antibióticos usados para tratar a pneumonia nestas crianças são a penicilina (ver pág. 695) e a gentamicina (ver pág. 701).

Toxinas

Uma toxina é uma substância que actua como um veneno, que pode prejudicar o organismo. Alguns alimentos podem conter toxinas.

Aflatoxinas

Nos cereais e nos legumes que não são bem secos, podem crescer fungos. Existe um tipo de fungo que produz uma toxina chamada *aflatoxina* que contamina com frequência o milho e o amendoim.

Se as pessoas ingerem uma grande quantidade de aflatoxina, podem ficar rapidamente doentes. Se ingerem alimentos contaminados com aflatoxina, durante vários anos, podem vir a desenvolver cancro do fígado. A ingestão de aflatoxinas também pode contribuir para o desenvolvimento de kwashiorkor.

Para evitar a ingestão de aflatoxinas, deve-se:

- Deixar secar muito bem os legumes e os cereais e armazená-los num local seco.
- Não comer amendoim com bolor (fungos).

Cianeto da mandioca

A mandioca amarga contém uma toxina (cianeto) que provoca intoxicação. Este tipo de mandioca requer um processamento adequado antes de ser consumida.

Quando a mandioca amarga ou seus derivados são consumidos sem um processamento apropriado, podem provocar uma intoxicação aguda algumas horas após o seu consumo, com:

- Dores de cabeça
- Vertigens
- Vómitos
- Tremor
- Palpitações
- Fraqueza dos músculos

Nos casos mais graves, pode causar inconsciência e morte.

Se a mandioca amarga for consumida sem um processamento adequado, durante várias semanas, e sem uma dieta equilibrada, pode provocar paralisia dos membros, uma doença chamada *konzo* (ver pág. 474).

Existem muitos métodos para tirar o cianeto de mandioca amarga. É necessário aprender o método que é mais apropriado para cada área:

A **ralação** é um método muito eficaz, mas nem sempre existe o material necessário.

Um outro método é a **fermentação a seco:**

Depois de descascados, os pedaços de mandioca são amontoados e tapados ou introduzidos num saco durante 2-3 dias. Depois de lavados, são secados ao sol durante 1-2 semanas.

O método muito usado é a simples **secagem ao sol**, mas este tira apenas uma pequena parte do cianeto da mandioca amarga. Este método só deve ser usado se a mandioca vai ser armazenada. Quando se usa este método, os pedaços de mandioca devem ser grandes e a velocidade de secagem ao sol deve ser lenta. É necessário deixar secar a mandioca, ao sol, durante 15 dias ou mais. A mandioca seca deve ser armazenada, **pelo menos**, 3 meses antes de ser consumida.

Também pode tirar o veneno da farinha de mandioca assim:

1. Medir a quantidade de farinha que quer preparar.

2. Colocar a farinha numa panela ou bacia, alisar a superfície da farinha e de seguida marcar a altura da mesma com a ponta duma faca.

3. Deitar água limpa aos poucos e mexendo, até a farinha ficar molhada e o seu nível ser igual ao da farinha seca (como você marcou por dentro). A farinha deve ficar completamente molhada, mas NÃO em papas, e também sem grumos (bolas) de farinha seca.

4. Espalhar a farinha numa peneira, esteira limpa, ou tabuleiro, usando uma colher ou a mão, de maneira que a altura dessa farinha espalhada não passe a altura do dedo da sua mão.

5. Deixar a farinha na sombra durante 5 horas.

6. Colocar água na panela, deixar ferver e deitar a farinha já tratada até obter a consistência desejada. É importante usar menos água do que é habitual porque a água usada para molhar a farinha também conta, porque ela não seca.

Nunca se deve cozer a mandioca amarga enquanto ainda está fresca e antes de ser processada para lhe retirar o cianeto!

Toxinas noutros alimentos

Outros alimentos, tais como os cogumelos e certos peixes, também podem conter toxinas.

Formas de comer melhor quando não se tem terra, nem muito dinheiro

Existem muitas causas de fome e duma alimentação fraca. Uma das principais causas é a pobreza. Em muitas partes do mundo, a maior parte da riqueza e das terras pertence a poucas pessoas. Os donos da terra podem decidir semear culturas como o tabaco ou o algodão, que não se podem comer e que são vendidas para fazer dinheiro.

Por vezes, os proprietários da terra permitem que os trabalhadores pobres cultivem uma pequena parcela de terreno emprestado, acontecendo muitas vezes que no final da colheita ainda queiram ficar com uma parte da mesma. **O problema da fome e da malnutrição nunca vai ser completamente resolvido, enquanto não for possível uma partilha justa entre as pessoas.**

Apesar dos problemas, existem muitas coisas que as pessoas podem fazer para comerem melhor e duma forma barata. Se toda a comunidade trabalhar em conjunto e em cooperação, muito pode ser feito para melhorar a nutrição.

■ **Métodos agrícolas melhorados:** usar a irrigação, colheitas rotativas, viveiros de peixe, colmeias para mel e hortas junto da casa. Quando, na localidade, existem extensionistas da agricultura, estes podem aconselhar e ajudar a implementar estes métodos.

■ **Armazenar melhor as culturas colhidas, depois de as secar ao sol:** o milho, o amendoim, a castanha de caju e todos os tipos de feijões e cereais, devem ser muito bem secos ao sol, antes de serem armazenados. Depois, devem ser postos num lugar seco e com ventilação, protegidos dos insectos e dos roedores, e guardados em sacos, garrafas ou vasilhas de barro. O **milho** e o **amendoim**, depois de serem armazenados, facilmente ficam com bolor (fungos), a não ser que sejam muito bem secos e mantidos em lugar seco, até que sejam consumidos.

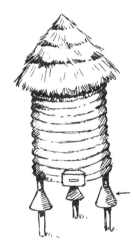

O **feijão e o amendoim** são fáceis de secar e armazenar, por longos períodos, e depois de armazenados podem-se separar e retirar os que ficaram com bolor, antes de preparar a comida para as crianças.

As carnes e os peixes podem ser conservados bem cozidos, salgados ou fumados, secos ao sol, ou preparados com vinagre para evitar a decomposição e a contaminação.

As frutas e hortícolas podem ser conservadas, secas ao sol e depois guardadas em sacos ou vasilhas de barro.

- **Melhorar o equilíbrio entre o tamanho da família e a quantidade de terra disponível:** pouco terreno só pode alimentar poucas pessoas. O planeamento familiar pode ajudar a ter famílias pequenas. Mas isso leva tempo. As famílias pobres procuram ter mais filhos, por considerarem que precisam de ter mais mão-de-obra.

Somente quando a pobreza for vencida, as pessoas receberem ordenados justos e a terra for mais justamente redistribuída é que as comunidades pobres vão querer ter famílias pequenas.

- **Gerir melhor o dinheiro:** quando o dinheiro não é muito, é importante usá-lo prudentemente. Isto quer dizer cooperação entre a família e olhar para o futuro. Muitas vezes o pai duma família pobre gasta o pouco dinheiro que tem em bebidas alcoólicas e cigarros, em vez de comprar alimentos nutritivos, uma galinha que ponha ovos, ou outra coisa que possa ajudar a melhorar a saúde e a nutrição da família.

Também há mães que compram doces ou refrescos para as suas crianças quando poderiam gastar o mesmo dinheiro comprando amendoim, ovos, leite ou outros alimentos nutritivos. Desta forma, as crianças podiam ser mais saudáveis com a mesma quantidade de dinheiro. É preciso conversar com as mães sobre isto e ajudar a procurar soluções.

SE VOCÊ QUER FILHOS SAUDÁVEIS E TEM POUCO DINHEIRO PARA LHES COMPRAR QUALQUER COISA...

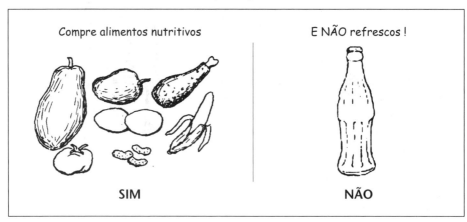

Compre alimentos nutritivos — SIM

E NÃO refrescos! — NÃO

Melhores alimentos a baixo custo

Muitas pessoas no mundo alimentam-se à base duma grande quantidade de alimentos farináceos (ex.: papa de milho, mandioca, mapira, mexoeira, arroz, etc.), sem adicionarem alimentos complementares que fornecem mais energia e que são necessários para desenvolver e proteger o corpo. Isto é, em parte, porque muitos destes alimentos complementares são caros – principalmente os de origem animal, como o leite e a carne.

A maioria das pessoas não tem possibilidade de comprar muitos alimentos de origem animal. Mas, geralmente, as pessoas podem estar bem nutridas se **plantarem ou comprarem alimentos tais como o feijão e o amendoim, juntamente com um alimento de base como o milho ou o arroz, em vez de comprarem alimentos de origem animal caros, como é o caso da carne.**

As pessoas podem ser fortes e saudáveis quando a maior parte das proteínas e de outros alimentos complementares que comem são de origem vegetal.

No entanto, se as finanças da família e os hábitos locais o permitem, é bom comer, **sempre que possível**, alguns **alimentos de origem animal ou peixe**. Isto porque os vegetais muitas vezes não têm todas as proteínas que o corpo necessita.

Deve-se **comer alimentos de origem vegetal variados.** Cada planta fornece ao corpo proteínas, vitaminas e minerais diferentes. Por exemplo: o feijão, juntamente com milho, fornece o que o corpo necessita e é muito melhor do que comer só milho ou só feijão. Isso ainda é muito melhor quando se lhes adiciona verduras ou frutas.

Algumas sugestões para obter mais vitaminas, minerais e proteínas a um preço mais baixo.

1.   **Alimentar ao peito.** Esta é a alimentação mais barata, mais saudável e mais completa para um bebé. A mãe pode comer muitos alimentos nutritivos e transformá-los na alimentação perfeita para o bebé – que é o leite do peito. Amamentar o bebé não é só melhor para o bebé, mas também poupa dinheiro e evita doenças!

2.   **O peixe** é, muitas vezes, mais barato do que a carne, e é igualmente nutritivo.

3. **Feijão, ervilhas, lentilhas, amendoim e castanhas (leguminosas)** são uma fonte boa e barata de proteínas.

Deixar germinar o feijão antes de o cozinhar para comer eleva o seu conteúdo em vitaminas.

Pode-se fazer refeições de feijão para o bebé, mas é preciso que fique muito bem cozido e coado, ou também pode ser descascado e fazer-se um puré.

Maneiras de cozinhar feijão:

- Sopa de feijão com couve

- Milho pilado, feijões, amendoim pilado e sal

- Feijões, coco e sal

- Puré: feijões cozidos e passados com cebola, tomate e sal

- Salada: feijões cozidos com cebola picada, óleo e sal

- Caril de feijões com cebola, tomate, óleo e arroz

O feijão, o amendoim e os outros legumes não são só uma fonte de proteínas a baixo custo. Semear estas plantas torna a terra fértil e faz com que outras sementes cresçam melhor depois. Por essa razão, é bom utilizar as sementeiras mistas e a sementeira rotativa.

4. **Ovos e galinha.** Em muitas localidades os ovos são uma das melhores formas de proteína animal. Mas não são comidos pelas crianças e mulheres por causa das crenças erradas. Os ovos podem ser cozidos e comidos inteiros ou misturados na comida.

A casca dos ovos cozidos, se for bem moída, pode ser misturada na comida, pois pode fornecer cálcio que é necessário para as mulheres grávidas e pessoas idosas.

A galinha é um bom alimento e uma forma razoável e barata de obter proteína animal – principalmente se a família cria as suas próprias galinhas.

5. **Fígado, coração, rim, e sangue.** Estes têm uma quantidade elevada de proteínas, vitaminas e ferro (para a anemia), e são mais baratos do que a outra carne.

6.   **As folhas verdes** têm algum ferro, vitamina A e alguma proteína.

As folhas da mandioca, batata-doce, feijão e ervilhas, abóboras, e do embondeiro são especialmente nutritivas. Elas podem ser misturadas na papa dos bebés.

7.   **O arroz, o trigo e outros cereais** são mais nutritivos se forem comidos com a casca. O arroz e o trigo integral, moídos com parte da casca, contêm mais proteínas, vitaminas e minerais do que se lhes for retirada toda a casca.

As proteínas contidas no trigo, no arroz e noutros cereais podem ser melhor utilizadas pelo corpo quando se comem juntamente com o feijão ou lentilhas.

8.   **Cozinhar as folhas verdes, os vegetais, o arroz, e os outros alimentos em pouca água.** E não os cozer demasiado. Dessa forma perdem-se menos vitaminas. É bom beber a água que sobra, ou usá-la para fazer sopa, molhos, etc. Assim, aproveitam-se também mais vitaminas e sais minerais.

9.   Muitos **frutos silvestres** são ricos em vitaminas e em sais minerais naturais (mas, cuidado para não comer frutas que sejam venenosas).

10. **Cozinhar em panelas de ferro** quando se cozem os alimentos aumenta o ferro na comida e ajuda a evitar a anemia.

Alimentação para as crianças pequenas

Os primeiros 6 meses de vida

> Nos primeiros 6 meses, dar ao bebé
> apenas leite do peito da mãe
> – aleitamento materno exclusivo.

O leite do peito é o melhor e o mais puro alimento para os bebés. É melhor do que qualquer leite artificial que se possa comprar. Dar ao bebé somente o leite do peito, durante os primeiros 6 meses, ajuda a protegê-lo contra as diarreias e outras infecções. Mesmo no tempo quente, é melhor não dar água nem chá, nem sumos. O leite do peito já contém a água de que a criança necessita.

Algumas mães param de amamentar mais cedo porque pensam que o seu leite não é suficientemente bom para o bebé, ou que os seus peitos não estão a produzir leite suficiente. Contudo, **o leite da mãe é sempre muito nutritivo para o bebé, mesmo que a mãe esteja fraca e magra. Além disso, quase todas as mães podem produzir todo o leite do peito que é necessário para os seus bebés:**

- A melhor maneira de a mãe continuar a produzir leite de peito, em quantidade suficiente, **é amamentar o bebé muitas vezes, de dia e de noite.** Não se deve introduzir outros alimentos até que o bebé tenha 6 meses. Depois de o bebé começar a comer outros alimentos, deve-se continuar **sempre a dar de mamar antes de lhe dar outros alimentos.**

- Se o peito da mãe está a produzir pouco leite ou nenhum, é possível recomeçar a produzir outra vez bastante leite. Deve-se **deixar o bebé mamar no peito muitas vezes,** antes de dar outros alimentos.

- Se as mamas da mãe estão inchadas ou feridas: colocar panos de água morna nas mamas antes de amamentar; fazer massagens ao redor do mamilo e espremer as mamas antes de amamentar; continuar a amamentar sempre que a criança o queira, de dia e de noite. Quando as mamas estão feridas, é aconselhável expor as mamas, diariamente, ao ar livre, ao sol.

Em algumas circunstâncias, por exemplo, doença grave da mãe, tem que se recorrer ao leite artificial. Mas este tem muitas desvantagens:

- É muito caro e, por isso, existe uma tendência para se comprar pouco e para o diluir em mais água.

- É difícil de preparar correctamente (quantidades certas de leite e de água).

- Exige cuidados de higiene.

- São frequentes as alergias ao leite de vaca – vómitos, diarreias, problemas respiratórios ou reacções na pele.

A maior parte das mães não consegue preparar o leite artificial, cumprindo todas as exigências, o que torna o leite artificial numa fonte de doenças.

O uso de leite artificial pode ser uma causa de malnutrição, se não for dado leite suficiente ou se este for preparado com muita água. Também pode causar diarreias por falta de higiene na sua preparação.

Nas situações em que é inevitável o aleitamento artificial, deve-se recomendar o uso de copo e colher e não o biberão.

Dos 6 meses a um 1 ano de idade

1.   **Continuar a dar o leite do peito**, se for possível até que o bebé tenha 2 ou 3 anos de idade.

2.   Quando o bebé tiver 6 meses de idade, **começar a dar outros alimentos para além da mamada.** Dar sempre primeiro a mamada, e depois outros alimentos. A criança deve ter o seu PRÓPRIO PRATO.

É bom começar por fazer uma papa do alimento de base que é normalmente utilizado para a alimentação da família (ex.: papa de milho). Nessa altura, começar por adicionar um pouco de **óleo de cozinha** ou **amendoim pilado e torrado** para dar mais energia (ver receitas de papas enriquecidas adiante).

3.   Depois de alguns dias, começar a adicionar **outros alimentos complementares.** O mais importante é adicionar alimentos que dão mais energia concentrada (tal como óleo vegetal, amendoim pilado, e leite de coco) e – sempre que for possível – mais ferro (tal como folhas verdes escuras). Estas papas são chamadas **papas enriquecidas.**

Mas, deve-se **começar só com uma pequena quantidade do novo alimento,** e **adicionar somente um alimento de cada vez,** ou o bebé pode ter problemas em digeri-los. Os **novos alimentos precisam de ser bem cozinhados e esmagados ou feitos em puré.** No princípio, eles podem ser misturados com um pouco de leite do peito para o bebé engolir mais facilmente.

O estômago dum bebé é pequeno e não pode suportar muita comida duma só vez. Por isso, é preciso **dar pequenas quantidades, muitas vezes,** e **adicionar** ao alimento de base **alimentos com elevado conteúdo em energia:**

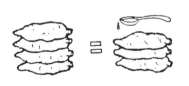

Adicionar 1 colher cheia de óleo ao alimento de base da criança, significa que ela só tem que comer 3/4 de quantidade desse alimento, para obter a energia necessária. O óleo adicionado ajuda a garantir que a criança receba energia suficiente (calorias) quando a sua barriga fica cheia.

4.   Depois da papinha ou das refeições, dar frutas frescas (fruta da época e disponível localmente, por exemplo, manga, papaia).

5.   No intervalo das refeições, se possível, dar bananas, batata-doce, mandioca, ou pêra-abacate.

6.   A partir dos 8 ou 9 meses de idade, introduzir gradualmente a comida da família: 3 vezes ao dia se a criança continuar a ser alimentada ao peito; ou 5 vezes ao dia se já não for.

Papas enriquecidas

Uma boa papa deve ser composta por:

- Um **alimento de base**: farinha de cereais (arroz, milho, mapira, mexoeira); farinha de raízes (batata-doce, mandioca). Adicionando:

- Um **alimento rico em energia concentrada**: óleo, amendoim, açúcar, sumo de cana, leite de coco. Adicionando:

- Um **alimento para o crescimento**: diferentes tipos de feijões cozidos e passados ou esmagados; amendoim ou castanha torrada e pilada; carne ou peixe cozido e picado; ou ovos. Adicionando:

- Um **alimento protector**: hortaliças piladas e cozidas (folhas verdes, tomates); ou frutas esmagadas (banana, papaia).

  Receitas de papas (para as crianças entre os 6 meses e 2 anos):

- Papa de milho com feijão e óleo (acrescentar folhas piladas e cozidas)

- Papa de milho com amendoim e açúcar

- Papa de arroz com feijões cozidos, folhas verdes cozidas

- Papa de mapira com açúcar e leite de coco

- Papa de farinha de mandioca com amendoim e folhas verdes cozidas

- Papa de batata-doce de polpa alaranjada, e amendoim

- Papa de batata-doce de polpa alaranjada, com feijão, folhas verdes e óleo

- Papa de farinha de milho com açúcar (sumo de cana) e ovo batido

Alimentos para melhorar a digestão

As comidas **fermentadas ou germinadas** são boas para as crianças e doentes, porque são nutritivas, leves, mais fáceis de digerir e reduzem o risco de apanhar diarreia.

A germinação aumenta o teor de vitaminas, sais minerais e proteínas nos alimentos.

Como preparar uma **papa fermentada**:

- Farinha fermentada: pôr a farinha de milho ou trigo de molho com água limpa, deixar fermentar 24 horas num recipiente com tampa;

- Depois de fermentar, cozer com a água do fermento e adicionar açúcar ou amendoim torrado ou feijão cozido e passado.

Outros produtos fermentados são o iogurte e o *maheu*.

Como preparar **lentilhas, feijão, ervilha, etc. germinados**:

- Mergulhar as sementes durante 6-12 horas;

- Filtrar ou coar a água;

- Manter as sementes num recipiente aberto e cobrir com um pano;

- Enxaguar (passar por mais água e coar) 3 vezes ao dia ou mais (se estiver calor), durante 2 a 4 dias;

- Depois de prontas, meter em sopas, guisados, saladas ou servir com pão

Como preparar **grão germinado**:

- Demolhar o grão durante dois dias;

- Depois secar ao sol;

- Descascar e moer (pilar) para fazer farinha.

CUIDADO: A altura em que uma criança tem maior probabilidade de ficar malnutrida é entre os 6 meses e os 2 anos de idade. Isto acontece porque o leite de peito, por si só, já não fornece a energia suficiente a partir dos 6 meses. São necessários outros alimentos. Mas, muitas vezes, os alimentos que se dão à criança também não contêm a energia suficiente. Se, além disso, a mãe também pára de amamentar, torna-se mais provável que a criança fique malnutrida.

Para uma criança desta idade ser saudável, deve-se:

CONTINUAR A DAR LEITE DO PEITO – TANTO COMO ANTES.

DAR TAMBÉM OUTROS ALIMENTOS FRESCOS E NUTRITIVOS COMEÇANDO SEMPRE COM PEQUENAS QUANTIDADES.

DAR DE COMER, PELO MENOS, 5 VEZES AO DIA E NO INTERVALO

DAS REFEIÇÕES DAR PETISCOS (BANANA, PAPAIA, BATATA-DOCE).

GARANTIR QUE A COMIDA QUE SE PREPARA ESTÁ LIMPA E FRESCA.

QUANDO A CRIANÇA ESTÁ DOENTE, DAR ALIMENTOS NUTRITIVOS COM MAIS FREQUÊNCIA, E MUITOS LÍQUIDOS.

A partir de 1 ano de idade

Até aos 2 anos, uma criança deve continuar a mamar leite do peito da mãe. Deve-se evitar um desmame brusco.

Deve-se manter o mesmo esquema alimentar dos 6 meses a 1 ano de idade, mas aumentando gradualmente a quantidade de comida, em cada refeição. A primeira refeição do dia deve ser uma papa enriquecida. A criança deve comer no seu próprio prato.

A partir dos 2 anos de idade, continuar a dar uma boa papa enriquecida de manhã. Ao almoço e ao jantar, dar à criança a comida de família, sempre seguida de frutas frescas. Entre as refeições continuar a dar "petiscos", como por exemplo, pedaços de mandioca; batata-doce; banana.

As crianças e os doces: não se deve habituar as crianças pequenas a comer açúcar, doces ou rebuçados, ou a beber refrescos. Quando elas comem muitos doces, já não querem a comida que é melhor para elas. Os doces também não são bons para os dentes.

Os sumos naturais feitos em casa são mais saudáveis e mais baratos do que os refrescos.

> **Não deixe o seu filho acostumar-se a beber refrescos.**

Exemplos de refeições equilibradas para toda a família:

Farinha de milho, mandioca ou mapira, com feijões, tomate, cebola e óleo

Farinha de mapira, com molho de folhas de abóbora e amendoim

Farinha de mapira, com folhas verdes e amendoim

Farinha de milho, com caril de feijões com cebola e tomate

Farinha de mandioca, com caril de amendoim e folhas de mandioca

Mapira ou mexoeira com caril de peixe (cebola e óleo)

Arroz com castanha de caju e folhas de mandioca

Farinha de milho com caril de peixe com coco

> **Uma boa dieta diária deve utilizar alimentos produzidos localmente!!**

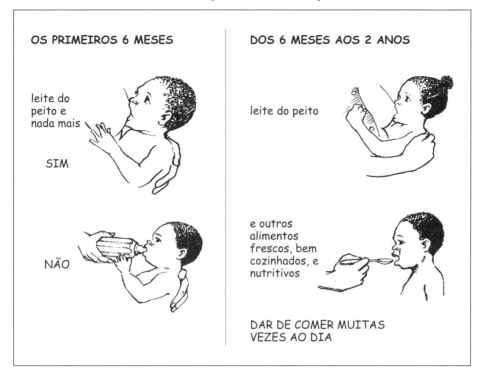

Alimentação para as crianças maiores e adultos

Como as crianças pequenas, as crianças maiores e os adultos devem comer uma variedade de alimentos. Deve-se reduzir o consumo de alimentos processados, (por exemplo *nicknacks*, hambúrgueres, *pizzas*, cachorros-quentes, enlatados, bolos), e alimentos que contém muito açúcar, sal ou gorduras. Para mais conselhos, consulte o capítulo 12.

Ideias perigosas sobre alimentação e malnutrição

Existem crenças tradicionais sobre as causas de malnutrição que podem levar a que as crianças não recebam os alimentos e/ou o tratamento necessários.

Por exemplo:

A mãe pode decidir **parar de dar o leite do peito de forma repentina** por vários motivos que não são justificados: nova gravidez, reinício da actividade sexual, doença da mãe. Um outro motivo é quando a mãe pensa que o seu leite pode ser a causa duma doença do filho ("leite estragado"). Nenhum destes motivos é razão para um desmame brusco. Devemos encorajar as mães a continuar a dar o leite do peito e a desencorajar a prática de afastar a criança para casa de outros familiares para fazer um desmame brusco.

Em algumas partes de Moçambique acredita-se que se os pais duma criança mantêm relações sexuais durante, ou antes do desmame, a criança fica doente e que isto é ainda mais grave se a mãe da criança engravida. Nestes casos pensa-se que o leite da mãe faz com que a criança pare de crescer, perca peso (pernas muito finas) e que o volume da cabeça se torne anormal (muito grande). As pessoas pensam que este problema se resolve deixando de amamentar a criança e que se deve "tratar" a criança com laxantes. A mãe também é submetida a este tipo de "lavagem". Estas práticas são muito perigosas.

Também existe uma tradição, nalgumas zonas de Moçambique, que diz que a malnutrição é causada por uma cobrinha ou lombriga (*nyokana*) que fica na fontanela e por isso a cabeça da criança cresce. Quando a fontanela fecha, a *nyokana* desce para a barriga da criança e nessa altura a criança começa a perder peso, a barriga cresce e a criança apanha diarreia. Esta criança não tem forças para comer, nem para brincar ou chorar. O costume também é o de "tratar" este mal através de práticas tradicionais.

Existem crenças sobre alimentos que não devem ser comidos, por exemplo, as crianças que comem ovos vão tornar-se ladrões, ou vão ficar carecas. Não é verdade. O ovo é um excelente alimento para a criança.

Higiene e saúde ambiental

Mais vale prevenir do que remediar! A higiene pessoal, a limpeza da casa e da comunidade, o controlo dos insectos, e um estilo de vida saudável são estratégias simples, mas muito importantes, que podem ajudar a prevenir muitas doenças.

Falta de higiene (limpeza)

A limpeza é muito importante na prevenção de infecções. Tanto a *higiene* pessoal, das casas, dos alimentos e da água, como a limpeza da comunidade em que vivemos (*saneamento*) são muito importantes.

Muitas infecções do intestino são transmitidas duma pessoa para outra, por causa da falta de higiene e de saneamento básico. Muitos micróbios e parasitas são transmitidos através das fezes de pessoas ou animais infectados. Eles podem ser levados das **fezes** duma pessoa, para a **boca** de outra pessoa, quer através dos alimentos, da água, das moscas e outros animais, quer directamente através das mãos mal lavadas. Basta uma quantidade minúscula e invisível de fezes entrar na boca para infectar uma pessoa.

Esta forma de transmissão chama-se **transmissão fecal-oral** (das fezes para a boca).

As vias de transmissão fecal-oral podem ser resumidas no seguinte diagrama:

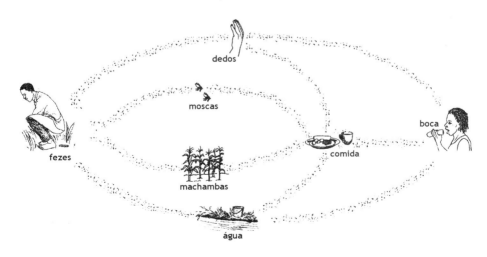

QUAL É A ORIGEM DA CÓLERA, DAS DIARREIAS E DOS PARASITAS INTESTINAIS?

AS FEZES!
1 grama de fezes duma pessoa infectada pode conter:

10.000.000 de vírus

1.000.000 de bactérias

100 ovos de parasitas intestinais

Doenças comuns de transmissão fecal-oral

Estas são algumas doenças que são frequentes na comunidade e que estão directamente relacionadas com a falta de higiene e de saneamento. Isto é, são doenças de transmissão fecal-oral:

- Diarreias

- Cólera

- Disenteria

- Febre tifóide

- Hepatite A

- Lombrigas e outros parasitas intestinais

A transmissão destas doenças pode ser muito directa:

Por exemplo: uma criança que tem diarreia e não lava as mãos com sabão depois de defecar, oferece um biscoito ao amigo. Os seus dedos, ainda sujos com fezes, estão cheios de micróbios (tão pequenos que não são visíveis). Alguns destes ficam agarrados ao biscoito. Ao comer o biscoito, o amigo engole também os micróbios. Em breve o amigo também terá diarreia.

Ou pode ser mais indirecta:

Por exemplo: as fezes duma pessoa com cólera podem entrar na água e esta fica contaminada. A partir desse momento qualquer pessoa que beber dessa água corre o risco de apanhar cólera, porque bebeu água contaminada com a bactéria que estava nas fezes da outra pessoa.

Muitas vezes os porcos, cães, cabritos, galinhas e outros animais facilitam a transmissão de micróbios e ovos de parasitas para as pessoas. Por exemplo:

Um homem com diarreia ou com parasitas defeca nas traseiras da casa.

O cão cheira as fezes e suja o nariz e as patas.

Depois o cão passeia pelo quintal.

No quintal, uma criança está a brincar no chão. Deste modo, parte das fezes do homem passam para a criança também. A criança corre o risco de contrair diarreia se levar as mãos contaminadas com as fezes do homem à boca.

Mais tarde, a criança começa a chorar e a mãe pega nela ao colo.

Depois, a mãe prepara a comida mas esqueceu-se de lavar as mãos depois de pegar na criança.

A família ingere a comida.

E em seguida a família toda fica com diarreia ou vermes.

Se a família tivesse tomado qualquer das precauções abaixo indicadas, podia ter evitado a transmissão da doença:

- Se o homem tivesse defecado numa latrina ou casa de banho
- Se a família não tivesse deixado o cão solto no quintal
- Se não tivessem deixado a criança brincar onde o cão tinha estado
- Se a mãe tivesse lavado as mãos com sabão após ter pegado a criança e antes de preparar a comida

Doenças relacionadas com a falta de água

Muitas doenças são causadas pela falta de água, ou pelo uso de quantidades insuficientes de água para a higiene pessoal dos membros da família (banhos, lavagem de mãos e do rosto). As doenças de transmissão fecal-oral também se transmitem facilmente quando há falta de água para as pessoas lavarem as mãos.

Algumas doenças da pele como, por exemplo, a sarna e os piolhos, são mais facilmente transmitidas a pessoas que não tomam banho todos os dias. Os piolhos também persistem em famílias que não dispõem de água suficiente para a higiene pessoal e doméstica (lavagem de roupa) da família.

Algumas doenças dos olhos como, por exemplo, o tracoma e a conjuntivite são mais facilmente transmitidas quando as pessoas não lavam a cara com frequência.

É preciso que haja água e sabão, em quantidade suficiente, não só para garantir a higiene pessoal, mas também para a lavagem das toalhas, lençóis e mantas.

A prevenção de muitas doenças depende mais da quantidade de água utilizada para a higiene do que da sua qualidade.

Doenças causadas por agentes baseados na água

São aquelas cujo vector, que transmite a doença, vive na água. Um exemplo é a bilharziose, que é causada por um parasita (o schistosoma) que para completar o seu ciclo de vida na natureza depende dum tipo de caracol que vive na água. Para evitar este tipo de doenças deve-se evitar o contacto com águas paradas e pouco profundas.

Conceitos básicos de higiene

Higiene pessoal

1.   Lavar sempre as mãos com água corrente e sabão (ou cinzas): antes de comer, de preparar alimentos e de dar comida às crianças; bem como depois de utilizar a latrina, de defecar ou de limpar o rabo duma criança. Não basta passar os dedos por água – é necessário esfregar as duas mãos com sabão ou com cinza. A falta de sabão não deve ser obstáculo para não lavar as mãos, porque muitas vezes há soluções locais ou tradicionais que são boas alternativas.

É sempre melhor lavar as mãos em água corrente. Se não existirem torneiras, existem invenções muito simples, como por exemplo:

- Fazer um pequeno furo perto da base duma garrafa plástica de dois litros.

- Pendurar a garrafa, enchê-la com água e fechar bem a tampa.

Sempre que se quiser lavar as mãos, abrir um pouco a tampa da garrafa para que entre ar e um jacto de água escorrerá através do pequeno furo, como se fosse uma torneira de pouca pressão.

2.   Tomar banho e dar banho às crianças todos os dias, se possível.

3.   Para prevenir o tracoma (ver pág. 536), é importante que as crianças tenham sempre as caras lavadas para evitar que a doença se transmita duma criança para outra.

4.   Escovar bem os dentes, todos os dias, e, sempre, depois de comer doces.

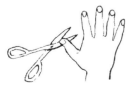

5.   Corte as unhas frequentemente. Os micróbios e ovos dos vermes escondem-se, muitas vezes, debaixo das unhas compridas.

6. Mudar e lavar frequentemente a roupa pessoal, as toalhas e os lençóis. Sempre que possível, a roupa deve ser lavada em casa com água limpa.

7. Não tomar banho nos charcos, nas valas de drenagem ou nas águas provenientes dos esgotos.

8. Evitar que as crianças brinquem ou tomem banho em pequenas lagoas e rios. Podem apanhar bilharziose, doença causada por um parasita (ver pág. 322).

Há pessoas que não podem evitar este contacto, por exemplo: pescadores de água doce, cultivadores de arroz, pessoas que trabalham nas plantações de cana ou que tenham que cortar caniço em zonas pantanosas. Estas pessoas devem ser aconselhadas a usar botas de borracha para se protegerem.

9. Se for possível, nunca se deve andar descalço, nem deixar que as crianças andem descalças. O ancilostoma é um parasita que penetra no corpo pela planta dos pés (ver pág. 317). A infecção pelo ancilostoma causa uma anemia que pode ser muito grave.

10. Despiolhar, frequentemente, toda a família. Os piolhos e as pulgas são portadores de doenças. Não se deve deixar entrar em casa cães e outros animais que possam ter pulgas.

11. Não cuspir para o chão. A saliva pode transmitir doenças. Ao tossir ou espirrar, deve-se cobrir a boca com a mão, ou com um pano ou lenço. Se for possível, lavar as mãos com sabão logo a seguir.

Higiene do lar

O local adequado e a estrutura apropriada para uma casa

A casa é o local mais importante para a vida familiar. Uma casa bem localizada e em boas condições de higiene pode proteger a saúde da família.

Em termos de saúde, a localização da casa é muito importante. A casa deve estar localizada:

- Próxima duma fonte de abastecimento de água limpa
- Afastada das zonas baixas ou pantanosas

É muito importante aconselhar as pessoas que querem construir uma casa, que esta deverá ter:

- Cobertura adequada, para evitar a entrada da água da chuva

- Portas e janelas, para permitir a ventilação da casa

- Redes nas portas e janelas para evitar a entrada de animais e insectos

- Possibilidade de drenagem da água das chuvas. A casa deve estar localizada numa zona alta para evitar que a água das chuvas fique acumulada e haja humidade dentro

- Chão e paredes bem maticados para evitar poeiras, permitir uma boa limpeza e evitar a entrada de insectos

- Um local para cozinhar e para guardar os alimentos

- Um local para os membros da família tomarem banho

- Drenagem adequada para recolher as águas dos banhos e da lavagem da roupa numa fossa. Esta fossa deverá ter no fundo pedras grandes e em cima pequenas

- Locais apropriados para depositar o lixo

- Locais apropriados para construir uma latrina. É uma boa ideia que os líderes comunitários garantam que **antes** de a família ser autorizada a construir o seu novo lar, seja construída a latrina

A casa deve ser suficientemente espaçosa para alojar todos os membros da família. Há doenças que se transmitem facilmente, duma pessoa para outra, quando numa casa pequena vivem e dormem muitas pessoas.

Como manter uma boa higiene da casa?

1.   Limpar, frequentemente, o interior da casa. Varrer e lavar o chão, as paredes e por baixo dos móveis.

2.   Manter o quintal e o pátio da casa sempre limpo: varrer e lavar todos os dias.

3.   Usar sempre a latrina. Não praticar fecalismo a céu aberto (isto é, evitar fazer necessidades maiores ao ar livre). Ver na pág. 205 como tratar as fezes das crianças.

4.   Não deixar que os animais (patos, cabritos, porcos ou outros) entrem dentro da casa, ou andem à solta nos locais onde brincam as crianças.

5. Não deixar que os cães lambam as crianças. Os cães também podem transmitir doenças.

6. Os lençóis e os cobertores devem ser lavados e estendidos ao sol com frequência. Se em casa houver percevejos, ou pessoas com sarna, toda a roupa pessoal, de cama e as toalhas de banho, têm de ser lavadas e secas ao sol. Depois, e sempre que possível, devem ser passadas a ferro.

7. Remover diariamente o lixo proveniente da cozinha, da casa e do quintal e depositá-lo numa cova preparada para esse efeito – aterro sanitário. De cada vez que se deposita lixo, deve ser colocado um pouco de terra por cima.

8. Tapar buracos e aberturas do chão ou das paredes, onde as baratas, carraças, percevejos e escorpiões se possam esconder.

9. Destruir e/ou aterrar poças de água e charcos, que são lugares onde os mosquitos se multiplicam.

Higiene dos alimentos

A higiene dos alimentos que a família consome constitui um factor muito importante para a prevenção das doenças, principalmente as diarreias e algumas parasitoses. Isto é muito importante nas crianças que apanham diarreia com maior facilidade e frequência. As diarreias nas crianças, principalmente se repetidas, podem levar à desidratação e morte da criança, ou fazer com que esta vá perdendo peso, afectando o seu estado nutricional e, consequentemente, o seu crescimento e desenvolvimento.

Por isso, é necessário garantir que: os alimentos que a família consome são frescos e seguros; quem cuida da alimentação da família cumpre todos os cuidados de higiene necessários à preparação e conservação dos mesmos.

Preparação dos alimentos

1. Lavar sempre as mãos com sabão antes de começar a preparação duma refeição. Também é preciso ter o cuidado de voltar a lavar as mãos, de cada vez que se interrompe a preparação da comida – especialmente quando se interrompe para limpar ou mudar as fraldas dum bebé, ou limpar uma criança depois de defecar, ou ainda se a pessoa que prepara os alimentos interrompe para ir defecar.

2. Lavar bem as verduras e os legumes, com água limpa, antes de os preparar, principalmente se estes não vão ser cozidos (por exemplo: saladas).

3. Lavar muita bem a fruta, antes de a comer. Se isto não for possível, a fruta deve ser descascada, antes de ser comida.

4. Os alimentos crus, especialmente a carne, o frango e o peixe, podem ser contaminados com micróbios perigosos. Por isso, deve-se evitar o contacto entre alimentos crus, especialmente a carne e o peixe, e alimentos já cozinhados. Depois de preparar os alimentos crus, é muito importante lavar bem as mãos antes de tocar noutros alimentos. Os alimentos que vão ser cozidos, não devem ser lavados juntamente com alimentos que vão ser consumidos crus ou semicozidos, tais como saladas e frutas.

5. Manter limpas todas as superfícies onde se preparam os alimentos e usar utensílios limpos para preparar e servir os alimentos. Lavar também a faca com que se prepara os alimentos!

6. Utilizar sempre copos, pratos e tigelas limpos.

Cozinhar os alimentos

1. Deve-se cozer bem todos os alimentos, em particular as carnes, peixes, mariscos e vegetais.

2. Não se deve comer ovos crus. Os ovos devem ser cozidos até a clara (a parte branca) ficar cozida e a gema (a parte amarela) ficar firme.

Conservação dos alimentos cozidos

1. A comida deve ser preparada na altura da refeição. Deve-se sempre garantir que todos os alimentos são consumidos logo após serem cozidos.

2. Todo o alimento que tenha sido guardado à temperatura ambiente por 4 horas ou mais após ser cozido deve ser muito bem reaquecido antes de ser consumido.

Protecção dos alimentos e limpeza dos utensílios

1.   Não deixar que as moscas, ou outros insectos pousem ou andem sobre os alimentos. Estes insectos são portadores de micróbios e transmitem doenças. Não deixar restos de comida espalhados nem pratos sujos, porque isso atrai as moscas e faz multiplicar os micróbios. Os alimentos devem ser protegidos, mantendo-os tapados ou guardados em recipientes com tampas.

2.   Proteger os alimentos e as áreas da cozinha contra animais domésticos e outros animais.

3.   Não deixar no chão os pratos, as panelas e outros utensílios de cozinha. Quando numa casa o local para preparar os alimentos é o quintal, deve ser aí construída uma copa simples apenas feita de estacas e uma chapa. No mínimo, deve ser construída uma banca ou usar uma bacia grande para colocar os utensílios da cozinha e os pratos depois de lavados, para evitar que se sujem com terra que pode estar contaminada. Com a copa, ou uma boa plataforma, os pratos, panelas e os outros utensílios também ficam fora do alcance dos animais. Se for possível, guardar os pratos e todos os utensílios de cozinha num lugar coberto (exemplo: um armário).

4.   Evitar utilizar biberões para dar o leite aos bebés. Dentro de biberões não fervidos e mal lavados podem crescer bactérias que causam diarreia e podem levar à morte das crianças.

5.   Não deixar as crianças apanharem coisas do chão, nem deixar que comam algo que tenha caído no chão sem antes ter sido lavado.

6.   Guardar/armazenar os alimentos que não se estragam num lugar seguro (separados dos pesticidas, agentes desinfectantes ou outros químicos tóxicos).

Consumir alimentos frescos e seguros

1.   Quando não se tem a certeza da origem dos produtos, nem como foram preparados, é mais seguro não os comer.

2.   Não consumir comida preparada há muito tempo (antiga) ou que cheira mal. Deitar fora toda a comida com bolor, ou que se desconfia que está estragada. Pode provocar intoxicações.

3.   Sempre que possível, dar só alimentos que foram preparados de fresco, principalmente às crianças, aos idosos e às pessoas doentes.

4.   Não consumir comida enlatada, quando a lata se apresenta:

- com a tampa abaulada (parece que está inchada);

- amolgada;

- a derramar o conteúdo;

- a esguichar líquido quando é aberta.

> **CUIDADO com os vendedores desonestos que aliciam as pessoas, com descontos, para venderem alimentos enlatados fora de prazo!!**

5.   Hoje em dia, a maioria dos alimentos enlatados ou vendidos em embalagens industriais, apresentam o prazo de validade escrito nos rótulos, como: "Vender até..."; "Consumir de preferência até..."; ou "Consumir até..."; ou "Consumir antes de...". É necessário procurar e ler esta informação nos rótulos. Não é seguro consumir alimentos depois da data indicada.

6.   Nunca se deve comprar ovos partidos. As rachas permitem a entrada de micróbios.

7.   Usar somente leite pasteurizado ou fervido. A pasteurização é um processo através do qual o leite é aquecido a temperaturas muito altas, o que destrói os micróbios. Pode não ser seguro beber leite de produção caseira. Este leite deve ser fervido antes de ser bebido.

Higiene da água

A água é um líquido precioso e sem ela não há vida nem saúde.

Para as actividades diárias da vida duma comunidade, e para que esta viva com saúde, é necessário que haja água disponível para:

- Beber

- Cozinhar

- Tomar banho

- Lavar as mãos

- Lavar a louça

- Lavar a roupa

- Regar as machambas

- Dar de beber aos animais

No entanto, é preciso ter cuidado porque através de consumo de água contaminada, pode-se apanhar doenças perigosas, tais como a cólera e outras doenças diarreicas. Muitas vezes, embora parecendo límpida, a água pode conter micróbios que provocam doenças.

A **água considerada LIMPA para beber (potável)** pode ser obtida nas seguintes fontes seguras:

- Torneiras e fontanários
- Poços protegidos (com tampa), e revestidos de blocos
- Furos protegidos
- Nascentes protegidas
- Cisternas protegidas

Nem sempre é possível utilizar a água proveniente de fontes seguras de abastecimento. Muitas vezes, a água a que uma comunidade tem acesso provém de:

- Pequenos lagos
- Rios
- Poços ou furos não protegidos
- Reservatórios para recolha de água das chuvas

A água que se tira destas fontes pode não ser limpa e provocar doenças. Existem vários métodos descritos adiante para purificá-la e torná-la limpa (potável).

É muito importante identificar as fontes de água a que uma comunidade tem acesso. É necessário saber de onde e como as pessoas tiram a água, antes de as aconselhar sobre o que pode e deve ser feito, para garantir o consumo de água potável.

Se as pessoas da comunidade tiram a água de lagos, aconselhar a:

- Tratar a água para beber
- Evitar tomar banho nos lagos
- Procurar, com a ajuda das estruturas locais, uma fonte alternativa, o mais segura possível, de onde se possa tirar água potável.

A água dos lagos não é boa para beber, mas pode ser utilizada para regar as machambas e para dar de beber aos animais.

Se a comunidade tira água do rio e não é possível arranjar outro local, aconselhar a fazer o seguinte:

- Escolher um local adequado para tirar a água do rio. Como mostra a figura, este deve estar localizado acima do local onde se lava a roupa, se toma banho e se dá de beber aos animais.

- Tratar a água para beber (ver em baixo).

- É importante informar a comunidade que a presença dum rio ou dum lago demonstra que naquela zona a água está perto da superfície, portanto a comunidade pode facilmente se organizar para cavar um poço e de certeza encontrará água a poucos metros de profundidade.

O que fazer quando a população tira a água das nascentes?

A água da nascente pode ser limpa e boa para beber (potável), se a nascente estiver devidamente protegida. Se a nascente não está protegida e se não existe outro sítio para tirar a água, as pessoas devem ser aconselhadas a:

- Colocar uma vedação à volta de toda a nascente.

- Fazer uma vala à volta da nascente para drenar a água da chuva.

- Construir um dreno para a água em excesso, protegido contra a erosão.

- Manter os animais afastados da nascente incluindo, se possível, as aves, e tudo o que possa provocar sujidade.

Se a comunidade tira água de poços não protegidos:

Se o poço não está bem protegido, é importante discutir com a população o que pode ser feito para o proteger.

Considera-se que um poço é bem protegido quando:

- Está colocado a pelo menos 20 metros duma latrina

- Tem pelo menos 3 metros de profundidade

- Tem à volta uma protecção com uma parede de pelo menos meio metro de altura

- Tem uma tampa

- Tem uma bomba ou um balde para tirar a água

- Existe uma vala à volta para drenar a água das chuvas e a própria água que as pessoas deixam verter quando usam o poço.

Se a população utiliza a água das chuvas, aconselhar a:

- Esvaziar e limpar o reservatório onde é recolhida a água no início de cada época chuvosa
- Utilizar objectos limpos e/ou aplicar uma torneira para tirar a água do reservatório
- Tapar o reservatório durante o período em que não chove
- Tratar a água para beber, sempre que possível.

É importante manter bem limpos os poços e as fontes de água públicas.

Não deixar que os animais se aproximem dos lugares onde as pessoas vão buscar água para beber. Se for necessário, colocar uma cerca em volta, para manter os animais longe da fonte.

Ninguém deve defecar (fazer cocó), nem atirar lixo perto da fonte de água.

Também não se deve deixar que as pessoas tomem banho, ou lavem a roupa e/ou a loiça perto da fonte de água.

A água duma fonte pode ficar contaminada se não for recolhida num recipiente adequado.

ATENÇÃO

Para manter a água potável desde a fonte até que seja consumida em casa, aconselha-se o seguinte:

- Utilizar, sempre que possível, recipientes para transportar a água, que tenham uma boca (ou abertura) pequena
- Manter os recipientes bem limpos
- Lavar os recipientes, pelo menos uma vez por semana, de preferência com sabão
- Tapar os recipientes durante o transporte da água para casa
- Armazenar a água, dentro de casa, em recipientes limpos e tapados
- Sempre que possível, a água que se utiliza em casa deve ser entornada a partir dos recipientes onde está armazenada
- Se não é possível evitar mergulhar um objecto na água, utilizar um utensílio com pega (ex.: jarro ou púcaro), para evitar que os dedos toquem na água do recipiente

Como tratar a água

O ideal seria que toda a água fosse proveniente duma fonte segura de água, com garantia de que a água para beber é limpa (potável). Mas, quando isso não é possível, toda a água deverá ser tratada em casa. Esta medida é muito importante para as crianças, as pessoas com o HIV, e quando há muitos casos de diarreia e/ou epidemias de cólera ou disenteria.

Muitas vezes é possível transformar água que não é própria para beber em água potável, mas nalguns casos não. No entanto, mesmo a água imprópria para consumo humano pode ser útil para satisfazer outras necessidades de higiene doméstica, para as machambas, ou para os animais.

Algumas sugestões para o tratamento da água

Os métodos de tratamento de água que podem ser utilizados em casa ou na comunidade são:

Decantação

É possível reduzir os micróbios que provocam doenças deixando a água no recipiente durante 3 dias, em repouso. Quando se deixa a água durante 3 dias a sujidade fica acumulada no fundo do recipiente. Depois, quando se começa a utilizar a água isto deve ser feito com cuidado para esta não turvar, ou seja, para não levantar a sujidade que se acumulou no fundo. A água deve ser retirada com um púcaro com asa. Este método não é suficiente para eliminar todos os micróbios nocivos (que provocam doenças) da água.

Sujidade não acumulada no fundo (espalhada)

Sujidade acumulada no fundo (decantação)

Filtração

É outro método seguro para tratar a água. Existem filtros já preparados para filtrar a água, mas uma alternativa é o uso de panos limpos. A filtração da água através de panos não oferece muita segurança, mas é um método que pode ser utilizado em situações de emergência, ou durante uma epidemia de cólera. Os filtros de cerâmica oferecem muito mais segurança do que qualquer outro método de filtração

Depois da filtração, é sempre aconselhável ferver ou tratar a água com cloro.

Também é possível construir filtros simples de areia. Pode-se pedir ajuda a uma pessoa com experiência nesta área, principalmente a pessoas ligadas à abertura de poços.

Fervura

Um bom método de tratamento da água consiste em colocar a água ao lume e deixar ferver durante algum tempo. No entanto, uma vez que este método exige disponibilidade de fogo e de tempo (para ferver e depois arrefecer), nem sempre existem condições para que possa ser utilizado.

COMO FAZER?

1. Colocar a água numa panela ao lume;

2. Quando começar a ferver, deixar que continue a ferver durante mais um minuto e depois tirar do fogo

3. Deixar arrefecer a água antes de consumir, mantendo-a em recipiente tapado.

Cloragem

Quando surge uma epidemia de cólera numa comunidade, é necessário dar mais atenção ao tratamento da água para beber. O ideal seria que todas as famílias tivessem possibilidade de ferver a água, uma vez que a bactéria que causa a cólera (vibrião) é facilmente destruída pela fervura.

Mas, quando não há condições para ferver a água, pode-se utilizar o cloro para tratá-la. O vibrião e outros micróbios morrem em contacto com o cloro. O cloro pode ser obtido através da utilização de lixívia (javel) que geralmente se encontra à venda no mercado. No entanto, a concentração de cloro varia de acordo com o tipo de lixívia. Por isso, nem sempre é fácil saber qual a quantidade de lixívia a acrescentar à água que se utiliza em casa. As instruções sobre a quantidade de lixívia a utilizar encontram-se na pág. 740.

Existem produtos com uma concentração mais fixa e que já apresentam, no rótulo, as instruções sobre as quantidades que devem ser utilizadas para a desinfecção da água. São estes produtos comerciais, específicos para a purificação da água, que devem ser procurados e aconselhados a utilizar.

NOTA: Numa situação de cólera, a cloragem dos poços é uma medida que pode ajudar. Mas é necessária uma boa monitorização em relação à medição dos níveis de cloro e é necessário que esta medida seja complementada com o tratamento da água em casa.

Tratamento solar

Este é um método simples, mas exige paciência. Só se deve usar este método quando não houver nenhuma hipótese de ferver a água.

1. Arranjar uma garrafa transparente de vidro ou de plástico.

2. Começar por lavar muito bem a garrafa e a tampa.

3. Logo de manhã pôr **água limpa** até a metade da garrafa.

4. Agitar bem a garrafa, umas 30 vezes. A água tem que ser bem agitada até ficar cheia de oxigénio. Quando está com oxigénio aparecem bolhas de ar dentro da água. Isto ajuda os raios de sol a matar os micróbios que estão dentro da água.

5. Depois disso encher o resto da garrafa com mais água limpa.

6.   Colocar a garrafa deitada (na posição horizontal) a apanhar sol. Se possível, colocar no telhado de chapa de zinco ou por cima duma superfície preta. NÃO DEIXAR A GARRAFA À SOMBRA durante este processo.

7.   Deixar a garrafa ao sol até ao fim da tarde (17 horas).

8.   Ao fim do dia esta água já está boa para ser bebida.

Se for um dia de pouco sol, é preciso deixar a garrafa ao sol durante dois dias. Deve-se manter a água armazenada na mesma garrafa que se usou para o tratamento ao sol. Se isto não for possível, a água deve ser armazenada num recipiente bem lavado para evitar contaminação.

Para beber, use sempre água de fontes seguras.

MAS... Para a prevenção de doenças de transmissão fecal-oral, é muito importante usar água em quantidades suficientes, ainda que esta não seja totalmente purificada, para garantir a lavagem das mãos e a higiene pessoal e da família.

Ambiente saudável

Garantir e manter a **higiene** pessoal, da casa, dos alimentos e da água são medidas fundamentais para a prevenção de doenças no seio da família. Mas, para que haja boa saúde numa comunidade, é necessário garantir que esta viva num ambiente saudável.

As fezes humanas, o lixo doméstico e a água estagnada facilitam o crescimento de insectos e outros transmissores de doenças. Para garantir um ambiente saudável é necessário organizar medidas de **saneamento** básico no seio da comunidade. Por outro lado, é necessário garantir que o ambiente não fique poluído por produtos químicos ou pesticidas tóxicos.

Deposição e tratamento dos dejectos humanos

A prática de **fecalismo a céu aberto** (fazer cocó no chão e ao ar livre) é muito prejudicial para o ambiente e as pessoas. Ela facilita a criação de moscas e de outros insectos que transportam micróbios das fezes para as pessoas e/ou para a comida e a água que as pessoas consomem.

As necessidades de saneamento urbano e rural são muito diferentes entre si. Numa comunidade rural ou suburbana, o melhor método de deposição de fezes é o uso de latrinas.

Uso de latrinas

Cada casa deve ter uma latrina. É necessário que cada família garanta a construção da sua própria latrina e que todos os membros da família, incluindo as crianças, a utilizem realmente.

O posto de saúde, a escola e outros locais públicos, devem ter latrinas que deverão ser mantidas limpas, bem como água para lavar as mãos depois de as usar.

Onde construir latrinas?

As latrinas devem ser construídas a, pelo menos, 20 metros das fontes de água e sempre num ponto mais baixo em relação ao poço, para evitar que o conteúdo da latrina possa contaminar a água.

Se existirem poços ou outras fontes de água muito perto da latrina, os líquidos que se encontram na cova da latrina podem-se misturar com a água dos poços e esta fica contaminada com fezes.

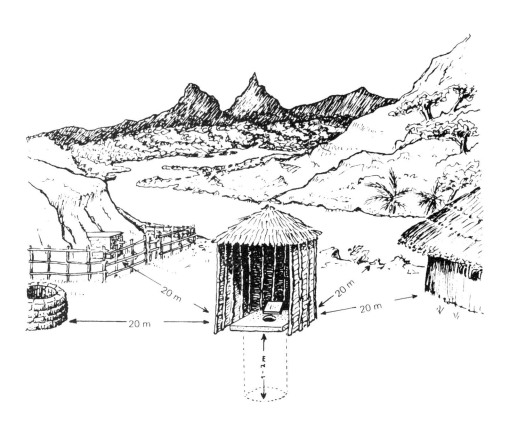

Tipos de latrinas

Existem muitos tipos de latrinas. A decisão do tipo de latrina a construir depende de vários factores: o material local disponível, o tipo de terreno; e os recursos financeiros da família e da comunidade.

Algumas ideias para construir latrinas:

Latrina tradicional de fossa simples aberta

Um buraco fundo, protegido por uma casinha, funciona muito bem. Quanto mais profundo for o buraco, menos problemas haverá com as moscas e com o mau cheiro.

Aqui está o desenho duma latrina simples e fácil de construir:

1. Fazer um buraco com 1,8 m de profundidade e 1,1 m de diâmetro.

2. Depois, cobre-se o buraco com paus fortes, deixando um espaço na parte central para se fazerem as necessidades.

3. O buraco deverá ficar sempre coberto com uma tampa.

Este tipo de latrina funciona, a curto prazo. A longo prazo, não é a melhor solução para os problemas de saneamento comunitário.

Quando se cava a terra para abrir o buraco, é preciso ter o cuidado de verificar se o terreno é firme e seguro. Se não for seguro e para evitar a queda das paredes, estas têm que ser protegidas com pau-a-pique.

Um inconveniente destas latrinas é que quando a cova fica cheia, tem de ser tapada e é preciso procurar outro lugar para abrir uma nova cova. Em lugares onde há muita concentração de pessoas isso pode ser um problema.

> **NUNCA se deve abrir uma latrina muito perto da antiga porque o seu conteúdo pode invadir a nova e provocar a queda desta. A nova cova deve estar a, pelo menos, 2,7 m da antiga (se esta tiver as medidas aconselhadas por este livro).**

Em lugares onde chove muito, a cova pode-se encher de água e fazer transbordar as fezes. Em locais onde o nível da agua é muito alto (isto é, onde basta cavar alguns metros para encontrar água), as fezes da latrina podem contaminar as fontes de água da comunidade.

Nestas zonas é muito importante revestir a cova com blocos ou um tambor para evitar que ela caia. Para além disso, pode-se usar a areia retirada da cova para se construir uma base à volta da cova, onde se põe a laje, para que o piso (chão em volta da cova) da latrina esteja acima do nível da água quando chove.

Uma latrina de fossa simples aberta pode ter os seguintes problemas:

- É difícil manter o piso limpo, o que pode favorecer a transmissão de doenças (por exemplo, ancilostomíase);

- As moscas multiplicam-se no buraco e transportam os micróbios para o ambiente;

- Cheira mal;

- As crianças podem cair na cova;

- O piso pode cair fazendo a latrina desabar;

- Quando a cova fica cheia, é necessário procurar outro local para a nova latrina.

A latrina de fossa aberta é fácil de construir e muito barata, porque só implica o custo da mão-de-obra, mas, como a cova é aberta por cima, deixa entrar moscas.

Em seguida se apresenta duas sugestões para a construção de dois tipos de **latrinas melhoradas**. Estas foram concebidas de modo a não serem criadouros de moscas, nem fontes de maus cheiros.

Latrina melhorada de fossa fechada

A latrina fechada tem, por cima do buraco (fossa), uma laje com uma abertura no meio e uma tampa por cima da abertura. A laje pode ser feita de madeira ou de cimento. O cimento é melhor porque se mantém mais firme sobre a terra e não apodrece. Também ajuda a manter a latrina seca e evita que caia.

Existem lajes redondas de cimento que são fabricadas e vendidas em estaleiros.

Para construir uma latrina de fossa fechada:

- Cavar um buraco (fossa) redondo, com cerca de 1,1 metro de diâmetro, e com 1 a 1,8 metros de profundidade;

- Colocar a laje por cima da fossa redonda;

- Para maior comodidade, pode-se fazer um assento de cimento, por cima da laje, utilizando um molde. Se não existir um molde já preparado, este pode ser improvisado, utilizando dois baldes de tamanhos diferentes, um dentro do outro.

Em certas comunidades as pessoas fazem assentos usando um alguidar de cerâmica (barro). Depois de fazer um buraco de cerca de 15 cm de diâmetro na base do alguidar, este recipiente é invertido e colocado por cima da laje da latrina.

Latrina ventilada melhorada (VIP)

Este tipo de latrina tem um tubo de ventilação que também serve como armadilha para as moscas.

Como construir uma latrina VIP?

1. A laje da latrina VIP deve ser um pouco mais larga e com dois buracos, um para a abertura da latrina e o outro para o tubo de ventilação. Assim:

- Cavar um buraco quadrado e raso, com 7cm de profundidade e 2 metros de lado.

- Colocar, por cima, uma rede de arame e fazer na rede 2 buracos com uma serra, um com o diâmetro de cerca de 20 cm, com o centro a 0,5 m duma borda do quadrado, e o outro com cerca de 15 cm de diâmetro, com o centro a 75 cm da borda oposta;

■ Colocar um balde velho ou um vaso grande no buraco de 20 cm e um vaso mais pequeno no buraco de 15 cm. Depois, deitar o cimento para continuar a construir a laje.

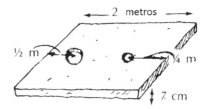

2. Cavar um buraco redondo para a fossa da latrina, como o da latrina fechada, mas um pouco maior, ou seja: com 1,5 m de diâmetro e 3 m de profundidade. Em cima da cova, fazer um círculo ao redor do buraco com tijolos de cimento, de modo a que estes estejam ao nível do chão. Depois da laje estar seca, coloca-se por cima da fossa.

3. Construir um tubo de ventilação, de 2,75 a 3 metros de altura, por cima do buraco grande, e uma casinha sobre o resto da laje, utilizando o material disponível. O desenho mostra uma casinha feita de tijolos ou blocos de cimento de 10 cm. A casinha não pode ter janelas e a abertura da porta deve ter mais uma parede no meio para evitar a entrada de muita luz. O telhado deve ser bastante firme para que a casinha fique relativamente escura por dentro.

É importante que a porta da latrina esteja virada para o lado da casa onde há mais corrente de ar. A latrina VIP não pode ser construída num lugar que impede a circulação de corrente. Por exemplo, debaixo duma árvore. Ela tem que ser construída num lugar muito aberto para que haja circulação máxima de ar pelo tubo.

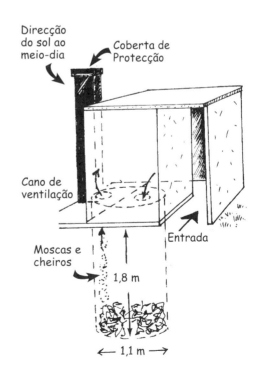

4. A parte superior do tubo de ventilação deve ser coberta com um pedaço de rede mosquiteira, bem apertada à volta do tubo. O buraco da laje na latrina não pode ser coberto.

O tubo de ventilação é a grande inovação deste tipo de latrina, porque retira os maus cheiros. O ar é puxado para **dentro** da fossa pelo buraco da latrina – por isso a necessidade de mantê-lo aberto. As moscas podem entrar dentro da fossa e são atraídas pela claridade do tubo de ventilação onde encontram a rede de protecção, não podem escapar e morrem. **Assim, não há moscas, não há maus cheiros e a laje não precisa de tampa.**

Como fazer a manutenção das latrinas?

- Deitar na fossa duas mãos cheias de cinza, folhas de limoeiro ou areia depois de usar a latrina.

- Nas latrinas melhoradas, varrer e lavar a laje frequentemente (ter o cuidado de não deixar água entrar na cova).

- Manter a tampa da laje no lugar.

- Quando a latrina não é melhorada, varrer em volta da cova frequentemente. Não usar água para limpar o piso destas se o buraco da fossa não estiver revestido, pois pode fazer a latrina desabar.

- Não usar a latrina para deitar a água que foi utilizada nos banhos e nas lavagens.

- Evitar que entre água das chuvas, elevando portanto o terreno em volta da latrina.

- Quando a cova estiver cheia, tapá-la com areia e plantar uma árvore por cima.

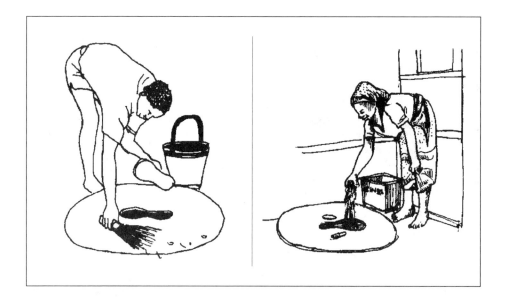

O que fazer se não houver latrina?

Se não houver latrina, as fezes devem ser sempre enterradas. Este método é conhecido como **"saneamento de gato"** mas não é bom porque os animais podem desenterrar as fezes e o espaço disponível para essa actividade pode esgotar-se. No entanto, é melhor do que deixar as fezes ao ar livre.

Nunca se deve defecar nos seguintes locais:

- Ao redor da casa ou da fonte de água.
- Nas lagoas, charcos, rios e outros locais onde as pessoas tomam banho (também não urinar nestes locais).
- No mar ou na praia.
- Nas machambas e hortas.

Higiene das crianças

Muita gente acredita que as fezes das crianças não são perigosas como as dos adultos, mas isto não é verdade.

> **As fezes das crianças são portadoras de micróbios perigosos para a saúde.**

Se uma mãe acha que as fezes das crianças não são perigosas, estas irão defecar ao ar livre. Se as fezes ficam expostas, podem transmitir doenças.

Cuidados a ter quando a criança defecar:

- Lavar a criança ou o bebé com água e sabão após defecar;
- Evitar usar folhas ou outro material para limpar a criança;
- Deitar as fezes na latrina ou enterrá-las;
- Lavar as fraldas e a roupa que o bebé sujou, longe das fontes de água;
- Quando se lava a roupa numa bacia, deve-se deitar a água fora para evitar que outras pessoas que não sabem que a água está suja a utilizem;
- Não deitar a água suja no meio do quintal, ou em lugares onde as crianças brincam. A água pode secar mas os micróbios e parasitas podem sobreviver na areia;

Lavar bem as mãos com água e sabão quando acabar de lavar a roupa.

Para as crianças maiores:

◆ É preciso ensinar às crianças, desde pequenas, as regras de higiene. O melhor local onde elas podem aprender é em casa;

◆ Se a latrina é aberta, ensinar as crianças a usar um penico; e deitar sempre as fezes na latrina;

◆ Se a latrina é fechada, as crianças devem ser encorajadas a usá-la;

◆ Acompanhar as crianças à latrina e ensiná-las a pôr a tampa no lugar depois de a usar;

◆ Se a criança defecar ao ar livre (fecalismo a céu aberto), deitar as fezes na latrina ou enterrar, se não houver latrina ou se esta estiver cheia;

◆ Ensinar as crianças a lavar as mãos com água e sabão, ou cinza, depois de defecar;

◆ As meninas devem aprender a limpar-se de frente para trás para evitar infecções urinárias e vaginais.

Remoção e tratamento do lixo doméstico

Todas as casas produzem lixo. O lixo inclui restos de comida, papel, plásticos, latas, etc. Onde há muito lixo existem moscas, baratas e ratos. Estes podem provocar muitas doenças, incluindo diarreias, cólera e peste.

Se as crianças tiverem feridas e brincarem no lixo, podem ficar infectadas.

Quando se deita o lixo perto dum rio, lago ou poço, a água pode ficar contaminada e as pessoas que beberem essa água podem apanhar diarreia.

Como eliminar o lixo de maneira segura?

O lixo deve ser sempre enterrado ou queimado. Todo o lixo que não for queimado ou enterrado, deve ser coberto com areia para que seja protegido das moscas e ratos.

ATENÇÃO! Não queime:
– Plásticos
– Aerossóis
– Pilhas, baterias
Este tipo de material pode libertar químicos perigosos para a saúde, e os aerossóis podem explodir.

O melhor método para o tratamento do lixo é a construção de aterros sanitários. O aterro sanitário é uma cova grande onde se deposita o lixo. O ideal é que cada casa tenha o seu próprio aterro sanitário, mas também se pode construir aterros sanitários públicos, para uso da comunidade

Construção de aterros sanitários

- O aterro sanitário deve ter 1 m de profundidade, 2 m de comprimento e 2-3 m de largura.

- Deve ter uma inclinação das bermas que evita que as águas escorram para dentro do aterro sanitário. Se o aterro acumular água pode constituir uma fonte de reprodução de mosquitos.

- Para evitar que as crianças e os animais entrem na cova deve fazer-se uma vedação simples à volta do aterro.

- Quando um aterro está cheio, deve ser fechado e bem coberto com uma camada de terra. Depois abre-se outra cova, para um novo aterro sanitário.

Localização de aterros sanitários

Considera-se que um aterro sanitário está bem localizado quando ele se apresenta:

- Afastado das casas (pelo menos 20 metros) se for usado por uma família ou grupo pequeno de famílias.

- A pelo menos 100 metros das casas, se for um aterro maior, usado por várias famílias.

- Afastado, pelo menos 20 metros, de qualquer rio, poço ou nascente.

- Com o lixo tapado por uma camada de terra de pelo menos 3 cm.

Uso de aterros sanitários

- Cada vez que se deita lixo na cova, este deve ser coberto por uma camada de terra. Isto evita maus cheiros e moscas.

- O lixo não deve ser espalhado à volta do aterro.

GUARDAR O LIXO NUMA LATA

O lixo também pode ser guardado numa lata com tampa, para ser posteriormente queimado num local afastado das casas para evitar o fumo e o mau cheiro.

Utilizar o lixo para adubar a terra

Às vezes o lixo pode ser utilizado para adubar a terra. Normalmente, o extensionista rural ou outro trabalhador da agricultura pode dar conselhos e mais informações sobre como se pode utilizar o lixo para adubar as machambas.

> **A eliminação correcta do lixo pode ajudar a:**
>
> ■ **Prevenir as doenças**
>
> ■ **Aumentar a produção através do uso do lixo para adubar a terra**

Controlo de insectos

Alguns insectos transmitem doenças. Os mosquitos, por exemplo, podem transmitir a malária (ver pág. 332), a filaríase (ver pág. 324) e a febre do dengue (ver pág. 462). As moscas também contribuem para a transmissão de várias doenças, principalmente as diarreias, a cólera e a disenteria (ver capítulo 18).

Mosquitos

Existem vários tipos de mosquitos, mas só o *Anopheles* transmite a **malária.** Este mosquito é diferente dos outros, quando está em repouso tem a cauda voltada para cima.

O mosquito que transmite a malária prefere climas quentes e húmidos. Em geral, a transmissão é maior na época chuvosa e nos meses seguintes.

Para combater cada tipo de mosquito, é importante conhecer os locais onde o mosquito nasce e se reproduz – **criadouros** – bem como os seus **hábitos**.

Os criadouros dos mosquitos

O mosquito nasce na água, a partir dos ovos que foram depositados pela fêmea do mosquito adulto. Dois ou 3 dias depois de os ovos terem sido depositados na água, surgem as larvas. A larva cresce, e torna-se um mosquito adulto que abandona a água e voa. Depois do acasalamento e de ingerir sangue dum animal ou duma pessoa, as novas fêmeas vão depositar os ovos na água.

Os vários tipos de mosquito preferem diferentes tipos de água para depositar os seus ovos.

O mosquito que transmite a malária prefere **águas estagnadas**, ou de **muito pouca corrente, e limpa**. Por exemplo: charcos, margens pouco profundas de lagoas, valas de drenagem agrícola, campos de arroz, margens de rios e riachos, e zonas alagadas.

Outro tipo de mosquito comum, o *Aedes,* não transmite malária, mas o vírus que provoca a febre do dengue e de *chikungunya*. Estes mosquitos depositam os seus ovos na água que se acumula em recipientes, como pneus, latas, garrafas, vasos de plantas e jarros de água.

Os hábitos dos mosquitos

Para depositar os ovos, a fêmea precisa de se alimentar de sangue. O macho não precisa de sangue, e alimenta-se de sucos vegetais e néctar de flores e por isso não transmite a malária.

O mosquito que transmite a malária gosta de pousar no interior das casas para descansar. As fêmeas alimentam-se de sangue entre as primeiras horas da noite e as primeiras horas da manhã, quando as pessoas estão a dormir. Por isso o maior perigo é dentro das casas. Normalmente, depois de se alimentar, o mosquito pousa numa superfície para descansar, antes de voar para longe.

O mosquito que transmite o dengue e *chikungunya* gosta de estar dentro das casas ou nos quintais e nas escolas, bem perto das pessoas. O mosquito descansa dentro de casa nos armários e cantos escuros, e fora de casa fica em locais frescos e com sombra. Prefere picar durante o dia.

Como evitar os mosquitos no ambiente doméstico?

Não é fácil distinguir o mosquito *Anopheles* dos outros mosquitos. Por isso, é melhor tomar medidas para evitar a picada de qualquer tipo de mosquito. Estas medidas incluem:

◆ Construir as casas longe de zonas pantanosas

◆ Plantar árvores nas zonas alagadas para absorver a água e secar a terra

◆ Eliminar charcos e pequenas colecções de água, principalmente em redor das casas

◆ Eliminar a água que se acumula à volta das torneiras e dos poços de água usando drenos

◆ Destruir recipientes que acumulam água, como latas, pneus velhos à volta das habitações (funciona melhor para o mosquito que transmite dengue, não para o que transmite a malária)

- Colocar areia nos vasos de flores ornamentais (para impedir a multiplicação do mosquito da dengue)

- Tapar bem os recipientes de armazenamento de água

- Colocar, sempre que possível, redes nas portas e janelas da casa. Ou, então manter as portas e janelas fechadas

- Se não há condições para colocar redes em todas as portas e janelas, dar prioridade aos quartos.

- Maticar bem as casas de caniço com terra ou restos de cimento

Como evitar o contacto directo com os mosquitos que causam malária?

Medidas para evitar a picada do mosquito que causa a malária:

- Não dormir ao ar livre

- Evitar actividades ao ar livre durante a noite

- Usar **redes mosquiteiras**, de preferência impregnadas com insecticida, sobre as camas ou esteiras

- **Pulverização intradomiciliária** (dentro das casas)

- **Uso de repelentes**

Uso de redes mosquiteiras

Redes não tratadas

As redes mosquiteiras simples (não tratadas) protegem contra picadas de mosquito, mas têm alguns inconvenientes tais como:

- Os mosquitos e outros insectos continuam a voar em volta da rede e a fazer barulho que perturba o sono

- Se a pessoa que estiver a dormir encostar na rede, os mosquitos conseguem picar

- Se houver alguns buracos os mosquitos conseguem entrar e picar

Redes mosquiteiras impregnadas (tratadas) com insecticida

As redes mosquiteiras tratadas já vêm impregnadas com insecticida. Elas são mais eficazes para prevenir as picadas porque o insecticida repele e mata os mosquitos que pousam na rede.

O efeito do insecticida pode permanecer 3 a 5 anos se a rede for utilizada de maneira normal.

Para além dos mosquitos, a rede tratada também é útil porque mata percevejos, piolhos, e pulgas que chegam perto da rede.

No início, uma rede mosquiteira pode parecer cara, mas acaba por ser barata porque a família pode passar cerca de 5-6 anos sem ter que comprar uma nova rede.

Cuidados a ter com as redes

As pessoas que têm redes rotas ou furadas não devem ficar preocupadas, porque estas podem servir. Basta pegar em agulha e linha e cozer a parte furada para que a rede continue em condições de proteger da picada dos mosquitos.

As redes não devem ser lavadas com muita frequência, ou com força, porque isto pode provocar buracos.

O que fazer quando não há redes suficientes?

Dar prioridade às crianças pequenas (menores de 5 anos) e às mulheres grávidas, porque elas correm maior risco de contrair a doença e de morrer por malária.

ATENÇÃO: Se tem rede, use-a todas as noites durante o ano inteiro, mesmo nas épocas em que não há muitos mosquitos. Basta uma picada para apanhar malária.

Pulverização

A **Pulverização Intradomiciliária** (PIDOM) é a aplicação de insecticida nas paredes internas da casa antes do início da época chuvosa, geralmente por brigadas organizadas pelas autoridades de saúde. O insecticida mata os mosquitos adultos que pousam nessas paredes.

O papel das comunidades é colaborar aderindo aos programas de pulverização. Não se deve maticar, pintar, ou lavar as paredes durante 6 a 12 meses após a pulverização. Isto só pode ser feito poucos dias antes da próxima pulverização.

Para evitar o surgimento de mosquitos, também se pode tratar as águas onde vivem as larvas com certos produtos.

ATENÇÃO: A pulverização intradomiciliária é feita DENTRO de casa!

Uso de repelentes

Existem vários tipos de **repelentes** de mosquitos:

Repelentes químicos

- Espirais (serpentinas, também conhecidos em muitas comunidades por "dragão") que existem à venda no mercado;
- Produtos que se colocam na pele.

Repelentes tradicionais

Certas comunidades usam o fumo provocado por vários materiais para afugentar mosquitos:

- Folhas húmidas de eucalipto
- Lenha ou restos de madeira (serradura) humedecida
- Às vezes acrescentam às folhas restos de vela ou bocados de serpentina para o preparado arder durante mais tempo

Em muitos países onde há mosquitos, as pessoas plantam citronela (uma árvore com propriedades repelentes contra mosquitos), dentro dos quintais e perto dos quartos.

Os métodos tradicionais de evitar as picadas dos mosquitos têm mais inconvenientes do que vantagens, especialmente se não forem bem controlados.

As vantagens são:

- Afugentam, temporariamente, os mosquitos
- Diminuem o número de picadas dos mosquitos
- São à base de material local (facilmente disponível)
- Não têm muitos custos

As desvantagens são:

- Não matam os mosquitos, que voltam a picar após o desaparecimento do fumo
- Deve-se pôr o fumo muito tempo antes de ir dormir, porque pode provocar asfixiamento
- O fumo polui o ar, o que pode provocar bronquite nas crianças
- Pode provocar incêndios

Moscas

As moscas transmitem muitas doenças como por exemplo a diarreia, a cólera, a disenteria e o tracoma. A mosca tsé-tsé é responsável pela transmissão da doença do sono (ver pág. 468).

As moscas reproduzem-se nos lixos e nas fezes do homem e dos animais, onde depositam os seus ovos.

As moscas pousam nas fezes ou no lixo e levam nas suas patas e nas asas, os micróbios que causam doenças. Quando pousam na comida deixam nela os micróbios. Se as pessoas comerem os alimentos onde as moscas pousaram, engolem também os micróbios e podem ficar doentes.

A mosca que provoca o tracoma, reproduz-se nas fezes e transporta os micróbios directamente para a cara das pessoas, principalmente para os olhos das crianças.

O combate às doenças causadas pelas moscas consiste em:

- Construir e utilizar bem as latrinas
- Eliminar correctamente o lixo
- Manter os alimentos e a água tapados
- Não deixar restos de comida espalhados, nem os pratos sujos
- Lavar bem os alimentos que se comem crus
- Existem armadilhas próprias para controlar a mosca tsé-tsé. Se ela constitui um problema na comunidade, peça ajuda às autoridades veterinárias

Intoxicação por pesticidas

Os pesticidas são químicos usados para matar certas plantas (herbicidas), fungos (fungicidas), insectos (insecticidas) ou outros animais (por exemplo, veneno para ratos). O uso **inadequado** de pesticidas é um grande problema nos países em desenvolvimento.

Os pesticidas são perigosos e podem causar problemas graves para a saúde. Também podem ser prejudiciais para o meio ambiente. Por isso devem ser usados com muito cuidado.

Os pesticidas são extremamente perigosos. Os camponeses utilizam-nos muitas vezes, sem saber quais os seus riscos, ou como se devem proteger. Por isso, muitas pessoas ficam **doentes, cegas, estéreis, paralíticas,** ou as crianças podem nascer com defeitos. Trabalhar com pesticidas, ou comer alimentos pulverizados ou contaminados acidentalmente por eles pode, por vezes, causar **cancro**.

No início, os químicos usados para matar insectos e pragas, permitem ao agricultor obter colheitas mais produtivas. Mas hoje já se verifica que, muitas vezes, as sementeiras tratadas com pesticidas acabam por produzir colheitas mais pequenas do que as que não foram tratadas com pesticidas. Isto acontece porque os pesticidas também matam os pássaros e os insectos "bons" que controlam as pragas de forma natural e que são proveitosos para a terra. À medida que os insectos e as pragas se tornam resistentes aos pesticidas, é necessário usar quantidades maiores, ou outros tipos mais tóxicos. Quando os agricultores usam estes químicos, acabam por depender deles.

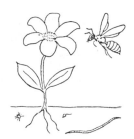

Os pesticidas matam também os animais benéficos – como abelhas e minhocas.

Com o aumento da dependência dos agricultores em relação aos pesticidas e fertilizantes, os custos dos produtos agrícolas aumentam.

Para alguns trabalhadores rurais e suas famílias, o risco de serem intoxicados por pesticidas é alto. Alguns vivem perto dos campos pulverizados com pesticidas e o veneno pode facilmente penetrar nas casas ou contaminar a água. Isto é mais perigoso para as crianças, que podem ficar incapacitadas mesmo com pequenas quantidades de pesticida.

Os trabalhadores que fazem a pulverização (a aplicação dos pesticidas) também correm risco.

A maioria dos pesticidas não desaparecem facilmente e não são solúveis na água. Por isso, quando contaminam os rios, lagos e fontes, vão se acumulando pondo em risco as comunidades que consomem a água e o peixe desses locais.

Trabalhadores rurais e as suas famílias que vivem em palhotas na periferia das machambas sofrem, muitas vezes, intoxicações por pesticidas.

É necessário dar avisos e informações bem claras sobre o uso de pesticidas.

Exemplos de pesticidas perigosos:

- *Organoclorados:* ex., DDT

- *Píretro e Piretrinas*: Cypermetrina, Decametrina, Permetrina

- *Carbamatos:* Carbaril, Carbofurão

- *Organofosfatos:* Diazinão, Endosulfan, Fosfamidão, Isazofos, Malatião, Metidatião, Monocrotofos, Parathion, Phoxin, Profenofos, Triazofos

- *Herbicidas*: Paraquat, Atrazina, Simazina, Fluometurão, Carbutilato, Tiazafurão, Ametrina, Prometrina, Terbutrina, Dimetametrina, Metolaclor, Propanos

- *Rodenticidas* (servem para matar ratos): ex., Warfarina

É muito importante ler os rótulos dos recipientes dos pesticidas. Ler também, com atenção, as letras pequenas, porque o nome do pesticida pode não constar no nome comercial.

Cada produto tóxico deve vir rotulado com o nome químico, com sintomas que surgem em caso de intoxicação e com as normas de tratamento de pessoas intoxicadas.

Se a cor da faixa do rótulo for:	**Significa que o produto é:**
Vermelha	altamente tóxico
Amarela	moderadamente tóxico
Verde	ligeiramente tóxico

CUIDADO: Quando se maneja pesticidas, é necessário tomar as seguintes precauções:

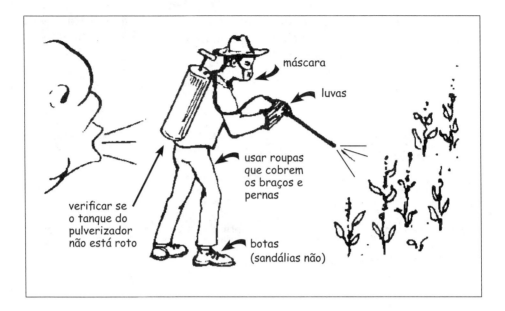

máscara

luvas

usar roupas
que cobrem
os braços e
pernas

verificar se
o tanque do
pulverizador
não está roto

botas
(sandálias não)

- Vestir roupa protectora, cobrindo o corpo todo

- Misturar os químicos e preparar o pulverizador com cuidado

- Verificar se o tanque do pulverizador não está roto

- Trabalhar de costas para o vento para que o pó seja soprado para longe

- Tomar banho e mudar de roupa imediatamente depois de pulverizar

- Lavar as roupas depois de pulverizar

- Marcar claramente os recipientes onde se encontram os pesticidas, e mantê-los fora do alcance das crianças. Nunca usar os recipientes de pesticida para comida ou água

Lavar as mãos antes de comer.

ATENÇÃO: É preciso garantir que as crianças e as mulheres grávidas ou a amamentar fiquem longe do alcance de pesticidas.

As regras de tratamento indicadas na pág. 274 podem ajudar a socorrer de imediato uma pessoa que sofreu uma intoxicação por pesticida. Mas para resolver os problemas de base, é necessário educar as pessoas para evitarem o uso de pesticidas perigosos.

Estilos de vida saudáveis

Muitos problemas de saúde da meia-idade e da velhice resultam da forma como a pessoa viveu ao longo dos anos. Maus hábitos alimentares, a ingestão de álcool em excesso e o hábito de fumar podem ter consequências como diabetes e doenças do coração. A possibilidade de viver e gozar de boa saúde por mais anos é maior se a pessoa seguir os conselhos deste capítulo.

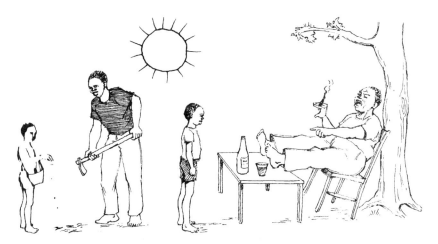

Qual destes dois homens tem mais probabilidade de viver mais tempo e de ser saudável na velhice? Qual deles tem mais probabilidades de morrer dum ataque cardíaco ou de trombose? Porque motivos? Pode enumerar os motivos?

Boa alimentação

Comer alimentos nutritivos variados

É necessário comer diariamente uma combinação de alimentos diversificados. O capítulo aconselha sobre o que se deve comer para se obter uma dieta saudável e equilibrada.

Comer alimentos com fibra

As pessoas que por hábito comem muitos alimentos que contêm fibra natural sofrem muito menos de hemorróidas, de prisão de ventre e das doenças de coração do que as pessoas que comem muita comida processada (por exemplo, *nicknacks*, hambúrgueres, *pizzas*, cachorros-quentes, enlatados, bolos). Para que os intestinos funcionem bem, deve-se evitar os alimentos processados e aumentar o consumo de alimentos com fibra.

Alimentos ricos em fibra: frutas como papaia, legumes crus como cenouras e nabos, pão integral, maçaroca cozida, mandioca e sementes como abóbora ou girassol.

O farelo tem muita fibra e pode ser adicionado à alimentação.

Alimentos que fazem mal à saúde

Existem alimentos que fazem mal à saúde. Se quer ser saudável e evitar doenças, deve limitar o seu consumo.

Reduzir o consumo de comida processada

A maior parte dos alimentos processados contém muito açúcar e gorduras e é cara. Para manter uma boa saúde, evite este tipo de alimentos:

- *Nicknacks,* batatas fritas, chamussas, rissóis, hambúrgueres, *pizzas,* cachorros-quentes

- pastelaria (bolos, pastéis)

- sorvetes cremosos

- bolachas com cremes

NÃO

Reduzir o consumo de gorduras

O **colesterol** é uma substância que, em excesso, pode provocar doenças do coração. Alguns alimentos contêm muita **gordura**, e aumentam o colesterol.

ALIMENTOS RICOS EM GORDURAS E COLESTEROL

- óleos vegetais como o de coco, amendoim e palma
- amendoim, castanha de caju
- leite gordo, queijo e manteiga
- carnes gordas

- banha de porco
- gema de ovo
- comidas processadas

Em vez de fritar, optar por assados, grelhados, ou cozidos em água e sal.

Alguns óleos contêm pouco colesterol e gorduras, por exemplo, azeite de oliveira e óleos de girassol, milho, e soja.

Deve-se dar sempre preferência a estes óleos.

Reduzir o consumo de doces

O consumo excessivo das doces estraga os dentes, causa aumento de peso, e piora os diabetes.

Evitar comer doces, por exemplo: açúcar, chá açucarado, rebuçados, gelados, refrescos, bolachas com creme, leite condensado, bolos, chocolates, jam.

Reduzir o consumo de sal

O consumo de sal em excesso pode aumentar a tensão arterial. Evite usá-lo em excesso quando estiver a preparar os alimentos e não adicionar sal aos alimentos na mesa.

Alimentos com muito sal: peixe seco, carne seca, alimentos conservados em sal, presunto, chouriços, batata frita salgada, conservas, condimentos como molho de tomate, queijos.

Beber bastante água

A maior parte do nosso corpo é constituída por água. É muito importante beber este precioso líquido todos os dias e ingerir pelo menos 6 a 8 copos por dia. Nos dias quentes ou quando se tem febre ou diarreia deve-se aumentar a ingestão de água.

Controle de peso

Ser gordo não é saudável. O peso em excesso provoca problemas de saúde, sendo os mais frequentes:

- Hipertensão arterial

- Doenças do coração

- Diabetes

- Trombose (AVC)

- Problemas na coluna e nos joelhos

Estes e outros problemas relacionados com o excesso de peso podem ser prevenidos mantendo uma dieta saudável e fazendo exercício físico regular.

As pessoas obesas ou com peso em excesso **devem perder peso**. Isto consegue-se com:

- ◆ **Reduzir a quantidade de comida**

- ◆ Não comer comida com gordura (evitar os fritos)

- ◆ Não comer açúcar ou comidas doces

- ◆ Comer vegetais, frutas e peixe à vontade

- ◆ Fazer mais exercício físico diariamente

Manter-se activo física e mentalmente.

A actividade física tem um papel muito importante na manutenção da saúde. A actividade física aumenta a energia, desenvolve os músculos, reforça os ossos, reduz o *stress*, e previne as doenças cardiovasculares.

Que exercícios devemos fazer?

Aumentar progressivamente a actividade física como andar a pé rapidamente, andar de bicicleta, nadar durante, pelo menos, 30 minutos por dia.

Existem também formas de a pessoa se exercitar no dia-a-dia:

Andar a pé sempre que possível e usar as escadas em vez do elevador. No local de trabalho, levantar-se e andar sempre que possível, evitando ficar mais duma hora seguida sentado.

Sono, repouso e relaxamento

O sono é essencial à vida. Sem sono o ser humano não sobrevive. Durante o sono o corpo recupera do esforço físico e mental dispendido durante o dia.

O número de horas de sono de que cada pessoa necessita para recuperar varia, mas no adulto a média é de 7 a 8 horas de sono por dia. As crianças precisam de mais horas de sono do que os adultos.

Também são importantes as pausas para repouso, que devem ser feitas durante as horas de trabalho, seja este físico ou mental.

Aprender a relaxar e evitar preocupações.

Há várias técnicas de relaxamento, algumas das quais se encontram na pág. 678.

Não tomar bebidas alcoólicas em excesso

O excesso de bebidas alcoólicas, ou alcoolismo, leva a muitos problemas, quer de saúde, quer sociais. É um problema que deve ser prevenido e tratado (ver pág. 673).

Para manter uma vida saudável, as quantidades **máximas** de álcool recomendadas são:

LIMITE DE ÁLCOOL

Homens – não mais do que duas bebidas por dia

Mulheres – não mais do que uma bebida por dia

Não fumar

O fumo de cigarros é uma das principais causas de morte nos países desenvolvidos e, agora, está a tornar-se numa causa de morte nos países pobres. À medida que mais pessoas dos países ricos vão deixando de fumar, as fábricas de tabaco voltam-se para os países em vias de desenvolvimento como o seu novo e mais fácil mercado.

O fumo do tabaco é prejudicial para a saúde dos fumadores, suas famílias e colegas.

1.   O fumo aumenta o risco de cancro, por exemplo, do pulmão e laringe (Quanto mais se fumar, maior é a probabilidade de se morrer de cancro).

O fumo prejudica

Pulmões

2.   O fumo causa doenças graves do pulmão, como a bronquite crónica e enfisema, e agrava a asma. O fumo facilita as infecções respiratórias, incluindo as pneumonias e a tuberculose.

3.   O fumo causa doenças do coração e trombose.

Coração e circulação

Estômago

4.   O fumo pode ajudar a causar úlceras de estômago ou a piorá-las.

5.   O fumo na mulher grávida aumenta a probabilidade de aborto ou parto prematuro.

6.   Os bebés cujas mães fumaram durante a gravidez são mais pequenos e desenvolvem-se mais devagar do que os bebés cujas mães não fumaram.

Mulheres grávidas e seus bebés

7.   O fumo pode provocar impotência sexual nos homens.

8.   O fumo prejudica as pessoas que convivem com os fumadores e que inalam parte do fumo, sem darem conta e sem quererem, passando a ser fumadoras passivas.

9.   As crianças cujos pais fumam sofrem de mais episódios de pneumonias e outras doenças respiratórias do que as crianças cujos pais não fumam.

Crianças de pais fumadores

10. Os pais, professores, trabalhadores de saúde, e todos os que fumam dão um mau exemplo às crianças e jovens, aumentando a probabilidade destes também começarem a fumar.

11. O tabaco também sai caro. Parece que se gasta pouco mas, ao todo, gasta-se muito dinheiro. Se o dinheiro gasto em tabaco fosse usado na alimentação, as crianças e famílias inteiras podiam ser mais saudáveis.

Orçamento para comida da família

> **Qualquer pessoa que esteja preocupada com a saúde dos outros não deve fumar, e deve encorajar os outros a não fumarem.**

Deixar de fumar é uma batalha extremamente difícil, mas NÃO IMPOSSÍVEL.

Parar de fumar não é fácil. A forma como nos sentimos quando paramos depende da quantidade que fumávamos. Podemos ficar ansiosos por um cigarro ou ficarmos mais zangados que normalmente ou mesmo deprimidos. Podemos sentir-nos agitados e ter problemas de concentração. No início poderemos ter mais tosse que o habitual e dores de cabeça.

Os sintomas são mais intensos durante os primeiros dias de abandono do fumo, mas a maioria desaparece ao fim de algumas semanas. Pode-se deixar de fumar de repente ou gradualmente.

Se se prefere parar de repente:

Escolher uma data concreta para deixar de fumar numa altura em que se está calmo, relaxado. E, a partir desta data, **não fumar mais.**

Por vezes é difícil parar desta forma.

Pode-se então **deixar gradualmente:**

- Escolher uma data concreta.
- Reduzir gradualmente o número de cigarros que se fuma por dia, até chegar a zero nessa data.

É possível deixar de fumar sem ajuda. Muitas pessoas conseguem. No entanto, pode-se também procurar apoio dos trabalhadores de saúde ou dos amigos e familiares.

> **NÃO FUME!!!**
> **SE FUMA PROCURE AJUDA PARA PARAR DE FUMAR.**

Não consumir drogas

As drogas prejudicam gravemente a saúde e muitas vezes causam a morte. As mais usadas são a *cannabis* (marijuana, soruma, erva, haxixe), ópio (heroína, morfina, *smack*) e a cocaína (*crack*, neve, *rock*). E, cada vez mais, as drogas fabricadas, por exemplo o *ecstasy*.

Um problema que está a crescer, sobretudo entre as crianças das grandes cidades, é respirar produtos químicos, sobretudo cola, diluente da tinta, graxa dos sapatos, gasolina, acetona. Algumas pessoas também abusam de medicamentos – por exemplo, comprimidos "que controlam o apetite" ou medicamentos para dormir.

No capítulo 33 (Saúde Mental) este assunto é abordado com mais pormenor.

CONSELHOS PARA UMA VIDA SAUDÁVEL

1. Alimentar-se bem.
2. Manter-se activo física e mentalmente.
3. Dormir e repousar o suficiente.
4. Aprender a relaxar.
5. Não tomar bebidas alcoólicas em excesso.
6. Não fumar.
7. Não usar drogas.

Vacinação

As vacinas são substâncias biológicas administradas para proteger as pessoas, principalmente as crianças, contra muitas doenças transmissíveis. Elas são preparadas a partir de micróbios (bactérias ou vírus) que, depois de submetidos a um tratamento laboratorial, perdem o poder de causar doença.

Esses preparados de bactérias ou vírus, quando introduzidos no organismo, estimulam-no a produzir anticorpos contra aquela bactéria ou vírus. Os anticorpos são os defensores do nosso organismo e têm a capacidade de eliminar a acção dos vírus e das bactérias.

Quando uma pessoa já vacinada entra em contacto com o vírus ou bactéria o organismo reage e defende-se através dos anticorpos.

Os anticorpos são específicos, isto é, protegem contra uma determinada doença para a qual é feita a vacinação.

> **Uma vez vacinadas as pessoas ficam protegidas contra a doença.**

Leve ou aconselhe os pais a levar as crianças à unidade sanitária mais próxima para serem vacinadas. É melhor levá-las para serem vacinadas enquanto estão sadias, do que levá-las para tratamento quando estiverem doentes ou a morrer. **As vacinas são grátis.** Se a unidade sanitária é longe, possivelmente uma brigada móvel vem para a sua área para dar vacinas às crianças e mulheres. Procure saber quando vem a brigada móvel e mobilize as famílias para assistir às sessões das brigadas móveis. As vacinas também são dadas em campanhas. Colabore nestas campanhas, que são uma oportunidade extra para vacinar as crianças.

Além das vacinas de rotina, existem também outras contra muitas doenças. Estas vacinas podem ser disponibilizadas durante epidemias, ou por rotina, quando o preço baixa.

Vacinas para crianças

As vacinas mais importantes de rotina para a criança são:

1. **O BCG, que protege contra a tuberculose** (ver pág. 380), principalmente as formas graves, nos primeiros 5 anos de vida. É uma única injecção intradérmica (ver pág. 134) na parte superior do braço direito. Em alguns países é na parte superior do braço esquerdo. Siga as normas do seu país.

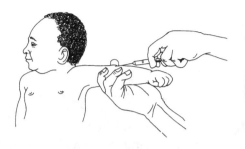

O BCG apresenta-se em pó que deve ser reconstituído com um diluente antes de ser aplicado. Siga as regras da reconstituição segura (ver pág. 237).

As crianças podem ser vacinadas quando nascem ou em qualquer altura até aos 23 meses de idade. Se alguém em casa tem tuberculose é especialmente importante vacinar as crianças com a maior brevidade possível.

O que acontece depois da injecção

Reacção normal

Após a injecção deve aparecer um pequeno inchaço no local de injecção, semelhante ao da picada de mosquito. Isto geralmente desaparece dentro de 30 minutos. Depois de aproximadamente 2 semanas, aparece uma ferida vermelha com cerca de 10 mm de diâmetro. A ferida permanece por mais 2 semanas e depois cura. Uma pequena cicatriz permanece. Este é um sinal de que a criança foi eficazmente vacinada com a BCG.

A mãe deve ser informada de que isto vai acontecer e que, desde que a lesão não aumente ou cause dor, não há motivo para preocupação. Aconselhe a mãe a deixá-la descoberta e não esfregar ou pôr qualquer medicamento na ferida.

Reacção grave

Às vezes ocorre inflamação local com reacção grave, inchaço na região axilar ou perto do cotovelo, ou abcesso profundo.

Se a reacção permanecer localmente, não é necessário nenhum tratamento. Se surgirem úlceras muito grandes, recomenda-se fazer tratamento antibiótico com penicilina oral (ver pág. 694) ou eritromicina (ver pág. 698). Se houver gânglios linfáticos a deitar pus, transferir o doente para uma unidade sanitária com mais recursos.

Se não aparecer cicatriz no local de injecção 6 semanas depois da vacinação com BCG, a injecção deve ser repetida.

Não dar a vacina BCG: às crianças com sinais e sintomas de SIDA. Suspeita de infecção com o HIV, baixo peso à nascença ou prematuridade não são contra-indicações para a BCG.

Todas as outras vacinas podem ser dadas às crianças com SIDA. Não há contra-indicação.

2. **A vacina antipoliomielite (VAP), que protege as crianças contra a polio-mielite (paralisia infantil,** ver pág. 592). A criança deve fazer esta vacina após o nascimento, juntamente com o BCG. Se não for administrada logo após a nascença, pode ser feita até a 5ª semana de vida.

Depois, as doses são administradas sucessivamente na 6ª, 10ª e 14ª semanas de vida. O intervalo entre as doses deve ser de **pelo menos 4 semanas**. Se não for possível, e o intervalo for maior, **não precisa de recomeçar**. Continue com as doses seguintes normalmente. Estas doses podem ser administradas até aos 23 meses de idade. Quanto mais cedo a criança for vacinada, melhor.

A VAP apresenta-se em frascos de plástico com conta-gotas ou em frasco de vidro com conta-gotas separado. É importante usar o conta-gotas apropriado para a vacina a fim de evitar que esta jorre.

A vacina é administrada na boca na dose de 2 a 3 gotas, dependendo do fornecedor (verificar sempre as instruções do fornecedor). Se a criança expele a vacina, deve-se repetir a dose.

Não há contra-indicações. Se a criança tiver diarreia, administre a vacina mesmo assim.

Porém, esta dose não se considera. Diga à mãe que regresse após 4 semanas para receber uma dose extra da VAP.

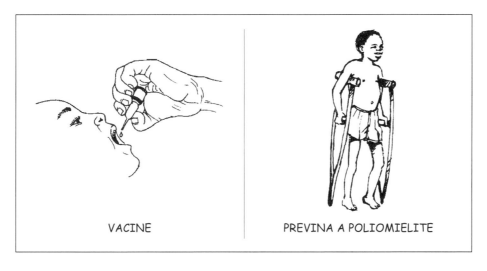

VACINE | PREVINA A POLIOMIELITE

3. **A DPT/Hepatite B, que protege contra difteria** (ver pág. 591), **tosse convulsa (pertussis)** (ver pág. 588), **tétano** (ver pág. 455), **e hepatite B** (ver pág. 326). Para que a criança fique protegida, precisa de 3 doses de vacina, na 6ª, 10ª e 14ª semana de vida, junto com a VAP.

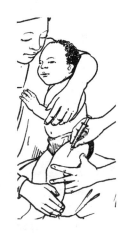

O intervalo entre as doses deve ser de **pelo menos 4 semanas**. Se não for possível, e o intervalo for maior, **não precisa de recomeçar**. Continue com as doses seguintes normalmente. Estas doses podem ser administradas até aos 23 meses de idade. Quanto mais cedo a criança for vacinada, melhor.

A vacina é administrada por via I.M. (ver pág. 133) na face lateral da coxa esquerda.

Não injecte nas nádegas, pois a injecção pode lesar o nervo ciático e provocar paralisia da perna da criança.

Febre, irritabilidade e dor são os possíveis efeitos adversos. Normalmente não são graves e não precisam de tratamento especial. Diga à mãe que, se sentir que a criança está muito febril ou tem dor, deve dar-lhe paracetamol.

Informe a mãe que a criança pode ter um pequeno inchaço avermelhado e doloroso no local de injecção. Isto não é grave e não necessita de tratamento. No entanto, se 1 semana ou mais depois da injecção aparecer pus no local, a mãe deve levar a criança à unidade sanitária mais próxima.

Se a dor e o inchaço começarem tarde (1 semana ou mais depois da injecção), pode ser devido a um abcesso.

As convulsões (ataques) são uma complicação rara devido à componente pertussis da vacina.

Se uma criança que tenha recebido a vacina DPT/Hepatite B tiver convulsões ou choque nos 3 dias seguintes, essa criança não deve receber mais doses de DPT/Hepatite B.

No geral, não há contra-indicações para a vacinação com a DPT/Hepatite B. Em crianças com febre alta a vacinação pode ser feita mais tarde, quando a febre estiver controlada.

4. **A vacina anti-sarampo (VAS), que protege contra o sarampo** e é administrada em dose única aos 9 meses de idade por via subcutânea (ver pág. 134), na face lateral (região deltóide) do braço esquerdo.

A VAS deve ser reconstituída com um diluente antes de ser aplicada. Siga as regras da reconstituição segura (ver pág. 237).

Os anticorpos maternos contra o sarampo permanecem mais tempo do que outros anticorpos no corpo do recém-nascido. Assim, a vacinação contra o sarampo não é muito útil antes dos 9 meses de idade.

Como rotina, a vacina pode ser dada em qualquer altura depois dos 9 meses até aos 23 meses de idade. Quanto mais cedo melhor.

Fora da rotina, a VAS pode ser administrada em outras idades. Todas as crianças entre 6 e 9 meses de idade que baixam a uma unidade sanitária devem receber uma dose de VAS. Também pode ser aplicada entre os 6 e os 9 meses de idade durante calamidades. Estas doses entre os 6 e os 9 meses de idade não devem ser registadas no Cartão de Saúde da Criança. Recomenda-se a administração de outra dose aos 9 meses de idade, pois algumas delas podem não estar protegidas.

Durante as calamidades, a VAS pode ser administrada até aos 4 anos de idade, e nas campanhas, até aos 14 anos de idade. Siga as orientações das autoridades sanitárias.

A suspeita de sarampo não constitui contra-indicação para a vacinação (nem para as outras vacinas).

Informe a mãe de que a criança pode ter febre até cerca de 1 semana depois da vacinação, e que pode aparecer uma erupção de sarampo. Assegure à mãe que esta erupção é muito mais ligeira do que a que surge no sarampo, e que desaparece espontaneamente.

Se a febre for alta, dar paracetamol.

Calendário de vacinação de rotina

Administre a vacina recomendada quando a criança tem a idade apropriada para esta, conforme o calendário recomendado no seu país.

Caso a criança receba uma vacina quando é muito pequena, antes da idade mínima recomendada, o seu organismo não será capaz de responder muito bem à vacina. Mas se a criança não recebe uma vacina logo que tenha a idade certa para isso, o risco de contrair a doença aumenta. É melhor aplicar a vacina o mais cedo possível depois da idade certa.

Todas as crianças deverão receber todas as vacinas recomendadas antes do primeiro ano de vida. As crianças que não tenham recebido todas as vacinas antes de completarem 1 ano de vida deverão ser vacinadas até aos 23 meses, mas devem ser registadas como crianças fora do grupo-alvo.

Repita a dose de vacina se a criança a recebeu antes da idade recomendada ou se o intervalo for menor de 4 semanas.

EXEMPLO DE CALENDÁRIO DE VACINAÇÃO DE ROTINA DAS CRIANÇAS

Vacina	Dose	Idade ideal para iniciar a vacinação	Idade máxima	Intervalo mínimo	Via de aplicação
BCG	< 1 ano – 0,05 ml ≥ 1 ano – 0,1 ml	À nascença ou ao 1º contacto	23 meses		Intradérmica
VAP0 (Pólio primária)	2 a 3 gotas	À nascença ou ao 1º contacto antes das 6 semanas de vida	5 semanas		Oral
VAP1	2 a 3 gotas	À 6ª semana de vida ou ao 1º contacto depois das 6 semanas	23 meses		I.M.
DPT/Hepatite B1	0,5 ml				Oral
VAP2	2 a 3 gotas	À 10ª semana ou 4 semanas depois da VAP1 e DPT/Hepatite B1	23 meses	4 semanas	I.M.
DPT/Hepatite B2	0,5 ml				Oral
VAP3	2 a 3 gotas	À 14ª semana ou 4 semanas depois da VAP2 e DPT/Hepatite B2	23 meses	4 semanas	I.M.
	0,5 ml				Oral
VAS	0,5 ml	Ao 9º mês ou 1º contacto depois dos 9 meses	23 meses		Subcutânea

As vacinas de rotina devem ser registadas no Cartão de Saúde da Criança (ver pág. 559). **Verifique o estado de vacinação de todas as crianças que se apresentam na unidade sanitária.** Dê as vacinas de que cada uma delas necessita antes dela deixar a unidade sanitária. Se a mãe não tem consigo o Cartão de Saúde, e haja dúvida, administre VAP e DPT/Hep B de acordo com a idade da criança. Caso seja necessário, administre à mãe a vacina contra o tétano (VAT).

As mães ou outros responsáveis pelas crianças devem ser encorajados a conservar o Cartão de Saúde das crianças, mesmo depois da infância, para referência futura.

Vacinas para adultos e crianças em idade escolar

A vacina antitetânica (VAT) protege contra o tétano (ver pág. 455), e é administrada por via intramuscular na região deltóide do braço esquerdo.

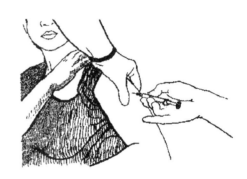

Todas as pessoas devem ser vacinadas contra o tétano – os grupos visados pelos programas de vacinação compreendem as **grávidas, as mulheres na idade de ter bebés, chamadas mulheres em idade fértil (MIF), os estudantes dos primeiros anos escolares e os trabalhadores.**

Nas **mulheres** a VAT assegura que os seus bebés nascem protegidos contra o tétano neonatal (ver pág. 575) e que elas fiquem protegidas contra o tétano. O bebé ficará protegido contra o tétano neonatal se a mulher grávida foi vacinada com pelo menos 2 doses de VAT durante o gravidez. Para prevenir o tétano neonatal durante a vida reprodutiva, está recomendada uma série de 5 doses com um intervalo mínimo entre as doses. Não há intervalo máximo entre as doses.

As doses de VAT recebidas na escola ou noutras circunstâncias podem contar como doses válidas. Como a vacina DPT contém toxóide tetânico, as primeiras 2 doses de DPT recebidas na infância podem também contar como doses válidas. Mas a comprovação das doses anteriores exige a apresentação dum documento válido (Cartão de Saúde da Criança, ficha de consulta pré-natal, etc.).

Deve-se aproveitar todas as oportunidades para vacinar as mulheres: consulta pré-natal, planeamento familiar, consultas dos seus filhos, durante a visita das brigadas móveis e outros contactos com os serviços de saúde.

EXEMPLO DE CALENDÁRIO DE VACINAÇÃO ANTITETÂNICA (VAT) DA MULHER EM IDADE FÉRTIL (15-49 ANOS)

DOSES	INTERVALO MÍNIMO
VAT 1	Ao primeiro contacto ou o mais cedo possível durante a gravidez, incluindo o primeiro trimestre
VAT 2	Pelo menos **4 semanas** depois da VAT 1
VAT 3	Pelo menos **6 meses** depois da VAT 2 ou durante a gravidez subsequente
VAT 4	Pelo menos **1 ano** depois da VAT 3 ou durante a gravidez subsequente
VAT 5	Pelo menos **1 ano** depois de VAT 4 ou durante a gravidez subsequente

Por exemplo, se a mulher estiver grávida, deve fazer 2 doses durante a gravidez (consulta pré-natal), uma terceira dose quando o filho for vacinado contra o sarampo, ficando a quarta dose para além de 1 ano e a quinta dose passado outro ano.

> **Este é o calendário ideal. Se não for possível segui-lo exactamente, deve-se adaptá-lo às condições locais.**

Cada dose de VAT deve ser registada no Cartão de VAT da mulher. Doses recebidas durante a gravidez devem ser registadas tanto na ficha pré-natal como no Cartão de VAT. Doses recebidas antes da gravidez actual devem ser transferidas do Cartão de VAT para a ficha pré-natal.

Os alunos que se matriculam pela primeira vez na escola devem ser vacinados com 3 doses de VAT, com 1 ano de intervalo entre cada dose. Isso significa 1 dose na 1ª classe, a segunda dose na 2ª classe, e a terceira dose na 3ª classe, se o aluno não estiver a repetir. Os repetentes devem receber as segundas e terceiras doses com 1 ano de intervalo entre as doses.

Os que não tenham feito ou comprovado DPT na infância farão um intervalo de 4 semanas entre as primeiras 2 doses.

Os adultos que lidam com animais e terra ou que correm o risco de ser feridos, por exemplo, soldados, devem ter o VAT em dia.

É comum haver dor ligeira a moderada, vermelhidão e inchaço no local de injecção, até 48 horas depois da aplicação. Isto passa espontaneamente e não necessita de tratamento.

Eventos adversos pós-vacinação (EAPV)

Um evento que ocorra depois da vacinação e que pareça estar associado com esta é uma suspeita dum "Efeito Adverso Pós-vacinação" (EAPV). Muitos dos EAPV são ligeiros a moderados, sendo os mais frequentes a febre e inflamação local a seguir à DPT/Hepatite B. Os EAPV sérios são definidos como aqueles eventos que resultam em hospitalização ou morte. São extremamente raros e ocorrem em proporções que são uma fracção muito pequena das complicações causadas pela doença.

Nos países que já possuem sistemas de farmacovigilância organizados, todas as reacções adversas aos medicamentos (RAM), incluindo as vacinas, observadas ao nível das unidades sanitárias, devem ser notificadas de acordo com o sistema de notificação vigente no país.

- O trabalhador de saúde deve reportar todos os casos suspeitos de EAPV ao distrito dentro de 24 horas.

- O trabalhador que detectar o caso de EAPV deve colher toda a informação relevante possível a esse nível, e preencher o formulário de investigação de caso de EAPV. Este formulário só será completamente preenchido depois de completada a investigação do caso de EAPV.

- As hospitalizações e mortes devem ser imediatamente notificadas.

Contra-indicações à vacinação

Existem poucas situações em que é absolutamente contra-indicado (não se deve) vacinar a criança. As crianças doentes e malnutridas podem e devem ser vacinadas.

As crianças HIV-positivas devem receber todas as vacinas, excepto a BCG, quando já têm sintomas da doença.

Um evento adverso grave (por exemplo, choque anafiláctico, ver pág. 128, convulsões não febris) a seguir à aplicação duma dose de vacina constitui uma verdadeira contra-indicação à vacinação.

Uma segunda ou terceira dose de DPT/Hepatite B **não** deve ser administrada a uma criança que tenha sofrido anteriormente uma reacção adversa grave.

Falsas contra-indicações

É particularmente importante vacinar crianças sofrendo de malnutrição. Febre baixa, infecções respiratórias ligeiras e outras doenças menores não devem ser consideradas como uma contra-indicação para a vacinação. A diarreia não deve ser considerada contra-indicação para a VAP.

Em todas as outras situações, seguir a regra:

> **Não está contra-indicado vacinar a criança doente que pode ir para casa.**

Vacinação segura

O uso de agulhas e de seringas mal esterilizadas pode causar a transmissão de HIV, hepatites virais e tétano.

Também pode ocorrer a formação de abcessos, no local da injecção, que irão desmobilizar as mães para as vacinações futuras.

Para prevenir a possibilidade de transmissão de doenças e de infecções locais, causadas pela administração duma vacina injectável, use por regra uma agulha e uma seringa esterilizadas para cada criança, de preferência autodestrutível. As seringas autodestrutíveis são desenhadas para prevenir a reutilização.

Os trabalhadores de saúde também podem picar-se acidentalmente com agulhas e correm o risco de apanhar o HIV e hepatites virais.

Os métodos para minimizar o risco do manuseamento de agulhas e seringas são:

- Pôr 1 caixa incineradora em todas as mesas de vacinação, 1 para cada vacinador, para ele lá colocar imediatamente as seringas e agulhas usadas.

- Não remover manualmente a agulha contaminada da seringa.

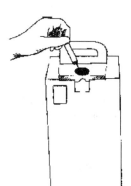

- Não andar à volta da área de vacinação carregando agulhas e seringas usadas.

- Não recolocar as tampas nas agulhas.

- Aspirar a dose de vacina, injectar o paciente e colocar imediatamente a seringa usada numa caixa incineradora, sem pousá-la entre estes passos.

- Não separar manualmente o lixo.

Outros detalhes sobre biossegurança são encontrados no capítulo 9.

Conservação

As vacinas são caras, estragam-se facilmente e deixam de fazer efeito. Cada vacina tem suas regras de conservação. As vacinas podem perder a eficácia (não fazer efeito) se o prazo de validade expirar, se forem expostas ao calor, à luz do sol, ao congelamento ou se for usado diluente inapropriado.

A VAP, a VAS e a BCG são mais rapidamente destruídas pelo **calor**.

Uma vez reconstituídas, a BCG e a VAS nunca devem ser expostas à luz do sol. As seringas nunca devem ser preenchidas e deixadas sobre a mesa fora da caixa isotérmica.

O congelamento destrói a DPT/Hepatite B e a VAT. **A DPT/Hepatite B e a VAT nunca devem ser congeladas.**

Ao nível da unidade sanitária todas as vacinas devem ser conservadas às temperaturas de + 2° C a + 8° C. A temperatura de geleira deve ser monitorizada. Durante o transporte, use caixas isotérmicas com acumuladores congelados.

Durante a sessão de vacinação, os frascos de vacina são colocados nos acumuladores para evitar que se abra frequentemente as caixas isotérmicas, o que faria subir facilmente a temperatura interna.

Como monitorar a temperatura da geleira

Para monitorar a temperatura da geleira, use termómetros fornecidos pelo Programa de Vacinação. A temperatura deve ser registada numa ficha.

GRÁFICO DE REGISTO DE TEMPERATURA

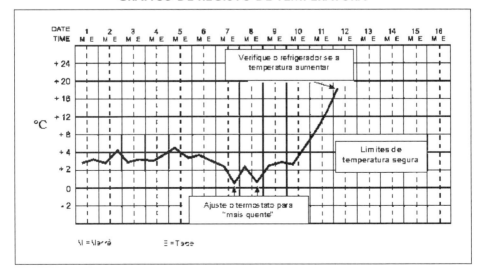

Verifique a exposição ao calor: leia o monitor do frasco de vacina

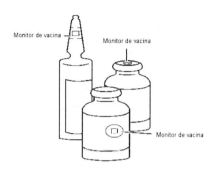

Muitas vacinas já são produzidas com um monitor pequeno no frasco. Esse monitor tem uma parte interior de cor branca. Quando essa parte branca fica com uma cor igual à da parede externa que a reveste ou se torna mais escura, a vacina já não pode mais ser usada.

Verifique se as vacinas sensíveis ao congelamento foram congeladas (teste de agitação).

O teste de agitação permite verificar se a DPT/Hepatite B ou a VAT foram congeladas.

Comparar dois frascos: um que se suspeita ter sido descongelado, e outro que se sabe que nunca foi congelado.

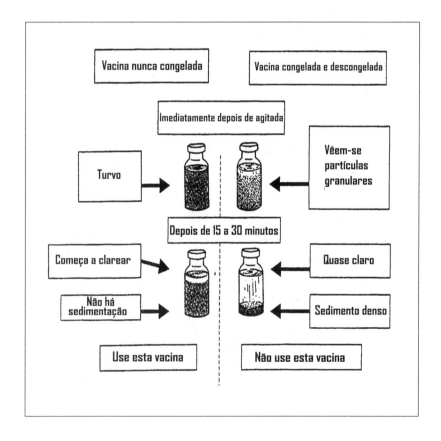

Além disso, é necessário verificar se:

- A vacina está dentro do prazo de validade?
- Nas vacinas há alterações na aparência ou floculações.

Se a vacina está fora do prazo e apresenta alteração da sua aparência, **NÃO USAR.**

Reconstituição segura da vacina

As vacinas de BCG e VAS vêm em pó e precisam de ser reconstituídas antes de serem usadas.

Para reconstituição segura da vacina:

- Não reconstitua a vacina até que a pessoa a ser vacinada esteja presente.
- Verifique o prazo de validade da vacina e do diluente.
- Verifique se é o diluente correcto (mesmo fabricante).
- Somente o diluente pertencente ao mesmo lote duma dada vacina deve ser usado.
- Conserve o diluente à temperatura de + 2° C a + 8° C antes de usar para evitar aquecer a vacina.
- Retire todo o conteúdo do diluente para a seringa de diluição.
- Não deixe a seringa de diluição no septo do frasco de vacina; este é um erro comum que resulta na contaminação da vacina.
- Mantenha a vacina reconstituída fria, colocando-a num acumulador gelado e não exposta à luz solar.

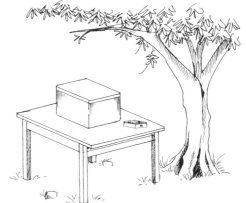

Política de "frasco aberto"

Quando uma só criança precisa de vacinação na unidade sanitária, abra uma ampola e aplique a vacina necessária.

Os frascos das vacinas não reconstituídas (VAP, VAT e DPT/Hep B), que sobram duma sessão de vacinação podem ser usados nas sessões subsequentes até um máximo de 4 semanas (28 dias) depois.

No entanto, a nova política do frasco aberto requer que estejam satisfeitas as seguintes condições:

- O prazo de validade não tenha sido ultrapassado
- A técnica de assepsia tenha sido usada para retirar as doses usadas
- Os frascos tenham sido conservados sob condições apropriadas da cadeia de frio
- O monitor do frasco de vacina, se existir, não tenha atingido o ponto de descarte
- O frasco de vacina não tenha sido submerso na água

Os frascos de vacinas que necessitam de ser reconstituídas, tais como a BCG e a VAS, uma vez reconstituídas estas, devem ser descartados no fim de cada sessão ou 6 horas após a reconstituição, conforme o que acontecer primeiro.

> **Vacine as crianças a tempo. Assegure-se de que elas completam o calendário de vacinação.**

Epidemias

Quando numa região ou comunidade surgem mais casos de uma doença do que acontece normalmente, dizemos que há uma epidemia. Algumas doenças podem causar epidemias graves e levar à morte, por exemplo:

■ Sarampo

■ Cólera

■ Disenteria

■ Peste

■ Meningite

■ Febres hemorrágicas

Há doenças que podem causar epidemias com paralisia, por exemplo:

■ Konzo

■ Poliomielite

Também podem ocorrer epidemias de doenças menos graves, por exemplo, gripe, conjuntivite, sarna. Às vezes estas doenças podem tornar-se graves. Por exemplo, a gripe pode tornar-se uma doença fatal.

Para ajudar a determinar se houve uma epidemia, pode-se fazer gráficos do número de casos, como o ilustrado no exemplo abaixo:

CASOS DE SARAMPO NOTIFICADOS NO DISTRITO Y, EM 2005

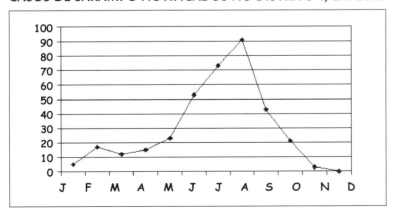

Controlo das epidemias

Para controlar as epidemias, devemos seguir os seguintes passos:

- Confirmar a existência de epidemia através da entrevista e exame dos casos
- Informar o seu superior hierárquico e notificar a doença
- Informar as autoridades locais, (políticas, religiosas e outras), e a comunidade, da ocorrência de casos e das medidas necessárias para os controlar
- Descobrir quem foi atingido pela epidemia. Procurar todos os casos na comunidade e nas unidades sanitárias e elaborar um registo dos doentes com os nomes, idade, sexo, residência, data do início da doença, óbito ou não
- Se for possível, elaborar um gráfico
- Identificar as zonas mais afectadas e, se for possível, apresentar os dados num mapa
- Enviar amostras para análise laboratorial para se determinar a causa
- Tentar determinar a via de transmissão, por exemplo, pedir informação sobre as fontes de água, os alimentos
- Recolher informação sobre a ocorrência de epidemias em comunidades vizinhas
- Verificar se os *stocks* de vacinas, de medicamentos e outro material são suficientes, reforçar se necessário
- Tratar os casos de doença
- Implementar as medidas de controlo, que variam segundo a doença

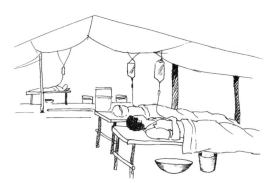

Registo de dados dos pacientes

Nº	Endereço	Sintomas	Idade (anos)	Sexo (F/ M)	Data de início	Destino

Com a investigação duma epidemia pretende-se responder às seguintes perguntas:

Quando ocorreu?

Onde ocorreu?

Quem são os afectados?

Como se poderá evitar a propagação da doença?

Notificação

Deve-se informar as autoridades quando ocorre um aumento do número de casos duma doença. Normalmente, deve-se notificar os casos através do sistema de rotina. Mas se a doença é grave e/ou se pode alastrar rapidamente na população, por exemplo, cólera, meningite, deve ser notificada com urgência através de meios rápidos como telefone, e-mail ou fax.

> **Se surgem óbitos de qualquer doença estranha, deve-se notificar as autoridades sanitárias com urgência.**

As doenças em vias de erradicação, por exemplo, poliomielite, também devem ser notificadas com urgência, mesmo que só apareça um caso.

Sistema de notificação

Todos os países têm um sistema de notificação de doenças que permite que as autoridades sanitárias tomem conhecimento rápido do aparecimento de epidemias. Também permite ver se os programas de controlo das doenças estão a funcionar bem. Este sistema é chamado vigilância epidemiológica e devem participar nele todas as unidades sanitárias do país.

Exemplos de doenças que devem ser notificadas ao sistema de vigilância epidemiológica:

- Sarampo
- Tétano
- Meningite
- Malária
- Raiva
- Diarreias
- Disenteria
- Cólera
- Peste
- Paralisia flácida aguda
- Tripanossomíase (Doença do sono)
- Tosse convulsa

Primeiros socorros

O que são primeiros socorros?

Os "primeiros socorros" são um conjunto de medidas que devem ser tomadas rapidamente, em caso de acidentes ou de outras emergências. São, portanto, a primeira ajuda a prestar a uma pessoa, para impedir o agravamento do seu estado de saúde, antes de poder receber cuidados especializados.

Porque é importante aprender os primeiros socorros?

Para saber prestar cuidados imediatos a uma pessoa acidentada ou noutra situação de emergência, de modo a:

- Salvar a vida
- Prevenir complicações
- Saber quando pedir ajuda

Prioridade da assistência de emergência

Perante um acidente ou uma situação de emergência, é preciso examinar o doente e verificar os seguintes aspectos:

- Está consciente?
- Respira?
- Está a perder muito sangue?
- Poderá ter sido envenenado?

Quando se está perante um acidente envolvendo várias pessoas, é preciso definir prioridades. A assistência aos acidentados deve seguir a seguinte ordem de prioridade:

- Se a pessoa está **inconsciente e/ou não respira**, deve ser assistida em **primeiro** lugar
- Se a pessoa está a **perder muito sangue** deve ser assistida em **segundo** lugar

> **Pessoas inconscientes, que não respiram, ou que estão a perder muito sangue requerem uma intervenção rápida!!**

HIV e SIDA e primeiros socorros

Hoje em dia, as pessoas preocupam-se com a possibilidade de contrair uma doença enquanto estiverem a providenciar primeiros socorros. Isto é importante por causa da epidemia do SIDA. Embora esta preocupação seja compreensível, o risco real de contrair uma infecção nestas circunstâncias, é muito pequeno. Até à data não foi notificado nenhum caso de infecção por HIV devido à administração de primeiros socorros.

A prática de higiene em todos os momentos e situações é a melhor coisa a fazer. Evitar contacto desnecessário com sangue, especialmente se o socorrista tem feridas nas mãos.

Seguir as recomendações das precauções padrão na pág. 138.

Esta preocupação sobre higiene e protecção das infecções aplica-se em ambas as direcções; o socorrista não deve considerar apenas o seu risco pessoal, mas também o risco de práticas não higiénicas para a pessoa que recebe assistência. Poderá haver casos em que o/a socorrista é a pessoa infectada pelo HIV, mas desde o momento que ele/a toma as medidas de precauções padrão, poderá dar assistência da mesma forma que qualquer outro socorrista.

As precauções padrão recomendadas na pág. 138 para reduzir o risco de transmissão de micróbios no ambiente hospitalar são também válidas nos primeiros socorros.

Quando o socorrista não está seguro de que possa ter sido infectado, devem seguir-se as normas referidas na pág. 150 sobre acidentes pós-exposição ao HIV.

Choque

O choque é uma condição que pode pôr em perigo a vida duma pessoa. Ele pode resultar de perda de muito sangue; desidratação grave; queimadura grave; reacção alérgica grave; ou outra doença grave.

Uma grande hemorragia interna, embora não seja visível, também pode causar choque.

Sinais de choque:
- "suores frios", pele fria e húmida
- palidez das palmas das mãos e da parte interior das pálpebras
- pulso fraco e rápido (mais de 100 por minuto)
- tensão arterial baixa (sistólica menor que 80 mm Hg)
- confusão mental, fraqueza, ou perda de consciência

O que fazer para prevenir ou tratar o choque:

Ao primeiro sinal de choque ou se há risco de choque, deve-se:

Deitar a pessoa com os pés a um nível mais alto que a cabeça;

Se a pessoa tem um traumatismo grave da cabeça, ela deve ser colocada na posição semi-sentada (ver pág. 258).

- Controlar a hemorragia (sangramento, ver pág. 252).
- Tratar os ferimentos, se houver (ver pág. 252).
- Se a pessoa está consciente e consegue beber, dar água ou outros líquidos.
- Se for possível, administrar soro fisiológico (ver pág. 729) ou lactato de Ringer (ver pág. 728) por via E.V., com um ritmo rápido.
- Se o doente sente frio, cobrir com uma manta.
- Aliviar as dores.
- Acalmar e tranquilizar o doente.
- Transferir o mais rapidamente possível para uma unidade sanitária com mais recursos.

Se a pessoa está inconsciente:

- Deitar a pessoa de lado com a cabeça a um nível mais baixo, inclinada para trás e para um lado – Posição Lateral de Segurança. Se parece que a pessoa se está a engasgar: puxar, com os dedos, a língua para fora.
- Se vomitou, limpar imediatamente o interior da boca. Não esquecer que a cabeça deve estar baixa, inclinada para trás e virada de lado, de modo a impedir que o vómito seja aspirado para dentro dos pulmões.
- Não dar nada por via oral antes do doente voltar a estar consciente.

Perda de consciência

Na perda de consciência (coma), o doente não acorda e não responde aos estímulos (picar, beliscar).

As causas mais frequentes da perda de consciência são:

- malária cerebral (ver pág. 334)
- meningite (ver pág. 376)
- choque (ver pág. 243)
- ataque cardíaco (ver pág. 487)
- trombose (acidente vascular cerebral, AVC, ver pág. 482)

- traumatismo da cabeça
- hipoglicemia (ver pág. 89)
- diabetes (ver pág. 490)
- embriaguez
- envenenamento

Se a pessoa está inconsciente e não se sabe qual é a causa, é preciso **verificar imediatamente o seguinte:**

1. Está a **respirar** bem? Se não estiver, deve-se inclinar a cabeça para trás e puxar o queixo e a língua para a frente. Se alguma coisa estiver a obstruir a garganta, tem que ser retirada. Se a pessoa não estiver a respirar, é preciso fazer respiração boca-a-boca (ver pág. 249), imediatamente.

2. Está a **perder muito sangue**? Se sim, controlar a hemorragia.

3. Está em **choque?** (ver pág. 243). Se a pessoa está em choque deve ser deitada, com a cabeça mais baixa que os pés.

4. **Como posicionar uma pessoa inconsciente**

Deitá-la de lado, com a cabeça a um nível mais baixo, inclinada para trás e virada de lado (Posição Lateral de Segurança ou, abreviadamente, PLS).

Esta posição permite que as vias aéreas da vítima se mantenham desobstruídas (**a passagem do ar está mais aberta**), impede que a língua caia para a parte de trás da garganta impedindo a entrada de ar e faz com que qualquer vómito ou outro fluido saia livremente pela boca.

As ilustrações seguintes mostram a sequência que deve ser seguida pelo socorrista, para virar um sinistrado que está deitado de costas. Nem todos estes passos serão necessários se o sinistrado já estiver deitado de lado ou de barriga para baixo. Se a vítima usar óculos, estes devem ser removidos antes de lhe virar a cabeça, para evitar lesões nos olhos.

PARA COLOCAR A VITIMA EM PLS O SOCORRISTA DEVE:

1. Ajoelhar-se, na vertical, ao lado da vítima, distanciado dela cerca de 20 cm. Virar a cabeça do sinistrado para o lado do socorrista, inclinando-a para trás e puxar a mandíbula para a frente e para cima, na posição da via aérea desobstruída.

3. Colocar a outra mão do sinistrado sobre a frente do peito.

4. Segurar a perna mais afastada, dobrada pelo joelho, puxando-a para si e cruzando-a sobre a outra perna.

2. Colocar o braço do sinistrado (o mais próximo do socorrista), ao longo do corpo, com a mão debaixo das nádegas, se possível com a palma virada para baixo.

5. Proteger e segurar a cabeça da vítima com uma das mãos. Com a outra, agarrar as roupas na região das nádegas e puxar a vítima, para a virar. Mantê-la de lado, apoiada contra os joelhos do socorrista.

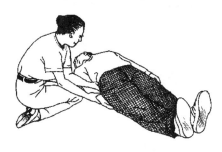 

6. Apoiando sempre o corpo do sinistrado contra os seus joelhos, reajustar a posição da cabeça para assegurar a desobstrução da via aérea.

7. Puxar o braço mais próximo para cima e colocá-lo numa posição adequada para suportar a parte superior do corpo. Se possível, a mão do sinistrado deve apoiar o queixo.

8. Dobrar a perna de cima da vítima pelo joelho, puxando a coxa bem para a frente, para suportar a parte inferior do corpo.

9. Tirar o outro braço debaixo da vítima, com todo o cuidado, começando do ombro para baixo, deixando-o estendido, paralelo ao corpo, para evitar que a vítima se volte de costas e que haja interferência com a sua circulação.

10. Verificar a estabilidade da posição final e assegurar que o sinistrado não se consegue virar para nenhum dos lados. Certificar-se que somente metade do peito da vítima está em contacto com o chão, que a sua cabeça está em extensão e com o queixo puxado para diante, de modo a manter a via aérea desobstruída.

11. Se **vomitou**, limpar imediatamente o interior da boca. Deve-se inclinar a cabeça para trás e puxar o queixo e a língua para a frente, de modo a impedir que o vómito seja aspirado para dentro dos pulmões.

> Todas as pessoas inconscientes devem ser transferidas com urgência.

Se a pessoa inconsciente está gravemente ferida:

O transporte deve ser feito com muito cuidado, porque se o pescoço ou a coluna estiverem fracturados, qualquer mudança de posição pode causar uma lesão maior. **Mover a pessoa o mínimo possível.**

COMO TRANSPORTAR UMA PESSOA GRAVEMENTE FERIDA

Levantar a pessoa ferida, com muito cuidado, sem dobrar nenhuma parte do corpo.

Deve-se ter um cuidado especial para que a cabeça e o pescoço não dobrem.

Pedir a ajuda de outra pessoa, para colocar a maca no lugar.

Com a ajuda de todos e com muito cuidado, colocar a pessoa ferida na maca.

sacos de areia

Se o pescoço está ferido ou fracturado, colocar sacos de areia ou panos dobrados de cada lado da cabeça, para a manter imobilizada.

Durante o transporte, tentar manter os pés do doente mais altos do que a cabeça, mesmo nas subidas.

Nunca transportar o doente assim:

> **Nunca dar de comer ou beber a uma pessoa que está inconsciente.**

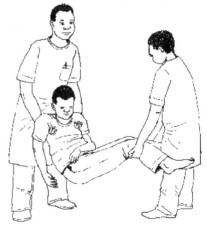

Paragem respiratória

Uma pessoa que pára de respirar só tem 4 minutos de vida! É preciso agir com rapidez!

Em geral, a paragem respiratória pode ser causada por:

- alguma coisa encravada na garganta;
- a língua, ou muco espesso, obstruindo a garganta de uma pessoa inconsciente;
- afogamento;

- sufocação por fumo;
- envenenamento;
- forte pancada na cabeça ou no peito;
- ataque cardíaco.

Se a pessoa pára de respirar: Começar IMEDIATAMENTE a respiração boca-a-boca !!

Fazer o seguinte o mais rapidamente possível:

1: Retirar depressa o que estiver encravado na boca ou na garganta. Puxar a língua para fora.

Se houver muco na garganta, tentar retirar de imediato.

2: Deitar rapidamente a pessoa, mas com cuidado, com o rosto para cima, inclinando a cabeça para trás e puxando o queixo para a frente.

3: Apertar as narinas da pessoa com os dedos e abrir bem a boca da pessoa.

- O socorrista tem que colocar a boca sobre a boca do doente e soprar com toda a força, até ver o tórax a movimentar-se.

- Logo a seguir, fazer uma pausa para o ar sair e soprar de novo. Repetir esta manobra de 5 em 5 segundos, aproximadamente. Tratando-se de bebés e crianças pequenas, cobre-se o nariz e a boca da criança e sopra-se muito delicadamente, de 3 em 3 segundos, aproximadamente. É necessário continuar a respiração boca-a-boca até que a pessoa volte a respirar por si mesma, ou até não haver dúvidas de que ela já está morta. Por vezes é preciso fazê-lo continuamente por uma hora ou mais.

Quando um corpo estranho está encravado na garganta

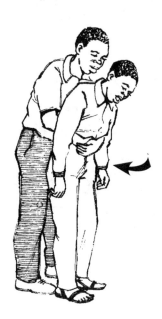

Quando um corpo estranho (alimentos ou qualquer outra coisa) fica encravado na garganta e a pessoa não consegue respirar, deve-se fazer rapidamente o seguinte:

- ficar de pé por trás da pessoa e abraçá-la pela cintura;
- colocar o punho contra a barriga, acima do umbigo e abaixo das costelas,
- apertar a barriga, dando uma forte sacudidela brusca para cima.

Isto força a saída do ar dos pulmões e deverá soltar o que está encravado na garganta. Repetir várias vezes, se necessário.

Se a pessoa for muito alta, ou se estiver inconsciente

- Ajoelhar por cima das suas pernas, como se vê na figura;
- Colocar a parte interna do punho na barriga da pessoa, entre o umbigo e as costelas;
- Dar um forte empurrão para cima;
- Repetir várias vezes, se necessário.

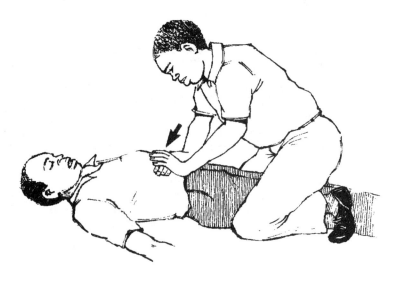

Quando um corpo estranho ou comida fica encravada na garganta duma criança com menos de 1 ano, deve-se fazer, rapidamente, o seguinte:

- Segurar a criança pelas pernas de modo a que a cabeça fique virada para baixo (pernas para o ar).

- Dar 5 palmadinhas fortes nas costas da criança.

- Repetir isto, várias vezes, se necessário, e até que a criança comece a respirar normalmente.

Se não funciona, verifique se há um objecto na boca e retirar se houver.

Na criança maior de 1 ano, posicione como ilustrado:

- Dar 5 palmadinhas fortes nas costas da criança.

Se não funciona, faça a manobra ilustrada na página anterior para os adultos, com a criança de pé numa cadeira.

Se não funciona, verifique se há um objecto na boca e retirar se houver.

Afogamento

Em caso de afogamento, se a pessoa está a respirar, coloque-a na Posição Lateral de Segurança.

Se a pessoa não respira, inicie a respiracão boca-a-boca imediatamente.

"Golpe" de calor

Sinais: A pessoa que trabalha e transpira muito por causa do calor, pode ficar muito fraca e talvez se sinta a desmaiar. A pele fica fria e húmida. A pulsação torna-se rápida e fraca. Geralmente a temperatura do corpo permanece normal.

Tratamento: manter a pessoa deitada num local fresco, levantar os pés. Dar muito água. Se estiver inconsciente, não dar nada pela boca.

Feridas

COMO CONTROLAR A HEMORRAGIA DE UMA FERIDA

1. Levantar a parte do corpo que está ferida

2. Com um pano limpo, comprimir directamente a ferida. Continuar a comprimir até que a ferida deixe de sangrar. Isto pode demorar alguns minutos. Este tipo de penso compressivo faz parar quase todas as hemorragias de ferimentos.

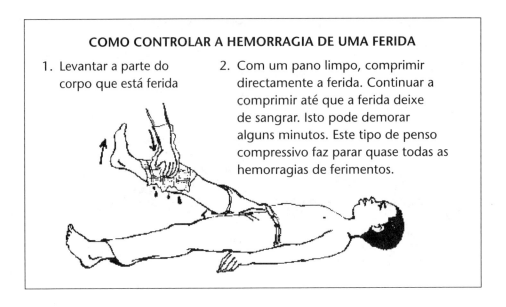

Evitar a contaminação da pele com sangue da pessoa socorrida, usando um pano grande, luva ou plástico limpo para proteger a mão.

Enrolar com firmeza uma ligadura à volta do membro e mantê-lo elevado. A própria pessoa pode aplicar pressão directa sobre o ferimento.

Se a hemorragia ou o ferimento forem graves, levantar os pés e baixar a cabeça, para evitar o choque (ver pág. 243).

Tratamento das feridas

A limpeza é fundamental para prevenir a infecção e ajudar as feridas a cicatrizar.

Primeiro, lavar bem as mãos com água e sabão. Depois, lavar a ferida com bastante água corrente e sabão, tendo o cuidado de retirar toda a sujidade.

Pode-se usar uma seringa ou uma pêra de borracha para irrigar a ferida, assim ajudando a sua limpeza. Qualquer resto de sujidade que fique na ferida pode causar infecção.

Depois do ferimento estar limpo, secar bem e cobrir com uma compressa (fazer um penso).

O penso deve ser suficientemente grande e espesso para cobrir a ferida.

Quando se está a tratar de feridas, **é preciso pensar sempre no risco do tétano e tomar as medidas necessárias** (ver pág. 262).

> **NUNCA colocar fezes ou lama na ferida, isso pode causar infecções perigosas como o tétano.**
>
> **NUNCA colocar álcool ou tintura de iodo, directamente numa ferida; isso danifica os tecidos e atrasa a cura. Usar água e sabão.**

Pensos e ligaduras

Os pensos são usados para cobrir a ferida e são normalmente de gaze ou compressa esterilizada.

As ligaduras são usadas para manter a gaze posicionada sobre a ferida e evitar que se suje. Por isso, as ligaduras ou pedaços de pano utilizados como ligaduras também devem estar sempre muito limpos. Panos usados como ligaduras devem ser lavados e passados a ferro ou secos ao sol, em lugar limpo e livre de poeira, antes de serem utilizados de novo.

Nas mãos, não se deve aplicar muitas ligaduras, para permitir a sua movimentação o mais cedo possível.

Deve mudar-se o penso a cada 2-3 dias e vigiar a presença de sinais de infecção.

Se a ligadura está molhada e suja, deve ser retirada e a ferida deve ser lavada de novo. Depois, voltar a colocar uma ligadura limpa.

Exemplos de ligaduras:

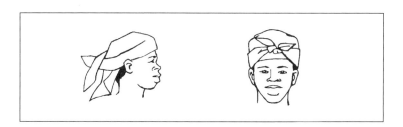

ATENÇÃO: Quando se enrola uma ligadura num membro, deve-se ter cuidado para evitar que esta fique muito apertada e comprometa a circulação do sangue.

Feridas infectadas: como reconhecer e tratar

Uma ferida está infectada se:	**A infecção está a espalhar-se para outras partes do corpo se:**
■ está **inchada, quente** e **dolorosa,**	■ causa **febre,**
■ tem **pus,**	■ há uma **zona de inchaço à volta da ferida,**
■ tem **mau cheiro.**	■ e os **gânglios linfáticos aumentam de volume e se tornam dolorosos.**

Os gânglios linfáticos constituem pequenas "armadilhas" para os micróbios e formam pequenos caroços debaixo da pele, quando se infectam.

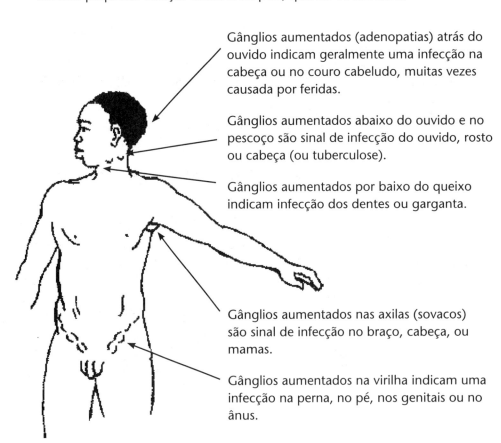

Gânglios aumentados (adenopatias) atrás do ouvido indicam geralmente uma infecção na cabeça ou no couro cabeludo, muitas vezes causada por feridas.

Gânglios aumentados abaixo do ouvido e no pescoço são sinal de infecção do ouvido, rosto ou cabeça (ou tuberculose).

Gânglios aumentados por baixo do queixo indicam infecção dos dentes ou garganta.

Gânglios aumentados nas axilas (sovacos) são sinal de infecção no braço, cabeça, ou mamas.

Gânglios aumentados na virilha indicam uma infecção na perna, no pé, nos genitais ou no ânus.

Tratamento das feridas infectadas:

- Remover suturas que eventualmente tenham sido colocadas.

- Lavar a ferida com água e sabão.

- Desinfectar a ferida com cetrimida e clorexidina (ver pág. 637).

- Colocar um penso.

- Manter a zona infectada em repouso e em posição elevada (mais alta que o coração).

- Se a infecção é grave, dar penicilina oral (ver pág. 694) ou injectável (ver pág. 695).

- Se for possível obter mel puro, aplicar na ferida, para ajudar a sarar. O mel diminui o edema (inchaço) e ajuda a limpar a ferida.

Se, passados 2 dias, a ferida não melhorar ou se o doente tiver febre, este deve ser enviado para uma unidade sanitária com mais recursos.

Gangrena gasosa

Infecção grave duma ferida, com muito mau cheiro, deitando um líquido cinzento ou castanho. A pele à volta da ferida está escura (preta) e formam-se bolhas de ar.

A infecção começa entre 6 horas a 3 dias depois da pessoa se ferir. A infecção piora e alastra rapidamente. Sem tratamento, a gangrena causa a morte em poucos dias.

Tratamento:

- Abrir o ferimento, o máximo que for possível. Lavar muito bem com água e sabão. Remover todos os tecidos danificados e mortos. Dar **penicilina**, de preferência penicilina G, em doses altas por via E.V. (ver pág. 695).

- Cobrir com uma compressa.

- Transferir o doente imediatamente para uma unidade sanitária com mais recursos.

Feridas com alto risco de infecção grave

As feridas que se seguem têm um alto risco de infecção grave:

- feridas sujas, ou causadas por objectos sujos;
- feridas perfurantes e outras feridas profundas;
- feridas produzidas em locais onde se guardam animais – currais, pocilgas, etc.;
- feridas grandes com laceração dos tecidos;
- mordeduras, especialmente de cães, ratos, macacos ou pessoas;
- feridas por bala.

Cuidados especiais no tratamento das feridas de "alto risco"

1. Lavar bem a ferida com água limpa e sabão. **Retirar toda a sujidade, coágulos, e tecidos mortos ou muito lacerados.** Para tirar bem a sujidade, é melhor derramar água sobre a ferida, com uma seringa ou pêra de borracha.

2. Qualquer ferimento profundo corre um alto risco de **infectar**. Por esta razão, um **antibiótico**, de preferência penicilina (pág. 695), deve ser administrado imediatamente. Se a ferida for muito profunda, ou se houver a possibilidade de ainda ter sujidade, deve-se transferir o doente.

3. **Nunca se deve** fechar este tipo de ferida com suturas ou com adesivo em "borboleta". **Deixar a ferida aberta.** O doente tem que ser transferido para uma unidade sanitária com mais recursos. A ferida poderá ser suturada mais tarde.

4. O **risco de contrair tétano é muito grande** em pessoas que nunca foram vacinadas contra esta doença mortal. Para diminuir o risco, devem tomar-se as medidas descritas na pág. 262.

5. No caso de mordedura de animal, é preciso pensar também no perigo do doente contrair raiva. Neste caso, deve-se seguir as normas estabelecidas para o tratamento destas feridas (ver pág. 460).

Fechar as feridas grandes

Uma ferida grande recente que está muito limpa cicatriza mais depressa se os seus bordos forem unidos, de modo a que a ferida fique bem fechada.

Mas, só se deve fechar uma ferida, quando:

- ocorreu há menos de 12 horas,
- está muito limpa.

Antes de se fechar a ferida, deve-se lavá-la com água e sabão. Se possível, derramar água por cima, com uma seringa. Não pode ficar nenhuma sujidade escondida na ferida.

Há duas maneiras de fechar uma ferida: adesivo em forma de "borboleta" ou sutura.

Em geral, é melhor não suturar, devendo-se transferir o doente para uma unidade sanitária com mais recursos. Mas, se há tendões ou nervos expostos, deve-se aplicar apenas alguns pontos de aproximação, para os recobrir, antes de transferir o doente.

As vezes, é necessário suturar as feridas do couro cabeludo, pois é a única maneira de estancar a hemorragia.

CURATIVO DE ADESIVO EM FORMA DE "BORBOLETA"

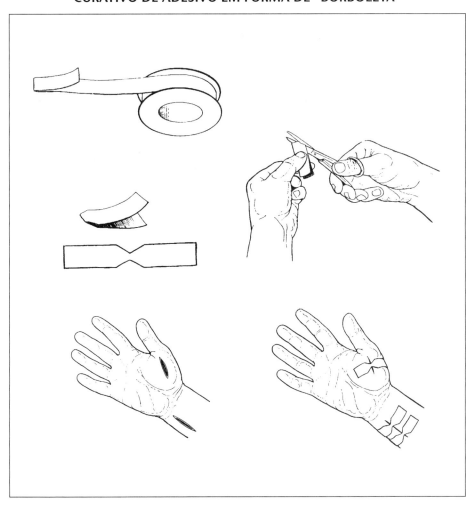

Feridas por bala

- Lavar apenas a superfície exterior com água limpa e sabão e colocar um penso limpo. Em geral, é melhor não introduzir qualquer instrumento ou gaze no orifício causado pela bala.

- Se o ferimento sangra muito, controlar a hemorragia como descrito na pág. 252.

- Se a bala atingiu um osso, este pode estar fracturado. Imobilizar como recomendado na pág. 269.

- Administrar penicilina I.M. (ver pág. 696) e profilaxia contra o tétano, se necessário, conforme as normas na pág. 262.

- Administrar medicamentos para a dor (AAS ou paracetamol).

Transferir o doente com urgência para uma unidade sanitária com mais recursos.

Feridas profundas do tórax

Os ferimentos do tórax podem ser muito perigosos.

Neste caso, o doente tem que ser transferido com urgência para uma unidade sanitária com capacidade cirúrgica.

- Se a ferida atingiu os pulmões e o ar está a entrar pelo orifício, quando a pessoa respira, deve cobrir-se o ferimento imediatamente, de modo a que não entre mais ar, aplicando um penso espesso e firme sobre o orifício.

- Colocar a pessoa ferida na posição em que ela se sente melhor.

- Se há sinais de choque, fazer o tratamento adequado (ver pág. 243).

- Dar penicilina I.M. (ver pág. 696) e medicamentos para a dor (AAS ou paracetamol).

Feridas na cabeça, incluindo couro cabeludo

- Limpar a ferida com água e sabão.

- Suturar as feridas do couro cabeludo para controlar a hemorragia.

- Cobrir a ferida com um penso.

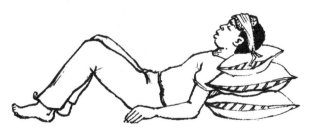

Colocar o ferido em posição "semi-sentada".

Feridas profundas do abdómen

Qualquer ferimento que ocorra no abdómen é perigoso. Transferir o doente, urgentemente, para uma unidade sanitária com capacidade cirúrgica.

Mas antes:

Limpar à volta dos bordos da ferida com água e sabão.

Cobrir a ferida com um penso limpo e uma ligadura firme.

Se parte do intestino saiu para fora do ferimento, deve-se cobri-lo com um pano ou compressas limpos. Não se deve tentar empurrar o intestino para dentro. Manter o pano sempre humedecido com água limpa com um pouco de sal.

Se a pessoa ferida está em choque, colocar os pés mais altos do que a cabeça.

Não dar absolutamente nada pela boca: nem alimentos, nem bebidas, nem mesmo água.

Se for possível, dar líquidos E.V.

Se o ferido tem muita sede, dar a chupar um pedaço de pano humedecido em água.

Nunca fazer clister, mesmo que o abdómen esteja distendido, ou a pessoa ferida não evacue há dias. Se o intestino está rasgado, um clister ou um purgante pode matar o doente.

Injectar antibióticos (ver instruções nas páginas a seguir).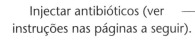

LEVAR A PESSOA FERIDA IMEDIATAMENTE PARA O HOSPITAL OU UNIDADE SANITÁRIA MAIS PRÓXIMA.

A pessoa precisa de ser operada com **urgência!**

ANTIBIÓTICOS A UTILIZAR NOS FERIMENTOS DO INTESTINO
(Também para peritonite)

Até se conseguir ajuda médica, fazer o seguinte:

Injectar

- **Ampicilina** (ver pág. 698)
- **Gentamicina** (ver pág. 701)
- **Metronidazol** (ver pág. 702)

Se não houver ampicilina:

- Injectar **penicilina** (ver pág. 695): cristalina (de preferência), E.V., ou procaína (ver pág. 696) como alternativa à cristalina, I.M.

Juntamente com a penicilina, injectar:

- **gentamicina** (ver pág. 701) e **metronidazol** (ver pág. 702)
- ou **cloranfenicol** (ver pág. 700)

  Atenção: Se não estiver disponível nenhum destes antibióticos injectáveis, dar amoxicilina (ver pág. 697), juntamente com cloranfenicol (ver pág. 700), com pequena quantidade de água.

ACIDENTES POR MINAS

Para socorrer uma pessoa que foi vítima de uma mina: MUITO CUIDADO! PODE HAVER MAIS MINAS NO LOCAL!

- Avançar com muita calma e cuidado para o local do acidente.
- Quando não se está seguro sobre o terreno, solicitar sempre o apoio das equipas de desminagem e/ou militar que estejam mais próximas, para chegar até à pessoa que foi vítima do acidente.

No tratamento das feridas por minas deve-se seguir as mesmas normas de primeiros socorros mencionadas noutras partes deste capítulo.

Os ferimentos por minas ou explosivos não devem ser suturados.

Levar o doente, o mais rapidamente possível, para uma unidade sanitária com capacidade cirúrgica.

Prevenção de acidentes por minas

Algumas medidas podem ser tomadas para se evitar acidentes por minas.

Nos países em situação de guerra ou de pós-guerra recente, os agentes de saúde da comunidade e todos os trabalhadores de saúde devem procurar saber da possível existência e localização de minas na sua zona. Isto, para que possam contribuir para alertar a população sobre os riscos de acidentes por minas e aconselhar algumas medidas importantes para os prevenir.

PROCURAR INFORMAÇÕES SOBRE A EXISTÊNCIA E A LOCALIZAÇÃO DE MINAS NA ZONA

Saber junto de militares, de equipas de desminagem e/ou de pessoas que vivem na zona desde o tempo da guerra, sobre: locais onde já tenham ocorrido combates; locais onde já foram registados acidentes por minas; e locais já identificados como zonas minadas, ou zonas livres de minas.

Geralmente, as zonas já identificadas como zonas minadas são marcadas com **sinais** convencionais de alerta de **perigo de minas**.

Sinal de perigo de minas

É necessário alertar e educar as pessoas para:

- Caminhar sempre com atenção aos sinais de perigo de minas.
- **Cuidado:** estes sinais podem estar partidos ou camuflados pela vegetação.
- Nunca entrar nos locais com sinais de alerta.
- Se afastarem das zonas sobre as quais existem dúvidas da existência de minas.
- Nunca tocar, puxar ou arrancar arames pois estes podem ter sido colocados para funcionar como detonadores de minas ou de outros engenhos explosivos.
- Não apanhar (principalmente as crianças), objectos estranhos para brincar pois podem ser engenhos explosivos.

O risco de tétano

Quando se está a tratar de feridas, é preciso pensar sempre no risco do tétano (ver pág. 455). O risco de desenvolver tétano é pequeno quando se trata de ferimentos pequenos e superficiais que apresentam uma contaminação mínima. Mas, por vezes, mesmo esses ferimentos podem causar tétano se não forem bem limpos e tratados. Em geral, o risco de tétano é grande quando os ferimentos são extensos e profundos e quando estão sujos com terra ou fezes de animais.

Por isso, as feridas devem ser sempre muito bem limpas, de acordo com as instruções acima descritas.

Pode prevenir-se o tétano com a vacina contra o tétano (VAT, ver pág. 231) e, se for necessário, o soro antitetânico (SAT, ver pág. 742) também.

Se o doente nunca recebeu a VAT, ou tem uma vacinação incompleta (< 3 doses) contra tétano, ou se houver dúvidas, então é necessário avaliar o risco de desenvolver tétano.

Se a ferida é superficial, pequena, e sem contaminação, o risco de tétano é mínimo: dar 1 dose de VAT. O doente deve fazer a segunda dose de VAT após 4 semanas e a terceira dose 6 meses após a primeira dose.

Para todas as outras feridas, dar 1 dose de VAT e começar a administrar SAT (ver pág. 742). Iniciar, igualmente, o tratamento com penicilina.

A VAT e o SAT devem ser administrados em locais e com seringas diferentes.

CUIDADO! É preciso estar atento às possíveis **alergias** ao SAT e tomar as medidas necessárias para as evitar, antes de o utilizar (ver pág. 129).

Se o doente já tinha sido adequadamente vacinado contra o tétano antes de ser ferido, ou seja o doente já fez, pelo menos, 3 doses da **vacina antitetânica (VAT)**, então o risco de desenvolver tétano é mínimo. Dar VAT só se decorreram 10 anos ou mais desde a última dose.

Se o risco é grande, ou se há dúvidas, e se decorreram 5 anos ou mais desde a última dose: dar 1 dose de VAT (reforço). Iniciar, igualmente, o tratamento com penicilina.

Emergências relacionadas com problemas do intestino (abdómen agudo)

Abdómen agudo é o nome dado a uma série de condições dolorosas, agudas e graves do abdómen, em que a cirurgia de urgência é quase sempre necessária para impedir a morte. A apendicite, a peritonite e a obstrução intestinal são alguns exemplos (ver as páginas seguintes). Frequentemente não se descobre a causa exacta do abdómen agudo até que o cirurgião abra o abdómen e examine o seu interior.

> **Suspeitar de abdómen agudo, quando uma pessoa tem uma dor abdominal intensa, acompanhada de vómitos, mas sem diarreia.**

Abdómen agudo: Transferir com urgência – pode ser necessário operar

- dor intensa constante e que continua a piorar
- obstipação e vómitos
- abdómen distendido (barriga inchada), duro, e a pessoa protege a barriga com as mãos
- estado geral grave

> **Se uma pessoa revela sinais de abdómen agudo, deve ser transferida o mais rapidamente possível para uma unidade sanitária com capacidade cirúrgica.**

Há outras causas de dores abdominais que não são tão graves e podem ser tratadas em casa ou no centro de saúde. A dor vem e passa, às vezes há diarreia, e já não é a primeira vez que a pessoa tem este problema. O estado geral não é grave

Apendicite, peritonite

Estas situações são graves e exigem muitas vezes cirurgia. Transferir, o mais rápido possível, para uma unidade sanitária com capacidade cirúrgica.

A apendicite é uma infecção do **apêndice**, um pequeno saco em forma de dedo anexo ao intestino grosso na parte inferior direita do abdómen. O apêndice infectado às vezes rebenta e causa uma **peritonite**.

A peritonite é uma infecção aguda e grave do tecido que forra o interior do abdomen e cobre o intestino. Geralmente a peritonite acontece quando o apêndice, ou outra parte do intestino, rebenta, rasga ou perfura.

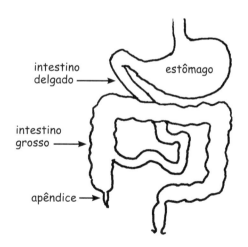

intestino delgado

estômago

intestino grosso

apêndice

Sinais de apendicite:

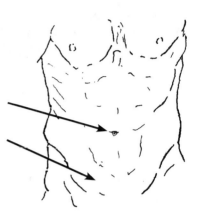

- O sinal principal é uma dor persistente no abdómen que piora cada vez mais.

- Muitas vezes começa com dor ao redor do umbigo, que depois se localiza no lado direito da parte inferior do abdómen.

- Pode haver perda de apetite, vómitos, prisão de ventre, ou febre ligeira.

Os sinais mais importantes de apendicite e peritonite ao exame clínico são dor, defesa muscular, e rigidez.

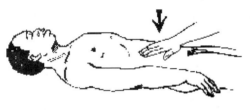

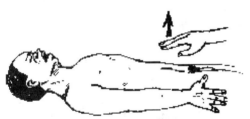

Um dos sinais de peritonite é dor à descompressão. Pressionar a parede do abdómen devagar, mas com firmeza, até doer ligeiramente. Depois, retirar a mão rapidamente.

Se houver uma dor muito aguda quando se retira a mão (dor à descompressão), é sugestivo de apendicite (especialmente se for localizada ao quadrante inferior direito) ou peritonite.

Se há suspeita de que uma pessoa está com uma apendicite ou uma peritonite:

- Começar logo a administrar **antibióticos**, como indicado na pág. 260.

- **Transferir o doente**, o mais rapidamente possível, para uma unidade sanitária onde possa ser operado.

- **Não dar nada pela boca** e não fazer clister. Se for possível, dar líquidos por via E.V.

- O doente deve ser colocado em posição semi-sentada.

NOTA: Quando a peritonite já está num estado avançado, o abdómen fica duro como uma tábua – **ventre em tábua** – e a pessoa sente dor intensa mesmo quando se lhe toca levemente na barriga. A **vida** desta pessoa está em **perigo** e a sua transferência é ainda **mais urgente**.

Obstrução intestinal

A causa do abdómen agudo pode ser algo que obstrói ou bloqueia uma parte do intestino, impedindo a passagem de alimentos e fezes. As causas mais frequentes são:

■ intestino que fica encarcerado (apertado) numa hérnia (ver pág. 313).

■ porção do intestino que escorrega para dentro da porção que se lhe segue (invaginação intestinal).

■ rolhão de vermes (ascaris, pág. 317).

■ aderências: cicatrizes peritoneais como consequência de inflamação anterior.

Quase todos os casos de abdómen agudo podem mostrar sinais de obstrução. Como o movimento do intestino causa dor, ele deixa de se movimentar.

Sinais de obstrução intestinal:

● Dor abdominal intensa, contínua. O abdómen está distendido, duro e muito sensível. A palpação é dolorosa. A pessoa adopta uma posição em que tenta proteger a barriga, mantendo as pernas dobradas. À auscultação, o abdómen está geralmente silencioso (não se ouvem os sons normais do intestino). Ocasionalmente, podem ouvir-se ruídos intestinais espaçados.

● Vómitos repentinos e em jacto, que podem conter bílis ou cheirar a fezes e ter um aspecto de fezes.

● A pessoa está com prisão de ventre (o intestino tem pouco ou nenhum movimento). Se tem diarreia, é muito pouca. Às vezes só sai muco ensanguentado.

Transferir com urgência para uma unidade sanitária com capacidade cirúrgica.

Queimaduras

Prevenção:

A maior parte das queimaduras podem ser evitadas. É preciso ter cuidado, principalmente com as crianças:

- Não deixar as crianças aproximarem-se do lume.

- Manter candeeiros de petróleo, velas e fósforos fora do alcance das crianças.

- Os candeeiros de petróleo devem ser colocados sobre uma base estável.

- Virar os cabos das frigideiras e panelas que estão no fogão, de modo a que as crianças não os possam alcançar.

Queimaduras superficiais

Para aliviar a dor e diminuir o dano causado por uma queimadura superficial, deve-se colocar, **imediatamente**, a zona queimada em água fria durante 10-20 minutos. Dar analgésicos para as dores.

Não se deve rebentar as bolhas. Se as bolhas já estão rebentadas, devem ser lavadas suavemente com água limpa e sabão. Desinfectar com cetrimida e clorexidina (pág. 737). Se a queimadura é pequena, pode deixar-se exposta ao ar. Também se pode colocar gaze gorda ou uma compressa esterilizada untada com vaselina sobre a queimadura, especialmente se estiver sobre uma articulação. Nunca untar com óleo ou com manteiga.

> **É muito importante manter a queimadura o mais limpa possível.**
> **Proteger a queimadura da sujidade, poeira e moscas.**

Se aparecem sinais de infecção, transferir o doente para uma unidade sanitária com mais recursos.

Não é necessário dar antibióticos em todas as queimaduras. Nas queimaduras extensas, administrar amoxicilina (ver pág. 695). Se a ferida não curar em 2-4 semanas, enviar o doente a uma unidade sanitária com mais recursos.

Queimaduras profundas ou extensas

As queimaduras profundas que destroem totalmente a pele são sempre graves. Também as queimaduras que abrangem áreas extensas – mais que 10% da área do corpo, nas crianças, e 15% nos adultos (a área da mão do doente corresponde a 1%) – são sempre graves.

AS PERCENTAGENS DAS QUEIMADURAS DE ACORDO COM A ÁREA DO CORPO ABRANGIDA

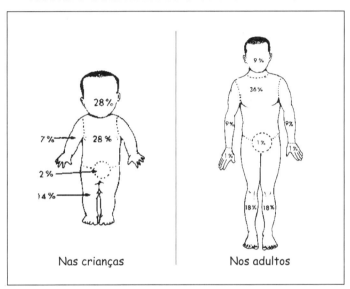

Nas crianças | Nos adultos

Nestes casos, transferir o doente com urgência para uma unidade sanitária com capacidade cirúrgica. Entretanto, deve fazer-se a limpeza e o penso da queimadura como descrito atrás para as queimaduras superficiais.

Se não for possível transferir o doente imediatamente, o penso deve ser renovado depois de 2-3 dias. Entretanto, administrar amoxicilina.

> **Nunca colocar óleo, peles de animais, café, ervas, colgate ou fezes sobre as queimaduras.**

Cobrir a queimadura com **mel** acelera a cura e ajuda a prevenir e controlar a infecção. Remover o mel de 2-2 dias, com cuidado, e aplicar de novo.

Precauções especiais nas queimaduras muito graves

Qualquer pessoa com uma queimadura muito grave pode entrar em choque (ver pág. 243), por causa dos líquidos corporais que se perdem através da pele queimada.

É necessário confortar e tranquilizar a pessoa queimada, enquanto se procede à sua transferência para uma unidade sanitária com mais recursos, o mais rapidamente possível.

Dar muitos líquidos à pessoa queimada. Esta deve beber sempre que puder, principalmente até começar a urinar com frequência. Se tiver mais de 10% da área do corpo queimada, dar lactato de Ringer (ver pág. 728) por via E.V.

É importante, para uma pessoa com uma queimadura grave, comer muitos alimentos ricos em proteínas.

Queimaduras ao redor das articulações

Quando uma pessoa sofre uma queimadura entre os dedos, nas axilas, cotovelos, pescoço ou sobre outras articulações, deve fazer-se o penso como descrito ao lado. Isto é para evitar que, durante a cura, estas superfícies fiquem coladas umas às outras. Os dedos, cotovelos e joelhos e outras articulações em zonas queimadas devem ser mobilizados (movimentados) gentilmente, a partir do primeiro dia, várias vezes ao dia, até à cura. Isto é doloroso, mas ajuda a prevenir a formação de cicatrizes rígidas que mais tarde vão dificultar os movimentos. Enquanto a mão queimada está a sarar, os dedos devem ser mantidos ligeiramente dobrados.

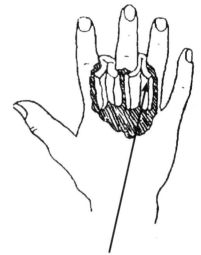

Pensos de gaze esterilizada com vaselina.

A mobilização das articulações pode ser feita pelo próprio doente, em casa, depois de o trabalhador de saúde lhe ter mostrado como se faz.

Fracturas (ossos partidos)

Deve-se suspeitar de fractura, depois duma queda ou acidente, quando o doente não consegue realizar movimentos normais do membro. O doente sente uma dor intensa no local, que aumenta quando tenta fazer movimentos.

Há 2 tipos de fractura:

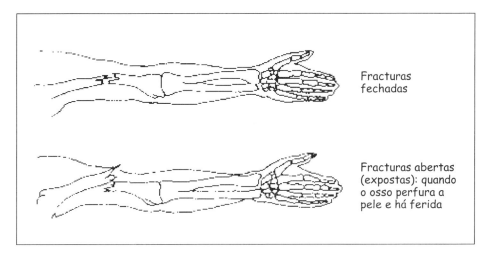

Fracturas fechadas

Fracturas abertas (expostas): quando o osso perfura a pele e há ferida

Quando se suspeita de uma fractura:

◆ Movimentar o mínimo possível o membro ferido

◆ Verificar se a fractura é aberta ou fechada. Se a fractura é aberta, tratar primeiro a ferida

◆ Verificar se o doente tem mais fracturas

◆ Imobilizar a fractura na posição mais cómoda para o doente

◆ Transferir o doente para uma unidade sanitária com mais recursos

Quando um osso está partido, o mais importante é **mantê-lo numa posição fixa (imobilização)**. Isso facilita a consolidação (cura) do osso e evita incapacidade.

Como transportar uma pessoa com fractura

Antes de tentar movimentar ou transportar uma pessoa com uma fractura, é preciso tentar fazer uma imobilização provisória. Isto pode ser feito com talas, com uma tira de casca de árvore, ou com um papelão grosso. Antes de aplicar a tala, a zona da fractura deve ser bem almofadada com algodão. A imobilização deve começar acima da articulação mais próxima e ir até abaixo dela.

CUIDADO: Mesmo que a tala não esteja muito apertada quando é colocada, é preciso ter em conta que o local da fractura pode inchar mais tarde. Se a pessoa se queixa que a tala está muito apertada, ou se os dedos das mãos ou dos pés ficarem inchados, frios, ou azulados, deve-se retirar a tala imediatamente e colocar uma nova, mais folgada.

Mais tarde pode-se fazer a imobilização definitiva (p. ex., com gesso) na unidade sanitária mais próxima.

Fracturas expostas: ossos partidos que perfuram a pele

No caso de uma fractura exposta o perigo de infecção é muito grande. É muito importante **limpar bem a ferida** e o osso exposto, com água, antes de transportar o doente.

Usar imediatamente um antibiótico (penicilina, ampicilina ou cloranfenicol), em doses altas (ver págs. 695, 698, 700), para prevenir a infecção.

Reduzir a fractura: alinhar os ossos partidos

Se os ossos estão mais ou menos alinhados, é melhor não mexer. Isso poderá causar mais danos do que benefícios.

Mas se os ossos estão muito fora da posição normal e a fractura é recente, pode ser necessário tentar reduzir (endireitar os ossos) temporariamente, antes de imobilizar o membro e transferir o doente. A redução de uma fractura é uma manobra dolorosa, por isso, deve-se dar analgésicos e diazepam oral ou injectável para aliviar a dor e relaxar os músculos (ver pág. 727).

FRACTURAS DO MEMBRO SUPERIOR (BRAÇO E ANTEBRAÇO)

- Se for no braço, imobilizar a fractura com uma tala e com um lenço triangular suspenso do pescoço (improvisar com um lenço ou capulana).

- Se a fractura for no antebraço, imobilizar com duas talas de madeira ou de papelão grosso que podem ser fixadas com ligaduras.

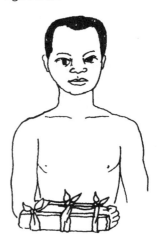

A zona da fractura deve ser sempre bem almofadada.

Fractura do fémur

Uma fractura do fémur exige uma atenção especial. O melhor é colocar uma tala ao longo de todo o corpo, assim

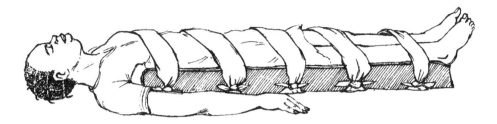

e levar a pessoa ferida, imediatamente, para a unidade sanitária mais próxima.

Fractura da coluna ou do pescoço

Quando se suspeita que uma pessoa possa ter uma fractura da coluna ou do pescoço, é preciso ter **muito cuidado ao movimentar** o doente. Evitar: flexão do pescoço, virar o doente e movimentos de torção da coluna. Para transportar, proceder com se descreve atrás para uma pessoa gravemente ferida.

Fractura de costelas

São muito dolorosas, mas, em geral, consolidam por si próprias. Não é preciso colocar talas ou ligaduras no peito. O melhor tratamento é administrar um analgésico e fazer repouso.

Uma costela partida raramente perfura o pulmão. Mas se a pessoa ao tossir cospe sangue ou tem dificuldades para respirar, dar antibióticos: penicilina (ver pág. 695) ou ampicilina (ver pág. 698) e transferir com urgência para uma unidade sanitária com mais recursos.

Quanto tempo demora a consolidar (curar) uma fractura?

Quanto mais grave for a fractura e mais velha for a pessoa, mais tempo demora a consolidar.

Nas crianças, os ossos consolidam mais rapidamente. Em pessoas mais idosas, às vezes nunca chegam a consolidar. Um braço partido deve permanecer engessado mais ou menos durante 1 mês e uma perna partida cerca de 2 meses.

Luxações
(Ossos que saíram do lugar na articulação)

Uma articulação é uma zona onde 2 ou mais ossos se juntam. Uma luxação é a "deslocação" de 1 ou mais ossos duma articulação, devido a traumatismo.

Deve-se **suspeitar de luxação** quando uma articulação apresenta: edema (inchaço); dor; impossibilidade de movimentar a articulação; deformidade local.

Conduta a seguir em caso de suspeita de luxação:

◆ Diminuir a dor. Dar analgésicos.

◆ Fazer uma imobilização provisória.

A redução de luxações (recolocar os ossos no lugar) só deve ser feita por pessoas experientes. Os doentes com luxações devem ser transferidos, com a maior brevidade possível, para uma unidade sanitária com mais recursos.

Se a luxação não for reduzida a tempo, o doente corre o risco de ficar com o membro deformado para o resto da vida.

Três pontos importantes no tratamento:

◆ Redução da luxação. **Quanto mais cedo melhor!**

◆ Manter a articulação imobilizada com ligaduras durante 1 mês, de modo a que não se desloque de novo.

◆ Evitar forçar o membro para que a articulação cure por completo (2 ou 3 meses).

Distensões e entorses
(traumatismos dos tecidos moles das articulações)

A distensão é o "estiramento" dos ligamentos causado por uma torção da articulação. Se o traumatismo é grave e os ligamentos sofreram uma ruptura, então trata-se de uma entorse.

Muitas vezes é impossível saber se uma mão ou um pé sofreu uma distensão, uma entorse, ou uma fractura. Tirar uma radiografia do membro traumatizado irá ajudar a saber se há ou não uma fractura óssea.

Se o membro ainda pode ser usado, por exemplo, se a pessoa com uma lesão no tornozelo consegue andar um pouco e sair do lugar do acidente, então é pouco provável que tenha um osso fracturado. Se está inchado e dói, pode ser uma distensão ou uma entorse. Se a pessoa não pode mesmo pôr o pé no chão, então deve-se suspeitar de fractura e deve-se transferir para uma unidade sanitária com mais recursos.

Tratamento de entorses:

Para aliviar a dor e o inchaço, a zona afectada deve ser mantida em posição elevada, durante 3-5 dias. Embrulhar gelo num pano e/ou plástico, ou preparar pachos frios e húmidos e colocar sobre a articulação inchada, durante 10-20 minutos, de hora a hora, nos primeiros 2 dias.

No primeiro dia, colocar um saco com gelo ou pachos frios sobre a articulação afectada.

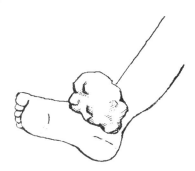

Pode-se manter a articulação com a entorse numa posição correcta, utilizando uma ligadura elástica.

Ligar o pé e o tornozelo com uma ligadura elástica também ajuda a reduzir o inchaço.

Começar a enrolar a ligadura perto dos dedos e continuar a enrolar para cima, como se mostra aqui.

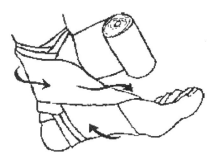

Ter o cuidado de não apertar muito a ligadura. Dar também AAS ou paracetamol.

Se o inchaço e a dor não diminuírem depois de 48 horas, transferir o doente para a unidade sanitária mais próxima.

Envenenamento

Muitas crianças morrem porque ingerem coisas venenosas. Para proteger as crianças devem ser tomadas as seguintes precauções:

Manter produtos tóxicos e venenosos fora do alcance das crianças.

Nunca se deve usar garrafas de refrigerantes para guardar petróleo, gasolina ou outro produto tóxico. As crianças podem querer beber, pensando que é refresco.

Não guardar substâncias perigosas no mesmo lugar das outras. Por exemplo, não colocar o açúcar no mesmo lugar onde se guarda veneno para matar ratos.

Fechar o armário onde se guardam medicamentos, ou esconder os medicamentos.

ALGUMAS SUBSTÂNCIAS TÓXICAS COMUNS COM QUE SE DEVE TER MUITO CUIDADO:

- veneno para matar ratos
- pesticidas (ver pág. 215)
- **petróleo**
- sementes tóxicas (p. ex.: cereais tratados com insecticidas e preparados para a sementeira)
- bebidas alcoólicas

- medicamentos (qualquer que seja, quando tomado em excesso). Ter cuidado especial com: **AAS, paracetamol, cloroquina, sal ferroso e pílulas**
- lixívia e detergentes
- folhas, sementes e frutos venenosos: por exemplo, feijão-macaco, gala-maluco e cogumelos

Medidas imediatas:

◆ **Não provocar o vómito,** se a intoxicação foi provocada pela ingestão de petróleo, ácidos fortes, lixívia ou soda cáustica. Se a pessoa está consciente, dar a beber muita água e/ou leite.

◆ Se a pessoa ingeriu outro tipo de produto tóxico (por exemplo: frutos venenosos, sementes envenenadas, veneno contra ratos, pesticidas, medicamentos) e está consciente, deve-se fazer *imediatamente* o seguinte: **provocar o vómito**, metendo o dedo ou o cabo de uma colher no fundo da garganta, deprimindo a base da língua; dar **carvão activado** (ver pág. 742).

◆ Cobrir a pessoa se ela sente frio.

Se a intoxicação é grave, transferir imediatamente o doente para uma unidade sanitária com mais recursos.

Como é que as pessoas ficam doentes por causa dos pesticidas?

Os pesticidas podem envenenar as pessoas de diferentes formas: **através da pele, através dos olhos, através da boca (ingestão), ou através do ar (respiração).** Cada tipo de envenenamento requer um tratamento específico.

Uma pessoa exposta aos pesticidas pode ter mais do que um sinal de envenenamento. Alguns sinais aparecem logo que a pessoa se expõe, mas outros só aparecem depois de horas, dias, semanas ou então anos. Por isso, muitas pessoas expostas não se apercebem que estão expostas ou envenenadas. Os agricultores não são os únicos que estão em risco. Crianças, as pessoas que lavam a roupa, colectores de lixo, e outros membros da comunidade, também podem correr o mesmo risco.

SINAIS DE ENVENENAMENTO POR PESTICIDAS:

Nariz e boca:
- Muito ranho
- Muita saliva

Peito e pulmões:
- Dor
- Dificuldade respiratória

Estômago:
- Dor
- Diarreia
- Enjoos
- Vómitos

Pernas e braços:
- Prisão de músculos
- Dores
- Contracções musculares

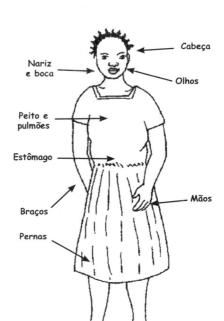

Cabeça e olhos:
- Dores de cabeça
- Problemas de visão
- Pupilas pequenas

Mãos:
- Unhas danificadas
- Erupções cutâneas
- Formigueiros

Pele:
- Queimaduras
- Muita transpiração
- Inchaços
- Feridas
- Erupções cutâneas

Outros sinais gerais de envenenamento por pesticida:
- Confusão mental
- Fraqueza
- Dificuldade para andar
- Problemas de concentração
- Ansiedade, inquietação
- Maus sonhos
- Dificuldade em dormir

Sinais graves de envenenamento:
- Perda de consciência (desmaio)
- A pessoa não consegue controlar a urina
- Lábios e unhas azulados
- Tremores
- Convulsões (ataques) em crianças

Os pesticidas são mais perigosos para crianças porque:

- Elas são pequenas: quantidades de pesticidas que só causam doença em adultos, podem matar crianças.

- Elas respiram mais rápido que os adultos: adoecem mais facilmente pelo contacto de pesticidas no ar.

- Elas estão sempre a mexer em tudo e muitas vezes levam as mãos à boca: têm mais probabilidades de ingerir venenos.

- Elas são baixinhas: estão mais perto do chão e portanto mais facilmente respiram químicos que foram espalhados na machamba.

Tratamento imediato da intoxicação por pesticida:

- Se a pessoa não está a respirar, fazer rapidamente respiração boca-a-boca (ver pág. 249).

- Seguir as instruções atrás descritas, para fazer a pessoa vomitar, e dar carvão activado (ver pág. 742) ou clara de ovo para absorver o veneno dentro do intestino. Mas não se deve fazer a pessoa vomitar se não se sabe que tipo de pesticida a pessoa esteve a usar, ou se ingeriu o pesticida com gasolina, petróleo ou com outros líquidos "à base de petróleo".

- Tirar as peças de roupa encharcadas de pesticida e lavar a pele exposta ao pesticida.

Mordeduras de cobra

Todas as pessoas que são mordidas por cobras ficam muito assustadas e com medo.

Devem ser levadas com urgência para a unidade sanitária mais próxima.

Existem 2 tipos de cobras:

- As cobras **não venenosas,** que **não possuem presas** (dentes grandes que injectam o veneno).

- As cobras **venenosas,** que **possuem presas**: dentes grandes com cavidades – como se fossem agulhas de injecção – que a cobra venenosa enterra no corpo da vítima para injectar o veneno.

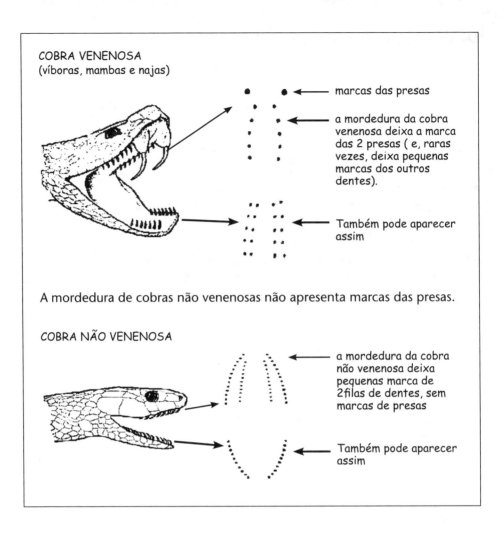

COBRA VENENOSA
(víboras, mambas e najas)

marcas das presas

a mordedura da cobra venenosa deixa a marca das 2 presas (e, raras vezes, deixa pequenas marcas dos outros dentes).

Também pode aparecer assim

A mordedura de cobras não venenosas não apresenta marcas das presas.

COBRA NÃO VENENOSA

a mordedura da cobra não venenosa deixa pequenas marca de 2filas de dentes, sem marcas de presas

Também pode aparecer assim

Em muitos países africanos existem cerca de 100 tipos de cobras, das quais não mais que 10 são venenosas.

Mordeduras por cobras não venenosas

Existem cerca de 50 tipos de cobras não venenosas. Geralmente, estas apresentam uma cabeça ovalada e olhos arredondados.

- A cobra verde africana, é uma cobra não venenosa comum. É de cor verde clara, fina como um dedo e pode medir até 3 metros. Estas cobras vão para perto das casas à procura de lagartos, ratos ou rãs. Elas não são perigosas para as pessoas e quando são vistas, não há necessidade de ter medo delas ou de as matar. Raramente mordem os humanos e se o fazem, os dentes não têm veneno. Devem-se **procurar as marcas deixadas pelos dentes da cobra no local da mordedura.** Procurar com cuidado, porque por vezes não são fáceis de ver.

Mordeduras por cobras venenosas

Estas constituem, naturalmente, as mordeduras de cobra que podem ser muito perigosas. Em muitos casos, a quantidade de veneno é pequena e não há perigo de vida. Estima-se que em 100 pessoas mordidas cerca de 95 sobrevivem às mordeduras de cobra, mesmo sem tomarem um antiveneno.

Alguns tipos de cobra possuem presas que só causam **dor e inchaço ao redor da mordedura**, mas o veneno não se alastra para o resto do corpo e, por isso, não constituem perigo de vida.

O **envenenamento geral** (alastramento do veneno por todo o corpo), pode ocorrer em meia hora, ou levar até alguns dias.

Em Moçambique, as cobras venenosas incluem:

■ **Naja e mamba** – o veneno causa fraqueza, dificuldade em manter as pálpebras abertas, ou para engolir, e finalmente paralisia.

■ **Víbora** – o veneno causa muita dor e inchaço na zona da mordedura. Raramente, pode causar hemorragia nas gengivas e nos locais das marcas dos dentes e noutros locais.

■ **Cobra das árvores e cobra-pássaro** – as presas são recuadas, pelo que é raro morderem. O veneno pode causar hemorragias externas e internas, devido a perturbações no mecanismo de coagulação do sangue.

A cobra das árvores deixa a marca das presas atrás.

Em Moçambique, a maior parte das mordeduras são causadas por víboras sopradoras. É uma cobra comum que se movimenta lentamente e que não consegue fugir das pessoas. Por isso, morde para se defender.

Que fazer perante uma mordedura de cobra?

Procurar identificar o tipo de cobra

Perguntar às pessoas se viram a cobra e se a apanharam. Se a cobra foi apanhada, pedir aos familiares, ou vizinhos, para a trazerem. Se não foi apanhada, pedir a descrição e o nome pelo qual a cobra é conhecida localmente (se souberem).

As cobras venenosas podem ser convenientemente divididas em tamanhos e grupos: **a comprida, a gorda e a pequena.**

A maior parte das pessoas não têm dificuldade em descrever se a cobra é:

comprida
1½ a 2 metros

pequena
½ metro

gorda como
o braço da
pessoa

ou **delgada**
como o dedo da
pessoa

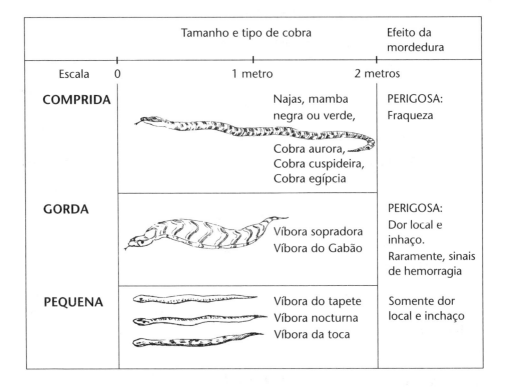

	Tamanho e tipo de cobra		Efeito da mordedura
Escala	0　　　　　　1 metro	2 metros	
COMPRIDA	Najas, mamba negra ou verde, Cobra aurora, Cobra cuspideira, Cobra egípcia		PERIGOSA: Fraqueza
GORDA	Víbora sopradora Víbora do Gabão		PERIGOSA: Dor local e inhaço. Raramente, sinais de hemorragia
PEQUENA	Víbora do tapete Víbora nocturna Víbora da toca		Somente dor local e inchaço

Tratamento da mordedura por cobra venenosa:

Os maiores perigos são a paragem respiratória e o inchaço do membro, que pode ser grande e dificultar a circulação do sangue.

1.   Aconselhar a vítima, para que: **fique quieta, não movimentando a zona mordida.**

Quanto mais a pessoa se mexer, mais depressa o veneno se espalha pelo corpo.

Se a mordedura for no pé, a pessoa não deve andar.

2.   Transportar a vítima para a **unidade sanitária, movimentando-a o mínimo possível, e com o membro imobilizado.**

Sempre que possível, é importante levar também a cobra.

3.   Dar paracetamol, e **não AAS**, para controlar a dor. Administrar vacina contra o tétano, se indicado (ver pág. 262).

Na maior parte dos casos de mordedura de cobra, **não é necessário administrar antiveneno.** A decisão deve ser tomada pelo médico, ou por outro trabalhador de saúde qualificado, com base nas indicações presentes.

Se for preciso administrar um antiveneno, é necessário tomar todas as precauções para evitar uma reacção alérgica (ver pág. 128).

A maioria dos remédios caseiros utilizados para as mordeduras de cobra fazem pouco ou nenhum efeito.

Prevenção das mordeduras de cobras:

É importante explicar às pessoas da comunidade local que é possível evitar as mordeduras por cobras, tomando em atenção os seguintes aspectos:

◆   As pessoas devem caminhar sempre calçadas;

◆   Fazer barulho e utilizar um pau para assustar as cobras que, eventualmente, se encontrem no caminho;

◆   Durante a noite, utilizar uma lanterna quando se deslocam.

Outras medidas que podem ajudar a evitar as mordeduras de cobras, são:

◆   Cortar as ervas altas (capim) e limpar os campos por onde as pessoas caminham;

◆   Queimar ou enterrar o lixo que se encontra perto das casas.

Picada de escorpião

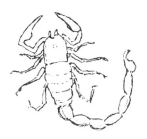

As picadas de escorpião são muito dolorosas, mas normalmente não são perigosas, excepto, ocasionalmente, em crianças. Administrar analgésicos e aplicar gelo sobre a picada.

Picada de aranhas

A maior parte das picadas de aranhas, incluindo a da tarântula, são dolorosas mas não são perigosas. Administrar analgésicos.

16 | Sintomas e doenças comuns

Neste capítulo se descrevem os sintomas e as doenças mais comuns referidos pelos doentes.

A febre, apesar de ser um sintoma comum, é descrita no capítulo 17, junto com a malária. Outros sintomas comuns, por exemplo os relacionados com os problemas da boca, olhos e pele, são também descritos em outros capítulos. Se não encontrar o sintoma ou doença comum neste capítulo, procure no Índice de Assuntos ou no Índice.

Dor

Deve-se procurar sempre a causa da dor.

A dor crónica acompanha as doenças crónicas, como SIDA, cancro, artrite/reumatismo e pode provocar depressão e cansaço. Um doente com dor necessita de ser escutado e compreendido. Os familiares devem ser orientados sobre a dor, suas causas e como apoiar e dar conforto ao doente.

Formas de aliviar a dor

1. **Medicamentos:** as dores simples podem ser aliviadas com paracetamol ou AAS. Deve ser avaliado o horário da dor, para se conhecer em que momento ela é mais intensa e assim adaptar as tomas, para obter um bom efeito no momento das dores. É importante dar os medicamentos contra a dor antes do momento em que ela é mais intensa.

2. Deve evitar-se as causas de desconforto tais como sons altos, luzes fortes. Mas a distracção através da música ou da rádio pode ajudar. Pode também pedir-se ao doente que se concentre a pensar num acontecimento feliz da sua vida, ou numa paisagem de que ele goste, e para pensar nisso apenas.

3. A massagem suave pode aliviar alguns tipos de dores.

4. A respiração profunda e lenta pode ajudar o doente a relaxar, aliviando a dor.

5. Em certos casos, pode ajudar a aplicação de compressas quentes ou geladas.

Se a dor é grave ou crónica, o doente deve ser transferido para uma consulta do clínico. Se é acompanhada por convulsões ou confusão mental, deve-se transferir o doente para uma unidade sanitária com mais recursos.

Dores de cabeça (cefaleias) e enxaqueca

Uma **simples dor de cabeça** pode passar com repouso e AAS ou paracetamol. Um pano molhado em água quente e colocado na nuca ou uma massagem suave (esfregar) na nuca e nos ombros pode aliviar a dor.

Para uma simples dor de cabeça ou tensão, os remédios caseiros funcionam tão bem como os medicamentos modernos.

Remédio caseiro   AAS

Há muitas causas de dor de cabeça. A dor de cabeça é frequente em qualquer doença que cause febre, por exemplo malária. Uma dor muito forte, pode significar meningite. Procure os sinais de meningite, incluindo rigidez da nuca (ver pág. 376). A dor de cabeça causada por sinusite pode ser acompanhada por corrimento nasal.

> **Frequentemente, a dor de cabeça está ligada a ansiedade (nervosismo). Neste caso, a dor é crónica, bilateral, criando sensação de "peso", de "aperto" ou de "ferida" que se acentua com determinadas actividades (ler, escrever) ou situações emocionais (entrar no serviço).**

A resposta aos analgésicos nestes casos é geralmente fraca. Tratar com aconselhamento. Técnicas de relaxamento podem também ajudar.

Dores de cabeça que se repetem com frequência, podem ser sinal de doença crónica. Se a dor não passa, deve transferir o doente para uma unidade sanitária com mais recursos.

A **enxaqueca** é uma dor de cabeça forte, de carácter latejante, muitas vezes acompanhada de náusea e vómitos, ou sensibilidade à luz. Algumas vezes aparece dum só lado da cabeça. Pode durar 6 a 48 horas.

Às vezes o ataque começa com perturbações visuais, tais como cintilações em frente dos olhos. A enxaqueca provoca muitas dores, mas não é perigosa. Um ataque de enxaqueca pode ocorrer muitas vezes, ou apenas 1 vez por mês ou por ano.

A enxaqueca pode ser precipitada por muitas causas: certas comidas e bebidas, *stress*, menstruação. Deve-se aconselhar o doente a identificar e afastar as causas que precipitam o ataque, como por exemplo: comida e bebida, *stress*.

Quando surgem os primeiros sintomas de enxaqueca aconselhar:

- Deitar-se num lugar escuro e sossegado.
- Relaxar o melhor possível. Não pensar nos problemas.
- Tomar muitos líquidos.
- Colocar na testa um pano molhado em água fria.
- Tomar um analgésico: AAS, paracetamol, ibuprofeno ou diclofenac.

AAS

A terapia é mais eficaz se iniciada logo que surgem os primeiros sintomas de enxaqueca.

Se os doentes sofrem de enxaquecas graves e frequentes, devem ser transferidos para uma unidade sanitária com mais recursos. Medicamentos mais fortes podem ajudar.

Dores nas articulações (artrite/reumatismo)

Artrite aguda

Geralmente não há história anterior de dor nas articulações. As articulações atingidas estão inchadas e quentes. O doente tem dor e dificuldade em movimentar a articulação.

Causas:

Há 2 causas principais de artrite aguda:

1. infecção devido a vários micróbios

2. inflamação devido a outras doenças

Se apenas uma articulação está inchada ou quente, provavelmente está infectada – principalmente se o doente tem febre.

Articulações dolorosas podem ser um sinal de outras doenças graves como a febre reumática (principalmente em crianças, ver pág. 467), a gonorreia (ver pág. 443) ou a tuberculose (ver pág. 380).

Tratamento:

◆ Dar AAS ou paracetamol para as dores e um antibiótico como a gentamicina (ver pág. 701) e transferir urgentemente para uma unidade sanitária com mais recursos.

> **Transferir todos os doentes com artrite aguda.**

Artrite crónica

A artrite crónica é mais frequente nas pessoas idosas. Os mais jovens podem contraí-la depois de fracturas de ossos. As articulações envolvidas são: coluna, anca, joelho e dedos. Há dor e dificuldade nos movimentos, que inicia lentamente. Trata-se duma doença de evolução crónica. A dor agrava-se com as mudanças de temperatura e ao levantar ou carregar pesos; melhora com o descanso.

Tratamento:

Para aliviar, dar os seguintes conselhos ao doente:

◆ Repousar. Se possível, evitar trabalho e exercícios pesados que causem dores nas articulações. Mas não parar de fazer exercício, porque vai ficar mais fraco. Não repousar por mais duma semana.

◆ É também importante fazer exercícios simples para ajudar a manter ou aumentar a extensão dos movimentos nas articulações doridas.

◆ Colocar compressas mornas nas articulações que doem.

◆ Paracetamol e AAS ajudam a aliviar a dor.

◆ Tomar as outras medidas simples já recomendadas para o alívio da dor.

◆ Se o doente for obeso, reduzir o peso com dieta.

Se as dores não aliviam com estas medidas, usar ibuprofeno (ver pág. 720) ou diclofenac (ver pág. 720). Quando o doente estiver melhor, reduzir a dose ou passar a AAS ou paracetamol.

Dores nas costas

A dor nas costas é uma queixa muito frequente e as causas variam desde uma simples distensão muscular por carregar objectos pesados até a causas mais graves como a tuberculose e tumores com paralisia.

Causas:

As dores nas costas em crianças e jovens têm geralmente uma causa definida.

Homens e mulheres têm frequentemente dores nas costas devidas ao trabalho, particularmente se carregarem objectos pesados.

As pessoas mais velhas têm com frequência artrite que causa dor recorrente e intensa.

Ter em atenção que dores nas costas podem ser devidas a tuberculose da coluna (ver pág. 380), principalmente se a coluna dorsal tem uma elevação ou caroço.

Como distinguir a dor de costas grave com a que desaparece com o repouso e analgésicos?

Há 4 combinações possíveis de sintomas:

1. *Dor nas costas apenas*

   Investigar:
   i) Quando começou
   ii) Como começou
   iii) Grau de intensidade, por exemplo, impede de dormir à noite? Impede de trabalhar? Necessidade de medicamentos contra a dor?

2. *Dor nas costas e dor na perna*
   i) Irradia para a nádega?
   ii) Irradia até abaixo do joelho?
   iii) É uma dor intensa ou em pontada?

3. *Dor nas costas com formigueiro e fraqueza na perna*

4. *Dor nas costas com dificuldade de urinar ou defecar.*

Cada conjunto de sintomas mostra um tipo de dor nas costas de gravidade crescente.

Exame físico

O exame físico não fornece grande ajuda, a não ser que existam sinais evidentes.

Observação

Observar a forma geral da coluna. É normal haver uma curva na região superior da coluna.

Na região inferior da coluna (lombar) observa-se o oposto, a barriga da curva está para dentro. Tudo que altere esta forma normal significa a existência duma doença.

Exemplo: um doente tem uma saliência que sobressai nitidamente da coluna. É provavelmente **tuberculose da coluna**.

Movimentos

Colocar o doente de pé, de costas para si, e pedir-lhe para se dobrar para baixo devagar e suavemente com os braços esticados e soltos na frente dele. Quase toda a gente consegue fazer isto sem dificuldade e as pontas dos dedos podem chegar ao nível dos joelhos ou mais abaixo. Os jovens, por vezes, conseguem tocar nos pés. Uma pessoa com dor de costas dificilmente se dobra mais que uns poucos centímetros.

Compressão nervosa

Deitar o doente e levantar-lhe a perna estendida. Verificar até onde consegue chegar sem causar dor. As pessoas normais permitem que as suas pernas sejam elevadas pelo menos 70 graus. Se isto não acontece, significa que há compressão nervosa.

Fraqueza

Depois, deve-se fazer as seguintes manobras para verificar a força muscular dos membros, comparando sempre os dois lados:

Empurrar e puxar os pés do doente contra a sua mão.

Deitar o doente e pedir-lhe para levantar uma perna e depois a outra.

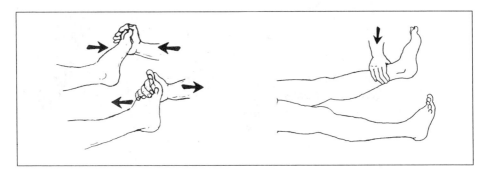

Sensibilidade

Examinar o doente para falta de sensibilidade (ver pág. 84).

Tratamento e decisão sobre quando transferir para uma unidade sanitária com mais recursos:

Existem muitos doentes com dor nas costas e não podem ser todos transferidos.

Um grande número de doentes com **dor nas costas apenas,** melhorará com AAS ou paracetamol. Devem continuar com as suas actividades habituais. Às vezes o repouso ajuda a melhorar.

Se o doente tem **dor nas costas e nas pernas**, deve ser observado com mais frequência mas o tratamento é também AAS ou paracetamol.

Os doentes com **dor nas costas, nas pernas, fraqueza e perda de sensibilidade** têm um problema grave e devem ser transferidos para uma unidade sanitária com mais recursos.

Os doentes com todas as queixas acima e que **não conseguem urinar e estão com obstipação** há 3 dias ou mais devem ser transferidos urgentemente para uma unidade sanitária com mais recursos.

Os doentes que têm a forma de coluna alterada devem ser transferidos para uma unidade sanitária com mais recursos.

Anemia

Uma pessoa com anemia tem o sangue fraco. Isto acontece quando ela perde sangue ou os glóbulos vermelhos (células que dão cor ao sangue) são destruídos mais depressa do que a capacidade do corpo em produzi-los.

Os glóbulos vermelhos são destruídos na malária e na anemia falciforme.

Uma alimentação em que faltem alimentos ricos em ferro (ver pág. 160) pode causar ou piorar a anemia.

A perda de sangue por várias causas pode resultar em anemia. Exemplos são: parasitas intestinais (ancilostoma e trichuris, bilharziose, feridas profundas, úlcera péptica, e disenteria. Na perda de sangue pelo tracto gastrointestinal, as fezes podem ser escuras.

Também podem causar anemia: o sangramento mensal na mulher (menstruação), as gravidezes repetidas e o aborto. A anemia é muito frequente durante a gravidez e é perigosa para a mãe e para o bebé.

A anemia é frequente nos doentes com SIDA, por vezes devido a infecções oportunistas, malnutrição, toxicidade dos medicamentos ou tumores malignos.

Os sinais de anemia são:

- palidez
    - na palma da mão
    - na parte interior das pálpebras
    - na língua
    - na parte interna dos lábios
- unhas esbranquiçadas
- fraqueza e cansaço
- se a anemia é muito grave, a pessoa pode ficar com o rosto e pernas inchados, batimento rápido do coração e respiração rápida

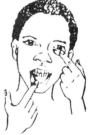

A anemia pode ser confirmada medindo o nível de hemoglobina no sangue. O valor normal de hemoglobina varia entre 12 a 15 g/dl na mulher e 13 a 17 g/dl no homem. Nas mulheres grávidas e crianças de 6 meses até aos 5 anos de idade, a anemia é definida como sendo hemoglobina menor de 11 g/dl.

Para ajudar a prevenir e tratar a anemia, comer alimentos ricos em ferro (ver pág. 160).

Tratamento:

◆ Administrar comprimidos de sal ferroso (ver pág. 726), ou sal ferroso e ácido fólico (ver pág. 725), para tratar a anemia.

◆ Administrar mebendazol (ver pág. 717) para tratar as parasitoses.

◆ Administrar um antimalárico, caso haja malária (ver pág. 711).

Se a anemia é grave (mucosas muito pálidas, fraqueza e cansaço) ou muito grave (batimento rápido do coração e respiração rápida) deve-se transferir o doente com urgência para uma unidade sanitária com mais recursos.

Pica (comer terra)

Existe o hábito, em alguns países, de comer areia avermelhada para prevenir e tratar a anemia. Embora a terra possa conter ferro, não é um bom hábito, porque a terra pode estar contaminada (por exemplo, com ovos de parasitas). **É melhor obter o ferro através dos alimentos, em vez de gastar dinheiro comprando terra.**

Cansaço

Este sintoma é muito frequente e está relacionado com outras condições. Este sintoma não está relacionado com actividade ou exercício físico do indivíduo e, geralmente, não é aliviado pelo descanso. Deve-se avaliar as possíveis causas, como por exemplo:

■ Malnutrição	■ Efeitos adversos dos medicamentos
■ Anemia	
■ Infecções, como, por exemplo, a tuberculose	■ Dor crónica
	■ Insónia
■ HIV e SIDA	■ Depressão (ver pág. 666)
■ Cancro	

O tratamento do cansaço depende da sua causa. Se não existir uma causa aparente pode ser manejado com apoio emocional, fisioterapia, relaxamento, e evitar o que pode agravar o cansaço.

Convulsões (ataques)

Dizemos que uma pessoa tem convulsões quando, de repente, ela perde a consciência e tem contracções e sacudidelas involuntárias do corpo. As convulsões são causadas por um problema cerebral. Em crianças pequenas, as causas mais frequentes de convulsões são a **malária cerebral, a meningite e outras causas de febre elevada.** Para conselhos sobre as convulsões no recém-nascido, ver pág. 574.

Nas grávidas, a causa mais frequente é a **toxemia** (eclampsia, ver pág. 291).

Se uma pessoa tem convulsões frequentemente, pode ser que sofra de **epilepsia** (ver pág. 478).

As convulsões são um sinal de perigo. O doente deve ser transferido para uma unidade sanitária com mais recursos.

COMO E O QUE FAZER DURANTE A CONVULSÃO?

- ◆ Colocar o doente na posição lateral de segurança (ver pág. 246).
- ◆ **Não** introduzir nada na boca para mantê-la aberta.
- ◆ Aspirar as secreções, quando necessário.
- ◆ Se tiver febre alta, baixá-la imediatamente fazendo arrefecimento corporal.
- ◆ **Evitar que a pessoa se magoe.**
- ◆ Afastar todos os objectos cortantes ou pontiagudos.

PARA TRATAR AS CONVULSÕES:

◆ Dar diazepam (ver pág. 727) por via rectal nas crianças e por via E.V. lenta no adulto. No adulto, se não se consegue dar por via E.V., pode-se usar a via rectal.

◆ Após o controlo das convulsões, se possível, dar glicose 30% no adulto e 10% na criança (ver pág. 729) por via E.V. lenta, porque as convulsões podem ser devidas à baixa de açúcar no sangue (hipoglicemia).

◆ Se o doente continua com convulsões após as doses recomendadas de diazepam, pode-se administrar fenobarbital (ver pág. 726), antes de transferir o doente.

◆ Antes de o doente ser transferido, administrar medicamentos para tratar as possíveis causas, como está indicado para cada doença e no capítulo sobre os Sinais de Perigo (ver pág. 86).

AVISO: Quando uma pessoa está com convulsões não se deve administrar medicamentos orais como o paracetamol, devido ao risco de aspiração.

Reacções alérgicas

Uma alergia é uma sensibilidade ou reacção anormal que afecta apenas certas pessoas quando as substâncias a que são sensíveis ou alérgicas são:

■ inaladas

■ ingeridas

■ injectadas

■ tocam a pele

As reacções alérgicas podem ser ligeiras ou graves, e incluem:

■ erupções com comichão, ou urticária

■ nariz a pingar, ardor e comichão nos olhos (febre-dos-fenos)

■ irritação na garganta, dificuldade em respirar, ou asma

■ choque alérgico (ver pág. 128)

Uma alergia não é uma infecção e não se transmite duma pessoa para outra, mas as crianças que têm pais alérgicos também têm tendência para ter alergias.

Muitas vezes as pessoas alérgicas sofrem mais em determinadas estações do ano ou sempre que entram em contacto com as substâncias a que são sensíveis. As causas comuns de reacções alérgicas são:

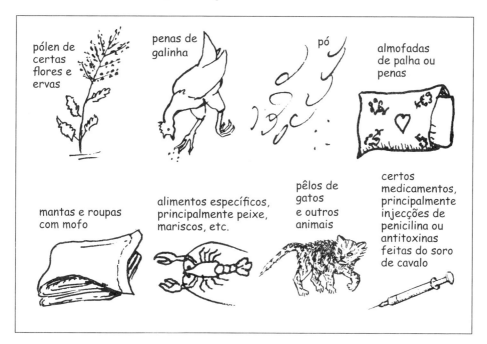

Prevenção:

Tentar descobrir o que provoca a alergia e procurar evitá-lo.

Tratamento:

Para tratar os sintomas, usar um anti-histamínico como a clorfeniramina (ver pág. 722).

O **choque alérgico é uma urgência**, e deve ser tratado com adrenalina (ver pág. 721) e transferido com urgência para uma unidade sanitária com mais recursos.

Sintomas e doenças gastrointestinais

Dores abdominais

Abdómen agudo é o nome dado a doenças agudas e graves do abdómen, que precisam de transferência para uma unidade sanitária com mais recursos. Estas doenças são descritas no capítulo 15.

Há muitas outras causas de dores abdominais, que são tratadas ao longo deste livro e nas páginas seguintes. Seguir as instruções do capítulo 3 sobre como fazer a história e o exame do abdómen.

O tipo de dor (cólicas ou persistente), a localização, e a presença de outros sintomas ajudam a fazer o diagnóstico.

Azia, flatulência, indigestão, gastrite e úlceras do estômago

Sintomas e sinais:

A **indigestão** e "**azia**" muitas vezes começam quando se come comidas pesadas ou gordurosas ou se bebe muito álcool e café. Isto leva a que o estômago produza ácido em excesso, o qual causa um mal-estar ou "um ardor" no estômago ou no meio do peito. Algumas pessoas confundem a dor no peito, chamada "azia", com problemas de coração, em vez da indigestão. Se a dor piora quando se está deitado, provavelmente é azia.

Uma indigestão frequente ou prolongada pode ser um sinal de úlcera.

A **flatulência** é a presença de gás no estômago, que muitas vezes acompanha a azia.

A úlcera é uma ferida crónica do estômago ou parte inicial do intestino delgado (duodeno).

A úlcera é causada pela infecção por uma bactéria ou medicamentos tais como AAS, diclofenac, ibuprofeno ou, raramente, por cancro. A bactéria e os medicamentos enfraquecem o revestimento do estômago ou duodeno e então o ácido atinge a parede dos mesmos.

Isto pode causar uma dor crónica, intensa, às vezes aguda, na boca do estômago. Muitas vezes a dor diminui quando a pessoa come.

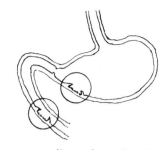

A dor piora 2 ou 3 horas depois de comer, se a pessoa não comer à hora da refeição ou após tomar álcool ou comer alimentos gordurosos ou muito temperados. A dor muitas vezes piora à noite. Sem se fazer um exame especial (endoscopia) é difícil saber se a pessoa com dores frequentes do estômago tem úlcera.

Uma úlcera é uma ferida aberta do estômago ou duodeno.

Se a úlcera é grave, pode causar vómitos, às vezes com sangue vivo, ou sangue digerido (escuro como café). As fezes duma pessoa com úlcera que sangra, geralmente são pretas como o alcatrão.

Aviso: Algumas úlceras não provocam dores e são "silenciosas". Os primeiros sinais são **vómitos com sangue vivo ou escuro, ou fezes pretas e pegajosas.** Isto é uma urgência médica. A pessoa pode ter uma hemorragia rápida e morrer. Transferir o doente urgentemente para uma unidade sanitária com mais recursos.

Prevenção e tratamento:

Quer a dor de estômago ou peito seja causada por azia, indigestão ácida, ou uma úlcera, algumas recomendações básicas provavelmente ajudarão a aliviar a dor:

◆ **Não comer demasiado.** Comer pequenas refeições e petiscar entre as refeições. Comer principalmente alimentos que aliviem e não causem dor.

◆ **Comer devagar** e **mastigar bem** todos os alimentos.

◆ **Comer muito tempo antes de ir para a cama.** Esperar pelo menos 2 horas após a refeição antes de se deitar.

◆ **Observar quais os alimentos ou bebidas que pioram a dor e evitá-los.** Geralmente estes incluem bebidas alcoólicas, café, temperos, pimenta, refrescos e alimentos gordurosos ou oleosos. Evitar caris e alimentos fritos.

◆ **Evitar alimentos que provocam gases,** como o feijão, couve, repolho, cebola e refrescos com gás durante o período em que se sofre de flatulência.

◆ Se a azia piora à noite quando se está na cama deitado, **experimentar dormir com a parte superior do corpo um pouco elevada.**

◆ **Beber muita água.** Beber 2 grandes copos de água antes e após cada refeição. Beber também muita água frequentemente entre as refeições. Se a dor volta constantemente, continuar a beber água assim, mesmo quando não há dor.

◆ **Parar os medicamentos que podem causar azia,** por exemplo AAS.

◆ **Evitar o tabaco.** Fumar ou mastigar tabaco aumenta a acidez e agrava a situação.

◆ A irritação, tensão e nervosismo aumentam a acidez no estômago. **Aprender a relaxar e a manter a calma.**

◆ **Tomar antiácido,** como o hidróxido de alumínio (ver pág. 732).

No caso de suspeita duma úlcera, transferir para uma unidade sanitária com mais recursos para avaliação, diagnóstico e tratamento. É importante tratar a úlcera logo de início. De outro modo ela pode levar a uma hemorragia perigosa ou a peritonite. É necessária a manutenção dos cuidados depois da cura para a úlcera não voltar.

Evitar os problemas causados pela acidez do estômago não comendo demasiado, não bebendo muito álcool ou café e não fumando. Evitar apanhar a bactéria que causa a úlcera, seguindo as medidas de higiene indicadas no capítulo 11.

AVISO: No passado o leite era recomendado para o tratamento das úlceras. Embora o leite possa aliviar a dor inicialmente, posteriormente causa um aumento de acidez no estômago, o que vai agravar a situação. Não beber leite para o tratamento de úlceras.

Problemas da vesícula

A vesícula é um pequeno saco ligado ao fígado. Acumula um líquido amargo e verde, chamado bílis, que ajuda a digerir alimentos gordurosos. A doença da vesícula é mais comum nas pessoas gordas, a partir dos 40 anos.

Sintomas e sinais:

● Dor aguda no abdómen no quadrante superior direito (a parte superior da barriga à direita). Esta dor às vezes chega até ao lado direito do alto das costas.

● A dor pode vir 1 hora depois de se comerem comidas gordurosas.

● Dores agudas podem provocar vómitos.

● Algumas vezes surge a febre.

● Às vezes os olhos ficam amarelos (icterícia).

Prevenção:

Comer uma dieta saudável, em particular não comer alimentos gordurosos. As pessoas gordas devem perder peso.

Tratamento:

◆ Tomar um analgésico como ibuprofeno (ver pág. 720). Se a pessoa tem febre, deve tomar amoxicilina (ver pág. 697).

◆ Transferir para uma unidade sanitária com mais recursos. Às vezes é necessária uma operação. Se as dores são intensas, transferir com urgência.

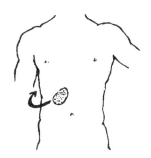

Obstipação (prisão de ventre)

Obstipação ou prisão de ventre, significa que uma pessoa tem fezes duras e evacua 3 vezes ou menos por semana. A obstipação é causada por uma alimentação incorrecta (especialmente por não se comer suficiente fruta e vegetais ou beber líquidos) ou por falta de exercício. Por vezes é causada por medicamentos.

CONSELHOS QUE AJUDAM A PREVENIR A OBSTIPAÇÃO

- Comer regularmente.
- Comer alimentos com muita fibra (ver capítulo 12) e evitar alimentos refinados ou processados.
- Beber muitos líquidos (cerca de 8 copos por dia).
- Evitar a cafeína (café e chá) e o álcool.
- Ser mais activo e fazer exercícios regularmente.
- Escutar o organismo. Não resistir à vontade de ir à casa de banho.
- Evitar o uso de laxativos e clisteres (ver páginas verdes e capítulo 2). Causam a perda de água e sais do organismo e o uso crónico e abusivo pode conduzir a que o intestino não execute bem os seus movimentos.

> **O método mais saudável e suave de se evacuarem fezes mais moles e mais frequentes é comer alimentos ricos em fibra natural, evitar alimentos refinados ou processados, e beber muitos líquidos.**

Hemorróidas

As hemorróidas são varizes nas veias do ânus ou do recto que se parecem com pequenos caroços ou bolinhas. Podem ser dolorosas. Aparecem muitas vezes durante a gravidez e após o parto podem desaparecer. Algumas hemorróidas podem ser causadas por obstipação.

Complicações

As principais complicações são:

1. Prolapso rectal (a saída dum pedaço do intestino pelo ânus).

2. Hemorragia.

3. As hemorróidas também podem dificultar a evacuação.

TRATAMENTO:

- ◆ Examinar o doente. Se houver uma grande hemorróida que tenha saído recentemente do canal anal, empurrá-la suavemente para dentro.
- ◆ Se tiver ficado fora do canal anal por mais de 12 horas, pedir ao doente para se deitar de lado com os pés elevados. Deixar nesta posição durante 24 horas para que haja chance da hemorróida se reduzir (entrar) por si.
- ◆ Todas as hemorróidas com prolapso rectal devem ser transferidas a uma unidade sanitária com mais recursos.
- ◆ Hemorróidas muito grandes podem necessitar ser operadas. Deve-se transferir o doente para uma unidade sanitária com mais recursos.
- ◆ Nos outros casos, o creme ou supositório anti-hemorroidal (ver pág. 733) pode ajudar a aliviar o desconforto.
- ◆ Comer alimentos que contenham fibra pode ajudar a tornar as fezes mais moles.

Soluços

Ataques ocasionais de soluços são normais.

Os soluços são frequentes nas pessoas que se encontram na fase terminal de SIDA e outras doenças como cancro e doenças dos rins.

TRATAMENTO:

- ◆ Beber água do lado oposto do copo.
- ◆ Inspiração profunda e conter a expiração durante alguns segundos.
- ◆ Beber líquidos frios.
- ◆ Encolher os joelhos contra o peito.

Sintomas e doenças respiratórias

Tosse

A tosse em si não é uma doença, mas um sintoma frequente de várias doenças que afectam o sistema respiratório. No quadro abaixo, indicamos alguns problemas que causam tosse:

Tosse aguda

- constipação ou gripe
- bronquite aguda
- pneumonia
- sarampo
- tosse convulsa (coqueluche)
  – pode tornar-se crónica
- asma
- parasitoses – quando os parasitas atravessam os pulmões
- corpo estranho nas vias aéreas (início súbito)

Tosse crónica ou persistente (2 ou mais semanas):

- tuberculose
- tosse convulsa
- bronquite crónica/enfisema
- cancro do pulmão
- tosse de fumador ou pessoa que trabalhou nas minas
- SIDA
- Sinusite

Tosse com expectoração amarela/ esverdeada:

- pneumonia
- bronquite aguda
- bronquite crónica
- tuberculose

Tosse com expectoração com sangue (hemoptises):

- tuberculose
- pneumonia
- bronquite crónica
- cancro do pulmão

Tosse com dificuldade em respirar (dispneia):

- pneumonia
- asma
- tuberculose
- bronquite aguda
- bronquite crónica
- laringite aguda
- tosse convulsa
- aspiração de corpo estranho
- problemas do coração

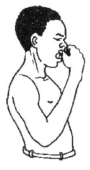

Tentar descobrir qual é a doença que está a provocar a tosse e tratá-la

Nas crianças e adultos com tosse tem que se perguntar:

- Há quanto tempo está com tosse?
- Tem expectoração, de que tipo, cor e cheiro?
- Tem dispneia (falta de ar ou dificuldade em respirar)?

Nos adultos, também tem que se perguntar:

- Tem dispneia quando fica deitado?
- Tem hemoptises (expectoração com sangue)?
- Tem dor torácica (dor no peito)?
- Tem suores nocturnos?
- Está a tomar algum medicamento?
- Fuma?

Observar e verificar a presença de dificuldade em respirar (dispneia).

A causa mais frequente de **tosse aguda** é uma infecção respiratória aguda (IRA). Na maioria dos casos, as crianças e adultos com tosse têm apenas uma ligeira infecção. Não estão gravemente doentes e não necessitam de tratamento com antibióticos. Podem ser tratados em casa.

Na tosse aguda, **têm que ser identificados os adultos e crianças gravemente doentes** e que necessitam de tratamento com antibióticos ou transferência para uma unidade sanitária com mais recursos. Para fazer o diagnóstico de pneumonia, baseado no quadro clínico, ver pág. 371.

Os doentes que têm sinais gerais de perigo (ver capítulo 4), devem ser transferidos para uma unidade sanitária com mais recursos.

Na **tosse crónica** e na **tosse com expectoração com sangue (hemoptises)**, a causa tem que ser investigada, e o doente transferido para uma unidade sanitária com mais recursos, para avaliação. Pensar sempre na tuberculose nestes casos. Se a tosse dura há 2 ou mais semanas ou se há expectoração com sangue, se a pessoa está a perder peso, se tem suores nocturnos ou febre no fim de tarde ou sofre constantemente de dispneia, deve ir ao laboratório da unidade sanitária mais próxima para fazer o exame da expectoração. Pode ser tuberculose.

Tratamento da tosse:

A tosse é um meio de defesa do aparelho respiratório para expulsar o muco, corpos estranhos e os micróbios da garganta ou das vias aéreas. Por isso, quando a tosse produz expectoração, **não se deve tomar nenhum medicamento para parar a tosse, mas deve-se fazer algo para fluidificar (tornar mais líquida) e expulsar a expectoração.**

1. Manter o quarto de dormir arejado, evitando cozinhar ou fumar no quarto.

2. Manter o doente na posição mais cómoda. Para obter a posição sentada, ponha almofadas nas costas. Dormir com a cabeça elevada.

3. **Para fluidificar o muco** e aliviar qualquer tipo de tosse, **deve-se beber muita água.** Isto é mais eficaz do que qualquer medicamento.

4. No adulto, respirar vapor de água quente (atmosfera húmida ou vaporização). Ferver água. Depois, querendo, pode adicionar-se à água folhas de eucalipto, limoeiro, quinina ou "Vicks".

5. Sentar o doente numa cadeira com um balde de água contendo esta mistura muito quente entre os pés (também pode ser na cama ou na esteira). Colocar uma capulana sobre a cabeça de forma a cobrir também o balde. O doente deve respirar o vapor durante 10-15 minutos. Pode-se repetir várias vezes ao dia.

6. Nas crianças, pode ser difícil fazer uma vaporização. Colocar um lençol molhado e escorrido a cobrir a cama mas sem tocar no corpo da criança.

7. Desobstruir o nariz, se estiver obstruído.

Pode-se preparar **xaropes caseiros:**

Xarope de cebola: Cortar 1 cebola em rodelas finas, pôr numa tigela pequena e misturar com 2 colheres de sopa de açúcar ou de mel, e 1 colher de água. Deixar 15 minutos tapado, à temperatura ambiente.

Xarope de cenoura: Se tiver cenoura pode fazer um xarope com cenoura, da mesma maneira. É mais saboroso.

Xarope de mel e limão: Tomar uma mistura de: 1 parte de mel, 1 parte de sumo de limão, 1 parte de água.

Para bebés com menos de 1 ano, usar açúcar em vez de mel nestas receitas.

| Misture: 1 colher de mel | 1 colher de sumo de limão | 1 colher de água |

As crianças podem tomar 1 colher de chá cada 2 ou 3 horas e os adultos 1 colher de sopa cada 2 ou 3 horas.

A expectoração deve ser recolhida em latinhas com areia e tampa; enterrar a lata quando estiver cheia.

Se tiver tosse, não fume. Fumar prejudica os pulmões e outros órgãos também.

- **Para prevenir a tosse, não fume.**
- **Para curar a tosse, trate a doença que a provoca e não fume.**
- **Para aliviar a tosse, e soltar a expectoração, beba muita água e não fume.**

Os medicamentos contra a tosse à venda nas farmácias não funcionam e podem ser perigosos, particularmente nas crianças. Evitá-los.

Nas crianças, nunca usar medicamentos que contenham substâncias que possam fazer mal, tais como atropina, codeína ou derivados de codeína ou álcool. Estas podem fazer com que a criança durma demais e se alimente mal. Também podem interferir com a capacidade de a criança expulsar o muco através da tosse.

Como tirar muco dos pulmões (drenagem postural)

Quando a pessoa que está com muita tosse é muito idosa ou fraca e não consegue eliminar o muco espesso dos brônquios, fazer também o seguinte:

- Em primeiro lugar, respirar vapores de água para soltar o muco.

- Cabeça e o peito fora da cama.

- Bater-lhe com os dedos levemente nas costas por 10 minutos, várias vezes ao dia se necessário. Isso ajudará a soltar o muco.

Dificuldade em respirar (dispneia)

Os doentes com dispneia queixam-se, em geral, de diferentes maneiras. Talvez digam "falta-me o ar", " canso-me ao andar ou a subir escadas", "quando respiro faço ruídos".

A dificuldade em respirar pode ser devida a uma infecção respiratória aguda, ou a uma doença crónica. A seguir estão algumas causas frequentes de dificuldade em respirar.

CAUSAS FREQUENTES DE DIFICULDADE EM RESPIRAR

Infecção respiratória aguda	**Doenças crónicas**
Adultos e crianças:	*Adultos e crianças:*
■ Pneumonia	■ Asma
■ Bronquite aguda	■ Tuberculose
Crianças:	*Adultos:*
■ Laringite aguda (crupe)	■ Bronquite crónica
	■ Doenças de coração (raro em crianças)

Nas crianças e adultos com dispneia tem que se perguntar:

● Há quanto tempo está com dispneia?

● Tem tosse?

Nos adultos, também tem que se perguntar:

● Tem dificuldade em respirar quando está deitado ou ao andar?

● Tem dor torácica?

● Tem suores nocturnos?

● As pernas incham?

● Está a tomar algum medicamento?

● Fuma?

Têm que ser identificados os adultos e crianças gravemente doentes e que necessitam de tratamento com antibióticos ou transferência urgente para uma unidade sanitária com mais recursos. Para fazer o diagnóstico de pneumonia baseado no quadro clínico, ver pág. 371.

Os doentes que têm sinais gerais de perigo (ver capítulo 4), devem ser transferidos para uma unidade sanitária com mais recursos.

Nariz entupido e a pingar (rinite)

O nariz entupido ou com corrimento pode ser o resultado duma constipação ou gripe ou duma alergia. Muito muco no nariz pode causar infecções no ouvido em crianças ou problemas de sinusite em adultos.

Aconselhar a:

1. Beber muita água.

2. Para ajudar a limpar o nariz entupido fazer o seguinte:

    Preparar uma solução de água com sal:

    Dissolver meia colher de chá de sal em meio copo de água.

    Em crianças pequenas:

    Utilizar um pano suave como uma capulana.

    Escolher uma ponta do pano e mergulhar na preparação de água com sal.

    Aplicar 2-3 gotas de água e sal, da ponta molhada em cada narina da criança quantas vezes forem necessárias.

    Crianças mais velhas e adultos podem aspirá-la para dentro do nariz.

3. Fazer inalação com vapor de água quente (ver pág. 301), pode ajudar a limpar o nariz entupido.

    Não usar descongestionantes nasais (gotas nasais) como a fenilefrina, porque depois da melhoria, os sintomas pioram.

Febre-dos-fenos (rinite alérgica)

Sintomas e sinais:

Corrimento nasal e comichão nos olhos podem ser causados por reacção alérgica a uma substância no ar que a pessoa respira. Esta reacção pode piorar em algumas épocas do ano.

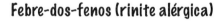

Tratamento:

Usar um anti-histamínico como a clorfeniramina (ver pág. 722).

Prevenção:

Procurar descobrir o que provoca essa reacção (por exemplo: poeiras, fumos, pó de farinhas, penas de galinha, pólen, mofo) e evitá-lo.

Epistaxe (hemorragia nasal)

A epistaxe ou hemorragia nasal pode ser provocada por várias doenças, incluindo rinite e hipertensão arterial.

Tratamento:

O doente deve:

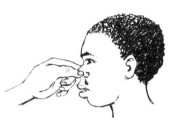

1. Sentar-se calmamente.

2. Apertar o nariz, pressionando, durante cerca de 10 minutos, ou até que a hemorragia pare.

3. Colocar a cabeça para a frente e respirar pela boca.

A aplicação de compressas frias ou gelo na cana do nariz pode ajudar a parar a hemorragia.

Surdez

A surdez pode ser uma complicação de doenças de infância, tais como infecções de ouvido e meningite.

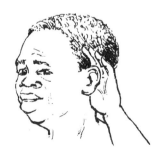

A surdez também surge com a idade. Começa aos poucos, sem dor ou outros sintomas.

Geralmente a surdez devida a estas causas é incurável mas um aparelho de audição pode ajudar.

Os familiares e vizinhos devem aprender que quando falam a essas pessoas devem fazê-lo com mais clareza, devagar e olhá-las de frente para elas poderem interpretar o movimento dos lábios.

Em casos raros, a surdez aparece periodicamente, com sintomas de zumbidos e tonturas, e a pessoa cai. Tomar um anti-histamínico como clorfeniramina (ver pág. 722). Transferir o doente para uma unidade sanitária com mais recursos.

A surdez devido a rolhão de cera é muito vulgar. Ter um pouco de cera nos ouvidos é normal, mas algumas pessoas têm cera demais, ou seca, transformando-se num rolhão duro perto do tímpano, entupindo o canal auditivo e causando a perda de audição.

Tratamento do ouvido com cera

Para retirar a cera do ouvido, primeiro, para amolecer a cera, colocar várias gotas de óleo vegetal morno dentro do ouvido. Depois deitar a pessoa de lado com o ouvido para cima durante 15 minutos. A seguir, lavar bem o ouvido com água morna.

Se isso não fizer efeito, transfira o doente para uma unidade sanitária com mais recursos.

Sinusite

A sinusite é uma inflamação aguda ou crónica das cavidades que existem nos ossos do rosto ou seios da face que comunicam com os ossos do nariz.

Sintomas e sinais:

- Dor no rosto acima e abaixo dos olhos, aqui: (dói mais ao bater levemente sobre os ossos ou quando a pessoa se baixa).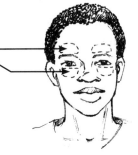

- Muco espesso ou pus no nariz, às vezes com mau cheiro. O nariz frequentemente fica obstruído.

- Febre (às vezes).

- Pode haver dor de dentes.

Tratamento:

- Beber bastante água.

- Aspirar um pouco de água com sal para dentro do nariz.

- Inalar vapores para amolecer o muco (ver pág. 301).

- Colocar compressas quentes no rosto.

- Tomar paracetamol ou AAS para alívio das dores.

- Usar um antibiótico tal como amoxicilina (ver pág. 697).

As pessoas que sofrem muito de sinusite depois duma constipação podem experimentar um descongestionante em gotas nasais, como a fenilefrina.

> **CUIDADO: Não usar as gotas descongestionantes mais do que 3 vezes ao dia. Usar somente por 3 dias, caso contrário pode piorar em vez de melhorar.**

Depois de aspirar um pouco de água e sal, colocar as gotas no nariz como indicamos aqui:

Com a cabeça inclinada para o lado, colocar 2 ou 3 gotas dentro da narina. Esperar uns minutos e depois fazer o mesmo na outra narina.

Sintomas e doenças urinárias

O aparelho ou tracto urinário tem como função libertar o sangue das toxinas que são eliminadas na *urina.*

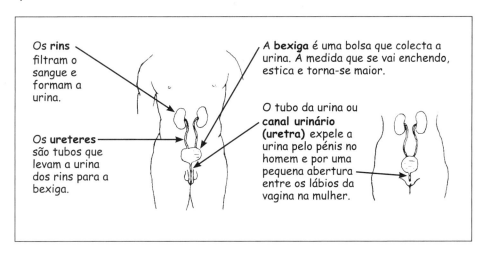

Os **rins** filtram o sangue e formam a urina.

Os **ureteres** são tubos que levam a urina dos rins para a bexiga.

A **bexiga** é uma bolsa que colecta a urina. À medida que se vai enchendo, estica e torna-se maior.

O tubo da urina ou **canal urinário (uretra)** expele a urina pelo pénis no homem e por uma pequena abertura entre os lábios da vagina na mulher.

Os problemas mais comuns do tracto urinário são a bilharziose (ver pág. 322), as infecções urinárias, dificuldade em urinar, e as pedras nos rins ou na bexiga.

Infecções urinárias

Muitas mulheres sofrem de infecções urinárias. Nos homens, estas infecções são menos comuns. Às vezes, os únicos sintomas são **dor ao urinar** e a **necessidade de urinar muitas vezes.** Dor no meio ou na parte inferior das costas, que muitas vezes se alastra para os lados, por baixo das costelas, com febre, indica uma infecção mais séria.

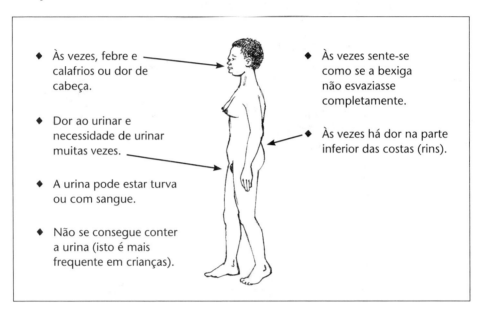

- ◆ Às vezes, febre e calafrios ou dor de cabeça.

- ◆ Dor ao urinar e necessidade de urinar muitas vezes.

- ◆ A urina pode estar turva ou com sangue.

- ◆ Não se consegue conter a urina (isto é mais frequente em crianças).

- ◆ Às vezes sente-se como se a bexiga não esvaziasse completamente.

- ◆ Às vezes há dor na parte inferior das costas (rins).

Tratamento:

- ◆ **Beber muita água.**

  Aconselhar o doente a beber pelo menos 1 copo de água cada 30 minutos durante 3 a 4 horas, e a habituar-se a beber muita água.

- ◆ Tomar comprimidos de amoxicilina (ver pág. 697) ou cotrimoxazol (ver pág. 699). É muito importante **continuar a beber muita água enquanto estiver a tomar estes medicamentos**.

- ◆ Se a pessoa não melhora, ou apresenta mãos ou rosto inchados, transferir o doente para uma unidade sanitária com mais recursos.

Nos homens e nas crianças, uma infecção urinária pode significar outras doenças do tracto urinário. Transferir o doente para uma unidade sanitária com mais recursos. Uma criança com infecção urinária deve ser seguida na Consulta de Criança em Risco.

Retenção urinária (dificuldade em urinar)

A dificuldade em urinar é causada frequentemente por:

1. Problemas da próstata (dificuldade em urinar causada pelo aumento de volume da próstata, mais frequente nos homens mais idosos).

2. Infecção de transmissão sexual (ITS), mais frequente nos jovens. Inicialmente os sintomas são dores e dificuldade em urinar, com corrimento uretral. Esta infecção pode causar um aperto da uretra (estenose uretral).

3. Pedra na bexiga.

4. Trabalho de parto.

Os doentes com dificuldade em urinar devem ser transferidos para uma unidade sanitária com mais recursos.

A dificuldade em urinar pode piorar até o doente não conseguir urinar (retenção urinária).

Neste caso, o doente precisa de ser transferido com urgência para uma unidade sanitária com mais recursos.

Em algumas situações, por exemplo trabalho de parto ou se o doente vai demorar a chegar à unidade sanitária, pode ser necessário colocar uma sonda (algália).

Quando e como usar uma sonda (algália)

Quando usar e quando não usar uma sonda:

- **Nunca usar uma sonda sem ser absolutamente necessário.** Esta deve ser usada se for impossível chegar rapidamente a uma unidade sanitária com mais recursos, pois mesmo o uso cuidadoso da sonda pode causar uma infecção grave ou prejudicar o canal urinário.

- Se estiver a sair alguma urina, não usar a sonda.

- Se houver uma longa história de dor e dificuldade em urinar, com corrimento, que faça suspeitar dum aperto devido a infecção, é melhor não tentar porque é muito difícil passar a sonda.

- Se a pessoa não consegue urinar, primeiro tentar fazê-la urinar sentada numa banheira com água morna.

Se a história sugere que a retenção urinária é devida a problemas na próstata ou pedras na bexiga, e as outras medidas não funcionaram, e o doente vai demorar a chegar à unidade sanitária com mais recursos, pode tentar passar a sonda uma única vez.

COMO INTRODUZIR UMA ALGÁLIA

1. Usar uma algália esterilizada.

2. Lavar bem, com água e sabão, a superfície interna da pele que recobre a cabeça do pénis (prepúcio), ou entre os lábios da vagina. Lavar também as áreas vizinhas.

3. Lavar as mãos. Colocar luvas esterilizadas.

4. Cobrir com panos esterilizados a área em redor do pénis ou da vagina.

5. Cobrir a algália com um lubrificante esterilizado.

6. Puxar o prepúcio para trás, ou abrir os lábios da vagina, afastando-os com os dedos, e desinfectar o orifício urinário com uma compressa ou algodão esterilizado embebido em desinfectante.

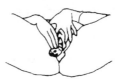

7. Mantendo o prepúcio retraído, ou os lábios vaginais afastados, introduzir suavemente a algália no orifício urinário. Se necessário, pode torcer-se a algália, para ajudar a sua introdução, mas NÃO FORÇAR.

Segurar o pénis direito, neste ângulo.

8. Introduzir a algália até a urina começar a sair. Depois, introduzir mais 3 cm.

 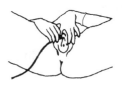

IMPORTANTE: Se a bexiga estiver muito distendida, não se deve deixar que a urina saia toda de uma só vez; deve deixar-se sair muito lentamente, fazendo pressão no tubo da algália, de modo a controlar o fluxo de saída.

NOTA: O canal urinário na mulher é muito mais curto do que o do homem.

Aumento da glândula prostática (próstata)

Este problema é mais comum em homens mais idosos. É causado pelo inchaço da glândula prostática que fica entre a bexiga e o tubo urinário (uretra).

Sintomas e sinais:

- A pessoa tem dificuldade em urinar. A urina apenas pinga ou goteja ou não sai porque a uretra está completamente entupida. Às vezes o homem não consegue urinar durante vários dias.

- Se há febre, é sinal de que também existe uma infecção urinária que deve ser tratada.

Transferir o doente para uma unidade sanitária com mais recursos. Casos graves e crónicos podem precisar duma operação ou podem ser devidos a cancro.

Pedras nos rins ou bexiga

Sintomas e sinais:

- O primeiro sinal é uma dor forte na parte inferior das costas, de lado, ou no baixo ventre, ou na raiz do pénis nos homens.

- Quando as pedras estão na bexiga, às vezes a pessoa tem dificuldade em urinar ou não urina nada, ou podem ainda aparecer gotas de sangue quando a pessoa começa a urinar.

- Pode haver uma infecção urinária ao mesmo tempo.

Tratamento:

- Beber muitos líquidos.

- Dar ibuprofeno (ver pág. 720) ou outro analgésico.

- Se não consegue urinar, experimentar urinar estando deitado. Essa posição às vezes faz mover a pedra na bexiga e a abertura do canal urinário fica livre.

- Vigiar o doente e tratar com amoxicilina (ver pág. 697) ou cotrimoxazol (ver pág. 699) para infecção urinária, durante 15 dias, ao primeiro sinal de infecção.

- Transferir o doente para uma unidade sanitária com mais recursos para receber medicamentos mais fortes para as dores. Às vezes é necessária uma intervenção cirúrgica.

Urinar na cama (enurese)

A enurese é muito frequente nas crianças e os pais ficam muitas vezes aborrecidos porque acham que a criança já devia ter aprendido a controlar a bexiga. Muitos pais zangam-se e chegam mesmo a bater, mas estas atitudes agressivas podem agravar a situação ao fazerem com que a criança fique ainda mais nervosa e portanto com muito menos controlo. A melhor abordagem é conversar com ela e dar-lhe uma pequena prenda de cada vez que houver uma noite seca, como prémio pelo sucesso da criança.

Se continua, aconselhar os pais a levar a criança à consulta.

Sintomas e doenças nos orgãos genitais do homem

Os órgãos genitais são os órgãos sexuais.

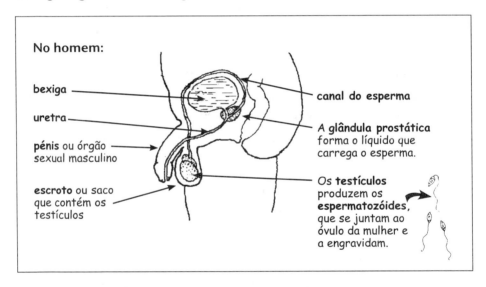

No homem:

bexiga

uretra

pénis ou órgão sexual masculino

escroto ou saco que contém os testículos

canal do esperma

A **glândula prostática** forma o líquido que carrega o esperma.

Os **testículos** produzem os **espermatozóides**, que se juntam ao óvulo da mulher e a engravidam.

Impotência sexual

Esta é uma queixa frequente nos homens.

Causas frequentes:

- Sentir-se ansioso acerca do sexo
- Depressão e cansaço
- Abuso de bebidas alcoólicas e drogas
- Tabaco
- Diabetes
- Medicamentos

É muito importante tranquilizar o doente e explicar que este é um problema frequente e que normalmente desaparece ao fim de pouco tempo.

Investigar as possíveis causas da pessoa estar tensa, nervosa ou preocupada.

Aconselhar a fazer exercícios de relaxamento, não beber álcool nem fumar.

Se o doente não melhorar transfira para uma unidade sanitária com mais recursos.

Hérnia/hidrocelo

Embora a hérnia possa acontecer na mulher e fora dos órgãos genitais, é tratada aqui porque frequentemente se confunde com o hidrocelo (um inchaço na região testicular que acontece quando o escroto se enche com líquido).

A **hérnia** é uma abertura ou rotura nos músculos que revestem o abdómen. Isto permite que o intestino passe pela abertura e forme um inchaço debaixo da pele.

Alguns bebés nascem com hérnia.

Nos homens a hérnia é mais vulgar na virilha.

Gânglios linfáticos inchados também podem causar caroços na virilha e devem ser distinguidos da hérnia.

A hérnia aparece ou fica maior com o esforço, por exemplo ao tossir ou ao levantar objectos pesados ou ainda ao chorar (nos bebés), e desaparece muitas vezes quando o doente se deita. Pode vulgarmente ser empurrada para dentro (reduzida). Muitas vezes as hérnias aparecem directamente no escroto.

O **hidrocelo** é um inchaço na região testicular que surge quando o escroto se enche com líquido. Pode estar presente em bebés, mas é muito frequente nos homens que vivem em zonas onde existe filaríase (ver pág. 324). O hidrocelo também deve ser distinguido da hérnia, pois o tratamento destas duas situações é completamente diferente.

A hérnia surge geralmente aqui

O hidrocelo surge aqui

Ao exame clínico, pode-se delimitar um hidrocelo palpando o escroto. Não se pode delimitar uma hérnia.

Também pode iluminar o inchaço do hidrocelo com uma lanterna.

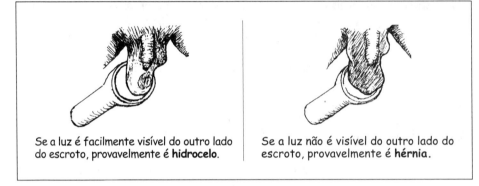

Se a luz é facilmente visível do outro lado do escroto, provavelmente é **hidrocelo**.

Se a luz não é visível do outro lado do escroto, provavelmente é **hérnia**.

As hérnias e hidrocelos nos adultos precisam duma operação cirúrgica. Nos bebés muitas vezes pode-se esperar.

Como viver com uma hérnia

◆ Evitar levantar objectos pesados e tratar a tosse.

Cuidado:

◆ Se a hérnia de repente fica grande ou dolorosa, tentar metê-la para dentro deitando o doente com os pés mais altos que a cabeça e apertando levemente na saliência.

◆ Se a hérnia não voltar ao sítio, ou a dor piorar, e causar vómitos, **a hérnia pode estar estrangulada. Isto é muito perigoso. Levar o doente para o hospital, para ser operado de urgência.**

O **inchaço de escroto** também pode ser causado por uma infecção (ver pág. 452) ou por uma torção de testículo. Uma dor aguda e intensa com rápido inchaço dum lado do escroto, pode, quando o doente é jovem, ser sinal de **torção testicular**. Estes casos devem ser transferidos com urgência para uma unidade sanitária com mais recursos.

Inchaço (edema) dos membros inferiores e outras partes do corpo

Edema ou inchaço dos membros inferiores pode ser causado por diversos problemas, uns mais graves que outros. Mas se o rosto ou outras partes do corpo também estão inchados, em geral é um sinal de doença grave.

Causas:

As pessoas idosas que passam muito tempo sentadas, ou de pé no mesmo lugar, muitas vezes ficam com os membros inferiores inchados por causa da má circulação.

Porém, os membros inferiores inchados nos adultos podem ocorrer devido a problemas cardíacos ou renais. A filaríase também causa inchaço dos membros inferiores. Para o inchaço nas mulheres grávidas, ver pág. 599.

O inchaço nas crianças é sinal de doença grave. Pode ser causado por anemia, malnutrição, doença renal ou filaríase.

Tratamento:

Para reduzir o edema, deve ser tratada a doença que o provoca. Fazer também o seguinte:

QUANDO OS PÉS ESTÃO INCHADOS:

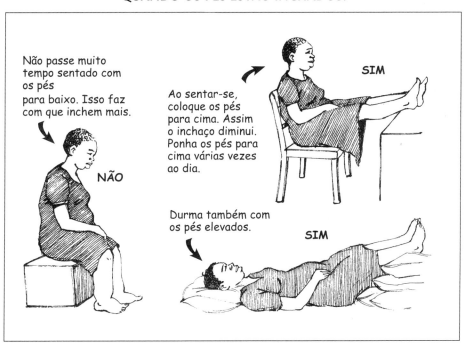

Não passe muito tempo sentado com os pés para baixo. Isso faz com que inchem mais.

NÃO

Ao sentar-se, coloque os pés para cima. Assim o inchaço diminui. Ponha os pés para cima várias vezes ao dia.

SIM

Durma também com os pés elevados.

SIM

Como as causas podem ser doenças graves, transferir o doente para uma unidade sanitária com mais recursos.

Varizes (veias varicosas)

Veias varicosas são veias que ficam inchadas, torcidas e muitas vezes doem. Encontram-se com mais frequência nas pernas das pessoas mais velhas e em mulheres grávidas ou que tiveram muitos filhos.

Tratamento:

As seguintes medidas ajudam:

◆ Não ficar durante muito tempo de pé ou sentado com as pernas penduradas. Se você é obrigado a ficar de pé ou sentado por longos períodos, tentar deitar-se com os pés para cima, durante alguns momentos cada meia hora. Quando estiver de pé, tentar andar no sítio, ou levantar os calcanhares do chão e baixá-los; fazer isso várias vezes. Andar o máximo possível. Dormir também com os pés elevados (sobre uma almofada).

◆ Pode usar meias elásticas (meias de suporte) para ajudar a suster as veias. Não esquecer de as tirar quando for dormir.

◆ Cuidando desta forma das veias evita-se feridas crónicas ou **úlceras varicosas** nos tornozelos.

Uma operação pode ajudar.

Se o doente está com úlcera, ou a sofrer muito com dores e edema, transferir para uma unidade sanitária com mais recursos.

Vermes (parasitas) intestinais

Existem vários tipos de parasitas que vivem no intestino das pessoas e causam doenças.

As parasitoses intestinais mais frequentes são os ascaris (ou lombrigas) e os ancilostomas.

As parasitoses são muito frequentes, especialmente nas crianças. Por isso, é recomendado um tratamento anti-helmíntico (contra as parasitoses) como o mebendazol de 6 em 6 meses nas crianças com mais de 1 ano e nos adolescentes.

Parasitas grandes que são visíveis nas fezes:

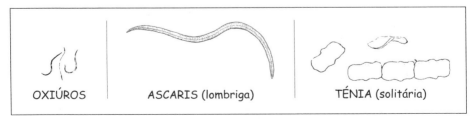

| OXIÚROS | ASCARIS (lombriga) | TÉNIA (solitária) |

Estes são os únicos parasitas geralmente visíveis nas fezes.

Ascaris (lombrigas)

Tamanho: 20 a 30 cm. Cor: branca ou rosa

Como se transmite:

Das fezes para a boca (fecal-oral). Quando há falta de higiene, os ovos do ascaris passam das fezes duma pessoa para a boca de outra.

Efeitos sobre a saúde:

Uma vez os ovos engolidos, as larvas saem da casca e passam para a corrente sanguínea. Isto pode causar comichão no corpo todo. Depois, as larvas passam pelos pulmões, causando, algumas vezes, tosse e até pneumonia. As larvas sobem pelas vias aéreas e são deglutidas e assim alcançam os intestinos, onde se transformam em parasitas.

Muitas lombrigas presentes nos intestinos podem causar mal-estar, cólicas e fraqueza. As crianças que têm muitos ascaris, frequentemente têm a barriga grande e inchada. Raramente, as lombrigas podem causar asma ou oclusão intestinal.

Quando uma criança tem febre, os parasitas às vezes saem pelas fezes, boca ou nariz. Por vezes, quando passam pelas vias aéreas, causam engasgamento ou dificuldade em respirar.

Prevenção:

Utilizar as latrinas, lavar as mãos antes de comer ou mexer em comida, e depois de utilizar a latrina, proteger os alimentos das moscas, e seguir as regras de higiene já mencionadas no capítulo 11.

Tratamento:

Mebendazol (ver pág. 717) ou albendazol (ver pág. 717).

Ancilostoma

Geralmente, o ancilostoma (parasita com gancho) não é visível nas fezes porque são os ovos que passam pelas fezes. Para provar a sua presença, é necessário fazer uma análise das fezes para verificar os ovos. Estes parasitas chupam o sangue e podem causar anemia.

COMO SE TRANSMITE

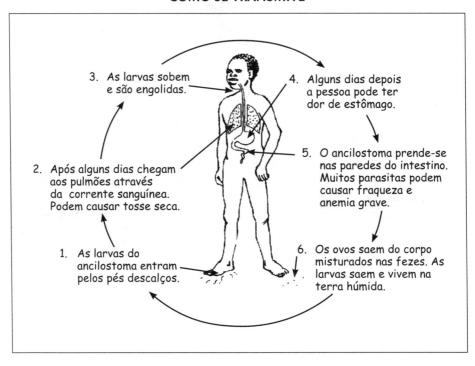

3. As larvas sobem e são engolidas.

4. Alguns dias depois a pessoa pode ter dor de estômago.

2. Após alguns dias chegam aos pulmões através da corrente sanguínea. Podem causar tosse seca.

5. O ancilostoma prende-se nas paredes do intestino. Muitos parasitas podem causar fraqueza e anemia grave.

1. As larvas do ancilostoma entram pelos pés descalços.

6. Os ovos saem do corpo misturados nas fezes. As larvas saem e vivem na terra húmida.

A infecção pelo ancilostoma pode ser uma doença grave. Qualquer criança, ou adulto, que esteja anémica e pálida pode ter ancilostoma. Se possível, as suas fezes devem ser analisadas.

Prevenção:

◆ Construir e utilizar latrinas.

◆ Não andar descalço.

Tratamento:

Mebendazol (ver pág. 715) ou albendazol (ver pág. 715). Tratar a anemia com sal ferroso (ver pág. 724) e recomendar alimentos ricos em ferro (ver pág. 160).

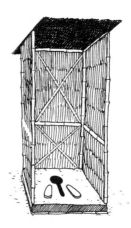

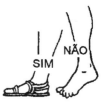

SIM / NÃO

Oxiúros *(enterobius)*

1 cm de comprimento. Muito fino, como um fio de linha.

Como se transmite:

Estes parasitas põem milhares de ovos ao redor do ânus (orifício).

Isso causa comichão, principalmente à noite. Quando a criança coça, os ovos ficam debaixo das unhas, e são levados para a comida e outros objectos. Desta maneira, os ovos podem chegar à própria boca ou à boca de outras pessoas, causando novas infecções. Também a roupa de dormir e a roupa de cama podem ser contaminadas com os ovos.

Efeito sobre a saúde

Estes parasitas não são perigosos. A comichão pode não deixar dormir.

Prevenção e tratamento:

◆ Uma criança que tenha oxiúros deve usar fralda ou calças de algodão apertadas quando estiver a dormir, para não coçar o ânus.

◆ Quando a criança acorda e depois de evacuar, lavar-lhe as mãos e as nádegas (área do ânus). Lavar-lhe sempre as mãos antes de comer.

◆ Dar-lhe banho todos os dias e mudar-lhe a roupa com frequência, lavar-lhe bem as nádegas e as unhas.

◆ Cortar-lhe as unhas bem curtas.

◆ Aplicar-lhe vaselina no interior e ao redor do ânus quando for para a cama, para lhe aliviar a comichão.

◆ Dar mebendazol (ver pág. 717) ou albendazol (ver pág. 717). Quando uma criança é tratada contra os parasitas, é melhor tratar a família toda ao mesmo tempo.

◆ A higiene é a melhor prevenção contra os oxiúros. Mesmo que o medicamento tenha eliminado os parasitas, a pessoa apanha-os outra vez se não tiver cuidado com a higiene pessoal.

Tricocéfalo *(trichuris trichiura)*

De 3 a 5 cm de comprimento.
Cor cinzenta ou rosa.

Como se transmite:

Este parasita, como a lombriga, passa das fezes duma pessoa para a boca de outra. Geralmente este parasita não causa muito mal, mas pode causar diarreia e anemia. Em crianças, às vezes, causa a saída duma parte do intestino pelo ânus (prolapso rectal).

Prevenção:

Idêntica à que foi descrita para as lombrigas.

Tratamento:

Dar mebendazol (ver pág. 717) ou albendazol (ver pág. 717). Empurrar suavemente para dentro o prolapso rectal usando uma luva cirúrgica ou pano molhado.

Ténia (solitária)

No intestino, a ténia cresce e pode medir muitos metros de comprimento. Mas os pequenos pedaços brancos e espalmados (segmentos), que encontramos nas fezes, medem em geral 1 cm de comprimento.

Às vezes, um segmento pode sair por si próprio e encontrar-se na roupa interior.

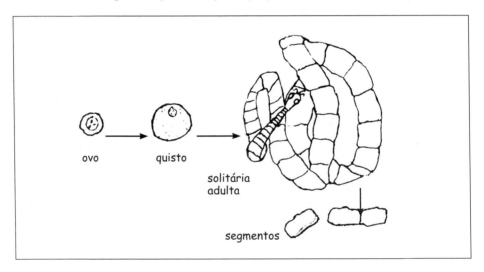

ovo   quisto

solitária
adulta

segmentos

As pessoas apanham a ténia ao comerem carne de porco ou vaca mal cozida.

COMO SE TRANSMITE

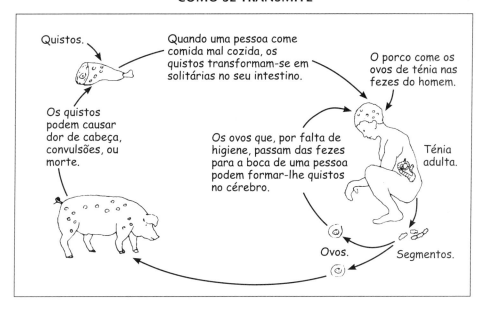

Quistos.

Quando uma pessoa come comida mal cozida, os quistos transformam-se em solitárias no seu intestino.

O porco come os ovos de ténia nas fezes do homem.

Os quistos podem causar dor de cabeça, convulsões, ou morte.

Os ovos que, por falta de higiene, passam das fezes para a boca de uma pessoa podem formar-lhe quistos no cérebro.

Ténia adulta.

Ovos.

Segmentos.

Efeitos sobre a saúde:

Há 2 tipos: ténia *saginatum* (da vaca) e ténia *solium* (do porco). A ténia adquirida do porco é muito mais perigosa, porque pode formar quistos no cérebro.

A ténia, no intestino, às vezes pode causar apenas ligeiras dores de estômago.

O grande perigo existe, na ténia do porco, quando os **quistos** (pequenos sacos, que contêm larvas) entram no cérebro duma pessoa.

Na ténia do porco, a pessoa pode não saber que está infectada até desenvolver sintomas graves no cérebro e noutras partes do corpo.

Prevenção:

Assegurar que a carne esteja bem cozida, principalmente a de porco. Ter a certeza de que o interior da peça de carne não ficou cru.

Quando se matar os porcos, inspeccionar a carne para ver se não tem quistos. Se tem quistos, não comer.

Tratamento:

Praziquantel (ver pág. 717).

> **Toda a pessoa que tenha a ténia deve seguir cuidadosamente as regras de higiene – e receber tratamento sem demora, devido ao risco de quistos no cérebro.**

Bilharziose

Bilharziose vesical (da bexiga)

Esta infecção é causada por um tipo de parasita (*Schistosoma haematobium*), que se fixa no tracto urinário. **Qualquer pessoa que tenha sangue na urina, deve fazer uma análise da urina** para verificar se existem ovos do parasita.

Sintomas e sinais:

- **O sinal mais comum é a hematúria (sangue na urina),** principalmente nas últimas gotas de urina.

- Pode ocorrer dor na parte baixa da barriga.

- Depois de meses ou anos, a bexiga e os rins podem ficar muito danificados – causando sintomas urinários tais como incontinência urinária (dificuldade em reter a urina), infecção urinária e insuficiência renal crónica.

Qualquer doente com sintomas urinários deve ser investigado para bilharziose. Os doentes com sintomas mais graves devem ser transferidos para uma unidade sanitária com mais recursos.

Como se transmite:

A doença não é transmitida directamente de pessoa a pessoa. Os parasitas vivem parte da sua vida dentro dum pequeno caracol, que vive na água.

Os parasitas são transmitidos assim:

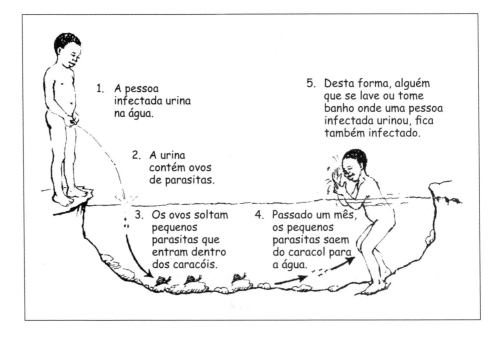

1. A pessoa infectada urina na água.

2. A urina contém ovos de parasitas.

3. Os ovos soltam pequenos parasitas que entram dentro dos caracóis.

4. Passado um mês, os pequenos parasitas saem do caracol para a água.

5. Desta forma, alguém que se lave ou tome banho onde uma pessoa infectada urinou, fica também infectado.

Prevenção:

◆ Para prevenir a schistosomíase, colaborar com programas da saúde para tratar as pessoas infectadas e matar os caracóis.

◆ Mas o mais importante é o cumprimento desta regra: **todos devem urinar em latrinas e NUNCA URINAR PERTO OU DENTRO DA ÁGUA DE RIOS E LAGOS.**

◆ Evitar que as pessoas tomem banho ou brinquem em pequenas lagoas e rios.

◆ Evitar o contacto com água parada e pouco profunda.

Tratamento:

Praziquantel (ver pág. 717).

Bilharziose intestinal

Esta infecção é causada por *Schistosoma mansoni*. Este, em vez de ficar no tracto urinário, fixa-se no intestino. É diagnosticado com o exame das fezes. Não há sinais específicos, além de perturbações gastrointestinais.

Depois de anos, o fígado pode ficar muito danificado.

Transmissão:

A transmissão é a mesma da bilharziose vesical, mas os parasitas saem nas fezes e o caracol é diferente.

Prevenção:

Para prevenir a bilharziose intestinal, tomar as mesmas medidas que para prevenir a bilharziose urinária, **todos devem defecar em latrinas e NUNCA DEFECAR PERTO OU DENTRO DA ÁGUA DE LAGOS E RIOS.**

Tratamento:

Praziquantel (ver pág. 717).

Filaríase linfática

A filaríase linfática é causada por um parasita, chamado filária, que é transmitido por mosquitos (diferentes dos mosquitos que transmitem a malária).

Os parasitas alojam-se no sistema linfático, que é composto por gânglios e vasos, e é importante na defesa do organismo.

A filaríase pode apresentar-se em duas fases, a fase aguda (linfangite aguda) e a fase crónica (linfedema).

A fase aguda começa com um inchaço (edema) doloroso nos membros inferiores, pele quente, inchaço dos gânglios, acompanhado muitas vezes de febre. O testículo também pode ser afectado. O inchaço baixa gradualmente.

Os ataques de edema vão e vêm, mas o problema pode eventualmente tornar-se crónico com inchaço (linfedema) dos membros inferiores, braços, mamas (mulheres) e genitais.

No linfedema, muitas vezes pode surgir inflamação na pele e nos gânglios e vasos linfáticos que resulta da infecção.

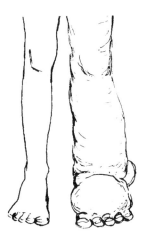

No estado avançado chama-se "elefantíase", porque o membro fica parecido com a pata do elefante.

Nos homens, o inchaço nos genitais pode aparecer na forma de hidrocelo (líquido à volta dos testículos, ver pág. 313).

Uma análise ao sangue mostrará se estão presentes larvas da filária.

Todos os doentes que apresentam edema dos membros inferiores ou dos genitais devem ir a uma unidade sanitária.

Não deixar que chegue à elefantíase.

Tratamento:

Na unidade sanitária o doente deve receber os medicamentos contra a filaríase (ver pág. 718).

Para prevenção da inflamação e redução do linfedema, aconselhar o doente a:

◆ Lavar a parte atingida cuidadosamente, com água e sabão, pelo menos uma vez por dia.

◆ Manter a parte atingida elevada o máximo possível.

◆ Usar sandálias, se possível.

Fazer exercícios frequentes na perna afectada. Recomendam-se os seguintes exercícios:

◆ De pé, com os dois pés assentes, agarrar uma parede, árvore, cadeira ou pessoa, elevando-se nos dedos de ambos os pés ao mesmo tempo e depois baixar os calcanhares no chão.

◆ Sentado ou deitado, apontar os dedos do pé para o chão e depois flexioná-los para cima, um pé de cada vez.

◆ Sentado ou deitado, mover o tornozelo em círculo, um pé de cada vez.

Repetir cada exercício 5-15 vezes.

Não fazer exercícios durante o ataque agudo.

SE HOUVER INFECÇÃO DA PELE:

◆ Colocar a perna num balde ou bacia de água fria ou aplicar um pano/compressa embebido em água fria.

◆ Manter a perna elevada.

◆ Tomar paracetamol para baixar a febre e aliviar os dores.

◆ Ir à unidade sanitária mais próxima para o tratamento com antibióticos.

Os antibióticos a usar nesta situação são os utilizados no tratamento das infecções da pele.

Os doentes com elefantíase ou hidrocelo podem beneficiar duma operação e devem ser transferidos para avaliação.

Prevenção e controlo:

É difícil controlar o mosquito que causa a filaríase.

Assim, o controlo da filaríase baseia-se em campanhas de tratamento em massa.

Febre-da-carraça

A febre-da-carraça é transmitida pela picada de carraças.

Muitas vezes, as picadas são de larvas que são muito pequenas para serem vistas, e não se notam. Em seguida surge a febre e nota-se um inchaço no local da picada. Torna-se numa ferida, e os gânglios linfáticos próximos ficam aumentados e dolorosos.

Em algumas zonas esta doença é muito frequente, passa despercebida porque todos a apanharam ao andar no mato quando crianças e ganharam imunidade.

Tratamento:

Doxiciclina (ver pág. 701), ou, como alternativa nos adultos com alergia à doxiciclina e nas crianças com menos de 8 anos, pode-se usar cloranfenicol (ver pág. 700).

Prevenção:

- ◆ Quando se anda no mato, usar roupa protectora e repelentes.
- ◆ Catar as carraças aos cães e não deixá-los entrar dentro das casas.
- ◆ Dar banho aos cães com produtos contra as carraças.

Hepatite

A hepatite é uma infecção causada por vários tipos de vírus (hepatite A, B, C, etc.) que danificam o fígado.

> **Estes vírus provocam os mesmos sintomas, mas as formas de transmissão duma pessoa para outra são diferentes.**

Como se transmite:

O vírus da **hepatite A** passa das fezes duma pessoa para a boca da outra através da água e alimentos contaminados.

Os vírus da **hepatite B e C** passam de criança para criança através da saliva ou sangue duma criança infectada para a outra criança que tem pequenas feridas. Também pode ser transmitida através de injecções, transfusão de sangue, relações sexuais e da mãe para o filho.

Sintomas e sinais:

Geralmente há febre e, no início, uma grande falta de apetite. À medida que a febre desaparece, a icterícia (os olhos ficam amarelos) aparece.

Em geral a pessoa fica muito doente por 2 a 3 semanas e continua fraca por 1 a 4 meses. A fraqueza pode continuar até 1 ano.

A doença é geralmente ligeira em crianças pequenas e mais grave em pessoas mais velhas. A maioria das pessoas são infectadas pelos vírus da hepatite, ainda quando crianças. Embora algumas pessoas adoeçam quando crianças, a maioria vive sem sintomas da doença. Mais tarde, quando adultos, os infectados com os vírus da hepatite B e C podem adoecer, com hepatite crónica, cirrose ou cancro do fígado.

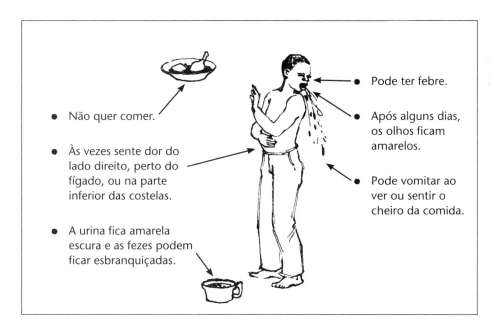

- Não quer comer.
- Às vezes sente dor do lado direito, perto do fígado, ou na parte inferior das costelas.
- A urina fica amarela escura e as fezes podem ficar esbranquiçadas.

- Pode ter febre.
- Após alguns dias, os olhos ficam amarelos.
- Pode vomitar ao ver ou sentir o cheiro da comida.

Tratamento:

♦ Os antibióticos não fazem efeito contra a hepatite. De facto, alguns medicamentos podem prejudicar ainda mais o fígado, já doente. **Não usar medicamentos.**

♦ O doente deve repousar e beber bastantes líquidos. Se recusa a maioria da comida, dar sumo de laranja, papaia, e outras frutas, e caldos.

♦ Quando o doente tem apetite, dar alimentos leves. Evitar alimentos com gordura se o doente não os tolera.

♦ **Não tomar bebidas alcoólicas** durante a fase aguda de doença (quando ainda se sente doente).

Os doentes com sinais de insuficiência hepática (hemorragias, alterações da consciência, agravamento da icterícia após 2-3 semanas do aparecimento) devem ser transferidos para uma unidade sanitária com mais recursos.

Prevenção:

♦ A transmissão de hepatite A é prevenida com medidas de higiene (ver capítulo 11).

♦ Para prevenir a transmissão de hepatite B e C, tomar as mesmas precauções que se tomam para evitar a transmissão do HIV (ver pág. 395). Em particular, tomar cuidado com as injecções.

♦ As vacinas das crianças protegem contra a hepatite B.

♦ Como para todas as doenças, a pessoa que estiver a cuidar dum doente deve lavar bem as mãos, depois de lidar com a pessoa doente.

Febre e malária

Febre

Quando o corpo duma pessoa está quente, diz-se que ela tem **febre. A febre elevada pode ser perigosa, principalmente numa criança pequena.**

Se possível, a febre deve ser medida usando o termómetro. Consideramos que uma pessoa está com febre se a temperatura do seu corpo é superior a 37,5° C.

A febre por si não é uma doença, mas um sinal de diferentes doenças, em particular as infecciosas. Estas doenças nem sempre são fáceis de se diferenciar.

Doenças graves que causam febre:	Doenças menos graves que causam febre:
■ malária	■ constipações
■ diarreia	■ gripe
■ pneumonia	■ bronquite aguda
■ meningite	■ otite
■ sarampo	■ amigdalite
■ tuberculose	■ infecções urinárias
■ HIV e SIDA	■ hepatite
■ febre tifóide	■ brucelose
■ febre reumática	

No momento da observação o doente pode não apresentar febre, mas referir história anterior de febre. Isto é devido ao ciclo natural de algumas doenças que causam febre, incluindo a malária, que cursam com febre intermitente (há períodos em que o doente não tem febre).

Na história, há algumas perguntas essenciais. É importante perguntar ao doente há quanto tempo tem febre. A febre que persiste por mais de 7 dias pode significar uma doença mais grave, por exemplo a tuberculose. Neste caso, deve-se transferir o doente para uma avaliação mais cuidadosa.

Nas crianças, deve-se perguntar se a criança teve sarampo nos últimos 3 meses. O sarampo deixa a criança predisposta a contrair outras infecções, por exemplo a tuberculose.

É importante também perguntar se já tomou medicamentos, o que significa que a febre não respondeu ao tratamento, por exemplo, um antimalárico (ver pág. 711), ou que a febre pode ser devida ao próprio medicamento, por exemplo, aos anti-retrovirais (ver pág. 748).

Ao exame físico, procurar primeiro os sinais gerais de perigo (ver pág. 86) e verificar se o doente tem rigidez da nuca (ver pág. 75). Se o doente apresentar algum sinal geral de perigo, a doença é muito grave, e pode ser devida a malária ou outra infecção grave. Se o doente apresentar rigidez da nuca, pode ser devido à meningite (ver pág. 376). Nestes casos, o doente precisa de ser transferido urgentemente para uma unidade sanitária com mais recursos. Antes da transferência, o doente deve fazer um tratamento urgente (ver pág. 88).

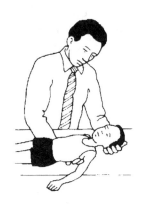

Nos doentes que não têm sinais de perigo, sempre que possível, deve-se **procurar e tratar a causa da febre**.

Deve-se avaliar se há uma erupção na pele (borbulhas). Nas crianças, observar se existe a erupção generalizada do sarampo ou outros sinais da doença.

A presença de corrimento nasal pode significar uma constipação comum ou gripe.

Se o doente não tem sinais evidentes de outra doença, é necessário tratar para a malária.

Em todos os casos, deve-se tratar e controlar a própria febre.

Tratamento da febre:

Quando uma pessoa tem febre:

1. Destapá-la completamente.

Uma criança pequena deve ser toda despida e deixada nua até a febre baixar.

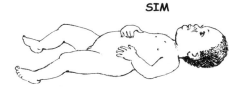

SIM

Isto ajuda a baixar a febre.

Nunca agasalhar a criança com roupas ou cobertores.

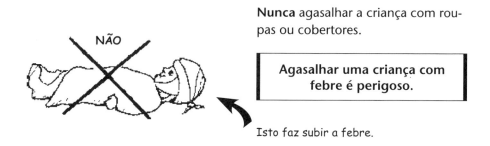

NÃO

> **Agasalhar uma criança com febre é perigoso.**

Isto faz subir a febre.

2. O ar fresco ou a brisa não fazem mal à pessoa com febre.

3. A ventoinha ou leque faz com que o doente se sinta mais confortável.

4. Se a febre é alta (≥ 38,5°C), dar paracetamol nas crianças com menos de 16 anos e nas grávidas, e paracetamol ou AAS no adulto.

5. Todas as pessoas com febre **devem beber muita água**, sumos ou outros líquidos. A água deve ser potável. Certificar-se que o doente urina frequentemente. Se ele não tem estado a urinar muito, ou se a urina é escura, deve-se dar mais líquidos.

6. O doente deve continuar a alimentar-se com refeições pequenas, leves e frequentes, se toleradas.

Uma febre muito alta pode ser perigosa se não for baixada rapidamente. Nas crianças pode causar convulsões (ataques).

> **Quando a febre sobe muito (acima de 40°C) e o corpo está muito quente, é preciso baixar a febre com urgência.**

Enquanto aguarda o efeito do paracetamol, **faça arrefecimento corporal.**

Como fazer arrefecimento corporal para baixar a febre:

- Arranjar, se possível, dois panos ou capulanas.

- Molhar as capulanas em água fresca.

- Enrolar uma capulana ao redor da cabeça, sobre a testa, e a outra no tronco.

- No caso de haver apenas uma capulana, colocá-la sobre a testa do doente.

- Observar se a temperatura começa a baixar.

- Se as capulanas secarem e a febre ainda não tiver passado, molhá-las novamente e voltar a colocá-las.

Malária

A malária é uma doença causada por um parasita – o plasmódio – que se transmite às pessoas através da picada do mosquito *Anopheles*. O plasmódio infecta o sangue do doente e causa febre alta, acompanhada de calafrios. Quando o mosquito pica uma pessoa doente, chupa os parasitas da malária que se encontram no sangue da pessoa infectada. Depois de algum tempo em que o parasita da malária se desenvolve no mosquito (10 a 18 dias), este injecta esses parasitas na próxima pessoa que for picada.

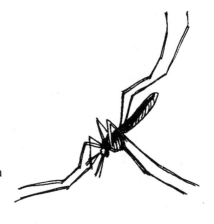

Existem várias espécies de plasmódio. O *Plasmodium falciparum* é o que causa os casos mais graves da doença. Para o *P. falciparum,* o período que decorre entre a picada dum mosquito infectado e o aparecimento dos sintomas – período de incubação – é de 7 a 14 dias.

Malária não complicada

Sintomas e sinais:

Os sintomas mais comuns de malária são: **febre,** cansaço e dores de cabeça. Muitas vezes há uma fase de 1-2 dias com cansaço e dores da cabeça antes de começar a febre.

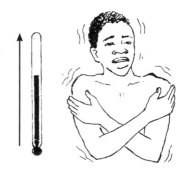

> **A febre da malária muitas vezes "vai e vem" e é geralmente acompanhada de arrepios de frio, tremores e, a seguir, suores.**

No momento da observação do doente, este pode não apresentar febre, mas referir uma história anterior de febre acompanhada de arrepios de frio.

Outros sintomas frequentes na malária não complicada são:

- dores no corpo
- falta de apetite
- náuseas e vómitos
- palidez (anemia)

Falta de apetite e vómitos podem ser sintomas de malária não complicada.

Diarreia e tosse podem aparecer, em particular nas crianças, mas são menos frequentes.

Nas crianças, a malária pode causar malnutrição. As crianças com malária precisam de ser seguidas na **Consulta da Criança em Risco** (ver pág. 570).

Malária grave

Sintomas e sinais:

A malária grave é uma emergência e **requer tratamento urgente**.

As pessoas com **malária grave** podem apresentar os seguintes sintomas e sinais:

- Não conseguem sentar-se ou levantar-se
- Confusão mental e sonolência (vontade de ficar sempre a dormir)
- Convulsões (ataques)
- Perda de consciência (malária cerebral)
- Não conseguem beber ou mamar
- Vómitos repetidos
- Respiração rápida e profunda

- Choque (ver pág. 243)
- Urina escura
- Volume da urina a diminuir (porque os rins começam a falhar)
- Olhos amarelos (icterícia)

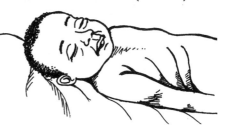

Os doentes com estes sinais devem ser rapidamente transferidos para uma unidade sanitária com mais recursos. O tratamento, de preferência com quinino I.M. (ver pág. 715), deve ser rapidamente iniciado na primeira unidade sanitária que estiver acessível. Assim que for possível, o doente deve ser transferido para uma unidade sanitária onde possa fazer quinino por infusão E.V.

Malária e anemia

À medida que os ataques febris de malária se vão repetindo, a pessoa vai ficando com anemia (falta de sangue), porque os parasitas vão "rebentando" os glóbulos vermelhos.

Quando os ataques são graves, a anemia pode aparecer dentro de 1 ou 2 dias, após o início da doença.

Os doentes com anemia grave devem ser transferidos urgentemente para uma unidade sanitária com mais recursos.

Malária crónica

Em situações em que o indivíduo já teve muitos ataques de malária, este poderá ter parasitas no sangue sem apresentar sintomas da doença. Eles são portanto uma fonte importante de infecção.

Com a evolução da doença, o baço e o fígado podem aumentar de tamanho.

Malária na gravidez

As mulheres grávidas com malária muitas vezes tem anemia e o bebé pode nascer com baixo peso, mesmo que elas não tenham sintomas.

Tratamento do doente com malária:

Quando uma pessoa começa a ter sintomas e sinais de malária deve ir, ou deve ser levada pelos familiares, à unidade sanitária mais próxima, o mais rapidamente possível. Os sintomas e sinais de malária podem ser facilmente confundidos com os de outras doenças. Por isso, é fundamental fazer rapidamente o diagnóstico e o tratamento adequado.

> **O manejo adequado dos casos de malária consiste no diagnóstico precoce e no tratamento rápido e eficaz da doença.**
> **A demora pode implicar o agravamento da doença para as formas de malária complicada!**

Teste de malária

A melhor maneira de confirmar se o doente tem mesmo malária, e não uma outra doença febril, é através dum teste laboratorial: o chamado **teste da pesquisa de plasmódio.** Este procura saber se o **plasmódio** (parasita que causa a doença) está, ou não, presente no sangue do doente.

A pesquisa de plasmódio é feita por exame **microscópico** de sangue do doente para identificar a presença de parasitas da malária (plasmódio) no sangue. Quando estes estão presentes, o resultado é positivo e apresentado em "cruzes", que podem ir de 1 (+) a 5 (+++++) cruzes, de acordo com o número de parasitas encontrado. Quanto maior for o número de parasitas, mais grave é a doença.

Também existem **testes rápidos de diagnóstico da malária** que já estão disponíveis em algumas unidades sanitárias.

Os doentes que tenham malária confirmada por exame **microscópico** ou teste rápido, devem iniciar o tratamento antimalárico o mais rapidamente possível.

Numa unidade sanitária sem laboratório ou teste rápido, o tratamento deve ser iniciado com base no diagnóstico **clínico**, ou seja, nos sintomas e sinais que o doente apresenta.

Em zonas de intensa transmissão da malária, o risco de malária grave é elevado em crianças com menos de 5 anos. Por isso, neste grupo etário, a febre deve ser tratada como malária, independentemente do diagnóstico laboratorial, porque o tratamento tem que começar o mais cedo possível.

Medicamentos antimaláricos

O tratamento da malária deve ser **precoce e eficaz.** Para isso, devem ser usados medicamentos antimaláricos que sejam eficazes e seguros, e garantir a sua administração e toma adequadas.

O tratamento da malária pode variar de país para país, de acordo com a resistência aos medicamentos.

Os medicamentos que se devem utilizar no tratamento da malária dependem da resistência do parasita aos antimaláricos identificadas na zona e da gravidade da doença.

> **Os medicamentos para o tratamento da malária podem variar de país para país! Sempre que existam normas nacionais de tratamento da malária, estas devem ser seguidas.**

Tratamento da malária não complicada:

O tratamento da **malária não complicada** deve ser iniciado precocemente para evitar complicações.

Actualmente, recomenda-se a **terapia combinada** de derivados da **artemisina** (por exemplo, artesunato, arteméter, ver págs. 712, 714) com outros antimaláricos. A artemisina **nunca deve ser administrada isoladamente,** para prevenir o aparecimento de resistência do parasita a este novo medicamento.

Exemplos de combinações usadas (ver págs. 712, 714):

- **Artesunato (AS) + sulfadoxina-pirimetamina (SP)**
- **Artesunato (AS) + amodiaquina (AQ)**
- **Arteméter + lumefantrina (AL)**

Por vezes, é necessário recorrer a outros medicamentos, sempre que haja contra-indicações para o uso destes, descritas nas páginas verdes (ver pág. 715). Neste caso, transfira o doente para uma unidade sanitária com mais recursos.

O doente deve fazer a primeira dose sob observação do trabalhador de saúde ou agente comunitário e esperar durante 1 hora.

É muito importante que o doente tome os comprimidos durante os 3 dias de tratamento, mesmo quando já se sente melhor. Se não o fizer, corre o perigo de ficar doente de novo, de piorar e de provocar resistência aos medicamentos.

É importante explicar ao doente, ou à mãe da criança, que é necessário voltar à unidade sanitária se: a febre persistir até 2 dias depois do início do tratamento; o estado do doente piorar ou se houver sinais de malária grave ou outro sinal geral de perigo (ver pág. 86). As crianças com menos de 2 anos devem voltar ao fim de 2 dias para serem observadas, pois o seu estado pode agravar-se rapidamente.

Quando a febre e/ou os outros sintomas persistem por mais de 2 dias após o início do tratamento, deve ser feito um **exame microscópico** do sangue para ver se ainda há parasitas.

Se ainda se encontram parasitas no sangue, pode-se considerar que se está perante uma aparente **falência terapêutica.**

A resistência às combinações baseadas em artemisinina são raras. Por isso, no caso duma aparente falência, devem ser consideradas as seguintes possibilidades:

- Erro de laboratório
- Medicamento de baixa qualidade, fora de prazo ou mesmo falsificado
- O doente não tomou o medicamento correctamente

Caso se confirme a falência, o doente deve ser transferido, o mais rapidamente possível, para uma unidade sanitária onde outros medicamentos estejam disponíveis.

Se os sintomas e sinais persistem com plasmódio negativo, deve-se procurar outras causas de doença ou transferir o doente para uma unidade sanitária com mais recursos.

Nota: As crianças com menos de 5 kg de peso devem ser rapidamente transferidas para uma unidade sanitária onde possam ser tratadas com quinino por infusão E.V. Mas, antes de transferir, deve ser administrada a primeira dose de quinino I.M. (ver pág. 715).

Tratamento da malária grave:

Nos casos de **malária grave**, o tratamento deve ser imediatamente iniciado com um antimalárico eficaz que pode ser dado por injecção, sendo o **quinino** o medicamento de eleição (ver pág. 715).

Todos os casos de **malária grave** devem ser **transferidos**, urgentemente, para uma unidade sanitária onde seja possível fazer o tratamento por administração de quinino por infusão E.V.

Mas, **antes de transferir o doente**, deve ser administrada a **primeira dose de quinino**, por via I.M. (ver pág. 715).

Se **não for possível transferir** o doente:

- Administrar a **primeira dose** de quinino I.M.
- O doente deve permanecer deitado durante uma hora.
- **Repetir** a injecção de quinino I.M., com **metade da dose**, de 8 horas em 8 horas, até que o doente esteja em condições de tomar um antimalárico oral. Não continuar a administrar injecções de quinino por mais de 1 semana.

Tratamento de suporte:

O doente com malária precisa de outros tratamentos para controlar a febre (ver pág. 331), as convulsões (ver pág. 292), inconsciência (ver pág. 245), anemia (ver pág. 290), etc.

O coma (inconsciência) e as convulsões podem ser causados pelo baixo nível de açúcar no sangue (hipoglicemia). Sempre que estiver disponível, deve ser administrada glicose (dextrose), por via E.V., lentamente: a 10% nas crianças; e a 30% nos adultos (ver pág. 729).

Não esquecer que os doentes precisam de beber muitos líquidos e de ser bem alimentados!

Para o tratamento da malária na gravidez, ver pág. 615.

Outras doenças

Sempre que esteja presente outra doença, os doentes devem ser tratados para as 2 condições. Por exemplo, uma criança pode ter malária e tosse com respiração rápida (um sinal de pneumonia). Esta criança necessita, ao mesmo tempo, de tratamento para a malária e para a pneumonia.

Notificação

Os casos de malária são notificados através do sistema de vigilância epidemiológica.

Deve ser considerado como caso suspeito de malária qualquer pessoa com febre, cefaleias (dores de cabeça), dor no corpo, arrepios de frio, tremores e, por vezes, vómitos.

Todos os casos de febre tratados com medicamentos antimaláricos (ver pág. 711) devem ser notificados como casos de malária.

Prevenção:

Para conselhos sobre como prevenir a malária, ver as medidas de controlo propostas no capítulo 11.

> **Pergunte ao doente com malária se está a usar a rede mosquiteira.**
> **Aproveite a oportunidade para fazer educação sanitária.**

CAPÍTULO
18 | Doenças diarreicas

As doenças diarreicas constituem um grave problema de saúde nos países em desenvolvimento, onde as condições económicas e de vida das populações são muito precárias. Nestas comunidades as doenças diarreicas são particularmente frequentes nas crianças com menos de 5 anos de idade e são uma das principais causas de morte neste grupo.

As doenças diarreicas podem ter várias causas, mas quase todas resultam de infecções intestinais que são transmitidas ao doente por contaminação dos alimentos e da água por fezes de outras pessoas. Os micróbios que causam a diarreia entram no corpo, através da boca, quando uma pessoa ingere alimentos ou água que foram contaminados por fezes; ou mete os micróbios directamente na boca através das mãos sujas. Esta é a chamada via de **transmissão fecal-oral** (ver pág. 182).

Quando há diarreia, a absorção dos alimentos pelo intestino do doente é menor do que o normal. Por isso, a diarreia pode provocar e/ou agravar a malnutrição, principalmente nas crianças pequenas, criando um ciclo vicioso que faz com que estas duas condições se agravem entre si.

A diarreia é mais frequente e perigosa em crianças menores de 5 anos, principalmente nas malnutridas

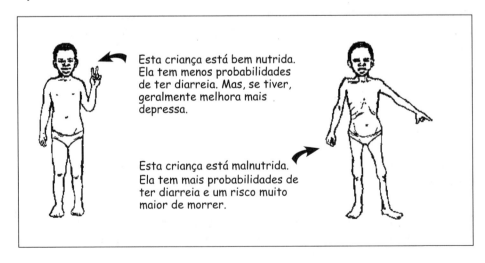

Esta criança está bem nutrida. Ela tem menos probabilidades de ter diarreia. Mas, se tiver, geralmente melhora mais depressa.

Esta criança está malnutrida. Ela tem mais probabilidades de ter diarreia e um risco muito maior de morrer.

Diarreia

Considera-se que o doente tem **diarreia**: quando as suas fezes contêm mais água do que o normal e por isso são moles ou aquosas; ou quando evacua 3 ou mais vezes, por dia, do que o normal. A diarreia pode ser ligeira, moderada ou grave.

PRINCIPAIS CAUSAS DE DIARREIA

Condições básicas

- Falta de água: potável para beber; para garantir uma boa higiene;

- Falta de condições de saneamento (latrinas);

- Malnutrição: enfraquece a criança e faz com que a diarreia por outras causas se torne mais frequente e mais grave.

Infecções

- Infecções intestinais causadas por numerosos micróbios (ver abaixo);

- Outras doenças infecciosas:

- SIDA (diarreia persistente); malária; sarampo; otite; amigdalite; infecções urinárias.

Alimentos

- Alergias a certos alimentos: frutos do mar, etc.; por vezes os bebés são alérgicos ao leite de vaca;

- Dificuldade em digerir o leite (principalmente em crianças malnutridas e em certos adultos);

- As crianças podem ter dificuldade em digerir alimentos que são novos para elas;

- Comer fruta verde ou alimentos fortes e muito gordurosos.

Medicamentos e venenos

- Efeito produzido por alguns medicamentos como, por exemplo: a ampicilina (ver pág. 698); os anti-retrovirais (ver pág. 748); laxantes e purgantes; etc;

- Plantas venenosas e certos venenos.

Há mais de 25 micróbios (bactérias, vírus e parasitas) identificados como agentes etiológicos (causadores) de **infecções do intestino** que provocam diarreia. Mas os agentes mais perigosos e capazes de provocar graves epidemias são as bactérias que causam a **cólera** (*Vibrio cholerae*) e a **disenteria epidémica** (*Shigella dysenteriae*). Estas duas doenças diarreicas epidémicas serão descritas mais à frente, neste capítulo.

É importante recordar que alguns casos de diarreia, principalmente em crianças pequenas, podem ser causados por **infecções fora do intestino**. Por isso, é preciso procurar sempre sinais de infecção dos **ouvidos, garganta** e **aparelho urinário**. Sempre que forem detectadas, estas infecções devem ser tratadas.

Classificar a diarreia

Um doente com diarreia deve ser logo observado, para se saber:

1. Há quanto **tempo** começou a diarreia? A diarreia pode ser *aguda* quando é súbita e de curta duração ou *persistente* quando se prolonga por mais de 14 dias;

2. O doente apresenta sinais de **desidratação**? Se tem desidratação é necessário identificar rapidamente o seu grau de gravidade;

3. Qual o aspecto das fezes? Quando aparece **sangue** junto com as fezes diarreicas, o doente tem *disenteria*.

Notificação

Os casos de diarreia devem ser notificados através do sistema de vigilância epidemiológica. São notificados como diarreia todos os casos de diarreia mencionados pelo doente (ou pela mãe, no caso duma criança).

A cólera e a disenteria são notificadas separadamente.

Diarreia aguda

As doenças diarreicas agudas representam um risco elevado de mortalidade, principalmente para as crianças menores de 5 anos de idade. A maior parte das crianças (e dos adultos) que morrem de diarreia aguda, morrem pela **desidratação** que é causada pela perda de água e de sais minerais, pelas fezes.

Desidratação

Quando o doente está com diarreia, o corpo perde mais água e sais minerais, do que recebe. Isto acontece, principalmente, quando a diarreia é abundante e agrava-se se for acompanhada de vómitos.

A perda de água e de sais faz com que: o volume do sangue se vá reduzindo, o que faz o coração bater mais depressa para compensar; reduza a produção de urina e de lágrimas; a boca e a língua fiquem secas; e a pele perca a sua elasticidade.

Se a desidratação se agrava e o coração não consegue bater suficientemente rápido para manter o sangue a circular, a tensão arterial baixa, o doente torna-se letárgico e pode entrar em colapso circulatório – choque – e morrer.

Todos os doentes com diarreia aguda correm risco de desidratação. A desidratação grave pode levar ao choque e causar a morte do doente!

Sinais de desidratação:

É muito importante que todas as pessoas conheçam os sinais de desidratação e o que é preciso fazer para a prevenir e tratar:

- a sede é muitas vezes um dos primeiros sinais de desidratação

- pouca ou nenhuma urina; a urina é amarela escura

- perda súbita de peso

- boca seca

- nos bebés, fontanela (moleirinha) afundada

- olhos secos e encovados

- perda de elasticidade da pele *(sinal da prega cutânea)*

- uma criança com desidratação apresenta-se, muitas vezes, agitada e irritada

- a desidratação grave pode causar pulsação rápida e fraca, respiração rápida e profunda e levar ao choque (ver pág. 243). Pode também revelar outros sinais de perigo, como a letargia e o coma (ver pág. 245).

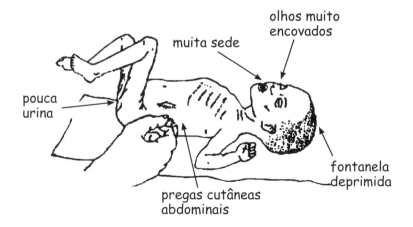

muita sede

olhos muito encovados

pouca urina

fontanela deprimida

pregas cutâneas abdominais

Como pesquisar o sinal da prega cutânea?

Colocar a mão no abdómen do doente e levantar a pele entre o polegar e o indicador.

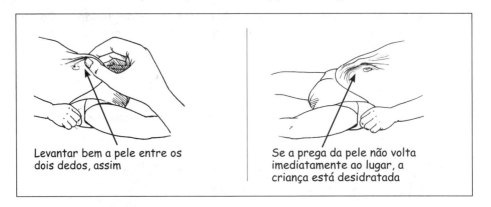

Levantar bem a pele entre os dois dedos, assim

Se a prega da pele não volta imediatamente ao lugar, a criança está desidratada

A mão deve ser colocada de tal modo que quando se levanta a pele do abdómen – prega cutânea – esta fica no sentido longitudinal do corpo do doente. Levantar firmemente todas as camadas da pele e o tecido debaixo delas.

Segurar a pele por 1 segundo, soltar logo de seguida e verificar como é que a prega da pele volta ao seu estado anterior:

- Muito lentamente (em mais de 2 segundos)
- Lentamente (caso a pele ainda fique levantada por um breve momento, depois de ter sido solta)
- Imediatamente

Para pesquisar o sinal da prega cutânea no adulto, para além da pele do abdómen, também se pode pesquisar na pele da parede interior do antebraço.

Atenção: Uma criança com malnutrição grave (marasmo) também pode apresentar este sinal, mesmo quando a criança não está desidratada.

O quadro seguinte pode ajudar a avaliar a desidratação numa criança, bem como o procedimento a seguir. Também podem ser utilizados os mesmos critérios para avaliar a desidratação no adulto.

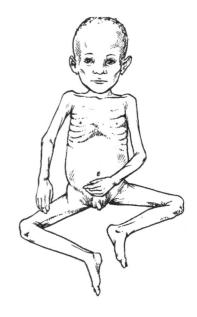

CRITÉRIOS DE AVALIAÇÃO DA CRIANÇA DESIDRATADA

Observar			
Estado geral	Bom e com vivacidade	Agitado, irritável	Sonolento ou inconsciente
Olhos	Normais	Encovados	Encovados
Lágrimas	Presentes	Ausentes	Ausentes
Boca e língua	Húmidas	Secas	Muito secas
Sede	Bebe normalmente, não tem sede	Com sede, bebe com avidez	Bebe com dificuldade ou não consegue beber
Palpar			
Prega cutânea	Volta rapidamente	Volta lentamente	Volta muito lentamente
Decidir			
Se o doente...	⬆ .... apresenta toda esta ausência de sinais: **não tem sinais de desidratação** ⬇	⬆ ....tem 2 ou mais destes sinais: **tem desidratação** ⬇	⬆ ....tem 2 ou mais destes sinais: **tem desidratação grave** ⬇
Tratar	*Líquidos em casa*	*Vai à US: Sais de Rehidratação Oral (SRO)*	*Vai à US: líquidos E.V.*

Atenção: Aos primeiros sinais de desidratação, é preciso reagir começando **logo a fazer rehidratação oral. Não esperar.** Se o doente evolui para a **desidratação grave** precisa de **rehidratação E.V. urgente.**

Tratamento da diarreia:

Quando uma pessoa está com diarreia, é preciso agir logo, mas a maior parte dos casos de diarreia tratam-se **sem necessidade de administrar medicamentos.**

Se a diarreia é aguda, o maior perigo é a **desidratação.** Se a diarreia dura muito tempo, o maior perigo é a **malnutrição.** Portanto, as medidas mais importantes do tratamento da diarreia são: dar **muitos líquidos (rehidratação);** e **alimentação adequada.**

Tratamento caseiro

Quando não há sinais de desidratação, o doente pode ser tratado em casa, com as seguintes medidas:

1. DAR MUITOS LÍQUIDOS

Qualquer pessoa com diarreia, **mesmo sem desidratação**, deve tomar mais líquidos do que o normal, para prevenir a desidratação.

Podem ser preparados e utilizados diversos **líquidos caseiros**, como por exemplo:

♦ **Água de arroz:** cozer arroz (já pilado é melhor) em água e adicionar sal (para 1 litro de água / ½ colher de chá de sal); separar num recipiente a água onde se cozeu o arroz (pode-se adicionar um pouco de arroz esmagado de modo a fazer uma papa aguada) e dar a beber ao doente.

♦ **Bebidas de cereais:** para além do arroz, também se pode usar farinha de milho, de trigo, de mapira, de sorgo ou ainda batatas cozidas e amassadas. Para 1 litro de água potável, adicionar ½ colher de chá de sal e 8 colheres de chá de farinha de cereais. Ferver a mistura durante 5 a 7 minutos, fazendo uma **papinha aguada** ou uma sopa líquida. Deixar arrefecer antes de dar ao doente.

♦ Água de lanho, chá fraco, sumos naturais e mesmo água simples podem servir.

ATENÇÃO: As bebidas e/ou papas ralas (aguadas) feitas de cereais podem fermentar em poucas horas em temperaturas quentes. Provar sempre antes de dar ao doente, principalmente às crianças, para ter a certeza de que não estão estragadas.

- Às crianças com menos de 6 meses de idade, deve-se dar só água simples fervida (e continuar a amamentar).

- Os líquidos devem ser dados com frequência e tanto quanto o doente consiga beber: dar em pequenos goles, utilizando um copo ou uma colher. Nas crianças pequenas, deve-se utilizar sempre uma colher para dar os líquidos a beber.

- É necessário continuar a dar líquidos adicionais até que a diarreia pare completamente.

- Se uma pessoa com diarreia também vomita, o perigo da desidratação aumenta, principalmente nas crianças pequenas. É **muito importante** dar líquidos. **Continuar a dar líquidos, mesmo quando o doente os vomita**. Há sempre uma parte do líquido ingerido que fica retido. Dar em pequenos goles a cada 5 ou 10 minutos. Se o doente vomita, esperar 10 minutos antes de lhe dar mais líquidos.

- Quando **não se consegue controlar os vómitos** ou se o grau de **desidratação do doente se agrava, levar imediatamente o doente para a unidade sanitária** mais próxima.

2. DAR MAIS COMIDA

Uma pessoa com diarreia necessita de se alimentar bem e pode comer tudo o que quiser e o que for capaz. Quando uma pessoa está com diarreia, os alimentos passam mais rapidamente pelo intestino e são muito pouco absorvidos. **Por isso, é preciso dar de comer ao doente muitas vezes ao dia,** principalmente se este só consegue comer pequenas quantidades de cada vez. Isto é particularmente importante nas crianças pequenas ou em pessoas que já estejam malnutridas ou com o HIV e SIDA.

- Um bebé com diarreia **deve continuar a mamar**. **O leite do peito** é o melhor alimento para os bebés. Isso não causa diarreia e ajuda o bebé a melhorar mais depressa.

- Uma criança (ou um adulto) deve comer muitos alimentos de base, construtores e ricos em energia (ver pág. 155), enquanto estiver com diarreia – e em quantidades maiores depois de ficar melhor.

Dar de mamar.

- Se a pessoa deixa de comer porque se sente muito doente ou porque vomita, deve recomeçar a comer assim que for capaz.

- Embora, de início, dar comida possa causar evacuações (defecações) mais frequentes, isto pode salvar a vida do doente.

- Mesmo depois de parar a diarreia, e durante mais duas semanas, a pessoa deve comer mais uma refeição por dia do que o normal.

Devido ao risco de malnutrição, uma criança com diarreia e perda do peso deve ser seguida na **Consulta da Criança em Risco** (ver pág. 570).

Doente com diarreia – comer o quê, quando e como?

- Comer refeições pequenas com intervalos de poucas horas;

- A gordura numa dieta é uma boa fonte de energia e não deve ser totalmente cortada quando o doente tem diarreia. Nas crianças, é bom adicionar um pouco de óleo vegetal à papinha, para dar mais energia concentrada, o que as vai ajudar a recuperar da diarreia. No entanto, devem ser evitadas comidas muito gordurosas, especialmente se pioram a diarreia;

- Por vezes é preciso **diminuir a ingestão de leite** e/ou dos seus derivados. O açúcar que se encontra no leite chama-se **lactose**. Nalgumas crianças, especialmente nas malnutridas e nos doentes com o HIV, o intestino pode ter problemas em digerir e tolerar a lactose. Nestes casos pode ser necessário evitar, durante algum tempo, não só o leite fresco, mas também o leite em pó e outros produtos com leite. O iogurte, o *maheu* e outros produtos fermentados são geralmente mais bem tolerados;

- Seleccionar alimentos que sejam facilmente digeridos e absorvidos. As frutas e os legumes descascados e cozidos são melhor tolerados;

- Ferver, ou cozer a vapor, os alimentos. Evitar os fritos.

ALIMENTOS BONS PARA UM DOENTE COM DIARREIA

Assim que o doente se consegue alimentar, para além de beber muitos líquidos, deve comer uma selecção equilibrada dos seguintes alimentos:

alimentos de base (que dão energia): papas de cereais, arroz, massa (deve-se adicionar 1-2 colheres de óleo vegetal aos pratos de cereais)

alimentos construtores (proteínas): galinha (cozida) peixe (bem cozido), ovos, carne (sem gordura), feijão, lentilhas (cozidas e esmagadas)

alimentos protectores (legumes e frutas) para repor os sais minerais perdidos: batata, tomate, banana,

ALIMENTOS QUE DEVEM SER DIMINUÍDOS

- alimentos confeccionados com muito óleo ou gordura
- leite e produtos do leite

ALIMENTOS E BEBIDAS QUE O DOENTE DEVE EVITAR

- café, bebidas alcoólicas, refrescos
- alimentos picantes e com temperos
- alimentos fritos
- alimentos com muita fibra
- frutas muito verdes, ou pouco maduras

Quando é que um doente com diarreia deve ir para uma unidade sanitária?

A diarreia pode ser muito perigosa – principalmente nas crianças com menos de 5 anos de idade.

Nas seguintes situações é preciso aconselhar, e/ou levar o doente, a procurar tratamento na unidade sanitária mais próxima:

■ Quando a criança, ou adulto, já estava muito doente, fraca, ou malnutrida antes do início da diarreia;

■ Se o doente não melhora dentro de 3 dias com o tratamento caseiro (mais líquidos e boa alimentação).

Ou quando se verificam:

● Sinais de desidratação (ver pág. 343);

● Agravamento do estado geral;

● Muitas dejecções aquosas;

● Vómitos repetidos;

● Febre;

● Respiração muito rápida;

● Na criança: está agitada e irritada; dificuldade em beber ou mamar;

● Sangue nas fezes;

● Diarreia por 14 dias ou mais.

A caminho da unidade sanitária
■ **O acompanhante deve continuar sempre a dar líquidos ao doente.**
■ **Aconselhar as mães a continuar a dar líquidos e a ir amamentando as suas crianças.**

Tratamento da desidratação na unidade sanitária

Qualquer que seja o grau de desidratação do doente, criança ou adulto, ele deve permanecer na unidade sanitária até que a sua rehidratação esteja completa.

1. DESIDRATAÇÃO LIGEIRA OU MODERADA

Quando a desidratação é ligeira ou moderada, pode ser facilmente corrigida utilizando a chamada terapia de rehidratação oral – **TRO** – com uma solução de Sais de Rehidratação Oral **(SRO)**.

Durante as primeiras 4 horas, a TRO deve ser administrada nas quantidades abaixo recomendadas:

QUANTIDADE DE SOLUÇÃO DE SRO A SER ADMINISTRADA DURANTE AS PRIMEIRAS 4 HORAS						
IDADE	Até aos 4 meses	4 - 11 meses	12 - 23 meses	2 - 4 anos	5 -14 anos	≥15 anos
SRO (ml)	200-400	400-600	600-800	800-1200	1200-2200	2200-2400
Em copos (=250 ml)	1-2	2-3	3-4	4-6	6-11	11-12

As quantidades acima indicadas devem ser usadas só como orientação. Se o doente tiver mais dejecções, é preciso dar ainda mais líquidos. Deve-se recomendar ao doente que beba tanto quanto sinta que necessita e dar tanta mistura (solução) de SRO quanto ele quiser. Se o doente, criança ou adulto, quiser mais SRO do que a quantidade citada, pode-se dar mais e à vontade do doente.

A quantidade de solução de SRO também pode ser calculada multiplicando o peso (em kg) por 75ml. Por exemplo, uma criança que pesa 8 kg necessitará:

---

8 kg x 75 ml = 600 ml de solução de SRO em 4 horas

- A solução de SRO deve ser dada em pequenos goles frequentes, utilizando um copo ou uma colher. Usar sempre uma colher, na criança pequena.

- Caso o doente vomite, esperar 10 minutos. Depois continuar a dar, pouco a pouco, a solução de SRO.

- Na criança pequena, a administração da solução de SRO não deve interferir com a amamentação. A mãe deve fazer pausas para que a criança mame, sempre que o desejar, para a seguir voltar a dar a solução de SRO. Nos bebés com menos de 6 meses que não estejam sendo alimentados ao peito, deve-se dar também 100-200 ml de água potável durante este período.

- Durante as primeiras 4 horas do tratamento com SRO, a mãe não deve dar alimentos à criança (a não ser o leite do peito). Mas assim que a criança estiver rehidratada, deve começar a ser alimentada o mais brevemente possível.

- Quando a criança, ou adulto, não está a tomar a solução de SRO ou parece estar a piorar, é preciso reavaliar o seu estado de desidratação, para saber se não evoluiu para um estado de desidratação grave (ver pág. 345).

Depois das primeiras 4 horas, é preciso **reavaliar** o grau de desidratação do doente (ver pág. 345):

■ Se o doente piorou e evoluiu para um estado de **desidratação grave**, é necessário começar com **rehidratação E.V.** urgente. Caso não haja recursos, é preciso transferir o doente, urgentemente, para uma unidade sanitária com mais recursos.

■ Se ainda tem desidratação **ligeira ou moderada**, continuar com **SRO** e começar a alimentar o doente. Dar **comida** e outros líquidos, a cada 3 ou 4 horas. As crianças alimentadas ao peito devem continuar a mamar com frequência.

■ Se o doente já **não tem sinais de desidratação**, pode ir para **casa**, com instruções para: continuar a beber **líquidos e** ter uma **boa alimentação**; voltar à unidade sanitária para **controlo** (marcar o dia).

■ Fornecer pacotes de SRO para utilizar em casa, caso seja necessário. Explicar ao doente, ou aos acompanhantes (principalmente às mães), como se prepara a solução de SRO.

COMO PREPARAR A SOLUÇÃO DE SRO

Diluir o conteúdo de cada pacote de SRO em 1 litro de água, de acordo com as seguintes instruções:

■ Lavar bem as mãos com água e sabão;

■ Ferver água e deixar arrefecer num recipiente tapado. Se não for possível ferver a água, usar a água mais limpa que for possível.

Medir 1 litro de água, usando qualquer recipiente disponível (depois de lavado), como um frasco, jarra ou garrafa de 1 litro

■ Esvaziar todo o pó de 1 pacote de SRO.

■ Mexer bem até que o pó se dissolva completamente.

■ Manter sempre tapado o recipiente onde se conserva a solução de SRO.

Nota: O SRO, depois de preparado, pode ser utilizado por apenas 24 horas. Por isso, a solução de SRO deve ser preparada diariamente e deitar fora o resto que possa ter sobrado no final de um dia.

2. DESIDRATAÇÃO GRAVE

Precisa de ser **corrigida urgentemente**, senão o doente pode entrar rapidamente em choque (ver pág. 243) e morrer.

As crianças e os adultos gravemente desidratados necessitam de repor, rapidamente, a água e os sais minerais que estão a perder. Esta reposição rápida deve ser feita pela administração de **líquidos por via E.V.** (ver páginas verdes), ou, como uma alternativa de urgência, por sonda nasogástrica. Assim, é necessário:

◆ Transferir o doente, com urgência, para uma unidade sanitária com mais recursos.

◆ Se for possível, pode-se usar uma sonda nasogástrica para rehidratar o doente durante o caminho.

◆ Se não houver possibilidades de canalizar uma veia, ou dar líquidos por sonda nasogástrica, e se o doente consegue beber, deve-se tentar ir dando solução de SRO durante a viagem.

Medicamentos para a diarreia

Para tratar a maioria dos casos de diarreia não é necessário administrar medicamentos. Somente no tratamento da disenteria é importante utilizar um antibiótico adequado (ver abaixo). No entanto, é muito frequente verificar a utilização de medicamentos, vulgarmente usados como "antidiarreicos" que pouco ou nada ajudam, e que até podem ser prejudiciais.

NÃO USAR OS SEGUINTES MEDICAMENTOS NO TRATAMENTO DA DIARREIA

● **Nunca** administrar "antidiarreicos" às crianças e lactentes.

● **Medicamentos "antidiarreicos", como loperamida, difenoxilato de atropina, codeína, tintura de ópio** podem causar paralisia do intestino ou deixar a pessoa sonolenta. Alguns podem levar à morte, sobretudo se administrados aos lactentes.

● **Medicamentos "antidiarreicos" com caolino e pectina** tornam a diarreia mais espessa e menos frequente, mas não corrigem a desidratação nem controlam a infecção. E podem retardar a rehidratação quando o doente bebe líquidos!

 Medicamentos "antidiarreicos" funcionam como rolhas. Fazem retenção da matéria infectada que precisa de sair!

● **Misturas "antidiarreicas" que contêm neomicina ou estreptomicina** não devem ser usadas, porque podem irritar o intestino e prejudicam mais do que ajudam.

● **Antibióticos** (indicados somente para a disenteria), algumas vezes causam mais diarreia, principalmente em crianças pequenas.

● **Laxantes e purgantes:** nunca devem ser dados a pessoas com diarreia. Só pioram a diarreia e aumentam o perigo de desidratação.

Diarreia persistente

Quando a diarreia se prolonga por mais de 14 dias é classificada como **diarreia persistente.**

A diarreia persistente é, sobretudo, uma doença nutricional, mas também pode ser devida a parasitas e outras infecções. Actualmente, aparecem cada vez mais casos de diarreia persistente, por ser muito frequente nos doentes com o HIV e SIDA.

O doente com diarreia persistente corre um grande risco de morrer. Portanto, todos os doentes com diarreia persistente devem ser **vistos numa unidade sanitária** e **rehidratados,** se tiverem **sinais de desidratação.**

Tratamento:

1. Uma **alimentação adequada** é o aspecto mais importante do tratamento.

   Na criança:

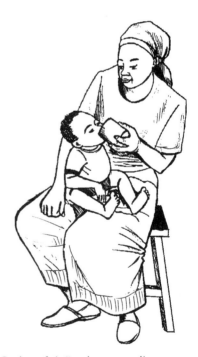

◆ Para os lactentes com menos de 6 meses, o aleitamento materno exclusivo é muito importante.

◆ Se a criança está a ser amamentada, é preciso dar-lhe mamadas mais frequentes e mais longas, quer de dia, quer de noite.

◆ Se a criança é alimentada com outro tipo de leite, este deverá ser substituído: por leite materno, sempre que possível; ou por produtos de leite fermentado, tais como iogurte, papas fermentadas (ver pág. 176), etc.; ou ainda, diminuir metade das mamadas, que devem ser substituídas por pequenas refeições de alimentos semi-sólidos e ricos em nutrientes. Deve-se utilizar sempre copo e/ou colher para administrar líquidos e alimentos à criança e não o biberão.

◆ Se a criança já come, dar 6 refeições por dia. Cada refeição deve ter alimentos que dão energia (papa de milho ou arroz misturado com um pouco de óleo vegetal) e alimentos que fortalecem o corpo (feijão, peixe, galinha).

O doente adulto deve :

♦ Comer alimentos ricos em amido, tais como arroz branco, papas de cereais e/ou bananas.

♦ Evitar: alimentos com muita gordura e com muita fibra; café, chá forte e bebidas alcoólicas.

♦ Substituir o leite por produtos de leite fermentado, como o iogurte.

♦ Comer 5 a 6 pequenas refeições, com intervalos de poucos horas, em vez de 3 refeições grandes.

2. Dar a beber **muitos líquidos** para repor a água perdida pela diarreia e prevenir a desidratação. Mas, se o doente já tem sinais de desidratação, esta tem que ser corrigida por via oral, ou por via E.V. se é grave.

3. Dar multivitaminas e suplementos minerais, se possível, durante 2 semanas.

4. Identificar e **tratar** outras **infecções**.

Algumas crianças com diarreia persistente podem ter outras infecções, tais como uma pneumonia, sepsis, uma infecção das vias urinárias, infecção do ouvido, candidíase oral. É preciso procurar estas infecções que requerem um tratamento específico. Caso não se identifique uma infecção específica, não se deve tratar com antibióticos porque estes não são eficazes.

5. Os doentes com o HIV e SIDA devem ser transferidos para uma unidade sanitária com mais recursos. Se não for possível a transferência, tratar como recomendado na pág. 417.

6. Na unidade sanitária, as crianças (e as mães) devem ser vistas todos os dias até a criança melhorar. Depois de a criança começar a comer bem e quando não apresenta sinais de desidratação, o controlo já pode ser feito após 2 ou 3 dias da última visita.

Devido ao risco de malnutrição, deve ser seguida na **Consulta da Criança em Risco** (ver pág. 570).

Aconselhar as mães a dar em casa: os mesmos alimentos que já faziam parte da dieta normal da criança, mas dar 1 refeição suplementar diária, durante pelo menos 1 mês; voltar a dar leite gradualmente ao longo de 1 semana.

Prevenção das doenças diarreicas:

Uma vez que as doenças diarreicas são fundamentalmente **doenças de transmissão fecal-oral,** a melhor forma para a sua **prevenção** consiste em medidas de **higiene** pessoal, de higiene da água e dos alimentos, bem como em medidas de **saneamento**, principalmente no que se refere à deposição de dejectos humanos. No capítulo 11 estão descritas várias medidas para a prevenção das doenças de transmissão fecal-oral, com particular destaque para:

- o abastecimento e uso de **água potável** para beber;

- a **lavagem das mãos** antes de preparar os alimentos, antes das refeições e depois de usar as latrinas;

- uso das **latrinas** (construir se não existirem);

- a **protecção dos alimentos** contra a sujidade e as moscas.

Outra medida muito importante para a prevenção de diarreia consiste **numa boa alimentação**. Isto, por causa do **ciclo vicioso** que se cria entre a **malnutrição** e a **diarreia**, principalmente nas crianças menores de 5 anos de idade.

No capítulo 10 estão descritos os tipos de alimentos que ajudam o corpo a resistir e/ou a combater diversas doenças, inclusive a diarreia.

No entanto, é muito importante saber que, principalmente nas crianças, se deve fazer a:

Prevenção da diarreia, prevenindo a malnutrição.
Prevenção da malnutrição, prevenindo a diarreia.

Sugestões importantes para a prevenção da diarreia em bebés:

- **O aleitamento materno é muito melhor para o bebé do que o biberão**. Nos primeiros 6 meses de vida os bebés devem mamar somente leite do peito (aleitamento materno exclusivo). O leite do peito ajuda os bebés a resistir às infecções que causam a diarreia.

NÃO

Se não for possível amamentar, o bebé deve ser alimentado utilizando uma chávena e colher. **Não se deve usar o biberão** porque é mais difícil de limpar bem, o que significa mais probabilidades de causar uma infecção ao bebé.

SIM

Amamentar ajuda a prevenir a diarreia.

- Quando se começa a dar ao bebé alimentos novos e sólidos, estes devem ser dados em pequenas quantidades. Pode-se fazer uma papinha e misturar com um pouco de leite do peito. O bebé tem que aprender a digerir os novos alimentos. **Não parar de amamentar o bebé de repente**. Começar a **dar outros alimentos** enquanto o bebé ainda está a ser amamentado. Se lhe é dado um alimento novo numa grande quantidade e de repente, o bebé pode ficar com diarreia.

Vómitos

Muitas vezes, as doenças diarreicas são acompanhadas de vómitos. Mas o vómito pode ser um sinal de vários problemas, alguns ligeiros e outros muito graves, por isso é importante examinar a pessoa cuidadosamente.

Outras causas de vómitos incluem malária, hepatite, amigdalite, dores do ouvido, meningite, infecção urinária, dor da vesícula ou enxaqueca. O abdómen agudo (apendicite ou obstrução intestinal), também pode causar vómitos.

Algumas pessoas, principalmente crianças, têm má disposição ocasional com vómitos. Muitas vezes não se sabe a causa. Pode haver uma ligeira dor de estômago ou dor de barriga ou febre. Este tipo de vómitos quase sempre não é grave e cura por si mesmo.

Se o doente com vómitos tiver os seguintes sinais de perigo – transfira-o imediatamente!

- Desidratação que piora e que não se consegue controlar.

- Vómitos persistentes que duram mais de 24 horas.

- Vómitos muito fortes, principalmente se forem de cor verde-escura, castanha, ou se cheiram como as fezes (sinais de obstrução).

- Dor abdominal contínua, principalmente se a pessoa não consegue evacuar (ver abdómen agudo, pág. 262, obstrução intestinal, pág. 265, apendicite, pág. 263).

- Vómitos com sangue (úlcera, ver pág. 294; cirrose, ver pág. 497).

Como tratar vómitos simples (sem outra doença):

- Para prevenir a desidratação, dê pequenas quantidades (goles) de líquidos várias vezes.

- Se o vómito não pára no adulto pode-se usar um medicamento contra o vómito como a metoclopramida (ver pág. 730) ou prometazina (ver pág. 730). Não dar metoclopramida às crianças.

Cólera

A cólera é uma doença diarreica em que há uma infecção intestinal aguda, causada por uma bactéria – o vibrião colérico (*Vibrio cholerae*).

Quando o vibrião colérico entra e se transmite numa comunidade pode provocar epidemias de diarreia aguda que podem levar à morte de muitas pessoas em pouco tempo.

Como qualquer outra doença diarreica, a cólera é uma doença de transmissão fecal-oral (ver pág. 182). Por isso, as epidemias podem surgir quando: a água de beber ou os alimentos estão contaminados, ou há falta de água para lavar as mãos. Durante uma epidemia, as pessoas também se podem infectar por contacto directo com os doentes e/ou com os cadáveres.

Como se reconhecem os casos de cólera

Quando há uma epidemia de cólera numa comunidade, a maior parte das pessoas infectadas com vibrião não apresentam qualquer sintoma (são portadores sãos) ou apresentam diarreia ligeira. No entanto, estas pessoas continuam a transmitir a doença, através das suas fezes.

Poucas pessoas desenvolvem **diarreia aguda grave** que pode levar rapidamente à morte. Estes são os **casos típicos** de cólera:

- A diarreia é profusa (muito abundante);
- Às vezes as fezes são líquidas e esbranquiçadas e parecem água de arroz;
- A diarreia é, geralmente, acompanhada de vómitos;
- Geralmente, não há febre;
- O doente queixa-se frequentemente de dor abdominal forte (cólicas) e de cãibras nos braços e pernas;
- O doente pode entrar rapidamente em desidratação grave e, se não for urgentemente tratado, pode morrer em poucas horas.

A cólera é muito perigosa porque pode levar rapidamente à morte e se transmite facilmente entre as pessoas que vivem em condições precárias (falta de abastecimento de água potável, de higiene e de saneamento básico).

A cólera aparece geralmente em forma de epidemias, com muitos casos da doença num curto espaço de tempo. Deve-se pensar na possibilidade duma epidemia de cólera sempre que começam a aparecer:

- Vários casos de diarreia que afectam pessoas da mesma família ou pessoas que vivem num mesmo local;
- Mais casos de diarreia, em adultos, do que é normal;
- Casos de diarreia com desidratação em adultos;
- Óbitos por diarreia em adultos.

Quando há cólera, ou suspeita de cólera: não deixar ficar os doentes em casa pensando que a diarreia vai melhorar!
Levar o doente imediatamente à unidade sanitária mais próxima!

Acções de luta contra a cólera

O controlo duma epidemia de cólera exige um grande reforço em meios humanos e materiais. Para fazer face ao volume de trabalho e às actividades que devem ser realizadas, é necessário informar (**notificar**) rapidamente as autoridades sanitárias, pedindo **reforço e apoio imediatos.**

Controlar a cólera não é apenas responsabilidade dos Serviços de Saúde! É também dos **Governos locais**, particularmente dos sectores que estão envolvidos no abastecimento de água, no saneamento, nos transportes, etc. É também muito importante mobilizar a participação activa de **organizações locais** e de **membros-chave da comunidade**, tais como: organizações religiosas; organizações não governamentais (ONGs); líderes comunitários; professores; activistas; comerciantes locais, etc.

Em muitos países onde a cólera ocorre com frequência, existem normas estabelecidas para a constituição de **comissões de combate à cólera,** assim que aparecem casos e/ou ameaça do aparecimento de cólera numa região.

Para além das medidas básicas para a prevenção de qualquer doença diarreica – abastecimento de água potável, higiene e saneamento básico – e que devem ser permanentes, para controlar a cólera é necessário organizar e coordenar várias acções **antes, durante e depois** da epidemia se propagar a uma determinada área.

Existem três fases na luta para controlar a doença: fase de alerta; fase epidémica; fase de vigilância.

1. FASE DE ALERTA

Quando ainda não se identificou nenhum caso de cólera numa área, mas já eclodiram casos em áreas vizinhas, é preciso preparar tudo para fazer face ao surgimento duma eventual epidemia.

É nesta fase que se devem formar rapidamente **Comissões de Combate à Cólera**.

Na fase de alerta deve-se pôr em prática:

- Reforço das medidas de prevenção da cólera, ou de qualquer outra doença diarreica: aprovisionamento de água potável; saneamento (dejectos e lixos); informação, educação e mobilização da comunidade para promover medidas de higiene pessoal, doméstica, da água e dos alimentos (ver capítulo 11).

- Acções que permitam o reconhecimento precoce do início duma epidemia:
  - Detectar e registar o **número de casos e óbitos de diarreia** que ocorrem na comunidade e/ou nas unidades sanitárias;
  - Suspeitar de cólera, e **notificar,** sempre que: o número de casos de diarreia aumenta bruscamente; ocorrem vários casos na mesma família e/ou vizinhos; aparecem mais casos de diarreia em crianças maiores de 5 anos e em adultos; aparecem casos de diarreia aguda com desidratação grave e/ou óbitos por diarreia em adultos.

- Acções de preparação para o tratamento rápido dos doentes:
  - Prever a abertura de enfermarias – **Centros de Tratamento de Cólera (CTC)** – para onde se vai transferir e tratar os doentes.
  - Definir bem e organizar como vão ser rapidamente transferidos os doentes para o CTC.

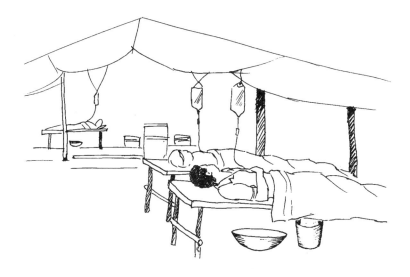

- Pedir reforço do pessoal e apoiar a organização do CTC, em medicamentos, equipamento e material de higiene:

- Pacotes de SRO, garrafas de 1 litro, panelas grandes com torneiras, copos e colheres, para a Terapêutica de Rehidratação Oral (TRO);

- Soros (lactato de Ringer), e sistemas para infusão E.V. – para os doentes com desidratação grave;

- Sondas nasogástricas;

- Zaragatoas rectais e meios de transporte, para as amostras a enviar para o laboratório;

- Luvas;

- Hipoclorito de sódio (ver pág. 740), para desinfecção da água e das mãos, roupas, lavagens e limpezas, etc.;

- Água limpa;

- Sabão;

- Baldes, bacias;

- "Camas de cólera";

- Panos para limpar.

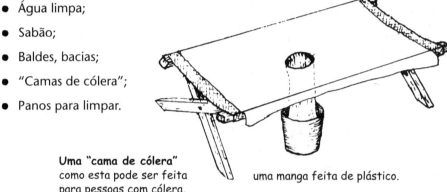

Uma "cama de cólera" como esta pode ser feita para pessoas com cólera. Observe quanto líquido a pessoa perde.

uma manga feita de plástico.

O sucesso do controlo duma epidemia de cólera depende da preparação cuidadosa das acções na fase de alerta!

---

2. FASE EPIDÉMICA

As acções preparadas na fase de alerta devem ser postas rapidamente em prática quando há suspeita duma epidemia.

Os objectivos nesta fase são:

- Não deixar morrer os doentes com formas graves de cólera – proporcionar tratamento urgente e adequado.

- Prevenir e controlar a transmissão da doença na comunidade.

Informar e pedir ajuda

Notifique imediatamente os casos suspeitos.

Colher uma amostra de fezes e enviar imediatamente ao laboratório para confirmar a presença do vibrião.

Registar os dados dos doentes e continuar a notificação diária, segundo as normas do país.

Tomar as medidas recomendadas para a investigação das epidemias (ver pág. 240). No caso específico de cólera, verifique:

Tipo de sintomas (diarreia aguda aquosa com casos de desidratação grave).

- Adultos atingidos?
- Óbitos?
- Vivem na mesma área ou localidade?
- Comeram o mesmo tipo de alimentos?
- Usam a mesma fonte de água?
- A comunidade vizinha tem epidemia?

Tratamento da cólera

O tratamento da cólera baseia-se na rehidratação urgente do doente. Veja as normas de avaliação de desidratação e rehidratação (ver págs. 345 e 349).

Leve-o imediatamente ao CTC ou à unidade sanitária mais próxima.

O doente deve começar a tomar líquidos em casa – líquidos caseiros (ver pág. 346) ou SRO (ver pág. 350) e continuar a tomar durante o percurso até à unidade sanitária.

Na unidade sanitária, a maior parte dos casos podem ser tratados com SRO e não precisam de soro E.V.

Mas os soros (ver pág. 728) salvam a vida dos doentes com desidratação grave. **Não atrase a sua administração.**

Devido à possibilidade de surgirem resistências, não é aconselhável o uso de antibióticos no tratamento da cólera. Siga as normas recomendadas pelas autoridades sanitárias.

Os doentes com cólera devem estar num lugar apropriado e isolado dos outros doentes.

As fezes e os vómitos são altamente contagiosos! Por isso se deve cumprir as normas e tomar as medidas recomendadas pelas autoridades sanitárias.

O hipoclorito é muito eficaz para matar o vibrião e é usado para **desinfectar tudo o que pode ter entrado em contacto com fezes e vómitos.** As informações sobre como preparar a solução de hipoclorito e as concentrações necessárias para a desinfecção encontram-se nas páginas verdes (ver pág. 740).

O lixo deve ser incinerado (ver pág. 146 para recomendações sobre lixo hospitalar).

Medidas de higiene para a pessoa que está a cuidar do doente em casa:

1. A pessoa que estiver a ajudar o doente deve, se for possível, usar luvas ou sacos plásticos nas mãos.

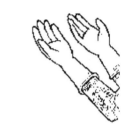

2. O doente com diarreia deve sempre usar a latrina, devendo-se depois deitar javel/lixívia ou cinza na latrina e tapá-la.

3. Se o doente não consegue fazer as necessidades na latrina, deve fazê-las numa bacia. Neste caso, deitar javel/lixívia na bacia, esperar 5 minutos e deitar as fezes na latrina.

   Lavar, em seguida, a bacia com água e javel/lixívia e enxugar.

4. Os vómitos do doente devem ser tratados como as fezes.
5. Lavar sempre as mãos do doente depois de usar a latrina.

6. É importante não misturar a roupa da pessoa doente com a de outras pessoas. Desinfectar a roupa, incluindo a da cama, deixando-a em água a ferver durante 5 minutos ou secando-a ao sol antes e depois duma lavagem normal.

Manejo dos cadáveres e precauções nos funerais

Os funerais deverão ser realizados com rapidez e na cidade ou distrito/local onde ocorreu a morte. Deve-se fazer todo o possível para evitar cerimónias fúnebres.

Para transporte dos corpos de pessoas que morreram de cólera, os transportadores devem usar luvas e os corpos deverão ser cuidadosamente embrulhados. Se possível, deve ser evitado contacto físico entre os familiares e o corpo. Se isso não for possível, a família deve ser aconselhada sobre a necessidade de:

◆ Lavar as mãos com sabão após tocar no corpo

◆ Evitar pôr as mãos na boca após tocar no corpo

◆ Desinfectar a roupa, incluindo a da cama, deixando-a em água a ferver durante 5 minutos ou secando-a ao sol antes e depois duma lavagem normal.

As pessoas que cuidam e limpam o cadáver podem ser expostas a altas concentrações de vibriões. Estas pessoas são com muita frequência as mesmas que preparam os alimentos para a assistência aos funerais. Deve-se desencorajar que sejam as mesmas pessoas. Caso não se disponha de outras pessoas para preparar os alimentos, é essencial que depois de tratarem do cadáver e antes de manipularem os alimentos lavem cuidadosamente as mãos com sabão e água limpa.

As pessoas que lavam e preparam o corpo devem:

◆ Usar luvas, máscara e avental

◆ Desinfectar o corpo com solução de hipoclorito (ver pág. 740)

◆ Tapar a boca, o ânus e a vagina do cadáver com algodão embebido em hipoclorito

◆ Pôr uma ligadura na cabeça do cadáver para manter-lhe a boca fechada ou tapar-lhe a boca com adesivo

Protecção da comunidade

Na comunidade, reforçar as medidas educativas e de mobilização. Mas só a educação não é suficiente. É necessário pressionar as estruturas ligadas ao abastecimento de água para o fornecimento urgente de água tratada e segura para beber.

A prevenção da cólera depende da **higiene individual e colectiva**. Muitas recomendações sobre higiene e saneamento encontram-se no capítulo 11.

Lave as mãos com água e sabão depois de usar a latrina, antes de preparar a comida, antes de comer e beber. **Ferva a água se for possível.**

Coma apenas alimentos cozidos, com excepção de fruta e vegetais que deverão ser descascados e bem lavados com água abundante. Não defecar junto às fontes de água. **Use sempre a latrina e mantenha-a limpa.**

Durante uma epidemia de cólera, deve-se ferver a água para beber. A fervura de água mata o micróbio da cólera. Outra medida para matar o micróbio da cólera é desinfectar a água com solução de hipoclorito (ver pág. 740).

Tem havido muita confusão devido ao uso de cloro porque os nomes – cloro e cólera – são parecidos ou porque o seu uso não foi bem explicado. O cloro não causa cólera.

Limão, tomate, iogurte e *maheu* adicionados à comida podem ajudar a prevenir a cólera.

É possível contrair cólera quando as pessoas tomam banho em águas contaminadas. Quando há contaminação dos lagos e rios onde as pessoas têm o hábito de tomar banho, deve-se informar e educar as pessoas sobre os perigos e com elas discutir para encontrar uma solução local.

Atenção deverá ser prestada à higiene nos mercados e outras locais onde a comida é vendida. Deverão estar disponíveis locais para lavar as mãos. As pessoas que comem no mercado ou compram alimentos que se vendem na rua, devem ter a certeza de que os alimentos foram cozidos na sua presença.

Dê mensagens simples à comunidade.

- ● **Lave as mãos com água e sabão.**
- ● **Proteja os alimentos.**
- ● **Use a latrina.**
- ● **Beba água potável.**

---

3. FASE DE VIGILÂNCIA

Depois de 2 meses sem casos, a zona será declarada "livre da epidemia". Recomenda-se manter durante 2 meses o estado de alerta.

Intoxicação alimentar

Vómitos, cólicas abdominais, diarreia, durante horas ou alguns dias, ocorrem em surtos epidémicos de pequenas dimensões envolvendo indivíduos que passaram uma refeição juntos ou comeram da mesma panela.

Deve-se dar líquidos para prevenir a desidratação ou tratá-la e tomar medidas para investigar epidemias.

No caso de estabelecimentos que preparem ou vendam comida, deve-se reforçar as medidas de higiene dos trabalhadores e de todos aqueles que manuseiam alimentos. A higiene geral do local (sala, casas do banho, mesas, cadeiras, louças, etc.) deve ser reforçada.

Disenteria

A disenteria é uma doença diarreica em que o doente tem diarreia com sangue. Pode ser causada por bactérias como as amebas.

Porém, a disenteria causada por bactéria (shigelose) começa de repente (aguda), as fezes são mais líquidas e muitas vezes ocorre febre. Outros sintomas são náusea, vómitos, necessidade urgente de defecar, sensação de não ter completado a evacuação e dor abdominal.

Em geral:

Diarreia aguda + sangue + febre = infecção bacteriana
Diarreia crónica + sangue, sem febre = amebas

Os doentes com disenteria devem ir a uma unidade sanitária. Os princípios do tratamento são os mesmos dos casos de diarreia: prevenção e tratamento da desidratação e alimentação apropriada.

Disenteria bacteriana

Nos últimos anos, a disenteria bacteriana tornou-se epidémica em muitos países de África. Esta disenteria é causada por uma bactéria chamada *Shigella*. Sempre que se verificar um aumento anormal do número de casos e/ou óbitos por disenteria, deve-se suspeitar que se trata dum surto causado por *Shigella*. Notifique imediatamente.

Antibióticos na disenteria

A maioria dos doentes recuperam dentro de 5 a 7 dias sem tratamento antibiótico. Estes doentes não apresentam um quadro clínico grave ou complicado.

Os antibióticos comuns, como ampicilina e cotrimoxazol, muitas vezes não fazem efeito contra a *Shigella*, porque a bactéria é resistente. Nos casos de disenteria, deve-se seguir as recomendações actualizadas sobre que antibióticos usar em cada país. Podem ser usados, por exemplo, o ácido nalidíxico (ver pág. 702) ou a ciprofloxacina (ver pág. 704). A *Shigella* tornar-se-á resistente se os antibióticos forem usados de forma abusiva. Assim, recomenda-se usar apenas nos casos que precisam de internamento hospitalar. As prioridades são:

- as crianças com menos de 5 anos de idade (não dar ciprofloxacina)
- adultos com idade igual ou superior a 50 anos
- qualquer indivíduo com desidratação, que tenha convulsões (ataques), ou que se apresente gravemente doente
- malnutridos

O controlo destes doentes deve ser feito 2 dias após o início do tratamento. Se o doente não melhora deverá ser transferido para uma unidade sanitária com mais recursos.

Os medicamentos para o alívio das cólicas abdominais ou para reduzir a frequência e quantidade das dejecções **NÃO** devem ser utilizados no tratamento da disenteria, pois podem causar efeitos adversos graves.

A febre alta (>38,5°) deve ser tratada com um antipirético (ver pág. 719).

As acções para o controlo das epidemias de disenteria bacteriana são muito semelhantes às da cólera. Mas o seu controlo é mais difícil, pois as epidemias tendem a persistir duma forma menos grave durante meses.

Notificação

Os casos suspeitos de disenteria bacteriana devem ser notificados através do sistema de vigilância epidemiológica.

Definição de caso

Diarreia com sangue visível nas fezes.

Disenteria amebiana

As amebas são parasitas tão pequenos que só podem ser vistos ao *microscópio*.

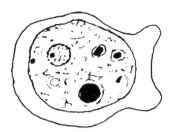

Uma ameba vista ao microscópio.

Sinais de infecção com amebas:

A disenteria amebiana típica consiste em:

- diarreia que vai e vem – às vezes alternando com prisão de ventre
- cólicas abdominais e a necessidade de evacuar frequentemente, mesmo que saiam poucas fezes, ou que não saia nada – ou somente muco
- fezes muito moles (não aguadas) com muito muco, e às vezes manchadas de sangue
- pouca ou nenhuma desidratação
- em casos graves, muito sangue com as fezes e a pessoa pode ficar muito fraca
- geralmente não ocorre febre

Para se ter a certeza da causa, é necessário fazer um **exame das fezes ao microscópio**. O diagnóstico é feito quando o exame laboratorial de fezes mostra amebas **vivas**.

É frequente encontrar quistos; os quistos não causam doença.

Às vezes as amebas penetram no fígado e formam um **abcesso** ou bolsa de pus.

Isto torna o lado direito superior da barriga muito sensível ou doloroso. A dor pode ir até ao lado direito do peito e piora quando a pessoa anda. Se a pessoa com estes sinais começa a ter expectoração escura acastanhada, é porque o abcesso amebiano está a vazar para dentro do pulmão.

Tratamento:

A disenteria amebiana pode ser tratada com metronidazol (ver pág. 702).

- ◆ Se o doente tiver um abcesso amebiano, transferir o doente para uma unidade sanitária com mais recursos.

Infecções respiratórias agudas e meningite

CAPÍTULO 19

Toda a infecção aguda (início súbito ou há poucos dias) que envolve o aparelho respiratório é designada infecção respiratória aguda (IRA).

Uma IRA pode ser reconhecida através de vários sintomas e sinais: tosse; dificuldade respiratória; pieira ou sibilos (um som parecido com um assobio) ou estridor (um som áspero produzido quando se inspira); nariz que pinga ou entupido.

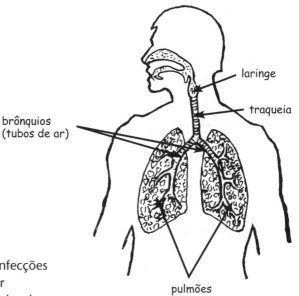

Constipação e gripe

Constipações e gripes são infecções por vírus que podem causar corrimento do nariz, tosse, dor de garganta e algumas vezes febre e dores articulares.

Pode haver diarreia ligeira, principalmente em crianças pequenas. Raramente, poderão surgir gripes mais perigosas, e neste caso as autoridades sanitárias darão o alerta.

As constipações e gripes quase sempre passam sem se tomar nenhum medicamento.

Não usar penicilina ou outros antibióticos. Só se gasta dinheiro, e não ajudam.

Aconselhar a:

- Beber muitos líquidos e repousar bastante.

- Paracetamol ou AAS (este só nos adultos) aliviam as dores do corpo e da cabeça.

- Não há necessidade de dieta especial. Os sumos de frutas, como laranja, fazem bem.

- Para tratar a tosse e o nariz entupido que surge com as constipações, ver acima.

- Comprimidos "anti-gripais" são mais caros e não são melhores do que o AAS e paracetamol. Para quê gastar dinheiro?

Se a gripe dura mais do que 1 semana, ou se a pessoa tem febre, tosse com expectoração amarela, dificuldade em respirar ou dor no peito, ela pode estar a desenvolver bronquite aguda (ver pág. 371) ou pneumonia (ver pág. 371). Pode ser necessário um antibiótico. O perigo de uma gripe se transformar em pneumonia é maior nas pessoas com infecção pelo HIV, nos idosos e em pessoas que têm doenças crónicas do pulmão, como bronquite crónica (ver pág. 484).

A dor de garganta muitas vezes faz parte da constipação. Não há necessidade de tratamento especial, mas gargarejar com água salgada morna pode ajudar a aliviar a dor.

Alguns bebés e crianças têm pieira quando têm gripe. Estas crianças podem beneficiar do salbutamol (ver pág. 735) durante os episódios de pieira. Se persistem, transferir para o clínico, para determinar se a criança tem asma (ver pág. 480).

Prevenção da constipação e gripes:

- Dormir e comer bem ajuda a evitar as gripes.

- Ao contrário das crenças tradicionais, as constipações não se apanham por se ter apanhado frio ou se ter molhado. A constipação é "apanhada" de outras pessoas que estão infectadas e tossem ou espirram, soltando os vírus para o ar.

- Para evitar passar a constipação aos outros, a pessoa que está doente deve cobrir a boca e o nariz com um lenço ou capulana quando tosse ou espirra.

Dor de garganta

Este problema muitas vezes começa com uma constipação ligeira.

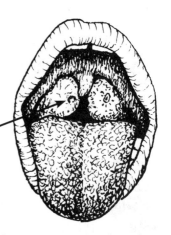

A garganta pode ficar avermelhada e doer quando se engole.

As amígdalas (dois gânglios que se vêem como saliências no fundo da garganta, um de cada lado) podem aumentar de tamanho e ficar doridas e com pus. A febre pode atingir os 40°. Isso chama-se amigdalite.

Tratamento:

◆ Gargarejar com água quente e sal (1 colher de chá de sal num copo de água)

◆ Tomar paracetamol para as dores.

Dor de garganta e o perigo da febre reumática

Para a dor de garganta que ocorre com uma constipação ligeira ou gripe, os antibióticos não devem ser usados porque não fazem efeito.

Existe um tipo de dor de garganta provocada por uma bactéria – chamada estreptococo – que deve ser tratada com penicilina. É comum em crianças e adolescentes. Geralmente começa de repente, com uma forte dor de garganta e febre, muitas vezes sem sinal de constipação ou tosse. A garganta e as amígdalas ficam muito avermelhadas, com uma secreção esbranquiçada, e os gânglios linfáticos debaixo da mandíbula podem inchar e ficar doridos.

Recomenda-se penicilina oral (ver pág. 694) durante 10 dias para prevenir a febre reumática. Se a penicilina for dada logo no início, há menos perigo de contrair febre reumática. A criança com inflamação na garganta por estreptococo deve comer e dormir separada das outras crianças, para evitar a transmissão da doença.

> **AVISO: Não dar amoxicilina no tratamento de amigdalite. Pode provocar uma erupção generalizada da pele.**

Bronquite aguda

É uma infecção dos brônquios (tubos que levam o ar aos pulmões). Provoca tosse e pieira, muitas vezes com expectoração. A bronquite geralmente é causada por vírus, e por isso, em geral, os antibióticos não ajudam.

Tratamento:

◆ Uso de inalações com vapor quente (ver pág. 301).

◆ Usar antibióticos se houver história de doença pulmonar crónica, expectoração amarelada, SIDA ou febre que persiste por mais de 3 dias. Os antibióticos indicados são cotrimoxazol (ver pág. 699) ou amoxicilina (ver pág. 697).

◆ Se o doente tiver pieira, usar salbutamol (ver pág. 735).

Pneumonia

A pneumonia é uma infecção dos pulmões, geralmente causada por bactérias. Ocorre frequentemente após outra doença respiratória como o sarampo, a tosse convulsa, a gripe, a bronquite, a asma – ou após uma doença muito grave, principalmente em bebés ou pessoas idosas. O doente com o HIV e SIDA pode desenvolver facilmente uma pneumonia.

Sintomas e sinais:

● A pessoa parece muito doente.

● Tosse (muitas vezes com expectoração amarela, esverdeada, cor de ferrugem, ou com raios de sangue).

● Febre (algumas vezes, recém-nascidos, pessoas idosas e fracas têm pneumonia com pouca ou sem febre).

● Respiração rápida.

● Pequenos gemidos, às vezes sibilos ou pieira. As narinas abrem-se quando a pessoa respira.

● Dor no peito (às vezes).

Podem aparecer feridas no rosto ou lábios.

Considera-se que um doente tem uma **pneumonia** quando apresenta sinais de infecção respiratória com **respiração rápida**. Para a definição de respiração rápida, ver a pág. 72, Frequência respiratória.

Os doentes com pneumonia devem ser tratados com um antibiótico (ver adiante). No caso dos recém-nascidos, devem ser sempre transferidos para uma unidade sanitária com mais recursos.

Considera-se que um doente tem **pneumonia grave** e precisa de **transferência rápida para uma unidade sanitária com mais recursos**, quando apresenta os seguintes sinais:

Nas crianças com menos de 5 anos, se apresentam qualquer sinal geral de perigo (ver pág. 86) ou estridor em repouso.

Nas crianças maiores de 5 anos e nos adultos, se apresentam qualquer sinal geral de perigo ou:

◆ Dificuldade respiratória

◆ Febre alta (≥ 38°C)

◆ Pulso rápido (≥ 120/minuto)

◆ Desconforto ao deitar

◆ Dor torácica intensa

Antes de transferir o doente, deve-se administrar:

◆ Paracetamol para a febre alta (≥ 38,5°C) ou para aliviar a dor

◆ A primeira dose de antibiótico, para os doentes graves (ver pág. 88)

Tratamento da pneumonia:

1. Administrar **antibióticos**.

Os antibióticos recomendados variam de acordo com a idade:

◆ De 1 semana até 2 meses de idade:

→ penicilina cristalina (ver pág. 695) e gentamicina (pág. 701)

◆ De 2 meses até 5 anos de idade:

→ cotrimoxazol (ver pág. 699), por via oral

◆ Adultos e crianças com mais de 5 anos:

→ penicilina cristalina (ver pág. 695)

◆ Nos doentes HIV-positivos, (ver pág. 418)

2. Administrar paracetamol, para baixar a temperatura e aliviar a dor.

3. Dar muitos líquidos por via oral. Evitar dar líquidos por via E.V., a não ser que haja uma indicação muito específica, como, por exemplo, o choque.

4. Se for uma criança, é preciso encorajar a mãe a continuar o aleitamento materno, se a criança não tiver dificuldade respiratória.

5. Para aliviar a tosse e soltar a expectoração, o doente deve fazer atmosfera húmida (respirar vapores de água). A drenagem postural também pode ajudar (ver pág. 302).

6. Desobstruir o nariz, caso esteja obstruído.

Na criança pequena, o nariz obstruído pode interferir com a alimentação. Pode-se usar uma seringa sem agulha para aspirar, suavemente, as secreções do nariz da criança.

O muco seco ou espesso pode ser desalojado, limpando o nariz com um pano macio e humedecido em água salgada.

7. Se o doente está com uma respiração sibilante (como se estivesse a assobiar), um medicamento antiasmático, como salbutamol (ver pág. 735) ou aminofilina, poderá ajudar.

Depois duma pneumonia, uma criança pode ter falta de crescimento ou malnutrição. Deve, por isso, ser seguida na **Consulta da Criança em Risco** (ver pág. 570).

Estridor e obstrução das vias aéreas

O estridor produz-se quando há inflamação das vias aéreas superiores que dificulta a entrada de ar nos pulmões. Pode ser uma ameaça mortal, especialmente se a inflamação atinge o laringe (laringite ou crupe).

Uma criança que tem estridor, quando está em repouso, tem uma doença perigosa. A criança deve ser rapidamente transferida para uma unidade sanitária com mais recursos, para ser tratada como uma pneumonia grave.

Cuidado: Não examinar a garganta da criança! Perigo de obstrução completa!

Se a criança apresenta estridor só quando está agitada e não tem sinais de perigo (ver pág. 86): não se preocupe. Neste caso, não se deve dar antibióticos. Experimente o tratamento com inalações de vapores.

Dor e infecção do ouvido (otite)

As infecções de ouvidos são comuns em crianças pequenas.

A infecção muitas vezes começa alguns dias depois duma constipação ou do nariz entupido.

pus

Quando uma criança tem infecção do ouvido, o pus acumula-se atrás do tímpano, causando dor e frequentemente febre.

Sintomas e sinais:

Muitas vezes a criança chora ou esfrega um lado da cabeça ou puxa a orelha. Caso não se trate a infecção, o tímpano pode romper. Aí, surge a secreção purulenta e a criança sente menos dor. A febre e os outros sintomas provavelmente desaparecem, porém a criança não ouve bem. Geralmente o tímpano sara logo. Outras vezes a secreção continua, o tímpano não sara e a criança fica com surdez.

Às vezes a infecção estende-se do ouvido ao osso mastóide, atrás da orelha, causando mastoidite. A infecção também pode estender-se do ouvido para o cérebro, causando meningite (ver pág. 376). Estas são doenças graves. Requerem atenção e transferência urgente para um hospital.

Observar se há saída de líquido ou pus do ouvido ou inchaço e dor ao toque atrás da orelha.

Tratamento:

◆ É importante tratar a infecção do ouvido o mais cedo possível. Dar um antibiótico como amoxicilina (ver pág. 697) durante 10 dias e também paracetamol para as dores. Na ausência de amoxicilina, pode dar-se a penicilina oral (ver pág. 694).

◆ Limpar e secar cuidadosamente o pus do ouvido com um pano limpo (ponta de capulana), pelo menos 3 vezes ao dia.

■ Torcer a ponta de capulana limpa, formando um rolo.

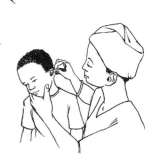

■ Colocar a ponta da capulana no ouvido e retirar quando estiver molhada.

■ Repetir as vezes que forem necessárias, até que o ouvido esteja seco.

O que não se deve fazer :

- ■ Não usar algodão, um lenço de papel, um cotonete ou um palito, que se desmanche ou se desfaça dentro do ouvido.

- ■ Não colocar nada no ouvido (óleos, líquidos e outras substâncias).

- ■ Não nadar ou mergulhar durante pelo menos 2 semanas após ter melhorado. Pode tomar banho normalmente.

> **O mais importante, quando sai pus do ouvido, é:** *limpar e manter o ouvido seco.*

Se se encontrar um inchaço doloroso atrás do ouvido, transferir para avaliação numa unidade sanitária com mais recursos. Dar a primeira dose de antibiótico (penicilina cristalina, ver pág. 695, e cloranfenicol, ver pág. 700) e paracetamol, antes de transferir.

Se a infecção dura 2 semanas ou mais, é uma infecção crónica. Os antibióticos de administração oral geralmente não são eficazes contra as infecções crónicas. Não administrar antibióticos de forma repetida. **O tratamento mais importante e eficaz é manter o ouvido seco** (ver acima). Transfira o doente.

Infecção no canal do ouvido

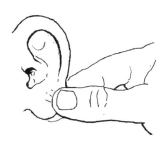

Para saber se o canal ou tubo do ouvido está infectado, puxar a orelha com jeitinho. Se isso causar dor, o canal está infectado.

Limpe o ouvido como está descrito em cima. Colocar um pano morno contra a orelha pode reduzir a dor.

Tomar paracetamol para as dores. Se houver febre ou pus, usar também um antibiótico (amoxicilina, ver pág. 697, ou cotrimoxazol, ver pág. 699).

Se os sintomas persistirem, transferir o doente para uma unidade sanitária com mais recursos.

Proteger os ouvidos de futuros danos. Não arranhar os ouvidos ou introduzir pedaços de algodão ou outros objectos nos ouvidos. Manter os ouvidos limpos e secos e não deixar entrar água nos ouvidos quando se toma banho ou se lava a cabeça.

Secar o ouvido depois de exposição à água.

Meningite

É uma infecção grave das meninges (membrana que envolve o cérebro), mais comum em crianças. Pode começar como uma complicação de outra doença, como pneumonia, ou infecção nos ouvidos. As crianças cujas mães têm tuberculose, às vezes podem apanhar meningite tuberculosa nos primeiros meses de vida. A meningite é mais frequente nas pessoas com o HIV e SIDA. Por vezes, podem surgir epidemias.

A meningite é causada por diferentes agentes, incluindo bactérias, fungos e vírus.

Sintomas e sinais:

- Febre.
- Dores de cabeça fortes.
- Não gostar da luz.
- Rigidez de nuca (ver pág. 75).
- Às vezes, o doente deita-se com a cabeça e o pescoço inclinados para trás:
- Náuseas e vómitos.
- Vontade de dormir (sonolência).
- Confusão mental, agitação.
- Inconsciência (coma).
- Convulsões (ataques).
- Movimentos estranhos.
- Choro persistente em crianças pequenas. A mãe não consegue fazer calar a criança dando-lhe de mamar.
- A criança piora cada vez mais e só fica sossegada quando perde completamente a consciência.
- A presença de erupção cutânea ou manchas arroxeadas quase sempre indica meningite devida ao meningococo, que causa epidemias.
- A meningite tuberculosa e a causada por fungos têm uma evolução lenta. As outras formas de meningite têm uma evolução mais rápida (em horas ou dias).

Crianças com menos de 1 ano:

A meningite pode ser difícil de diagnosticar nesta idade. Deve-se suspeitar se existem sinais gerais de perigo (ver pág. 86).

Muitas vezes não há rigidez da nuca, mas a fontanela (área mole no cimo da cabeça) pode ficar saliente.

Tratamento

Transfira o doente urgentemente para uma unidade sanitária com mais recursos – cada minuto é importante! Antes de transferir:

◆ Administre penicilina cristalina (ver pág. 695) e gentamicina (ver pág. 701) nos menores de 2 meses; cloranfenicol I.M. (ver pág. 700) nas crianças com 2 meses e mais.

◆ Se há febre, administre paracetamol, e faça arrefecimento corporal, se for necessário.

Na meningite, os antibióticos devem ser sempre iniciados à entrada. O diagnóstico é confirmado com a punção lombar. Se o líquido cefaloraquidiano (LCR) que sai é turvo ou purulento o diagnóstico de meningite é confirmado. O líquido também deve ser examinado ao microscópio.

O TRATAMENTO É COM DOSES ALTAS DE ANTIBIÓTICOS:
Nos adultos e crianças maiores de 7 anos:

◆ penicilina cristalina (ver pág. 695) ou cloranfenicol (ver pág. 700).

Nas crianças de 2 meses a 7 anos:

◆ ampicilina (ver pág. 698) ou penicilina cristalina (ver pág. 695) mais cloranfenicol (ver pág. 700).

No recém-nascido:

◆ ampicilina (ver pág. 698) e gentamicina (ver pág. 701).

Nas unidades sanitárias com cuidados de enfermagem rudimentares ou nas epidemias, é recomendado cloranfenicol oleoso (ver pág. 700) nos maiores de 2 meses.

Uma grande atenção deve ser dada aos cuidados gerais: administrar líquidos e dar comida suficiente. Sempre que possível, estimular a mãe a manter o aleitamento materno ou garantir a administração do leite materno pela sonda nasogástrica. Para o tratamento das convulsões, ver pág. 292, e para os cuidados necessários no doente inconsciente, ver pág. 245.

Os doentes com meningite podem ficar com sequelas físicas e mentais, e precisam de reabilitação para recuperar. As crianças que tiveram meningite devem ser seguidas na Consulta da Criança em Risco (ver pág. 570).

Prevenção:

Para prevenir e controlar epidemias, deve-se tomar as medidas indicadas adiante.

Para evitar a meningite tuberculosa, todos os recém-nascidos devem ser vacinados com BCG logo após o nascimento.

Epidemias de meningite

As epidemias de meningite são causadas por uma bactéria chamada meningo-coco *(Neisseria meningitidis)*. Normalmente ocorrem na época fria e seca. A via de transmissão é a via respiratória. As epidemias são mais frequentes em comunida-des fechadas, principalmente quartéis. Mas podem ocorrer em qualquer comu-nidade onde as pessoas vivem em más condições, com muitas pessoas dormindo no mesmo quarto e falta de ventilação.

Durante as epidemias de meningite devida ao meningococo podem morrer muitas pessoas.

Sempre que surja um caso de meningite deve-se pensar na possibilidade duma epidemia.

Deve-se ter sempre presente que um caso de meningite meningocócica pode ser indicativo do início duma epidemia, especialmente nos lugares onde muitas pessoas estão juntas, como os quartéis, creches, internatos, orfanatos, acampamentos. Numa zona rural, apenas um caso é sinal de alerta dum possível epidemia.

Procure tratamento com urgência. O tratamento precoce pode salvar a vida do doente.

Tratamento:

O tratamento recomendado nas epidemias é o cloranfenicol oleoso (ver pág. 700), 1 injecção I.M., com uma segunda dose 48 horas depois se o doente não melhora. A primeira dose deve ser dada à entrada, mesmo antes da punção lombar.

Na falta de cloranfenicol oleoso na unidade sanitária, podem ser utilizados os outros antibióticos.

Notificação

Todos os casos de meningite devem ser notificados através do sistema de vigilân-cia epidemiológica. Se aparece mais de um caso, ou um só caso num lugar onde as pessoas estão concentradas (quartel, creche, orfanato, acampamento), devem ser notificados com urgência. Pode ser o início duma epidemia.

Em condições de epidemia, os casos e óbitos de meningite deverão ser repor-tados diariamente.

Exemplo de definição do caso de meningite:

Qualquer pessoa com início súbito de febre (>38,5°C rectal ou 38° axilar) e um dos seguintes sinais: rigidez da nuca, alteração da consciência, ou outro qualquer sinal meníngeo.

Quimioprofilaxia (administração de comprimidos para protecção)

As pessoas que vivem na mesma casa podem tomar rifampicina para protecção. No caso duma comunidade fechada, por exemplo um quartel, as pessoas que dormem no mesmo quarto ou dormitório devem tomar rifampicina.

Só vale a pena tomar rifampicina nas primeiras 48 horas após o contacto.

A administração de rifampicina deve ser controlada pelos trabalhadores de saúde. Se não, pode surgir resistência ao medicamento.

Por si só, a quimioprofilaxia não é suficiente para controlar uma epidemia. Deve ser acompanhada de medidas para melhorar as condições das casas ou dormitórios.

Melhoria das condições das casas.

Melhorar a ventilação e limpeza das casas e dormitórios.

Evitar que muitas pessoas durmam no mesmo quarto.

Vacinação

Existe uma vacina, que é administrada para prevenir ou controlar epidemias. Não dá protecção às crianças menores de 2 anos de idade. A protecção de vacina dura mais ou menos 3 anos.

Tuberculose e lepra

Tuberculose

A tuberculose (TB) é uma doença crónica causada por uma bactéria chamada bacilo de Koch (BK).

A tuberculose transmite-se facilmente duma pessoa para outra através da tosse.

A forma mais frequente de TB é a pulmonar (TP). Quando o bacilo se instala no pulmão, reproduz-se e vai destruindo o tecido pulmonar provocando lesões em forma de cavidades (buracos).

O BK também se pode instalar e reproduzir em outro órgãos, especialmente nos doentes com o HIV e SIDA e nas crianças pequenas. As localizações mais frequentes da tuberculose extrapulmonar (fora dos pulmões) incluem: os gânglios do pescoço (tuberculose ganglionar); as meninges (meningite tuberculosa); o abdómen e a coluna.

Tuberculose da coluna

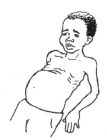

Tuberculose do abdómen

Nem todas as pessoas que são contaminadas pelo BK, contraem TB. As pessoas com boas defesas do organismo, podem ficar durante muitos anos com o bacilo "adormecido" no seu corpo, sem ficarem doentes. As pessoas que têm as defesas do organismo enfraquecidas, por exemplo, as malnutridas, diabéticas, e HIV-positivas, desenvolvem TB muito facilmente.

Cerca de metade das pessoas com o HIV desenvolvem tuberculose. Mas, nem todos os doentes com tuberculose são HIV-positivos.

A tuberculose é uma doença curável, mesmo na presença do HIV, desde que o doente tenha uma boa adesão ao tratamento.

Infelizmente, muitas pessoas morrem desta doença, principalmente porque não se tratam, e/ou porque não cumprem o tratamento que é relativamente prolongado (6 meses ou mais). Para a prevenção e cura da tuberculose, é muito importante que o doente seja **tratado no início da doença.** Por isso, é preciso **conhecer bem os sintomas e sinais da tuberculose e estar atento a eles.**

Existem muitas crenças sobre a tuberculose. É importante saber que o curandeiro não cura esta doença. Sem fazer o tratamento adequado, prescrito e seguido numa unidade sanitária, o doente muitas vezes acaba por morrer.

Sintomas e sinais:

Um **adulto** com tuberculose apresenta os seguintes **sintomas e sinais gerais:**

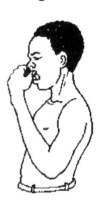

- Febre.
- Sudação intensa à noite (suores nocturnos).
- Falta de apetite.
- Emagrecimento progressivo.
- Cansaço.

Sintomas mais frequentes de tuberculose pulmonar (TP):

- Tosse crónica (2 semanas ou mais).
- Pode haver dor no tórax (peito e/ou parte superior das costas).

Nos casos graves ou avançados:

- Expectoração com sangue (em geral pouco, mas às vezes em grande quantidade).
- Dificuldade em respirar.
- A voz fica rouca (é muito grave).

Na **criança**, a tuberculose, muitas vezes, começa muito lentamente e sem sintomas. Deve-se suspeitar de tuberculose quando há:

- Febre durante 2 semanas ou mais.
- Tosse que dura há mais de 2 semanas.
- Perda de peso persistente.

Além disso, a criança pode apresentar alterações do comportamento (apatia ou irritabilidade); falência do crescimento; falta de apetite e de vontade de brincar.

Se há doentes com tuberculose na família, é provável que as crianças possam ter tuberculose.

Tratamento do doente com tuberculose

Quando uma pessoa apresenta sintomas e sinais suspeitos de serem devidos a tuberculose deve ir, ou ser levada pelos familiares, à unidade sanitária mais próxima. Para curar a doença e prevenir a sua transmissão a outras pessoas, é fundamental garantir a **confirmação precoce do diagnóstico** e que o doente inicie o **tratamento** adequado, **o mais rápido possível.**

Diagnóstico

O diagnóstico de tuberculose pulmonar (TP) é feito por exame microscópico da expectoração (escarro), para ver se nela existem os bacilos de Koch. Este exame chama-se **baciloscopia** e deve ser repetido em 3 dias consecutivos.

Os doentes com forte suspeita de TP e baciloscopia negativa (sem bacilos de Koch) e as crianças devem ser transferidos para uma unidade sanitária com mais recursos. A baciloscopia negativa é frequente na tuberculose disseminada pelos outros órgãos do corpo todo, nas crianças e em adultos HIV-positivos.

Tratamento

Medicamentos antituberculose

O tratamento depende do tipo de tuberculose e dos regimes adoptados ao nível de cada país. Seja qual for o regime adoptado, o tratamento da TB é sempre prolongado e dura normalmente **6 a 8 meses.** É habitualmente feito em 2 fases: a **fase intensiva** e a **fase de manutenção.**

O doente deve iniciar o tratamento **o mais cedo possível** e seguir as instruções dadas na unidade sanitária, tomando diariamente os comprimidos recomendados, até ao fim do tratamento. Em muitos países o tratamento e o seguimento dos doentes com TB é gratuito (não se paga nada!).

O tratamento da TB é sempre feito com mais do que um medicamento, em combinações de 2 a 4, dependendo da fase do tratamento. Actualmente, os medicamentos recomendados e mais utilizados são: a rifampicina (R), a isoniazida (H), o etambutol (E) e a pirazinamida(Z).

Para detalhes sobre os **medicamentos antituberculose** e suas combinações, doses, riscos e precauções, ver pág. 707.

Um regime de tratamento da TB, com uma duração de 6 meses, é o **4DFC – 4 medicamentos em Doses Fixas Combinadas** – em que os comprimidos contêm todos os medicamentos e são apresentados em carteiras plastificadas (*blisters*). O regime tem duas fases: uma fase intensiva de 2 meses, com 4 medicamentos; e uma fase de manutenção de 4 meses, com 2 medicamentos (ver pág. 707).

As estratégias e regimes de tratamento da tuberculose variam de país para país. Sempre que existam normas nacionais de tratamento da TB, estas devem ser seguidas!

Recomenda-se que nos **primeiros 2 meses** de tratamento (**fase intensiva**) o doente tome os medicamentos sob o olhar do trabalhador de saúde, ou duma pessoa da comunidade treinada. Esta medida chama-se **DOTS – Directa Observação do Tratamento**.

Depois dos primeiros 2 meses, o doente recebe os medicamentos mensalmente – **fase de manutenção** – e a sua toma pode ser controlada de forma indirecta (por exemplo, verificando a quantidade dos restantes comprimidos).

Geralmente, a partir do segundo mês de tratamento, o doente começa a sentir-se melhor, a tosse desaparece e o doente começa a recuperar o peso. Os bacilos (BK) ficam enfraquecidos, mas ainda não morreram e continuam no corpo do doente. O doente não está curado!

Se, nesta altura, o doente parar de tomar os medicamentos bacilos voltam a ficar activos, o doente volta a piorar e a doença torna-se muito mais difícil de curar porque os bacilos já ganharam resistências aos medicamentos.

Por isso, é muito importante tomar os medicamentos como foi recomendado na unidade sanitária e até que o trabalhador de saúde diga ao doente que já está curado. O doente deve comunicar ao pessoal da unidade sanitária sempre que tiver algum problema que o impeça de tomar os medicamentos.

O tratamento da TB é prolongado (6 a 8 meses), mas o doente pode ficar curado se aderir ao tratamento!

O doente com TB nunca deve deixar de tomar os medicamentos, mesmo que se sinta melhor. Deve continuar o tratamento sem falhar, até ao fim!

Outras medidas importantes para os doentes em tratamento da TB

1. O doente deve alimentar-se o melhor possível: comer alimentos ricos em proteínas e vitaminas, e os que dão energia (ver pág. 155).

2. Não deve fumar, nem ingerir bebidas alcoólicas.

3. O repouso é importante, mas recomenda-se que o doente faça algum exercício físico, por exemplo andar a pé regularmente.

4. O doente deve deixar de trabalhar (geralmente os doentes com TB recebem um atestado de doença de cerca de 2 meses), repousar e dormir o suficiente até começar a melhorar. Depois, começar com trabalhos moderados, de modo a não se cansar ou respirar com dificuldade.

5. Os doentes com bacilos na expectoração (BK+) devem fazer controlo (baciloscopia) ao segundo e quinto mês do tratamento.

6. O doente que esteja em tratamento de TB pode viajar, mudar de residência ou de local de tratamento, mas deve levar uma guia de transferência da unidade sanitária onde está a ser tratado, para continuar o tratamento na unidade sanitária do local onde vai morar.

7. Nem todas os doentes com tuberculose estão infectados pelo HIV!

Mas, é recomendável que todas as pessoas com TB façam o teste do HIV. Quanto mais cedo se descobrir que a pessoa tem o HIV, melhor será o seu tratamento e seguimento.

8. As crianças devem ser seguidas na Consulta da Criança em Risco (ver pág. 570).

Sempre que possível, os doentes que abandonaram o tratamento devem ser procurados e visitados em casa!

A tuberculose pulmonar (TP) é muito contagiosa. As pessoas que vivem na mesma casa com alguém que tem TP, principalmente as crianças, correm um risco elevado de apanhar a doença. As crianças, em geral, não transmitem a doença mas podem apanhá-la facilmente.

Quando o doente se começa a tratar, geralmente, ao fim de 2 semanas, já não é contagioso (já não transmite a doença aos outros porque já não espalha muitos bacilos).

- ■ É preciso que os outros membros da família (**contactos**), sobretudo as crianças com menos de 5 anos, sejam também examinados numa unidade sanitária.

- ■ As crianças devem ser vacinadas contra a tuberculose (BCG, ver pág. 226).

- ■ Todos os membros da família, principalmente as crianças, devem comer alimentos nutritivos.

- ■ Enquanto tiver tosse, a pessoa que tem TP deve comer e dormir afastada das crianças. Se for possível, dormir num quarto separado.

- ■ O doente com TP, deve ter sempre o cuidado de cobrir a boca, com um lenço, quando tosse. Também deve ter o cuidado de cobrir o nariz quando espirra e nunca deve cuspir para o chão. Se tem que cuspir, deve fazê-lo para uma latinha ou recipiente próprio e enterrar o seu conteúdo.

- ■ Todos os membros da família, crianças e adultos, devem pesar-se regularmente (se for possível, 1 vez por mês), até que o perigo passe.

A tuberculose nos membros da família muitas vezes começa muito lentamente e sem sintomas. Deve-se suspeitar quando:

- Houver uma perda de peso persistente.
- Houver febre por 2 semanas ou mais.
- Ocorrer tosse que dure mais de 2 semanas.

Se alguns destes sinais aparecem, a pessoa deve ser encaminhada para uma unidade sanitária para avaliação e diagnóstico.

Na criança – contactos com casos de TP

Mesmo sem os referidos sintomas, as **crianças com menos de 5 anos** que estão em contacto com doentes de TP devem ser transferidas para uma unidade sanitária onde seja possível fazer o chamado teste da tuberculina (Mantoux), para avaliar a situação e decidir os procedimentos a seguir.

Estas crianças devem receber isoniazida (ver pág. 708) para a prevenção da tuberculose. Se ainda não fizeram a vacina BCG, devem fazê-la.

Estas crianças devem ser seguidas na Consulta da Criança em Risco (ver pág. 570).

> **Os recém-nascidos de mãe com tuberculose:**
>
> - Devem ser amamentados. Uma mãe com tuberculose pode amamentar o seu filho, desde que não tussa sobre ele.
>
> - Devem tomar isoniazida (ver pág. 708).
>
> - Devem fazer a vacina BCG (ver pág. 226).
>
> - Devem fazer o teste de Mantoux aos 3 meses para decidir se é necessário tratamento.

Prevenção da tuberculose

Se for possível curar todas as pessoas que sofrem de TP, numa comunidade, consegue-se parar a transmissão da tuberculose. Isto porque deixa de haver pessoas que estão a espalhar o bacilo entre as pessoas da comunidade. A melhoria das condições de vida contribuirá para a prevenção de tuberculose.

Ao nascer, as crianças devem ser vacinadas contra a tuberculose (BCG), que protege contra as formas graves da doença.

> **Começar o tratamento da TB no início da doença constitui um ponto-chave para a prevenção da sua transmissão!**

Lepra

A lepra é uma doença causada por um micróbio chamado bacilo de Hansen. A lepra evolui lentamente, muitas vezes no decorrer de muitos anos.

A lepra já foi eliminada em muitos países mas em países pobres ainda há muitos casos.

O maior perigo da doença está nas suas complicações, que podem levar a deformidades.

> **Quanto mais cedo o doente for diagnosticado e tratado menos possibilidades tem de desenvolver deformidades.**

Transmissão:

A transmissão faz-se por via aérea quando um doente, que não esteja a fazer tratamento, tosse ou espirra, ou por contacto directo (lesão da pele dum doente para uma ferida aberta duma pessoa saudável). Contudo, a maioria das pessoas infectadas não contrai a doença, devido ao sistema de defesa do organismo.

A lepra é pouco infecciosa

Sinais clínicos:

A lepra pode causar:

- problemas de pele: manchas e nódulos (caroços)

- lesões nos nervos: nervos engrossados, perda de sensibilidade nas mãos e pés, paralisias

As grandes feridas abertas que muitas vezes se vêm nas mãos e nos pés das pessoas com lepra, não são causadas pela própria doença e podem ser prevenidas. Ocorrem porque a pessoa perdeu a sensibilidade e não consegue proteger-se contra lesões.

Por exemplo, se uma pessoa com a sensibilidade normal anda uma grande distância e fica com uma bolha nos pés, dói-lhe, e assim a pessoa deixa de andar ou coxeia.

Mas o doente com perda de sensibilidade devido à lepra, continua a andar e fica com feridas. Eventualmente estas feridas podem piorar até os ossos serem atingidos e o pé fica deformado.

A lepra pode causar várias **deformidades**, por exemplo:

deformidade nas mãos

dedos dos pés em garra

pé descaído

Sinais na fase avançada podem incluir:

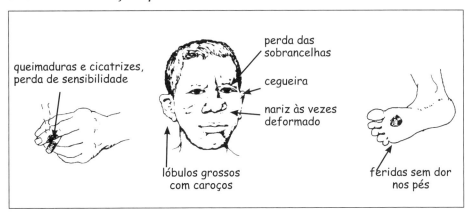

queimaduras e cicatrizes, perda de sensibilidade

perda das sobrancelhas

cegueira

nariz às vezes deformado

lóbulos grossos com caroços

feridas sem dor nos pés

Diagnóstico

O primeiro sinal de lepra é, na maioria das vezes, o aparecimento de 1 ou mais manchas na pele da face, membros, nádegas e tronco.

Procurar manchas na pele por todo o corpo, principalmente nas zonas frias do corpo, como, por exemplo, nas nádegas.

Como testar a perda de sensibilidade nas manchas da pele:

- Explicar ao doente o que vai fazer.
- Usar uma bola de algodão para tocar a pele e pedir ao doente para apontar com um dedo o local tocado, tendo o doente os olhos abertos. Repetir a manobra até que o doente entenda o que se pretende com o teste.
- Pedir ao doente para fechar os olhos e se ele sentir o toque de algodão na sua pele, indicar com um dedo o local tocado.
- Depois de o doente ter fechado os olhos não comunique mais com ele verbalmente. A comunicação será entre a bola de algodão e o seu dedo.

Suspeitar de lepra sempre que aparecer na pele **uma mancha que cresce lentamente, que não faz comichão e não dói.**

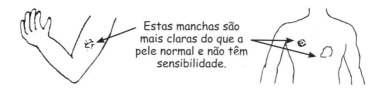

Estas manchas são mais claras do que a pele normal e não têm sensibilidade.

O diagnóstico da lepra é feito com base na associação de pelo menos 2 dos seguintes sinais clínicos:

- Mancha(s) clara(s) ou avermelhada(s)
- Perda de sensibilidade na(s) mancha(s), nas mãos e/ou nos pés
- Engrossamento dos nervos

Observe os nervos grossos nestes sítios

É confirmada com um exame (baciloscopia) positivo nas lesões ou esfregaço nasal.

Os doentes com suspeita de lepra devem procurar o voluntário da aldeia treinado para a lepra ou ir à unidade sanitária mais próxima, de forma a se confirmar o diagnóstico e iniciar o tratamento o mais depressa possível.

Classificação:

- PB (paucibacilares, com poucos bacilos): 1 a 5 manchas com 1 nervo engrossado
- MB (multibacilares, muitos bacilos): mais do que 5 manchas e vários nervos engrossados

Tratamento:

A lepra é uma doença que pode ser tratada e curada.

O tratamento deve ser iniciado o mais cedo possível para evitar as incapacidades, deformidades e os problemas sociais associados.

Quando o doente cumpre com o tratamento, além de obter a cura, corta a transmissão da doença.

Deve-se explicar bem ao doente que deve continuar a tomar os medicamentos até ao fim do tratamento (6 meses ou 1 ano, dependendo do tipo de lepra).

Quando o doente abandona o tratamento antes de o completar, o voluntário comunitário deve ir a casa do doente e explicar-lhe a necessidade de continuar com o tratamento.

O tipo de tratamento depende da CLASSIFICAÇÃO.

Uma vez por mês, os medicamentos devem ser tomados sob observação directa do trabalhador de saúde ou do voluntário comunitário.

Aqueles que têm poucas lesões (PB) precisam de tratamento durante 6 meses com dapsona e rifampicina (ver pág. 710).

Aqueles que têm muitas lesões (MB) precisam de tratamento durante 1 ano com rifampicina, clofazimina e dapsona (ver pág. 710).

Reacções lepróticas

A lepra pode, de repente, causar episódios de inflamação. Estes episódios podem aparecer antes do diagnóstico ter sido feito, durante o tratamento, ou mesmo depois do doente ter tido alta.

Estes episódios são chamados **reacções**. São temporários e não significam que o doente esteja a piorar.

A inflamação consiste nos 5 sinais seguintes:

- Rubor ou vermelhidão
- Edema (inchaço)
- Dor
- Calor
- Perda total ou parcial da função

Pode haver outros sinais e sintomas acompanhando a inflamação aguda.

Os sinais são:

- febre
- mal-estar
- eritema nodoso leprótico (ENL) – nódulos (caroços) na pele ou debaixo da pele, vermelhos e dolorosos)
- inflamação dos olhos
- inflamação dos testículos
- inflamação das articulações

Tratamento das reacções:

Uma reacção leprótica é sempre uma urgência clínica.

Todos os doentes com suspeita de reacções devem ser tratados com prednisolona (ver pág. 736).

Se a reacção for grave ou se houver também novas lesões dos nervos, com perda de sensibilidade e paralisia nas mãos, pés ou olhos, deve-se transferir o doente para uma unidade sanitária com mais recursos.

Medidas úteis para evitar deformidades

1. Proteger as mãos e os pés de objectos que os cortem, aleijem, produzam bolhas, ou queimem.

Não andar descalço, sobretudo onde há pedras aguçadas ou espinhos. Calçar sapatos ou sandálias. Colocar um forro ou palmilha fofa dentro do sapato e debaixo das fitas ou tiras das sandálias que podem ⟶ fazer fricção nos pés.

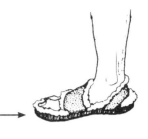

Quando se está a trabalhar ou a cozinhar refeições, usar luvas.

Nunca pegar num objecto que **pode estar** quente, sem primeiro proteger a mão com uma luva grossa ou um pano dobrado.

Se possível, evitar trabalho que necessite manusear objectos aguçados ou quentes.

Não fumar.

2. Ao fim de cada dia (ou mais vezes, se trabalhar ou andar muito) examinar as mãos e os pés com muito cuidado – ou pedir a alguém para os examinar. Procurar cortes, contusões, ou espinhos. Nas mãos e nos pés, procurar também manchas ou áreas vermelhas, quentes ou inchadas, ou que começam a formar bolhas. Se encontrar qualquer um destes sinais, descansar as mãos ou os pés até que a pele volte a ficar completamente normal. Isso ajuda a pele a ficar calejada e mais forte. E as feridas podem ser evitadas.

3. Se já houver uma ferida aberta, manter a ferida muito limpa e em repouso até que esteja completamente curada. Tomar muito cuidado para não se aleijar de novo no mesmo sítio.

4. Proteger os olhos. Muitos dos danos nos olhos ocorrem por não se pestanejar o suficiente por falta de força ou sensibilidade. Para manter os olhos húmidos e limpos deve-se pestanejar muitas vezes. Se não se consegue pestanejar bem, fechar bem os olhos muitas vezes durante o dia, principalmente quando há poeira no ar. Usar óculos de sol com lentes escuras laterais, e usar um chapéu para o sol. Manter os olhos limpos e livres de moscas.

Se estas medidas forem tomadas e o tratamento iniciado cedo, **a maioria das deformidades da lepra podem ser prevenidas.**

CAPÍTULO 21 | HIV e SIDA

Vírus HIV

O vírus **HIV** (em inglês, **H**uman **I**mmuno**D**eficiency **V**irus, que significa **V**írus da **I**muno**D**eficiência **H**umana) é um micróbio que só se consegue ver com um microscópio especial.

O HIV ataca as células do sistema imunitário (o sistema de defesa do organismo humano). Pouco a pouco, essas células tornam-se incapazes de proteger o organismo humano contra infecções e tumores. Por isso, as pessoas que têm SIDA apanham doenças que o seu organismo não consegue combater.

SIDA

(**S**índroma de **I**muno**D**eficiência **A**dquirida)

SIDA significa:

SÍNDROMA: conjunto de sinais e sintomas;

IMUNO: sistema imunitário, o sistema de defesa do organismo humano;

DEFICIÊNCIA: não funciona bem;

ADQUIRIDA: foi contraída e não é hereditária.

O SIDA é uma doença causada por um vírus chamado **HIV.** Nos doentes com SIDA, o sistema imunitário não funciona bem. O sistema imunitário é o conjunto das defesas naturais do organismo contra as doenças.

Ainda não existe cura, nem uma vacina para esta doença, mas existem actualmente medicamentos capazes de controlar a infecção e permitir uma vida mais saudável e longa.

Como se transmite o HIV:

As secreções da vagina, o sémen (esperma) e o sangue das pessoas infectadas contêm o vírus HIV. O vírus transmite-se quando estes líquidos passam de pessoa para pessoa. Significa que o **HIV pode transmitir-se através de:**

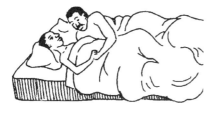

relações sexuais sem protecção com uma pessoa que tem o vírus.

agulhas, seringas e qualquer instrumento que corta ou perfura a pele (lâmina, bisturi, etc.), e que não foi esterilizado.

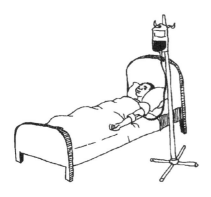

uma mãe infectada com o HIV para o seu bebé, durante a gravidez, parto ou amamentação.

transfusão de sangue, se o sangue não foi testado para garantir que não tem o HIV.

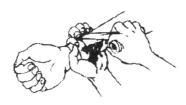

sangue duma pessoa com o HIV que entra em contacto com um corte ou uma ferida aberta de outra pessoa.

Como NÃO se transmite o HIV:

O HIV não vive fora do corpo humano por mais do que uns minutos. Não pode viver no ar nem na água. Não é transmitido pela saliva nem pelo suor. Isto significa que o **HIV não se transmite das seguintes maneiras:**

Tocar, abraçar, ou beijar.

Comer do mesmo prato ou beber do mesmo copo.

Dormir na mesma cama.

Usar as mesmas roupas, toalhas, ou mantas.

Usar a mesma latrina ou casa de banho.

Cuidar de alguém com o HIV e SIDA.

Picada de mosquito ou outros insectos.

Transmissão e prevenção

As principais formas de transmissão e prevenção do HIV são:

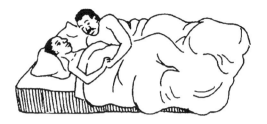

1. RELAÇÕES SEXUAIS

Transmissão:

> **A principal forma de transmissão é através da relação sexual sem protecção.**

Durante as relações sexuais sem protecção, o HIV contido no sémen (esperma), secreções vaginais ou sangue duma pessoa infectada, pode passar directamente para outra pessoa.

Qualquer **lesão ou ferida** aumenta o risco de transmissão, porque facilita a entrada do HIV. É pior se as lesões resultam duma violação, sexo forçado ou violento.

Uma pessoa com uma infecção de transmissão sexual (ITS) tem maior risco de apanhar o HIV. Isto porque as ITS podem causar feridas ou inflamação nos órgãos genitais, servindo de porta de entrada para o HIV.

O **sexo anal** é o mais perigoso, porque o ânus é mais frágil do que a vagina e pode rasgar e sangrar facilmente.

"Sexo seco" **aumenta o risco de contrair a infecção pelo HIV. Muitas mulheres introduzem panos ou substâncias dentro da vagina que a deixam seca. Um dos objectivos é de aumentar a fricção durante o acto sexual. Estas práticas são perigosas pois causam lesões na vagina que podem facilitar a entrada do vírus HIV e outros micróbios que causam ITS.**

O **álcool e as drogas** podem fazer com que a pessoa não pense claramente e levá-la à prática de sexo não seguro.

Prevenção:

Para prevenir a transmissão sexual, deve-se seguir os seguintes conselhos:

Praticar sexo "seguro".

SEXO "SEGURO" são práticas sexuais que evitam que os líquidos do parceiro/a penetrem no organismo através das relações sexuais. Assim, o risco de contrair o HIV e outras infecções de transmissão sexual (ITS) é reduzido.

O sexo "seguro" inclui:

---

1. Uso de preservativo (masculino ou feminino) durante o acto sexual.

2. Escolher actividades sexuais que não permitem a entrada de líquidos no organismo, por exemplo:

- Abraçar e beijar

- Acariciar com a boca

- Massajar

- Masturbar

- Lamber, chupar

- Esfregar o corpo contra o corpo de outra pessoa

Sexo sem penetração significa que o pénis não entra na vagina ou no ânus durante o acto sexual. Algumas formas de sexo sem penetração podem ser de risco para infecção do HIV e ITS. Qualquer contacto pénis-vagina, pénis-vulva (vulva é a parte externa da vagina), pénis-ânus, pénis-boca, vulva com a boca do parceiro é considerado um contacto sexual e todas essas práticas podem transmitir o HIV. **Nestes contactos sexuais o pénis deve estar protegido pelo preservativo masculino.** Esta é a única maneira de evitar as doenças sexualmente transmissíveis. **Existe risco de infecção sempre que haja contacto com o sémen e sangue.**

Deve-se utilizar preservativos durante o sexo oral ou anal

O preservativo

Além de prevenir o HIV e SIDA, **o uso de preservativos masculino e feminino** protege contra outras ITS e gravidez.

Como usar o preservativo masculino:

Verificar a validade, abrir a embalagem cuidadosamente para tirar o preservativo

Ter a certeza que o preservativo está na posição certa para usar, garantindo que a argola esteja virada para fora

Apertar a ponta do preservativo e colocar sobre a ponta do pénis já erecto antes do contacto sexual

Desenrolar cuidadosamente o preservativo sobre o pénis já erecto até à base do pénis

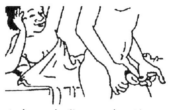

Após a relação sexual, retirar o pénis ainda erecto da vagina, segurando o preservativo firmemente na sua base para que o esperma não escorra. Retirar o preservativo segurando-o pela base

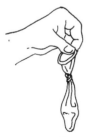

Fazer um nó no preservativo antes de o deitar fora

Deitar o preservativo num recipiente seguro, por exemplo lata de lixo ou latrina

Usar um novo preservativo para cada acto sexual

Não usar gorduras, óleo, loções ou pomadas para lubrificar o preservativo

Os preservativos são feitos de material muito fino, o que contribui para manter o contacto e a sensação durante a relação sexual. **O preservativo não tira o prazer sexual. Não tira a sensibilidade.**

Algumas pessoas acreditam que se pode apanhar o HIV através do uso do preservativo. Isso não é verdade. **Não se apanha o HIV por usar preservativo!**

Outras pessoas acreditam que o vírus pode atravessar a parede do preservativo. Não é verdade. **O vírus não atravessa o preservativo!**

COMO USAR O PRESERVATIVO FEMININO

Verificar a validade. Abrir a embalagem cuidadosamente para tirar o preservativo

Segurar a argola menor com o polegar e o indicador

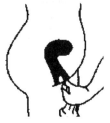

Para inserir o preservativo, encontrar uma posição confortável. Pode ser em pé, com um pé em cima duma cadeira; sentada com os joelhos afastados; agachada ou deitada. Apertar a argola e introduzir na vagina

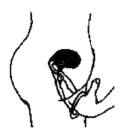

Meter o dedo indicador dentro do preservativo empurrá-lo o mais adentro possível do canal vaginal

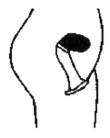

Garantir que a argola maior fique fora da vagina, isso aumenta a protecção

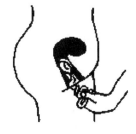

Depois da relação, retirar o preservativo, torcendo a argola de fora para que o esperma não escorra. Deitar fora no lixo. Nunca use a camisinha feminina mais de uma vez

O uso do preservativo previne a transmissão do HIV por via sexual.

As pessoas com ITS devem:

◆ Tratá-las logo que apareçam os primeiros sinais ou sintomas

◆ Trazer todos/as os parceiros/as sexuais para serem tratados

◆ Abster-se do sexo ou usar o preservativo se tiverem relações sexuais

Evitar "sexo seco"

Não usar produtos para secar a vagina

NÃO

Evitar consumir álcool em excesso e a utilização das drogas.

NÃO

NÃO

COMO DIZER NÃO AO SEXO

Pode ser difícil para a pessoa dizer que não quer fazer sexo. Ela pode sentir dificuldade em dizer que apenas quer beijar, ou que quer acariciar, sem fazer sexo.

Eis alguns exemplos de como se pode dizer não ao sexo.

Dizer não:
◆ Usar as palavras "Eu disse que não".
◆ Usar uma voz firme.
◆ Manter o corpo numa posição que diz não (que não facilita).

Se, mesmo assim, continuar a ser pressionada para fazer sexo:
◆ Dizer "não" outra vez.
◆ Sugerir fazer qualquer outra coisa.
◆ Retirar-se.

Outras maneiras de dizer não:
◆ Fazer humor em torno da questão.
◆ Dizer que precisa pensar melhor sobre o assunto.
◆ Perguntar a si própria: estou a ser pressionada?
◆ Preciso mais informação antes de tomar uma decisão.
◆ Haverá maneira de eu poder evitar isto no futuro?

Fidelidade mútua significa ter relações sexuais apenas com um/a parceiro/a. **Evite relações sexuais com pessoas que têm muitos parceiros sexuais.**

Um único parceiro, fiel por toda a vida, é seguro e não tem riscos.

● Abstinência sexual significa não ter relações sexuais.

● Um adiamento da idade do início da actividade sexual reduz o risco.

2. TRANSMISSÃO MÃE-FILHO

A transmissão do HIV de uma mãe infectada para o seu bebé pode ocorrer durante a gravidez, o parto, ou a amamentação. A maior parte dos casos ocorre durante o parto. Para conselhos sobre como prevenir a transmissão mãe-filho, ver pág. 617.

3. AGULHAS, SERINGAS, LÂMINAS

Transmissão:

O HIV pode ser transmitido pelo uso de agulhas, seringas e objectos perfurantes ou cortantes que não estejam esterilizados. **As injecções podem ser perigosas.**

Os instrumentos utilizados para furar as orelhas, fazer tatuagens, ou circuncisão tradicional podem transmitir o HIV. Nos ritos tradicionais, às vezes o curandeiro utiliza a mesma lâmina para "vacinar" toda a família que está com algum mal; esta prática pode também transmitir o HIV.

Os riscos no barbeiro e no cabeleireiro são mínimos, se os aparelhos que envolvem contacto com o sangue forem desinfectados.

Injectar drogas e usar a mesma agulha ou seringa em mais duma pessoa também transmite o HIV.

Prevenção:

As injecções devem ser usadas apenas quando absolutamente necessárias.

Devem ser aplicadas apenas por pessoas treinadas.

Utilizar uma seringa e agulha nova de cada vez, ou uma seringa e agulha esterilizadas. NUNCA se deve utilizar agulhas ou seringas mais de uma vez, sem as esterilizar previamente.

Para instruções sobre injecções seguras e como evitar a transmissão do HIV nas unidades sanitárias, ver capítulos 8 e 9.

Evitar apanhar injecções quando não há a certeza de que as agulhas e seringas foram adequadamente esterilizadas.

Qualquer instrumento usado para cortar ou perfurar a pele deve ser adequadamente esterilizado ou desinfectado antes da sua utilização.

Evitar práticas tradicionais que cortam ou perfuram a pele.

Embora estas práticas devam ser evitadas, se a elas recorrer, o curandeiro deve sempre usar uma lâmina ou agulha nova para cada pessoa.

Os utilizadores de drogas injectáveis devem sempre esterilizar ou desinfectar o seu material (ver pág. 674) e nunca pedir agulhas e seringas emprestadas.

4. SANGUE OU SECREÇÕES DUMA PESSOA INFECTADA QUE ENTRAM ATRAVÉS DUM CORTE OU DUMA FERIDA ABERTA DE OUTRA PESSOA.

Qualquer pessoa que tem um pequeno corte ou ferida nos dedos, especialmente o trabalhador de saúde, deve ter cuidado para evitar que essas lesões entrem em contacto com sangue ou outros líquidos duma pessoa infectada pelo HIV. Para instruções sobre como evitar a transmissão de HIV nas unidades sanitárias, ver capítulo 9.

5. TRANSFUSÕES DE SANGUE

Se uma pessoa receber sangue contaminado pelo HIV, ela se infectará.

Normalmente, usam-se transfusões de sangue para tratar anemias graves, especialmente em crianças, ou durante o parto, ou em casos de acidente ou tratamento cirúrgico que impliquem grandes perdas de sangue. Pode-se minimizar o risco de hemorragia pós-parto tomando as medidas descritas na pág. 628.

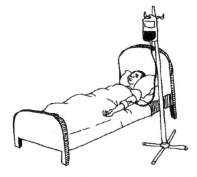

> **As transfusões de sangue só devem ser feitas quando absolutamente necessárias.**

O sangue para a transfusão é habitualmente testado para o HIV. Apesar disso, existe um pequeno risco de o dador estar no "período janela". Este é um período de 1-3 meses em que o teste do HIV ainda é negativo, apesar de a pessoa estar infectada, isto é, já ter o vírus no sangue.

Ao dar sangue, a pessoa não corre qualquer risco de infecção pelo HIV ou outras doenças.

> **A longo prazo, a melhor maneira de prevenir o HIV é lutar por uma sociedade e condições económicas mais justas, para que não haja necessidade de as mulheres serem obrigadas a praticar o comércio do sexo, ou de as famílias serem obrigadas a estar separadas pela necessidade de trabalhar longe.**

Maior vulnerabilidade da mulher ao HIV

Durante uma relação sexual desprotegida entre um homem e uma mulher, o risco de apanhar o HIV é maior na mulher do que no homem porque a vagina tem maior área susceptível do que o pénis, e é mais susceptível a lesões. O sémen contém mais vírus do que as secreções vaginais.

As raparigas mais jovens apresentam um risco ainda maior, porque os seus órgãos genitais ainda não estão completamente desenvolvidos e portanto o HIV tem maior facilidade de penetrar.

O sexo forçado ou violento e a violação aumentam o risco da infecção pelo HIV, porque muitas vezes é acompanhado de ferimentos dos órgãos genitais.

A maioria das mulheres não tem recursos económicos próprios, e muitas vezes é ameaçada de abandono e violência pelos seus parceiros se não os satisfizer. Portanto, elas têm pouco ou nenhum controlo sobre como e quando terão relações sexuais.

> **A maioria das mulheres é infectada pelo seu único parceiro sexual, muitas vezes o seu marido.**

O teste do HIV

Para saber se uma pessoa está ou não infectada pelo HIV, é preciso fazer o teste do HIV. Este teste detecta a presença de anticorpos contra o HIV. Anticorpos são substâncias que o corpo produz contra agentes infecciosos.

O teste mais comum é o teste rápido. Basta colher uma gota de sangue. Pouco tempo depois, obtém-se o resultado do teste.

São possíveis três resultados:

- Positivo: a pessoa está infectada pelo HIV, ou seja, apresenta anticorpos anti-HIV; significa que essa pessoa é **seropositiva para o HIV**;
- Negativo: ou a pessoa não está infectada pelo HIV, ou ainda não tem anticorpos contra o HIV detectáveis, porque apanhou a infecção há pouco tempo;
- Indeterminado: o teste não é positivo nem negativo.

No caso de ser negativo ou indeterminado, o teste deve ser repetido 3-4 semanas depois. Em caso de dúvida, o teste deve ser repetido 3 meses depois da última exposição suspeita.

Período de janela

Quando uma pessoa se infecta com o HIV, a presença de anticorpos só é detectável pelo menos 3 semanas depois (se forem usados os testes de HIV actualmente disponíveis em muitos países). Este período em que o teste não detecta os anticorpos, chama-se **período de janela**. Pode ir até 3 meses.

Se uma pessoa suspeita ter sido infectada com o HIV, precisa de esperar pelo menos 3 semanas para fazer o teste. Se for negativo, deve-se repetir o teste 3 meses depois.

Entretanto, é importante que essa pessoa pratique sexo seguro usando sempre o preservativo.

> **"Período de janela" é o período em que o teste do HIV dá um resultado negativo, apesar de a pessoa já estar infectada com o vírus (3 semanas - 3 meses).**

Por que é bom fazer o teste?

- Confirmar se se está infectado ou não.

- No caso de ser positivo, começar a tomar medidas para prevenir e tratar as infecções oportunistas, e receber tratamento com anti-retrovirais quando indicado.

- Evitar que o parceiro fique infectado.

- Planificar melhor o futuro.

- Querer iniciar um novo relacionamento.

- Decidir ter filhos ou não.

- Procurar o apoio moral e social necessário.

Onde fazer o teste?

Procure saber onde o teste está disponível na sua comunidade, por exemplo:

- Unidades sanitárias.

- Serviços especiais, por exemplo, para adolescentes e jovens.

O teste é sempre voluntário, isto é, ninguém pode ser obrigado a fazer o teste.

Aconselhamento antes e depois do teste do HIV

As pessoas que decidem fazer o teste do HIV recebem aconselhamento, antes (aconselhamento pré-teste) e depois (aconselhamento pós-teste) do teste.

Durante o **aconselhamento pré-teste**, faz-se a preparação para o teste, discutem-se as perspectivas em caso de o resultado ser positivo, a pessoa pode expor as suas dúvidas e receios, e receber informações mais detalhadas sobre o teste. Depois dessa informação, a pessoa pode decidir fazer ou não o teste.

Durante o **aconselhamento pós-teste**, a pessoa é preparada para receber o resultado. O principal objectivo é ajudar a pessoa a compreender o resultado do seu teste e a iniciar a sua adaptação ao seu estado HIV-positivo ou HIV-negativo.

O resultado do teste é confidencial, isto é, só o conselheiro e a própria pessoa que fez o teste sabem qual é o resultado. Cabe ao próprio decidir informar, ou não, a família e/ou os amigos. Mas deve ser encorajado a trazer os parceiros sexuais para fazer o teste.

Quando o teste é negativo, devem aconselhar-se medidas de prevenção (ver pág. 395), de modo que a pessoa se mantenha livre da infecção.

O teste negativo não significa que a pessoa não corre risco de ser infectada pelo HIV. Todas as pessoas correm o risco de infectar-se pelo HIV!!! O sexo seguro é a melhor forma de se prevenir!!

PRATIQUE SEXO SEGURO

Quando o teste é positivo, deve-se revelar o resultado de maneira clara e delicada, oferecendo apoio emocional.

Quando a pessoa descobre que é HIV-positiva, muitas vezes fica desolada. As primeiras reacções podem ser de enorme emoção e às vezes, de negação do resultado. Por vezes, também de irritação, desespero e de procura de culpados. A pessoa pode também ter uma reacção de medo. Pode exprimir medo de perder o emprego, de ser rejeitada, de enfrentar a família ou o parceiro, ou de deixar a família sem recursos. A pessoa pode perder todas as esperanças e poderá ter o desejo de morrer. O receio da discriminação e isolamento pela família e pela comunidade levam muitas pessoas a esconderem o seu estado.

A pessoa que descobre que é HIV-positiva deve ser aconselhada a procurar encontrar alguém de confiança com quem possa falar à vontade. Não é aconselhável isolar-se e enfrentar sozinho os seus medos e preocupações. Pode também obter apoio de grupos de pessoas vivendo com o HIV.

O aconselhamento pós-teste é extremamente importante, especialmente para as pessoas cujo teste foi positivo.

Fases da infecção pelo HIV

Infecção primária por HIV

No início da infecção, a pessoa que se infecta com o HIV pode ter sintomas parecidos com uma gripe. Normalmente, o doente não se sente muito mal. Pode até não sentir nada. Os sintomas podem ser diversos e inespecíficos, como:

◆ Febre

◆ Dores de garganta

◆ Borbulhas

◆ Gânglios linfáticos aumentados

◆ Dores nos músculos

Esta fase dura **1-2 semanas**. Nesta fase, o teste do HIV é negativo. No entanto, a pessoa está infectada e pode transmitir o vírus a outras pessoas. Esta é a fase em que a transmissão do vírus é mais provável, pois o HIV está presente no sangue em grandes quantidades.

Fase assintomática ou com sintomas ligeiros

Depois, segue-se uma fase sem sintomas ou com sintomas ligeiros:

◆ Gânglios linfáticos aumentados em diferentes partes do corpo

◆ Perda de peso

◆ Doenças da pele (comichões e infecções da pele)

◆ Úlceras na boca

◆ Zona (herpes zoster)

◆ Infecções respiratórias superiores repetidas

Esta fase pode durar em média, **7 a 10 anos**.

Fase avançada

Depois, a pessoa com o HIV começa a ficar doente, a perder peso, e pode ter infecções oportunistas.

Infecções oportunistas são aquelas que ocorrem frequentemente, e/ou com mais gravidade, na pessoa com o HIV, cujo sistema imunitário está deficiente. Para além das infecções oportunistas, os doentes que têm o sistema imunitário enfraquecido podem também desenvolver tumores malignos (cancro).

Na fase final da infecção pelo HIV, à medida que a infecção vai progredindo, a pessoa apresenta mais doenças e a perda de peso é mais acentuada.

Estadios da infecção pelo HIV (OMS)

Para facilitar a decisão sobre o início do tratamento, a OMS classifica a infecção em estadios: aqui temos exemplos de algumas condições em cada estadio:

Infecção primária por HIV

- Assintomático (sem sintomas)
- Síndroma retroviral agudo (espécie de gripe, 2 a 4 semanas depois da infecção)

Estadio 1

Assintomático

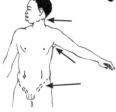

- Assintomático
- Linfadenopatia persistente generalizada (gânglios linfáticos aumentados por todo o corpo)

Estadio 2

Ligeiro

- Perda de peso < 10%
- Doenças da pele (comichões, infecções por fungos nas unhas, dermatite seborreica, herpes zoster, etc.)
- Úlceras ou aftas recorrentes na boca, feridas nos cantos da boca
- Infecções do tracto respiratório (otite, faringite, bronquite, etc.) repetidas (> 3 episódios por ano)

Estadio 3

Avançado

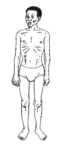

- Perda de peso > de 10%
- Diarreia persistente (> de 1 mês)
- Febre > de 1 mês (sem causa aparente)
- Candidíase, úlceras graves na boca
- Candidíase vulvo-vaginal > de 1 mês ou recorrente
- Tuberculose pulmonar diagnosticada nos últimos dois anos
- Infecções bacterianas graves (pneumonia, infecções ósseas ou articulares, meningite, etc.)

Estadio 4

Grave

- Na cama > de 50% do tempo
- Perda de peso progressiva, com fraqueza, febre e diarreia
- Pneumonia bacteriana recorrente grave
- Candidíase esofágica
- Tuberculose extrapulmonar
- Sarcoma de Kaposi

A TRANSMISSÃO DO HIV NAS DIFERENTES FASES DA INFECÇÃO

A maior parte das pessoas infectadas com o HIV apresenta um aspecto saudável durante anos, depois de se terem infectado. Apesar de não terem sintomas, estas pessoas têm o vírus no seu corpo, e podem transmiti-lo a outras pessoas.

A probabilidade de uma pessoa infectada transmitir o HIV a outra é maior nas seguintes fases:

● Pouco depois de se infectar com o HIV (durante o primeiro mês);

● Na fase tardia da infecção, quando aparecem os sintomas de doença.

Isto porque, nestas fases, o HIV está presente em grandes quantidades. No entanto, o HIV pode transmitir-se em qualquer fase da infecção.

Doenças que levam à suspeita de infecção pelo HIV

Deve-se suspeitar que um doente tem o HIV se apresenta infecções repetidas. Por vezes, os doentes com o HIV apresentam mais duma doença ao mesmo tempo.

Sempre que aparecem pessoas portadoras das doenças e condições abaixo mencionadas deve-se pensar sempre na possibilidade de estarem infectadas pelo HIV:

● Tuberculose

● Infecções do tracto respiratório superior, repetitivas

● Diarreia persistente de mais de um mês de duração

● Candidíase vaginal que não responde ao tratamento correcto em duas consultas consecutivas

● Pneumonia grave

● Úlceras na boca com mais de um mês de duração

O sarcoma de Kaposi e a candidíase esofágica são doenças que apontam definitivamente para o diagnóstico de SIDA.

Os doentes com estas manifestações devem fazer o teste do HIV e ser avaliados pelo clínico.

Os doentes graves devem ser transferidos com urgência para uma unidade sanitária com mais recursos. Os sinais de perigo num doente com SIDA, indicativos da necessidade de transferência, são os mesmos que para as outras doenças. Para uma descrição dos sinais de perigo no adulto e na criança, ver pág. 86.

Apoio às pessoas HIV-positivas

Estigma e discriminação

Há muita tendência para isolar socialmente as pessoas com o HIV. Discrimina-se as pessoas só porque têm uma infecção chamada HIV.

Esta é a principal razão pela qual as pessoas receiam fazer o teste do HIV e descobrir que estão infectadas. Receiam vir a ser alvos de discriminação. Preferem ignorar, apenas para virem a saber que têm SIDA quando já estão perto da morte.

Ainda há pessoas que têm problemas em partilhar a mesma casa de banho que uma pessoa HIV-positiva, e que não se sentem à vontade para comer do mesmo prato. Isto acontece apenas porque desconhecem que o HIV não se transmite deste modo.

> **Nunca se deve discriminar uma pessoa porque ela tem o HIV.**

Alguns conselhos para os familiares, colegas e amigos

Os familiares, colegas e amigos têm as suas próprias dúvidas, preocupações e receios em relação ao futuro do doente. Precisam de apoio para encarar a situação.

Devem saber que o HIV não se transmite através dos alimentos ou água, por partilhar a comida, louça, ou utensílios de cozinha, ou por se tocar, apertar as mãos ou abraçar.

Não é preciso que as pessoas doentes com SIDA tenham que viver ou dormir sozinhas. Não se deve ter medo de se viver com uma pessoa com o HIV.

Em geral, não há riscos ao cuidar dos doentes com SIDA, desde que se tome as medidas de segurança habituais para evitar apanhar qualquer infecção de qualquer doente que esteja a receber cuidados. O que foi recomendado no capítulo 5, Como Cuidar de um Doente, também se aplica aos doentes com SIDA.

Como apoiar uma pessoa vivendo com o HIV

- Dar apoio moral, psicológico e social

- Não rejeitar ou isolar

- Considerar a pessoa com o HIV como uma pessoa normal

- Encorajá-la a usar os serviços de saúde

- Promover um ambiente acolhedor no local de trabalho e no seio da família

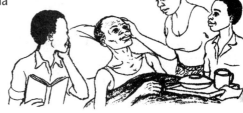

Aconselhamento

O aconselhamento é um processo através do qual se ajuda alguém a clarificar ou resolver os seus próprios problemas. O aconselhamento relacionado com o HIV é muito importante, porque ajuda as pessoas a compreenderem melhor o problema e a identificar possíveis soluções para si próprias.

O aconselhamento deve ser continuado e não apenas antes e depois do teste do HIV.

O principal objectivo do aconselhamento é ajudar a pessoa a encontrar-se a si própria, de modo a:

- Reduzir o nível de *stress*;

- Adoptar comportamentos sem riscos;

- Quando indicado o tratamento, cumpri-lo rigorosamente (aderência).

Deve-se conversar sobre os seguintes aspectos:

Situação social – relações familiares, aspectos financeiros e sistemas de apoio: familiares, amigos chegados, a comunidade, recursos religiosos e espirituais, serviços sociais disponíveis.

Deve-se explorar as preocupações relativas ao estigma e ao isolamento da pessoa e ajudar a ultrapassá-las.

Crianças – Nas famílias em que a mãe ou o pai, ou ambos, estão com SIDA, as crianças podem ter necessidades especiais.

É necessário conhecer as suas necessidades. Procurar saber quem poderá ajudar, por exemplo, vizinhos, igrejas, grupos de mulheres, organizações locais.

HIV e SIDA – estado de saúde actual, conhecimento sobre o HIV e SIDA, as vias de transmissão, e evolução da doença.

- Evitar infecções, incluindo re-infecções do HIV, através da prática de sexo seguro
- Evitar transmitir o vírus a outra pessoas
- Informar a/o sua/seu parceira/o e protegê-la/o do risco de contaminação
- Ter relações sexuais apenas com um/uma parceiro/a

Aspectos culturais e espirituais – O conselheiro deve conhecer as crenças locais e examiná-las com a pessoa que está a receber o aconselhamento. Se esta tiver crenças que são potencialmente nocivas, elas devem ser exploradas, sem contudo fazer juízos de valor.

Serviços de saúde – é importante recomendar a utilização destes serviços para prevenção e tratamento de infecções oportunistas e tratamento anti-retro-viral, se necessário.

Outros serviços disponíveis – por exemplo, serviços de cuidados domici-liários, praticantes de medicina tradicional treinados, serviços de psicologia, etc.

Envolvimento em actividades comunitárias

As pessoas com o HIV podem ajudar outras pessoas infectadas, principalmente dando apoio na gestão do *stress* e prestando apoio moral e emocional. Podem conduzir actividades de educação e aconselhamento sobre o HIV e SIDA na co-munidade, na família ou para indivíduos. Existem muitas organizações de pes-soas com o HIV que podem ajudar outras pessoas nas mesmas condições.

CUIDADOS DOMICILIÁRIOS

A casa é um lugar apropriado para o doente recuperar com maior rapidez e comodidade, já que se tem o apoio de pessoas queridas que podem providenciar cuidados e carinho.

As tarefas dos activistas que prestam cuidados domiciliários podem ser resumidas a duas áreas:

- Informar, educar, comunicar e oferecer aconselhamento
- Providenciar serviços mínimos aos doentes.

Informar, educar, comunicar e aconselhar o doente e seus familiares relativamente a:

- SIDA
- hábitos e comportamentos saudáveis
- prevenção de infecções
- conforto dos doentes
- cuidados básicos
- identificar os sinais de agravamento de doenças
- manejo dos sintomas mais comuns
- tomada dos medicamentos
- higiene básica
- nutrição
- estigma

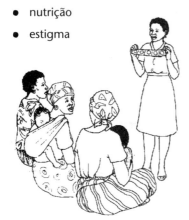

Providenciar serviços

- Verificar a presença dos sinais de perigo ou de agravamento de doenças e transferir o doente para a unidade sanitária mais próxima.

- Avaliar se há acesso aos alimentos e quais os produtos disponíveis para cozinhar.

- Identificar problemas sociais, para referir aos respectivos serviços de apoio: acção social, associações de pessoas com o HIV, etc.

- Fornecer cuidados básicos de saúde, como tratar a febre, diarreia, tosse, problemas de pele, dores, problemas genitais e feridas na boca e garganta.

- Entregar, em caso de necessidade, medicamentos para o doente e demonstrar como utilizá-los.

- Fazer acompanhamento dos doentes em tratamento com anti-retrovirais ou profilaxia, ou tratamento de infecções oportunistas. Devem ser transferidos para a unidade sanitária no caso de terem efeitos adversos graves, ou por dificuldades na aderência (se o doente falha mais de 3 doses de tratamento durante 1 mês).

- Fazer busca activa dos doentes que não comparecem nos serviços de saúde.

Como prolongar a vida

Hábitos

Para uma vida longa de qualidade, é aconselhável manter os seguintes hábitos de vida:

> **Comer alimentos nutritivos variados.**

É necessário comer diariamente uma combinação de alimentos diversificados. O capítulo 10 aconselha sobre o que se deve comer para se obter uma dieta saudável e equilibrada.

É especialmente importante **comer muitas frutas e vegetais.**

As frutas e os vegetais fornecem vitaminas e minerais que protegem o organismo contra as infecções oportunistas, garantindo a manutenção da saúde da pele, dos pulmões e intestinos e o funcionamento do sistema imunitário. Encontra os alimentos que contêm vitaminas e minerais na pág. 158.

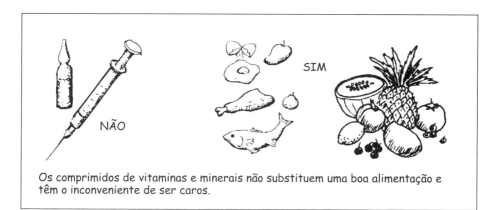

Os comprimidos de vitaminas e minerais não substituem uma boa alimentação e têm o inconveniente de ser caros.

Comer mais

Muitas vezes, quando a pessoa com o HIV adoece, perde o apetite. O doente deve esforçar-se por comer, mesmo não tendo apetite, pois é muito importante que o organismo tenha energia para combater o vírus. Uma pessoa com SIDA precisa de comer mais. Recomendam-se 3-4 refeições principais por dia, e 2-3 pequenos lanches entre as refeições.

Beber muita água e outros líquidos

A diarreia e os vómitos causam perda de líquidos. A transpiração também causa perda de grandes quantidades de água. Esta água perdida deve ser substituída e por isso, recomendam-se 8 copos de líquidos por dia, no adulto. A quantidade deve ser maior quando a pessoa tem diarreia ou vómitos. É aconselhável, sempre que possível, ferver a água.

Fazer exercício

O exercício melhora o apetite, desenvolve os músculos, reduz o *stress* (ansiedade), aumenta a energia e ajuda a manter a saúde física e emocional. Actividades diárias, como caminhar, trabalhar na machamba, apanhar lenha ou carregar água, representam exercício. Se o trabalho duma pessoa não envolve muito exercício, pode arranjar-se um exercício, que não seja cansativo, por exemplo, andar 2 quilómetros por dia.

A pessoa com o HIV deve ser encorajada a fazer exercício e a manter-se activa e continuar com as suas actividades diárias, desde que se sinta capaz de as fazer.

Evitar bebidas alcoólicas

A pessoa com o HIV deve evitar as bebidas alcoólicas. Os doentes em tratamento anti-retroviral (TARV) não devem consumir bebidas alcoólicas porque o álcool pode agravar os efeitos adversos dos medicamentos. Além disso, sob a influência do álcool, há mais tendência para praticar sexo sem protecção.

Deixar de fumar

O tabaco prejudica a saúde. Por isso, uma pessoa com o HIV que deixa de fumar, vai viver mais tempo, e com melhor qualidade de vida.

Repousar convenientemente

O corpo precisa de descanso extra: dormir 8 horas por noite; descansar sempre que se sentir cansado.

Manter boa higiene

Uma boa higiene pessoal e dos locais onde se cozinha e se come ajuda a prevenir doenças. Para mais conselhos sobre higiene, ver capítulo 11.

Prevenir a malária

Para prevenir a malária, usar sempre redes mosquiteiras.

Reduzir o *stress* (ansiedade)

Tentar descontrair-se o máximo possível. O *stress* pode afectar negativamente o sistema imunitário.

Evitar tomar medicamentos desnecessários

Os medicamentos podem ter efeitos adversos que pioram a saúde.

Atenção imediata às doenças

Quando começam a surgir sinais de doença, como febre ou tosse, o doente deve procurar tratamento imediato. A rápida atenção aos primeiros sinais de doença pode prevenir mais danos ao organismo.

Perda de peso e malnutrição

A perda de peso é um dos maiores problemas para a pessoa com o HIV. Nas crianças, a malnutrição é frequente. Os doentes muitas vezes perdem o apetite.

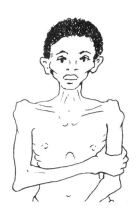

As causas incluem:

- Feridas na boca e esófago
- Febre e infecções
- Gastrite, náuseas, vómitos, diarreia
- Medicamentos

O doente também pode perder vontade de comer devido a depressão.

A pobreza é uma causa importante da perda de peso. O HIV pode aumentar a pobreza porque deixa o doente sem forças para trabalhar.

A perda de peso acontece muito rapidamente nas pessoas que têm também tuberculose.

A avaliação nutricional é essencial nos cuidados ao doente com o HIV, pelo que deve ser realizada em cada visita aos serviços de saúde.

Nas **crianças,** utiliza-se o Cartão de Saúde, que permite o seguimento do peso e altura.

Nos **adultos,** o peso deve ser medido em cada visita, e a perda ou a falta de aumento do peso representam um "sinal de alerta", pelo que deve ser realizada uma avaliação nutricional detalhada.

Em todos os doentes, deve-se explorar se têm falta de comida, com perguntas simples como "há comida em casa?", "diga-me o que comeu ontem" ou "passa/ sente fome?"

Depois pergunta-se sobre a presença de sintomas como falta de apetite, dificuldade em mastigar ou em engolir, náuseas, vómitos, diarreia.

Uma pessoa com o HIV que é capaz de manter o seu peso vai sobreviver mais tempo. Se perde peso, deve aumentar a quantidade de alimentos a consumir, seguindo os conselhos de boa alimentação.

Para recuperar o peso, a pessoa não só deve alimentar-se mais, mas também deve manter-se activa e fazer exercício físico. Deve também tratar as infecções oportunistas.

Anemia

A anemia é frequente e deve ser avaliada em todos os doentes.

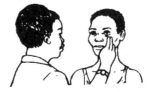

Pode ser devida a infecções oportunistas, malnutrição, efeitos adversos dos medicamentos ou tumores malignos (cancro).

O tratamento é igual ao que se recomenda a outros doentes com anemia (ver pág. 289).

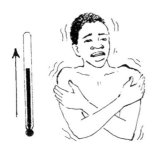

Febre

A febre pode durar mais de 1 mês. Geralmente é baixa, intermitente, mas pode atingir 39°C, e ser acompanhada de suores nocturnos. Muitas vezes, é difícil saber se a febre é devida a malária ou outra infecção oportunista, ou resultado da própria infecção pelo HIV. Os medicamentos também podem causar febre.

Na suspeita de que a febre seja causada por malária ou outra infecção oportunista, deve-se tratar como tal. Em todos os casos, deve-se controlar a febre com as medidas sugeridas na pág. 331.

Deve-se transferir o doente para uma unidade sanitária com mais recursos se a febre continua ao fim de 7 dias, e com urgência se o doente tiver sinais gerais de perigo (ver pág. 86).

Diarreia

A diarreia é relativamente frequente, e é uma das causas da perda de peso. Pode tornar-se persistente. As causas mais comuns da diarreia são as infecções, incluindo o próprio HIV. Pode também ser resultado de efeitos adversos de alguns medicamentos (por exemplo, ARVs).

O tratamento das diarreias não é muito diferente daquele que se recomenda a outros doentes – alimentação apropriada e muitos líquidos. A diarreia persistente é sobretudo uma doença nutricional. É importante continuar com a alimentação durante a diarreia e comer mais na fase de convalescença. O doente com muita diarreia pode ter ardor e dor no ânus. Recomenda-se a aplicação local de vaselina.

O doente deve ser transferido para uma unidade sanitária com mais recursos se:

- tem diarreia persistente há mais de 2 semanas
- está desidratado (pág. 342)
- não consegue beber líquidos
- tem vómitos frequentes
- tem dor de barriga
- tem muito fraqueza
- tem sangue nas fezes

No caso de diarreia persistente (mais de 14 dias) no adulto com o HIV, quando não se consegue transferir o doente, trata-se como é recomendado na pág. 354. Também se recomenda administrar cotrimoxazol (ver pág. 699) e metronidazol (ver pág. 702). Depois de terminar este tratamento, o doente deve tomar também mebendazol (ver pág. 717) ou albendazol (ver pág. 717). Por vezes, a administração de loperamida pode ajudar a aliviar a diarreia, se esta não melhora com o tratamento recomendado.

Tosse ou respiração difícil

A tosse é um sintoma frequente nas pessoas com o HIV.

Pode ser devida a uma simples constipação ou bronquite. Também pode ser um sintoma de doença grave como tuberculose ou pneumonia.

Perguntar a todos os doentes com o HIV se têm tosse ou dificuldade respiratória.

Caso sim, perguntar sobre a duração da tosse e as suas características, e a presença de dor torácica.

Se estiver com tosse há **mais de 2 semanas**, suspeitar de **tuberculose pulmonar**. O doente precisa de despiste da tuberculose. O tratamento depende dos resultados da baciloscopia.

Se a baciloscopia é negativa	**Se a baciloscopia é positiva**
● dar cotrimoxazol (ver pág. 699) durante 21 dias;	● o doente deve iniciar o tratamento da tuberculose.

Nos estadios avançados da infecção pelo HIV e nas crianças, é frequente que a baciloscopia seja negativa, apesar de o doente ter tuberculose. Se a tosse continua depois do tratamento, com baciloscopia negativa, transferir o doente para avaliação clínica.

Se estiver com tosse há **menos de 2 semanas**, procure os sinais de **pneumonia** e **pneumonia grave** (ver pág. 371).

No caso de **pneumonia**, dar cotrimoxazol (ver pág. 699) ou amoxicilina (ver pág. 697) durante 10 dias. Se o doente piorar enquanto recebe o tratamento, dar penicilina cristalina (ver pág. 695) e gentamicina (ver pág. 701) e transferir urgentemente para uma unidade sanitária com mais recursos.

Se não melhorar:

● Se estiver a tomar cotrimoxazol, solicitar 2 amostras de BK e transferir para avaliação clínica.

● Se estiver a tomar amoxicilina, mudar para cotrimoxazol durante 21 dias, e recomendar ao doente para voltar 7 dias depois. No caso de dúvida, solicitar 2 amostras de BK e transferir para avaliação clínica.

No caso de **pneumonia grave**, transferir imediatamente para uma unidade sanitária com mais recursos, depois de administrar a primeira dose de antibiótico:

• **Adultos e crianças com mais de 5 anos**	penicilina cristalina (ver pág. 695) e gentamicina (ver pág. 701)
• **Criança com 2 meses a 5 anos**	cloranfenicol (ver pág. 700)
• **Criança com menos de 2 meses**	penicilina cristalina (ver pág. 695) e gentamicina (ver pág. 701)

Um doente que tem constipação ou bronquite não necessita de antibióticos. O antibiótico não aliviará os sintomas do doente. Ensinar a aliviar a tosse e a dor de garganta, utilizando remédios caseiros (ver pág. 301).

Se o doente tiver pieira ou sibilos, dar também salbutamol (ver pág. 735).

Se o doente tiver dor torácica, administre paracetamol e transfira para avaliação clínica.

Lesões da pele

Muitas pessoas com infecção pelo HIV desenvolvem lesões da pele. À medida que a infecção pelo HIV progride, maior é a probabilidade de aparecerem estas lesões.

Podem ser de origem infecciosa (do próprio HIV ou infecções oportunistas) e tumoral (principalmente sarcoma de Kaposi), ou ser devidas a reacções cutâneas aos medicamentos.

As lesões da pele variam: pápulas, pústulas, celulites, abcessos, ulcerações, eczema, etc. Zona (ver pág. 519) é uma lesão da pele causada pelo vírus *Herpes zoster* que é mais frequente e grave nas pessoas infectadas pelo HIV.

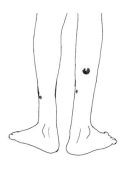

O sarcoma de Kaposi é um tipo de cancro que aparece frequentemente na pessoa com o HIV. Em geral, aparecem manchas ou nódulos escuros na pele ou na boca. A doença pode disseminar-se para outros órgãos, incluindo os pulmões.

É frequente que as lesões da pele se infectem, especialmente quando se prolongam por muito tempo. Deve-se procurar sinais de infecção, ou seja, se a lesão é dolorosa, está quente, inchada, a pele fica mais escura, com pus ou crostas.

Lesão pequena, sem febre:

- Dar eritromicina (ver pág. 698).

- Drenar o pus.

- Dar conselhos sobre como cuidar das feridas (ver pág. 252).

Lesão com mais de 4 cm de diâmetro, profunda, acompanhada de febre

- Transferir para uma unidade sanitária com mais recursos.

- Iniciar tratamento com antibióticos, como eritromicina (ver pág. 698) antes de transferir.

Muitas lesões da pele podem melhorar, mantendo o corpo limpo, Se a pele está seca, aplicar vaselina ou creme depois do banho.

Pode-se ajudar o doente dando-lhe medicamentos para controlar a dor (paracetamol ou AAS), e aliviar a comichão (clorfeniramina, ver pág. 722). Pode-se utilizar remédios caseiros para aliviar a comichão, tais como esfregar um pedaço de pepino na área da comichão.

Na suspeita duma reacção adversa aos medicamentos, seguir as recomendações da pág. 105.

O tratamento de outras doenças da pele está descrito no capítulo das doenças da pele (capítulo 25).

Transfira para uma unidade sanitária com mais recursos se o doente tiver:

- Erupção generalizada

- Líquido castanho, cinzento ou preto a sair das lesões

- Zona que está a estender para os olhos

- Reacção na pele após tomar medicamentos

Gânglios aumentados (adenopatias)

Gânglios linfáticos aumentados (adenopatias) são frequentes. Podem estar aumentados devido a infecções (linfadenopatia reactiva), o próprio HIV (linfadenopatia persistente generalizada), tuberculose, ou tumores.

Deve-se sempre verificar a presença ou não de gânglios linfáticos aumentados. Palpar os gânglios linfáticos próximos das lesões. Estão frequentemente inchados e dolorosos, quando há infecção.

Suspeite de **linfadenopatia reactiva** quando houver lesões da pele, particularmente se houver evidência de infecção.

Suspeite de **linfadenopatia persistente generalizada** quando houver gânglios linfáticos aumentados em mais de 3 locais diferentes, com mais de 1 cm, há mais de um mês, sem infecção localizada.

Suspeite de **tuberculose** quando houver gânglios linfáticos localizados maiores, acompanhados de febre.

No caso de linfadenopatia reactiva:

- Dar antibióticos orais: eritromicina (ver pág. 698).
- Dar conselhos sobre como cuidar das feridas (ver pág. 252), se as houver.

Em todos os outros casos, transferir para avaliação clínica.

Lesões na boca ou garganta

Quase todas as pessoas com o HIV têm pelo menos alguma lesão na boca durante a doença.

Os problemas na boca mais frequentes são a candidíase orofaríngea, aftas, doença periodontal (gengivite) e sarcoma de Kaposi.

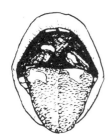

A **candidíase** (sapinhos) é provocada por fungos. As lesões têm o aspecto duma placa branca colada à língua, boca ou garganta. Normalmente, quando se limpam estas placas brancas, há hemorragia (sangramento). Numa fase mais avançada, há dor ou dificuldade em engolir porque o fungo se espalhou para o esófago.

Aftas são pequenos pontos brancos dolorosos que aparecem na parte interior dos lábios e boca. Numa pessoa com o HIV, as aftas podem ser maiores, mais dolorosas e espalhar-se para a garganta. A cura é mais difícil e prolongada.

As aftas também podem ser devidas aos medicamentos, especialmente se o doente tiver comichão.

Inflamação da gengiva (gengivite, doença periodontal): a doença pode variar desde uma leve vermelhidão das gengivas à volta dos dentes, até ulceração grave e destruição do tecido da gengiva.

O **sarcoma de Kaposi** pode manifestar-se com manchas de cor castanha ou violeta na boca.

É preciso perguntar a todos os doentes se têm problemas na boca. Mesmo se o doente não refere ter problemas, é preciso observar sempre a boca, para verificar se tem placas brancas na língua ou palato, aftas na boca, ou feridas nas gengivas ou à volta dos dentes.

Nos doentes com feridas na boca ou garganta, perguntar se têm dores de garganta ou no peito, ou dificuldade de engolir. Observar se existe pus nas amígdalas.

O diagnóstico precoce e o tratamento das lesões na boca são importantes para prevenir as complicações.

Em geral, o tratamento das doenças da boca é o descrito no capítulo das doenças da boca (capítulo 27) e do pus nas amígdalas, na pág. 370.

- Ensinar o doente e a família a limpar a boca.
- Aconselhar a comer alimentos apropriados.
- Tratar a candidíase oral com solução de nistatina (ver pág. 706). Como alternativa, violeta de genciana aquosa (ver pág. 706).
- Para as aftas, o aciclovir só é eficaz se for administrado na fase inicial da infecção.
- Tratar a doença periodontal com metronidazol (ver pág. 702) e paracetamol ou AAS para a dor. Se não resultar, transferir para uma unidade sanitária com mais recursos.

O doente deve ser transferido urgentemente para uma unidade sanitária com mais recursos, se tiver:

- Ulcerações com destruição do tecido da gengiva à volta dos dentes.
- Ulcerações profundas e extensas na mucosa (parte interna) das bochechas, gengiva ou língua.
- Dificuldade grave de engolir ou comer.

Lesões nos olhos

Lesões nos olhos ocorrem, geralmente, na fase tardia da doença. Geralmente, só podem ser diagnosticadas através dum exame especializado. Por isso, o doente com problemas da vista deve ser transferido para uma unidade sanitária com mais recursos.

Manifestações mentais e do sistema nervoso

Além de depressão e ansiedade, a pessoa com o HIV pode sofrer de problemas do sistema nervoso devido a infecções oportunistas, tumores e efeitos adversos dos medicamentos anti-retrovirais.

O doente pode ter:

- dores de cabeça (cefaleias)
- comportamento anormal
- demência (ver pág. 671)
- distúrbios da coordenação e da sensibilidade
- convulsões (ataques)
- paralisias

Deve-se excluir cuidadosamente a meningite e a malária. Procure os sinais gerais de perigo (ver pág. 86) e a rigidez da nuca. O doente com sinais gerais de perigo, malária ou meningite deve ser transferido para uma unidade sanitária com mais recursos, administrando-se o tratamento apropriado antes da transferência. Se houver convulsões, administrar diazepam. Os outros doentes devem ser transferidos para avaliação clínica.

A **cefaleia** é um sintoma frequente na pessoa com o HIV, que pode ter diversas causas.

Após exclusão de doença séria, tratar com analgésicos. Se não melhorar, transferir para uma unidade sanitária com mais recursos. Igualmente, se estiverem presentes outros sinais de lesão neurológica.

Para orientações sobre como lidar com o doente que manifesta confusão mental, ver pág. 670.

Dor

A dor é muito frequente na fase avançada da doença e, às vezes, pode ser muito forte.

As medidas recomendadas para as dores encontram-se na pág. 282.

Se é uma dor grave ou crónica, deve ser atendida pelo clínico.

Tratamento preventivo das infecções oportunistas

O tratamento preventivo (profilaxia) das infecções oportunistas pode evitar o seu aparecimento e proporcionar uma melhor qualidade de vida dos doentes e seus familiares.

Deve-se fazer a monitorização da aderência ao tratamento preventivo e dar conselhos sobre medidas a tomar, no caso de aparecimento de efeitos adversos.

Cotrimoxazol

O cotrimoxazol (ver pág. 699) ajuda a prevenir a diarreia de causa bacteriana, a pneumonia e as suas complicações, e a malária.

A profilaxia consiste na tomada diária de cotrimoxazol.

Deve-se começar a profilaxia com cotrimoxazol em todas as pessoas HIV-positivas que apresentam sintomas. Todos os bebés nascidos de mães com o HIV devem receber cotrimoxazol (ver pág. 699).

As pessoas devem ser seguidas periodicamente para verificar se estão a tomar o medicamento. Devem voltar à unidade sanitária se tiverem reacções adversas.

Isoniazida

A pessoa com o HIV tem um elevado risco de desenvolver tuberculose. Por isso, deve receber isoniazida (ver pág. 708) para prevenir a tuberculose. Primeiro, é preciso excluir o diagnóstico de tuberculose activa. Só depois disto, se deve administrar a isoniazida. Este tratamento preventivo deve ser feito durante 6 meses.

Tratamento com anti-retrovirais (TARV)

Existem actualmente medicamentos capazes de controlar a infecção pelo HIV e permitir uma vida mais longa. Esses medicamentos são chamados anti-retrovirais (ARV), uma vez que os vírus que causam o SIDA pertencem à família de um tipo de vírus chamados retrovírus.

Os anti-retrovirais diminuem a quantidade do vírus no corpo, mas não o eliminam por completo. Em geral, os doentes que recebem tratamento com ARV conseguem ter um sistema imunitário que funciona bem e, por isso, correm um menor risco de apanhar infecções oportunistas. A saúde melhora e a vida fica muito prolongada.

Início do tratamento anti-retroviral (TARV)

O tratamento anti-retroviral (TARV) não deve ser dado a todas as pessoas HIV-positivas.

O início do tratamento com anti-retrovirais é determinado com base no estadio clínico e/ou na contagem de células CD4.

As células CD4 são as defesas naturais do corpo contra as infecções.

O HIV penetra nas células CD4 e mata-as. Quanto maior for a quantidade de vírus no sangue, maior será a destruição das células CD4.

No laboratório, é possível contar quantas células CD4 o doente tem no sangue. Vá à unidade sanitária para contagem regular de CD4.

O sistema de classificação da infecção pelo HIV, da OMS, em estadios clínicos (tabela da pág. 407) ajuda a decidir quando iniciar o TARV.

Os adultos e adolescentes iniciam TARV depois de confirmada a infecção pelo HIV, e quando está presente uma das seguintes situações:

- Estadio 4, independentemente da contagem de células CD4;
- Estadio 3, se a contagem de células CD4 for inferior a 350/mm^3
- Estadio 1 ou 2, se a contagem de células CD4 for inferior a 200/mm^3

Nota: O manejo destes doentes pode variar pelo que se aconselha a consulta das normas em uso em cada país.

A classificação do estadio e a decisão do início de TARV são feitos pelo clínico, tomando em conta os sintomas e a contagem CD4.

Todos os doentes no estadio grave (Estadio 4) ou com contagem de células CD4

< 200/mm3 devem começar o tratamento anti-retroviral.

Preparação do doente

A pessoa deve ser preparada para tomar os medicamentos ARV de acordo com o que foi receitado. Isto é, a pessoa tem que estar perfeitamente consciente da necessidade do seguir rigorosamente o tratamento. Chama-se a isto aderência do doente ao tratamento.

Uma vez iniciado, o TARV tem que ser feito por toda a vida.

Isto significa tomar os comprimidos todos os dias à mesma hora.

O acompanhamento do doente em TARV envolve a procura de complicações da infecção ou dos medicamentos, uma avaliação da situação psicológica e a aderência ao tratamento.

O sucesso do TARV pode ser constatado clinicamente, através do aumento de peso do doente e do seu estado geral e de bem-estar. A contagem de células CD4 complementa este acompanhamento da resposta ao tratamento.

Outros exames laboratoriais devem ser feitos com regularidade para detectar efeitos adversos dos medicamentos e complicações da própria doença. A periodicidade destes depende dos medicamentos usados, mas deve ser mais apertada, nos primeiros 6 meses.

Aderência

Aderência é um termo mais amplo do que simplesmente "cumprimento do tratamento". O simples cumprimento do tratamento implica um papel passivo do doente, que aceita as decisões e conselhos do trabalhador de saúde.

Quando um programa de tratamento é bem conduzido, os doentes aderem ao plano de tratamento porque compreendem e partilham a necessidade de tomar regularmente os medicamentos, e conhecem o impacto da toma correcta destes na evolução da doença e na qualidade da própria vida.

Eles também concordam e aceitam as mudanças que devem fazer nos seus hábitos quotidianos, e são parceiros activos nos cuidados da sua própria saúde.

> **A aderência é um processo partilhado entre o doente e o trabalhador de saúde, no início e durante o cumprimento de um plano de tratamento.**

A aderência aos cuidados inclui:	**A não aderência é definida como:**
• Cumprimento do plano de tratamento. • Comparência às consultas e às análises de laboratório marcadas. • Modificação do estilo de vida, se necessário, para evitar comportamentos de risco.	• A falta de toma dos medicamentos nos horários e na dose recomendada. • O não cumprimento das consultas marcadas para controlo e para fazer as análises de laboratório. • A falta de colaboração na mudança de hábitos, estilo de vida e comportamentos de risco.

Uma fraca aderência ao TARV produz aumento imediato do número de vírus no sangue e possível desenvolvimento de resistência do vírus aos medicamentos. Por isso, o tratamento pode deixar de ter efeito. Também podem ocorrer infecções oportunistas mais frequentemente. A qualidade de vida piora e o tempo de vida é menor.

Resistência

Quando combatidos apenas parcialmente, o número de vírus volta a aumentar e o estado de saúde da pessoa agrava-se de novo. Com o tempo, estes medicamentos (1ª linha) deixam de ser eficazes. Então, é preciso que o doente mude de tratamento (2ª linha). Este é muito mais caro do que a 1ª linha e tem um plano de tratamento muito mais difícil de cumprir.

Se o vírus resistente for transmitido a outra pessoa, esta já não poderá receber o tratamento da 1ª linha, porque este será ineficaz.

A resistência pode desenvolver-se muito rapidamente – em 2-4 semanas para alguns medicamentos!

> **A aderência é a chave do êxito do tratamento.**

Factores que influenciam a aderência

DO DOENTE:

Há muitos factores do doente que podem criar
obstáculos à boa aderência:

- Os doentes podem não compreender bem
  o esquema de tratamento, como tomar
  os medicamentos, ou a longa duração do
  TARV. Quando a pessoa começa a sentir-se
  melhor, vai sentir menos necessidade de
  tomar os comprimidos.
- É difícil lembrar de tomar os medicamentos
  regularmente.
- A ansiedade, a depressão e a falta de apoio social, e a confusão mental
  devida ao HIV influenciam negativamente a toma dos medicamentos. A
  depressão elimina a motivação em muitas pessoas, fazendo-as perder a
  esperança e a vontade de viver.
- As crenças sobre o SIDA e as dúvidas sobre o tratamento.
- Estigma e discriminação: o doente receia tomar os medicamentos à frente
  de outras pessoas.
- Falta de comida.
- Uso de drogas e de álcool.
- O horário de trabalho, deslocações, falta de apoio para tomar conta das
  crianças.
- Não ter lugar seguro para guardar os medicamentos.

DA MEDICAÇÃO:

- Alguns doentes têm dificuldade para engolir os medicamentos.
  Frequentemente, é necessário explicar e demonstrar como tomar os
  medicamentos.
- Efeitos adversos: se a pessoa não sabe reconhecer nem como actuar perante
  os efeitos adversos, pode perder a motivação para continuar a tomar os ARV.
- A presença de outras infecções que requerem a tomada de outros
  medicamentos pode confundir os doentes.

DA DOENÇA:

◆ A demora em se sentir melhor, depois do início do TARV, leva alguns doentes a desistir do tratamento.

DO SISTEMA DE SAÚDE:

● Ambiente dos serviços de saúde desfavorável e horário de atendimento inconveniente para o doente.

● Um relacionamento fraco entre o doente e os trabalhadores de saúde cria desconfiança e obstáculos ao tratamento.

● Serviços interrompidos, falta de pessoal ou pessoal mal treinado, falta de medicamentos, ou consultas em condições deficientes.

Como apoiar o doente para aderir ao tratamento

Os grupos de apoio a doentes em tratamento e a educação individual por uma pessoa que tenha experiência do mesmo tratamento, contribuem muito para melhorar a aderência.

A educação em relação aos ARV inclui:

● Instrução cuidadosa sobre o modo de tomar os medicamentos.

● Dicas sobre como a pessoa se pode lembrar dos medicamentos (incorporar as medicações nas actividades diárias: escovar os dentes e tomar a primeira dose da medicação, lembranças, companheiros, caixa de medicamentos compartimentada, uso do calendário, etc.).

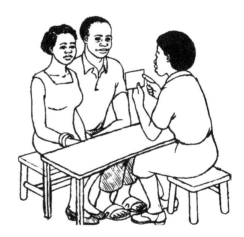

● Os efeitos adversos dos medicamentos e o que se deve fazer se eles ocorrerem.

● Consequências da não aderência.

Efeitos adversos

Os ARV podem causar efeitos adversos, mas nem todos os doentes apresentam estes efeitos. Os sinais e sintomas dos efeitos adversos podem ser semelhantes aos sinais e sintomas de alguma infecção oportunista.

Os efeitos adversos podem ser ligeiros ou graves. A maioria passa com o tempo, mas, se são graves ou não passam, é necessário consultar o clínico.

> **Todos os doentes com efeitos adversos ligeiros ou graves, durante o primeiro mês de tratamento, devem ser avaliados pelo clínico.**

O tratamento dos efeitos adversos ligeiros inclui o apoio psicossocial, a ingestão de líquidos, recomendações nutricionais e medicamentos (ver tabela abaixo).

TRATAMENTO DOS EFEITOS ADVERSOS

EFEITOS LIGEIROS	
Sinal ou sintoma	**Recomendação**
Náusea	Este sintoma é comum e desaparece depois de alguns dias. Recomendar refeições pequenas e frequentes, evitar ácidos, comidas picantes, temperadas e gorduras.
Dor de cabeça	Excluir meningite e malária. Se negativo, dar paracetamol. Este sintoma é comum e desaparece depois de alguns dias. Se persistir por mais de 2 semanas, o doente deve ser novamente avaliado.
Diarreia	Aumentar a ingestão de líquidos e alimentos. Avaliar o grau de desidratação (ver pág. 324). Dizer que este sintoma irá passar em algumas semanas. O doente deve ser avaliado depois de 2 semanas; se não melhorar, transferir o doente para avaliação clínica.
Fadiga	Este sintoma geralmente dura 4 a 6 semanas. Se é grave ou persiste, transferir o doente para avaliação clínica.
Ansiedade, depressão pesadelos, alteração de comportamento	Estes sintomas costumam durar menos de 3 semanas. Aconselhar e dar apoio emocional ao doente. Se o problema persistir ou existir intenção de suicídio ou alteração do comportamento, transferir para uma unidade sanitária com mais recursos.

Normalmente, estes sintomas desaparecem passados alguns dias ou semanas. Contudo, nos casos em que persistem ou se agravam, deve-se recomendar voltar à consulta.

EFEITOS GRAVES	
Sinal ou sintoma	**Recomendação**
• Pigmentação das unhas (azul ou negra)	Este sintoma é frequente com zidovudina (AZT) e dura cerca de 2-6 semanas
• Erupção cutânea, borbulhas (exantema máculo-papular)	O doente apresenta pequenas manchas na cara, peito ou braços/pernas. Se houver comichão, recomendar loção de calamina para aplicar 2-3 vezes por dia e transferir o doente para avaliação clínica. Todas as lesões com bolhas tipo queimadura, requerem suspensão imediata do tratamento e observação urgente pelo clínico.

> **A presença de qualquer efeito adverso grave é indicação para suspender o tratamento e transferir imediatamente para uma unidade sanitária com mais recursos.**

HIV nas crianças

A progressão da infecção pelo HIV nas crianças é muito mais acelerada que nos adultos. O período sem sintomas vai geralmente até aos 2 anos, mas alguns recém-nascidos começam logo a adoecer nas primeiras semanas de vida.

Em média, após o terceiro ano de vida, a criança tem sintomas, vindo a morrer num período de um ano. Noventa por cento das crianças infectadas morrem antes dos 5 anos de idade se não receberem TARV.

As intervenções de prevenção da transmissão vertical (PTV) reduzem, mas não eliminam o risco da transmissão vertical. O seguimento das crianças de mães com o HIV é crucial, uma vez que a exposição ao HIV coloca estas crianças sob o risco de doença.

Teste da criança exposta ao HIV

Uma mãe HIV-positiva está ansiosa por saber se transmitiu ou não o HIV ao seu bebé. Infelizmente, os testes disponíveis nos países em desenvolvimento só permitem tirar esta conclusão com segurança depois dos 18 meses de idade.

Embora existam testes mais sofisticados que permitem detectar a infecção mais cedo, eles não estão habitualmente disponíveis por serem muito caros.

O teste habitual de HIV não detecta o próprio vírus, mas sim os anticorpos contra o HIV presentes no sangue. Mesmo que a criança não tenha o HIV, ela pode ter os anticorpos que recebeu da mãe durante a gravidez ou aleitamento, e ter o teste positivo. Os anticorpos da mãe permanecem no corpo da criança, mas vão desaparecendo gradualmente até aos 18 meses.

> **Se o teste do HIV é feito muito cedo, poderá detectar anticorpos da mãe, e ser positivo, mesmo que a criança seja negativa.**

Os anticorpos do aleitamento podem permanecer até 6 meses após o desmame. Assim, só 6 meses após o desmame pode-se ter a certeza que a criança que tem teste positivo está realmente infectada pelo HIV.

Um teste negativo significa que a criança não está infectada.

É difícil para os pais aceitar que o seu filho está infectado pelo HIV. O trabalhador de saúde deve discutir o diagnóstico com compaixão e confidencialidade. Deve-se dar toda a informação sobre os serviços disponíveis para a criança e transferi-la para os mesmos.

Consulta da Criança em Risco

Todas as crianças nascidas de mães seropositivas devem ser seguidas na Consulta da Criança em Risco (ver pág. 289). A criança exposta ao HIV deve ser levada mensalmente à consulta até aos 18 meses de idade.

> **Toda a criança de mãe seropositiva deve ser considerada suspeita de HIV e seguida até o teste do HIV (aos 18 meses) revelar se a criança é negativa ou positiva.**

Crescimento e pesagem

A criança deverá ter um seguimento especial do seu peso e crescimento, porque a malnutrição é frequente. A falta de crescimento e o baixo peso podem ser sinais de infecção pelo HIV, mas também pode ser porque a mãe já se encontra doente e não consegue alimentar bem o seu filho.

História clínica e exame físico geral

Deve ser colhida uma história cuidadosa da criança, baseada nas queixas que a mãe refere sobre ela, e depois faz-se o exame físico. As crianças que apresentam sinais ou sintomas de doença devem ser transferidas para avaliação clínica.

O tratamento contra as infecções deve ser iniciado o mais cedo possível.

Os sintomas e doenças mais comuns associados à infecção pelo HIV na criança são o baixo peso e/ou atraso de crescimento, pneumonia, candidíase oral, linfadenopatias, diarreia e tuberculose. De uma maneira geral, as condições específicas que ocorrem em crianças com o HIV devem ser tratadas da mesma maneira que nas crianças que não estão infectadas. As crianças com tuberculose devem ser internadas.

Tratamento preventivo

Para prevenir doenças tais como pneumonia e tuberculose nas crianças expostas ao HIV, deve-se fazer tratamento preventivo (profilaxia) com medicamentos.

◆ Pneumonia – no fim do primeiro mês de vida, deve-se iniciar a profilaxia com cotrimoxazol, e continuar até aos 18 meses de idade.

Aos 18 meses de idade, deve-se fazer o teste do HIV à criança:

- Se o resultado do teste for positivo, a criança deve continuar com o cotrimoxazol
- Se o resultado do teste for negativo, interrompe-se o tratamento

◆ Tuberculose – se a criança que tem contacto com pessoas com tuberculose pulmonar não tiver manifestações da doença, deve-se iniciar com isoniazida.

Verificação do cumprimento do calendário das vacinas e das doses de vitamina A

As crianças suspeitas de infecção pelo HIV devem fazer as mesmas vacinas que são recomendadas para as outras crianças. As crianças sintomáticas não devem fazer BCG.

Informação para a mãe

Todas as recomendações sobre a alimentação das crianças são também válidas para as crianças que têm o HIV.

Se a criança está com sintomas de doença, siga as recomendações para alimentar os doentes, no capítulo 5.

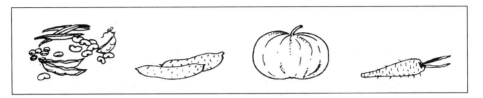

Embora haja um baixo risco de transmissão através do leite materno, nas famílias pobres o risco de morrer de outras doenças é maior com leite artificial.

Por isso, o aleitamento materno exclusivo até aos 6 meses de idade é a opção mais viável.

A criança deve ter uma vida normal. Pode brincar com outras crianças e deve ir a escola.

Desenvolvimento psicomotor

A avaliação do desenvolvimento psicomotor (ver pág. 567) é importante porque muitas vezes, o atraso psicomotor é o primeiro sinal de infecção pelo HIV na criança.

As consultas de controlo da criança também permitem avaliar o estado de saúde e de nutrição da mãe.

TARV na criança

Os medicamentos ARV também existem em forma de suspensões ou xaropes para crianças, que podem ser administrados quando disponíveis nas unidades sanitárias.

Aderência nas crianças

A aderência nas crianças requer o compromisso do adulto responsável pela criança e o envolvimento da criança.

Para as crianças, a aderência aos ARV pode ser difícil porque:

■ Os medicamentos não são sempre adequados para a administração às crianças pequenas; podem ter um sabor desagradável e ser difíceis de engolir.

■ A toma é complexa, exigindo que os adultos responsáveis misturem fórmulas líquidas, esmaguem comprimidos, abram cápsulas ou dissolvam medicamentos em água; as doses vão aumentando à medida que a criança ganha peso.

■ Muitas crianças são cuidadas por mais de uma pessoa, algumas das quais podem não conhecer o diagnóstico da criança.

A avaliação da aderência também pode ser difícil pois, muitas vezes, a pessoa que traz a criança à unidade sanitária não é a pessoa responsável pela administração dos medicamentos.

As pessoas que cuidam das crianças que estão a receber tratamento devem ser interrogadas a respeito das doses omitidas, dos problemas verificados na administração dos medicamentos e dos possíveis efeitos adversos.

As crianças maiores devem ser motivadas para participar na discussão sobre os seus medicamentos e sobre a importância da aderência.

Para apoiar a aderência aos medicamentos nas crianças deve-se incluir a família e as pessoas que cuidam das crianças:

■ Preparar a família para os efeitos adversos e para o que deve ser feito se eles ocorrerem. Muitas famílias suspendem os medicamentos, quando surgem efeitos adversos.

■ Preparar a família em relação aos medicamentos com sabor desagradável e o modo de disfarçar o seu gosto.

■ Ensinar as famílias sobre a necessidade de as crianças pequenas terem uma rotina, regularidade e supervisão na toma dos medicamentos.

Se a criança recusa tomar os medicamentos, tudo na vida dela deverá parar até que a medicação seja tomada. A criança não deverá ter permissão de fazer qualquer outra coisa antes de tomar a medicação. As crianças deverão ser ensinadas que tomar os medicamentos faz parte das suas vidas.

No início do TARV, as crianças devem fazer visitas de controlo semanalmente, durante as primeiras 8 semanas, para avaliar os efeitos dos ARV.

As estratégias para a aderência ao TARV nas crianças incluem:

1. Educação:

- Ensinar todos os que cuidam da criança;
- Ensinar também a criança sobre a doença;
- É um processo contínuo e cada família terá necessidades e perguntas a fazer.

2. Apoio contínuo:

- Apoio psicossocial à aderência;
- Explorar as questões de revelação da doença;
- Participar nos grupos de pessoas em circunstâncias idênticas.

3. Preparação diária das doses:

- Comprimidos: colocar as quantidades de comprimidos diárias dentro duma caixa;
- Líquidos: usar as medidas que acompanham os frascos na hora de administrá-los;
- Guardar os medicamentos em local fresco e seco.

4. Administração das doses:

- Os sabores dos medicamentos líquidos podem ser disfarçados com sumos ou leite em pequena quantidade;
- Os comprimidos podem ser esmagados até ficarem em pó fino e as cápsulas podem ser abertas; e misturados com banana ou outra fruta esmagada;

- Dar todo o alimento à criança, para ter a certeza de que o medicamento foi integralmente consumido;
- As crianças mais velhas devem ser ensinadas a partir os comprimidos ao meio e engoli-los;
- Os comprimidos duros podem ser revestidos com molhos ou outro alimento viscoso (por exemplo, mel) para ajudar as crianças mais velhas a engolir;
- Fazer muitos elogios no fim de cada dose bem tomada!

5. Evitar ou minimizar as náuseas:

- É importante saber se o medicamento pode provocar náuseas (perguntar ao clínico);

- Dar à criança uma refeição leve pouco depois da administração do medicamento;

- Dar líquidos suficientes para a toma do medicamento;

- Explicar à família que a náusea é passageira e que o corpo da criança se habituará ao medicamento.

Se vomitar o medicamento:

- menos de 30 minutos depois da sua ingestão, deve-se repetir a dose.

- mais de 30 minutos depois da sua ingestão, deve-se esperar a próxima dose.

Importante: todas as pessoas que cuidam da criança devem ser preparadas para os possíveis efeitos adversos e saber o que fazer quando eles ocorrem.

Um gesto de carinho só transmite solidariedade e amizade.

22 | Infecções de transmissão sexual (ITS)

As infecções de transmissão sexual (ITS) são doenças causadas por micróbios que se transmitem por contacto sexual. Estas infecções podem ter consequências graves se não forem tratadas correctamente. A infecção pode se disseminar para os parceiros sexuais trazendo consequências graves para a família. As ITS são também a porta de entrada do HIV. Por isso, para prevenir o HIV e SIDA, é muito importante prevenir e tratar as ITS. Uma pessoa pode ter ao mesmo tempo mais do que uma ITS.

As ITS podem ser curáveis e não curáveis. As infecções curáveis mais conhecidas são a gonorreia e a sífilis. Entre as não curáveis temos o HIV e SIDA, mas também o herpes e os condilomas.

Tanto o homem como a mulher podem ter uma ITS sem apresentar nenhum sintoma e transmiti-la ao parceiro.

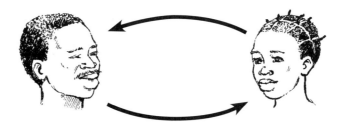

Existem muitos nomes locais e tratamentos tradicionais para as ITS. Estas doenças estão associadas ao HIV e SIDA e a complicações graves, por isso não é aconselhável o tratamento tradicional. É melhor fazer o tratamento na unidade sanitária, onde existe a possibilidade de fazer um tratamento correcto.

Todas as pessoas que tenham tido relações sexuais com uma pessoa com uma ITS (parceiros/as sexuais) devem ser tratadas porque, mesmo que não apresentem sinais da doença, podem estar infectadas. Se não forem tratadas, voltam a passar a doença para o seu parceiro sexual.

As mulheres grávidas com sintomas de ITS precisam de atenção especial. É essencial curar a infecção, para que o bebé não seja afectado. A grávida deve ser encaminhada para a consulta pré-natal, onde deve ser aconselhada a fazer o teste para a sífilis e o HIV. Na consulta pré-natal, a enfermeira procura saber se a mulher tem corrimento e/ou feridas nos genitais. Estes exames vão servir para evitar que o bebé nasça com problemas.

Complicações das ITS

Se não são tratadas, as ITS podem ter consequências graves para o doente e a sociedade. Além do tratamento correcto das ITS, a prevenção é a melhor forma de evitar as complicações. As principais complicações são:

Na mulher: dor crónica no baixo ventre, infertilidade (não fazer filhos) e gravidez ectópica (gravidez fora do útero, ver pág. 644).

Outra consequência é o cancro do colo do útero.

Nas mulheres grávidas pode surgir:

- Aborto
- Nado-morto
- Crianças com baixo peso à nascença
- Crianças com sífilis congénita
- Crianças com conjuntivite devido a gonorreia ou clamídia

conjuntivite neonatal causada por uma infecção por gonorreia

– **No homem**: se a gonorreia não for tratada no início, o homem pode ter estenose uretral (aperto na uretra que causa dor e dificuldade ao urinar. Também pode ter infertilidade e testículos inchados.

> **As pessoas com ITS, principalmente úlceras (feridas) genitais, têm maior probabilidade de se contaminarem com o HIV.**

Além das complicações directas para o doente, podem surgir **consequências sociais,** que são mais graves para as mulheres porque, se não podem ter filhos, são estigmatizadas, têm problemas no lar que podem levar ao divórcio.

Como cuidar dos doentes com ITS?

Os doentes com ITS têm muita dificuldade (por vergonha ou receio) em explicar o seu problema na consulta, por isso devemos mostrar simpatia e demonstrar que manteremos sigilo (guardar a informação dada pelo doente) para os deixar à vontade. Não basta fazer um tratamento correcto, é importante aconselhar o doente, para que siga as medidas preventivas e traga o/os seu/seus parceiro/s.

Durante o aconselhamento deve-se ouvir o doente e não julgá-lo pelo comportamento que o levou a contrair a doença.

Deve-se saber identificar os riscos que o doente corre se continuar com o comportamento que revelou e falar com ele positivamente de modo a aconselhá-lo a mudar.

Os principais objectivos do aconselhamento são:

- Dar apoio emocional

- Discutir os aspectos culturais (mitos, tabus)
- Dar informações sobre ITS e o HIV (transmissão e prevenção)
- Identificar os riscos que o doente corre

- Encorajar a mudança de comportamento
- Fazer com que o doente siga o tratamento recomendado
- Fazer com que o doente traga o parceiro ou parceiros para o tratamento
- Fazer com que o doente aceite fazer o teste do HIV e, se possível, sífilis.

O que devemos fazer para que o aconselhamento seja de qualidade:

- Receber o doente, apresentar-se e perguntar o nome do doente
- Se o doente não fala português, usar a língua local
- Deixar o doente à vontade para dizer tudo o que sente
- Garantir ao doente a confidencialidade das informações que dá.

Não deve:

- Movimentar-se constantemente ou sair da sala enquanto está a atender o doente.

- Fazer gestos ou comentários que dão a entender que não estamos de acordo com aspectos negativos do comportamento do doente.

- Deixar que outros colegas entrem na sala onde estamos a observar o doente.

Para além do tratamento específico de cada ITS, todos os doentes devem receber conselhos gerais (ver pág. 453).

História clínica e exame físico

Deve-se mostrar interesse, simpatia, e aceitar o doente como é, e não julgá-lo. Deve-se ter uma relação directa, afectiva e de confiança com o doente. A história sexual do doente dá informações importantes para o seu tratamento e aconselhamento.

Na consulta deve-se **perguntar ao doente**:

Motivos que o levaram a ir a consulta
- O que o levou a ir a consulta?
- É a primeira consulta ou controlo?

Questões relacionadas com a vida social do doente
- Onde trabalha e o que faz?
- Com quem vive?
- Se vive com alguém, há quanto tempo?

Questões relacionadas com a doença
- Quando começou a doença?
- Quais são os sintomas e sinais?
- Corrimento (secreção ou líquido nos órgãos genitais) e tipo de corrimento (com cheiro, branco, amarelado, líquido, suja a roupa interior?)
- Comichão nos órgãos sexuais
- Dor ao urinar ou durante as relações sexuais
- Dor no baixo ventre
- Feridas ou borbulhas nos órgãos genitais
- Dor e inchaço dos testículos
- Inchaço na virilha
- História de ITS

Tratamentos anteriores:

- Está a tomar algum medicamento para a doença? Se sim:
- Nome do medicamento.
- Quando começou?

Se for mulher:

- Está grávida? Quando foi a última menstruação?
- Usa algum medicamento ou aparelho para não engravidar?

História sexual:

- Quando foi a última relação sexual?
- Número de parceiros que teve nos últimos três meses?
- Uso de preservativos (masculino e feminino)?
- Usou preservativo na última relação sexual? Se não, porquê?

O **exame físico** é simples e compreende:

- A inspecção da pele;
- O exame da boca e da garganta;
- A procura de gânglios linfáticos aumentados (virilhas, axilas);
- Inspecção e palpação cuidadosa dos órgãos genitais (sexuais), região púbica e inguinal, ânus e, na mulher, o abdómen.

Deve-se pedir ao doente para despir a roupa interior e verificar a parte externa dos órgãos genitais (se tem feridas, se tem inchaço, se está vermelho e se tem corrimento). Com uma luva fazer o toque vaginal ou rectal para procurar massas no útero e verificar se há dor à palpação em locais específicos.

Sempre que se tiver de examinar um doente, deve-se explicar primeiro o que se vai fazer e pedir autorização. Só depois é que se deve fazer o exame. Com uma mão faz-se o toque vaginal e com outra palpa-se cuidadosamente o abdómen da mulher.

EXAME DA MULHER:

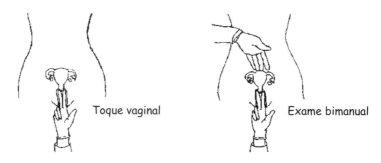

Toque vaginal

Exame bimanual

EXAME GENITAL NO HOMEM:

Para um bom exame o doente deve estar de pé e com as pernas abertas. Depois de explicar ao doente o que se vai fazer, deve-se seguir os seguintes passos:

● Palpar a região inguinal (virilha) à procura de inchaços e gânglios aumentados.

● Palpar os testículos para saber se dói, procurar inchaço e se tem alguma alteração.

● Observar o pénis para ver se tem feridas, corrimento, se está vermelho e se está inchado.

● Pedir ao doente para puxar o prepúcio para trás e veja se tem corrimento. Se não tiver, peça também ao doente para fazer pressão no pénis, para ver se sai algum corrimento.

● Pedir depois ao doente para se curvar para a frente e com as próprias mãos abrir as nádegas para procurar feridas, secreções, vermelhidão e outras alte- rações visíveis.

● Poder-se-á fazer também o toque rectal e verificar se existem massas.

● Descalçar as luvas e lavar as mãos com bastante água e sabão esfregando cerca de 10 minutos incluindo as unhas, logo depois do exame. Se não tiver água, desinfecte as mãos com álcool.

Todos os exames devem ser feitos com luvas. Estas devem ser deitadas fora depois do exame. Cada doente deve ter a sua luva.

Sintomas e sinais de ITS:

O conjunto de sintomas e sinais é chamado de síndroma. Para o tratamento das ITS, utiliza-se uma abordagem sindrómica em que se trata o doente pelos sinto- mas e sinais que apresenta. Este método permite tratar as várias infecções que podem ser a causa dos problemas do doente.

Com base nesta abordagem dividimos as ITS em: corrimento vaginal, corri- mento uretral, úlcera genital masculina e feminina, dor no baixo ventre, escroto inchado e bubão inguinal.

Corrimento vaginal

O corrimento vaginal consiste numa secreção (muco ou substância esbranqui- çada ou amarelada) que sai da vagina da mulher. As causas mais frequentes de corrimento vaginal são: gonorreia, infecção por clamídia, tricomonas, candida e gardnerella (vaginose bacteriana).

Todas as mulheres têm, normalmente, uma pequena quantidade de corrimento vaginal que é claro, leitoso ou ligeiramente amarelado.

No entanto, muitas mulheres sofrem de corrimento devido a infecções transmitidas pelos seus parceiros. As queixas mais frequentes são: roupa interior molhada, secreção vaginal excessiva, mudança de cor ou de cheiro na secreção vaginal, prurido (comichão), dor ao urinar, dor durante as relações sexuais e, por vezes, dores abdominais baixas (dores no baixo ventre).

Tratamento:

O corrimento vaginal pode ser causado por vários micróbios e não é possível distinguir um do outro sem um exame especializado. Por isso, é necessário tratar a doente duma forma **abrangente**, de modo a cobrir as causas mais frequentes e de **acordo com as normas vigentes** em cada país.

Uma doente com corrimento vaginal deve receber todos estes medicamentos, em toma única:

◆ Ciprofloxacina (ver pág. 704)

◆ Azitromicina (ver pág. 704)

◆ Metronidazol (ver pág. 702)

◆ Clotrimazol (ver pág. 707)

No caso da **mulher grávida** e na **adolescente** com menos de 16 anos: **não dar ciprofloxacina**. Esta deve ser substituída por **cefixima** (ver pág. 704). **Evite o uso do metronidazol** no primeiro trimestre da gravidez.

Se a doente se queixar de dores abdominais baixas (dor no baixo ventre), deve fazer o tratamento para este sintoma.

No tratamento do parceiro/os, devem ser utilizados todos os medicamentos acima indicados, excepto o clotrimazol que só é dado às mulheres. Por vezes recomenda-se que os homens apliquem o creme de clotrimazol, quando as parceiras têm candidíase de repetição.

Dor ou desconforto no baixo ventre

A dor no baixo ventre pode ter várias causas. Algumas causas são descritas em diversas partes do livro.

A lista que se segue inclui algumas perguntas-chave que ajudam a identificar as causas.

Causas de dor no baixo ventre:

1. **Doença inflamatória pélvica (DIP).** É quase sempre o estado avançado duma ITS e a doente deve ser tratada como se tivesse uma infecção, sempre que não se encontre outra causa (ver em baixo).

2. **Problema menstrual.** A dor piora antes ou durante a menstruação?

3. **Infecção urinária.** É uma das causas mais frequentes de dor no baixo ventre, particularmente nas mulheres. A doente urina muitas vezes ou tem dor ao urinar?

4. **Problemas relacionados com nódulo ou massa no baixo ventre.** Estes incluem **quistos do ovário** e **cancro.** É necessário fazer um exame especial, numa unidade sanitária com mais recursos.

5. **Gravidez ectópica** (gravidez fora do útero, ver pág. 644). Geralmente há dor muito intensa acompanhada de hemorragia vaginal irregular. Muitas vezes a mulher tem sinais duma gravidez em início e sente-se fraca e com tonturas. **Transferir imediatamente para uma unidade sanitária com mais recursos porque a mulher corre perigo de vida,** pois pode ocorrer ruptura da trompa com sangramento abundante.

6. **Aborto** (ver pág. 644). Pode haver febre, hemorragia vaginal com coágulos, dor abdominal, dificuldade em urinar, e choque. **Dar antibióticos e transferir a doente para uma unidade sanitária com mais recursos porque a vida dela está em perigo.**

7. **Parasitose intestinal ou outro problema do intestino.**

> **Quando não se conhece a causa da dor, ou se esta não melhora ao fim de algum tempo, a doente deve ser transferida para uma unidade sanitária com mais recursos.**

Doença inflamatória pélvica (DIP)

Chama-se doença inflamatória pélvica a infecção pélvica na mulher provocada por vários micróbios.

A DIP pode ser o resultado duma ITS., mas também pode surgir após o parto ou aborto. Por vezes, o dispositivo intra-uterino (DIU, aparelho) pode causar uma infecção.

Em geral, na DIP, a doente queixa-se de dor abdominal baixa (dor no baixo ventre), que pode ser moderada ou intensa, e se agrava antes da menstruação, e é muitas vezes acompanhada de corrimento vaginal e, por vezes, febre.

As infecções pélvicas não tratadas podem causar infertilidade, gravidez ectópica e/ou dor crónica.

Tratar com os seguintes antibióticos (ou de acordo **com as normas vigentes** no país):

◆ Kanamicina (ver pág. 701)

◆ Doxiciclina (ver pág. 701)

◆ Metronidazol (ver pág. 702)

O controlo deve ser feito no 3º dia se continuar com os sintomas.

Na mulher grávida a doxiciclina deve ser substituída por eritromicina (ver pág. 698).

O parceiro sexual também deve ser tratado com os mesmos antibióticos.

Corrimento uretral

O corrimento uretral manifesta-se por gotas de pus que saem do pénis, acompanhado de dor ou dificuldade ao urinar. A gonorreia, e a infecção por clamídia e tricomonas são as causas mais frequentes do corrimento uretral.

Se o corrimento não é visível, pode-se exercer uma ligeira pressão sobre a cabeça do pénis para confirmar a sua presença.

Se o corrimento uretral não for tratado, torna-se mais escasso, muda de aspecto, e pode levar a complicações, tais como: testículos inchados e dolorosos; dificuldade permanente ao urinar (a uretra fica apertada); ou a infertilidade.

Tratamento:

O doente e a (s) parceira (s) devem ser tratados com os seguintes antibióticos (ou de acordo com as normas vigentes no país):

◆ Ciprofloxacina (ver pág. 704)

◆ Azitromicina (ver pág. 704)

◆ Metronidazol (ver pág. 702)

Se o corrimento e a dor não desaparecerem ao fim de 2 ou 3 dias após o tratamento, pode ser que a gonorreia ou a clamídia sejam *resistentes* a estes medicamentos. O doente deve ser convidado a voltar à consulta 7 dias depois de terminar o tratamento, se os sintomas persistirem. Se persistem, transferir o doente para uma unidade sanitária com mais recursos.

Úlcera genital

São vários os micróbios que causam úlceras genitais. As causas mais frequentes das úlceras genitais são o herpes, a sífilis e o cancróide. O linfogranuloma venéreo (LGV, bubão) também pode causar úlcera.

Os doentes queixam-se duma ou de várias feridas (úlceras) nos órgãos genitais.

Herpes genital

O herpes genital é uma infecção causada por um vírus. Se o doente tem história de vesículas (pequenas bolhas) agrupadas nos órgãos sexuais, cujo aparecimento foi precedido de dor, ardor ou comichão, especialmente se há recorrência destas lesões, suspeitar de herpes.

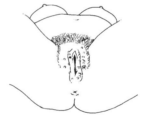

As vesículas rebentam e formam pequenas feridas (úlceras). Essas feridas secam e transformam-se em crostas.

As úlceras do herpes podem durar 3 semanas ou mais, com febre, dores, calafrios, e gânglios aumentados na virilha. As mulheres podem ter dor ao urinar.

Nos HIV-positivos as úlceras podem ser mais profundas e maiores e persistem durante mais tempo.

O vírus do herpes fica no corpo depois dos sinais desaparecerem. Por isso, podem reaparecer novas vesículas em qualquer altura. Às vezes, semanas ou anos depois. Geralmente as novas lesões aparecem na mesma área mas não são tantas, doem menos e curam mais rapidamente.

Se uma mulher tem úlceras de herpes na altura do parto, pode transmitir o vírus ao bebé. Isso é muito perigoso. Ela deve informar a parteira.

Sífilis

A úlcera da sífilis geralmente não dói. Na mulher, se a úlcera estiver dentro da vagina, ela pode não se aperceber que a tem mas pode infectar facilmente os seus parceiros.

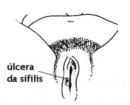

úlcera
da sífilis

Sífilis no homem   Sífilis na mulher

A úlcera dura só uns dias e depois desaparece mesmo que o doente não se trate, mas a doença continua a alastrar-se pelo corpo. Semanas ou meses mais tarde, pode aparecer dor na garganta, febre ligeira, feridas na boca, ou articulações inchadas. Ou, podem aparecer vários sinais na pele do doente.

Geralmente, os sinais iniciais desaparecem por si sós e a pessoa pensa que está curada –mas a doença continua a evoluir. **Sem um tratamento apropriado, a sífilis pode atacar o coração e o sistema nervoso** (causar paralisia e alterações mentais).

Se qualquer erupção estranha ou problema de pele aparecer dias ou semanas depois duma borbulha ou uma ferida ter aparecido nos genitais, isso pode ser sífilis. É preciso procurar a unidade sanitária mais próxima.

Se há suspeita de sífilis num estado avançado, deve-se transferir o doente para uma unidade sanitária com mais recursos.

Cancróide

As úlceras do cancróide são dolorosas. Nos homens não circuncisados, pode haver corrimento uretral. As mulheres queixam-se por vezes de ardor ao urinar. As úlceras genitais acompanham-se quase sempre por gânglios linfáticos aumentados (adenopatias) na região inguinal (virilha).

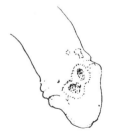

Tratamento:

O doente tem uma ou mais vesículas (herpes) ao exame: tratar o doente e parceira(s) com aciclovir (ver pág. 705).

Não existe tratamento para curar o herpes. O aciclovir pode diminuir a gravidade do herpes se for tomado logo após o início dos sintomas.

O doente tem uma úlcera (não herpes) ao exame: tratar (para a sífilis e o cancróide) com os seguintes antibióticos ou de acordo **com as normas vigentes** no país:

◆ Penicilina benzatínica (ver pág. 696)

◆ Azitromicina (ver pág. 704)

Nos doentes alérgicos à penicilina, esta deverá ser substituída por eritromicina (ver pág. 698).

As grávidas até ao 8° mês da gravidez deverão ser tratadas com os antibióticos acima mencionados.

Os doentes HIV-positivos, com suspeita clínica de SIDA e as mulheres no último mês da gravidez devem ser tratados com:

◆ Penicilina benzatínica (ver pág. 696)

◆ Azitromicina (ver pág. 704)

◆ Aciclovir (ver pág. 705)

Nos doentes alérgicos à penicilina esta deverá ser substituída por eritromicina (ver pág. 698).

Linfogranuloma venéreo (bubão, adenopatia inguinal)

O doente apresenta dor e inchaço na virilha. No início o bubão pode não dar dores, mas depois torna-se muito doloroso. Pode ser só de um lado (unilateral) ou de ambos os lados (bilateral). Sem tratamento há o risco de ruptura do bubão e de lesões crónicas na região inguinal (virilha).

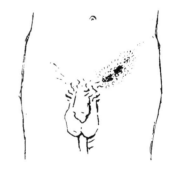

Na maior parte dos casos, o bubão está associado a uma úlcera genital. O prepúcio (pele que cobre a cabeça do pénis) deve ser puxado para trás para verificar se também existe uma úlcera.

Tratamento:

O doente tem **úlcera genital** (cancróide e sífilis), tratar com os seguintes antibióticos ou de acordo **com as normas vigentes** no país:

◆ Azitromicina (ver pág. 704)

◆ Penicilina benzatínica (ver pág. 696)

Nos doentes alérgicos à penicilina, esta deve ser substituída por eritromicina (ver pág. 698).

Se a adenopatia persistir após o 7º dia, deve-se tratar com doxiciclina (ver pág. 701). Na mulher grávida, tratar com eritromicina (ver pág. 698).

O doente **não tem úlcera genital** (linfogranuloma venéreo e cancróide), tratar com os seguintes antibióticos ou de acordo **com as normas vigentes** no país:

◆ Doxiciclina (ver pág. 701)

◆ Azitromicina (ver pág. 704)

Na mulher grávida a doxiciclina deve ser substituída por eritromicina (ver pág. 698).

O bubão com flutuação deve ser aspirado com uma agulha grossa, de 2 em 2 ou de 3 em 3 dias, até que não saia mais secreção purulenta. Não se deve fazer uma incisão na pele para drenagem.

Se o bubão persiste, é preciso transferir o doente para uma unidade sanitária com mais recursos.

Verrugas genitais (vegetações venéreas, condiloma acuminado)

As verrugas genitais (condilomas) são causadas por um vírus. Parecem-se com as outras verrugas que podem aparecer em outras partes do corpo mas geralmente são mais numerosas.

As verrugas são pequenas saliências duras, esbranquiçadas ou acastanhadas que têm a superfície rugosa.

Nos **homens**, geralmente surgem no pénis, mas também podem surgir no *escroto* (pele que cobre o testículo) ou ao redor do ânus.

Nas **mulheres**, surgem nos lábios vaginais, dentro da vagina ou ao redor do ânus.

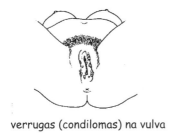

verrugas (condilomas) na vulva   verrugas no pénis

Os parceiros sexuais dos doentes com condilomas muitas vezes estão infectados. É frequente a infecção sem que haja lesões visíveis.

Os condilomas podem aumentar de tamanho e número na gravidez, e por vezes desaparecer após o parto.

Os doentes HIV-positivos apresentam, às vezes, lesões extensas no ânus e nos genitais, que respondem mal ao tratamento.

Tratamento:

Nenhum tratamento cura definitivamente as verrugas genitais. Os doentes devem ser transferidos para uma unidade sanitária com mais recursos.

Prevenção:

O homem deve usar sempre o preservativo durante as relações sexuais, se ele ou a parceira tiverem verrugas genitais.

Balanite (infecção da cabeça do pénis)

O doente com balanite queixa-se, geralmente, de ter o pénis inchado, comichão na glande (cabeça do pénis) ou de corrimento. O prepúcio (pele que cobre a glande do pénis) pode ficar tão apertado que não se consegue retrair (puxar para trás). A glande e o prepúcio estão vermelhos e às vezes têm feridas e secreção esbranquiçada.

A má higiene, especialmente nos homens não circuncisados, pode contribuir para esta doença.

A maior parte das vezes, esta doença é causada por um fungo chamado *Candida albicans.*

Uma balanite pode ser o primeiro sinal de diabetes ou infecção pelo HIV. Os doentes devem fazer uma análise da glicemia (nível de açúcar no sangue) para despiste de diabetes. Nalguns casos, a candidíase (infecção por *Candida albicans*) pode estar associada ao HIV e SIDA, por isso se deve recomendar ao doente para fazer o teste do HIV.

Tratamento:

Se não se consegue retrair o prepúcio, tratar com:

◆ Ciprofloxacina (ver pág. 704)

◆ Azitromicina (ver pág. 704)

Se se consegue retrair o prepúcio:

Úlcera presente: tratar para úlcera genital

Corrimento uretral: tratar para corrimento uretral

Se se consegue retrair o prepúcio, mas não se encontram úlceras nem corrimento: higiene local e tratar com clotrimazol (ver pág. 707).

A parceira ou parceiras sexuais devem ser tratadas para a mesma patologia.

Tumefacção do escroto – escroto inchado.

A tumefacção (inchaço) do escroto causada por uma ITS está muitas vezes associada ao corrimento uretral recente. Muitas vezes o inchaço aparece num só lado. O escroto está vermelho e doloroso à palpação.

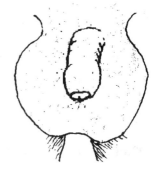

Existem outras causas de tumefacção do escroto que não estão associadas a ITS (ver pág. 313). A mais importante é a torção testicular, que é uma situação de urgência que necessita duma rápida operação cirúrgica.

Outra causa de escroto inchado é o hidrocelo. Se o doente não melhora após o tratamento da ITS, transferir para uma unidade sanitária com mais recursos.

Se o doente apresenta dor intensa sem corrimento uretral, de início súbito, ou tem história de trauma, deve ser transferido com urgência para uma unidade sanitária com mais recursos. Pode ser uma torção do testículo!

Tratamento:

Nos outros casos, se houver inchaço ou dor no testículo ou escroto, tratar com:

◆ Ciprofloxacina (ver pág. 704)

◆ Azitromicina (ver pág. 704)

Fazer também:

◆ Elevação do escroto

◆ Aplicação de compressas frias

◆ Repouso na cama

◆ Controlo ao 3º dia

Se o doente não melhorar ao fim de 3 dias, transferir para uma unidade sanitária com mais recursos.

Se, no exame, não encontrar inchaço ou dor no testículo ou escroto, procurar outras lesões genitais e tratar, se as houver.

Conselhos gerais

Para além do tratamento especifico de cada ITS, todos os doentes devem:

■ Praticar **abstinência sexual** durante 14 dias e/ou até que os seus parceiros sexuais tenham completado o tratamento.

■ Receber informações sobre como são transmitidas as ITS e a relação entre as ITS e o HIV e SIDA.

■ Receber **mensagens-chave** para a prevenção de novas ITS, sobre: o uso do preservativo (demonstração da sua utilização e entrega ao doente); fidelidade; sexo mais seguro (ver pág. 395).

■ Convidar **o/os parceiro/os** a fazer tratamento. Pode-se dar ao doente "uma carta convite" da unidade sanitária.

■ Ser **testados,** se possível para o HIV e sífilis.

■ Voltar à unidade sanitária, se continuar com os sintomas.

Se não se observam melhoras, é preciso transferir o doente para uma unidade sanitária com mais recursos.

Todos os casos de ITS devem ser notificados.

Os parceiros sexuais de doentes com ITS devem ser tratados.

Como prevenir as ITS

Para prevenir as ITS deve-se envolver toda a comunidade (líderes comunitários, activistas, professores, praticantes de medicina tradicional, organizações das mulheres e dos jovens e os religiosos), na divulgação de informação para:

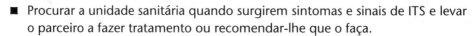

- O retardamento do início da actividade sexual, especialmente nos adolescentes e jovens.

- A redução do número de parceiros.

O preservativo previne a transmissão das ITS.

- O uso correcto do preservativo.

- Procurar a unidade sanitária quando surgirem sintomas e sinais de ITS e levar o parceiro a fazer tratamento ou recomendar-lhe que o faça.

Estas informações devem sempre ter em conta a idade, o sexo, as crenças religiosas, culturais e tradicionais de cada local, o local onde se vai falar sobre o assunto, para não criar problemas e interpretações erradas das mensagens. Os activistas, ao falarem de ITS na comunidade e nas escolas, devem:

- Separar as pessoas pela idade e sexo (adolescentes, jovens, adultos, homens, e mulheres).

- Separar as informações (o que dizer para o adolescente, o jovem e os adultos).

- Respeitar os locais e as crenças de cada local (se a religião não aceita que se fale de preservativo, falar mais de abstinência e fidelidade).

- Ouvir primeiro a opinião dos mais velhos (líderes comunitários, professores), para saber como e onde abordar a questão dos preservativos.

Como a mulher pode evitar infecções

- Manter a área genital limpa. Quando tomar banho (diariamente se possível) lavar-se bem com sabão ou sabonete.
- Não introduzir líquidos ou outros produtos na vagina. Certos líquidos e outros produtos secam a vagina. Uma vagina seca tem maior risco de apanhar o HIV e outras ITS.
- Urinar depois das relações sexuais. Isso ajuda a evitar infecções urinárias (mas não evita a gravidez).
- Lavar ou limpar-se bem depois de defecar. Limpar sempre da frente para trás:

Limpar de trás para a frente facilita a entrada de micróbios para dentro da vagina. As meninas também devem ser ensinadas o lavar-se de frente para trás e a fazerem-no sempre.

assim SIM

assim NÃO

Outras doenças graves

As doenças descritas neste capítulo são difíceis de tratar sem ajuda do clínico. Algumas precisam de medicamentos especiais, que não se encontram disponíveis nas zonas rurais.

Os remédios caseiros não conseguem curar estas doenças.

Se um doente tiver uma destas doenças, deve ser observado por um clínico. **Quanto mais cedo receber ajuda, maior é a probabilidade de se curar.**

Outras doenças mencionadas em outros capítulos do livro podem também ser graves e precisar de ajuda do clínico.

Tétano

O tétano ocorre quando uma bactéria que vive no solo penetra no corpo através duma ferida. As feridas profundas ou sujas são as mais perigosas.

Feridas que possuem mais risco de causar tétano:

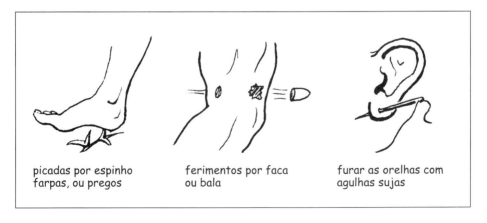

picadas por espinho farpas, ou pregos

ferimentos por faca ou bala

furar as orelhas com agulhas sujas

As úlceras crónicas, matequenha, e tratamentos tradicionais feitos com material não esterilizado podem também provocar tétano.

Causas do tétano no recém-nascido

A bactéria que provoca o tétano pode entrar através do cordão umbilical do recém-nascido.

A possibilidade de tétano é maior quando:

- o cordão é cortado com um instrumento contaminado.
- o cordão é amarrado com um fio sujo.
- são colocadas substâncias no cordão, por exemplo cinza, fezes de animais, etc.

Sintomas e sinais:

- Uma ferida (atenção, às vezes pode não ser visível).
- Dificuldade e mal-estar ao engolir.
- O queixo fica rígido (maxilas cerradas), e depois os músculos do pescoço e de outras partes do corpo também ficam rígidos.
- Espasmos dolorosos do queixo e finalmente do corpo todo. Mover ou tocar na pessoa pode desencadear espasmos como este:

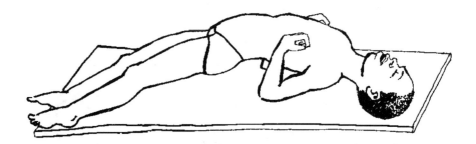

O ruído súbito ou a luz forte também podem causar os espasmos.

Em recém-nascidos: o lactente chora e mama normalmente nos primeiros dias. Os primeiros sinais de tétano neonatal aparecem geralmente entre o 3º e o 12º dias depois do nascimento. O bebé chora continuamente e é incapaz de chupar. O bebé mantém a boca fechada e não consegue abri-la. Todo o corpo fica rígido e há crises de espasmos. Às vezes a área umbilical está suja ou infectada.

Notificação

Todos os casos de tétano devem ser notificados através do sistema de vigilância epidemiológica, especificando-se se é um caso de tétano neonatal ou outro.

EXEMPLO DE DEFINIÇÃO DE CASO DE TÉTANO NEONATAL

Doença do recém-nascido que se inicia entre os 3º e o 28º dias de idade, com história de incapacidade de mamar, seguida de rigidez e espasmos musculares, e frequentemente, morte.

EXEMPLO DE DEFINIÇÃO DE CASO DE OUTRO TÉTANO

O doente apresenta dificuldade em abrir a boca, seguida de espasmos musculares. Frequentemente precedido por uma ferida.

Tratamento:

O que fazer quando há sinais de tétano:

O tétano pode levar à morte. Deve-se transferir o doente ao aparecer o primeiro sinal. Se houver alguma demora na transferência, fazer o seguinte:

- Se conseguir obter, injectar soro antitetânico (ver pág. 742). Seguir fielmente todas as precauções para a injecção de antitoxinas (ver pág. 129).

- Dar metronidazol (ver pág. 702) ou penicilina cristalina (ver pág. 695) ou procaína (ver pág. 696).

- Lavar a ferida com bastante água corrente e sabão, tendo o cuidado de retirar toda a sujidade.

- Sempre que o doente consiga engolir, dar líquidos nutritivos em goles pequenos e frequentes.

- Para controlar as contracções, dar diazepam (ver pág. 727).

- Tocar e movimentar o doente o menos possível. Evitar barulho e luz intensa.

- Manter o doente virado de lado para evitar a obstrução das vias respiratórias.

- Nos recém-nascidos, colocar uma sonda nasogástrica e alimentar o bebé com o leite extraído do peito da mãe.

É muito importante começar a tratar o tétano ao primeiro sinal.

Prevenção:

Mesmo nos melhores hospitais, muitos doentes com tétano morrem. É mais fácil prevenir o tétano do que tratá-lo.

◆ A vacina é a protecção mais segura contra o tétano. Tanto as crianças como os adultos devem ser vacinados. A vacinação antitetânica da grávida e das mulheres em idade fértil evita o tétano no recém-nascido.

◆ Quando se tem uma ferida, limpá-la e tomar as medidas de profilaxia contra o tétano como está descrito na pág. 262.

Em recém-nascidos:

◆ Lavar as mãos com água e sabão antes de cortar e amarrar o cordão umbilical.

◆ Amarrar o cordão umbilical com pinças esterilizadas ou fios limpos e esterilizados.

◆ Cortar o cordão umbilical com uma lâmina nova ou com outro instrumento cortante esterilizado.

◆ Manter o cordão exposto ao ar ou coberto só com roupa limpa. Não amarrar nem aplicar ligaduras.

◆ Não aplicar substâncias no cordão.

◆ Se o cordão ficar sujo, lavar com água e sabão e secar bem com um pano ou toalha limpos.

O cordão deste bebé foi mantido seco e ventilado. ELE ESTÁ SADIO.

O cordão deste bebé foi mantido muito apertado, coberto e húmido.

ELE MORREU DE TÉTANO.

AVISO:
Não se esqueça de notificar todos os casos de tétano.

Raiva

A raiva é geralmente causada pela mordedura dum cão raivoso. Os morcegos e outros animais (por exemplo, gatos, vacas, cabritos, manguços, macacos, e raposas) também podem transmitir a raiva.

Além da mordedura, a raiva também se pode transmitir, embora seja mais raro, através da saliva do animal doente de raiva, quando o animal lambe pele lesada, feridas abertas, a boca ou os olhos.

Sintomas e sinais:

NO ANIMAL:

- Comportamento estranho – algumas vezes triste, irrequieto, ou irritável.

- O animal selvagem muda de comportamento, parecendo domesticado, podendo entrar nos quintais ou nas casas.

- Espuma pela boca, não consegue comer ou beber.

- Algumas vezes o animal fica bravo (louco) e pode morder qualquer pessoa ou qualquer coisa que esteja perto dele.

NA PESSOA:

- Dor e formigueiro na área da mordedura.

- A pessoa fica alerta e "excitada", e pode parecer "histérica". Podem ocorrer ataques de furor.

- Dificuldade ao engolir. Fica mais agitada quando lhe oferecem água para beber (hidrofobia).

- Quando a morte se aproxima, respiração irregular, convulsões (ataques) e paralisia.

Os primeiros sintomas aparecem entre 10 dias e 7 anos após a mordedura (geralmente, de 3 a 8 semanas). Depois do início da doença, nenhum tratamento conhecido pela ciência médica pode salvar a vida da pessoa com raiva.

Tratamento:

O objectivo é aliviar o sofrimento do doente. Aconselha-se doses altas de diazepam (ver pág. 727) ou outro calmante disponível.

O risco de apanhar raiva dum doente é muito pequeno. Mesmo assim, os trabalhadores de saúde e a família devem tomar cuidado para não serem mordidos, ou terem contacto com a saliva do doente, devem usar aventais, luvas, óculos e máscaras.

Notificação

Todos os casos suspeitos de raiva devem ser notificados através do sistema de vigilância epidemiológica.

Exemplo de definição do caso

Considera-se caso de raiva quando, após uma mordedura de um animal, o doente apresenta os seguintes sintomas: dor e formigueiro na área da mordedura, ansiedade, irritabilidade, mal-estar geral, medo de água.

A doença leva invariavelmente à morte.

Prevenção:

No caso de qualquer mordedura ou arranhão de animais:

Em casa:

- Lavar imediatamente a ferida com bastante água corrente e sabão, repetindo por duas vezes

- Eliminar completamente o sabão com abundante água

- Se possível, desinfectar com álcool a 70% ou com tintura de iodo

- Não fechar o ferimento; deixá-lo ao ar livre

- Levar a pessoa mordida imediatamente à unidade sanitária mais próxima

Na unidade sanitária:

- Lavar a ferida com bastante água corrente e sabão, durante pelo menos 5 minutos

- Eliminar completamente o sabão com abundante água

- Desinfectar a ferida com álcool a 70% (ver pág. 738) ou com tintura de iodo (ver pág. 741)

- **Não** suturar a ferida

- Administrar profilaxia antitetânica (ver pág. 262)

- Tratar com antibióticos se a ferida estiver infectada (ver pág. 254)

Em todos os casos de mordedura, escoriações, arranhões, e lambidelas na pele lesada, na boca ou nos olhos, transferir o doente para uma unidade sanitária onde a vacina anti-rábica esteja disponível.

Uma lambidela em pele não lesada não precisa de vacinação, mesmo se o animal está com raiva.

Amarrar ou colocar o animal numa jaula por 10 dias se não tem sinais de raiva.

AVISO

A lavagem imediata da ferida suspeita com abundante água e sabão é a medida mais importante para a prevenção da raiva humana.

Suspeita dum caso de raiva animal

Sempre que se suspeita que um animal tem raiva deve-se:

◆ evitar agarrá-lo ou manipulá-lo.

◆ avisar imediatamente o serviço de veterinária, a autoridade local e/ou a polícia.

◆ procurar capturar o animal e mantê-lo em observação durante 10 dias.

◆ caso isto não seja possível, o animal deve ser abatido, assim como outros animais eventualmente mordidos por ele.

Se o animal morrer ou for abatido, deve-se envidar esforços para confirmar ou excluir a raiva.

Para tal, o cérebro do animal suspeito deve ser entregue ou enviado para um serviço de veterinária.

O animal ou a cabeça devem ser enviados dentro dum saco plástico, numa caixa isotérmica com gelo ou acumuladores.

O envio deve ser acompanhado por uma Ficha do Registo que contém informação relacionada com:

1. Identificação e descrição completa do animal.

2. Identificação da residência do dono, caso exista.

3. Descrição dos sinais importantes da doença.

4. Circunstâncias da mordedura e captura.

A caixa deve ser fechada, selada e identificada com um **aviso** e só deverá ser aberta à chegada, nos serviços de veterinária:

AVISO

Contém material infectado perigoso! Por favor NÃO ABRIR a caixa!

Prevenção da raiva animal:

- ◆ Vacinar todos os cães e gatos
- ◆ Evitar que os cães saiam de casa ou do quintal
- ◆ Se levar o cão a passear, ele deve ir preso com uma coleira e trela, ou com uma corda
- ◆ Eliminar os animais sem dono
- ◆ Evitar possuir macacos ou outros animais selvagens como animais de estimação

- ◆ Manter as crianças longe de qualquer animal que pareça doente ou tenha comportamento estranho
- ◆ Capturar e observar durante 10 dias os animais domésticos que tiverem mordido alguém, ou que sejam suspeitos de raiva
- ◆ Comunicar o comportamento anormal de qualquer animal às autoridades veterinárias

---

Febres virais

Estas são doenças causadas por vários tipos de vírus e que são muitas vezes confundidas com a malária. Estes vírus são transmitidos por mosquitos do tipo *Aedes*, diferentes dos que transmitem a malária. Estas doenças surgem muitas vezes em epidemias (quando muitas pessoas adoecem ao mesmo tempo), geralmente durante a estação quente, da chuva.

Febre de *chikungunya* e dengue (febre quebra-ossos)

Embora a febre de *chikungunya* (*chingwinwinya*, na língua maconde) muitas vezes não seja grave, pode confundir-se com a dengue, que pode ser grave. A *chikungunya* é frequente e às vezes surge em epidemias. Uma outra que pode causar epidemias é a febre de dengue.

Sintomas e sinais:

- O doente sente-se muito mal
- Febre alta e súbita
- Dores intensas no corpo, cabeça e garganta
- Poliartrite (dores nas articulações) que pode persistir por meses
- Náusea e dores abdominais
- Erupção na pele
- Em alguns casos pode haver hemorragias debaixo da pele (manchas pequenas na pele) ou graves hemorragias internas.

Prevenção:

Veja as medidas do controle dos mosquitos e protecção pessoal na pág. 210.

Tratamento:

◆ Não há tratamento para estes vírus, mas a doença desaparece por si

◆ Repouso, beber bastantes líquidos, tomar paracetamol (mas **NUNCA AAS)** para a febre e dor

◆ Em caso de hemorragia grave, tratar o choque (ver pág. 243)

Notifique todos os casos de febre com hemorragia, e todas as epidemias.

Marburg e ébola

Estas doenças são causadas por vírus e provocam muitos óbitos. São muito contagiosas e ocorrem em epidemias.

Transmissão:

A transmissão faz-se por contacto directo de pessoa a pessoa e através da reutilização de agulhas não esterilizadas.

Sintomas e sinais:

Na fase inicial os sintomas são semelhantes aos de uma gripe, malária ou gastroenterite:

- O doente sente-se muito mal
- Febre alta e súbita
- Dores de cabeça e garganta
- Dores musculares
- Náusea e vómitos
- Diarreia

Depois:

- Confusão mental
- Erupção que se inicia na face e pescoço e se estende depois aos membros
- Hemorragias generalizadas

Tratamento:

Notificar imediatamente e chamar apoio, sempre, mesmo que haja um único caso de febre com hemorragias.

Não transferir o doente sem autorização – pode espalhar a doença.

> **Isolar o doente e usar luvas, aventais, máscaras, protectores oculares e botas, para protecção pessoal.**

- Não há tratamento para estes vírus
- Repouso, beber bastantes líquidos, tomar paracetamol (mas **NUNCA AAS**) para a febre e dor.

Em caso de óbito, não deixe a família tocar no corpo. Use as mesma precauções que usou para cuidar do doente.

Sempre que suspeitar dum caso de febre hemorrágica, isolar o doente e usar protecção individual.

Prevenção

Usar sempre as medidas de biossegurança (ver capítulos 8 e 9).

Febre tifóide

A febre tifóide é uma infecção causada por bactérias da espécie Salmonelas. Caracteriza-se por sintomas gastrointestinais e gerais.

Transmissão:

Transmite-se das fezes para a boca através dos alimentos ou água contaminados. É uma doença perigosa.

Sintomas e sinais:

Primeira semana:

- Dor de cabeça, fraqueza, mal-estar
- Febre, que sobe um pouco cada dia até chegar a 40° ou mais
- A pulsação é mais lenta do que esperado em relação à febre presente
- Tosse seca
- Prisão de ventre, por vezes diarreia

Segunda semana:

- Fraqueza, apatia, perda de peso
- Febre alta, pulsação relativamente lenta

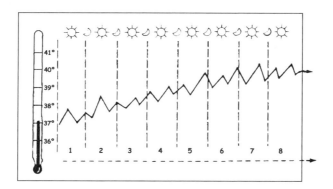

Terceira semana:

- Febre alta, fraqueza
- Confusão (o doente não pensa claramente e diz coisas sem sentido)
- Complicações como hemorragia intestinal e perfuração do intestino (abre-se um buraco no intestino, causando peritonite (ver pág. 263)

Quarta semana

- Se não há complicações a febre e outros sintomas desaparecem lentamente.

Por vezes, as complicações, como hemorragia intestinal e perfuração do intestino, podem aparecer mais tarde.

Tratamento:

> ◆ Transferir para uma unidade sanitária com mais recursos.
>
> ◆ Dar cloranfenicol antes de transferir (ver pág. 700). Se não há cloranfenicol, use ampicilina (ver pág. 698), ou amoxicilina (ver pág. 697), ou cotrimoxazol (ver pág. 699).
>
> ◆ Aliviar a febre.
>
> ◆ Administrar líquidos.

Prevenção:

> ◆ Para prevenir a febre tifóide, deve-se tomar todos os cuidados para evitar a contaminação da água e alimentos com fezes humanas. Seguir as regras de higiene pessoal e saneamento indicadas no capítulo 11.
>
> ◆ Casos de febre tifóide muitas vezes ocorrem depois duma cheia ou outra catástrofe, e nessas ocasiões devem ser tomados cuidados especiais com a higiene.
>
> ◆ Mesmo depois de recuperar da febre tifóide, algumas pessoas são portadoras da doença e podem transmiti-la aos outros. Por esse motivo, qualquer pessoa que já teve febre tifóide deve ter muito cuidado com a higiene pessoal e precisa de seguimento e tratamento se for necessário.

Tifo

O tifo é uma doença parecida com a febre tifóide. É transmitido pela picada de:

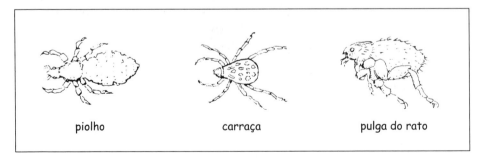

piolho   carraça   pulga do rato

Sintomas e sinais:

- Febre com calafrios.

- Dores de cabeça e dores generalizadas.

- Alguns dias depois (4º a 7º) surge uma erupção de manchas pequenas que começam no tronco e depois se alastram a todo o corpo excepto rosto, palma das mãos e planta dos pés.

Tratamento:

Se houver suspeita dum caso de tifo, transferir o doente para uma unidade sanitária com mais recursos.

Prevenção:

- ◆ Manter a higiene pessoal.

- ◆ Despiolhar com regularidade.

- ◆ Tomar as medidas contra ratos e pulgas, como indicado para a peste (ver pág. 468).

Febre reumática

Esta doença ocorre em crianças e adolescentes. Geralmente começa aproximadamente 20 dias depois da pessoa contrair uma infecção na garganta provocada pelo estreptococo ou, mais raramente, após infecção na pele.

Sintomas e sinais (geralmente 3 ou 4 estão presentes):

- Febre.

- Dor nas articulações, principalmente nos pulsos, tornozelos, joelhos e cotovelos. As articulações ficam inchadas e, muitas vezes, quentes.

- Caroços debaixo da pele.

- Nos casos mais graves, fraqueza, respiração difícil, e, às vezes, dor no peito.

Se suspeitar de febre reumática, transfira o doente para uma unidade sanitária com mais recursos. Há risco de doença permanente do coração.

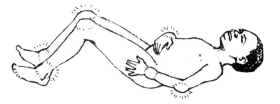

Prevenção:

Para evitar a febre reumática, deve tratar-se a infecção estreptocócica logo no início com penicilina (ver pág. 693).

Uma vez diagnosticada a febre reumática pela primeira vez, a criança deve iniciar um programa de profilaxia de novos ataques de febre reumática até pelo menos aos 21 anos de idade, ou mais tempo, se tiver lesões cardíacas.

A profilaxia faz-se com penicilina benzatínica (ver pág. 696) ou com fenoxi-metilpenicilina oral (ver pág. 694).

Tripanossomíase (doença do sono)

É uma infecção perigosa provocada por parasitas de nome *Tripanossoma*, transmitida dos animais selvagens e gado bovino para o homem, pela mosca tsé-tsé. Isto ocorre em algumas zonas rurais.

Sintomas e sinais:

- Febre crónica irregular, inchaço dos gânglios linfáticos do pescoço, axilas e virilha.
- Isso pode ocorrer durante semanas ou anos.
- Dores de cabeça e articulares.
- Numa fase mais adiantada, o doente apresenta apatia, alterações do comportamento e finalmente sono profundo e prolongado durante o dia.

Todos os casos que não forem tratados acabam em morte. No caso de suspeita de tripanossomíase, transferir o doente para uma unidade sanitária com mais recursos para diagnóstico e tratamento.

Prevenção:

Existem armadilhas próprias para controlar a mosca tsé-tsé. Se elas constituem um problema na sua comunidade, peça ajuda às autoridades veterinárias.

Peste

A peste é causada por uma bactéria. A pessoa é infectada pela picada da pulga do rato.

Sintomas e sinais:

- febre elevada

- dores de cabeça e musculares

- aumento e dor dos gânglios linfáticos, frequentemente na virilha. Por vezes os gânglios drenam pus.

Raramente, surgem casos de pneumonia grave ou peste generalizada, sem aumento dos gânglios.

A morte pode ocorrer com frequência nos casos não tratados.

AVISO:
Se houver suspeita de um caso de peste, notificar com urgência.
Pode ser o início duma epidemia.

Exemplo de definição de caso

Febre alta e mal-estar geral, aumento e dor dos gânglios linfáticos: virilha, axilas ou pescoço.

Tratamento:

É importante iniciar o tratamento logo que seja possível com um antibiótico:

- Estreptomicina (que pode ser disponibilizada durante a epidemia. Seguir as instruções das autoridades sanitárias).
- Gentamicina (ver pág. 701).
- Cloranfenicol (ver pág. 700).
- Doxiciclina (ver pág. 701).

Drenar os abcessos sempre que for necessário e dar paracetamol ou AAS oral em SOS.

- O doente deve ser internado no hospital ou no local organizado pelas unidades sanitárias.

O doente e os seus objectos pessoais devem ser desinfestados com o insecticida recomendado pelas autoridades sanitárias.

Isolar o doente com pneumonia até completar dois dias de tratamento com antibiótico. Os trabalhadores de saúde deverão proteger-se com máscaras.

Medidas durante uma epidemia

Tomar as medidas gerais indicadas para o controlo das epidemias (ver capítulo 14).

As medidas específicas de controlo são organizadas pelas autoridades competentes:

● Desinfestar os contactos com o insecticida recomendado.

● Quimioprofilaxia, durante 7 dias, aos familiares e aos trabalhadores de saúde:

  doxiciclina (ver pág. 701), **ou cotrimoxazol** (ver pág. 699).

● O controlo das pulgas do rato é prioritário.

Só se deve começar com a eliminação dos ratos quando as pulgas estiverem controladas, caso contrário as pulgas podem saltar dos corpos dos ratos para as pessoas. Pela mesma razão, não se deve pegar em ratos mortos.

Prevenção:

Controlar os ratos, mantendo o ambiente limpo, sem lixo.

Brucelose (febre ondulante)

Esta é uma doença causada por uma bactéria de nome *Brucella.*

Transmissão:

A transmissão faz-se de animal ao homem, através do leite não pasteurizado ou não fervido ou ao comer derivados do leite, como o queijo de vacas ou cabras infectadas por *Brucella*. A bactéria da brucelose também pode entrar no corpo através dos arranhões ou feridas na pele ou por inalação, em pessoas que trabalham com gado, cabras ou porcos.

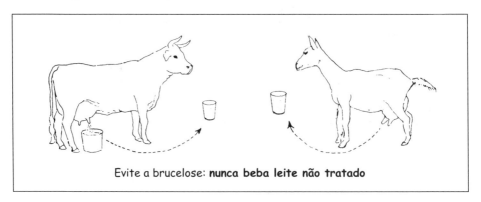

Evite a brucelose: **nunca beba leite não tratado**

Sintomas e sinais:

- A brucelose pode começar com febre e calafrios, mas muitas vezes começa lentamente, com cansaço progressivo, fraqueza, perda de apetite, dores de cabeça, suores, irritabilidade, aumento dos gânglios linfáticos cervicais ou axilares e algumas vezes dores nas articulações.

- A febre pode ser baixa ou alta. Na brucelose crónica, a febre pode desaparecer por vários dias e voltar depois.

- Sem tratamento, a brucelose pode durar vários anos e levar a complicações, particularmente nas articulações ou ossos.

Tratamento:

Se suspeitar de brucelose, transferir o doente para uma unidade sanitária com mais recursos, porque é fácil confundir esta doença com outras.

Prevenção:

- Beber leite de vaca apenas se tiver sido fervido ou pasteurizado. Não comer queijo feito com leite que não foi fervido ou pasteurizado.

- Ter cuidado ao lidar com o gado, cabras, e porcos, em especial se tiver cortes ou arranhões.

- Cooperar com os inspectores que fiscalizam os animais, para se ter a certeza de que os mesmos estão sadios.

Cegueira dos rios (oncocercose)

Esta doença é um tipo de filáriase que foi vulgar em algumas partes de África, mas já está sendo eliminada. A infecção é causada por pequenos vermes que são transmitidos de pessoa a pessoa por pequenas moscas-pretas que se reproduzem em correntes de águas rápidas. Os vermes são injectados na pessoa pela picada da mosca-preta.

Sintomas e sinais:

- Caroços debaixo da pele. Estes caroços (não causam dor, e têm 2 a 3 cm de tamanho) contêm os vermes já crescidos, e produzem as larvas que se alastram extensivamente pela pele e tecidos.

- Comichão

- Engrossamento da pele

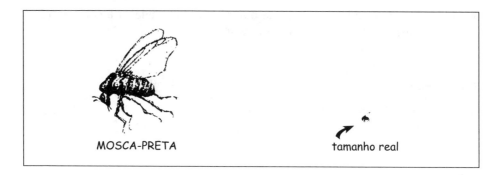

MOSCA-PRETA

tamanho real

- A pele torna-se, a pouco e pouco, cada vez mais enrugada, como a pele do idoso. Podem aparecer manchas e pintas brancas na perna, muitas vezes chamadas de "pele de leopardo". Em certos casos há uma dermatite seca generalizada (pele escamosa e áspera) nos membros inferiores e nádegas.

- As larvas podem chegar aos olhos, principalmente quando existem nódulos na cabeça. Isso causa irritação nos olhos e, eventualmente, a cegueira. É por essa razão que chamam à oncocercose a "cegueira dos rios"

Se há suspeita de oncocercose, transferir o doente para uma unidade sanitária com mais recursos. Um "pedaço de pele" pode ser analisado ao microscópio e as larvas serão visíveis.

Tratamento:

O tratamento precoce pode evitar a cegueira. O tratamento deve começar logo que surgem os primeiros sintomas. Não se deve esperar que os sinais nos olhos apareçam, pois o tratamento torna-se então mais difícil.

O tratamento feito no início evita a cegueira e também ajuda a limitar a transmissão da doença.

Paralisia dos membros

Há muitas causas de paralisia, nos adultos e nas crianças. Antigamente, uma das causas mais frequentes de paralisia era a **poliomielite (pólio)**. Felizmente, esta já está sendo erradicada no mundo através de vacinação. Por isso, é importante manter a vigilância porque ainda podem aparecer casos.

Nos casos de paralisia:

Deve-se perguntar se a paralisia começou de repente (aguda) ou se foi gradual.

Depois, observar o doente para ver se a paralisia é :

● desigual.

● flácida (os músculos apresentam-se flácidos (moles) e os reflexos dos joelhos estão ausentes).

● espástica (os músculos apresentam-se contraídos e rígidos e os reflexos estão aumentados).

Nas crianças com menos de 15 anos:

A paralisia **flácida** de **início súbito** pode ser devida a **poliomielite** e deve ser classificada como uma **paralisia flácida aguda** (PFA).

A paralisia devida à **poliomielite** é aguda (começa de repente). Os sintomas iniciais da doença são: febre, cansaço, dores de cabeça, vómitos, e dores dos membros. Às vezes há rigidez de nuca. Não há perda de sensibilidade.

Para se ter a certeza de que já não existe poliomielite, todos os casos suspeitos de paralisia flácida aguda (PFA) devem ser conduzidos à unidade sanitária mais próxima. Na unidade sanitária, as investigações e a notificação do caso devem ser iniciadas o mais breve possível, incluindo a colheita de 2 amostras de fezes, de preferência dentro dos primeiros 14 dias depois do início da paralisia. As amostras de fezes podem ainda ser colhidas até 60 dias depois do início da paralisia. Um exame de seguimento para definir a paralisia residual deve ser feito 60 dias após o início da paralisia.

Notificação

Todos os casos de PFA e poliomielite devem ser notificados.

Definição de caso de PFA

Todos os doentes com idade inferior a 15 anos que apresentam uma PFA, e não se encontra outra causa de paralisia.

Poliomielite

Todos os casos de PFA que apresentam pelo menos uma das seguintes características:

- Sequelas físicas aos 60 dias
- Vírus de pólio isolado nas fezes
- Óbito, sobretudo se ocorreu nos primeiros 10 dias após o início da paralisia ou se a criança teve problemas respiratórios
- Perda de seguimento do caso

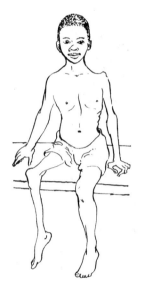

> **Nesta fase, em que a poliomielite está a ser erradicada, um caso de poliomielite representa uma epidemia.**

Deve ser considerada suspeita de poliomielite qualquer criança com menos de 15 anos de idade com paralisia flácida aguda (PFA).

Outras causas de paralisia

- Trombose (AVC), mais frequente nos adultos. A paralisia é desigual
- Uma lesão da coluna (muitas vezes tuberculose)
- Uma doença do sistema nervoso
- Konzo: paralisia espástica e igual, nas áreas onde a mandioca é o alimento de base

Transferir todos os doentes com paralisia para uma unidade sanitária com mais recursos:

1. Pode ser uma PFA que precisa de ser notificada.

2. Pode ser devida a uma doença que pode ser tratada, por exemplo tuberculose da coluna.

3. O doente precisa de reabilitação física.

Tratamento:

Não existe medicamento específico contra a paralisia. Contudo, muitas vezes, parte ou toda a força muscular perdida volta lentamente.

Para o início do tratamento, dar paracetamol para aliviar a dor e colocar compressas quentes nos músculos doloridos. Manter os membros em posição de conforto e evitar contracturas e escaras. Com cuidado, esticar os braços e pernas para que o doente fique deitado o mais direito possível e tomar as medidas indicadas para prevenir escaras.

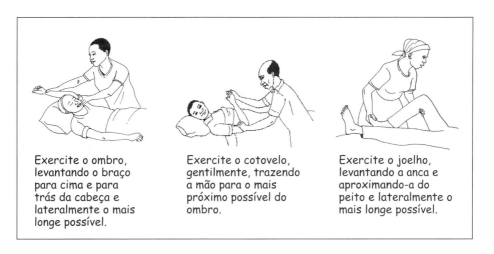

Exercite o ombro, levantando o braço para cima e para trás da cabeça e lateralmente o mais longe possível.

Exercite o cotovelo, gentilmente, trazendo a mão para o mais próximo possível do ombro.

Exercite o joelho, levantando a anca e aproximando-a do peito e lateralmente o mais longe possível.

Prevenção:

Para a prevenção de konzo:

◆ Recomendar uma dieta variada

◆ Processar a mandioca amarga para tirar o cianeto (ver pág. 166)

NOTA: Assegurar que as crianças sejam vacinadas contra a pólio, ao nascimento e aos 2, 3, e 4 meses de idade. Colaborar com as campanhas de vacinação.

Reabilitação física

A pessoa que ficou incapacitada devido à paralisia deve ter uma alimentação variada e equilibrada e fazer exercícios para fortalecer os músculos.

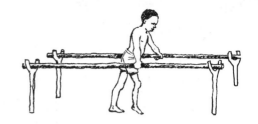

Ajudar a pessoa a aprender a caminhar da melhor forma possível. Arranjar duas varas como estas para se apoiar. Aparelhos para as pernas, muletas e outros tipos de apoio podem ajudar a pessoa a andar e podem evitar deformidades.

Paralisia da face

Se uma pessoa jovem ou de meia-idade de repente fica com um lado do rosto paralisado, sem qualquer outro sinal de trombose, provavelmente está com uma paralisia passageira do músculo do rosto (paralisia de Bell). Geralmente desaparece por si própria num período de semanas ou meses. A causa quase sempre é desconhecida. Não é necessário nem existe tratamento. Se o olho não fecha completamente, colocar um penso à noite para evitar que o olho fique seco.

A face também pode ficar paralisada devido a um AVC.

Insuficiência renal aguda

Manifesta-se por o doente urinar uma quantidade pequena de urina. É reversível ou irreversível, dependendo da rapidez com que se inicia o tratamento.

É devida a várias causas:

- Dificuldade na circulação do sangue para os rins, como acontece, por exemplo, na malária, hemorragia, cólera e diarreia.
- Doenças do rim.
- Obstrução das vias urinárias: aumento da próstata, cancro, pedras nos rins.

AVISO:
Os doentes com insuficiência renal aguda devem ser transferidos com urgência para uma unidade sanitária com mais recursos.

Doenças crónicas

As doenças crónicas são doenças que, após surgirem, geralmente duram até ao fim da vida. As pessoas com estas doenças precisam de tratamento para o resto da vida e podem levar uma vida normal se tiverem apoio.

Algumas doenças crónicas, por exemplo, a hipertensão arterial e as doenças do coração, são provocadas pelo estilo de vida e hábitos da pessoa. As chances de viver mais tempo e de se manter bem ao longo da vida são maiores se a pessoa tiver uma vida saudável (ver capítulo 12).

Os idosos

As pessoas idosas têm com frequência doenças crónicas, mas elas raramente vão tratar-se nas unidades sanitárias. Às vezes elas têm dificuldade em caminhar longas distâncias até às unidades sanitárias e precisam da ajuda da sua família e comunidade.

Às vezes, quando chegam às unidades sanitárias, elas não são bem tratadas porque alguns profissionais assumem que as pessoas idosas não estão doentes, mas apenas velhas.

As pessoas idosas podem ser ajudadas pelo tratamento, às vezes mais do que as pessoas jovens.

Por exemplo, o tratamento da artrite crónica ou uma operação às cataratas numa pessoa idosa permitir-lhe-ão ir buscar água, lenha, preparar a comida e fazer machamba.

As pessoas idosas devem ser encorajadas a ter um estilo de vida saudável, com uma alimentação nutritiva e prática regular de exercício.

Epilepsia

A epilepsia aparece em qualquer idade e provoca ataques ou convulsões com perda da consciência (desmaio) e sacudidelas violentas do corpo em pessoas que parecem saudáveis. As convulsões podem ocorrer com intervalos de horas, dias, semanas, ou meses. Nos tipos mais leves de epilepsia, a pessoa pode ter ataques repentinos de "perda de consciência" que duram poucos segundos, ou comportamento esquisito.

A epilepsia pode ser causada por dano no cérebro, por exemplo, durante o parto, após um traumatismo craniano, ou por quistos de ténia (parasita intestinal) no cérebro. Muitas vezes não há causa evidente, mas deve-se sempre procurar e tratar as possíveis causas.

Há muitas crenças tradicionais acerca de epilepsia. Por exemplo, no sul de Moçambique, as convulsões são popularmente conhecidas como a "doença da lua".

A epilepsia não é contagiosa, ninguém a pode apanhar pelo contacto com um epiléptico. É uma doença como outra qualquer, não deve ser considerada uma desgraça ou vergonha para a família. O trabalhador de saúde deve dar carinho e mostrar compreensão ao doente e seus familiares. A maior parte dos epilépticos pode ter uma vida normal, podendo estudar e trabalhar.

A compreensão da doença dentro da família do epiléptico é muito importante para se poder ajudar o doente.

Em muitos casos, a epilepsia é um problema para toda a vida. Contudo, algumas crianças podem ficar curadas.

Um episódio de convulsões pode ser provocado por várias causas:

- susto
- fome
- falta de sono
- febre
- ingestão excessiva de álcool e/ou outras drogas
- barulho intenso
- luz piscando
- fogueira, especialmente à noite.

É muito comum ouvir-se falar sobre um ataque que surgiu quando o doente se sentou ao lado duma fogueira à noite: a luz brilhante das chamas pode estimular as convulsões e o doente cai no fogo. A epilepsia está frequentemente associada a queimaduras, principalmente em crianças.

O que se deve fazer durante a convulsão:

- Colocar o doente na posição lateral de segurança. (ver pág. 246).

- Não introduzir nada na boca para mantê-la aberta.

- Aspirar as secreções, quando necessário.

- Evitar que a pessoa se magoe: **afastar todos os objectos duros ou pontiagudos.**

- Levar o doente para a unidade sanitária se o ataque continua. Na unidade sanitária, tratar com diazepam (ver pág. 727).

- Se o doente tiver febre, baixar a febre com arrefecimento corporal e, quando passarem as convulsões, dar AAS ou paracetamol e levar à unidade sanitária pois pode ter uma infecção ou malária.

Prevenção dos ataques epilépticos:

O doente deve evitar:

- ficar muito perto de fogueiras

- qualquer situação de risco na casa e/ou no ambiente de trabalho

- exposição aos factores que causam os ataques (barulho, falta de sono, etc.)

- bebidas alcoólicas

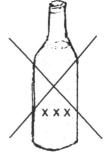

Tratamento preventivo:

É importante recordar que os medicamentos não curam a epilepsia, mas ajudam a prevenir os ataques. Muitas vezes o medicamento deve ser tomado durante toda a vida.

Os medicamentos devem ser administrados com regularidade e em doses adequadas para controlar os ataques. É importante encorajar o doente e seus familiares a manter o tratamento regular. Se o tratamento é feito ocasionalmente ou de forma irregular, os ataques continuarão a ocorrer.

Se existirem trabalhadores de saúde treinados, medicamentos disponíveis, e o doente estiver motivado, deve-se começar com fenobarbital (ver pág. 726).

Se o fenobarbital não for eficaz (não fizer efeito) e as convulsões persistirem, deve-se enviar o doente para uma unidade sanitária com mais recursos.

Os medicamentos provocam efeitos adversos, mas nunca se deve parar de repente porque isso pode agravar a epilepsia (o doente tem convulsões repetidas).

Todo o doente que apresente efeitos adversos deve ser enviado a uma consulta especializada.

Tratamento na gravidez:

O tratamento da mulher epiléptica não deve ser suspenso durante a gravidez. Deve-se consultar o médico para ver as alternativas do tratamento.

Asma

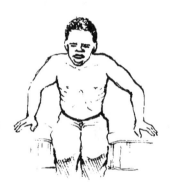

sentar-se para
respirar melhor

Uma pessoa com asma tem crises ou ataques de falta de ar e opressão no peito. Ouve-se um som do tipo assobio (pieira ou sibilos). Muitas vezes há tosse.

A asma começa muitas vezes na infância e pode ser um problema para toda a vida ou desaparecer na adolescência. Outros doentes, em especial as mulheres, iniciam crises de asma na idade adulta, sobretudo depois dos 40 anos.

A asma não é contagiosa. É mais frequente em filhos de pais asmáticos ou com alergias. É geralmente pior em certos meses do ano, particularmente no período de floração das árvores.

Alguns doentes com asma sofrem também de outras doenças alérgicas, como eczema, rinite e febre-do-feno.

A frequência das crises varia muito de pessoa para pessoa: algumas pessoas têm 1 a 2 crises por ano enquanto outras estão permanentemente em crise. Estas crises são mais frequentes durante a noite ou de madrugada. Algumas crises são espontâneas e outras são provocadas por diversos factores. Fora das crises o doente não tem nem sintomas nem sinais.

Uma crise de asma pode ser causada por respirar alguma coisa a que a pessoa é alérgica, por exemplo, ácaros domésticos (parasitas que não são visíveis a olho nu, que vivem no pó das casas, roupa de cama, tapetes e cortinados), animais com pêlo, baratas, pólen, mofo.

Em outras pessoas a crise pode ser provocada pelo ar que não é puro – poluição atmosférica devida ao fumo de tabaco, cozinhar em ambientes fechados, ou fumo de carros e camiões ou de queimadas no mato. Mudanças bruscas de temperatura também podem provocar a crise de asma.

A crise de asma pode surgir após uma gripe ou infecção respiratória aguda.

Em algumas pessoas, o nervosismo ou preocupação (*stress*) podem provocar uma crise de asma.

O exercício físico intenso, não controlado, também pode provocar uma crise.

Tratamento da crise asmática:

Em casa

◆ Se a asma piora dentro de casa, o doente deve sair e procurar um lugar onde o ar esteja mais puro. A família deve acalmar e ser meiga com a pessoa. Animá-la.

◆ Dar muitos líquidos. Isto solta o muco facilitando a respiração.

◆ Respirar vapor de água também pode ajudar.

◆ Se tiver medicamentos já prescritos, tomá-los imediatamente.

◆ Se não consegue controlar em casa, levar imediatamente à unidade sanitária mais próxima.

No Centro de Saúde

◆ Dar salbutamol (ver pág. 735) inalado por nebulizador.

◆ Na urgência, se não houver nebulizador, usar salbutamol em inalação por aerossol pressurizado ("bombinha").

◆ Se não há nebulizador ou aerossol pressurizado disponível, dar salbutamol (ver pág. 735) ou aminofilina (ver pág. 734) em comprimidos.

◆ Se a crise for grave, ou o doente não melhora, transferir para uma unidade sanitária com mais recursos. Administrar prednisolona (ver pág. 736) por via oral antes de transferir.

◆ Excepcionalmente, pode-se administrar adrenalina por via subcutânea (ver pág. 721) nos ataques graves, quando os outros medicamentos não estão disponíveis, antes de transferir.

◆ Se o doente tem febre, ou expectoração (escarro) de cor verde ou amarela, associar amoxicilina (ver pág. 697) ou cotrimoxazol (ver pág. 699).

A crise é grave quando o doente:

- Tem falta de ar em repouso, inclinando-se para a frente
- Fala pausadamente sem conseguir formar frases completas
- Está agitado, sonolento ou confuso
- Está exausto (cansado)
- Está em pânico (tem medo)
- Tem frequência cardíaca > 120 batimentos/minuto
- Tem frequência respiratória de 30/minuto ou mais, no adulto; 40/minuto ou mais, dos 12 meses aos 5 anos; 50/minuto ou mais, dos 2 aos 12 meses e 60/minuto ou mais, nos menores de 2 meses
- Os bebés param de mamar

Como evitar ou diminuir a frequência das crises

Se o doente tem ataques frequentes (2 ou mais por mês), transfira para uma unidade sanitária com mais recursos. Existem medicamentos que devem ser inalados diariamente. Estes podem controlar melhor a asma, e evitar que ocorram crises. Porém eles são muito caros e pode ser necessário usá-los por muitos anos. Frequentemente não são usados correctamente.

USO CORRECTO DO INALADOR (AEROSSOL PRESSURIZADO).

- Retirar a tampa e agitar bem o inalador.
- Deitar, devagar, o ar fora pela boca, o máximo que se consegue.
- Colocar o bocal do inalador na boca, com os lábios fortemente apertados à sua volta, de forma a não deixar entrar ar.
- Inspirar profundamente pela boca e pressionar o inalador para libertar o produto.
- Continuar a inspirar até não entrar mais ar.
- Suspender a respiração por 10 segundos ou o que consegue aguentar.
- Retirar o inalador da boca e expirar lentamente.
- Descansar 1 a 2 minutos e repetir os passos, se estiver indicada mais de uma inalação.

É importante verificar com regularidade se os doentes usam correctamente os inaladores pedindo aos doentes para fazerem uma demonstração e corrigir de imediato os erros.

As câmaras expansoras são aparelhos que criam um espaço entre o inalador e a boca. São úteis, principalmente em crianças pequenas e nos doentes que têm dificuldade em usar o inalador. Elas são fornecidas nos hospitais, mas podem ser feitas com garrafas de plástico.

O salbutamol (ver pág. 735) e a aminofilina (ver pág. 734) em comprimidos são usados quando os inaladores não estão disponíveis ou o doente não consegue utilizá-los.

Prevenção:

◆ A pessoa que sofre de asma deve evitar inalar substâncias que podem provocar uma crise

◆ A casa e o local de trabalho devem ser bem limpos e livres de objectos que acumulam poeiras (tapetes, bonecos de peluche, mantas com pelos, etc.)

◆ Não varrer a casa mas limpar com pano húmido

◆ Não colocar alcatifas nas casas

◆ As cortinas devem ser de tecido leve e lavadas com frequência

◆ As roupas de cama devem ser postas a arejar ao sol

◆ Forrar o colchão da cama com um plástico

◆ Não deixar os animais domésticos e as galinhas entrarem dentro de casa

◆ Impedir os morcegos de fazerem ninhos no telhado

◆ Eliminar as baratas e outros insectos

◆ Algumas vezes ajuda dormir ao ar livre

◆ As pessoas com asma podem melhorar quando mudam para um lugar diferente onde o ar tem menos poluição

◆ Não fumar e não permitir que outros fumem perto do doente

◆ Fazer exercícios físicos. Consultar o clínico sobre os medicamentos que devem ser tomados se a actividade física piorar a asma.

◆ Comer muita fruta e vegetais (banana e tomate são recomendados)

◆ Não sair de casa quando houver muito vento

◆ Evitar o *stress* e aprender a relaxar.

Bronquite crónica/enfisema

A bronquite crónica e o enfisema são doenças crónicas que afectam os pulmões e são provocados pelo uso de tabaco ou por se cozinhar a carvão ou lenha em locais pouco ventilados.

A bronquite crónica ocorre frequentemente em pessoas de idade que fumam muito. Estas pessoas podem desenvolver enfisema se continuarem a fumar.

O trabalho nas minas pode também danificar as pulmões e provocar a silicose, que tem os mesmos sintomas e sinais que a bronquite crónica e enfisema.

Sintomas e sinais:

- Tosse com expectoração que dura muitos meses ou anos.

- Às vezes a tosse piora, e pode haver febre.

- A pessoa com enfisema tem dificuldade em respirar, principalmente quando se movimenta. Algumas pessoas desenvolvem o chamado "tórax em barril".

A pessoa com tosse crónica, sem outra doença, como o HIV e SIDA, tuberculose, ou asma, provavelmente tem bronquite crónica.

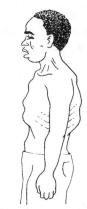

O enfisema pode ser causado por bronquite crónica, ou por fumar.

Tratamento:

- Deixar de fumar e evitar ambientes com poeira e fumos.

- Se a pessoa tem dificuldade em eliminar a expectoração espessa, fazê-la respirar vapor de água e depois ajudá-la a fazer drenagem postural (ver pág. 302).

- Administrar um medicamento antiasmático como o salbutamol (ver pág. 735).

- As pessoas que sofrem de bronquite crónica ou enfisema devem tomar amoxicilina (ver pág. 697) todas as vezes que estiverem constipadas ou tiverem "gripe" com febre, para evitar uma infecção.

Se tem tosse crónica (ou quer evitá-la), não fume!

Hipertensão arterial

A hipertensão arterial é a presença de tensão arterial (TA) alta, medida com um aparelho especial chamado esfigmomanómetro (ver pág. 73). Considera-se que a pessoa tem tensão alta quando a tensão máxima (sistólica) é maior que 140 ou a tensão mínima (diastólica) é maior que 90 mm Hg, depois de medida em dias diferentes, com o doente calmo.

O doente é considerado hipertenso depois de três medições com tensão arterial elevada (alta).

A maioria das pessoas hipertensas não sabe que sofre desta doença, pois a hipertensão arterial não provoca sintomas.

As pessoas que são obesas (gordas) ou desconfiam que têm a tensão alta devem medi-la regularmente ou, pelo menos, 1 vez por ano.

Os filhos de pais hipertensos têm maior probabilidade de sofrer de hipertensão arterial, por isso devem medir a TA, pelo menos, 1 vez por ano.

Sempre que possível, deve-se medir a TA a todos os doentes que vão à unidade sanitária, sobretudo

- Pessoas com mais de 25 anos de idade
- Pessoas obesas
- Pessoas com:
  - dificuldade em respirar,
  - dores de cabeça frequentes,
  - edema (inchaço) das pernas,
  - problemas de coração,
  - AVC (trombose),
  - diabetes,
  - problemas urinários,
  - pais com TA alta ou diabetes.

> ## O que fazer para prevenir as complicações e cuidar da tensão arterial alta
>
> - não fumar
> - consumir bebidas alcoólicas com moderação
> - ter uma dieta saudável e com pouco sal
> - fazer exercício físico regularmente (pelo menos 3 vezes por semana durante 30 minutos)
> - manter o peso ideal
> - tomar os medicamentos todos os dias da sua vida

A hipertensão arterial pode causar muitos problemas, por exemplo doenças do coração, cérebro, rins, e olhos. Por isso, uma vez diagnosticada a hipertensão arterial, é importante o tratamento correcto e contínuo para prevenir o desenvolvimento de complicações.

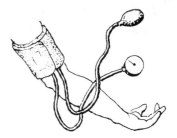

APARELHO DE TENSÃO
para medir a tensão arterial

Tratamento:

Para fins terapêuticos, a tensão arterial alta é classificada conforme o nível da tensão arterial sistólica.

Se a tensão arterial sistólica é menos do que 140, aconselhar o doente sobre como prevenir a tensão alta.

Se a tensão arterial sistólica é maior do que 140 (repetida a medição após 5-10 minutos) e o doente tem menos de 40 anos, transferir para uma unidade sanitária com mais recursos.

Se a tensão arterial sistólica é 140-169 (repetida a medição após 5-10 minutos): aconselhar tratamento não medicamentoso (dieta saudável com pouco sal, exercício físico regular, deixar de fumar) e controlar a TA após 3 meses. Se o doente tem problemas do coração, AVC, diabetes, iniciar hidroclorotiazida (ver pág. 736) e transferir para uma unidade sanitária com mais recursos.

Se a tensão arterial sistólica é 170 ou mais, iniciar hidroclortiazida e transferir para uma unidade sanitária com mais recursos.

Os outros doentes devem voltar para o controlo (medir a tensão) 3 meses depois. Se a tensão sistólica continua maior que 140, iniciar tratamento com hidroclorotiazida (ver pág. 736), e educar o doente sobre a sua doença. Transferir o doente para uma unidade sanitária com mais recursos se depois de 6 meses a TA não baixar (deve ter a certeza que o doente fez o tratamento regularmente).

Continuar a vigiar os outros doentes, medindo a tensão arterial com regularidade (de 3 em 3 meses).

Os medicamentos para controlar a tensão alta são receitados por técnico ou médico. Os doentes devem ser aconselhados a tomar o medicamento todos os dias até ao fim da sua vida e avaliar a tensão arterial regularmente (de 3 em 3 meses).

O tratamento da tensão arterial é, em geral, para toda a vida. É importante encorajar os doentes a continuar o tratamento. Deve ser explicado ao doente os riscos que corre se não tomar os medicamentos todos os dias.

Doenças do coração

Os adultos que têm excesso de peso, fumam, bebem em excesso, não fazem exercício físico regular ou têm hipertensão arterial têm mais riscos de sofrer de doenças do coração. Os bebés que nascem com defeitos no coração e as crianças que tiveram febre reumática também podem ter problemas do coração.

Sintomas e sinais:

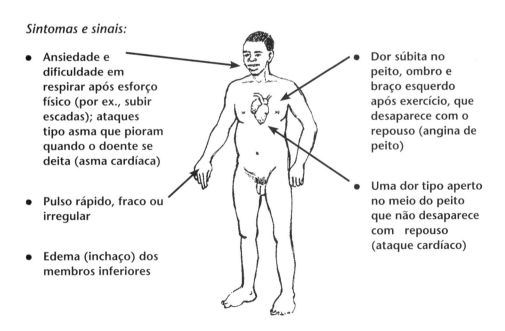

- Ansiedade e dificuldade em respirar após esforço físico (por ex., subir escadas); ataques tipo asma que pioram quando o doente se deita (asma cardíaca)

- Pulso rápido, fraco ou irregular

- Edema (inchaço) dos membros inferiores

- Dor súbita no peito, ombro e braço esquerdo após exercício, que desaparece com o repouso (angina de peito)

- Uma dor tipo aperto no meio do peito que não desaparece com repouso (ataque cardíaco)

Tratamento:

- Se suspeitar que uma pessoa tem um problema do coração, transfira para a consulta de Medicina. É importante que a pessoa receba tratamento adequado.

- As pessoas com problemas do coração não devem realizar trabalhos que provoquem dores no peito ou dificuldade em respirar. Mas fazer exercícios ligeiros com regularidade evita o ataque cardíaco.

- As pessoas com problemas do coração devem ter um dieta saudável, não fumar, não beber bebidas alcoólicas e fazer exercícios regularmente (ver capítulo 12).

- Se a pessoa tem angina de peito ou um ataque cardíaco, deve ficar em repouso absoluto num lugar fresco, até que a dor desapareça.

Se a dor no peito é muito forte e não passa com repouso, ou se a pessoa mostra sinais de choque (ver pág. 243), provavelmente tem um ataque cardíaco (enfarte agudo do miocárdio) O doente precisa de ser transferido para uma unidade sanitária com mais recursos, com urgência.

Prevenção: Para prevenir problemas cardíacos no adulto, siga as recomendações para uma vida saudável (ver capítulo 12). Controle a tensão arterial.

Trombose (acidente vascular cerebral - AVC)

A trombose ou acidente vascular cerebral (AVC) é geralmente causada por uma hemorragia cerebral ou por uma obstrução nas artérias que irrigam o cérebro. As pessoas com hipertensão arterial têm maior risco de sofrer uma trombose.

A trombose surge de repente. O doente pode cair ou ficar inconsciente durante horas ou dias.

Se o doente sobrevive, pode ficar com dificuldade em falar, andar, ver, ou pensar, ou um lado do rosto e corpo pode ficar paralisado.

Nas tromboses ligeiras, os mesmos problemas podem ocorrer sem que a pessoa perca a consciência. Os problemas causados pela trombose algumas vezes melhoram com o tempo. Isso depende dos cuidados de enfermagem, do tratamento precoce das complicações (sobretudo infecções respiratórias) e do início precoce da fisioterapia.

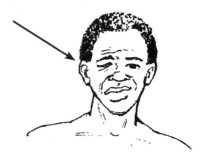

Tratamento:

Colocar o doente deitado na cama, com a cabeça um pouco mais elevada do que os pés. Virar o doente de lado, na posição lateral de segurança (ver pág. 246) e aspirar as secreções. Virar o doente de lado de 2 em 2 horas. Enquanto a pessoa estiver inconsciente não dar comida, bebidas ou medicamentos pela boca. Deve-se transferir o doente para uma unidade sanitária com mais recursos o mais urgente possível.

Começar exercícios diários passivos (pedir apoio à família acompanhante se possível).

A reabilitação é obrigatória para todos os doentes que recuperam do AVC e inclui:

- fisioterapia apropriada
- abstenção do fumo
- controlo do peso

- limitação do sal, álcool e gorduras
- controlo da tensão arterial
- toma regular de medicamentos

Se depois da trombose a pessoa continua paralisada de um lado, ajudá-la a andar com uma bengala e a utilizar a mão boa para se cuidar sozinha. Não se deve ter medo de fazer exercícios, e gradualmente deve-se aumentar a distância que o doente consegue caminhar e o número de coisas que pode fazer sozinho. Deve-se dar carinho e ânimo, pois a recuperação pode continuar durante vários meses. Mesmo que a fala continue a ser um problema, lembre-se que a pessoa compreende perfeitamente o que os outros dizem na sua presença.

Deve-se manter a tensão arterial dentro dos limites normais tomando os medicamentos com regularidade (todos os dias). Se o doente parar de tomar os medicamentos, poderá sofrer outra trombose.

Acidente isquémico transitório (AIT)

Os acidentes isquémicos transitórios são episódios de trombose de curta duração (poucos minutos até 1 hora) em que o doente tem diminuição da força num lado do corpo, ou paralisia facial, ou dificuldade na fala, seguidos por recuperação espontânea sem sequelas.

A estes acidentes pode seguir-se um AVC.

Deve-se enviar o doente para uma unidade sanitária com mais recursos, com urgência.

A prevenção consiste em seguir as medidas mencionadas no capítulo 12 e no controlo da TA.

Diabetes

A diabetes é uma doença crónica em que as pessoas têm muito açúcar no sangue. Ela pode começar quando a pessoa é jovem (diabetes Tipo I) ou na idade adulta (diabetes Tipo II). O Tipo I é mais grave e o doente precisa de insulina para viver. O Tipo II é mais frequente depois dos 40 anos de idade e nas pessoas obesas.

Um doente com suspeita de diabetes deve ser avaliado numa unidade sanitária com mais recursos.

Sintomas precoces da diabetes:

- sede constante (bebe muita água)
- urinar muito
- cansaço e fraqueza constantes
- perda de peso (Tipo I)
- visão turva
- infecções repetidas da pele
- comichão nos órgãos genitais
- impotência sexual

Um exame de urina ajuda a saber se uma pessoa sofre de diabetes.

O diabético apanha frequentemente infecções que não curam facilmente.

Para saber se uma pessoa tem diabetes, deve-se analisar a urina, para ver se tem açúcar, ou o sangue, para ver se tem um nível elevado de açúcar.

Existem umas fitas especiais para medir o açúcar na urina. Se a fita muda de cor quando mergulhada na urina, esta contém açúcar.

Para medir o açúcar no sangue pode-se usar um aparelho especial chamado glucómetro. Este aparelho mede o nível de açúcar e mostra um número que deve ser menor de 7 mmol/l ou 126 mg/dl.

Tratamento:

O tratamento da diabetes tem três componentes:

- Dieta equilibrada e sem açúcar (doces, bolos, chocolates, etc.)
- Exercício físico regular
- Medicamentos (insulina, glibenclamida, metformina)

Dieta para diabéticos

A dieta normal precisa de ser modificada. A dieta deve ser seguida com muito cuidado para o resto da vida. O doente não deve engordar nem emagrecer demais.

O diabético obeso ou com excesso de peso deve perder peso. Isto consegue-se com:

◆ Reduzir a quantidade de comida (comer metade do que comia normalmente)

◆ Não comer comida gordurosa (evitar os fritos)

◆ Não comer açúcar ou comidas doces

◆ Comer vegetais e frutas (1 peça) e peixe à vontade

◆ Fazer exercício físico diariamente

O diabético não deve comer açúcar e comidas doces (excepto para tratar a hipoglicemia), por exemplo, açúcar, chá adoçado, rebuçados, gelados, refrescos, bolachas açucaradas, leite condensado, bolos, chocolates, jam.

O diabético deve reduzir o consumo das comidas com gordura: alguns óleos vegetais, como o de coco, amendoim e o de palma, castanha de caju; leite gordo e seus derivados: queijo e manteiga; carnes gordas, banha de porco, gema de ovo, comidas processadas (por exemplo, *nicknacks*, hambúrgueres, *pizzas*, cachorros-quentes, enlatados, bolos, batatas fritas).

Se possível, deve comer comida com fibra: frutas como papaia, legumes crus como cenouras e nabos, pão integral, maçaroca cozida, mandioca e sementes como as de abóbora ou girassol. O farelo tem muita fibra e pode ser adicionado à alimentação. Não se deve abusar destes alimentos pois também têm açúcar.

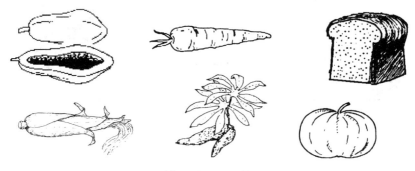

Alimentos com fibra

Alimentos que se pode comer livremente

Peixe e carne branca (galinha e peixe são os melhores)

Frutas: papaia, melancia, toranja, pêra-abacate

Vegetais: folhas verdes, couve, repolho, alface, abóbora, tomate, cebola, pepino

É aconselhável comer fruta nos intervalos das refeições (1 peça).

Nos doentes com diabetes Tipo I, é muito importante comer num horário certo e regular e não ficar muitas horas sem comer (deve ter pelo menos 6 refeições por dia).

Existem alguns remédios tradicionais para adultos com diabetes, como beijo-de-mulata.

Além da dieta, todos os doentes com diabetes devem seguir as recomendações para uma vida saudável do cap. 12.

O doente deve fazer exercício físico regular. Os doentes que tomam insulina, devem fazer um pequeno lanche (por exemplo, papas ou pão) antes do exercício. Se o exercício é intenso ou prolongado, deve comer qualquer coisa (pão, fruta, leite). O doente deve conhecer os sintomas de hipoglicemia, para a poder tratar logo que surjam.

Diabetes Tipo II

É melhor controlar a doença sem medicamentos, comendo correctamente e fazendo exercício físico regular. As pessoas gordas com diabetes devem emagrecer até que o peso volte aos valores normais (peso ideal).

A maior parte dos diabéticos adultos podem ser controlados com dieta. Se continuam com os sintomas e com açúcar na urina, transferir para uma unidade sanitária com mais recursos, onde o clínico decidirá se o doente precisa de medicamentos. Estes doentes não precisam de insulina.

Diabetes Tipo I

As crianças e jovens com diabetes devem ser internados ao nível de hospital rural ou superior até que estejam controlados e saibam como usar insulina. Deve-se ensinar ao doente e a um familiar da confiança do doente como administrar insulina.

Tratamento com insulina

A insulina deve ser conservada de forma a evitar o calor excessivo e a luz solar. Deve manter-se o frasco na geleira, evitando congelá-lo. Se isso não for possível, deve ser conservada num lugar fresco ao abrigo da luz solar, por exemplo um pote de barro com um pano em cima ou enterrado num lugar fresco do quintal.

Usar a seringa durante 2-3 semanas. Após cada utilização deve ser lavada com água limpa e sabão, e mantida seca. Não é preciso esterilizá-la.

Técnica da injecção

- Antes da injecção, limpar com água e secar a pele da área (barriga ou coxa). Não limpar com álcool porque isto endurece a pele.
- Injectar o conteúdo da seringa pela via subcutânea (ver pág. 134).
- Mudar periodicamente o local da injecção.

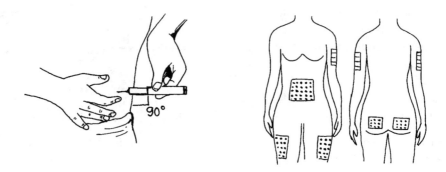

Ensinar ao doente e aos seus familiares a reconhecer os sintomas e sinais de hipoglicemia e de hiperglicemia.

Todos os doentes com diabetes precisam de controlo regular numa unidade sanitária a cada 3 meses.

Complicações

Se a diabetes não for bem controlada, o doente pode desenvolver complicações a longo prazo:

- Perda de sensibilidade nos pés, com feridas e úlceras que não saram
- Danos no coração, rins
- Problemas de circulação de sangue nas pernas
- AVC (trombose)
- Cegueira
- Impotência sexual nos homens e perda da líbido (desejo sexual) nas mulheres

Hipoglicemia

Um doente diabético que está a tomar insulina ou medicamentos pode, em algumas situações, ter sintomas e sinais de hipoglicemia (açúcar baixo no sangue). Estes consistem em:

◆ sensação de fome

◆ suores frios

◆ confusão mental

◆ irritabilidade

◆ perda súbita de consciência (desmaio)

A hipoglicemia exige um tratamento urgente logo que aparecem os primeiros sinais. Tomar algum açúcar ou produto açucarado imediatamente e descansar 10-15 minutos. Os doentes que tomam medicamentos ou insulina devem ter sempre consigo rebuçados ou açúcar e tomá-los imediatamente se tiverem estes sintomas.

Quando o doente perde a consciência, deve ser tratado com urgência numa unidade sanitária com recursos para administrar: no adulto, glicose 30% E.V. (ver pág. 729), seguida por glicose 10% E.V. (ver pág. 729), e na criança, glicose 10% E.V.

Hiperglicemia

A hiperglicemia grave (açúcar em excesso no sangue) pode causar perda de consciência. Antes de perder a consciência, o doente pode apresentar os seguintes sintomas:

◆ aumento da sede e urinar com frequência

◆ náuseas, vómitos e dores abdominais

◆ sonolência

◆ respiração rápida e profunda

O doente com estes sintomas deve ser transferido com urgência para uma unidade sanitária com mais recursos.

Prevenção e tratamento das complicações nos pés:

◆ Examinar os pés diariamente, procurando cortes, feridas, bolhas, ou arranhões. Utilizar um espelho para ver bem a planta do pé e entre os dedos.

◆ Lavar os pés diariamente, secando cuidadosamente entre os dedos. Não deixar os pés de molho na água.

◆ Qualquer infecção pequena da pele entre os dedos deve ser tratada imediatamente.

◆ Se houver uma úlcera, não colocar curativos que se colam à pele, mas usar gaze (ligadura) seca.

◆ Se a pele dos pés ficar seca, colocar creme (vaselina) ou óleo de bebé, mas não entre os dedos.

◆ Não tratar a pele dos pés com produtos químicos, por exemplo, para remover verrugas ou calos.

◆ Cortar e limar os calos com muito cuidado.

● Não andar descalço, especialmente em superfícies quentes como cimento ou asfalto.

◆ Ser cauteloso com sapatos e sandálias novos: eles devem ser confortáveis e do tamanho certo (comprar sapatos novos no final do dia).

◆ Examinar o interior dos sapatos antes de calçá-los, visualmente e com a mão para descobrir pedrinhas, pregos, ou outras coisas que possam criar bolhas ou feridas.

◆ Calçar sempre os sapatos com meias. Trocar as meias diariamente e evitar meias rasgadas, remendadas ou apertadas.

◆ Cortar as unhas rectas, não curvas, para prevenir unhas encravadas.

◆ Se tiver problemas de circulação nos pés (cor escura e pé dormente), deve ter muito cuidado com os pés. Descanse e eleve os pés frequentemente. Não pôr os pés em água quente.

Higiene geral

Os diabéticos devem ter cuidado com a higiene geral para prevenção das infecções:

■ Lavar sempre os dentes depois de comer

■ Banho diário

Cartão de identificação

Todos os diabéticos deveriam ter um cartão de identificação de doente diabético permanentemente consigo.

Exemplo de cartão:

NOME: ....

MORADA: ....

NOME DE UM FAMILIAR: .... TELEFONE: ....

Eu sou diabético a tomar insulina todos os dias. Se for encontrado doente, por favor dar-me duas colherinhas de açúcar, de preferência com água. Devo ter açúcar no meu bolso ou pasta. Se estou inconsciente ou não recupero, por favor leve-me a uma unidade sanitária e avise o meu familiar.

Contacto em caso de urgência: ....

Os diabéticos podem também contactar e fazer parte das associações de diabéticos. Nas associações têm informação e educação sobre a doença.

Cirrose do fígado

A cirrose é o resultado final de dano prolongado do fígado, muitas vezes devido a hepatite na infância. O consumo de bebidas alcoólicas em excesso durante muitos anos também pode causar cirrose do fígado.

A cirrose geralmente aparece nas pessoas com mais de 40 anos de idade.

Sintomas e sinais:

A cirrose começa como a hepatite, com fraqueza, perda de apetite, mal-estar no estômago e dor abdominal.

À medida que a doença piora, a pessoa fica cada vez mais magra e pode ter náuseas e vómitos (por vezes vómitos com sangue).

Nos casos graves, os pés e o abdómen incham. O abdómen com líquido parece um tambor (ascite). Os olhos e a pele podem ficar amarelados (icterícia). Alguns doentes podem evoluir para o cancro do fígado.

Na fase final da doença, o doente tem confusão mental e entra em coma.

Tratamento:

Quando a cirrose é grave, é difícil curá-la. Os medicamentos não ajudam muito. A maioria das pessoas que sofrem de cirrose morrem da doença.

Para prolongar a vida, aconselhar o doente, ao primeiro sinal de cirrose:

♦ Nunca mais tomar bebidas alcoólicas! As bebidas alcoólicas em excesso danificam o fígado.

♦ Comer o melhor que puder, seguindo as regras duma dieta saudável.

Transferir para uma unidade sanitária com mais recursos.

Prevenção:

A cirrose causada pela hepatite é prevenida pela vacinação na infância contra a hepatite B.

A prevenção desta doença, quando causada pelo álcool é fácil: NÃO TOMAR BEBIDAS ALCOÓLICAS.

Insuficiência renal crónica

Pode ser o resultado de qualquer doença que danifica os rins a longo prazo, por exemplo, bilharziose, diabetes, tensão arterial alta, pedras nos rins.

O doente não se sente bem, e muitas vezes tem anemia.

Deve suspeitar de insuficiência renal crónica quando o doente com doença dos rins começa a sentir-se mal, tem inchaço dos pés, ou a face redonda em forma de lua cheia.

Transfira o doente para uma unidade sanitária com mais recursos.

Cancro

O cancro é um tumor, que pode surgir em qualquer parte do corpo. Infelizmente, a maior parte dos casos de cancro chega às unidades sanitárias numa fase tardia, quando já não existe possibilidade de cura. Alguns cancros (fígado, colo do útero, mama, bexiga) são fáceis de diagnosticar quando começam a surgir os sintomas, mas nesta fase a maior parte dos doentes tem apenas alguns meses de vida.

Um cancro frequente em crianças, em África, é o linfoma de Burkitt, que é logo evidente porque provoca deformação da face. Este cancro pode ser curado se encaminhado e tratado apropriadamente.

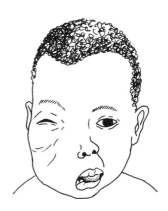

Alguns cancros, como o da mama e o do colo do útero, podem ser curados se forem diagnosticados precocemente.

Qualquer massa sem dor e que cresce lentamente em qualquer parte do corpo pode ser um cancro.

Doentes com suspeita de cancro devem ser enviados a uma unidade sanitária com mais recursos, com excepção dos doentes em estado terminal.

Estes doentes precisam de muito carinho e atenção dos familiares ou pessoas que cuidam deles. A higiene pessoal e a alimentação devem ser providenciadas todos os dias. O tratamento sintomático pode apoiar muitas pessoas, principalmente a atenção à dor (ver pág. 282), ansiedade e depressão (ver pág. 665).

CAPÍTULO

Doenças da pele

Alguns problemas de pele são causados por doenças que afectam apenas a pele – tais como a tínea, a sarna, ou as verrugas. Outros são sinais de doenças que atacam o corpo todo – como o sarampo e a pelagra. Certos tipos de problemas da pele podem ser sinais de doenças graves – tais como o HIV e SIDA, a tuberculose, a sífilis, ou a lepra.

Existem numerosas doenças da pele, mas este capítulo trata apenas dos problemas mais comuns. Algumas doenças são tão parecidas entre si que é difícil diferenciá-las. No entanto, as suas causas e o seu tratamento podem ser completamente diferentes.

Quando ocorre uma erupção generalizada, purulenta ou muito dolorosa ou quando aparece uma reacção na pele (erupção, pele avermelhada, ou comichão), logo depois da toma de algum medicamento, o doente deve ser tratado numa unidade sanitária.

Se um problema da pele é grave ou se piora apesar do tratamento, enviar o doente para uma unidade sanitária com mais recursos.

Regras gerais para tratar problemas de pele

Quando se trata doenças da pele, deve-se lavar sempre as mãos, com água e sabão, antes e depois de efectuar o tratamento. Proteger as mãos com luvas (se houver) ou com plásticos. Manter as unhas do doente curtas, para evitar que, ao coçar, este arranhe a pele, o que pode alastrar a infecção. Lavar a área afectada, pelo menos uma vez por dia, com água e sabão.

Apesar de muitos problemas da pele precisarem de tratamento específico, existem algumas regras gerais que podem ajudar:

REGRA Nº 1

Quando há feridas:

◆ Aliviar o desconforto do doente e prevenir a infecção lavando a área afectada com uma solução diluída de permanganato de potássio (ver pág. 737) ou cetrimida e clorexidina (ver pág. 739). Não tendo estes produtos, use uma solução de água com um pouco de sal.

◆ Iniciar a lavagem pelos bordos da ferida; depois, lavar a partir do meio da ferida para a parte de fora com um movimento único. Se a ferida for grande, utilizar um novo pano limpo ou compressa iniciando do ponto onde se parou antes.

◆ Se a ferida tiver sangue ou pus, cobrir a ferida com um penso para prevenir a infecção, proteger outras pessoas e evitar a dor. Os pensos não devem comprimir a ferida. Se a ferida é seca pode ser deixada aberta.

◆ Se a ferida estiver na perna ou no pé, manter a parte afectada imóvel e em posição elevada (mais alta do que o resto do corpo).

REGRA Nº 2

Se a área afectada está quente e dolorosa, tratar a área com calor. Colocar uma compressa ou um pano húmido e quente sobre o local (compressa quente).

REGRA Nº 3

Se a área afectada faz comichão, arde, ou tem pus, tratar a área com frio. Colocar uma compressa ou um pano molhado e frio sobre o local (compressa fria).

Regra nº 2 (em maior detalhe)

Se a pele mostra sinais de infecção como, por exemplo:

● pele vermelha

● inchaço

● dor

● calor

● pus

Fazer o seguinte:

◆ Manter a parte afectada imóvel e em posição elevada (mais alta do que o resto do corpo).

◆ Aplicar panos húmidos e quentes.

Se a infecção é grave, ou a pessoa tem febre, dar penicilina oral (pág. 694).

Os sinais de perigo são os seguintes: gânglios linfáticos inchados ou mau cheiro. Se estes sinais não melhoram com o tratamento, o doente deve ser referido para uma unidade sanitária com mais recursos.

Regra nº 3 (em maior detalhe)

Se a pele afectada forma bolhas ou crosta, começa a deitar pus, faz comichão, pica ou arde, fazer o seguinte:

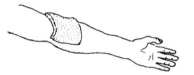

◆ Aplicar uma compressa embebida em água fria, ou em permanganato de potássio diluído, se tiver (ver pág. 737).

REGRA Nº 4

Se as áreas afectadas se encontram em partes do corpo que estão geralmente expostas ao sol, estas devem ser protegidas do sol.

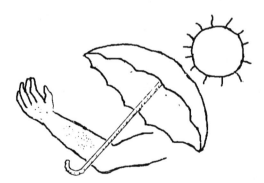

COMO FAZER E APLICAR PACHOS DE ÁGUA QUENTE

1. Ferver a água e deixar arrefecer até que se consiga colocar a mão dentro.

2. Dobrar um pedaço de pano limpo, de modo a que fique um pouco maior do que a área da pele que se vai tratar. Mergulhar o pano na água morna e espremer o excesso da água.

3. Colocar o pano (pacho) sobre a área afectada.

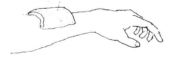

4. Cobrir o pano (pacho) com um plástico fino, se tiver.

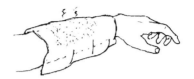

5. Envolver o pacho com uma toalha para conservar o calor.

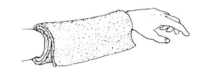

6. Manter elevada a zona afectada.

7. Aplicar o pacho quente sobre a ferida durante 20 minutos, 4 vezes ao dia.

Existe uma tendência de as pessoas aplicarem pomadas de antibióticos quando surge algum problema na pele. Esta pomadas são caras, pouco eficazes e podem produzir alergias.

Problemas de pele – uma lista para identificá-los

Se a pele tem:	E se apresenta assim:	O doente pode ter:
Lesões pequenas, que parecem borbulhas	Pequenas lesões ou borbulhas com muita comichão – que aparecem primeiro entre os dedos, nos pulsos, ou na cintura.	Sarna
	Borbulhas com pus (pústulas) ou inflamadas, geralmente causadas por se ter coçado mordeduras de insectos. Podem causar aumento dos gânglios linfáticos.	Infecção por bactérias
	Borbulhas irregulares com pus e crostas amarelas e um pouco brilhantes, que vão alastrando pelo corpo.	Impetigo (infecção por bactérias)
	Borbulhas no rosto de adolescentes, às vezes também localizadas no peito e nas costas, muitas vezes com pontos de pus.	Acne, borbulhas, pontos negros
	Vermelhidão extensa, com borbulhas, às vezes com comichão.	Reacção aos medicamentos
	Linha serpiginosa com prurido.	Dermatite serpiginosa

Se a pele tem:	E se apresenta assim:	O doente pode ter:
Ferida aberta grande ou uma úlcera da pele	Úlcera crónica (que não cicatriza) rodeada por pele arroxeada, na zona dos tornozelos. 	Úlcera tropical ou, nos velhos, úlcera causada por má circulação (possivelmente diabetes). Cancro
	Feridas que se formam na zona dos ossos e articulações de pessoas muito doentes e acamadas. 	Escaras
	Feridas com perda de sensibilidade nos pés ou mãos (não doem). 	Lepra
Nódulo (caroço) debaixo da pele	Nódulo inchado, doloroso e quente que, às vezes, rebenta espontaneamente. 	Abcesso ou furúnculo
	Nódulo doloroso e quente que aparece na mama da mulher que está a amamentar. 	Mastite (infecção por bactérias)

Se a pele tem:	E se apresenta assim:	O doente pode ter:
	Um ou mais nódulos arredondados, na cabeça, pescoço, ou parte superior do corpo (ou no meio do corpo e nas coxas). 	Oncocercose (cegueira do rio)
	Nódulos avermelhados de tamanhos diferentes e de crescimento lento. 	Lepra
Gânglios linfáticos aumentados	Nódulos num lado do pescoço (que podem rebentar e cicatrizar).	Escrófula (tuberculose ganglionar)
	Nódulos nas virilhas que rebentam e cicatrizam continuamente. 	Linfogranuloma venéreo

Se a pele tem:	E se apresenta assim:	O doente pode ter:
	Manchas a descamar e placas no couro cabeludo, rosto, tronco, axila, virilhas.	Dermatite seborreica
	Manchas com bolhas no rosto, nos braços, ou nos pés. Muita comichão.	Dermatite atópica (eczema)
Manchas escuras	Manchas bem demarcadas nas dobras da pele, com secreção branca, como leite coalhado. 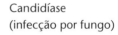	Candidíase (infecção por fungo)
	Uma zona inchada, dolorosa e quente – em qualquer parte do corpo. 	Abcesso ou infecção a alastrar, erisipela ou celulite
	Áreas com manchas descamadas que parecem queimaduras de sol. 	Pelagra (um tipo de malnutrição)
	Manchas nas pernas; e em outras partes do corpo, manchas grossas que parecem casca de laranja, ou enrugadas como a pele duma pessoa idosa.	Oncocercose (cegueira do rio)
	Manchas escuras na pele ou na boca.	Sarcoma de Kaposi

Se a pele tem:	E se apresenta assim:	O doente pode ter:
Manchas claras	Manchas claras no rosto, pescoço, ou peito. A superfície da pele é normal (achatada) e não está dormente	Pitiríase versicolor (infecção por fungos)
	Manchas mais claras no rosto, corpo, nádegas, etc. Normalmente não têm sensibilidade.	Lepra
	Manchas brancas, com áreas bem marcadas que começam nas mãos, ao redor da boca ou entre as pernas e que vão alastrando para a perda completa de cor. 	Vitiligo
	Manchas por descamação da pele, com edema (inchaço) das pernas e braços. Cabelo castanho avermelhado. 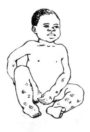	Malnutrição (kwashiorkor)
	Sinais e perda de parte da cor nas pernas ("pele de leopardo") 	Estado avançado de oncocercose

Se a pele tem:	E se apresenta assim:	O doente pode ter:
Verrugas	Verrugas simples, não muito grandes. 	Verruga vulgar (infecção por vírus)
  Anéis (manchas com bordos vermelhos ou elevados, geralmente mais claras no centro)	Pequenos anéis que crescem continuamente ou alastram e podem causar comichão. 	Tínea
	Grandes círculos, com bordos espessos que não fazem comichão. 	Sífilis (estado avançado)
	Anéis grandes sem sensibilidade no centro (uma picada de agulha não causa dor). 	Lepra
	Pequenos anéis escuros que aparecem nas faces e nariz, às vezes com uma pinta no meio.	Cancro da pele

Se a pele tem:	E se apresenta assim:	O doente pode ter:
Vesículas e bolhas (vesículas grandes)	Bolhas com inchaço, com muita comichão e húmidas (com secreção). 	Dermatite de contacto
	Vesículas (pequenas bolhas) e pintas sobre o corpo todo que começam nas costas e peito. 	Varicela
	Área com vesículas muito dolorosas, localizadas numa zona do corpo, geralmente em forma de faixa ou de cacho. 	Herpes zoster (zona)
	Uma área cinzenta ou enegrecida, com mau cheiro, bolhas e bolsas de ar que alastram. 	Gangrena gasosa (infecção muito grave por bactérias)

Se a pele tem:	E se apresenta assim:	O doente pode ter:
Erupção no corpo todo, ou pontos pequenos avermelhados	Erupção fina em todo o corpo, geralmente em crianças que se apresentam muito doentes. Começa atrás das orelhas e no pescoço, com a superfície da pele a tornar-se áspera, e alastra-se depois para o rosto, tronco e membros; febre. 	Sarampo
	Erupção em todo o corpo, mais frequente em crianças que não estão muito doentes, acompanhada de aparecimento de gânglios linfáticos aumentados (adenopatias) no pescoço e na nuca.	Rubéola
	Erupção generalizada com pequenas pápulas e vesículas que causam comichão. Não está doente.	Erupção por calor (líquen)
Urticária	Manchas salientes (pápulas), ou erupção, com muita comichão (podem aparecer e desaparecer rapidamente).	Reacção alérgica

Doenças da pele causadas por insectos

Sarna

A sarna é uma doença frequente, principalmente em crianças. Causa borbulhas ou feridas pequenas que fazem muita comichão e que podem aparecer em todo o corpo. As feridas são causadas, principalmente, porque o doente se coça muito. Entre as lesões aparecem crostas de cor negra do tamanho duma cabeça de alfinete. O HIV pode estar associado a sarna persistente.

É mais comum:

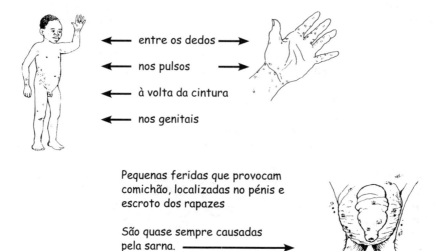

entre os dedos →

nos pulsos →

à volta da cintura →

nos genitais →

Pequenas feridas que provocam comichão, localizadas no pénis e escroto dos rapazes

São quase sempre causadas pela sarna. ⟶

A sarna é causada por pequenos ácaros (parasitas) – parecidos com uma carraça ou pulga – que perfuram a superfície da pele e formam túneis onde depositam os seus ovos.

É transmitida através do contacto com a pele ou roupa (incluindo da cama) duma pessoa infectada. O coçar pode causar infecção, ou provocar feridas com pus, e às vezes os gânglios linfáticos ficam aumentados ou aparece febre.

Tratamento e recomendações:

Antes de começar o tratamento, é preciso lavar bem toda a roupa, incluindo a da cama, e toalhas que devem ser estendidas ao sol e passadas a ferro.

A higiene pessoal é muito importante. Se uma pessoa tem sarna, todos as pessoas da família devem ser tratadas.

♦ Tomar banho e mudar de roupa todos os dias. Os banhos devem ser com água quente e sabão, do queixo à planta dos pés, insistindo onde há lesões ou comichão e esfregando bem a pele.

♦ Depois do banho, aplicar loção de benzoato de benzilo (ver pág. 738) ou hexacloreto de benzeno (ver pág. 737) da seguinte maneira:

● Espalhar a loção pelo corpo todo, excepto no rosto: deixar ficar durante 24 horas; e depois tomar banho.

● Mudar de roupa, incluindo a da cama; esta roupa deve ser muito bem lavada e passada a ferro.

♦ Repetir o tratamento após 1 semana.

♦ As pessoas devem cortar bem as unhas, para não fazerem feridas quando se coçam.

Piolhos

Piolhos da cabeça e do corpo (incluindo os da região púbica) provocam comichão, e às vezes infecções da pele e aumento dos gânglios linfáticos.

Para evitar os piolhos, é preciso ter boa higiene pessoal e doméstica: toda a família deve tomar banho todos os dias e lavar a cabeça com frequência; a roupa de cama, almofadas e berços, devem ser postos a arejar ao sol todos os dias.

É necessário ter uma atenção particular com as crianças, examinando frequentemente as suas cabeças. Se tiverem piolhos, devem ser tratadas imediatamente e não devem dormir com as outras crianças, porque os piolhos transmitem-se com muita facilidade.

Tratamento:

- ◆ Aplicar benzoato de benzilo (ver pág. 738) ou hexacloreto de benzeno (ver pág. 737) no couro cabeludo, na região púbica ou em outras áreas afectadas. Lavar passadas 12 a 24 horas.

- ◆ Repetir o tratamento com hexacloreto de benzeno ou benzoato de benzilo, após 1 semana.

- ◆ Para remover as lêndeas (ovos dos piolhos):

  - lavar o cabelo com água e sabão ou champô.

  - aplicar sobre o cabelo uma toalha embebida duma mistura de água e vinagre em partes iguais, durante cerca de 1 hora.

  - lavar o cabelo novamente e depois passar um pente fino molhado em vinagre.

Carraças

Quando se retirar uma carraça que está firmemente grudada na pele, é preciso tomar cuidado para que a cabeça do parasita não fique debaixo da pele. Isso pode causar uma infecção. Nunca se deve puxar o corpo da carraça, mas sim fazer com que ela se desprenda:

pôr álcool sobre ela

Para ajudar a evitar as picadas de carraça, pode-se usar roupa comprida e aplicar repelente, se houver, antes de ir para o mato.

Matequenha (tunguíase)

É provocada pela penetração dum tipo de pulga, chamada *Tunga penetrans*, na planta ou nos dedos dos pés. A pulga penetra e põe os ovos debaixo da pele. No local aparece uma pápula (que corresponde ao "ninho" da pulga) que dá muita comichão e que por vezes é um pouco dolorosa. Ocorre frequentemente nos camponeses que costumam andar descalços em terreno arenoso.

O tratamento consiste na extracção do parasita com uma agulha esterilizada sem causar ruptura da cápsula onde se aloja o parasita. Se esta rebenta, os ovos espalham-se e causam novas lesões. Deve-se alargar o orifício de entrada, aplicando de seguida uma compressão lateral. Depois, lavar a área da lesão com uma solução desinfectante de permanganato de potássio (ver pág. 737) ou de cetrimida e clorexidina (ver pág. 739).

No caso de haver uma infecção secundária tratar como piodermite (ver abaixo).

Míase

São lesões provocadas por uma mosca, semelhante a uma mosca doméstica, que põe os seus ovos quando pousa na pele duma pessoa. A larva que sai dos ovos aninha-se e cresce debaixo da pele, causando uma ou mais lesões que parecem pequenos furúnculos. No topo do "furúnculo" vê-se um orifício, por onde a larva respira, e por onde se pode vê-la a movimentar.

É mais frequente em crianças e muitas vezes as lesões são no couro cabeludo.

O tratamento é simples e consiste em:

◆ Aplicar vaselina no topo das lesões. A larva não consegue respirar e acaba por sair.

◆ Desinfectar a ferida com cetrimida e clorexidina (ver pág. 637).

Infecções da pele

Piodermite: pequenas borbulhas com pus

As infecções da pele sob a forma de pequenas borbulhas com pus (pústulas) aparecem quando a pessoa coça, com as unhas sujas, picadas de insectos, as lesões da sarna, ou outras lesões da pele.

Tratamento e recomendações:

- ◆ Lavar bem as borbulhas com água morna e sabão. Fazer isso todos os dias, enquanto houver pus.

- ◆ Se houver feridas pequenas, deixar abertas. As feridas grandes devem ser cobertas e o penso mudado com frequência.

- ◆ Se a pele à volta está inchada e quente, se a pessoa tem febre, ou se os gânglios linfáticos estão aumentados e dolorosos, administrar um antibiótico: por exemplo, penicilina oral (ver pág. 694).

- ◆ Não coçar as borbulhas e feridas. As feridas vão piorar e isso pode fazer alastrar a infecção para outras partes do corpo. Cortar bem rente as unhas das crianças pequenas – ou colocar umas luvas, ou umas meias, nas suas mãos para que não se possam coçar.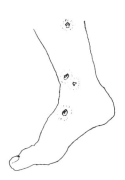

- ◆ Nunca deixar uma criança com piodermite ou com qualquer outra infecção da pele brincar ou dormir com outras crianças. Estas infecções transmitem-se muito facilmente.

Impetigo

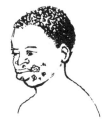

É uma infecção produzida por bactérias que causam borbulhas com pus e feridas com crostas amarelas. Aparece muitas vezes no rosto das crianças, e alastra rapidamente a outras zonas do corpo. O impetigo transmite-se muito facilmente a outras pessoas, por contacto com as feridas ou por dedos contaminados.

Tratamento e recomendações:

- ◆ Lavar a área afectada com água morna e sabão, embebendo cuidadosamente as crostas para as retirar. Também se pode utilizar permanganato de potássio diluído (ver pág. 737), ou cetrimida e clorexidina (ver pág. 739).

- ◆ Se a infecção alastra por uma área grande ou causa febre, dar antibiótico: eritromicina (ver pág. 698).

Prevenção:

- Seguir as regras de higiene pessoal. Lavar as crianças diariamente e ter cuidado com as toalhas, roupas de cama e outras roupas, que devem ser mudadas com frequência.

- Não deixar as crianças com impetigo brincar ou dormir com outras crianças.

- Proteger as crianças das picadas de mosquitos, percevejos e moscas. Se uma criança apanha sarna, deve ser tratada imediatamente.

Furúnculos e abcessos

Um abcesso é uma infecção que forma uma bolsa de pus debaixo da pele.

Às vezes é causado por uma ferida provocada por uma injecção dada com uma agulha suja. A área fica inchada, quente, dolorosa, a latejar, e pode causar adenopatias (gânglios linfáticos aumentados) localizadas. Nas pessoas de pele clara, esta fica avermelhada. Ao fim de vários dias, o abcesso pode rebentar espontaneamente e deitar pus, o que alivia a dor.

Um furúnculo é um abcesso localizado ao redor da raiz de um pêlo. Dá uma dor aguda bem localizada.

Tratamento:

- Aplicar pachos de água quente várias vezes ao dia (ver indicações na pág. 503).

- Se for um **abcesso**: drenar ou puncionar com um bisturi ou uma agulha grossa esterilizada. Aplicar primeiro cloreto de etilo.

- Se for um **furúnculo**: deixar que o furúnculo rebente por si. Depois de rebentar, continuar a aplicar os pachos quentes. Ajudar a drenar bem o pus, mas nunca apertar muito ou espremer o furúnculo, porque isso pode fazer com que a infecção se alastre para outras partes do corpo.

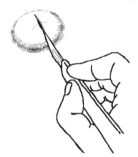

- Administrar antibiótico: penicilina oral (ver pág. 694) ou eritromicina (ver pág. 698).

Celulite e erisipela

São infecções extensas da pele que se alastram. A área afectada apresenta-se inchada, quente, com a pele mais escura, acompanhada de dor e febre alta. Se as margens da área infectada são bem demarcadas e elevadas, trata-se duma infecção superficial chamada erisipela. Se as margens são indistintas, a infecção é mais profunda e chama-se celulite.

Tratamento:

> ◆ Penicilina oral (ver pág. 694) ou penicilina procaína (ver pág. 696).
>
> ◆ No caso de alergia à penicilina, usar eritromicina (ver pág. 698).
>
> O repouso na cama, com a área infectada elevada, ajudará bastante à cura.

Erupções com comichão, pápulas ou urticária

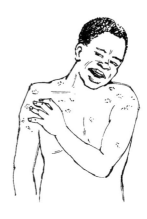

Quando as pessoas alérgicas comem, injectam, ou respiram certas substâncias, podem ter uma erupção ou urticária.

A urticária produz manchas ou pápulas grandes (babas), elevadas, parecidas com as pápulas provocadas por picada de abelha, e que fazem muita comichão. Podem aparecer e desaparecer rapidamente, ou mudar dum lugar para outro do corpo.

Atenção a qualquer reacção causada por certos medicamentos, principalmente injecções de penicilina e antitoxinas produzidas a partir do soro de cavalo.

Uma erupção cutânea ou uma urticária podem aparecer poucos minutos, ou até 10 dias, depois de um medicamento ser injectado na pessoa.

> **Uma pessoa a quem aparece urticária, erupção cutânea, ou qualquer outra reacção alérgica, depois de tomar um medicamento oral ou injectável, nunca mais deve tomar esse medicamento na vida! Isso é muito importante para evitar o perigo dum choque alérgico (anafiláctico) que pode ser fatal!**

Os doentes com o HIV e SIDA podem desenvolver comichão grave, principalmente no tronco e membros. Há lesões em diferentes estados de evolução: pápulas inflamadas e lesões mais antigas, escuras.

Tratamento da comichão:

◆ Tomar banho com água fria ou colocar pachos frios – panos embebidos em água fria ou gelada.

◆ Colocar loção de calamina (ver pág. 737), para acalmar.

◆ Se a comichão é muito forte: usar um anti-histamínico, como a clorfeniramina (ver pág. 722).

Para que os doentes não se arranhem, as unhas devem ser cortadas rentes.

Nos bebés, pode-se pôr luvas ou meias nas mãos.

Plantas e outras coisas que causam comichão ou queimaduras na pele

Muitas plantas ou a sua seiva, quando entram em contacto com a pele, podem causar erupções, queimaduras, ou pápulas com comichão. Alguns insectos podem produzir reacções idênticas.

Nas pessoas alérgicas, erupções ou manchas dolorosas com secreção, podem ser causadas por certas substâncias que tocam ou que são colocadas sobre a pele.

Sapatos de borracha, correias de relógio, medicamentos, cremes de beleza, perfumes, ou sabonetes, podem causar tais problemas.

Tratamento:

◆ Todas essas irritações desaparecem por si sós quando as substâncias que causaram o problema deixam de tocar na pele. Calamina (ver pág. 737) pode ajudar a aliviar a comichão.

◆ Um anti-histamínico, como clorfeniramina (ver pág. 722), também pode ajudar. Em casos mais graves, mandar o doente para uma unidade sanitária com mais recursos.

Erupção do calor

O calor pode causar uma erupção fina e comichão, que aparece nas crianças, particularmente no pescoço e no peito.

Manter o local afectado arejado ajuda a melhorar.

Dermatite serpiginosa

A dermatite serpiginosa é causada pela larva dos parasitas dos cães e gatos que entram na pele.

Em 2 ou 3 dias, desenvolvem-se túneis finos, em forma de serpente (cobra, serpiginosa).

A comichão é intensa, e pode infectar.

Tratamento:

Pomada de tiabendazol (ver pág. 717) ou albendazol oral (ver pág. 717).

Por vezes, nas infecções ligeiras, a aplicação do cloreto de etilo em aerossol, sobre as lesões, é útil na imobilização da larva.

Herpes-zoster (zona)

Sinais:

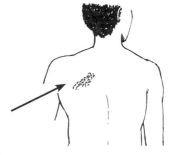

Uma faixa ou mancha com vesículas dolorosas que aparecem de repente numa área do corpo, provavelmente é zona. Isso é mais frequente nas costas, no peito, no pescoço ou no rosto. As vesículas duram geralmente 2 ou 3 semanas, e depois desaparecem por si próprias. Às vezes a dor persiste, ou volta muito depois de as vesículas já terem desaparecido.

A zona é causada pelo mesmo vírus que causa a varicela (ver pág. 590) e geralmente ataca as pessoas que já tiveram varicela.

Não é perigosa. Contudo, principalmente em adultos jovens, pode muitas vezes ser o primeiro sinal de infecção pelo HIV. Nas pessoas com o HIV, pode ser mais extensa e mais grave.

Tratamento:

> ◆ Lavar com água e sabão ou permanganato de potássio diluído (ver pág. 737).
>
> ◆ Colocar uma compressa fina sobre a erupção, para evitar que a roupa roce na área.
>
> ◆ Tomar AAS ou paracetamol para a dor. Se o dor persiste, transferir para uma unidade sanitária com mais recursos.
>
> ◆ Não dar antibióticos, a não ser que haja infecção.

O doente adulto jovem deve ser aconselhado a fazer o teste do HIV. Para tratar a zona existe apenas um medicamento muito caro, chamado **aciclovir** (ver pág. 705), mas mesmo este só é eficaz se for administrado (tomado) na fase inicial da infecção.

Por vezes, as lesões na cara podem também afectar os olhos. A afectação dos olhos é muito grave podendo levar à cegueira do olho em causa. Deve transferir imediatamente para uma unidade sanitária com mais recursos um doente que apresentar risco de afectação dos olhos. O aciclovir (ver pág. 705) está indicado nestes doentes.

Infecções da pele por fungos

Tíneas

As tíneas ou micoses (infecções por fungos) podem aparecer em qualquer parte da pele, incluindo o couro cabeludo, entre os dedos dos pés, nas unhas e entre as pernas:

| no couro cabeludo (*tinea capitis*) | na pele | entre os dedos das mãos e pés (pé de atleta) | entre as pernas |

A maior parte das tíneas apresentam lesões em forma dum anel. Geralmente fazem comichão. A tínea da cabeça pode provocar manchas brancas com crostas e queda do cabelo. Quando as unhas são afectadas pelo fungo, estas tornam-se quebradiças.

Tratamento e recomendações:

- Lavar a área afectada todos os dias com água e sabão, pode ser tudo o que é preciso.

- Fazer o possível para manter a área afectada bem seca e exposta ao sol e ao ar.

- Mudar a roupa interior ou as meias com frequência, principalmente quando há suor.

- Manter as unhas curtas e limpas.

- Aplicar pomada de enxofre e ácido salicílico (ver pág. 705), até 2 semanas depois das lesões desaparecerem.

- No caso de tínea grave do couro cabeludo, tínea das unhas ou outra tínea que não melhora depois de 3 semanas com este tratamento: transferir o doente para uma unidade sanitária com mais recursos.

- Muitas tíneas do couro cabeludo desaparecem quando a criança alcança a puberdade (entre os 11 e 14 anos). Infecções graves que formam manchas grandes com pus devem ser tratadas com pachos de água morna. É importante cortar o cabelo bem rente.

Como prevenir as tíneas

Para prevenir tíneas, é muito importante seguir as regras de higiene pessoal (tomar banho todos os dias e usar roupa limpa).

As tíneas são contagiosas (transmitem-se facilmente duma pessoa para outra). Para evitar a transmissão entre as crianças:

- Não deixar uma criança com tínea dormir junto com outras.

- Não deixar uma criança usar o pente, ou as roupas de outra, a não ser que estejam lavadas ou que tenham sido bem limpos antes.

- Tratar uma criança infectada imediatamente.

Pitiríase versicolor

Manchas claras com bordos nítidos e irregulares, que muitas vezes são visíveis no pescoço, peito e costas, podem ser uma infecção por fungo chamada **pitiríase versicolor.** Geralmente não fazem comichão.

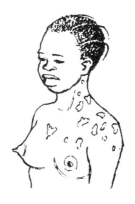

Tratamento:

♦ Aplicar pomada de iodo e ácido salicílico (ver pág. 706) nas manchas até 2 semanas depois do desaparecimento das lesões.

♦ Para evitar que as manchas voltem, é necessário muitas vezes repetir este tratamento de 2 em 2 semanas.

Vitiligo (áreas brancas na pele)

Em algumas pessoas, algumas áreas da pele perdem a sua cor natural e começam a aparecer manchas completamente brancas. Isso acontece mais ao redor da boca, nas mãos e pés, ou ao redor do ânus ou genitais. Mas, muitas vezes, as manchas alastram e evoluem para grandes áreas que ficam completamente brancas. É importante que a pessoa saiba que a perda de cor **não** é um sinal de lepra, nem outra doença grave. O vitiligo pode ser comparado com o cabelo branco das pessoas idosas. Não existe um tratamento específico. Em alguns casos a cor volta a reaparecer sem tratamento.

Outras causas de manchas brancas na pele

Qualquer mancha de cor mais clara ou mais escura na pele, e que, quando se espeta um alfinete, **não tem sensibilidade**, provavelmente é lepra (ver pág. 386).

Muitas lesões, principalmente as **queimaduras**, causam perda temporária da superfície da pele e da sua camada de cor escura (pigmento). Quando as **feridas cicatrizam**, às vezes não há pigmento na área da cicatriz.

As infecções, como o **sarampo** (ver pág. 585), que descamam a pele, também causam perda temporária de pigmentação nas áreas afectadas.

A **oncocercose** (ver pág. 471), em estado avançado, pode fazer aparecer áreas de manchas brancas nas pernas, muitas vezes chamadas "pele de leopardo".

Perda geral ou parcial da cor da pele e/ou do cabelo

A causa mais vulgar, em crianças entre os 9 meses e os 2 anos de idade, é um tipo de malnutrição conhecida por **kwashiorkor** (ver pág. 165).

As outras causas frequentes são a **tuberculose** e o **SIDA**.

Albinismo

Algumas crianças nascem sem a cor normal (pigmentação) da pele, do cabelo e da íris dos olhos. É um problema grave, porque estas pessoas não têm a protecção normal contra os raios solares e têm dificuldades de visão.

Quando saem de casa, devem usar sempre um chapéu de abas largas, óculos escuros e um vestuário adequado a cobrir as superfícies da pele exposta ao sol. As crianças devem frequentar a escola e podem precisar de apoio especial em relação à visão.

A pele das pessoas albinas deve ser vigiada de vez em quando, numa unidade sanitária, para detectar problemas da pele e o aparecimento de cancro da pele.

Quando for possível, usar cremes de protecção solar.

Problemas da pele causados por malnutrição

A **pelagra** é uma forma de malnutrição causada pela falta de nicotinamida (vitamina PP) na dieta. Às vezes também é conhecida pela doença dos "três D's" porque afecta a pele (Dermatite), o sistema digestivo (Diarreia) e o sistema nervoso (Demência). Na pele afecta as partes do corpo mais expostas ao sol (a pele parece queimada). É frequente em lugares onde as pessoas comem muito milho ou outros alimentos ricos em amido e não comem quantidades adequadas de alimentos ricos em proteínas (ex.: feijão, peixe, ovos, carne) e em vitaminas e minerais (hortaliças e frutas).

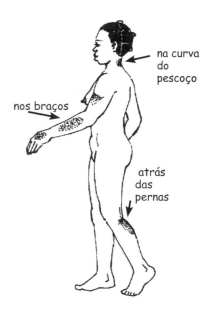

na curva do pescoço

nos braços

atrás das pernas

Em adultos com pelagra a pele fica seca e rugosa, principalmente nas partes onde apanha sol.

Tratamento:

♦ Nicotinamida (vitamina PP, ver pág. 724).

♦ Outras vitaminas do complexo B (ver pág. 724), uma vez que a carência de vitamina PP está geralmente associada à de outras vitaminas.

Embora a administração de vitaminas do complexo B ajude a tratar a pelagra, o mais importante para a sua cura consiste numa boa alimentação com uma dieta equilibrada.

Também nas crianças com **kwashiorkor,** a pele das pernas (e às vezes dos braços) pode ter marcas escuras (como contusões), ou mesmo feridas com crosta; e os pés podem ficar inchados.

As pessoas com estas deficiências alimentares também mostram muitas vezes outros sinais de malnutrição (alguns devido à **falta de outras vitaminas):** feridas no canto da boca; língua vermelha, em ferida; fraqueza; falta de apetite; incapacidade de ganhar peso; barriga inchada; etc.

Uma pessoa deve comer todos os dias alimentos para as diferentes funções no corpo: alimentos energéticos, construtores (proteínas) e protectores (vitaminas e sais minerais). Por exemplo: milho com caril de peixe ou amendoim e hortaliças ou fruta. É importante incentivar o consumo de farinha de milho com um pouco de farelo e de pão de farinha integral.

Verrugas (cravos)

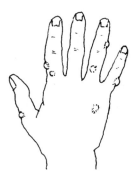

A maior parte das verrugas, em especial nas crianças, duram de 3 a 5 anos e desaparecem por si próprias. Formações achatadas, dolorosas e parecidas com verrugas e que surgem na sola do pé, geralmente são "verrugas plantares". (Ou podem ser calos. Ver abaixo.)

Tratamento e recomendações:

Medidas caseiras muitas vezes fazem desaparecer as verrugas. Mas não se deve aplicar ácidos fortes ou plantas venenosas que podem queimar a pele e fazer feridas que são muito piores do que as verrugas.

Mergulhar as verrugas plantares em água quente, durante 5 a 10 minutos, e secar com toalha.

◆ Esfregar cuidadosamente a superfície da verruga com uma pedra pomes ou com uma lima de manicura.

◆ Se a verruga incomoda muito, transferir para uma unidade sanitária com mais recursos.

◆ Para as verrugas genitais, na vagina ou no pénis, ver pág. 450.

Calos

O calo é uma parte dura e espessa da pele. Ele forma-se onde os sapatos ou sandálias apertam a pele, ou quando um dedo do pé comprime o outro. Os calos podem ser muito dolorosos.

Tratamento e recomendações:

◆ Não usar sapatos que apertem os calos.

◆ Para o calo doer menos:

1. Mergulhar o pé em água morna durante 15 minutos.

2. Com uma lima ou lixa, esfregar (suavemente) o calo até que fique fino.

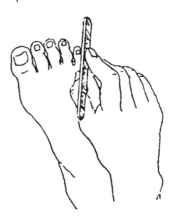

Ainhum

Ocorre principalmente em camponeses e pessoas que andam descalças.

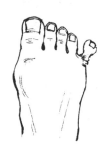

É devido a problemas de circulação do sangue nos dedos pequenos dos pés, que causam uma deformidade que vai evoluindo gradualmente. Começa por se desenvolver um anel que comprime a raiz do dedo. Torna-se muito doloroso andar e depois de sofrer a dor durante muitos meses, o dedo acaba por cair. Podem ser afectados os dedos pequenos de ambos os pés. É preciso procurar ajuda, na unidade sanitária mais próxima, para a remoção antecipada do dedo ou dos dedos afectados. É aconselhável a vacinação contra o tétano.

Quelóide

É o tecido duma cicatriz que cresce anormalmente.

Pode ocorrer quando uma lesão fica cronicamente infectada, mas muitas vezes ocorre em pessoas cuja cicatrização evolui desta maneira, sem qualquer causa aparente. O resultado duma cicatriz com quelóide pode ser muito desfigurante.

Se o curandeiro tentar eliminar a massa fibrosa, esta tentativa pode resultar num quelóide ainda maior. O quelóide muitas vezes recidiva (volta a aparecer) e é difícil de eliminar. É preciso enviar a pessoa para uma unidade sanitária com serviço de cirurgia, mas dar-lhe a informação de que a cura pode não ser possível.

Borbulhas e pontos negros (acne)

Os jovens, por vezes, têm borbulhas no rosto, no peito, ou nas costas – principalmente os que têm a pele muito oleosa. As *borbulhas* são pequenos caroços que formam uma "cabecinha" branca com pus, ou há também **pontos negros** de sujidade. Às vezes, as borbulhas podem tornar-se bastante grandes e dolorosas.

Tratamento e recomendações:

◆ Lavar o rosto duas vezes por dia com água quente e sabão.

◆ Comer o melhor possível, beber muita água, e dormir o suficiente.

Em casos graves, transferir para uma unidade sanitária com mais recursos.

Cancro da pele

O cancro da pele é mais frequente em pessoas de pele clara que passam muito tempo ao sol. Geralmente surge nas partes onde o sol atinge a pele com mais força, especialmente:

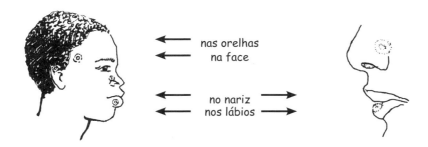

O cancro da pele pode surgir de diversas maneiras. Geralmente começa como um pequeno anel cor de pérola (sinal) com um buraco no centro. E cresce aos poucos.

A maior parte dos cancros da pele não são perigosos se forem tratados a tempo. Se um destes "sinais" começa a crescer muito, ou fica com uma ferida crónica, pode ser um cancro da pele. Enviar a pessoa para uma unidade sanitária com serviço de cirurgia ou de dermatologia.

Para evitar o cancro da pele, as pessoas de pele clara devem proteger-se contra o sol e devem sempre usar chapéu. Também podem utilizar cremes especiais para proteger a pele (protectores solares).

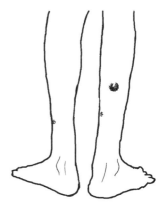

Sarcoma de Kaposi: é um tipo de cancro da pele que aparece frequentemente nos doentes com SIDA (ver pág. 419). Em geral, as lesões na pele têm um aspecto de manchas escuras. A forma clássica afecta geralmente pessoas mais velhas e progride lentamente durante muitos anos.

O sarcoma de Kaposi associado ao SIDA é muito mais agressivo e aparece em pessoas mais jovens. O doente com suspeita de sarcoma de Kaposi deve ser transferido para uma unidade sanitária de nível superior.

Tuberculose da pele ou dos gânglios linfáticos

A mesma bactéria que causa a tuberculose (TB) dos pulmões também pode afectar a pele, causando lesões que não doem:

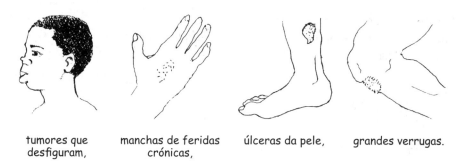

tumores que desfiguram,

manchas de feridas crónicas,

úlceras da pele,

grandes verrugas.

Regra geral, a TB da pele desenvolve-se lentamente, dura muito tempo, e reaparece várias vezes durante um período de meses ou anos.

Por vezes, a tuberculose também afecta os gânglios linfáticos – quase sempre os do pescoço ou na região entre o pescoço e o ombro. Os gânglios ficam grandes, podem abrir-se e soltar pus, fechar durante um certo tempo e depois abrir novamente. Geralmente **não são dolorosos.**

Tratamento:

No caso duma ferida, úlcera ou gânglios linfáticos aumentados que se tornem crónicos, é preciso transferir o doente para uma unidade sanitária com mais recursos. Para conhecer a causa, é necessário fazer exames. A tuberculose da pele e/ou dos gânglios linfáticos é curável quando tratada com medicamentos antituberculosos.

Úlceras da pele

As úlceras da pele são feridas grandes e abertas que podem ter várias causas:

- Infecção (incluindo úlcera tropical)
- Diabetes
- Má circulação devido a varizes
- Filaríase
- Cancro da pele

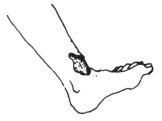

Uma úlcera muito frequente é a que é devida a uma infecção – a úlcera tropical. Em pessoas idosas com varizes podem aparecer úlceras crónicas nos tornozelos causadas por má circulação.

Estas úlceras podem ficar grandes e o pé fica inchado. Se presentes durante muito tempo, pode ser devido a cancro da pele.

Tratamento e recomendações:

- As úlceras cicatrizam muito lentamente – e só se forem muito bem cuidadas. É muito importante **manter o pé elevado** – o mais alto e o maior número de vezes possível. Dormir com o pé em cima de almofadas.

- Durante o dia, descansar e elevar o pé sempre que possível.

- **Andar ajuda a circulação, mas ficar de pé muito tempo e/ou sentar com as pernas para baixo é prejudicial.**

- Colocar pachos de água salgada morna, sobre a úlcera – 1 colher de chá de sal para 1 litro de água. Cobrir suavemente a úlcera com gaze esterilizada ou com um pano limpo. **Manter o ferimento limpo.** Aplicar mel pode ajudar.

Transferir o doente para uma unidade sanitária com serviços cirúrgicos.

Problemas da pele em bebés

Dermatite (assadura) das fraldas

Manchas de pele irritada entre as pernas ou
nádegas do bebé podem ser causadas por urina
nas fraldas ou na roupa de cama.

Tratamento e recomendações:

◆ Dar banho ao bebé, todos os dias, com água morna e sabonete
neutro.

◆ **Para evitar ou curar a assadura, a criança deve ficar nua e sem
fraldas.**

NÃO   SIM

É MELHOR FICAR NU

◆ Se usar fraldas, estas devem ser mudadas com frequência. Depois de
lavar as fraldas, estas devem ser passadas por água com um pouco de
vinagre.

◆ Usar pó de talco só depois da assadura desaparecer.

Crostas (seborreia, caspa)

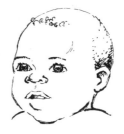

A crosta é uma camada oleosa,
amarelada, que se forma no couro
cabeludo do bebé. Muitas vezes a
pele fica vermelha e irritada.

A crosta geralmente aparece
porque não se lava a cabeça do
bebé com a frequência necessária,
ou porque a cabeça do bebé anda
sempre coberta.

Tratamento e recomendações:

- ◆ Lavar a cabeça do bebé todos os dias, com água e sabão.

- ◆ Remover cuidadosamente toda a caspa e crostas. Para amolecer a crosta, envolver primeiro a cabeça do bebé com toalhas molhadas em água morna.

- ◆ Deixar a cabeça do bebé **descoberta,** ao ar livre.

NÃO

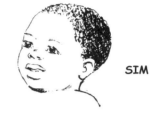

SIM

NÃO COBRIR A CABEÇA DO BEBÉ
COM UMA TOUCA
OU UM PANO. A CABEÇA DEVE
ANDAR DESCOBERTA

É MELHOR DESCOBERTA

- ◆ Se houver sinais de infecção, tratar como para o impetigo (ver pág. 515).

Dermatite seborreica

A caspa que afecta o couro cabeludo formando crostas também se pode apresentar na parte central da face (borboleta), orelhas, linha do cabelo, tronco, axila, virilhas e sulco nadegueiro. Afecta todas as idades. É caracterizada por manchas avermelhadas, descamativas, e por placas com bordos indiferenciados. É frequente em doentes com SIDA. A maior parte dos casos melhora com tratamento anti-retroviral.

Dermatite atópica (eczema)

Sinais:

- ● Algumas crianças têm tendência a ficar com erupções, por exemplo nas bochechas ou, às vezes, nos braços e nas mãos.

- ● Na **fase aguda**, a erupção consiste em pequenas feridas húmidas ou em vesículas que rebentam e deixam escorrer um líquido.

- Na criança mais velha e em adultos, o eczema é geralmente mais seco, com a pele espessada e rugosa (**fase crónica**).

- É mais frequente no rosto, nas pregas anteriores dos cotovelos, nas dobras posteriores dos joelhos e nas mãos e pés. Normalmente ocorre em **ambas** as mãos ou em **ambos** os pés, porque a causa não é local, mas devido a uma reacção alérgica.

É caracterizado por comichão intensa e está muitas vezes associada a asma, rinite alérgica e/ou urticária.

Tratamento:

Depende se as lesões estão na fase aguda (húmidas), ou na fase crónica (secas).

FASE AGUDA:

- Manter a área afectada seca, após limpeza com água salgada (1 colher de chá de sal para 1 litro de água), ou banho com permanganato de potássio diluído (ver pág. 737), 1 vez por dia, durante 2-4 dias.

FASE CRÓNICA:

- Tomar banho com água morna. Após o banho, deixar secar ao ar, e aplicar vaselina logo a seguir.
- Não tratar se as lesões não estão activas.

EM AMBAS AS FASES:

- Se o doente não consegue dormir, durante a noite, por causa da comichão, dar clorfeniramina (ver pág. 722).
- Expor as erupções ao sol.
- Se surgirem sinais de infecção, tratar como para o impetigo.
- Em casos mais difíceis, transferir o doente para uma unidade sanitária com mais recursos.

Doenças dos olhos

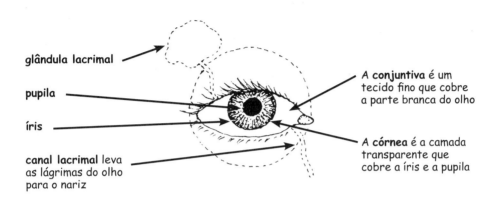

glândula lacrimal

pupila

íris

canal lacrimal leva
as lágrimas do olho
para o nariz

A **conjuntiva** é um
tecido fino que cobre
a parte branca do olho

A **córnea** é a camada
transparente que
cobre a íris e a pupila

Sinais de perigo

Os olhos são delicados e precisam de muitos cuidados. Deve-se transferir rapidamente o doente para uma unidade sanitária com mais recursos, quando ocorre um dos seguintes sinais de perigo:

1. Qualquer lesão que corta ou perfura o olho.

2. Mancha acinzentada na córnea, com olho avermelhado ao redor da córnea e com dor (úlcera de córnea).

3. Dor forte no olho (possivelmente irite ou glaucoma).

4. Diferença no tamanho das pupilas, quando há dor no olho e na cabeça.

A diferença de tamanho das
pupilas pode ser causada por
traumatismo do cérebro,
trombose (AVC), traumatismo
no olho, glaucoma, ou irite (em
algumas pessoas é normal haver
uma pequena diferença).

5. A pessoa começa a perder a visão em 1 ou nos 2 olhos.

6. Qualquer infecção ou inflamação no olho que não melhora, após 5 ou 6 dias de tratamento com pomada oftálmica de antibiótico.

Traumatismo dos olhos

Todos os traumatismos nos olhos devem ser considerados perigosos, porque podem causar cegueira.

Cortes, mesmo que pequenos, na **córnea** (a camada transparente que cobre a íris e a pupila) podem infectar e afectar a visão se não forem correctamente tratados.

Se a ferida no olho for tão profunda que atinja a camada escura que fica por baixo da camada branca, a situação é muito perigosa.

Se a pessoa sofre uma pancada (como se fosse um soco) que leve o olho a encher-se de sangue, o olho pode estar em risco. Isto pode ser mais perigoso se a dor piora bruscamente após alguns dias, pois isso pode significar um glaucoma agudo (ver pág. 539).

Tratamento:

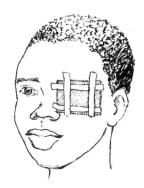

◆ Se a pessoa continua a ver bem com o olho magoado: aplicar uma pomada oftálmica de antibiótico (ver pág. 738) no olho; e tapar com um penso macio e grosso.

Se o olho não melhorar dentro de 1 ou 2 dias, transferir o doente para uma unidade sanitária com mais recursos.

◆ Se a pessoa não vê bem com o olho magoado, se o ferimento é profundo, ou se há sangue dentro do olho, atrás da córnea (ver pág. 543): tapar o olho com um penso limpo e transferir o doente, **imediatamente**, para uma unidade sanitária com mais recursos.

◆ **Não tentar** retirar espinhos ou farpas que estejam espetados no olho.

Transferir o doente para uma unidade sanitária com mais recursos.

Como retirar um corpo estranho do olho

Muitas vezes pode-se retirar uma partícula de pó ou um grão de areia do olho, lavando o olho com água limpa ou utilizando a ponta dum lenço limpo ou algodão húmido.

Se a partícula se encontra atrás da pálpebra superior, deve-se procurar a partícula virando a pálpebra para cima, com ajuda dum palito sem ponta, ao mesmo tempo que se pede à pessoa que olhe para os pés.

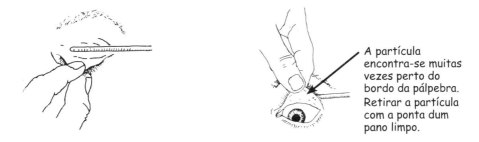

A partícula encontra-se muitas vezes perto do bordo da pálpebra. Retirar a partícula com a ponta dum pano limpo.

Se não se consegue retirar a partícula, deve-se aplicar uma pomada antibiótica (ver pág. 738), para os olhos, tapar o olho com um penso e transferir o doente para uma unidade sanitária com mais recursos.

Queimadura química dos olhos

Ácido de bateria, lixívia, detergentes, gasolina, ou um pesticida que salpique para dentro do olho podem ser perigosos. É necessário, rapidamente: manter o olho aberto e **entornar sobre o olho água fria e limpa; continuar a lavar, com água a correr, durante 30 minutos,** ou até que deixe de doer. Não deixar a água escorrer para o outro olho.

Olho vermelho e doloroso

Os olhos vermelhos e dolorosos podem ser causados por muitos problemas. A tabela abaixo pode ajudar a identificar a causa:

Corpo estranho (poeira, etc.) no olho	Normalmente afecta **só 1 olho;** vermelhidão e dor variável
Queimaduras ou líquidos cáusticos	Afecta 1 ou os 2 olhos; vermelhidão e dor variável
"Olhos vermelhos" (conjuntivite) Febre-dos-fenos (conjuntivite alérgica) Tracoma Sarampo	Normalmente afecta **os 2 olhos** (pode começar ou ser pior em 1 olho)
Glaucoma agudo, irite Arranhão ou úlcera na córnea	Geralmente afecta só 1 olho; mais vermelho

O tratamento correcto dos olhos vermelhos e dolorosos depende da identificação da causa. É necessário procurar, cuidadosamente, os sinais de cada uma das possíveis causas.

Olhos vermelhos (conjuntivite)

A conjuntivite é uma infecção que causa vermelhidão, pus e ardor em um ou em ambos os olhos. As pálpebras ficam coladas quando a pessoa acorda. Isso é comum, principalmente em crianças.

Tratamento:

Em primeiro lugar, limpar os olhos e retirar o pus com um pano limpo, molhado em água fervida.

Depois, aplicar a pomada antibiótica no olho (ver pág. 738). Puxar a pálpebra inferior para baixo e pôr um pouco de pomada **no interior**, desta forma:

A aplicação da pomada por fora do olho não faz efeito.

Pomada oftálmica
ATENÇÃO: não deixe o tubo tocar no olho.

> **Nunca aplicar pomadas oftálmicas ou colírios que contenham corticosteróides. Pode piorar a infecção.**

Prevenção:

A maior parte das conjuntivites são muito contagiosas. A infecção transmite-se facilmente de uma pessoa para a outra. Não deixar uma criança com os olhos vermelhos brincar ou dormir com outras na mesma cama, ou utilizar a mesma toalha. Lavar as mãos todas as vezes que tocar nos olhos.

Para olhos infectados em recém-nascidos (conjuntivite neonatal), ver pág. 578.

Tracoma

O tracoma é um tipo de conjuntivite crónica que se vai agravando lentamente e que é provocado por um tipo de micróbio chamado *Clamidia tracomatis*. A doença pode durar meses ou muitos anos. Se não for tratada a tempo, pode causar cegueira. É transmitida de pessoa a pessoa, directamente e através de toalhas, roupas e lenços, ou por moscas. É uma doença da pobreza e é encontrada com frequência nas zonas rurais onde as pessoas vivem em condições precárias de higiene e têm falta de água. As mulheres e as crianças são as pessoas mais atingidas.

O tracoma começa como se fosse uma conjuntivite vulgar, com os olhos vermelhos e a lacrimejar.

O TRACOMA TEM DIFERENTES ESTADIOS:

1. Tracoma folicular: quando a parte interna da pálpebra superior tem pequenas saliências pálidas a que se chama folículos. Para as ver, revira-se a pálpebra superior para cima.

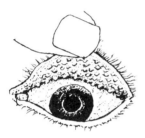

2. Tracoma inflamatório: reconhece-se quando a parte interna da pálpebra superior fica tão inflamada que se torna difícil ver os vasos sanguíneos.

3. Tracoma cicatricial: aparece depois de repetidas infecções, quando a parte interna da pálpebra superior fica com cicatrizes esbranquiçadas.

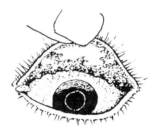

4. Tracoma triquíase: ocorre quando as cicatrizes tornam as pálpebras mais espessas, o que significa que as pestanas estão virados para dentro, para o olho, arranhando a córnea.

5. Opacidade da córnea: o olho fica branco onde devia estar transparente. Se as pestanas continuam a arranhar a córnea, a cicatrização vai causando perda de visão.

Tratamento do tracoma:

◆ Lavar o rosto e limpar os olhos.

◆ Aplicar pomada oftálmica de tetraciclina a 1% (ver pág. 738), 2 vezes por dia, nos 2 olhos, durante 6 semanas.

Se for possível, e a pomada for suficiente, deve-se tratar todos os membros da família que moram na mesma casa. Se não houver pomada suficiente, deve-se examinar os olhos de todas as pessoas que moram com alguém que tem tracoma, principalmente das mulheres e crianças. Quando se encontra sinais de tracoma, devem ser logo tratados.

Os doentes que já têm as pestanas viradas para dentro do olho (tracoma tri-quíase), devem ser transferidos para uma unidade sanitária com mais recursos. É possível realizar a **correcção das pálpebras, com uma cirurgia simples que pode prevenir a cegueira**, evitando que as pestanas venham a danificar a córnea.

Prevenção:

O tratamento completo do tracoma, se for feito logo no início, ajuda a prevenir a transmissão da doença a outras pessoas. Mas a doença pode voltar facilmente se não se consegue melhorar a higiene individual.

Para prevenir o tracoma, é muito importante lavar com frequência a cara das crianças. É também importante seguir todas as outras regras de higiene, descritas no capítulo 11.

Lavar a cara, regularmente, ajuda a prevenir o tracoma.

Irite (inflamação da íris)

Sinais:

OLHO NORMAL   OLHO COM IRITE

pupila pequena, muitas vezes irregular

vermelhidão ao redor da íris com muita dor

Geralmente, a irite surge apenas num olho. A dor pode começar de repente ou aos poucos. O olho lacrimeja muito. A claridade agrava a dor. O globo ocular dói quando se toca nele. Não existe pus como na conjuntivite. A visão geralmente fica turva.

Isto é uma emergência médica. As pomadas antibióticas não ajudam. **Transferir o doente para uma unidade sanitária com mais recursos.**

Glaucoma

Esta doença perigosa é causada pelo aumento da tensão dentro do olho (pressão intra-ocular) e pode causar cegueira. Geralmente começa depois dos 40 anos de idade. **Para prevenir a cegueira, é importante reconhecer os sinais de glaucoma e transferir o doente para uma unidade sanitária com mais recursos.**

Existem duas formas de glaucoma:

Glaucoma agudo: Começa de repente, com dor de cabeça ou com uma dor muito forte no olho. O olho fica vermelho e a visão turva. O globo ocular está muito duro ao toque, dá a sensação de se estar a tocar numa pedra. Pode haver vómitos. A pupila do olho doente fica maior do que a do olho bom.

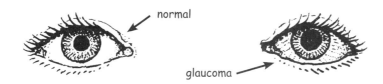

Se não for rapidamente tratado, o glaucoma agudo causa cegueira em poucos dias. Muitas vezes é necessário operar. **Transferir o doente, urgentemente, para uma unidade sanitária com mais recursos.**

Glaucoma crónico: A tensão do olho vai aumentando gradualmente. Geralmente não há dor.

A visão vai diminuindo aos poucos: começa por reduzir dos lados e, muitas vezes, a pessoa não se apercebe da perda de visão. A verificação da visão periférica ajuda a detectar a doença.

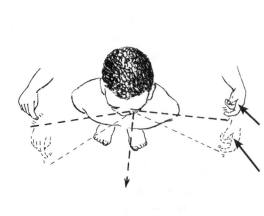

A pessoa deve tapar um olho e olhar, com o outro, para um objecto na sua frente. Verificar quando é que a pessoa começa a ver os dedos em movimento vindos de trás, de cada lado da cabeça.

Normalmente os dedos são vistos primeiramente aqui.

Com glaucoma, os dedos em movimento começam a ser vistos mais à frente.

Se o glaucoma for descoberto no início, o tratamento com gotas oftálmicas apropriadas (pilocarpina) pode prevenir a cegueira. A dose deve ser determinada por um médico ou técnico de saúde treinado que possa medir e controlar, periodicamente, a pressão intra-ocular (pressão do olho). As gotas devem ser usadas para o resto da vida.

Prevenção:

Deve-se medir a tensão dos olhos às pessoas acima dos 40 anos de idade que têm familiares que sofrem de glaucoma.

Infecção do saco lacrimal (dacriocistite)

Sinais:

Dor e inchaço debaixo do olho, junto ao nariz.

O olho lacrimeja muito. Uma gota de pus pode aparecer no canto do olho quando se pressiona, ao de leve, a zona inchada.

Tratamento:

- ◆ Aplicar compressas quentes.
- ◆ Pôr gotas ou pomada de tetraciclina nos olhos.
- ◆ Administrar penicilina (ver pág. 695).

Dificuldade em ver

As crianças que têm dificuldade em ver, ou que têm dores de cabeça quando estão a ler, talvez precisem de usar óculos. **Os olhos devem ser examinados** o mais cedo possível (a melhor idade é por volta dos 4 anos).

Em pessoas de idade é normal que, com o passar dos anos, se torne mais difícil ver ao perto. Os óculos para ler muitas vezes ajudam. Pode-se escolher uns óculos com os quais se consiga ver com nitidez a uma distância de 40 cm dos olhos. Se os óculos não ajudam, é preciso consultar um oftalmologista (médico que trata as doenças dos olhos).

Estrabismo
(Olhos tortos, vesgos, um olho desviado ou preguiçoso)

Se, numa criança, um olho às vezes se desvia, mas outras vezes olha normalmente para a frente, em geral isto não é para preocupar. O olho com o tempo fica normal. Mas se o olho está sempre virado para o lado errado e se a criança não for tratada logo no início, ela pode nunca mais ver bem desse olho. Esta criança deve ser transferida, o mais cedo possível, para uma unidade sanitária com mais recursos.

Se este olho se desvia,

mantenha o outro olho tapado

Isto ajuda o olho fraco a endireitar

Uma intervenção cirúrgica realizada quando a criança é mais velha pode ajudar a endireitar o olho e a melhorar o aspecto da criança, mas já não ajudará o olho fraco a ver melhor.

Terçolho (hordéolo)

Um terçolho é um nódulo inchado na pálpebra, geralmente perto do bordo. Para tratar, deve-se aplicar compressas humedecidas em um pouco de água quente com sal. A aplicação duma pomada antibiótica para os olhos, 3 vezes ao dia, ajuda a evitar que surjam mais terçolhos.

Pterígio

É uma camada espessada e carnuda na superfície do olho que vai crescendo lentamente da periferia do olho (canto perto do nariz) em direcção à córnea; é causada em parte pela luz do sol, vento e poeira.

Óculos escuros podem ajudar a aliviar a irritação e tornar mais lento o crescimento do pterígio.

Deve ser retirado cirurgicamente antes que alcance a pupila. Infelizmente pode voltar a crescer.

Arranhão, úlcera, ou cicatriz na córnea

Quando a superfície delicada e muito fina da córnea é arranhada, ou lesada por uma infecção, pode ocorrer uma **úlcera da córnea** dolorosa. Quando se observa bem e com uma boa iluminação, pode-se ver uma mancha acinzentada, ou menos brilhante, na superfície da córnea.

Tratamento:

Se não for bem tratada, uma úlcera da córnea pode causar cegueira.

- ◆ aplicar pomada oftálmica de antibiótico, 4 vezes ao dia.
- ◆ tapar o olho com um penso.
- ◆ dar penicilina.
- ◆ transferir o doente para uma unidade sanitária com mais recursos.

Uma **cicatriz na córnea** é uma mancha branca e não dolorosa na córnea.

Pode ser consequência de uma úlcera da córnea, queimadura, ou qualquer lesão no olho. O único tratamento é a intervenção cirúrgica (transplante da córnea).

Derrame sanguíneo na parte branca do olho (hemorragia subconjuntival)

Aparece como uma mancha vermelha, cor de sangue, que não dói, na parte branca do olho. Surge, às vezes, depois de se ter levantado uma coisa pesada, depois de se ter tossido com força (como no caso da tosse convulsa), ou após uma pancada no olho. Esta condição é causada pela rotura de um vaso sanguíneo.

Não representa perigo e desaparece lentamente, sem tratamento, em aproximadamente 2 semanas.

Pequenas manchas vermelhas nos olhos de recém-nascidos são comuns. Não é necessário tratamento.

Hemorragia atrás da córnea (hifema)

A presença de sangue atrás da córnea é um sinal perigoso. Geralmente, resulta de uma lesão no olho causada por uma pancada com um objecto não aguçado, como um murro. Se houver dor e perda de visão, a pessoa deve ser transferida imediatamente, para uma unidade sanitária com mais recursos. Se a dor for ligeira e não houver perda de visão, deve-se colocar uma venda nos dois olhos e manter a pessoa em repouso na cama durante vários dias. Se após alguns dias a dor piorar, há provavelmente um glaucoma.

Levar a pessoa com urgência para uma unidade sanitária com médico oftalmologista.

Pus atrás da córnea (hipópion)

Pus atrás da córnea é sinal de **infecção grave**.

Às vezes surge com úlceras de córnea. É um sinal de que o olho está em risco: dar penicilina cristalina (ver pág. 695); e transferir imediatamente o doente para uma unidade sanitária com mais recursos. Se a úlcera for tratada correctamente, o hipópion desaparecerá.

Catarata

A lente do olho, atrás da pupila, começa a ficar turva, fazendo com que a pupila apareça acinzentada ou branca quando se aponta uma luz para a pupila. As cataratas são frequentes em pessoas de idade, mas também ocorrem, raramente, em bebés. Se uma pessoa fica cega com catarata, mas ainda pode distinguir entre a luz e o escuro e ver movimentos, uma operação pode fazê-la ver novamente. O doente deve ser transferido para uma unidade sanitária com mais recursos, para ser avaliado para cirurgia. No entanto, depois da operação vai precisar de usar óculos com lentes fortes, o que leva tempo a habituar. Os medicamentos não melhoram as cataratas.

Em alguns centros médicos, introduzem-se lentes artificiais dentro do olho e desse modo não são necessários óculos fortes.

Cegueira nocturna e xerose (Deficiência de vitamina A ou xeroftalmia)

Esta doença é mais comum em crianças dos 2 aos 5 anos de idade. É consequência da falta da vitamina A na dieta (ver pág. 158).

Se a doença não for reconhecida e tratada prontamente, a criança pode ficar cega.

Sinais:

- No princípio, a criança pode ter **cegueira nocturna.** Ela não vê no escuro tão bem como as outras pessoas.

- Mais tarde, os **olhos ficam secos** (xerose ou xeroftalmia). A parte branca do olho perde o brilho e começa a ficar rugosa.

- Podem aparecer manchas espumosas e acinzentadas nos olhos (manchas de Bitot).

- À medida que a doença piora, a córnea também fica seca e turva, e pode formar pequenos pontos brancos.

- Depois, a córnea pode amolecer rapidamente, ficar abaulada ou mesmo desfazer-se. Geralmente não dói.

  A cegueira pode ser causada por infecção, cicatrizes, ou outro problema.

- A xerose muitas vezes começa, ou piora, quando a criança está com outra doença, como sarampo, diarreia, tosse convulsa.

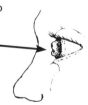

> **Deve-se examinar os olhos de todas as crianças com sarampo, com baixo peso ou falta de crescimento.**

Prevenção e tratamento:

A xerose pode facilmente ser prevenida com a ingestão de alimentos ricos em vitamina A. Para isso, deve-se fazer o seguinte:

◆ Dar leite de peito ao bebé – até aos 2 anos, se for possível.

◆ Depois dos primeiros 6 meses, começar a dar à criança alimentos ricos em vitamina A.

◆ Participar nos programas de distribuição de vitamina A organizados pelos serviços de saúde.

◆ Vacinar contra o sarampo. Nas crianças com sarampo, aplicar pomada oftálmica de tetraciclina (ver pág. 738) e dar vitamina A.

◆ A criança que já está a desenvolver sinais de cegueira nocturna ou xerose, deve receber vitamina A (ver pág. 725).

◆ Se a córnea parece que está abaulada, proteger os olhos com uma venda e transferir o doente, urgentemente, para uma unidade sanitária com mais recursos.

ATENÇÃO: A vitamina A em excesso é tóxica. Não dar mais do que a quantidade indicada na pág. 725.

> **Folhas verdes escuras e frutos amarelos ou cor de laranja evitam a cegueira em crianças, porque são ricos em vitamina A.**

Manchas ou "moscas" em frente dos olhos

Às vezes, as pessoas mais velhas queixam-se de pequenas manchas que se movem quando olham para uma superfície clara (parede, céu). Estas manchas movem-se quando os olhos se mexem e parecem pequenas moscas. Geralmente as manchas não têm perigo e não precisam de tratamento. No entanto, se aparecem de súbito e em grande quantidade e a visão começa a ficar fraca de um lado, isso pode significar um **descolamento da retina,** que é uma emergência médica. **Transferir o doente urgentemente para uma unidade sanitária com mais recursos.**

Visão dupla

Na visão dupla, a pessoa vê 2 objectos em vez de 1.

A visão dupla pode ter muitas causas.

Se a visão dupla surge de repente, é crónica, ou piora aos poucos, provavelmente é sinal dum problema grave. Transferir o doente para uma unidade sanitária com mais recursos.

Se a visão dupla ocorre de tempos a tempos, pode ser sinal de fraqueza ou cansaço, talvez por malnutrição. Se a visão não melhorar, é preciso transferir o doente para uma unidade sanitária com mais recursos.

HIV e SIDA

Os olhos podem ser afectados por infecções oportunistas. Estas infecções ocorrem, geralmente, na fase tardia da doença e são difíceis de tratar. Geralmente, só podem ser diagnosticadas através dum exame especializado do interior do olho. Por isso, o doente deve ser transferido para uma unidade sanitária com mais recursos.

Cegueira dos rios (oncocercose)

Esta doença é um tipo de filaríase que pode causar cegueira (ver pág. 471).

Ao princípio, o olho fica vermelho e lacrimeja, depois surgem os sinais de irite. A córnea torna-se turva. A cicatrização começa e no fim há perda de visão e a córnea fica branca.

O tratamento precoce é eficaz, e pode evitar a cegueira. Transferir o doente para uma unidade sanitária com mais recursos.

Cegueira

Algumas doenças do olho podem levar à cegueira.

A pessoa que perde a visão e torna-se cega leva algum tempo para se adaptar, mas a grande maioria aprende como viver com essa deficiência e seguir uma vida de boa qualidade. Entretanto, durante as primeiras semanas depois de se tornar cega, a pessoa precisa de muito apoio para ser convencida de que tem a capacidade de superar a cegueira, especialmente se esta aconteceu de repente.

Ajudar a pessoa a recuperar a auto-estima

A pessoa cega, no início, fica muito dependente da ajuda dos outros. Assim, ela sofre da perda de auto-estima e sente-se inútil. Ela vai passar por uma fase de luto sobre a perda de visão, com muito rancor e frustração. É importante distrair a pessoa e ajudá-la a aprender a:

- Reconhecer objectos através do cheiro e tacto,

- Movimentar-se dentro da casa,

- Vestir-se,

- Preparar e comer refeições,

- Andar na rua e no bairro.

  Se possível, a família deve participar no ensino.

- **Sentir-se útil (ocupando-a com pequenas tarefas):**

  Logo que a pessoa comece a sentir-se mais confortável em casa, iniciar pequenas tarefas de limpeza ou preparação da comida. Quanto mais tarefas a pessoa cega consegue fazer, menos incapaz ela se sente.

- **Inserir-se em grupos com a mesma deficiência**

  Como qualquer outra deficiência, é importante fazer amizades com outras pessoas que já se adaptaram à mesma situação, através dum grupo de apoio numa igreja, por exemplo. Outras pessoas cegas podem ensinar como andar com uma bengala. Para as pessoas alfabetizadas, é útil aprender braille (sistema de escrita para cegos). Grupos de apoio podem ajudar a pessoa com habilidades relacionadas com o trabalho, e ajudar a pessoa a procurar emprego.

Doenças da boca

Cuidar dos dentes e gengivas

O cuidado dos dentes e das gengivas é importante porque:

- Dentes fortes e saudáveis são necessários para mastigar e digerir bem os alimentos.

- Dentes estragados e gengivas inflamadas podem causar graves infecções que afectam outras partes do corpo.

- Cavidades nos dentes (cáries) e inflamação da gengiva podem ser evitadas com uma boa higiene oral (limpeza da boca).

> **Uma gengiva saudável fica firme ao redor dos dentes, para segurar cada dente no seu lugar.**

Para manter a saúde oral:

1. **Escovar bem os dentes, todos os dias.** Quando se pensa nos dentes, é preciso pensar também na gengiva. Para serem fortes, os dentes precisam duma gengiva saudável. E uma gengiva saudável precisa de dentes limpos.

   Quando não se escova bem os dentes, a camada de micróbios que existe sobre os dentes (placa bacteriana), prejudica os dentes e a gengiva. Os micróbios e restos de comida ficam muito tempo escondidos nos dentes e é a partir daí que podem começar os problemas.

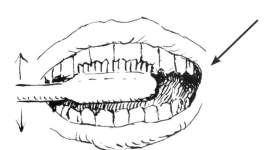

Escove os dentes de cima para baixo deste modo,

e não só de um lado para o outro.

Escovar todas as superfícies da frente para trás. De cima para baixo, nos dentes superiores e de baixo para cima nos dentes inferiores.

Deve-se escovar os dentes imediatamente depois de comer qualquer coisa doce. É melhor escovar os dentes cuidadosamente uma vez por dia, do que escovar mal, muitas vezes por dia.

É importante começar a escovar os dentes das crianças, assim que começam a aparecer na boca do bebé. Mais tarde, as crianças devem ser ensinadas a escovar os dentes sozinhas e os pais devem verificar se elas os escovam como deve ser. Para as crianças devem ser usadas escovas de dentes que no pacote têm escrito mole ("SOFT") e não uma escova dura ("HARD").

Quando não se tem escova de dentes

Pode-se usar a mulala, *musuaki* ou outras raízes e ramos usados na limpeza dos dentes, deste modo:

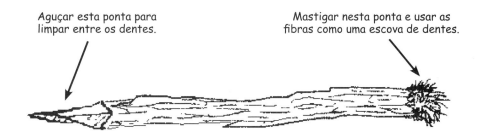

Aguçar esta ponta para limpar entre os dentes.

Mastigar nesta ponta e usar as fibras como uma escova de dentes.

Ou enrolar um pedaço de toalha áspera ou pano na ponta dum pauzinho, e usar como uma escova de dentes.

pedaço enrolado de toalha áspera

Limpar os dentes do bebé com um pano limpo depois de dar papinha. Isto cria, no bebé, o hábito de limpeza dos dentes. Mais tarde, ele vai aceitar mais facilmente a escova (sempre de tipo mole) ou a mulala.

2. **Usar pasta dentífrica contendo flúor.** Assim como o cálcio, o flúor é uma substância que deixa os dentes mais duros e mais fortes, e ajuda a prevenir a cárie dentária. Por isso, em muitos países, se adiciona flúor à água corrente, para a prevenção da cárie dentária.

Para fortalecer os dentes das crianças, deve-se colocar uma pequena quantidade de pasta com flúor na ponta da escova e escovar cuidadosamente os dentes. É preciso ensinar a criança a cuspir a pasta e a não a engolir enquanto escova os dentes. O flúor também pode ser encontrado naturalmente nalguns alimentos: por exemplo, peixe, folhas de chá e melão.

3. **Evitar comer doces**. Alimentos que contêm açúcar (rebuçados, refrescos, chá adoçado, cana), misturados com a camada de micróbios que existe sobre os dentes, causam cáries dentárias, ou seja, buracos nos dentes.

Esta menina gosta de doces, mas se exagerar poderá ficar sem dentes.

Se queremos que as crianças tenham dentes saudáveis, é preciso não as deixar habituar a comer doces ou a tomar refrescos.

---

4. **Não dar biberão com líquidos açucarados às crianças.** Ao chupar no biberão continuamente ou à noite, os dentes do bebé ficam embebidos no líquido doce e isto pode causar cárie. Para evitar as cáries, é melhor não dar biberão. O leite do peito da mãe ajuda os dentes da criança a crescerem e a ficarem fortes.

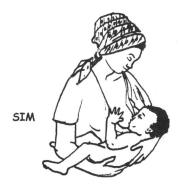

SIM

NÃO

5. **Manter a boca limpa e saudável.** A boca é composta por dentes, gengivas e outros tecidos (língua, bochechas e palato). As gengivas e os outros tecidos ficam fortes e conseguem combater as infecções quando as pessoas comem frutas frescas e verduras.

ATENÇÃO: As pessoas com o HIV têm muitas vezes problemas da boca porque estão mais fracas e não resistem bem às infecções. Se não forem logo tratadas, podem começar a ter dificuldade em comer e ficam ainda mais fracas.

Por isso, nestes doentes é muito importante manter a boca limpa e tratar imediatamente todos os problemas:

● Aconselhar o doente a bochechar, 2-3 vezes por dia, com água morna salgada (½ colherinha de sal no copo de água).

● Limpar cuidadosamente qualquer ferida ou ponto doloroso com um pano limpo embebido com água morna e sal.

Quando um dente tem cárie

Uma cárie pode ocorrer em qualquer dente. Também pode começar à volta de uma obturação antiga (dente chumbado), se o dente estiver sujo. Quando a cárie é profunda e já está perto do nervo, o dente dói quando a pessoa bebe líquidos quentes (p. ex. chá) ou gelados, ou quando come algo doce, ou ainda quando fica comida presa dentro do buraco (cárie).

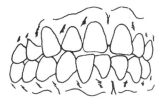

Dentes e gengivas saudáveis

Cáries e gengivas inflamadas

Para evitar que o dente doa ou forme um abcesso, deve-se:

1. Escovar bem os dentes, depois de cada refeição, e bochechar com água para tirar a comida que pode ter ficado no buraco.

2. Ir logo a uma unidade sanitária com serviço de estomatologia (medicina das doenças da boca). Quando não se perde tempo a tratar a cárie, os trabalhadores da estomatologia conseguem, geralmente, limpar e chumbar o dente (obturação), de modo a que este dure ainda muitos anos.

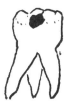

> **Quando uma pessoa tem uma cárie dentária, não deve ficar à espera que o dente fique a doer muito. Logo que possível, deve procurar uma unidade sanitária com serviço de estomatologia, para tratar e "salvar" o dente.**

Dor de dentes e abcesso

Uma cárie que não é tratada vai ficando mais profunda até atingir o nervo e pode causar uma infecção chamada abcesso. No fim da raiz, dentro do osso, forma-se pus e quando este aumenta de volume, faz muita pressão. Por isso, um abcesso no dente causa dor intensa e permanente.

Para acalmar a dor:

- ◆ Bochechar com água, com cuidado, na zona da cárie, para retirar todas as partículas de comida.

- ◆ Tomar AAS ou paracetamol para aliviar a dor.

- ◆ Se a infecção for grave (inchaço, pus, gânglios linfáticos inchados e dolorosos), administrar amoxicilina (ver pág. 697).

A dor de dentes aparece quando uma cavidade no dente se infecta.

Um **abcesso** aparece quando a infecção no dente alcança a ponta da raiz e forma uma bolsa de pus.

É necessário tratar imediatamente um abcesso dentário – antes que a infecção se alastre para as outras partes do corpo.

Quando um doente tem um abcesso (inchaço), é preciso tratar primeiro a infecção, antes de tratar o dente. Isto porque a anestesia (eliminação da sensibilidade à dor) não faz efeito se a bochecha estiver inchada por causa da infecção. Neste caso, é muitas vezes necessário extrair o dente porque a infecção e as dores podem voltar a qualquer momento.

Inflamação da gengiva (gengivite, doença periodontal)

As gengivas inflamadas (vermelhas e inchadas), doridas e que sangram facilmente, podem ser causadas por:

1. Não limpar bem, ou com frequência, os dentes e as gengivas.

2. Não comer alimentos nutritivos suficientes (malnutrição).

Se a boca não é limpa, a gengiva pode ficar com pus a toda a volta e, às vezes, os dentes podem cair.

Nas pessoas com o HIV, a infecção da gengiva pode ser mais grave porque o vírus enfraquece o corpo da pessoa e diminui os anticorpos que defendem o organismo, o que resulta numa fraca capacidade de lutar contra as infecções.

Prevenção e tratamento:

◆ Escovar bem os dentes, depois de cada refeição, retirando os restos de comida que ficam entre os dentes. Também ajuda muito, fazer uma limpeza regular da gengiva com um fio forte (fio dental) que se passa entre os dentes. Muitas vezes, nos primeiros dias, isto pode causar sangramento que depois desaparece. Quando for possível, retirar a crosta amarela (tártaro) que se forma entre os dentes e a gengiva, numa unidade sanitária com serviço de estomatologia.

◆ Bochechar regularmente com água morna.

◆ No caso de uma criança, pode-se limpar a sua gengiva com um algodão embebido numa solução de água oxigenada diluída em 5 partes de água.

◆ Administrar amoxicilina oral (ver pág. 697), sempre que: a gengiva entre os dentes tiver feridas e a boca da pessoa tiver um mau hálito; o pescoço da pessoa está doloroso ou duro e tem gânglios aumentados por baixo do maxilar inferior.

◆ Comer alimentos ricos em vitaminas que protegem os dentes, por exemplo, vegetais de folha verde escura; e frutas como laranja, limão (ver capítulo 10). Evitar doces e alimentos que se colam aos dentes ou que tenham filamentos que ficam presos entre os dentes.

Se o doente tem úlceras graves ou que não melhoram, ou se o doente não consegue comer, transferir para uma unidade sanitária com mais recursos.

Feridas ou boqueiras nos cantos da boca

Feridas finas nos cantos da boca são muitas vezes sinais de falta de vitaminas.

O mesmo problema pode ocorrer em mulheres durante a gravidez, geralmente quando a sua alimentação não é suficiente para a mãe e para o bebé.

Boqueiras nos cantos da boca que não curam e que, por vezes, sangram podem ser sinal da existência de candidíase na boca. A candidíase oral é a doença mais comum que afecta a boca das pessoas com HIV E SIDA

Tratamento:

♦ Lavar as feridas com água quente e sabão.

♦ Passar um pouco de vaselina em cima das feridas, 3-4 vezes ao dia.

As pessoas com estas feridas devem comer alimentos ricos em vitaminas e proteínas: legumes verdes, frutas e, sempre que seja possível, leite, carne, peixe e ovos.

Manchas ou pontos brancos na boca

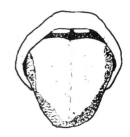

Língua coberta por uma camada branca. Uma ligeira camada de sedimento branco é normal; mas, em muitas doenças, sobretudo quando há febre, essa camada fica mais grossa e incomoda a pessoa.

Lavar a boca com uma mistura de água morna com sal, várias vezes ao dia, pode ajudar.

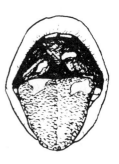

Pontos brancos pequenos, como grãos de sal, na boca duma criança com febre podem ser os primeiros sinais de sarampo.

Sapinhos (candidíase oral): são pequenas manchas brancas que aparecem na boca e na língua e que muitas vezes se parecem com leite coagulado.

Se há sangramento, quando se limpam as manchas brancas, devem ser sapinhos. Estas manchas são causadas por um fungo chamado *Candida albicans*. O sapinho é comum nos recém-nascidos. É também frequente em pessoas com HIV e SIDA, e em pessoas que estão a utilizar certos antibióticos, principalmente ampicilina ou amoxicilina.

Tratamento:

♦ Raspar, suavemente, a língua e a gengiva com um pano limpo ou com uma escova de dentes mole, 3 a 4 vezes ao dia.

♦ Enxaguar (lavar) a boca com água e sal e cuspir (não engolir).

♦ Aplicar violeta de genciana na boca (ver pág. 706).

♦ Nos casos mais graves, aplicar nistatina (ver pág. 706).

♦ Comer iogurte pode ajudar.

♦ Para instruções sobre a dieta, veja adiante.

Nos doentes com SIDA, se há dor ou dificuldade em engolir, é provável que o fungo já se tenha alastrado para o tracto digestivo (esófago). Deve-se transferir o doente para uma unidade sanitária com mais recursos.

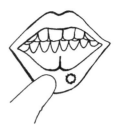

Úlceras na boca (aftas): são pequenos pontos brancos dolorosos que aparecem na parte interior dos lábios e boca, geralmente em adultos.

Podem surgir depois de febre ou em situações de *stress* (preocupação). Também surgem nas pessoas com HIV e SIDA.

Normalmente as úlceras desaparecem dentro de 1 a 3 semanas, especialmente se a boca está limpa. **Nas pessoas com HIV e SIDA, as úlceras podem ser grandes e levar muito mais tempo a desaparecer.**

Tratamento:

- Enxaguar a boca com água e sal e cuspir (não engolir).
- Dar amoxicilina (ver pág. 697), se: a pele em volta da úlcera está muito inchada e dolorosa; se se palpam os gânglios aumentados por baixo do maxilar inferior.

  Se o doente tem úlceras graves ou que não melhoram ou se o doente não consegue comer, transferir para uma unidade sanitária com mais recursos.

Dieta para os doentes com sapinho ou úlceras na boca

Os doentes com úlceras na boca ou sapinho muitas vezes têm dor e os seguintes conselhos podem ajudar:

- Escolha alimentos leves, macios ou húmidos, por exemplo, papas de farinha de milho, mapira ou mexoeira, o puré de batatas, a carne moída, as sopas, ovos mexidos, bananas, cenoura.
- Evite os alimentos que se colam aos dentes.
- Evite alimentos duros e muito secos. Mergulhe as bolachas, torradas, roscas e biscoitos no leite, chá, sumo ou sopa para amolecerem.
- Evite alimentos ácidos tais como laranjas e outros citrinos, tomate, ananás.
- Evite alimentos com tempero e salgados.
- Tome bebidas leves tais como leite. A acidez dos sumos de fruta e refrescos pode irritar as feridas e causar dor.

- Coma a comida à temperatura ambiente.

- Nos casos muito graves, pode ter de fazer um puré, moer a carne ou liquidificar a sua comida.

- Usar uma colher ou copo para comer pequenas quantidades de alimentos.

- Inclinar o tronco para trás quando come, para engolir melhor.

- A utilização da palhinha pode ajudar a beber os líquidos.

- Mastigar pequenos pedaços de manga verde ou papaia verde pode ajudar a aliviar a dor e o desconforto.

- Se for diagnosticada uma candidíase (fungo oral), não deve comer comidas doces tais como açúcar, mel, frutas e bebidas doces.

- Evitar o álcool.

Pequenas bolhas e úlceras nos lábios (herpes labial)

Após febre ou *stress*, podem surgir pequenas bolhas dolorosas nos lábios (ou nos órgãos genitais) que rebentam e formam uma crosta. São causadas pelo vírus *herpes*. Geralmente, saram depois de 1 ou 2 semanas.

Nas pessoas que têm HIV e SIDA, estas bolhas surgem com mais frequência e duram mais tempo antes de desaparecer.

O líquido contido nas bolhas pode entrar para os olhos e vir a causar cegueira porque pode contaminar os olhos. Por isso, é muito importante lavar sempre as mãos antes e depois de tocar nas bolhas ou nos olhos.

Os medicamentos não fazem efeito sobre esta doença. Apenas existe um medicamento muito caro chamado aciclovir (ver pág. 705). Mas, mesmo este, só é eficaz se for administrado (tomado) na fase inicial da infecção.

Tratamento:

- Manter a área limpa.

- Aplicação de pó de talco no lábio pode ajudar a reduzir a dor.

- Se as bolhas infectam: dar amoxicilina (ver pág. 697).

Manchas de cor violeta ou castanha na boca (sarcoma de kaposi)

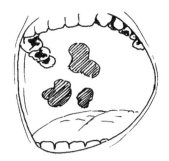

Manchas de cor castanha ou violeta podem aparecer na boca dos doentes com SIDA. Podem também aparecer em outras partes do corpo. São devidas a um cancro chamado sarcoma de Kaposi.

É preciso transferir o doente para uma unidade sanitária com mais recursos.

Tumor maligno da boca (cancro)

Uma ferida que nunca cicatriza, ou um inchaço que não cura ou passa, pode ser um cancro. Os lábios e a língua são os dois locais da boca onde o cancro aparece com maior frequência. O cancro pode espalhar-se rapidamente pelo corpo da pessoa. Quando uma ferida ou inchaço não melhora, a pessoa deve ser transferida para uma unidade sanitária com mais recursos, onde seja possível mandar examinar um pedacinho do tecido do tumor (biopsia). Isto para saber se a lesão é, ou não, um cancro e de que tipo.

CAPÍTULO 28

Saúde da criança

ALIMENTAÇÃO ADEQUADA   HIGIENE   VACINAÇÕES

Estes são os três protectores mais importantes do corpo que mantêm as
crianças saudáveis e previnem muitas doenças!

Poderá aprender sobre a importância da alimentação adequada no capítulo
10, higiene no capítulo 11 e vacinações no capítulo 13. Deverá ler esses capítulos
com atenção, e seguir os conselhos, bem como transmitir à comunidade tudo o
que aprender.

A consulta da criança saudável

Esta consulta é para as crianças saudáveis, isto é, crianças que não apresentam
nenhum sinal ou sintoma de doença. Nesta consulta, as crianças são pesadas e
vacinadas, as mães recebem conselhos para a promoção da saúde e prevenção
das doenças, e o trabalhador de saúde verifica o estado de saúde e o desenvolvimento das crianças. Eventualmente, também se pode, identificar e tratar rapidamente as doenças das crianças que apresentem alguma enfermidade.

As mães devem ser aconselhadas a levarem as suas crianças à consulta, na
unidade sanitária mais próxima de casa, 1 semana depois do nascimento. Devem
levar o cartão que receberam na maternidade, o **Cartão de Saúde da Criança**.
Se não tiverem este cartão, o trabalhador de saúde irá entregar na consulta.

A regularidade da consulta depende da idade da criança. Depois da primeira consulta, a criança deve ser levada à consulta nas datas recomendadas para as vacinações, como escrito no **Cartão de Saúde da Criança**. No segundo ano de vida, as consultas são de 3 em 3 meses, no terceiro ano de vida de 6 em 6 meses, e no quarto e quinto anos de vida 1 vez por ano.

O trabalhador de saúde deve sempre informar a mãe sobre a data da próxima consulta.

O CARTÃO DE SAÚDE DA CRIANÇA

O cartão de saúde da criança, dobrado

O **Cartão de Saúde da Criança** é um instrumento precioso para seguir o crescimento e o desenvolvimento das crianças.

Todas as mães devem manter um **Cartão de Saúde da Criança** para cada um dos seus filhos com menos de 5 anos de idade.

Para proteger o **Cartão de Saúde da Criança**, devem ser aconselhadas a metê-lo num saco de plástico e a guardá-lo em lugar seguro da casa.

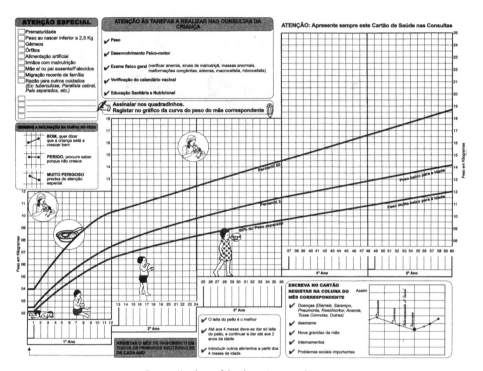

O cartão de saúde da criança, aberto

Crescimento e pesagem

A criança saudável cresce de forma gradual e constante. E se come alimentos nutritivos em quantidade suficiente, e não sofrer de doenças graves, a criança aumenta de peso todos os meses.

A criança que cresce de forma constante é saudável.

A **criança que** aumenta de peso mais lentamente que as outras crianças, ou que não aumenta de peso, ou perde peso **não** é uma criança saudável.

Ela pode não comer alimentos nutritivos em quantidade suficiente, ter uma doença grave, ou as duas coisas.

Uma maneira de verificar se a criança está saudável e recebe alimentos nutritivos em quantidade suficiente para a sua idade é pesá-la regularmente para ver se está a ganhar peso. Se pesar as crianças pelo menos de 2 em 2 meses e registar no **Cartão de Saúde da Criança**, é fácil saber se a criança está a ganhar peso normalmente.

Como fazer a curva de peso

PRIMEIRO, escrever o mês em que o bebé nasceu no primeiro quadradinho de cada ano. Depois, escrever todos os meses do ano, a seguir ao mês em que a criança nasceu.

Este cartão é de uma criança que nasceu em Março

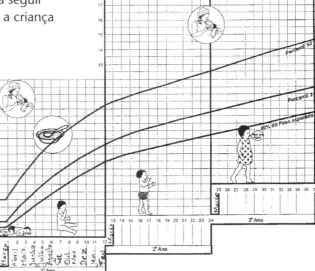

SEGUNDO, registar e assinalar o peso ao nascimento.

TERCEIRO, assinalar o peso registado nesta consulta, no local que corresponde
ao cruzamento entre as linhas que representam o peso e a idade em
meses.
Para verificar se a criança está a crescer, deve-se unir com uma linha
os pontinhos registados no cartão.
Cada vez que a criança for pesada, ponha mais um pontinho no
cartão e una as linhas.

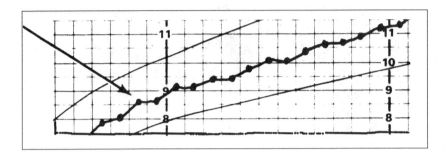

Na maioria das crianças normais e saudáveis, a linha de pontinhos fica entre
as curvas superior e intermediária.

Se a linha de pontinhos sobe sempre com regularidade, no mesmo sentido
das curvas, isso é um bom sinal, pois significa que a criança está a crescer bem.

Uma criança malnutrida ou adoentada talvez tenha uma curva como
indicamos abaixo. Repare que a linha com pontinhos (o peso da criança) está
abaixo da linha intermediária. A
linha com pontinhos também é
irregular e não sobe muito. Isso
indica que a criança está a piorar.

CARTÃO TÍPICO
duma criança
abaixo do peso
normal ou
malnutrida

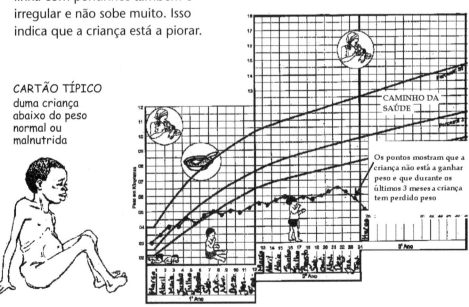

CAMINHO DA
SAÚDE

Os pontos mostram que a
criança não está a ganhar
peso e que durante os
últimos 3 meses a criança
tem perdido peso

A criança que tem um cartão com a curva do peso localizada entre a curva intermediária e inferior é considerada uma criança com BAIXO PESO. Uma criança com a curva de peso situada abaixo da curva inferior é considerada como uma criança com MUITO BAIXO PESO. Pode ser que ela não receba alimentos nutritivos em quantidade suficiente ou que tenha alguma doença crónica, como diarreia persistente, SIDA ou tuberculose. Ela deve receber a comida nutritiva disponível e ir à Consulta da Criança em Risco.

IMPORTANTE: Observe o sentido da linha com os pontinhos.

O sentido da linha com os pontinhos diz mais sobre a saúde da criança do que os pontinhos que estão dentro ou abaixo das curvas.

BOM! A linha é ascendente, e indica que há aumento do peso. A criança está a crescer bem.

PERIGO! A linha é horizontal, e indica que a criança mantém o mesmo peso, ou seja, não há ganho de peso.

Procure saber porque não cresce.

MUITO PERIGOSO! A linha é descendente, e indica que há perda do peso. **Esta criança precisa de atenção especial.**

OBSERVE A INCLINAÇÃO DA CURVA DO PESO

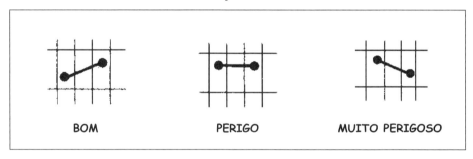

BOM   PERIGO   MUITO PERIGOSO

A mãe deve ser felicitada quando a criança está a crescer de forma saudável, para estimulá-la a continuar a cuidar e alimentar bem a criança!

Quando a criança apresenta uma curva de peso anormal, deve-se procurar de imediato a causa ou causas do crescimento insuficiente, por exemplo, desmame, doenças, nova gravidez da mãe, problemas sociais importantes.

Quando encontradas, devem ser registadas no **Cartão de Saúde da Criança**, na coluna apropriada.

Este bebé era saudável e tinha um peso normal porque tomava leite do peito.

Neste mês, a mãe ficou grávida e deixou de amamentar este bebé, que deixou de crescer bem.

Neste mês, a criança apanhou diarreia crónica e continuou a perder muito peso.

Ao ser internada no hospital, a mãe aprendeu a importância de dar alimentos nutritivos à criança. Daí em diante, a criança voltou a ganhar peso e a crescer bem.

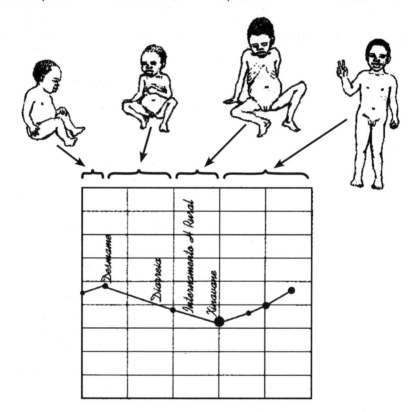

Todas as crianças com curva de peso anormal devem ser transferidas para a **consulta da Criança em Risco (Atenção Especial)**. Se tem sinais de malnutrição grave (ver pág. 164), deve ser internada.

História e exame físico

O contacto do trabalhador de saúde com a mãe deve começar com uma atitude e *uma frase amistosas.*

Depois de perguntar à mãe se tem problemas, deve-se fazer perguntas que permitam saber se a criança precisa de atenção especial.

Há muitos problemas que, se estão presentes, significam que a criança tem um risco maior de ficar doente ou malnutrida.

Se a criança não está a crescer bem, deve-se procurar identificar se pode existir uma razão para isso (doenças anteriores, dieta, problemas familiares como o nascimento de outra criança, etc.).

Deve-se registar no **Cartão de Saúde da Criança,** no lugar apropriado, informação relativa a:

- Gravidez e parto
- Doenças na família
- Doenças da criança e tratamentos realizados
- Problemas sociais

Deve-se examinar a criança para a existência de sinais de doenças tais como a anemia, a malnutrição e a existência de massas anormais que podem ser tratadas. No recém-nascido, examinar para malformações congénitas.

Se o rastreio da infecção tuberculosa (prova de Mantoux) tiver sido feito, deve-se registá-lo no Cartão de Saúde da Criança no local correspondente, sem esquecer de referir o motivo e o resultado.

A criança deve ser transferida à consulta da Criança em Risco se tiver as seguintes condições:

- **Prematuridade** (nascer antes do tempo)
- **Baixo peso ao nascer** (inferior a 2,500 kg)
- **Gémeos**
- **Desmame brusco** em menores de 1 ano de idade
- **Aleitamento artificial** em menores de 1 ano de idade

- **Nova gravidez da mãe, em criança com menos de 18 meses.** Uma nova gravidez da mãe quase sempre significa um desmame brusco, embora não haja razões para isso. A mãe deve ser informada para não interromper bruscamente o aleitamento pelo facto de surgir uma nova gravidez. Para prevenir esta situação, deve ser promovido o **planeamento familiar** (ver pág. 650).

- **Muitos irmãos falecidos**

- **Irmãos com malnutrição**

- **Malnutrição** ou **uma curva do peso anormal**

- **Atraso no desenvolvimento**

- **Doenças graves.** São particularmente susceptíveis de provocar alterações de crescimento, as seguintes doenças:

    - **Malária**

    - **Diarreias**

    - **Infecções respiratórias agudas**

    - **Sarampo**

    - **Tosse convulsa**

    - **HIV e SIDA**

    - **Tuberculose**

    - **Infecções urinárias**

- **Filhos de mães HIV-positivas**

- **Todas as crianças com mais de 3 internamentos em 12 meses, seja qual for a doença**

- **Contacto com tuberculose pulmonar.** As crianças que vivem na mesma casa com um doente com tuberculose pulmonar podem facilmente apanhar a doença. Para a abordagem da tuberculose na criança e sua prevenção, ver pág. 385.

- **Mãe ausente (separação ou viajando)**

- **Órfã**

- **Pobreza**

- **Alcoolismo dos pais**

Verificação do cumprimento das vacinas e das doses de vitamina A

A criança deve receber as doses das vacinas que são necessárias para cumprir o calendário de vacinação (ver pág. 230).

Cada vacina deve ser registada no Cartão. Também devem ser registadas as doses de vitamina A que são feitas de 6 em 6 meses dos 6 meses aos 5 anos de idade. ⟶

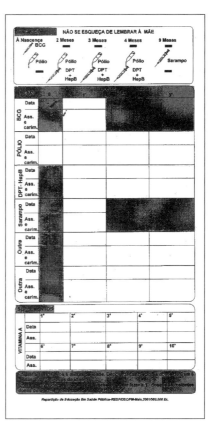

Desenvolvimento da criança

Na consulta da criança saudável, o trabalhador de saúde verifica o desenvolvimento da criança. Os passos normais do desenvolvimento são:

Aos 3 meses:

- Segura a cabeça
- Brinca com as mãos
- Reage aos sons
- Sorri

Aos 6 meses:

- Fica sentada
- Leva objectos à boca
- Vira-se na direcção do som
- Dá gargalhadas

Aos 9 meses:

- Gatinha (anda sobre os joelhos e as mãos)
- Utiliza o dedo polegar
- Repete sílabas (sons articulados)
- Estranha quem não conhece

Aos 12 Meses:

- Procura equilibrar-se sobre as pernas
- Procura objectos escondidos
- Compreende: dá, tatá
- Segura na colher; bebe pelo copo.

Aos 7 meses de vida a criança senta-se sozinha e consegue levar alimentos à boca

Aos 16 meses de vida a criança deve andar

Aos 3 anos de vida a criança anda e corre, bem como diz frases de 3 palavras

Nina qué água

Atraso no desenvolvimento

Algumas crianças, que são saudáveis quando nascem, não se desenvolvem bem e não seguem os passos normais do desenvolvimento.

Estas crianças devem ser transferidas para uma consulta especializada.

Existem sinais, que são considerados de alarme, e que, uma vez identificados, obrigam a que a criança seja transferida para a consulta especializada.

São eles:

1 MÊS:

Tónus muscular muito aumentado (rígido) ou diminuído (flácido), ver pág. 585.

3 MESES:

- Não fixa nem segue objectos.
- Não sorri.
- Mãos sempre fechadas.

6 MESES:

- Não segura a cabeça.
- Não pega nos objectos.
- Não reage aos sons.
- Não vocaliza (não articula sons).

9 MESES:

- Não se senta.
- Não reage aos sons.
- Apática (não mostra interesse pelo que a rodeia).
- Escassos movimentos.

12 MESES:

- Não aguenta o peso nas pernas.
- Não responde à voz.
- Não mastiga.

Existem diversas causas de atraso no desenvolvimento:

- Malformações (deformidades de parte do corpo) ou infecções congénitas (de nascença).
- Problemas na gravidez.
- Partos complicados.
- Doenças infecciosas graves (meningite, tuberculose, malária cerebral).
- Infecção pelo HIV.
- Malnutrição.

Como é natural, os pais ficam muito preocupados se vêem que o desenvolvimento dos seus filhos, para andar ou falar, está atrasado. É duro para eles aceitarem que não haja uma "cura" para o lento desenvolvimento, e são tentados a procurar tratamento tradicional ou junto de trabalhadores de saúde, à margem das unidades sanitárias. A criança poderá ser exposta a uma série infinita de consultas para encontrar uma "cura", o que levará ao cansaço e frustração quer da criança quer dos pais.

Muitas vezes o melhor tratamento é ajudar a criança a desenvolver-se dia após dia, com encorajamentos para aprender ao seu próprio ritmo.

Estas crianças muitas vezes têm dificuldades na alimentação, o que conduz frequentemente a atrasos de crescimento, aparecimento de formas graves de malnutrição e episódios de doenças infecciosas.

Informação para a mãe

A consulta da criança sadia é uma boa oportunidade para a mãe receber educação sanitária e nutricional.

Uma forma positiva de iniciar a educação da mãe é elogiar todos os aspectos positivos da sua conduta que se reflectem no crescimento e desenvolvimento da criança.

Deve dar-se ênfase aos sinais de **PERIGO** (ver pág. 86), que implicam uma visita **URGENTE** à unidade sanitária.

Na consulta da primeira semana de vida, deve-se enfatizar a importância de só alimentar o bebé com o leite do peito. Depois, seguir as recomendações sobre nutrição do capítulo 10. Ter sempre em atenção que uma nova gravidez da mãe, altura em que geralmente se pára o aleitamento materno da criança, pode significar um risco de a criança desenvolver malnutrição.

As consultas de controlo da criança são também uma oportunidade para avaliar o estado de saúde e de nutrição da mãe.

Consulta da criança em risco

As crianças que frequentam esta consulta precisam duma atenção especial, conforme a doença ou o problema social. São diversos os motivos para frequentar esta consulta.

Para a criança com mãe ausente, uma solução é ser amamentada por uma outra mulher (familiar ou não) que esteja a amamentar e tenha leite suficiente ou cujo filho tenha falecido recentemente. A mulher deve fazer o teste do HIV, e repeti-lo 3 meses depois, para verificar que não é portadora do HIV e usar o preservativo nas relações sexuais enquanto amamentar, para evitar ficar infectada.

A periodicidade da consulta varia conforme o motivo da consulta.

As crianças internadas com doenças, as que tiveram sarampo há menos de 3 meses, as que têm diarreia com perda de peso ou sinais de malnutrição, **deverão ser controladas de 15 em 15 dias, até recuperarem o peso que tinham antes da doença.**

Se não recuperarem o peso ao fim de 2 meses, ou se o peso continuar a diminuir, devem ser encaminhadas para uma unidade sanitária com mais recursos.

As crianças com aleitamento artificial e desmame brusco, com atraso de desenvolvimento, e as filhas de mães HIV-positivas, **deverão ser controladas mensalmente.**

As **crianças gémeas**, geralmente nascem com baixo peso e, com frequência, sofrem de doenças nos primeiros meses de vida. Deve encorajar a mãe a alimentar os seus gémeos somente com leite do peito. O controlo dos gémeos deve ser feito:

- uma vez por semana durante o primeiro mês de vida,
- de 2 em 2 semanas durante o segundo e terceiro meses de vida,
- mensalmente até aos 12 meses de vida.

As crianças que faltam a estas consultas devem ser visitadas em casa. Para organizar estas visitas é necessário pedir apoio à comunidade.

As famílias das crianças com problemas sociais, juntamente com o apoio social e das organizações da comunidade, deverão ser ajudadas a corrigir ou melhorar a sua situação.

Protecção da criança

Em conjunto com os trabalhadores da acção social, os trabalhadores de saúde têm um papel importante na protecção das crianças contra o abuso ou tratamentos cruéis ou violentos. Isto inclui protegê-las das feitiçarias praticadas por curandeiros sem escrúpulos quando acusam as crianças de estarem possuídas por demónios.

Consultas móveis

Algumas áreas rurais que ficam muito longe das unidades sanitárias são apoiadas por equipas móveis que, além do controlo do peso, fazem também vacinas e dão a vitamina A. Deve-se colaborar com estas equipas, levando as crianças e o Cartão de Saúde da Criança.

A criança doente

A criança doente precisa de muitos cuidados. Deve-se seguir as recomendações que se encontram no capítulo 5, Como Cuidar de um Doente. A mãe ou um familiar devem acompanhar sempre a criança doente. A criança deve continuar a mamar, e a ser alimentada com alimentos nutritivos.

> **COMO REGRA GERAL:**
> **Os alimentos que são bons quando estamos saudáveis são também bons quando estamos doentes.**

Ao longo deste livro, encontram-se conselhos sobre como tratar de cada doença.

Para cada doença, deve ensinar o doente ou a mãe da criança quando deve ir á unidade sanitária. Além dos sinais para cada doença, que encontra ao longo deste livro, existem alguns sinais gerais de perigo, que significam que deve ir a uma unidade sanitária com a máxima urgência. Ver a pág. 86.

Deve transferir a criança para uma unidade sanitária com mais recursos quando ela apresenta qualquer sinal de perigo ou problema que não pode ser tratado ao seu nível.

Doenças do recém-nascido e doenças congénitas

É muito importante identificar, logo após o nascimento, qualquer problema ou doença no recém-nascido e agir imediatamente.

> **Doenças que levam dias ou semanas para levar à morte um adulto, podem matar um bebé em poucas horas.**

Problemas que surgem depois do nascimento (nos primeiros dias ou semanas)

As doenças que surgem nos primeiros 2 meses de vida são muito perigosas. Se a criança deixa de mamar bem ou parece doente, deve ser logo examinada com muito cuidado.

Se a criança apresenta os sinais de **PERIGO**, necessita de ser transferida URGENTEMENTE para uma unidade sanitária com mais recursos. As mães também devem ser educadas a levar a criança à unidade sanitária mais próxima se ela tiver um destes sinais de perigo:

1. **Se o bebé deixa de mamar ou mamar mal,** principalmente se o bebé parece doente, está com muito sono, ou se chora ou se mexe de modo diferente do normal. São muitas as doenças que podem causar estes sinais, mas as mais importantes, nas primeiras 2 semanas de vida, são: a **sepsis** (infecção no sangue); e o **tétano**.

> **O bebé que deixa de mamar, entre o segundo e o quinto dia de vida, pode estar com uma infecção no sangue (sepsis).**
> **O bebé que deixa de mamar, entre o terceiro e o décimo quinto dia de vida, pode estar com tétano.**

2. Se o bebé tem **irritabilidade.**

3. Se o bebé está **mais sonolento** do que o normal ou **não acorda.**

4. Se o bebé **só se mexe quando estimulado**.

5. Se o bebé tem **dificuldade em respirar.** É preciso observar: se o nariz está entupido, este deve ser limpo como indicado na pág. 304; se a respiração é muito rápida (60 ou mais respirações por minuto), se fica azul, ou se geme, estes são sinais de **pneumonia** (ver pág. 371). Os bebés muito pequenos podem ter uma pneumonia sem tosse, e muitas vezes não apresentam os sinais mais comuns. Quando numa unidade sanitária, se suspeita que um re-cém-nascido tem uma pneumonia, esta deve ser tratada como se fosse uma infecção no sangue.

6. Se o bebé tem a **pele azul.** Se os lábios e o rosto do bebé estão azuis, pode ser uma pneumonia, mas também pode ser um defeito do coração ou outro problema com que o bebé já nasceu (doença congénita).

7. Se o bebé tem a **pele amarela (icterícia). Se o rosto do bebé e a parte branca dos olhos ficarem amarelas no primeiro dia de vida, ou depois do quinto dia, isso é grave.** Uma cor amarela ligeira, entre o segundo e o quinto dia de vida, sem outros sinais, geralmente não é grave. Neste caso, deve-se: dar de mamar muitas vezes, despi-lo e colocá-lo num local com bastante luz (mas não directamente ao sol).

8. Se o **umbigo ou a pele do abdómen está vermelha ou tem pus,** é preciso: observar se há sinais de infecção no sangue ou de tétano. Limpar o **umbigo** e deixar secar ao ar livre. Administre a primeira dose de penicilina cristalina (ver pág. 695) e gentamicina (ver pág. 701) antes de transferir.

9. Se o bebé apresenta febre, este pode ser um sinal de infecção. A temperatura elevada **(mais de 37,5°C) é perigosa no recém-nascido.** Neste caso, trate a febre como indicado na pág. 331 antes de transferir. Os bebés pequenos podem, às vezes, responder a uma infecção com baixas temperaturas. Uma temperatura menor de 35,5°C é também sinal de perigo.

10. Se o bebé tem **convulsões** (ataques). As convulsões são muito perigosas. Se o bebé também tem febre, deve ser tratado como foi descrito na pág. 331. É preciso verificar se o bebé não está desidratado. Se as convulsões começam no dia do nascimento, podem ser causadas por uma lesão cerebral ocorrida durante o parto. Se começam vários dias após o nascimento, deve-se procurar sinais de tétano, meningite (ver pág. 376), ou infecção grave no sangue.

11. Se o bebé tem a **fontanela deprimida** (afundada) **ou abaulada** (saliente para cima). Apalpar o ponto mole no alto da cabeça – **fontanela:**

Se a fontanela está **DEPRIMIDA**, o bebé pode estar **DESIDRATADO**	Se a fontanela está **ABAULADA**, o bebé pode estar com **MENINGITE** 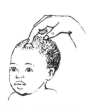

IMPORTANTE: Se o bebé tem meningite e desidratação ao mesmo tempo, a fontanela pode parecer normal. É preciso ter o **cuidado de procurar também os sinais** de desidratação e de meningite.

12. Movimentos estranhos ou rigidez dos membros.

Se o corpo do bebé está rígido e/ou se faz movimentos estranhos, ou tem uma expressão estranha da face, pode ser que tenha tétano, meningite, ou uma lesão cerebral de nascença.

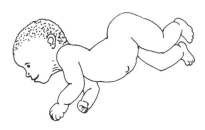

Se, quando se mexe ou se toca no bebé, os músculos da face e do corpo se contraem de repente, isso pode ser tétano.

No tétano, o recém-nascido chora e mama normalmente nos primeiros dias. Os primeiros sinais de tétano aparecem geralmente entre o 3° e o 12° dias depois do nascimento. O bebé chora continuamente e é incapaz de mamar. O bebé mantém a boca fechada e não consegue abri-la. Todo o corpo fica rígido e há crises de espasmos. Às vezes a área umbilical está suja ou infectada.

Todos os casos de tétano do recém-nascido devem ser notificados através do sistema de vigilância epidemiológica.

Exemplo de definição de caso de tétano neonatal

Doença caracterizada por se iniciar entre os 3° e o 28° dias de idade com história de incapacidade de mamar, seguida de rigidez e/ou espasmo muscular, e frequentemente, morte.

A medida mais eficaz para a prevenção do tétano do recém-nascido é a vacinação antitetânica das grávidas e mulheres em idade fértil (ver pág. 231). As outras medidas são descritas na pág. 626.

Se o bebé revira os olhos ou pisca ao fazer movimentos repentinos ou violentos, ele provavelmente **não** tem tétano, mas convulsões.

13. Sinais de infecção no sangue (sepsis neonatal)

Os recém-nascidos não conseguem defender-se bem das infecções. Portanto, as bactérias que entram na pele do bebé ou no cordão umbilical quando ele nasce, muitas vezes entram no sangue e alastram-se pelo corpo, provocando uma infecção do sangue (sepsis). Como isso leva 1 dia ou 2, a sepsis pode aparecer a partir do segundo dia de vida.

Sinais:

Os sinais de infecção no recém-nascido são diferentes dos sinais que aparecem nas crianças maiores. No recém-nascido, há muitos sinais que podem ser consequência de uma infecção grave no sangue, por exemplo:

- não mama bem
- muito sono
- muito pálido (anémico)
- vómitos ou diarreia
- febre ou temperatura baixa

- barriga inchada
- pele amarela
- ataques (convulsões)
- pele azul

Os recém-nascidos nem sempre têm febre quando têm infecção grave. A temperatura pode ser alta, baixa ou normal.

Se o bebé tem um dos sinais acima indicados, significa que está gravemente doente e deve ser transferido com urgência para uma unidade sanitária com mais recursos.

Os bebés doentes podem ter temperaturas baixas. É preciso ter o cuidado de os manter aquecidos se não tiverem febre. Manter a alimentação com leite do peito durante o percurso para a unidade sanitária com mais recursos.

Tratamento quando se suspeita que o recém-nascido tem sepsis:

É necessário dar antibióticos imediatamente. Administre as primeiras doses antes de transferir. Os melhores antibióticos são :

- Penicilina cristalina (ver pág. 695). Sempre que possível, juntar com gentamicina (ver pág. 701).

- Alternativamente, na falta de penicilina cristalina, pode-se utilizar ampicilina (ver pág. 698).

As infecções nos recém-nascidos às vezes são difíceis de reconhecer. Muitas vezes não há febre. Transfira o bebé para uma unidade sanitária com mais recursos.

Outras doenças e problemas que também podem ser perigosos

1.   **Diarreia.** Procurar sinais de desidratação (ver pág. 342). Tratamento: dar de mamar ao bebé; dar água fervida ou SRO preparado com água fervida, às colheres.

2.   **Vómitos.** Quando o bebé sadio arrota (ou expele o ar que engoliu ao mamar), às vezes bolça um pouco de leite.

Isso é normal. O bebé deve ser ajudado a arrotar depois de mamar, segurando-o verticalmente de encontro ao ombro e dando palmadinhas leves nas suas costas, assim:

Se o bebé vomita quando é deitado depois de mamar, experimentar sentá-lo direito durante algum tempo depois de cada mamada.

Faça o bebé arrotar depois de mamar.

Um bebé que vomita com força, ou vomita muito e com abundância, e começa a perder peso ou a ficar desidratado está muito doente. Se o bebé também tem diarreia, provavelmente está com uma infecção intestinal. A sepsis, a meningite e outras infecções também podem causar vómitos. Transferir para uma unidade sanitária com mais recursos.

Se o vómito é amarelo ou verde, pode ser que haja uma obstrução intestinal (ver pág. 265), principalmente se a barriga do bebé está muito inchada ou se ele não tem evacuado. Transferir, **imediatamente,** para uma unidade sanitária com mais recursos.

3.   **O bebé não aumenta de peso.** Durante os primeiros dias de vida, a maior parte dos bebés perde um pouco de peso. Isso é normal. Depois da primeira semana um bebé saudável deve aumentar 200 g por semana. Ao fim de 2 semanas, o bebé saudável deve pesar tanto quanto pesava no dia em que nasceu. Se ele não aumenta de peso, ou perde peso, alguma coisa está errada. A aparência do bebé era sadia quando nasceu? Ele mama bem? O bebé deve ser observado cuidadosamente para ver se há sinais de infecção ou outros problemas. Quando não se descobre a causa do problema ou não se consegue corrigir, transferir o bebé para uma unidade sanitária com mais recursos.

4. Olhos infectados (conjuntivite neonatal).

Se os olhos dum recém-nascido ficam vermelhos, inchados e cheios de pus, isso é provavelmente uma **gonorreia** (ver pág. 443) ou uma infecção por **clamídia** que o bebé pode ter apanhado na altura do parto, a partir duma infecção da mãe.

Isto deve ser tratado, **imediatamente**, para evitar que o bebé fique cego.

Tratamento:

- ◆ Limpar o pus

- ◆ Antibióticos: kanamicina (ver pág. 701) e eritromicina (ver pág. 698)

- ◆ Aplicar nos olhos do bebé a pomada oftálmica de tetraciclina (ver pág. 738)

Prevenção:

Os olhos de **todos** os recém-nascidos devem ser protegidos contra a gonorreia e a infecção por clamídia (as mães podem ter contraído estas doenças sem saber).

Os olhos dos bebés devem ser limpos com uma compressa húmida antes de abrirem, isto é, logo que o bebé nasce. Logo que os olhos estejam abertos, aplicar pomada de tetraciclina a 1% (ver pág. 738), em cada olho, **1 só vez**.

O pai e a mãe devem ser tratados com os medicamentos recomendados para corrimento uretral/vaginal (ver pág. 443).

Problemas com que o bebé já nasce

Algumas vezes a criança nasce surda, *mentalmente retardada* (atrasada), ou com um *defeito congénito ou de nascença* (alguma coisa errada numa parte do corpo). Muitas vezes não se sabe a causa. Não se deve culpar ninguém. Geralmente isso acontece por acaso.

Entretanto, é possível prevenir alguns defeitos de nascença se forem **tomados certos cuidados**.

1.   **A falta de alimentação nutritiva** durante a gravidez pode causar atraso mental ou defeito congénito no bebé.

As mulheres grávidas devem comer alimentos nutritivos.

2.   **A falta de iodo** na alimentação da mulher grávida pode fazer com que o bebé nasça com *cretinismo*.

Cretinismo

O rosto do bebé é balofo e este parece triste. A língua fica caída para fora e a testa pode ter muito cabelo. O bebé fica fraco, come e chora pouco, e dorme muito. É mentalmente atrasado e pode ser surdo. Começa a andar e a falar mais tarde do que a criança normal.

Para ajudar a prevenir o cretinismo, a mulher grávida deve usar sal iodado (ver pág. 161).

Se desconfia que um bebé tem cretinismo, transfira-o imediatamente para uma unidade sanitária com mais recursos.

3.   **Fumar e tomar muitas bebidas alcoólicas** durante a gravidez faz com que os bebés nasçam pequenos ou tenham outros problemas.

4.   **Depois dos 35 anos de idade,** há maior risco de a mãe ter um filho com defeito, como, por exemplo, o *síndroma de Down (mongolismo).*

É importante planear a família para não ter filhos a partir dos 35 anos de idade.

5.   **Muitos medicamentos** podem fazer mal ao bebé quando ele se está a desenvolver na barriga da mãe.

Evite medicamentos durante a gravidez. Use apenas os recomendados.

6.   **Quando os pais são parentes** (por exemplo, primos directos) há um risco maior de os filhos nascerem com defeitos ou retardados.

Não casar com um primo ou outro parente sanguíneo.

7.   Enquanto estiver grávida, fique longe de pessoas que tenham a rubéola (ver pág. 588) e varicela (ver pág. 590).

8.   Não ter mais filhos se já teve mais de um com o mesmo defeito (ver planeamento familiar, pág. 650).

9.   **Evite pesticidas, químicos e radiações (raio-x).**

Se o bebé nascer com um defeito de nascença, deve ser levado para a unidade sanitária mais próxima. Muitas vezes é possível corrigir.

Luxação da anca

Algumas crianças nascem com a anca deslocada – a perna saiu da articulação da bacia.

Pode afectar uma ou as duas ancas. Deve suspeitar-se nos bebés que apresentam dificuldades para abrir as pernas ou que tenham os membros curtos.

A luxação da anca pode ser detectada ao exame por uma pessoa treinada. Se suspeita que existe um problema na anca, transfira para uma unidade sanitária com mais recursos.

Tratamento:

Manter o bebé nas costas, com uma capulana, com os joelhos para cima e bem afastados um do outro é o melhor tratamento.

Hérnia umbilical (umbigo saído)

Quando o umbigo está saído assim, não há problema. Não são necessários medicamentos ou tratamento. Amarrar uma faixa na barriga não ajuda.

Mesmo uma hérnia umbilical grande não é perigosa e muitas vezes desaparece por si própria. Se aos 5 anos de idade ainda tem a hérnia, talvez necessite duma operação e deve ir a uma unidade sanitária com mais recursos.

Testículo inchado (hidrocelo ou hérnia)

Se o *escroto* (saco que segura os testículos do bebé), está inchado num lado, isso geralmente é porque está cheio de líquido (hidrocelo) e/ou porque uma dobra do intestino entrou no escroto (hérnia, ver pág. 313).

Transfira para uma unidade sanitária com mais recursos, mas não é urgente.

Estrabismo

Para a criança com estrabismo, ver pág. 541.

Dedos a mais

Se o bebé tem um dedo a mais no pé ou na mão e se for pequenino e sem osso, pode-se atar com um fio bem apertado. O dedo seca e cai. Se for um dedo grande, ou se tiver osso, pode ficar assim ou ser removido com uma operação.

Pé boto

Se o recém-nascido tem os pés virados para dentro ou colocados duma forma errada (pé boto), deve-se tentar colocá-los na posição correcta. Se isso for fácil de fazer, deve-se repetir esta manobra todos os dias, várias vezes ao dia. O pé (ou os pés) deverão voltar ao normal a pouco e pouco. Se não se consegue colocar os pés do bebé na posição normal, este deve ser transferido para uma unidade sanitária com mais recursos, para engessar ou ligar os pés na posição correcta. Para obter um melhor resultado é importante **fazer isso até 2 dias depois do nascimento**.

Pé boto

Engessado

Lábio leporino

Se o lábio do bebé ou o céu da boca estão divididos *(lábio leporino* ou *goela de lobo),* ele pode ter problemas para mamar e pode ser necessário alimentá-lo com uma colher ou conta-gotas. Com uma operação, o lábio e o céu da boca podem ficar quase normais. A melhor idade para a operação é geralmente entre os 4 e os 6 meses para o lábio, e 18 meses para o céu da boca.

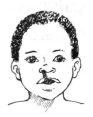

Lábio leporino e goela de lobo.

Paralisia cerebral – a criança espástica

Pernas cruzadas em tesoura.

Dificuldades durante o parto podem causar uma **lesão cerebral** no bebé que faz com que esta venha a ter **espasmos** ou **convulsões**. O risco de lesão é maior se, ao nascer, o bebé teve dificuldade em respirar.

A criança com paralisia cerebral tem músculos tensos e rígidos (espásticos) e não consegue controlar os movimentos. O rosto, o pescoço, ou o corpo podem-se contorcer e os movimentos podem ser descoordenados. Como os músculos das pernas estão espásticos fazem com que as pernas se cruzem como tesouras.

Ao nascer, a criança parece normal ou um pouco flácida. A rigidez dos músculos vai se acentuando à medida que a criança cresce. A criança pode, ou não, ser mentalmente atrasada.

Não existem medicamentos para curar a lesão cerebral que levou a uma criança espástica.

Mas a criança precisa de cuidados especiais. Para evitar a rigidez dos músculos das pernas e dos pés, e sempre que necessário, a criança deve ser tratada como para a luxação da anca e/ou como para o pé boto.

A criança tem que ser ajudada a pôr-se de lado, a sentar-se e a levantar-se – depois tem que ser ensinada a andar como se mostra na pág. 476. A criança tem que ser estimulada no sentido de usar a mente e o corpo o mais que possa. Deve ser ajudada a aprender. Mesmo que a criança tenha problemas com a fala, ela pode ser inteligente e pode aprender muita coisa se lhe for dada a oportunidade. **Ajudar a criança a ajudar-se a si própria.**

Anemia das células falciformes

Algumas crianças nascem com uma "fraqueza do sangue", chamada anemia das células falciformes. Esta é uma doença que passa dos pais para os filhos, embora nem o pai nem a mãe saibam que são portadores da doença. Os pais são portadores da anemia falciforme ou do "traço" da doença no seu próprio sangue. O bebé pode parecer normal nos primeiros 6 meses de vida, mas certos sinais podem começar a surgir.

Sinais:

- Ataques de choro e febre. A criança fica mais pálida, e pode aparecer uma cor amarelada nos olhos (icterícia).

- Os dedos dos pés e mãos ficam inchados, o que dura 1 ou 2 semanas, e depois ficam melhor.

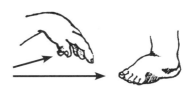

- O abdómen pode aumentar de volume e ficar duro em cima, por causa do aumento de volume do baço e do fígado.

- Aos 2 anos de idade a forma da cabeça da criança pode começar a modificar-se. Podem aparecer umas bossas ósseas de ambos os lados da testa da criança (zona frontal do crânio).

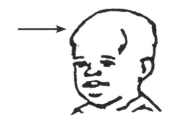

- A criança parece fraca e tem ataques frequentes de malária, tosse, diarreia e outras infecções.

- O crescimento é mais lento do que o das outras crianças. De vez em quando a criança tem uma crise, muitas vezes provocada por malária ou outras infecções, ou por molhar-se na chuva. A criança tem febre alta e dores intensas nos ossos dos braços e pernas, ou no abdómen. A anemia piora subitamente. Uma crise pode até causar a morte.

- Pode ter úlceras nas pernas que são difíceis de curar.

Tratamento e prevenção dos ataques:

Não existe possibilidade de evitar a fraqueza nas células do sangue, mas a criança pode ser protegida das coisas que lhe causam problemas de saúde e deve ser controlada regularmente numa unidade sanitária com mais recursos.

1. **Suplementos**. Deve tomar uma dose diária de ácido fólico para fortalecer o sangue. Suplementos de ferro (sal ferroso), raramente são necessários.

2. **Malária.** A criança deve tomar medicamentos para prevenir a malária com regularidade, de acordo com a recomendação do clínico.

3. **Infecções.** A criança deve apanhar todas as vacinas. Tratar os sintomas como a febre, tosse, diarreia e levar a criança o mais depressa possível a uma unidade sanitária com mais recursos. É especialmente importante dar muitos líquidos quando a criança está doente e paracetamol para baixar a febre. Pode ser necessário administrar antibióticos.

4. **Dores.** Paracetamol ou ibuprofen (ver pág. 720) podem controlar as dores, mas o doente pode precisar de analgésicos mais fortes. Outras medidas, como massagens, também podem ajudar.

5. **Úlceras**. Limpar com água morna e colocar pachos de água salgada morna – 1 colher de chá de sal para 1 litro de água. Cobrir suavemente a úlcera com gaze esterilizada ou com um pano limpo. **Manter o ferimento limpo.** A aplicação de mel pode ajudar.

6. Evitar que fique molhado durante as tempestades.

Doenças infecciosas da criança

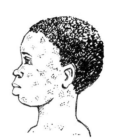

Sarampo

Esta infecção causada por vírus é **muito perigosa em crianças malnutridas** ou que têm **tuberculose** ou **HIV** e **SIDA**.

Transmite-se de uma criança para outra por meio de secreções do nariz e da garganta.

Uma ou 2 semanas depois de um contacto com uma criança com sarampo, aparecem os primeiros sinais, como se fosse uma constipação – febre, nariz a pingar, olhos vermelhos e tosse.

A criança fica cada vez mais doente.

Ao fim de 3 dias de febre, aparece uma erupção fina, primeiro atrás das orelhas e no pescoço, e a seguir no rosto, corpo e membros. No início, a erupção pode ser difícil de notar na pele escura. Neste caso, deve-se observar a pele quando uma luz bate nela de lado. Os primeiros sinais de erupção cutânea de sarampo na face podem ser visíveis desta maneira.

Começa a descamação, assim como manchas de pele com perda de cor, mas a cor volta ao normal quando a criança recupera. Em alguns casos, além da erupção normal do sarampo, podem aparecer na pele manchas de sangue pretas espalhadas ("sarampo preto"). Isso indica que a infecção é mais grave, e pode haver complicações, demorando por isso a recuperação mais tempo. Transfira para uma unidade sanitária com mais recursos.

Complicações:

Qualquer criança com sarampo tem menos capacidade de combater outras infecções.

Assim, podem surgir:

- pneumonia
- crupe
- infecções de ouvidos
- úlceras na boca
- conjuntivite
- opacificação e úlcera no olho
- diarreia e desidratação

Observe atentamente a córnea para ver se há opacificação. A córnea pode parecer nublada ou opaca, como um copo de água a que se adiciona um pouco de leite. Caso não seja tratada, a córnea pode ulcerar, do que resultará cegueira.

Córnea opaca

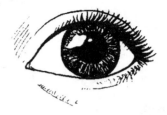

Córnea normal

Convulsões, letargia e inconsciência podem surgir.

Muitas vezes, depois do sarampo, a criança desenvolve malnutrição grave ou tuberculose. Deve-se avaliar o estado nutricional da criança e segui-la na **Consulta da Criança em Risco** (ver pág. 570).

As complicações do sarampo são mais frequentes nas crianças com deficiência de vitamina A.

Tratamento:

Leve a criança à unidade sanitária para ser observada. Os casos sem complicações graves, poderão ser tratados em casa:

- A criança deve tomar muitos líquidos e receber alimentos nutritivos.

- Se a criança não conseguir mamar, dê-lhe leite do peito com uma colher.

- Administre vitamina A (ver pág. 725).

- Trate as complicações, por exemplo:

- Diarreia, com SRO (ver pág. 728).
- Úlceras na boca, com violeta de genciana aquosa (ver pág. 706).
- Conjuntivite, com pomada oftálmica de tetraciclina (ver pág. 738).

- Para a febre, administre paracetamol (ver pág. 719).
- Se houver infecção do ouvido, dê um antibiótico (ver pág. 697).

Se a criança não melhorar, ou se surgirem sinais gerais de perigo ou de complicações graves, como, por exemplo, respiração rápida, não consegue beber ou mamar, vomita tudo, opacificação ou úlceras no olho, úlceras graves na boca, desidratação, malnutrição grave, transfira para uma unidade sanitária com mais recursos. Inicie o tratamento antes de transferir.

Não dar antibióticos de rotina à criança com sarampo.

Prevenção:

Aconselhar as mães a levarem os seus filhos à vacinação contra o sarampo quando completam 9 meses de idade (ver pág. 228). Colaborar nas campanhas de vacinação contra o sarampo.

As crianças com sarampo devem ficar isoladas das outras crianças, porque a doença é muito contagiosa (transmite-se facilmente). As crianças que estão em casa devem ter o mínimo de contacto com a criança doente. Provavelmente, elas vão apanhar sarampo 10 ou 14 dias depois, e quanto maior for o contacto com a criança doente mais forte será a infecção. Por isso, tente mantê-las afastadas. Ponha as crianças a dormir noutro lugar até que a criança com sarampo deixe de ter a erupção. Proteja principalmente as crianças malnutridas ou as que têm outras doenças. O sarampo pode matar.

Para prevenir a morte das crianças com sarampo, alimente-as bem. Leve as crianças à vacinação contra o sarampo quando completarem 9 meses de idade.

Epidemias de sarampo

Normalmente, o sarampo ocorre em epidemias. Assim, os casos de sarampo devem ser notificados para permitir o seu controlo.

A notificação permite a tomada das medidas preventivas nos distritos vizinhos e garante um bom tratamento dos casos.

Notificação

Todos os casos suspeitos do sarampo devem ser notificados através do sistema de vigilância epidemiológica. Cada caso deve ser investigado para se verificar se é verdadeiramente sarampo.

Definição de caso

Qualquer indivíduo, em especial crianças, que apresente febre e erupção maculopapular fina (não vesicular) com tosse, corrimento nasal (nariz a pingar) ou conjuntivite.

Rubéola

A rubéola provoca uma erupção ligeira semelhante à do sarampo. Muitas vezes, os gânglios linfáticos atrás da orelha e na nuca aumentam de tamanho e ficam doridos. A criança pode tomar paracetamol se for necessário.

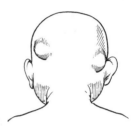

As mulheres que contraem rubéola na gravidez podem ter um filho deficiente ou deformado. Por essa razão, **as mulheres grávidas** que ainda não tiveram a doença – ou não têm a certeza – **devem manter-se longe** das crianças que tiverem a rubéola.

Tosse convulsa

A tosse convulsa começa 7 ou 10 dias após o contacto com uma criança com a doença. A tosse convulsa começa como se fosse uma constipação com febre, nariz a pingar e tosse.

Duas semanas depois começa a característica "tosse espasmódica".

A criança tosse rapidamente muitas vezes, sem parar, até eliminar bastante muco pegajoso. A tosse espasmódica, geralmente, acaba com vómito e algumas vezes com aspirações "sibilantes" (guincho) quando o ar volta aos pulmões.

Crianças com menos de 6 meses de idade, adolescentes e adultos podem ter tosse convulsa sem o guincho característico. A doença pode ser confundida com uma pneumonia.

A tosse convulsa é perigosa, principalmente em crianças com menos de 1 ano de idade. Elas podem não apresentar o guincho característico, ou não vomitar após um ataque de tosse. Mas param de respirar por 1 ou 2 minutos, ficam azuis e podem morrer. **Por isso, vacine a criança o mais cedo possível.** Se a criança tem ataques de tosse e olhos inchados quando existem casos de tosse convulsa na área, trate-a imediatamente como se fosse tosse convulsa.

A paragem respiratória em bebés é muitas vezes devida à tosse convulsa.

Tratamento:

- No início da tosse convulsa, eritromicina (ver pág. 698) pode ajudar. Cloranfenicol (ver pág. 700) é uma alternativa, mas não se pode dar ao recém-nascido.

- É importante tratar as crianças com menos de 6 meses de idade ao primeiro sinal.

- Se a criança deixa de respirar após um ataque de tosse, coloque-a na posição lateral de segurança e retire o muco da boca com o seu dedo.

- Para evitar perda de peso e malnutrição, a criança deve receber alimentos nutritivos. Controlar a criança na Consulta de Criança em Risco (ver pág. 570).

- Medicamentos para a tosse não fazem efeito. Aconselhar xaropes caseiros (ver pág. 301).

- A tosse espasmódica pode durar até 3 meses ou mais, mas o tratamento com antibióticos não é eficaz depois da primeira semana e não deve ser repetido.

Complicações:

A tosse convulsa pode provocar hemorragia nos olhos. Não é necessário tratamento. Se ocorrem convulsões ou sinais de pneumonia (ver pág. 371), transferir o doente para uma unidade sanitária com mais recursos.

Notificação

Todos os casos suspeitos de tosse convulsa devem ser notificados através do sistema de vigilância epidemiológica.

Definição de caso

Tosse irritativa há mais de 2 semanas, guincho característico ao inspirar após um longo e violento ataque de tosse, seguido de vómito, às vezes com sangue e muco espesso.

Proteja as crianças contra a tosse convulsa. Leve-as à vacinação.

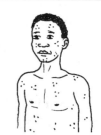

Varicela

A varicela é uma infecção ligeira, causada por um vírus, que começa 2 ou 3 semanas depois de uma criança ter estado em contacto com outra que tenha a doença.

Primeiro aparecem muitas manchas pequenas e avermelhadas que fazem comichão. Estas manchas transformam-se numa erupção, em pequenas bolhas, cada uma como uma gota de água na superfície da pele. Finalmente, formam uma crosta. Começam por aparecer nas costas, no tórax, e a seguir no rosto, braços e pernas. Pode haver manchas, bolhas e crostas, ao mesmo tempo. Normalmente, a febre é ligeira.

Tratamento:

A infecção desaparece numa semana. Dar banho à criança todos os dias, com água e sabão. Cortar-lhe as unhas muito curtas. Se a crosta infecta, tratar como para piodermite com um antibiótico oral (ver pág. 514).

Papeira

Os primeiros sintomas surgem 2 ou 3 semanas após o contacto com um doente com papeira.

A papeira começa com febre e dor quando o doente abre a boca ou come.

No espaço de 2 dias, aparece um inchaço mole abaixo da orelha, no canto do queixo. Muitas vezes, primeiro de um lado e, depois, do outro lado do rosto. Não existe dor ao engolir.

Um inchaço na mesma zona aparece às vezes nos malnutridos.

Tratamento:

O inchaço desaparece por si próprio em 10 dias, sem necessidade de medicamentos. Para a dor e febre tomar paracetamol. Dar à criança alimentos nutritivos em forma de papa e manter-lhe a boca limpa. Os antibióticos **não** são necessários.

Complicações:

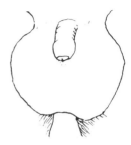

No adulto e na criança acima dos 11 anos de idade, depois da primeira semana da doença pode haver um edema doloroso nos testículos (no homem) ou nas mamas (na mulher). Os doentes com edema nos testículos devem estar em repouso e colocar um saco com gelo ou pedaços de pano molhados em água fria sobre a parte inchada, para diminuir a dor e o edema.

Outras complicações em todas as idades incluem a meningite e as dores abdominais.

Se surgirem sinais de meningite, ou outros sinais de doença grave, transferir o doente.

Difteria

A difteria é uma doença grave que surge em crianças que não receberam a vacina DTP (ver pág. 228).

Sintomas e sinais:

A difteria começa como uma constipação com febre, dor de cabeça e dor de garganta. Pode aparecer uma membrana de cor cinzenta-amarelada na parte de trás da garganta que, quando se estende para a laringe, pode obstruir a passagem do ar e levar à morte por asfixia. O pescoço pode ficar inchado. O hálito cheira muito mal. A difteria pode levar à morte.

AVISO:
Se há suspeita que a criança está com difteria, transferir com urgência para uma unidade sanitária com mais recursos.

Antes de transferir, dar eritromicina (ver pág. 698), ou penicilina procaína (ver pág. 696), ou penicilina cristalina (ver pág. 701).

As pessoas que contactam com a criança doente devem ser vigiadas e devem tomar eritromicina (ver pág. 698) durante 7 dias, ou uma injecção única de penicilina benzatínica (ver pág. 696).

A difteria é uma doença grave que pode facilmente ser evitada com a vacina DTP (ver pág. 228).

Poliomielite

Antigamente, uma das causas mais frequentes de paralisia era a **poliomielite (pólio)**. Felizmente, está sendo erradicada no mundo, através de vacinação. No entanto, é importante manter a vigilância porque ainda podem aparecer casos.

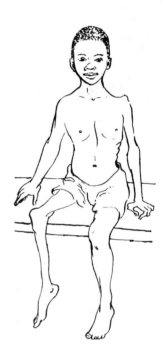

Numa criança com menos de 15 anos, uma paralisia **flácida** (os músculos apresentam-se moles) de **início súbito** pode ser devida a **poliomielite** e deve ser classificada como uma **paralisia flácida aguda** (PFA, ver pág. 473).

A paralisia devida à **poliomielite** é aguda (começa de repente).

Os sintomas iniciais da doença são: febre, cansaço, dores de cabeça, vómitos, e dores dos membros. Às vezes há rigidez de nuca.

Apesar de terem paralisia, estas crianças não têm perda de sensibilidade nos membros.

> **Nesta fase, em que a poliomielite está a ser erradicada, 1 caso de poliomielite representa uma epidemia.**

Deve ser considerada suspeita de poliomielite qualquer criança com menos de 15 anos de idade com paralisia flácida aguda (PFA).

Tratamento:

As crianças com suspeita de poliomielite devem ser enviadas a uma unidade sanitária onde possam fazer reabilitação física.

Prevenção:

A poliomielite é uma doença grave que pode facilmente ser evitada com a vacina antipólio (ver pág. 227).

Todos os casos de PFA e poliomielite devem ser notificados.

Poliomielite

Todos os casos de PFA que apresentam pelo menos 1 das seguintes características:

- Sequelas físicas aos 60 dias
- Vírus de pólio isolado nas fezes
- Óbito, sobretudo se ocorreu nos primeiros 10 dias após o início da paralisia ou se a criança teve problemas respiratórios
- Perda de seguimento do caso

Saúde da mulher

Os orgãos genitais (sexuais) da mulher (vista exterior):

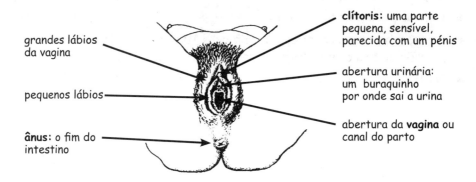

grandes lábios
da vagina

pequenos lábios

ânus: o fim do
intestino

clítoris: uma parte
pequena, sensível,
parecida com um pénis

abertura urinária:
um buraquinho
por onde sai a urina

abertura da **vagina** ou
canal do parto

Os órgãos sexuais da mulher (vista interior):

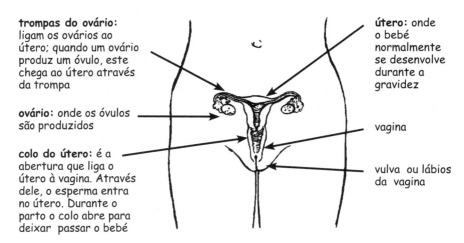

trompas do ovário:
ligam os ovários ao
útero; quando um ovário
produz um óvulo, este
chega ao útero através
da trompa

ovário: onde os óvulos
são produzidos

colo do útero: é a
abertura que liga o
útero à vagina. Através
dele, o esperma entra
no útero. Durante o
parto o colo abre para
deixar passar o bebé

útero: onde
o bebé
normalmente
se desenvolve
durante a
gravidez

vagina

vulva ou lábios
da vagina

O período menstrual
(a menstruação ou perda sanguínea mensal)

A maioria das raparigas tem o seu primeiro período menstrual entre os 11 e os 16 anos. Isso significa que podem ficar grávidas.

O período menstrual normal aparece mais ou menos uma vez em cada 28 dias e dura de 3 a 6 dias, mas isso varia de uma mulher para outra.

Por vezes, em particular nas adolescentes, o periodo menstrual decorre com dores.

O paracetamol, o AAS ou o ibuprofeno (ver pág. 719) podem ajudar a aliviar a dor. A aplicação de compressas ou sacos de água quente na barriga também pode ajudar.

Durante a menstruação, e mesmo sem estar menstruada, a mulher deve manter-se limpa, dormir o necessário, e ter uma alimentação adequada. A mulher pode comer tudo o que habitualmente come e continuar a fazer o seu trabalho normal.

Sinais de problemas menstruais:

- Alguma irregularidade no número de dias entre os períodos é normal em algumas mulheres, mas noutras pode ser um sinal de uma doença, por exemplo, anemia, malnutrição, infecção ou tumor no útero.

- Se a menstruação não aparece quando deve, esse pode ser o primeiro sinal de gravidez. Mas, para muitas raparigas no início do período menstrual e nas mulheres com mais de 40 anos, é normal não menstruar ou ter períodos irregulares. A menstruação também pode faltar quando a mulher está preocupada ou nervosa.

- Se o período menstrual surge mais tarde do que se esperava, é mais intenso e dura mais tempo, pode ser sinal de aborto.

Se o fluxo menstrual dura mais do que 6 dias, é mais forte do que o normal ou reaparece mais que 1 vez por mês, a mulher deve ir a uma unidade sanitária.

A menopausa (quando a mulher deixa de ter menstruação)

A menopausa ou climatério é a altura na vida da mulher em que ela deixa de ter menstruações. Após a menopausa, não se pode ter mais filhos. Em geral esta mudança de vida ocorre entre os 40 e os 50 anos. Muitas vezes a menstruação torna-se irregular antes de terminar definitivamente.

Uma mulher ainda pode engravidar durante esse período. Se ela não quer ter mais filhos, deve continuar o planeamento familiar por 12 meses após os períodos terem terminado.

Durante a menopausa, é normal que a mulher sinta pequenas perturbações físicas e mentais – súbita sensação de calor, dores pelo corpo todo, ansiedade, aflição, tristeza, etc. Terminada a menopausa, a maioria das mulheres volta ao normal mas os ossos têm tendência para enfraquecer, e podem quebrar com mais facilidade.

Violência

É frequente a violência contra as mulheres pelos seus parceiros. Encoraje as mulheres a partilharem as suas experiências com os familiares ou amigos em quem confiam. Encoraje-as também a conversar com o grupo local de apoio às mulheres. Registar cuidadosamente os actos de violência e encorajar a mulher a apresentar queixa policial.

A **violação** é um dos actos mais graves de violência contra as mulheres. A violação pode levar a gravidez indesejada, infecções de transmissão sexual, incluindo o HIV e SIDA, e graves lesões. A depressão, pensamentos suicidas, e o *stress* pós-traumático são as consequências frequentes após a violação (ver pág. 672).

É importante transferir as vítimas de violação urgentemente para receberem tratamento de prevenção do HIV e SIDA, outras infecções de transmissão sexual e a gravidez indesejada.

Perante uma situação de violação deve ser feita a história clínica e o exame físico cuidadoso para confirmar a evidência de penetração. Devem ser efectuados imediatamente testes para HIV e sífilis, e colheita das secreções vaginais para exame médico-legal.

Se a violação tiver ocorrido há menos de 72 horas deve-se fazer: contracepção de emergência com qualquer pílula combinada (ver pág. 657).

1.   Profilaxia das ITS com dose única de penicilina benzatínica (ver pág. 696), ciprofloxacina (ver pág. 704), metronidazol (ver pág. 702) e azitromicina (ver pág. 704).

2.   Profilaxia do HIV com a combinação de zidovudina, lamivudina e indinavir. Em doentes seropositivas não será feita profilaxia do HIV.

Na mulher grávida usar cefixima (ver pág. 704) em substiuição da ciprofloxacina. Evite o uso de metronidazol no primeiro trimestre.

Gravidez

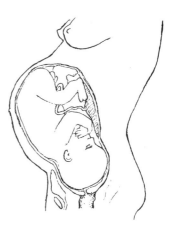

Sinais de gravidez:

- Falta o período menstrual (muitas vezes é o primeiro sinal)
- Enjoos matinais (náusea ou vontade de vomitar, principalmente de manhã) que pioram durante o segundo e terceiro mês de gravidez
- Urina mais vezes
- A barriga cresce
- Aumento de tamanho e dor nas mamas
- Linha escura na barriga, do umbigo para baixo
- O bebé começa a mexer-se no útero (entre o quarto e quinto mês).

Como manter-se saudável durante a gravidez

Uma gravidez saudável resulta numa criança saudável.

É muito importante que a mulher se alimente bem durante a gravidez.

A **malnutrição durante a gravidez** causa fraqueza e anemia na mãe, pode aumentar o sangramento e pode diminuir a resistência às infecções. Aumenta também o risco de a mulher morrer durante ou após o parto. Também pode ser causa de aborto, nado-morto, baixo peso ao nascer ou defeitos congénitos.

A grávida necessita de todos os alimentos, em particular os ricos em proteínas, vitaminas e minerais, especialmente o ferro (ver o capítulo 10).

Em muitos locais existem crenças tradicionais acerca da alimentação na gravidez. Por exemplo, se a grávida comer ovos, na altura do parto "vai andar às voltas como uma galinha e não vai saber onde vai ter o seu bebé". **Isso não é verdade.**

Há uma outra crença segundo a qual, se a mulher grávida comer castanha de caju, o bebé nasce "com sujidade na cabeça". **Também não é verdade.**

Muitas ideias sobre a alimentação durante a gravidez e o parto são muito perigosas porque impedem a mãe de comer alimentos nutritivos. Se a grávida come apenas uma refeição básica, ela fica fraca e anémica, o que pode vir a causar-lhe a morte por lhe reduzir a resistência à hemorragia (sangramento) e à infecção.

Durante a gravidez e depois do parto a mulher deve comer os alimentos nutritivos que puder obter.

Use sal iodado. A falta de iodo na dieta de uma mulher grávida pode causar a morte do bebé ou cretinismo (atraso mental).

Mantenha-se limpa. Tome banho e escove os dentes todos os dias.

Durante o último mês da gravidez é melhor **evitar ter relações sexuais**, para não rebentar a bolsa de água e causar uma infecção.

Evite tomar medicamentos. Alguns medicamentos podem prejudicar o desenvolvimento do bebé. Só deve tomar os que sejam absolutamente necessários, quando recomendados pelo trabalhador de saúde. Evite também os medicamentos tradicionais.

Uma mãe saudável que comeu alimentos nutritivos durante a gravidez e depois do parto.

Se o trabalhador de saúde lhe receitar um medicamento e você acha que pode estar grávida, informe-o.

Há medicamentos que devem ser tomados na gravidez para melhorar a saúde da mãe e do bebé, por exemplo para prevenir e tratar a malária, o HIV, a anemia (sal ferroso) e defeitos congénitos (ácido fólico). Estes medicamentos devem ser receitados pelo trabalhador de saúde.

Não fume nem tome bebidas alcoólicas durante a gravidez. O fumo e o álcool são prejudiciais para a mãe e para o desenvolvimento do bebé.

Evite o contacto com crianças que tenham rubéola (ver pág. 588) e varicela (ver pág. 590).

Continue a trabalhar e **faça exercícios**, mas sem se cansar muito.

Evite pesticidas, químicos e radiações (raio-x). Eles podem prejudicar o desenvolvimento do bebé.

Problemas durante a gravidez: conselhos para a grávida

Anemia. Muitas mulheres sofrem de anemia antes de ficarem grávidas e esta piora com a gravidez. A mulher sente-se fraca, cansada e tem as mucosas pálidas. Se não for tratada, ela pode morrer no parto por perda de sangue.

Para evitar a anemia, a mulher grávida deve alimentar-se bem. Também deve tomar sal ferroso e ácido fólico (ver pág. 725). Deste modo fortalece o sangue para resistir a hemorragia após o parto.

Hemorragia: A perda de sangue durante a gravidez, mesmo que seja em pequenas quantidades é um sinal de perigo. É provável que esteja a abortar (perder o bebé), por isso deve ir imediatamente ao hospital.

Náuseas ou vómitos: Geralmente são intensos de manhã, durante o segundo ou terceiro mês de gravidez. Comer algum alimento seco (bolachas de água e sal ou pão) antes de se levantar pode ajudar a diminuir as náuseas. Evite comidas com gordura. Não faça grandes refeições; é melhor comer mais vezes e em pequenas quantidades.

Se persistem, a mulher deve ir à unidade sanitária mais próxima.

Ardor no estômago ou no meio do peito (indigestão, azia): faça pequenas refeições várias vezes por dia. Evite tomar antiácidos. Experimente dormir com a cabeça e o peito ligeiramente elevados, colocando almofadas ou cobertores por baixo.

Inchaço dos pés: O inchaço dos pés é geralmente devido à pressão do bebé no útero durante os últimos meses de gravidez. É maior nas mulheres anémicas ou malnutridas ou toxémicas (ver em baixo).

As grávidas que só tem inchaço dos pés devem descansar várias vezes ao dia com os pés levantados. Devem reduzir o sal na dieta e evitar alimentos com muito sal (ver pág. 219).

A toxemia na gravidez é a presença de inchaço dos pés, mãos e rosto, dores de cabeça, tonturas e, algumas vezes, visão turva e dor no estômago. O aumento rápido de peso, tensão arterial alta e a presença de muita proteína na urina são outros sinais importantes. As mulheres com toxemia podem ter todos ou alguns destes sinais.

Estas mulheres devem ir com urgência à unidade sanitária mais próxima para ser encaminhadas para uma unidade sanitária com mais recursos.

DURANTE OS ÚLTIMOS 3 MESES DE GRAVIDEZ:

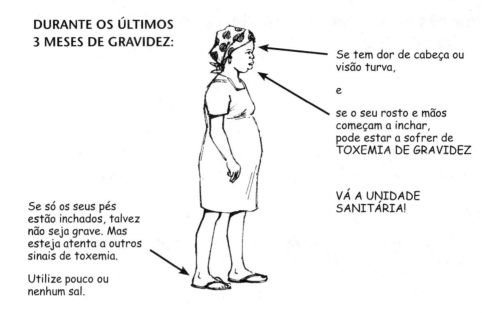

Se tem dor de cabeça ou visão turva,

e

se o seu rosto e mãos começam a inchar, pode estar a sofrer de TOXEMIA DE GRAVIDEZ

VÁ A UNIDADE SANITÁRIA!

Se só os seus pés estão inchados, talvez não seja grave. Mas esteja atenta a outros sinais de toxemia.

Utilize pouco ou nenhum sal.

Dor na parte baixa das costas: É muito comum na gravidez. A dor pode melhorar com repouso. Consulte o trabalhador de saúde porque pode ser uma infecção urinária.

Varizes (veias varicosas): São comuns na gravidez, porque o peso do bebé faz pressão nas veias das pernas.

As seguintes medidas ajudam:

◆ Não ficar durante muito tempo de pé ou sentada com as pernas penduradas.

◆ Se é obrigada a ficar de pé ou sentada por longos períodos, tente deitar-se com os pés para cima, durante alguns momentos cada meia hora.

◆ Quando estiver de pé, tente andar no sítio, ou levante os calcanhares do chão e baixe-os; fazer isso várias vezes.

◆ Andar o máximo possível.

◆ Dormir com os pés elevados (numa almofada).

◆ Pode usar meias elásticas (meias de suporte) para ajudar a suster as veias. Não esquecer de as tirar quando for dormir.

Hemorróidas: São veias dilatadas do ânus causadas pelo peso do bebé no útero.

O creme ou supositório anti-hemorróidal (ver pág. 733) pode ajudar a aliviar o desconforto. Algumas hemorróidas podem ser causadas por obstipação. Aconselha-se a comer alimentos que contenham fibras e aumentar a ingestão de líquidos.

Se forem grandes, ver as medidas a tomar na pág. 298.

Obstipação: Beber muita água. Comer alimentos com muita fibra e evitar alimentos refinados ou processados. Fazer exercícios regularmente. **Não** tomar laxantes.

Malária

A malária é mais frequente e mais grave durante a gravidez. Causa anemia e abortos, nados-mortos; ou crianças com baixo peso à nascença.

Se tem febre durante a gravidez, **deve ir com urgência à unidade sanitária mais próxima**. Pode ser malária.

Prevenção:

◆ Todas as grávidas devem tomar tratamento regular com sulfadoxina-pirimetamina (SP).

◆ Todas as grávidas devem dormir dentro duma rede mosquiteira impregnada e fazer tratamento preventivo.

COMO A GRÁVIDA PODE DETERMINAR O DIA EM QUE PROVAVELMENTE VAI TER O BEBÉ

● Pergunte quando começou a última menstruação.

● Aponte o dia, adicione 7 dias e subtraia 3 meses.

● Por exemplo, se a última menstruação começou no dia 10 de Maio:

● 10 de Maio, mais 7 dias, é dia 17. Menos 3 meses, é o mês de Fevereiro.

Assim, o bebé provavelmente vai nascer por volta do dia 17 de Fevereiro, mas pode nascer 2 semanas antes ou 2 semanas depois.

Acompanhamento durante a gravidez (cuidados pré-natais)

As mulheres grávidas devem ser assistidas, com regularidade, nas consultas pré-natais (antes do parto). Se está grávida, vai aprender muitas coisas que a ajudarão a evitar muitos problemas e a ter um bebé saudável.

Se voce é parteira, pode prestar um serviço importante às futuras mães (e aos futuros bebés) convidando-as a irem à unidade sanitária, para fazerem os exames pré-natais. É importante examiná-las **1 vez por mês durante os primeiros 6 meses** de gravidez e **2 vezes por mês nos 7º e 8º meses**; e **1 vez por semana durante o último mês.** Em cada visita, preencha a ficha pré-natal.

Exemplo de uma ficha pré-natal

República de Moçambique
Ministério da Saúde
SIS mod. ....

FICHA PRÉ-NATAL

ARO [   ]

UNIDADE SANITÁRIA: .... Ano ....

Número de registo ....

Data de emissão do processo ..../............/................

PARTO PROGRAMADO PARA ....

Nome ....

Filiação .... e ....

Data de nascimento/Idade ..../........../........(............anos)

Estado civil: Casada ☐ Viúva ☐ Solteira ☐ Divorciada ☐

Profissão/Ocupação ....

Local de Trabalho ....

Residência ....

Telefone de contacto: ....

HISTÓRIA PREGRESSA DA GRAVIDEZ

Gesta ☐ Para ☐ Cesarianas ☐ Abortos ☐

G. ectópica ☐ Nados-vivos ☐ Nados-mortos ☐ Vivos actuais ☐

Último parto há quanto tempo ☐

Vacinações

Vacina antitetânica – 1ª dose (1º contacto): ..../ ..../ ....

2ª dose (4 semanas depois): ..../ ..../ ....

3ª dose (6 meses depois): ..../ ..../ ....

Reforço (de 5 em 5 anos): ..../ ..../ ....

	SIM	NÃO
Partos anteriores com ventosa?	☐ **	☐
Complicações hemorrágicas em mais de 2 partos?	☐ ***	☐
Remoção manual da placenta em mais de 2 partos?	☐ ***	☐
Teve cesariana no último parto?	☐ ***	☐
Primigesta com altura inferior a 1,5 metros?	☐ ***	☐
Primigesta com idade inferior a 16 anos?	☐ ***	☐
Idade superior a 35 anos?	☐ **	☐
Teve 5 ou mais partos?	☐ **	☐
Na última gravidez, teve nado-morto?	☐ **	☐
RN falecido durante a 1ª semana?	☐ **	☐
Teve RN com mais de 4 quilos?	☐ **	☐
Teve TA alta ou edemas nas gestações anteriores?	☐ **	☐
Teve convulsões nas gestações anteriores?	☐ **	☐
Teve convulsões na ausência de gravidez?	☐	☐

** *Unidades sanitárias com COE básicos*
*** *Unidades sanitárias com COE completos*

HISTÓRIA DA GRAVIDEZ ACTUAL

	SIM	NÃO
Teve alguma alergia medicamentosa?	☐ **	☐
Se SIM, a Cotrimoxazol?	☐	☐
Penicilina?	☐	☐
SP?	☐	☐
Outros		
Tipo de reacção:		

	SIM	NÃO
Está a perder peso?	☐ *	☐
Fez teste de HIV?	☐ **	☐
Está em TARV?	☐ **	☐
Tem muita fome, sede e urina muito?	☐ **	☐
Tem dor ao urinar ou urina frequentemente com dor?	☐ *	☐
Tem tosse e expectoração há mais de três semanas?	☐	☐
Tem tuberculose e está em tratamento?	☐	☐
Tem contacto com doente com tuberculose?	☐ *	☐
Tem rede mosquiteira tratada com insecticida?:	☐	☐

Exame objectivo

Deformidade da bacia?	Sim	☐ ***	Não	☐
Lesões da pele:	Sim	☐ ***	Não	☐
Exame de mama: Nódulo:	Sim	☐ ***	Não	☐

Exame especular (primeira consulta):

Lesões do colo:	Sim	☐ **	Não	☐
Colo friável	Sim	☐ **	Não	☐
Condilomas	Sim	☐ **	Não	☐
Úlceras genitais	Sim	☐ **	Não	☐
Corrimento:	Sim	☐	Não	☐

Se SIM, tipo de corrimento: .... (tratar!)

EVOLUÇÃO DA GRAVIDEZ ACTUAL

Data da última menstruação .... / .... / ....

Data provável do parto .... / .... / ....

Gravidez Gemelar ☐ ***

Data											
Idade gestacional											
Movimentos fetais											
Tensao Arterial (superior a 140/90*)											
Peso (em quilos): (Aumento > 2 kg por mês ** ou peso < 45 ou > 90 ? **)											
Coloração das mucosas	Coradas										
	Descoradas? Pedir Hb!										
Altura uterina – (se superior a 36 cm*)											
Foco (Frequência cardíaca fetal)											
Apresentação	Cefálica										
	Pélvica ***										
Situação Transversa ***											
Edemas:	Pés*										
	Mãos e face **										
Albumina superior a + + *											
Toma de Sal ferroso com ácido fólico											
Toma de Mebendazol											
HIV+ Estadio da OMS (I, II, III e IV)											
Entrega de nevirapina (NVP) (a partir de 28 semanas)											
Toma de AZT (a partir de 28 semanas)											
Outra profilaxia PTV											
TARV (data de início)											
Cotrimoxazol – Não dar com Sulfadoxina e Pirimetamina (SP)											
SP: Dar a 1ª dose (a partir de 20 semanas) se tem foco positivo e movimentos fetais. Dar a 2ª e 3ª dose c/ intervalos de 4 semanas ou + entre as doses											
Dormiu sob rede mosquiteira na noite anterior? (Sim, Não)											
Teve alergia na última toma de SP? (Sim, Não)											
Aconselhamento em saúde/preparação para o parto/ mobilizaçao para a presença do parceiro na consulta)											
Nome do provedor (legível)											

Penicilina benzatínica (administre 3 doses com intervalo de uma semana):

1ª dose ☐   2ª dose ☐   3ª dose ☐

Parceiro foi tratado?   Sim ☐   Não ☐

ANÁLISES:

Teste de sífilis: Neg ☐   Pos ☐

Data ..../............../.............

HIV ....(TR/TNR)   Data ..../............../.............   CD4 ....

Data ..../............../.............

Hemoglobina ....   Data ..../............../.............   (TRATAR se menos de 8 g/dl)

Grupo sanguíneo (obrigatório nas primigestas) .... Se Rh Negativo ☐ **

Urinall ....   Glicemia ....mmol/L

OBSERVAÇÕES:

Data	Observações	Conduta	Assinatura

OBSERVAÇÕES DA MATERNIDADE
Nome da unidade sanitária: ....

Parto na maternidade ☐   Parto fora da maternidade (PFM):

Casa ☐   no Caminho ☐   Parteira tradicional ☐

Data do parto ..../............../.............

Aborto ☐   Nado morto ☐   Nado vivo ☐

Tipo de parto:

Vaginal ☐   Ventosa ☐   Cesariana ☐   Apres: Cefálica ☐   Pélvica ☐

Situação transversa ☐   Gemelar ☐

Estado do períneo ....

Puerpério: normal ☐   febril ☐   hemorragia ☐   outro: ....

Recém nascido: Sexo: M ☐   F ☐

Peso ao nascer ....   Índice de Apgar 1′........ 5′........ 10′........

Reanimação? Sim ☐   Não ☐   Aspiração? Sim ☐   Não ☐

Anomalias: Não ☐   Sim ☐   quais ....

Alimentação do RN: materna exclusiva na 1ª hora pós-parto? Sim ☐   Não ☐

Vitamina A para a mãe?   Sim ☐   Não ☐

A criança recebeu: Profilaxia ocular: Sim ☐   Não ☐

BCG ☐   Pólio 0 ☐   NVP ☐   AZT ☐

A mãe recebeu: AZT + 3TC ☐   NVP ☐   4DT + 3TC ☐

Aconselhamento em saúde na maternidade: Sim ☐   Não ☐

Data de Alta ..../............../.............

Nome da Enfermeira (*legível*) ....

INSTRUÇÕES:

CASOS A ENVIAR DE IMEDIATO À CONSULTA MÉDICA OU A EVACUAR para unidade sanitária com condições cirúrgicas e de transfusão de sangue (COE completos):

1. Hemorragias evidentes e abundantes em qualquer trimestre da gravidez.
   No 3º trimestre não fazer toque, pois pode ser placenta prévia.

2. Cefaleias fortes, perturbações da visão, dor epigástrica forte ou convulsões.

3. Dor abdominal aguda e violenta (apendicite aguda, gravidez ectópica ou rotura uterina, etc.).

4. Rotura da bolsa amniótica por mais de 24 horas, com ou sem febre (qualquer que seja a idade da gestação).

5. Deformidade da pélvis ou dos membros inferiores (sequelas de poliomielite ou outras anormalidades).

   Transferir quando completar 37 semanas (9 meses de gravidez).

ARO	Alto risco obstétrico
COEB	Cuidados obstétricos de emergência básicos: unidade sanitária que tem capacidade para administrar medicamentos E.V. (antibióticos, oxitocina, sulfato de magnésio para o tratamento da eclampsia), fazer a remoção manual da placenta, realizar a remoção de produtos retidos (por exemplo, aspiração manual intrauterina, a vácuo) e realizar parto vaginal assistido
COEC	Cuidados obstétricos de emergência completos: unidade sanitária que faz COEB e tem condições cirúrgicas e de transfusão de sangue
RN	Recém-nascido
PTV	Prevenção de transmissão vertical
TA	Tensão arterial
TARV	Tratamento anti-retroviral
TNR	Teste não reactivo (negativo)
TR	Teste reactivo (positivo)

História

Pergunte à grávida quais são as suas preocupações e necessidades. Explique-lhe **como manter-se saudável durante a gravidez e proteger a saúde da criança**.

Se ela tiver alguns dos problemas comuns da gravidez, explique que não são graves e como tratar.

Use a ficha pré-natal como guia para procurar os sinais de perigo (risco) que significam que se deve transferir a grávida para uma unidade sanitária com mais recursos (ver os asteriscos (**) na Ficha Pré-Natal).

Pergunte quantas vezes já esteve grávida, e quantos partos teve, quando teve o último bebé, e se teve algum problema durante as gravidezes ou os partos anteriores (cesariana, ventosa).

Perguntar se, na gravidez actual, tem:

- cefaleias (dor de cabeça), tonturas, perturbações da visão, dor no estômago (sintomas de toxemia)
- muita fome, sede e urina muito (sintomas de diabetes)
- dificuldade ou dor a urinar (sintomas de infecção urinária)
- tosse e expectoração há mais de 2 ou 3 semanas (tuberculose)

Perguntar se está a fazer tratamento para tuberculose ou HIV, ou se tem contacto com doente com tuberculose, ou se tem outra doença crónica.

Perguntar se o bebé se mexe ou mexe pouco.

Exame

Observe com atenção os **sinais de risco que exigem a observação ou parto** numa unidade sanitária com mais recursos, usando a ficha pré-natal como guia.

Na primeira consulta, deve-se medir a altura e observar a bacia. Uma altura inferior a 1,5 m ou uma bacia estreita ou deformada é sinal de risco. Sempre que possível, deve-se fazer um exame especular que permite ver o interior da vagina e o colo do útero, para verificar se há lesões.

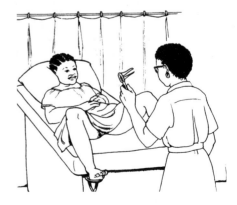

Examine para as lesões de pele, e a mama para nódulos.

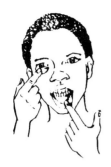

Em cada consulta, avaliar as **mucosas** para diagnosticar anemia (falta de sangue). Se possível, verifique o nível de hemoglobina (Hb). Se a anemia for grave (Hb inferior a 7 g/dl, a grávida apresentar mucosas muito pálidas, fraqueza e cansaço) ou muito grave (Hb inferior a 5 g/dl, a grávida apresentar batimento rápido do coração e respiração rápida) deve-se transferi-la para uma unidade sanitária com mais recursos.

Também se deve medir a tensão arterial e pesar a grávida a cada consulta pré-natal. Deve-se observar se tem sinais de malnutrição. Está a aumentar de peso normalmente?

A grávida deve aumentar 8 a 10 kg (<2 kg por mês) durante os 9 meses de gravidez. Não aumentar de peso é sinal de perigo. O aumento súbito de peso nos últimos meses ou aumento de mais de 2 kg por mês, peso inferior a 45 kg ou superior a 90 kg são sinais de perigo.

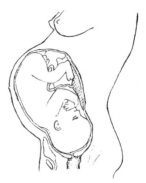

Esta é a posição normal do bebé no útero aos 9 meses.

Crescimento e posição do bebé no útero

Apalpe a barriga da grávida em cada consulta pré-natal; e ensine-a como deve fazer isso ela própria.

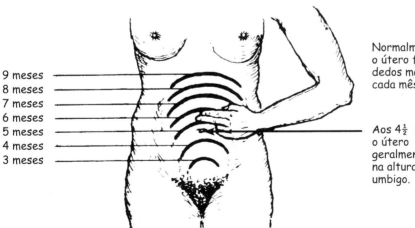

9 meses
8 meses
7 meses
6 meses
5 meses
4 meses
3 meses

Normalmente o útero fica 2 dedos mais alto cada mês.

Aos $4\frac{1}{2}$ meses, o útero geralmente está na altura do umbigo.

Meça a altura do útero usando a fita métrica.

Em cada consulta anote a altura uterina. **Se o útero parece estar muito grande ou está a crescer demais ou se é superior a 36 cm,** transfira a grávida para uma unidade sanitária com mais recursos.

Procure sentir a posição do bebé no útero. Se parece que ele está atravessado (situação transversa)

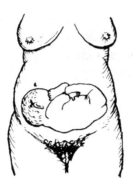

ou com as pernas ou nádegas para baixo (apresentação pélvica), transfira para uma unidade sanitária com mais recursos **antes** de começar o trabalho do parto, porque provavelmente vai ser necessária uma cesariana.

Foco (frequência cardíaca fetal)

A partir do 5º mês, escute o batimento do coração do bebé usando um estetoscópio de Pinard.

Se o batimento do coração do bebé é mais forte abaixo do umbigo, no último mês, o bebé está de cabeça para baixo. Provavelmente vai nascer com a cabeça primeiro.

Se o batimento do coração é mais forte acima do umbigo, a cabeça do bebé provavelmente está para cima. Pode ser que as nádegas saiam primeiro.

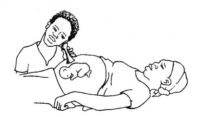

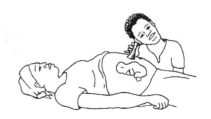

O coração do bebé bate mais rápido do que o de um adulto. Se for possível, conte os batimentos do coração do bebé (frequência cardíaca fetal). Uma frequência cardíaca fetal entre 120 a 160 por minuto é normal. Se for menor que 120, alguma coisa está errada. O bebé pode estar doente, ou os batimentos não foram bem contados, ou os batimentos contados foram os do coração da mãe. Verifique o pulso da mãe. O batimento do coração é muitas vezes difícil de ouvir. É preciso prática. Repita a contagem.

Se a frequência cardíaca fetal (os batimentos do coração) for menor do que 120/minuto, ou o bebé não se mexe ou mexe-se menos do que o normal, ou se os batimentos são mais fortes acima do umbigo no último mês da gravidez, transfira a grávida para uma unidade sanitária com mais recursos.

Observe em especial para ver se há os seguintes sinais de perigo:

◆ aumento súbito de peso

◆ inchaço das mãos e do rosto

◆ tensão arterial muito alta   } sinais de toxemia da gravidez

◆ mucosas muito pálidas

◆ hemorragia

Se, por alguma razão, desconfia que vão surgir problemas na hora do parto, envie a grávida para uma unidade sanitária com mais recursos para ter o bebé. Lembre-se de que ela deve estar na unidade sanitária quando o trabalho do parto começar.

Sinais de risco na história (antecedentes obstétricos)

A mulher deve ser enviada à consulta e ter o parto numa unidade sanitária com cuidados obstétricos de emergência básicos:

● Se já teve 5 ou mais partos

● Se teve partos anteriores com ventosa

● Se teve nado-morto na última gravidez

● Se teve um bebé que faleceu na primeira semana de vida

● Se teve recém-nascido com mais de 4 kg

● Se teve tensão alta ou edemas nas gravidezes anteriores

● Se teve convulsões nas gravidezes anteriores

Também deve ser transferida para uma unidade sanitária com mais recursos se tem vómitos com desidratração (ver pág. 342).

A mulher deve ser enviada à consulta e ter o parto numa unidade sanitária com cuidados obstétricos de emergência (cirurgia):

- Se teve cesariana no último parto

- Se teve hemorragias em mais de 2 partos

- Se teve remoção manual da placenta em mais de 2 partos

- Se teve 2 ou mais abortos ou 2 ou mais nados-mortos

- Se teve alguma alergia medicamentosa

OS PARTOS COM MAIORES POSSIBILIDADES DE COMPLICAÇÕES SÃO:

o primeiro parto e   os últimos partos da mãe após ter tido muitos filhos

Sinais de risco

A mulher deve ser enviada à consulta e ter o parto numa unidade sanitária com cuidados obstétricos de emergência básicos:

- Se tem mais de 35 anos

- Se está a perder peso ou tem peso < 45 kg ou > 90 kg

- Se tem altura uterina superior a 36 cm

- Se as dores do parto começam mais de 3 semanas antes da data em que se espera que o bebé nasça

- Se a bolsa de água rebentou e o trabalho do parto não começa dentro das primeiras 12 horas. O perigo é maior quando ela tem febre

- Se o bebé ainda não nasceu 2 semanas depois dos 9 meses da gravidez

- Se tem sangramento antes do parto

- Se há sinais de toxemia da gravidez (ver pág. 611)

- Se sofre de doença crónica (TB, diabetes, doença de coração, epilepsia, HIV)
- Se tem dor ao urinar ou urina frequentemente com dor (infecção urinária)
- Se está muito anémica

A mulher deve ser enviada à consulta e ter o parto numa unidade sanitária com cuidados obstétricos de emergência (cirurgia)

- Se tem menos de 16 anos e é a primeira gravidez
- Se é muito pequena (altura inferior a 1,5 metros) ou tem as ancas estreitas e é a primeira gravidez
- Se tem deformidade da bacia
- Se vai ter gémeos
- Se o bebé não está em posição normal dentro do útero (apresentação pélvica ou situação transversa)
- Se tem sangramento a partir do 6° mês de gravidez

O sangramento a partir do 6° mês de gravidez pode significar que a placenta está muito baixa (placenta prévia). Se não for assistida, a mulher pode morrer. Não faça exame vaginal, não introduza nada dentro da vagina e não faça lavagens vaginais. Deve-se transferir imediatamente para uma **unidade sanitária com condições cirúrgicas.**

Exames laboratoriais

Sempre que for possível, toda a mulher grávida deve fazer alguns exames laboratoriais. Entre eles, na primeira consulta, a hemoglobina, a glicemia, o exame da urina, o teste da sífilis e do HIV.

A hemoglobina é importante para saber se a mulher tem anemia (ver pág. 599. neste capítulo). Na grávida, uma hemoglobina inferior a 11 g/dl indica anemia que precisa de ser tratada.

A glicemia (nível de açúcar no sangue) ou a presença de glicose na urina podem ser sinais de diabetes. Transfira para uma unidade sanitária com mais recursos se suspeita que a grávida tem diabetes.

A presença de proteínas (albumina) na urina pode ser sinal de toxemia da gravidez. Se a mulher tiver albumina na urina representada por 2 cruzes (+ +), deve ser transferida para uma unidade sanitária com cuidados obstétricos essenciais básicos.

O exame da urina permite também verificar se a mulher tem infecção urinária.

É sempre aconselhável fazer teste para detectar a sífilis, pois permite que a mulher faça um tratamento precoce, evitando complicações para a mãe e que a criança nasça com sífilis congénita.

O teste para o HIV é importante porque permite saber se a grávida é HIV, positiva ou não, e o que fazer.

Se for possível, faça o teste para saber o grupo sanguíneo, principalmente nas primigestas.

Tratamento e prevenção de doenças

Prevenção da anemia e dos defeitos congénitos

Administre sal ferroso e ácido fólico para prevenir e tratar anemia (sal ferroso) e prevenir defeitos congénitos (ácido fólico).

Prevenção do tétano

A administração da vacina contra o tétano evita que a mãe e o bebé tenham tétano. Se a mãe não foi vacinada, administre a primeira dose na primeira consulta. A segunda dose deve ser administrada 4 semanas depois e a terceira 6 meses depois. Se ela já foi vacinada contra o tétano, dê 1 dose de reforço na primeira visita.

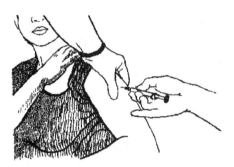

Vacina intramuscular.

CALENDÁRIO DE VACINAÇÃO ANTITETÂNICA (VAT) DA MULHER EM IDADE FÉRTIL (15-49 ANOS)

DOSES	INTERVALO MÍNIMO
VAT 1	Ao primeiro contacto ou o mais cedo possível durante a gravidez, incluindo o primeiro trimestre
VAT 2	Pelo menos **4 semanas** depois da VAT 1
VAT 3	Pelo menos **6 meses** depois da VAT 2 ou durante a gravidez subsequente
VAT 4	Pelo menos **1 ano** depois da VAT 3 ou durante a gravidez subsequente
VAT 5	Pelo menos **1 ano** depois de VAT 4 ou durante a gravidez subsequente.

Malária

A malária é mais frequente durante a gravidez, e o risco de malária grave é muito maior.

Nas grávidas com malária, a anemia é muito frequente e estas têm um risco mais elevado de abortar, ter nados-mortos, ou crianças com baixo peso à nascença.

A malária na gravidez pode apresentar-se de duas formas:

- Com sintomas típicos de malária, com ou sem anemia;

- Só com anemia, geralmente grave, sem outros sintomas de malária.

Prevenção:

Devido ao risco de efeitos graves da malária na mulher grávida, recomenda-se o Tratamento Preventivo Intermitente (**TPI**), com sulfadoxina-pirimetamina (SP, ver pág. 711).

Administrar a primeira dose de sulfadoxina-pirimetamina (SP, ver pág. 711) por volta das 20 semanas, ou quando a grávida refere movimentos fetais activos, ou quando confirmado pela auscultação do foco fetal.

As doses subsequentes são administradas com um intervalo de 4 semanas (mensalmente). Recomenda-se a administração de pelo menos 3 doses durante a gravidez.

As grávidas com história de alergia ao SP ou ao cotrimoxazol **não devem fazer** prevenção da malária com SP.

As mulheres grávidas HIV-positivas que estiverem a receber cotrimoxazol profilático não devem receber o SP, devido ao risco de efeitos adversos e aos benefícios do cotrimoxazol na prevenção e tratamento da malária.

> **Todas as grávidas devem dormir dentro duma rede mosquiteira impregnada.**

Tratamento:

No **primeiro trimestre** de gravidez, o melhor medicamento é o quinino (ver pág. 715).

No **segundo e terceiro trimestre** de gravidez, as mulheres podem ser tratadas com artesunato e sulfadoxina-pirimetamina (AS-SP, ver pág. 712) ou quinino (ver pág. 715).

Até ao momento não existe informação suficiente sobre a segurança do arteméter e lumefantrina (AL, ver pág. 714) durante a gravidez. Por isso, não deve ser administrada esta combinação durante a gravidez.

As mulheres grávidas com malária grave devem ser rapidamente transferidas para uma unidade sanitária onde possam ser tratadas com quinino por infusão endovenosa. Mas, antes de transferir a mulher, deve-se administrar a primeira dose de quinino I.M. (ver pág. 715).

As grávidas com malária grave ou a fazer quinino têm frequentemente hipoglicemia (falta de açúcar no sangue, ver pág. 495). A hipoglicemia deve ser tratada ou prevenida.

Antes de transferir a grávida com malária grave deve-se administrar, se possível:

Glicose a 30% E.V. (ver pág. 729). Se não, dar água açucarada, se ela consegue beber.

Para preparar água açucarada: dissolver 4 colheres de chá razas de açucar numa chávena com 200 ml de água limpa.

Infecções de transmissão sexual (ITS)

Procure saber se a mulher tem corrimento e/ou feridas (úlceras) nos genitais.

As mulheres grávidas com ITS podem ter:

- Abortos
- Nados-mortos
- Crianças com baixo peso à nascença
- Crianças com sífilis congénita
- Crianças com conjuntivite

Por isso, devem ser tratadas se tiverem corrimento vaginal ou feridas nos genitais ou outras ITS (ver capítulo 22). Os parceiros também deverão ser tratados!

Todas as grávidas devem fazer o teste para sífilis. Se o teste for positivo, deverão ser tratadas com penicilina benzatínica I.M. (ver pág. 696) em 3 doses administradas com intervalos de 1 semana.

HIV

Uma mulher grávida que tenha o HIV pode ter muitos problemas:

- Perda do bebé durante a gravidez (aborto)
- Infecções oportunistas e outras (malária) que podem ser mais graves do que nas mulheres sem HIV
- Infecções após o parto que podem ser mais graves

Para além das complicações que podem ocorrer na mulher grávida, há também a possibilidade de transmitir o HIV para o bebé.

Na grávida HIV-positiva, sem tratamento, um em cada três bebés pode ficar infectado com o vírus HIV. A transmissão pode ocorrer durante a gravidez, durante o parto e através do aleitamento materno. A transmissão do HIV da mãe para o filho é chamada **transmissão vertical.**

Uma nova infecção, recente ou que ocorra durante a gravidez, aumenta o risco de transmissão do HIV ao bebé.

As mulheres devem usar sempre preservativo durante a gravidez e no período de amamentação

Na mulher grávida, recomenda-se que faça o teste de HIV na primeira consulta pré-natal. Este deve ser repetido a cada 3 meses, nos casos em que o primeiro teste seja negativo

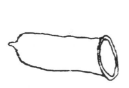 

Aviso: é importante que os casais que desejam ter filhos façam o teste de HIV (ver pág. 403). Recomenda-se que, nos casos em que o teste é negativo, seja feito um segundo teste, 3 meses depois, como forma de ter maior segurança.

Recomendações para as grávidas HIV-positivas

CUIDADOS

O capítulo 21 descreve as recomendações sobre os cuidados a ter em doentes HIV-positivos. As recomendações para as mulheres grávidas em relação ao início do tratamento anti-retroviral são as mesmas que para as não grávidas. Mas as grávidas devem começar os anti-retrovirais quando no estadio 3 da OMS e a contagem de células CD4 for inferior a 350/mm^3.

O manejo pode variar, pelo que se aconselha a consulta das normas em uso em cada país.

Medicamentos para prevenir a transmissão mãe-filho

As mulheres que **estão em tratamento anti-retroviral** devem continuar a tomar a sua medicação normal.

As mulheres HIV-positivas que **não estão em tratamento anti-retroviral** devem receber medicamentos para prevenir a transmissão do HIV aos seus filhos (transmissão vertical). Estas recomendações variam de país para país. Recomenda-se seguir as normas do país.

Uma das recomendações actuais é que, a partir das 28 semanas, a grávida deve tomar AZT (zidovudina) até ao parto. Se a mulher tem anemia grave (Hb menor de 7 g/dl) deverão ser utilizados outros anti-retrovirais. Também deve receber nevirapina para tomar quando iniciar o trabalho do parto.

Isso ajuda a prevenir a transmissão ao bebé durante o parto.

Parto

Preparação para o parto

O parto é um acontecimento natural. A maior parte dos partos ocorrem sem complicações.

Por vezes, podem surgir complicações no parto, que podem pôr em risco a vida da mãe ou do bebé. **Sempre que possivel, o parto deve ocorrer na maternidade.**

Sinais que indicam que o trabalho do parto está próximo

Geralmente, uns dias antes do trabalho do parto começar, **o bebé desce** no útero. Isso permite que a mãe respire mais facilmente, mas ela talvez precise de urinar com mais frequência por causa da compressão na bexiga. (No primeiro parto estes sinais podem começar até 2 semanas antes.)

Pouco antes do trabalho do parto começar, **uma pequena quantidade de muco** (secreção) pode ser descarregada. Às vezes sai tingido com sangue. Isso significa que o trabalho do parto está a começar.

As **contracções** ou dores de parto podem começar vários dias antes do parto; no início passa muito tempo entre as contracções – alguns minutos ou até horas. Nesta fase, as contracções são irregulares. Quando as contracções se tornam mais fortes, regulares e mais frequentes, o trabalho do parto está a começar.

Algumas mulheres sentem umas **contracções de preparação** semanas antes do parto. Isso é normal. Em raras ocasiões a mulher pode ter um falso trabalho de parto. Isso acontece quando as contracções são fortes e umas logo após outras, depois não vêm por horas ou dias, até que o parto realmente começa. Às vezes, caminhar ajuda a acalmar as contrações se forem falsas ou a acelerá-las se forem verdadeiras e deste modo a acelerar o parto. Mas, mesmo que seja trabalho de parto falso, as contracções ajudam a preparar o útero para o parto.

As dores de parto são causadas pelas contracções do útero. Entre as contrações o útero está relaxado, assim:

Durante as contracções, o útero fica contraído e levanta-se assim:

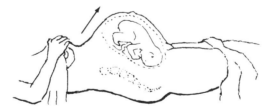

As contracções forçam o colo do útero (cérvix) a abrir pouco a pouco.

A **bolsa de água** que protege o bebé no útero geralmente rompe-se e liberta um líquido transparente (líquido amniótico) depois de o trabalho do parto ter começado. Se a bolsa de água rompe antes do início das contracções, isso geralmente provoca o início do trabalho do parto. Quando a bolsa de água se rompe, a mãe deve dirigir-se à unidade sanitária. Depois da bolsa de água se romper, a mãe deve ser mantida muito limpa. Andar de um lado para o outro pode ajudar a acelerar o início do parto.

Verificar se o bebé está numa boa posição

Para ter a certeza de que o bebé está de cabeça para baixo (apresentação céfalica), na posição normal para o nascimento, procure sentir onde está a cabeça, deste modo:

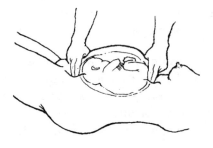

1. Faça a mãe expelir o ar todo dos pulmões.

   Com o polegar e 2 dedos, aperte no sítio indicado, logo acima do osso **pélvico.**

   Com a outra mão, palpe o fundo do útero.

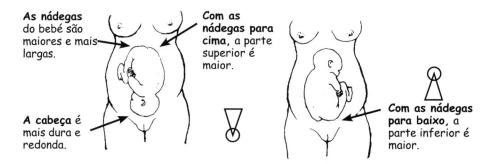

As nádegas do bebé são maiores e mais largas.

Com as nádegas para cima, a parte superior é maior.

A cabeça é mais dura e redonda.

Com as nádegas para baixo, a parte inferior é maior.

2. Empurre com cuidado de um lado para o outro, primeiro com uma das mãos e depois com a outra.

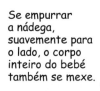

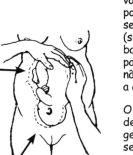

Se empurrar a nádega, suavemente para o lado, o corpo inteiro do bebé também se mexe.

Mas se empurrar a **cabeça** suavemente para o lado, o pescoço dobra e as costas não se mexem.

Se o bebé ainda está no fundo do útero, você pode mexer um pouco a cabeça. Mas se está encaixada (situada mais para baixo, preparando-se para nascer), você não consegue mexer a cabeça.

O primeiro bebé de uma mulher geralmente encaixa-se 2 semanas antes de começar o parto. Os bebés seguintes podem não encaixar até começar o trabalho do parto.

Se a cabeça do bebé está para *baixo*, significa que está em posição normal para nascer.

Se a cabeça do bebé está para *cima* (apresentação pélvica), ou o bebé está *atravessado* (situação transversa), o nascimento pode ser difícil.

A mãe e o bebé correm perigo. Deve-se transferir para uma unidade sanitária com recursos cirúrgicos.

Fases do trabalho do parto

O trabalho do parto tem 3 fases ou períodos:

- A primeira fase vai desde o início das contracções fortes até o bebé descer no canal de parto.
- A segunda fase começa quando o bebé desce no canal de parto e termina com o nascimento.
- A terceira fase vai do nascimento do bebé até à saída da placenta.

A PRIMEIRA FASE DO TRABALHO DO PARTO geralmente dura de 10 a 20 horas quando é o primeiro parto da mãe; e de 7 a 10 horas nos partos seguintes. Isso varia muito.

Durante a primeira fase do trabalho do parto, a mãe não deve procurar apressar o parto. É natural que esta fase seja demorada. A mãe pode não sentir o progresso e talvez fique preocupada. Tente acalmá-la. Diga-lhe que isso acontece com a maioria das mulheres.

A mãe não deve empurrar ou fazer força para baixo até que o bebé comece a descer para o canal e ela sinta que deve empurrar.

Durante o trabalho do parto, a mãe deve urinar com frequência. Durante o parto, a mãe deve beber com frequência água e líquidos açucarados, como chá, sumo. Se o parto for demorado, ela também deve comer uma refeição leve. Se vomitar, deve continuar a tomar os líquidos.

Durante o trabalho de parto, se a mãe tiver necessidade de ficar na cama, deve mudar de posição várias vezes; sempre que possivel ela deve levantar-se e andar de vez em quando.

Durante a primeira fase do trabalho do parto, a parteira deve seguir os seguintes conselhos:

- Lavar muito bem com água morna e sabão, a barriga, os genitais, as nádegas e pernas da mãe.

- A cama deve estar num sítio limpo, com luz suficiente para permitir que haja boa visibilidade.

- Cobrir a cama com lençóis limpos e mudá-los quando ficarem molhados ou sujos.

A parteira **não** deve massajar ou empurrar a barriga. **Não** deve mandar a mãe empurrar ou fazer força para baixo nesta fase.

Se a mãe tem medo ou está com dores fortes, diga-lhe para respirar fundo, devagar e de modo regular durante cada contracção e, entre as contracções, respirar normalmente. Isso ajuda a controlar a dor e acalma a mãe. Tranquilize a mãe e diga-lhe que essas dores fortes são normais e ajudam a empurrar o bebé para fora.

Medidas para reduzir a transmissão vertical do HIV nesta fase

1. A parteira deve fazer apenas os exames cervicais necessários (o mínimo possível).

2. Antes do exame deve fazer limpeza da área genital.

3. Evitar trabalho do parto prolongado e rotura prematura da bolsa de água.

4. Evitar rapar os pelos púbicos.

5. Em relação aos medicamentos anti-retrovirais:

- As mulheres em TARV devem continuar o tratamento.

- As outras devem fazer AZT a partir das 28 semanas (ver pág. 748) e, no início do trabalho do parto, tomam uma dose única de nevirapina (ver pág. 749) e a combinação de AZT +3TC (ver pág. 750), que continuam durante uma semana.

- As mulheres que não tomaram AZT durante a gravidez devem seguir o mesmo esquema de tratamento após o início do trabalho do parto.

É importante que a parteira conheça o estado em relação ao HIV das mulheres que se dirigem à maternidade. Se não conhece o estado da mulher, deve fazer o aconselhamento e o teste de HIV na maternidade.

A SEGUNDA FASE DO TRABALHO DE PARTO. É a altura em que a criança nasce. Às vezes começa quando a bolsa de água rompe. Geralmente é mais fácil do que a primeira fase e dura menos tempo. Durante as contracções a mãe faz força para baixo (empurra) com toda a força que tem. Entre as contracções, ela pode parecer muito cansada e meio sonolenta. Isso é normal.

Para fazer força para baixo, a mãe deve respirar fundo e fazer força com os músculos da barriga, como se estivesse a defecar.

Quando o canal de parto está dilatado e a cabeça do bebé começa a aparecer, a parteira ou quem estiver a assistir, deve ter tudo pronto para o nascimento do bebé. Nesta altura a mãe **não** deve fazer força, para que a cabeça do bebé saia devagar. Isso ajuda a evitar a rasgadura da abertura do canal de parto.

A parteira deve-se proteger do contacto com o sangue e líquido amniótico (líquido que envolve o bebé no útero), porque podem transmitir o HIV e outras infecções. Deve usar: barrete, máscara, óculos de protecção, avental, luvas e botas.

Quando a cabeça está a sair, a parteira pode segurá-la mas **nunca deve puxá-la. Use luvas para assistir ao parto** – para a protecção da saúde da mãe, do bebé e da parteira.

GERALMENTE NASCE PRIMEIRO A CABEÇA DO BEBÉ, DESTE MODO:

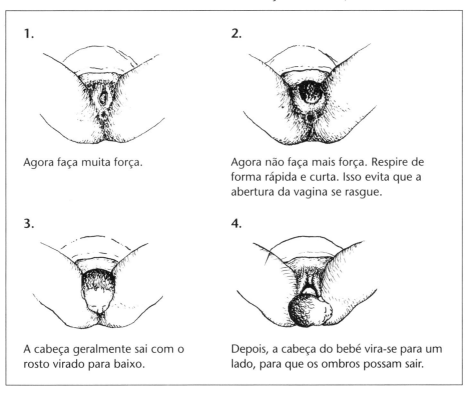

1.
Agora faça muita força.

2.
Agora não faça mais força. Respire de forma rápida e curta. Isso evita que a abertura da vagina se rasgue.

3.
A cabeça geralmente sai com o rosto virado para baixo.

4.
Depois, a cabeça do bebé vira-se para um lado, para que os ombros possam sair.

Se os ombros ficam presos depois de a cabeça ter saído:

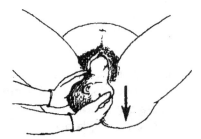

1.

A parteira pode pegar a cabeça do bebé com as mãos e baixar a cabeça com muito cuidado, para que saia o ombro.

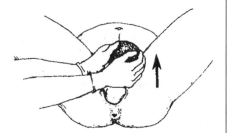

2.

Depois, a parteira pode levantar a cabeça um pouco, para que saia o outro ombro.

Toda a força deve vir da mãe. A parteira **nunca deve puxar a cabeça nem torcer nem dobrar o pescoço do bebé,** porque isso pode causar lesões.

Medidas para reduzir a transmissão vertical do HIV nesta fase

1. Tomar as precauções padrão de biossegurança (ver pág. 138).

2. Lavar a região genital com cetrimida e clorexidina (ver pág. 739).

3. Evitar trabalho do parto prolongado e rotura prematura da bolsa de água.

4. Proteger o cordão com uma compressa antes de laquear, para evitar que o sangue se espalhe.

5. Não fazer episiotomia (cortar a parede da vagina) por rotina, nem mesmo nas nulíparas (mulheres que estão a ter o primeiro parto).

6. Evitar traumas durante o parto.

    A TERCEIRA FASE DO TRABALHO DE PARTO começa quando o bebé nasce e termina quando a placenta sai. Geralmente, a placenta sai por si mesma entre 5 minutos e até 1 hora depois do bebé nascer. Contudo, recomenda-se o manejo activo nesta fase: administre imediatamente oxitocina (ver pág. 743), faça tracção controlada do cordão e massagem uterina, isto dura no geral 1 minuto. O manejo activo previne a hemorragia pós-parto. De seguida, **cuide do bebé.** Se houver forte hemorragia ou se a placenta não sair dentro de 1 hora, procure ajuda médica.

Medidas para reduzir a transmissão vertical do HIV nesta fase

1. Minimizar o risco de hemorragia após parto usando oxitocina, tracção controlada do cordão e massagem uterina.

2. Suturar todas as lacerações na área genital.

3. Se for necessária uma transfusão de sangue, garanta que seja segura.

4. Continuar com a administração dos anti-retrovirais para a mãe e o recém-nascido.

   As mulheres em TARV devem continuar o tratamento.

   As outras devem continuar a tomar AZT + 3TC (ver págs. 748 e 750) durante 7 dias.

   Para as doses recomendadas do recém-nascido, (ver pág. 627).

Cuidados ao recém-nascido após o nascimento

Logo que a criança nasce:

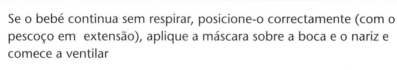

- Ponha a cabeça do bebé para baixo, para que o muco saia da boca e da garganta. Mantenha o bebé nessa posição até que ele comece a respirar.

- Se o bebé não começar a respirar logo, esfregue-lhe as costas com uma toalha ou um pano.

- Se o bebé continua a não respirar, limpe o muco do nariz e da boca com uma pera de borracha ou com um pano limpo enrolado no seu dedo.

Se o bebé continua sem respirar, posicione-o correctamente (com o pescoço em extensão), aplique a máscara sobre a boca e o nariz e comece a ventilar

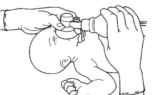

O **índice de Apgar** consiste na avaliação de 5 aspectos no exame físico do recém-nascido com 1,5 e 10 minutos de vida.

Como cortar o cordão umbilical

Quando a criança nasce, o cordão pulsa, é grosso e azul.

Imediatamente após o nascimento do bebé, amarre o cordão em 2 lugares (o primeiro nó a cerca de 2 cm do corpo e o segundo nó, 2 cm a seguir) com pinças esterilizadas, ou fitas limpas e secas (esterilizadas ou passadas a ferro). Proteja o local onde vai cortar com uma compressa.

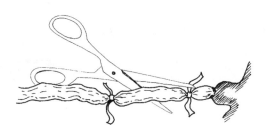

O cordão deve ser cortado com tesoura esterilizada ou com lâmina nova. **Corte sempre o cordão perto do corpo do bebé.** Deixe só 2-3 cm (2 dedos) ligados ao bebé.

Estas precauções ajudam a evitar o tétano e outras infecções.

Cuidados com o cordão umbilical

Para proteger o cordão umbilical contra a infecção **é importante conservá-lo seco.**

- Manter o cordão exposto ao ar ou coberto só com roupa limpa. Não amarrar nem aplicar ligaduras
- Não aplicar substâncias no cordão
- Se o cordão ficar sujo, lavar com água e sabão e secar bem com um pano ou toalha limpos

Assegure-se que a fralda do bebé não cubra o umbigo, para que o cordão não fique molhado com urina.

Limpeza do recém-nascido

Com uma toalha limpa, morna, macia e húmida, retire cuidadosamente o sangue ou qualquer outra secreção.

Agasalhe o bebé num pano limpo. **É muito importante que não apanhe frio,** principalmente se é prematuro (nasceu antes do tempo).

Começar logo a amamentar o recém-nascido

Coloque o bebé ao peito da mãe logo que nasce. Se o bebé começar a chupar, isso ajuda a placenta a sair mais depressa e evita ou controla hemorragia forte.

Os olhos

Os olhos de **todos** os recém-nascidos devem ser protegidos contra a infecção (as mães podem ter contraído doenças sem saber).

Os olhos devem ser limpos com uma compressa húmida antes de abrirem, isto é, logo que o bebé nasce. Logo que os olhos estejam abertos, aplicar pomada de tetraciclina a 1% (ver pág. 738), em cada olho, uma só vez.

Medicamentos para reduzir a transmissão do HIV

Se a mãe está em TARV há 4 semanas ou mais, a criança deve tomar nevirapina em dose única (ver pág. 749) e AZT (ver pág. 748) durante 7 dias.

No caso de a mãe ser HIV-positiva e ter tomado AZT desde as 28 semanas, a criança deve receber nevirapina em dose única (ver pág. 749) e AZT (ver pág. 748) durante 7 dias.

Se a mãe é HIV-positiva e não recebeu AZT às 28 semanas, ou está em TARV há menos de 4 semanas, a criança deve receber nevirapina em dose única (ver pág. 749) e AZT (ver pág. 748) durante 4 semanas.

Para a prevenção de infecções, todas as crianças nascidas de mães HIV-positivas devem receber cotrimoxazol (ver pág. 699).

A expulsão da placenta

Normalmente a placenta sai entre 5 minutos e 1 hora após o nascimento do bebé, mas às vezes demora muitas horas (ver abaixo). Se o parto for na maternidade deve-se administrar oxitocina (ver pág. 743) logo após a saída do bebé e fazer massagem uterina para a expulsão da placenta. Isto ajuda a prevenir o sangramento depois do parto.

Reduzir o risco de hemorragia pós-parto

A hemorragia após o parto é a causa mais comum de mortalidade materna. As mulheres são muitas vezes anémicas e o parto pode agravar a anemia.

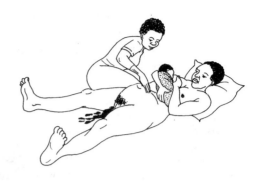

Em todas as mulheres é necessário reduzir o risco de hemorragia nesta fase. As medidas para reduzir o risco de hemorragia são:

1. Depois do nascimento do bebé deve-se aplicar à mãe uma injecção I.M. de oxitocina (ver pág. 743).

2. Tracção controlada do cordão (puxe suavemente o cordão enquanto faz a massagem uterina).

3. Massagem uterina:

- Apalpe o útero através da barriga.
- Massajar o útero cuidadosamente, até que fique duro. Assim ele contrai-se e descarrega a placenta.

Verificação da placenta e restantes membranas

Após a saída da placenta verifique se está completa (inteira). Se parece que falta uma parte da placenta, procure ajuda para realizar a revisão manual do útero ou transfira a doente para uma unidade sanitária com mais recursos.

Restos de membranas ou placenta que fiquem dentro do útero podem causar hemorragia ou infecção.

Use luvas para tocar e pegar a placenta. Depois, lave bem as mãos.

Quando a placenta demora a sair

Se a placenta não sair transfira a doente. Se houver hemorragia, tente controlá-la como se descreve a seguir.

Hemorragia

Quando a placenta é expulsa, há sempre um pequeno sangramento que normalmente dura alguns minutos, onde a mãe não perde mais do que 1/4 de litro (1 copo) de sangue. Em geral, o sangramento não é grave, pode continuar durante vários dias, e diminui se a mãe amamenta o bebé.

Às vezes a mulher pode estar a sangrar muito por dentro, sem o sangue sair em grande quantidade. Apalpe a barriga de vez em quando. Se parece que está a crescer, pode ser que esteja a encher-se de sangue. Verifique o pulso e procure sinais de choque (ver pág. 243).

Para evitar ou controlar o sangramento forte, **ponha o bebé a chupar o peito da mãe.** Se o bebé não chupar, a mulher pode massajar e puxar os mamilos (o bico das mamas) suavemente.

Se a hemorragia continua:

- Transfira para uma unidade sanitária com mais recursos. Antes de transferir, administre um soro.

- Se tiver **oxitocina**, siga as instruções das páginas verdes (ver pág. 743).

- Se ela começa a perder os sentidos, ou se o pulso fica fraco e rápido, ou apresenta outros sinais de **choque**, levante-lhe as pernas e baixe-lhe a cabeça.

- Se a mãe está a perder muito sangue e está em risco de perder a vida, continue a massagem:

Massage a barriga até que sinta o útero a ficar duro. Se está mole, massage novamente.

Se o sangramento pára, verifique cada 5 minutos se o útero continua duro.

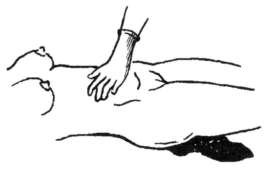

Assim que o útero ficar firme, o sangramento pára.

Verifique mais ou menos a cada minuto. Se o útero começar a ficar mole, massage novamente.

Uso de oxitocina

A oxitocina é um medicamento que provoca contracção do útero e dos seus vasos sanguíneos, reduzindo assim a hemorragia após o parto ou aborto. A oxitocina é útil mas perigosa, se usada de forma incorrecta, podendo causar a morte da mãe ou da criança dentro do útero. Se usada correctamente, a oxitocina pode salvar vidas.

O uso de oxitocina para acelerar o parto ou "dar forças" à mãe durante o trabalho do parto é muito perigoso para a mãe e para a criança. É raro que a oxitocina seja necessária antes do bebé nascer.

Não usar oxitocina antes da criança nascer!

Situações em que se deve usar oxitocina:

1. **Para prevenir a hemorragia grave após o parto.**

2. **Para controlar a hemorragia depois do aborto ou parto.**

Para as doses, consultar as páginas verdes (ver pág. 743).

Partos difíceis

É muito importante que a mulher seja transferida com urgência quando existe um problema grave. Muitos problemas e complicações podem ocorrer durante o parto. Aqui se indicam os mais comuns:

1. O TRABALHO DO PARTO PÁRA OU DIMINUI, ou dura muito tempo depois de a bolsa de água rebentar. Causas possíveis:

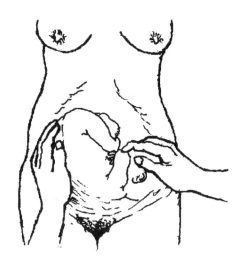

O bebé pode estar numa posição errada.

Apalpe a barriga entre as contracções para verificar se o bebé está **atravessado (situação transversa)**. Não **deve tentar virar o bebé** porque isso pode rasgar o útero ou separar a placenta. Transfira a mãe para uma unidade sanitária onde se pode fazer uma operação (cesariana).

- **Se o bebé está de frente,** em vez de estar de costas, pode-se sentir os braços e as pernas salientes em vez das costas redondinhas. Geralmente não é um grande problema, mas o parto prolonga-se e pode causar mais dores nas costas da mãe. Ela deve mudar de posição mais vezes porque assim ajuda o bebé a virar-se.

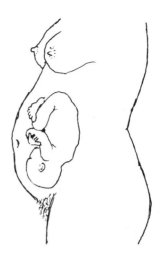

A cabeça do bebé pode ser muito grande e não passa pelos ossos da bacia da mulher (pélvis). Isso acontece em mulheres muito baixas (altura inferior a 1,5 m) ou que tenham bacia estreita. Pode ser que não se sinta o bebé descer. Se suspeita que existe este problema, transfira a mãe para uma unidade sanitária com cirurgia porque ela pode precisar duma cesariana.

As mulheres muito baixas ou com bacia muito estreita devem ter os filhos numa unidade sanitária com cirurgia.

Se a mãe vomitou ou não bebeu líquidos, pode estar desidratada (ver pág. 342) ou com hipoglicemia (ver pág. 89). Isso pode diminuir o ritmo das contracções. Faça-a beber água açucarada, chá com açúcar ou sumos nos intervalos entre as contracções.

2. RETENÇÃO URINÁRIA. Por vezes, a mulher não consegue urinar durante e após o parto. Isso também pode dificultar a descida do bebé e a contracção do útero logo após o parto. Se passarem mais de 6 horas e a bexiga parecer estar cheia, pode ser necessário algaliar (ver pag. 309). Se não sentir a bexiga cheia, não é preciso algaliar, mas dar muita água para beber.

3. APRESENTAÇÃO PÉLVICA (as nádegas do bebé aparecem primeiro). A parteira pode notar que o bebé está com as nádegas para baixo ao palpar a barriga da mãe ou escutar o batimento do coração do bebé.

As mulheres com apresentação pélvica devem ter o parto numa unidade sanitária com cirurgia.

Se a mulher se apresenta já no trabalho de parto, e não é possível transferi-la, pode assistir o parto, tendo em mente que

O sucesso do parto pélvico é tanto maior quanto menor for a intervenção, e observando o seguinte:

- O parto pélvico deve se efectuar numa mesa de parto com suporte para as pernas, para permitir que o tronco fetal fique pendurado e ajude a descida da cabeça utilizando a força de gravidade.

- **Não** se deve tocar no feto até ao aparecimento de uma omoplata na vulva.

- No entanto, quando aparece o umbigo deverá fazer-se uma ansa do cordão umbilical, para evitar a tensão no cordão, que impede a circulação.

 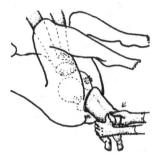

- Esta ansa permite também o controlo do coração fetal pela palpação.

- Quando aparece a omoplata, o tronco deve ser flectido para baixo, sem tracção, de forma a libertar o ombro anterior; se necessário, pode-se libertar o ombro usando o dedo.

 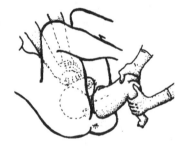

- Faz-se flexão do corpo para cima, sem tracção, para se libertar o ombro posterior.

- Deixa-se o corpo do feto pendurado, permitindo a descida da cabeça em flexão, até que o occipital (raíz dos cabelos da nuca) apareça debaixo da sínfise púbica.

- Neste momento seguram-se e levantam-se os membros inferiores, suspendendo o tronco verticalmente.

- Quando aparece a face, um assistente deverá limpar e aspirar as vias aéreas. A cabeca liberta-se lentamente. Durante estas manobras não se aplica qualquer tracção. O assistente deve aplicar pressão no fundo do útero para facilitar a descida da cabeça.

4. APRESENTAÇÃO PELO BRAÇO (a mão sai primeiro).

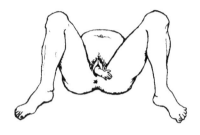

Se a mão do bebé sai primeiro, transfira imediatamente a mãe para uma unidade sanitária com recursos cirúrgicos. Pode ser necessária uma operação para tirar o bebé.

5. Às vezes o CORDÃO UMBILICAL FICA ENROLADO NO PESCOÇO DO BEBÉ, tão apertado que o bebé não consegue sair completamente. Tente tirar o cordão do pescoço do bebé. Se não conseguir fazer isso, talvez tenha que laquear o cordão isto é atá-lo e cortá-lo. Utilize uma tesoura esterilizada com pontas redondas.

6. FEZES NA BOCA E NARIZ DO BEBÉ. Quando a bolsa de água rebenta e na água saem as primeiras fezes do bebé (mecónio), este pode estar em perigo. Se ele inalar as fezes e estas entrarem no pulmão, o bebé pode morrer. Antes do bebé começar a respirar, limpe-lhe a boca e o nariz com a ajuda duma pera de borracha. Mesmo que o bebé comece a respirar imediatamente, continue a limpar até tirar todo o mecónio.

7. GÉMEOS. Ter parto de gémeos é muitas vezes difícil e perigoso para a mãe e os bebés.

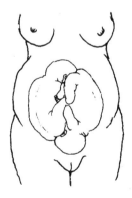

Em caso de gémeos, transferir para uma unidade sanitária com cirurgia.

Como o trabalho de parto de gémeos pode começar mais cedo, **a mãe deve estar perto duma unidade sanitária com cirurgia depois do sétimo mês de gravidez.**

Sinais que indicam que a mãe provavelmente vai ter gémeos:

- A barriga cresce mais rápido e o útero fica maior do que o normal, principalmente nos últimos meses.

- A grávida aumenta de peso mais rápido do que o normal.

- Os problemas comuns da gravidez (enjoo matinal, dores nas costas, varizes, hemorróidas, inchaço e dificuldade de respirar) são mais graves.

- Sente-se 3 ou mais massas grandes (cabeças e nádegas) num útero que parece muito grande.

- Ouvem-se algumas vezes mais de 2 batimentos de coração separados (sem contar com os da mãe).

Nos últimos meses, a mãe deve descansar bem e evitar trabalhos pesados.

Os gémeos frequentemente nascem pequenos e precisam de cuidados especiais.

Lacerações (rasgaduras) à volta da vagina

A abertura da vagina precisa de se dilatar muito para o bebé poder sair. Algumas vezes ela rasga-se. Isso é comum no primeiro parto.

Geralmente, se houver cuidado, a laceração pode ser evitada:

A mãe não deve fazer força durante a dilatação. Isso dá tempo para a abertura dilatar.
Para não empurrar, ela deve respirar profundamente com a boca aberta (sopros curtos e rápidos).

Quando a abertura está dilatada, a parteira pode apoiar com uma mão e com a outra mão segurar com cuidado a cabeça para que não saia muito depressa, assim:

Também ajuda, a colocação de compressas na pele da abertura vaginal. Comece a colocar quando a abertura começa a dilatar.

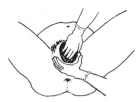
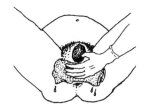

Se a abertura da vagina tem lacerações deve-se suturar depois da placenta sair.

Fístulas

A fístula é uma falsa comunicação entre órgãos como resultado de trauma.

O trauma pode acontecer durante um parto prolongado, quando a cabeça do bebe comprime os tecidos contra os ossos da bacia.

A fístula vesico-vaginal (entre a bexiga e a vagina) é a mais frequente. Como consequência, a mulher perde continuamente urina pela vagina.

A fístula recto-vaginal é menos comum e, como consequência, há passagem de fezes do recto para a vagina.

As mulheres com fístulas frequentemente têm infecções urinárias graves e prolongadas.

Elas são socialmente rejeitadas, desvalorizadas, desprezadas e estigmatizadas.

O tratamento das fístulas é cirúrgico e por isso deve transferir a doente para uma unidade sanitária com recursos cirúrgicos especializados.

Cuidados com o recém-nascido nas primeiras semanas

O cordão umbilical

Para evitar que o cordão recém-cortado infecte, ele deve ser mantido **limpo** e **seco.** Quanto mais seco estiver, mais cedo cai e o umbigo cicatriza.

Manter o bebé agasalhado – mas não muito quente

Proteja o bebé do frio mas também do calor excessivo. Agasalhe o bebé.

No tempo frio

Agasalhe bem o bebé

Mas no tempo quente (ou se o bebé está com febre)

Deixe o bebé com roupa muito leve

Para manter o bebé quentinho, encoste-o ao corpo da mãe.

Higiene

É muito importante seguir as regras de higiene para crianças. Preste atenção especial ao seguinte:

- Mantenha o bebé num lugar limpo, longe do fumo e poeira.

- Mude-lhe a fralda e a roupa da cama todas as vezes que ele molhe ou suje. Se a pele fica irritada, mude a fralda mais vezes – ou melhor, não ponha fralda.

- Dê-lhe banho todos os dias com água morna e sabão.

- Durma sempre com o bebé dentro duma rede mosquiteira impregnada.

- Cubra o berço com uma rede mosquiteira impregnada.

- Pessoas com feridas abertas, constipadas, garganta inflamada, tosse, tuberculose, não devem aproximar-se do bebé.

Amamentação

(Ver também A Melhor Alimentação para Crianças Pequenas, pág. 179)

O leite do peito é o melhor alimento para o bebé. Os bebés que se alimentam com o leite materno são mais sadios, crescem mais fortes e têm menos risco de morrer, porque:

- O leite da mãe **contém todos os nutrientes que o bebé precisa** e é melhor que qualquer outro tipo de leite, seja fresco, enlatado ou em pó.

- O leite da mãe é **limpo**. Quando outros alimentos são dados à criança, principalmente por meio do biberão, é mais difícil manter os utensílios limpos e evitar que o bebé fique com diarreia ou outras doenças.

- O leite da mãe está sempre na **temperatura certa**.

- O leite da mãe **contém proteínas (anticorpos)** que protegem o bebé de doenças como o sarampo e a poliomielite.

- **A amamentação deve começar logo que o bebé nasce.**

   O primeiro leite (colostro) protege o bebé contra as infecções e é rico em proteínas. **Embora pareça aguado, este primeiro leite é muito bom para o bebé.**

Nos primeiros dias os peitos geralmente produzem pouco leite. Isso é normal. A mãe **não** deve começar a dar o biberão ao bebé, mas sim, **dar de mamar muitas vezes.** Quando o bebé chupa, isso ajuda o peito a produzir mais leite.

Se o bebé não consegue chupar, deve-se espremer o peito com as mãos e dar com uma colherinha ou um conta-gotas.

Todas as mães devem dar ao bebé **apenas leite do peito** nos primeiros 6 meses. Durante este período, nem água devem dar ao bebé. O leite materno contém a água necessária ao bebé. Depois disso, devem continuar a amamentar o bebé, mas têm de começar a introduzir outros alimentos nutritivos.

As mães HIV-positivas podem estar preocupadas com a possibilidade de transmitir a infecção aos filhos durante a amamentação. A estas se aconselha que é melhor continuar a amamentar apenas com leite do peito até aos 6 meses.

Depois dos 6 meses duas situações podem ocorrer:

1. Para as mães pobres que vivem em condições de higiene deficiente aconselha-se continuar com leite do peito e introduzir outros alimentos nutritivos. Ao mesmo tempo, a mãe e a criança são avaliadas regularmente na consulta da criança em risco.

2. Para as mães que têm possibilidades e conseguem comprar leite (fresco de vaca ou cabra fervidos, pasteurizado, em pó ou de soja), aconselha-se a: parar a amamentação lentamente e introduzir o leite e outros alimentos nutritivos.

Não usar biberão para alimentar a criança.

A quantidade de substitutos do leite materno a ser consumida por dia pela criança varia em função da sua idade. Assim temos:

- 6-8 meses   600 ml
- 9-11 meses   550 ml
- 12-24 meses   500 ml

Em algumas áreas existem alimentos especiais para as mães que param de amamentar depois dos 6 meses. Nestes casos, as mulheres HIV-positivas deverão alimentar os seus filhos com estes alimentos.

Bebés alimentados ao biberão correm maior risco de adoecer e morrer.

Bebés alimentados ao peito são mais sadios.

Vacinas

O bebé deve receber vacinas: BCG e pólio na maternidade.

Cuidados especiais para bebés que nascem pequenos, prematuros ou com baixo peso

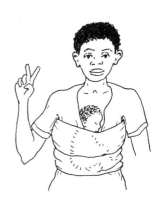

Um bebé que nasce muito pequeno (que pesa menos de 2,5 kg) necessita de cuidados especiais. Essas crianças muitas vezes são mantidas quentes e protegidas a uma temperatura especial numa espécie de berço chamado incubadora. A mãe pode dar calor e protecção mantendo o bebé ao peito 'estilo canguru' assim:

- Coloque o bebé sem roupa (com ou sem fralda), junto ao peito encostado à pele. É melhor se a mãe vestir uma blusa ou camisola larga, ou capulana.

- Deixe o bebé chupar o peito todas as vezes que quiser, mas pelo menos de 2 em 2 horas.

- **Mantenha o bebé sempre agasalhado.** Se estiver frio, vista-lhe mais roupa e ponha-lhe uma touca.

- Quando estiver a tomar banho ou a descansar, peça ao pai ou a outro familiar, para segurar o bebé ao peito 'estilo canguru'.

- Leve o bebé à unidade sanitária com regularidade.

- Assegure-se que ele recebe todas as vacinas.

Cuidados ao dar medicamentos aos recém-nascidos

Os medicamentos podem ser perigosos para os recém-nascidos. Use apenas os recomendados e apenas quando for necessário. Verifique a dose correcta e não dê a mais. O cloranfenicol é perigoso no recém-nascido, principalmente se é prematuro ou tem baixo peso (menos de 2 kg).

Circuncisão no recém-nascido

Em muitas comunidades, a circuncisão é feita às crianças do sexo masculino. Noutras comunidades também se faz circuncisão às crianças do sexo feminino. Para os rapazes não é prejudicial. **No entanto, faz muito mal às raparigas e por isso não deve ser praticada.**

RAPAZES

Os bebés do sexo masculino têm uma pele na cabeça do pénis que se chama prepúcio (pele que cobre a glande do pénis). Desde que a urina saia pelo orifício do pénis, a mãe não se deve preocupar porque está tudo bem. O prepúcio geralmente não se afasta completamente da glande até que o rapaz tenha 4 anos de idade, e a mãe não deve puxar a pele para trás à força. O desenvolvimento lento do pénis não vai causar impotência ao rapaz quando ele for adulto.

Se a pele do prepúcio ficar vermelha, inchada e apertada, de forma que o bebé não consegue urinar sem ter dor, é necessário levá-lo a uma unidade sanitária com mais recursos para fazer circuncisão.

É melhor que a circuncisão seja feita nos serviços de saúde, do que deixar que as mães levem as crianças aos praticantes tradicionais, onde o risco de infecção é grande.

> **Os homens que foram circuncisados têm menor risco de infecção por HIV.**

RAPARIGAS

A "circuncisão feminina" que é praticada em certas tradições, consiste em cortar o clítoris que é um tecido sensível na parte superior da entrada da vagina, como se fosse um pequeno pénis. Em alguns lugares, parte dos lábios da vagina também são cortados.

Cortar o clítoris a uma rapariga é tão cruel como cortar a extremidade do pénis a um rapaz. **Isso nunca deve ser feito.** A hemorragia pode ser grave e se não for corrigida a criança pode morrer.

Se há hemorragia, deve-se limpar os coágulos e, com um pano limpo, comprimir directamente o ponto que está a sangrar. Continuar a comprimir até que deixe de sangrar. Se a hemorragia não parar ou houver sinais de choque (ver pág. 243), levar rapidamente a criança para a unidade sanitária mais próxima.

Evitar a contaminação da pele com sangue da criança, usando um pano grande, luva ou plástico para proteger a mão.

As raparigas em que os cortes foram extensos podem, mais tarde, ter problemas durante o parto.

A saúde da mãe depois do parto

Alimentação e higiene

Depois do parto, **a mulher pode e deve comer todo o tipo de alimentos nutritivos que tenha ao seu alcance.** Ela não deve deixar de comer nenhum tipo de alimento.

A mãe deve tomar banho todos os dias depois do parto. **O banho depois do parto não faz mal.** As mulheres que passam muitos dias sem tomar banho podem apanhar infecções.

Após o parto a mulher deve:

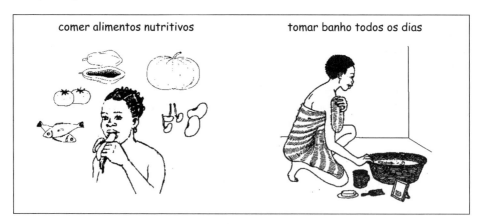

comer alimentos nutritivos   tomar banho todos os dias

Continuar a tomar sal ferroso e ácido fólico durante 3 meses após o parto (ver pág. 725).

Além da dose de vitamina A que a mulher recebe no pós-parto imediato, recomendar uma dose de vitamina A 6 semanas após o parto (ver pág. 725).

Febre depois do parto (febre puerperal)

Algumas vezes a mulher tem uma infecção depois do parto que se manifesta com febre (febre puerperal).

Os sinais de febre puerperal são: febre, calafrios, dores de cabeça ou na parte baixa das costas e na barriga, e corrimento vaginal com mau cheiro.

Tratamento:

Os antibióticos devem ser administrados com urgência.

Administre a primeira dose de penicilina cristalina (ver pág. 693) ou ampicilina (ver pág. 698), gentamicina (ver pág. 701) e metronidazol (ver pág. 702) e transfira a doente para uma unidade sanitária com mais recursos.

> **A febre depois do parto pode ser muito perigosa.**
> **Transfira a doente.**

Amamentação e cuidados com os seios

Cuidar bem dos seios (mamas) é importante para a saúde da mãe e do bebé. A amamentação deve começar logo que o bebé nasce.

No início, pode ser que o bebé não chupe muito, mas a amamentação permite que haja mais produção de leite e diminua o sangramento vaginal.

> **COMECE A AMAMENTAR O BEBÉ LOGO QUE NASCE.**

Em geral, os seios produzem a quantidade de leite que o bebé necessita. Para ter mais leite a mãe deve:

- beber muitos líquidos,
- comer o melhor possível,
- dormir bem e evitar cansaço ou ficar nervosa,
- dar de mamar muitas vezes, pelo menos de 2 em 2 horas.

Algumas vezes o bebé não esvazia os seios e estes começam a produzir menos leite.

Por exemplo, quando o bebé adoece e mama pouco, ou deixa de mamar por muitos dias, os seios da mãe deixam de produzir leite. Quando o bebé melhora e começa a mamar outra vez, ele precisa de mais leite, mas não há o suficiente. Por essa razão:

> **Quando o bebé está doente e não consegue mamar, a mãe deve tirar o leite com as mãos.**

COMO ESVAZIAR O PEITO

Pegue a mama bem atrás, assim,

depois deslize as mãos para a frente,

e finalmente, esprema o mamilo para o leite sair,

Outra razão para tirar o leite quando o bebé deixa de mamar é que isso evita que os seios fiquem muito cheios. Quando os seios estão muito cheios, doem e pode desenvolver-se um abcesso. Além disso, é difícil para o bebé chupar bem.

Mantenha os seios sempre limpos. Antes de cada mamada, lavar os mamilos com um pano limpo, humedecido.

Mamilos dolorosos

Os mamilos podem ter fissuras quando o bebé morde no mamilo, em vez de meter a auréola toda na boca.

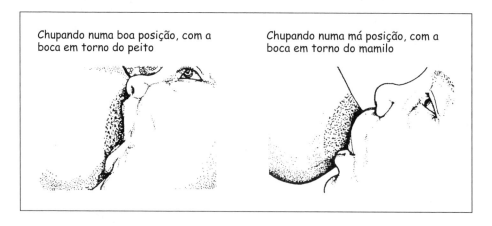

Chupando numa boa posição, com a boca em torno do peito

Chupando numa má posição, com a boca em torno do mamilo

Prevenção:

O bebé deve ter todo o mamilo na boca. Não tirar o mamilo antes do bebé acabar de mamar.

Tratamento:

É importante que a mãe continue a amamentar o bebé, mesmo que tenha dor. Primeiro deixe-o chupar o peito menos dorido. Deixe de amamentar somente se tem muita dor ou o mamilo deita sangue ou pus. Nesse caso, tire o leite à mão até que o mamilo sare.

Infecção no peito (mastite) e abcesso

Uma infecção no peito pode ser causada por uma ferida ou um mamilo com fissuras. Isso é comum nas primeiras semanas ou meses da amamentação. Às vezes desenvolve-se um abcesso.

Sinais:

Uma parte da mama fica quente, inchada e muito dolorosa. Os gânglios linfáticos debaixo do braço, muitas vezes, ficam doridos e inchados. O abcesso, às vezes, rebenta e deita pus.

Prevenção:

Mantenha o seio limpo. Se o mamilo tem uma ferida ou está dorido, amamente o bebé mais vezes, mas por períodos mais curtos.

Tratamento:

◆ Deixe o bebé continuar a mamar no peito que tem o abcesso, ou tire o leite à mão.

◆ Use compressas quentes para aliviar a dor. Tome paracetamol.

◆ Administre a primeira dose de antibiótico – penicilina oral (ver pág. 694) ou eritromicina (ver pág. 698) – e transfira a doente para uma unidade sanitária com mais recursos.

Gravidez ectópica (fora do útero)

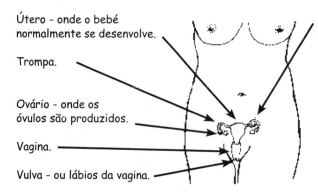

Útero - onde o bebé normalmente se desenvolve.

Trompa.

Ovário - onde os óvulos são produzidos.

Vagina.

Vulva - ou lábios da vagina.

Às vezes, o bebé começa a desenvolver-se fora do útero, numa das trompas que saem dos ovários.

Na gravidez ectópica, a mulher pode ter sangramento menstrual anormal, sinais de gravidez e dores na parte inferior do abdómen.

Um bebé que começa a desenvolver-se fora do útero não sobrevive. Uma gravidez ectópica exige uma operação. Transfira a doente com urgência para uma unidade sanitária com capacidade cirúrgica porque a mulher corre risco de vida.

Aborto espontâneo

O aborto é a perda do feto (bebé em formação) antes dos 7 meses de gravidez. Chama-se aborto espontâneo, a perda natural do feto.

Os abortos são mais frequentes nos 3 primeiros meses porque o feto pode estar com defeitos (malformado).

A maioria das mulheres tem um ou mais abortos espontâneos (não provocado) durante a vida. Muitas vezes, as mulheres nem se apercebem que estão a abortar. Elas pensam que a menstruação está atrasada, ou faltou, e voltou de uma forma estranha, com maior perda de sangue e coágulos. A mulher deve aprender a reconhecer quando está a abortar, porque isso pode ser perigoso.

> **A mulher que tem um sangramento forte depois de lhe faltar um ou mais períodos menstruais, provavelmente está a abortar.**

O aborto é como um parto, porque tanto o feto como a placenta devem ser expulsos. Em geral, o sangramento continua até que o feto e a placenta saiam completamente.

Tratamento:

A mulher deve repousar e tomar paracetamol para as dores. Ela não deve ter relações sexuais durante pelo menos 2 semanas depois do aborto.

Se o sangramento for muito forte, transferir para uma unidade sanitária com mais recursos.

Se a mulher tiver febre ou outro sinal de infecção, **administre a primeira dose de pencilina cristalina** (ver pág. 695) **ou ampicilina** (ver pág. 698), **gentamicina** (ver pág. 701) **e metronidazol** (ver pág. 702) **e transfira a doente para uma unidade sanitária com mais recursos.**

Aborto provocado

A interrupção duma gravidez antes do bebé estar completamente formado para sobreviver, chama-se **aborto provocado**. Fala-se de "aborto provocado" apenas quando a interrupção é intencional.

Tomar a decisão de interromper a gravidez (fazer ou não um aborto) é difícil. Para tomar essa decisão, a maioria das mulheres precisa de aconselhamento e apoio.

Em geral, os abortos realizados em hospitais ou clínicas por pessoal experiente não causam problemas à mulher. Os abortos realizados no início da gravidez são menos perigosos.

Quando os abortos são feitos em casa, em condições inadequadas ou por pessoas inexperientes, pode ser extremamente perigoso. Nos países onde os abortos são proibidos, estes são feitos clandestinamente e constituem uma das maiores causas de morte das mulheres.

Os métodos usados para provocar o aborto (introdução de paus, raízes ou folhas na vagina ou no útero, toma de medicamentos ou plantas medicinais) podem levar a **hemorragia grave, infecção** e **morte**.

Sinais de perigo após fazer um aborto:

● febre

● dor na barriga

● sangramento forte

A presença destes sinais numa mulher que poderia estar grávida, leva à suspeita de:

■ aborto espontâneo ou provocado.

■ gravidez ectópica.

■ doença inflamatória pélvica (ver pág. 445).

As mulheres com problemas depois de um aborto vão à unidade sanitária, mas muitas vezes têm medo ou vergonha de dizer o que aconteceu na realidade. Outras têm medo ou vergonha de ir à unidade sanitária e só vão quando estão muito doentes. Esta demora pode levar à morte.

Sangramento forte ou infecção depois do aborto são muito perigosos.

Administre antibióticos a todas as mulheres com aborto – amoxicilina (ver pág. 696) e metronidazol (ver pág. 702). Isso diminui o risco de infecções e outras complicações.

Para evitar a gravidez indesejada, faça planeamento familiar (ver capítulo 32).

Homens e mulheres que não podem ter filhos (infertilidade)

Às vezes, um homem e uma mulher tentam ter filhos mas não conseguem (a mulher não fica grávida). O homem ou a mulher pode ser estéril (não consegue ter filhos).

Causas de infertilidade

1. **A infecção crónica,** principalmente a doença inflamatória pélvica (ver pág. 445.), devida às infecções de transmissão sexual, é uma causa comum de infertilidade na mulher. A prevenção e o tratamento correcto, logo após as infecções de transmissão sexual, resultam em menos mulheres inférteis.

2. **Malnutrição.** Em algumas mulheres, a malnutrição pode diminuir a possibilidade de engravidar ou causar a morte do feto.

   A mulher que não consegue ficar grávida, ou tem abortos espontâneos, deve comer alimentos nutritivos. Estes podem aumentar a possibilidade de ficar grávida e ter um bebé saudável.

3. **Esterilidade.** Alguns homens e mulheres nunca poderão ter filhos (nasceram estéreis). Eles têm algum problema no corpo (defeito de nascença ou falta de hormonas) que os impede de ter filhos.

4. **Os homens** às vezes não conseguem engravidar as suas mulheres porque têm pouca quantidade de esperma. Às vezes ajuda se ficar vários dias sem ter relações sexuais antes da mulher entrar no "período fértil" (período a meio entre o último período e o próximo). Deste modo, ele poderá ter maior quantidade de esperma quando eles tiverem relações sexuais, aumentando a possibilidade de a mulher ficar grávida.

   Se o casal não consegue ter filhos, deve ir a uma unidade sanitária. Pode ser que haja uma chance de serem tratados e conseguir ter filhos.

Cancro do colo do útero

O cancro do colo do útero (cérvix) é mais comum nas mulheres com mais de 40 anos de idade. Pode ser consequência das infecções de transmissão sexual (ITS).

O primeiro sinal pode ser uma hemorragia ou anemia sem explicação ou então perdas de sangue após as relações sexuais. Existe um teste especial chamado papanicolau para detectar o cancro do colo do útero no início. Sempre que possível, todas as mulheres a partir dos 35 anos devem fazer o teste de papanicolau a cada 2 anos.

Existe também um método de detecção de cancro do colo do útero através da inspecção com ácido acético.

Cancro da mama

O cancro da mama é o mais frequente na mulher e é sempre perigoso. Geralmente é preciso fazer uma operação. Para que o tratamento seja bem sucedido, é importante que o dignóstico seja feito precocemente.

Qualquer mulher pode vir a ter cancro da mama mas há certas mulheres que têm maior possibilidade de ter a doença. Por exemplo: as mulheres com mais de 50 anos, as mulheres com história familiar de cancro da mama, mulheres que não têm filhos e as que recebem tratamento hormonal prolongado.

É importante que a mulher conheça o aspecto normal das suas mamas e que faça um auto-exame para notar as alterações nas mamas.

O que é o auto-exame?

É o exame das mamas efectuado pela própria mulher.

Recomenda-se que o auto-exame seja feito 1 vez por mês.

QUE SINAIS DE CANCRO DA MAMA PROCURAR?

- **Caroço** (nódulo) ou inchaço numa ou nas duas mamas
- No início, o caroço geralmente não dói nem fica quente, mas pode doer mais tarde
- Pele da mama com afundamento (depressão) anormal, enrugamento ou muitas saliências parecidas com a casca da laranja
- Aumento dos gânglios linfáticos nas axilas, que não doem
- Aumento anormal do tamanho de 1 ou das 2 mamas
- Depressão anormal do mamilo
- Secreção anormal (com sangue, pus) de 1 ou dos 2 mamilos

Como fazer o auto-exame das mamas?

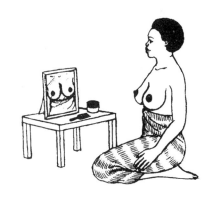

NO ESPELHO

De pé ou sentada, com os braços ao longo do corpo. **OLHE**.

Examine as mamas com cuidado e observe se há alguma alteração na pele e no mamilo, na forma e tamanho das mamas, enrugamentos ou afundamentos.

Eleve e abaixe os braços. Procure alterações.

NO BANHO

Com a pele molhada ou ensaboada, eleve o braço direito e deslize os dedos espalmados da mão esquerda fazendo movimentos circulares suaves sobre a mama direita até à axila. Faça o mesmo na mama esquerda.

DEITADA

Coloque uma almofada debaixo do lado esquerdo do corpo e a mão esquerda sob a cabeça. Com os dedos espalmados da mão direita, palpe a parte interna da mama esquerda. Mude de posição para o lado direito e apalpe a mama direita.

Com o braço esquerdo ao longo do corpo, palpe a parte externa da mama esquerda até à axila com os dedos espalmados da mão direita. Mude de posição para o lado direito e apalpe a mama direita.

O que fazer se descobrir alguma alteração?

Se encontrar um nódulo (caroço) ou qualquer sinal anormal, vá a unidade sanitária.

Um caroço nem sempre significa cancro da mama. A maioria dos nódulos não é cancerosa. Mas, como o cancro da mama é muito perigoso, é importante saber se o nódulo é canceroso. Vá à unidade sanitária o mais cedo possível.

32 | Planeamento familiar – ter apenas o número de filhos que se deseja

Alguns casais desejam ter muitos filhos, principalmente em famílias pobres dos países em desenvolvimento, onde os filhos são considerados uma riqueza.

Se a mulher tem filhos seguidos, ela pode ficar fraca, amamenta os filhos durante menos tempo e as crianças têm, assim, maior probabilidade de morrer. Além disso, depois de muitas gravidezes, o risco de a mulher morrer durante o parto é grande.

Planeamento familiar

As razões que levam os casais a limitar o número de filhos são várias. Alguns casais decidem que ter poucos filhos é bom e que não querem ter mais. Outros optam por intervalos de vários anos entre as gravidezes e, assim, as crianças e a mãe ficarão protegidas e serão mais saudáveis.

Uma família que decidiu ter dois filhos e educá-los bem.

> O planeamento familiar é ter o número de filhos que se deseja, quando se deseja.

Quando um casal decide quando quer ter filhos, pode escolher um dos vários métodos existentes que evitam que a mulher fique grávida até que ela deseje. Estes são chamados métodos de *planeamento familiar ou contraceptivos.*

O planeamento familiar é bom? É seguro?

1. É bom?

Em algumas partes do mundo se discute sobre os diferentes métodos de planeamento familiar: se são bons ou seguros. Algumas pessoas são contra qualquer método de planeamento familiar, excepto a abstinência (não ter relações sexuais). Mas um número cada vez maior começou a compreender a importância do planeamento familiar para a saúde e o bem-estar das famílias e comunidades.

Em muitos países, as mulheres que ficam grávidas quando não o desejam, interrompem a gravidez. Nos países onde o aborto é permitido (legal), este pode ser feito nas unidades sanitárias, em condições apropriadas e, geralmente, não constitui perigo para a mulher.

Nos países onde o aborto não é permitido, muitas mulheres fazem-no ilegalmente, com pessoas não capacitadas para o fazer e em condições inapropriadas, correndo risco de vida ou complicações graves. Muitas mulheres morrem em consequência de abortos. Com o planeamento familiar, os abortos, (legais e ilegais), não seriam necessários e poder-se-ia evitar a morte de muitas mulheres.

Se for bem feito, o planeamento familiar permite a planificação dos filhos desejados e melhores condições de vida para a família.

> **Decida como e quando quer planear a sua família. Não deixe que outros decidam por você.**

2. É seguro?

Tem havido muita discussão sobre a segurança dos diferentes métodos de planeamento familiar. Eles são seguros ou não?

Os que estão contra o planeamento familiar falam principalmente sobre os seus riscos. É verdade que alguns métodos têm certos riscos. Contudo, o mais importante é que as mulheres compreendam que **o planeamento familiar é menos perigoso do que a gravidez** (principalmente se a mulher já teve muitos filhos) e o aborto.

O risco de uma doença grave, ou morte, como resultado da gravidez, é muito maior do que o risco que a mulher corre ao usar qualquer dos métodos de planeamento familiar.

Como escolher o método de planeamento familiar

Nas páginas seguintes, descrevemos vários métodos de planeamento familiar. Algumas mulheres dão-se melhor com um método do que com outro. Leia estas páginas com atenção e converse com a enfermeira, técnico de saúde ou médico sobre os métodos disponíveis mais seguros.

As diferenças em **eficácia, segurança, conveniência, disponibilidade** e **custo** devem ser tomadas em consideração na altura de decidir por que método de planeamento familiar optar. O casal deve decidir em conjunto que método utilizar, e compartilhar as responsabilidades.

Contraceptivos orais (pílulas)

A pílula é um medicamento feito à base de substâncias químicas (hormonas), semelhantes às produzidas normalmente pelo corpo da mulher. Quando tomada correctamente, a pílula (contraceptivo oral) é um dos métodos mais eficazes para evitar a gravidez (ver pág. 743).

Algumas mulheres não devem tomar pílulas devido a alguns problemas de saúde (hipertensão arterial, diabetes, obesidade) ou porque estão em tratamento com outros medicamentos que podem interferir com o seu efeito. Nestes casos, deve-se aconselhar a utilização de outro método.

As pílulas não evitam o HIV nem qualquer outra infecção transmitida sexualmente. Para prevenir essas doenças deve-se usar o preservativo (ver pág. 397). Sempre que possível, as pílulas devem ser prescritas por pessoas capacitadas, que sabem como se deve usar cada um dos métodos.

As pílulas geralmente vêm em carteiras de 21 ou 28 pílulas e em alguns países são de distribuição gratuita nas consultas de planeamento familiar.

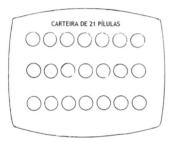
CARTEIRA DE 21 PÍLULAS

CARTEIRA DE 28 PÍLULAS

Como tomar a pílula – carteira de 28 pílulas

Tome a primeira pílula no primeiro dia da menstruação, contando o primeiro dia da menstruação como dia 1. Depois, tome 1 pílula por dia até que a carteira termine (28 dias). Tome a pílula todos os dias, à mesma hora, com alguma comida.

Às vezes, 7 pílulas da carteira têm tamanho ou cor diferente. As 7 pílulas devem ser tomadas (1 por dia) quando acabarem as outras. No dia que acabe a carteira de 28 comece logo outra carteira. Tome 1 pílula por dia, sem se esquecer um único dia.

Se não deseja engravidar, é importante tomar a pílula como lhe foi explicado – 1 pílula todos os dias, sempre à mesma hora, com alguma comida. Se se esquecer de tomar a pílula um dia, tome a pílula esquecida logo que se lembre, e tome a pílula seguinte normalmente, ou tome 2 pílulas no dia seguinte.

Se se esqueceu 2 dias consecutivos tome 2 pílulas logo que se lembrar e tome no dia seguinte 2 pílulas, depois continue a tomar normalmente. Se se esquecer 3 dias abandone o método e use preservativo.

Como tomar a pílula – carteira de 21 pílulas

Tome a primeira pílula no primeiro dia da menstruação. Depois tome 1 pílula por dia até que a carteira termine (21 dias). **Tome a pílula todos os dias, à mesma hora, com alguma comida.**

Se se esquecer de tomar a pílula um dia, tome 2 pílulas no dia seguinte. Se se esqueceu 2 dias consecutivos tome 2 pílulas logo que se lembrar e tome no dia seguinte 2 pílulas, depois continue a tomar normalmente. Se se esquecer 3 dias abandone o método e use preservativo

Depois de terminar a carteira, não tome mais pílulas durante 7 dias. Depois, comece outra carteira e tome 1 pílula por dia.

Assim, toma a pílula durante 3 semanas no mês e passa 1 semana sem tomar a pílula. Normalmente, a menstruação vem na semana em que não toma a pílula. Mesmo que a menstruação não venha, deve começar a nova carteira 7 dias depois de acabar a última carteira.

Efeitos adversos

Algumas mulheres ficam com náuseas (enjoos), aumento do tamanho (inchaço) e dor nas mamas, quando começam a tomar pílula. Isso acontece porque a pílula contém hormonas. Isso não significa que a mulher está doente ou que deve deixar de tomar a pílula, e geralmente passa depois de 2 ou 3 meses. Se os sintomas não desaparecem, ela pode trocar a marca por outra com diferente quantidade de hormona.

A maioria das mulheres sangra menos no período menstrual quando estão a tomar a pílula. Esta mudança em geral não é importante, mas é benéfica para as mulheres que são anémicas (que têm o sangue fraco).

É perigoso tomar contraceptivos orais?

Como todos os medicamentos, os contraceptivos às vezes causam problemas graves em certas pessoas (ver as páginas seguintes). O problema mais grave causado pela pílula é a trombose (AVC, ver pág. 488). Isso acontece mais nas mulheres que fumam – principalmente se têm mais de 35 anos e são obesas.

Os casos de morte relacionados com a pílula são raros. Em geral, a gravidez e o parto são muito mais perigosos do que tomar a pílula.

Para a maioria das mulheres, a pílula é segura.

Quem não deve tomar pílulas contraceptivas?

As mulheres com qualquer um dos sinais ou problemas abaixo indicados **não devem tomar pílula:**

● Mulheres com menstruação atrasada, pois podem estar grávidas.

● **Dor profunda ou contínua na perna.**

Isso pode ser causado por uma veia inflamada (flebite) ou trombose das veias da perna.

As mulheres com varizes podem tomar a pílula sem problemas, mas devem ter mais cuidado e suspender a pílula assim que surgir algum sinal de inflamação (calor, dor e inchaço).

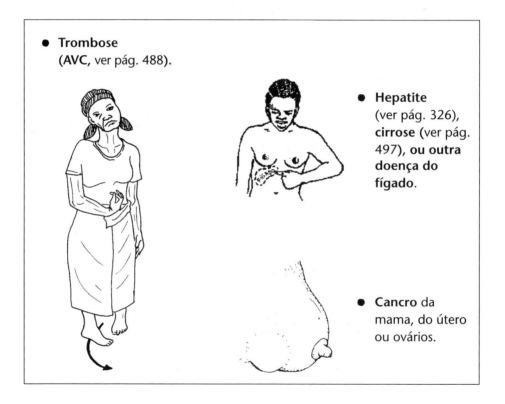

● **Trombose (AVC,** ver pág. 488).

● **Hepatite** (ver pág. 326), **cirrose** (ver pág. 497), **ou outra doença do fígado.**

● **Cancro** da mama, do útero ou ovários.

Antes de começar a tomar a pílula, examine os seios cuidadosamente (ver pág. 648). Em alguns hospitais pode-se fazer um teste simples (papanicolau) para verificar se tem cancro no colo do útero.

As pílulas não causam cancro, mas se já existe cancro da mama ou do útero, a pílula pode agravá-lo.

Alguns problemas de saúde podem piorar com a toma da pílula. Se sofre de qualquer dos seguintes problemas, é melhor usar outro método de planeamento familiar:

- **Enxaqueca**. Mas a dor de cabeça ligeira que passa com paracetamol ou AAS não é razão para não tomar a pílula.

- **Tensão arterial alta**.

- **Doenças do coração**.

- Se sofre de **asma, tuberculose, diabetes** ou **epilepsia,** procure um médico ou outro profissional de saúde antes de começar a tomar a pílula. Alguns medicamentos que se usam no tratamento destas doenças podem diminuir o efeito das pílulas.

PRECAUÇÕES QUE AS MULHERES DEVEM TER QUANDO ESTÃO A TOMAR PÍLULAS

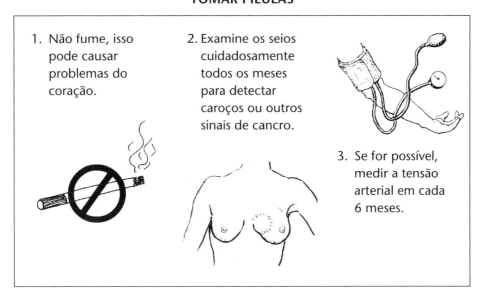

1. Não fume, isso pode causar problemas do coração.

2. Examine os seios cuidadosamente todos os meses para detectar caroços ou outros sinais de cancro.

3. Se for possível, medir a tensão arterial em cada 6 meses.

PERGUNTAS E RESPOSTAS SOBRE A PÍLULA CONTRACEPTIVA

	Algumas pessoas dizem que a pílula provoca o cancro. É verdade?	**Não! Mas se já existe cancro da mama ou do útero, a pílula pode acelerar o crescimento do tumor.**
	Uma mulher pode ter filhos se deixa de tomar a pílula?	**Sim. (Às vezes passa 1 ou 2 meses antes de ficar grávida).**
	Uma mulher que tomou pílula tem maior possibilidade de ter gémeos ou crianças com defeitos?	**Não. A possibilidade é a mesma para a mulher que tomou ou não a pílula.**
	É verdade que o leite da mãe seca quando se começa a tomar a pílula?	**Algumas mulheres produzem menos leite quando tomam a pílula. É melhor usar outro método contraceptivo nos primeiros 6 meses de amamentação e depois voltar à pílula. A mulher pode tomar a "minipílula", ela não afecta a produção do leite.**

Contracepção de emergência

Excepcionalmente, em algumas situações (violação, ou relação sexual não protegida, ou acidente contraceptivo como ruptura de preservativo, esquecimento da pílula, a mulher pode recorrer à chamada contracepção de emergência (ver pág. 746) para evitar uma gravidez indesejada.

Este método, os medicamentos a utilizar, as doses e precauções estão descritos nas páginas verdes (ver pág. 746).

Para mais informação sobre a escolha de pílulas contraceptivas, consulte o clínico ou consulte as páginas verdes.

Outros métodos de planeamento familiar

O preservativo (ver pág. 397)

O **preservativo masculino** (também conhecido por camisa-de-vénus, camisinha, condom) é um saquinho de borracha fina ou látex para colocar no pénis no início do acto sexual. Se bem utilizado, é eficaz para evitar a gravidez.

É o método mais eficaz de protecção contra a o HIV e SIDA e outras infecções de transmissão sexual.

Existe também o **preservativo feminino**, que protege contra a gravidez.

Dispositivo intra-uterino (DIU)

É um aparelho que a parteira ou outro técnico de saúde coloca dentro do útero. Enquanto estiver no útero evita a gravidez.

Em algumas mulheres o DIU pode cair ou sair do lugar. Em outras provoca dores, desconforto e sangramento forte durante a menstruação. Podem também ocorrer infecções e outros problemas com o uso dos DIU. A mulher deve voltar à unidade sanitária se tiver corrimento ou dores no baixo ventre.

Muitas mulheres não têm problemas com o DIU. Nestas, o DIU pode ser o método mais simples e económico.

A melhor altura para colocar o DIU é durante a menstruação ou logo após esta ter terminado. Dependendo do prazo de validade do DIU, este pode ser mudado a cada 2, 3 ou 5 anos. Actualmente existem alguns DIUs com prazo de validade de 8 anos.

As mulheres que nunca tiveram filhos não devem usar DIU.

Injecções

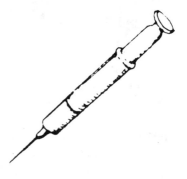

Existem injecções especiais para evitar a gravidez.

A injecção de medroxiprogesterona (ver pág. 747) é uma delas. É geralmente administrada de 3 em 3 meses. As contra-indicações e precauções são as mesmas da pílula.

Quando a mulher deixa de tomar a injecção pode levar 3 a 6 meses para ficar grávida.

As injecções são muito eficazes nas mulheres que têm dificuldade em lembrar-se de tomar a pílula, que têm problemas com outros contraceptivos e que têm muitos filhos.

Métodos para as pessoas que não desejam ter mais filhos

Esterilização

Para os casais que não querem ter mais filhos, existem operações simples, com poucos riscos para o homem e a mulher. Em muitos países essas operações são gratuitas.

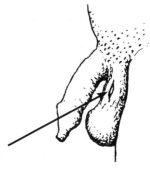

No homem, a operação chama-se **vasectomia**. Pode ser efectuada de forma rápida, simples e segura. Em geral não é necessária anestesia geral. Fazem-se pequenos cortes aqui para que os tubos que vêm dos testículos possam ser cortados e atados.

Os testículos não são retirados.

A operação não produz qualquer alteração na virilidade (actividade sexual) ou desejo sexual do homem.

O líquido desce da mesma forma, mas não contém espermatozóides.

Na mulher, a operação chama-se **laqueação das trompas** (os canais que vêm dos ovários).

Esta operação não afecta a menstruação ou as relações sexuais. Pode ser que a mulher tenha mais prazer nas relações sexuais, porque não tem medo de engravidar.

Métodos caseiros para evitar a gravidez

Em todos os países se usam "remédios caseiros" para evitar ou interromper a gravidez. Infelizmente, na maioria, ou não são eficazes ou são perigosos. Por exemplo, algumas mulheres acreditam que lavar a vagina ou urinar depois de terem relações sexuais evita a gravidez, **mas isso não é verdade**.

AMAMENTAÇÃO. Enquanto a mulher está a amamentar tem menos possibilidade de engravidar – principalmente se o bebé só se alimenta do peito.

A possibilidade de engravidar é maior quando o bebé começa a comer outros alimentos além do leite do peito. Mesmo assim, amamentar o bebé pode evitar a gravidez se a mãe amamentar com frequência. Mas se a menstruação começa, a mãe não deve depender só da amamentação para evitar a gravidez.

Para estar segura de que não vai engravidar, a mãe que está a amamentar deve começar um método de planeamento familiar quando a criança tem de 3 a 4 meses.

Não deve usar a pílula porque esta faz com que algumas mulheres produzam menos leite. A minipílula causa menos problemas e pode ser usada nestes casos.

Ficha de planeamento familiar

Em muitos países, as mulheres que desejam fazer o planeamento familiar, dirigem-se a uma unidade sanitária onde são aconselhadas sobre o método a usar, em função das suas características e antecedentes.

Nessas consultas é comum o preenchimento duma ficha, a chamada ficha de planeamento familiar, onde são registados os dados da mulher. Apresenta-se a seguir um exemplo de ficha de planeamento familiar.

EXEMPLO DUMA FICHA DE PLANEAMENTO FAMILIAR

	FICHA DE PLANEAMENTO FAMILIAR
REPÚBLICA DE MOÇAMBIQUE **MINISTÉRIO DA SAÚDE** DIRECÇÃO NACIONAL DE SAÚDE SIS mod...	DPS .... DDS .... UNIDADE SANITÁRIA .... NID .... Data de emissão do processo ..../......../

Nome .... Idade .... Estado civil ....

Filiação .... e ....

Profissão .... Local de trabalho ....

Endereço .... Contacto ....

ANAMNESE

Data da última menstruação ..../........../..........

Menstruação abundante: Sim ☐ Não ☐

No de dias de menstruação: .Se > 6 dias** ☐

Está a amamentar? Sim ☐ Não ☐

Fez teste de sífilis há < 3 meses? Sim ☐ Não ☐

Se positivo: fez tratamento? Sim ☐ Não* ☐

Parceiro (s) foi tratado? Sim ☐ Não* ☐

Resultado de HIV: TNR ☐ TR ☐

Está em TIO/TARV? Sim ☐ Não ☐

Sofre de hipertensão arterial? Sim ☐ Não ☐

Fuma? Sim ☐ Não ☐

Já usou algum método de planeamento familiar? Sim ☐, qual: .... Não ☐

Resultado de VIA .... Resultado de Papanicolau ....

HISTÓRIA OBSTÉTRICA

Gesta ☐ Para ☐ Cesarianas ☐ Abortos ☐

G. ectópica ☐ Nados-vivos ☐ Nados-mortos ☐ Vivos actuais ☐

Último parto há quanto tempo

Tem história familiar de cancro da mama e/ou do útero?

Sim ☐ Não ☐

Cirurgia ginecológica recente?

Sim ☐ Não ☐ Data ..../........../..........

MOTIVO DA CONSULTA

Gravidez de alto risco ☐ Espaçamento de gravidez ☐

Não deseja mais filhos ☐ Contracepção de emergência ☐ Outro: ....

EXAME GERAL

TA .... (se superior a 140/90**)

Mucosas: Coradas ☐ Descoradas ☐

Hemoglobina: Data: / /

(Pedir só com sinais de anemia). Se inferior a 8 grs %*

Varizes: Sim ☐ Não ☐

EXAME GINECOLÓGICO

Útero: Normal ☐ Aumentado** ☐ Colo do útero: Liso ☐ Com lesões** ☐

Exame doloroso: Sim** ☐ Não ☐

Sinais de ITS: ☐ (tratar ou referir)

MÉTODO ESCOLHIDO: (promover e aconselhar sobre a protecção dupla)

Oral ☐, Marca .... Injectável ☐   DIU ☐

Preservativo: masculino ☐   feminino ☐

Laqueação** ☐   Vasectomia** ☐

Outros

Data de início: ..../...................../...................

Observações ....

Assinatura ....

Consultas seguintes

Data da próxima consulta	Mucosas	TA	DIU Fio presente no exame?		Corrimento?		Oral: Marca/nº de ciclos que levou	Injectável	Preservativos: quantidade		Outros	RPR	HIV	Observações
			S	N**	S**	N			M	F				

* Tratar
**Enviar à Consulta Médica

NOTAS:

1. Promover e reforçar o aconselhamento sobre o sexo seguro, dupla protecção, testagem voluntária dos parceiros e prevenção da gravidez precoce e indesejada

2. Quando necessário, referir a grupos de apoio

DIU: Dispositivo intra-uterino

RPR: Teste para sífilis

TARV: Tratamento anti-retroviral

TIO: Tratamento de infecções oportunistas

TNR: Teste não reactivo (negativo)

TR: Teste reactivo (positivo)

VIA: Inspecção vaginal com ácido acético

33

Saúde mental

Saúde mental significa a sensação de bem-estar emocional, quando se fala em felicidade, alegria de viver, prazer e satisfação.

Os problemas de saúde mental podem afectar tanto os adultos, especialmente os idosos, como as crianças.

Como saber se alguém tem um problema de saúde mental?

As pessoas afectadas mostram algumas das seguintes mudanças de comportamento ou de atitudes:

- Alteração do sono ou do apetite
- Queixas físicas tais como "bichos" que se movem por todo o corpo, sensações estranhas de calor e frio no corpo
- Tornam-se inquietas e agitadas, ou retraídas e desconfiadas
- Agem de forma estranha, como por exemplo, na forma como se vestem, se movimentam, ou falam
- Fogem para o mato
- São incapazes de realizar as actividades normais do dia-a-dia
- Pensam ou falam de suicídio
- Falam de forma confusa, não conseguem parar de falar, ou quase não falam
- Queixam-se de estarem afectadas por feitiçaria

Diferenças entre problemas mentais e físicos

Pode ser difícil diferenciar entre problemas mentais e físicos, que às vezes ocorrem ao mesmo tempo. Por exemplo, a malária cerebral ou a meningite podem parecer um problema mental. As doenças crónicas em fase avançada podem assemelhar-se a uma doença mental, pois os doentes ficam confusos e agitados.

As pessoas com problemas de saúde mental, muitas vezes pensam que têm uma doença física porque têm sintomas físicos tais como a sensação de vermes dentro do corpo.

Alguns doentes têm sintomas físicos múltiplos, para os quais é difícil encontrar uma explicação. Exemplos dessas queixas:

- Dores em todo o corpo
- "Bichos" andando pelo corpo
- Sensações estranhas de calor e frio
- Coração a bater depressa (palpitações)
- Tonturas

Perguntas a fazer à pessoa com várias queixas físicas de quem se suspeita um problema mental:

- **Quando começou?** Quanto mais prolongada a duração dos sintomas, maior a possibilidade de estarem relacionados com doença mental.
- **Está preocupado com alguma coisa?**
- **Sente-se por baixo?**
- **Bebe álcool, usa drogas?**
- **O que acha que pode ter causado estes sintomas?**

O que examinar?

Faça um exame físico completo para excluir uma doença física e procure:

- Um olhar preocupado ou tenso
- Perda de peso

O que fazer?

Assegurar-se que a pessoa não sofre de uma doença física antes de decidir que as queixas são devidas a um problema mental.

Se houver dúvidas, transfira o doente para uma unidade sanitária com mais recursos.

Se achar que é um problema de saúde mental, como ansiedade e/ou depressão, trate segundo os conselhos abaixo. Não dê medicamentos desnecessários tais como analgésicos e vitaminas.

Causas de problemas mentais

Diversos factores podem afectar a saúde mental duma pessoa. Qualquer preocupação na vida, como, por exemplo, problemas no serviço, em casa, ou com amigos, podem causar ansiedade e/ou depressão. Uma pessoa com doença física poderá também desenvolver sintomas mentais. Por exemplo: uma pessoa com SIDA ou cancro pode ficar deprimida.

Algumas causas de problemas de saúde mental:

- Problemas familiares: más relações entre marido e mulher, adultério, infertilidade

- Problemas de relacionamento (com amigos, namorados, colegas)

- Problemas económicos: pobreza, desemprego

- Perda de familiar ou amigo

- Violência

- Convencer-se que foi enfeitiçado

- Doenças que afectam o cérebro: por exemplo, malária, meningite, febre tifóide, infecção pelo HIV, AVC, cancro no cérebro

- Doenças físicas

Ansiedade *(stress)*

Ansiedade é a sensação de nos sentirmos nervosos. Em determinadas situações é normal, por exemplo, antes dos exames. Torna-se numa doença se interferir com a vida diária da pessoa, se durar muito (geralmente mais do que 2 semanas), ou se causar sintomas graves.

Sintomas e sinais:

Os doentes ansiosos referem sentir com frequência alguns dos seguintes sintomas:

- sentir-se "nervoso", inquieto
- incapacidade de relaxar
- desânimo, falta de iniciativa
- dificuldades de dormir
- tonturas
- medo de perder o controlo
- tremores
- suores, ondas de calor ou calafrios

- tensão ou dores musculares
- um nó na garganta
- boca seca
- falta de ar ou sufocação
- coração a bater depressa (palpitações)
- desconforto no abdómen
- opressão ou aperto no peito

Tratamento:

Muitas vezes os sintomas de ansiedade são causados por preocupações do trabalho, dinheiro, estudos, casa, etc. Muitos destes casos não **devem ser tratados com medicamentos.**

O aconselhamento e as técnicas de relaxamento (ver pág. 678) podem também ajudar a controlar a ansiedade.

Se os sintomas são graves ou continuam, apesar do aconselhamento, o doente deve ser transferido para uma unidade sanitária com mais recursos.

Ansiedade grave com respiração rápida (hiperventilação)

A ansiedade grave pode manifestar-se com ataques de pânico, às vezes com respiração rápida.

Sintomas e sinais:

- respiração rápida e profunda
- batimentos rápidos do coração
- formigueiro na cara, mãos, ou pés
- cãibras musculares

Tratamento:

Deve-se acalmar a pessoa, tanto quanto possível, e explicar que o problema não é grave e em breve sentir-se-á bem. A pessoa deve ser encorajada a respirar com os lábios fechados (como se estivesse a soprar numa vela). Poderá cobrir a boca e uma narina e respirar com a outra narina.

Epidemias de ansiedade

Às vezes, muitas pessoas na comunidade desenvolvem, ao mesmo tempo, sintomas de ansiedade e comportamento estranho. Isso é mais frequente nas escolas. Nestes casos, pedir apoio, porque pode alastrar.

Depressão

Qualquer pessoa pode sofrer de depressão, que é uma reacção normal a qualquer problema da vida, mas pode também complicar outras doenças. Além disso, a depressão pode ser uma doença por si mesma, destruindo a vontade e a iniciativa do doente, interferindo com o trabalho, o divertimento e o relacionamento com familiares e amigos.

O doente deprimido tem uma cara triste, alteração do humor, sente-se por vezes amargurado e tem pouca vontade ou interesse em qualquer actividade. Ele come e dorme mal e não quer conviver com os outros. Se um amigo consegue conversar com ele, ele pode dizer que pensa em suicídio, se sente miserável e culpado, em associação com rancor, ódio e frustração. A pessoa chora facilmente. Pode também não cuidar da sua higiene (não toma banho, não muda de roupa). Estes são sinais de gravidade.

Muitas pessoas sofrem de depressão, mas nem sempre é fácil detectar este problema. Só com uma conversa profunda é que se pode descobrir que a pessoa está com depressão.

Tratamento:

Aconselhamento como indicado a seguir.

O trabalhador de saúde deve enfatizar que existe esperança. Tem que explorar maneiras realistas que ajudem o doente a lutar construtivamente contra os seus problemas.

Se o doente continua com sintomas de depressão durante 4 semanas ou mais, ou se estes são graves, deve ser transferido para uma unidade sanitária com mais recursos onde poderá receber medicamentos para controlar a depressão.

Se o doente fala em suicídio ou faz uma tentativa de suicídio, o trabalhador de saúde deve transferi-lo para uma unidade sanitária com mais recursos, o mais urgente possível.

Se não é possível transferir imediatamente, é importante que o doente esteja sempre acompanhado, de preferência por um membro da família.

Crises de confusão, agitação, delírio ou alucinações

As pessoas que estão confusas ou agitadas falam coisas sem sentido e não compreendem o que se lhes diz.

As principais características de uma pessoa que está confusa são:

- Não sabe onde está
- Não sabe que dia é
- Não se lembra de coisas que aconteceram recentemente

  Em alguns casos:

- Não coopera
- Tem medo
- Está agitada ou agressiva
- Tem alucinações (vê ou ouve coisas que não existem)

Antes de rotular o doente de "maluco", excluir cuidadosamente a presença de doenças físicas, intoxicações, ou deficiência de vitaminas (pelagra, ver pág. 523).

Algumas causas físicas de confusão são:

- malária cerebral
- meningite
- febre tifóide
- infecção pelo HIV
- Acidente vascular cerebral (AVC)
- traumatismo da cabeça

- tumor do cérebro
- hipoglicemia
- pneumonia, bronquite crónica
- intoxicação por álcool, drogas, medicamentos, ou outras substâncias
- pelagra

Intoxicação

As crises podem ser provocadas pelo consumo de plantas silvestres, por exemplo feijão-macaco, jatropha (gala-maluco), uso de medicamentos tradicionais, ou de drogas em cerimónias.

Acalmar o doente pois a crise vai terminar. A prometazina (ver pág. 722) pode ser útil quando não se consegue controlar a agitação.

Tratamento:

Manter a pessoa num lugar sossegado e seguro, evitando que provoque danos a si própria e aos outros.

Transferir o doente para uma unidade sanitária com mais recursos. Antes de transferir, se o doente estiver muito agitado e não se conseguir controlar, administrar prometazina (ver pág. 722) ou diazepam (ver pág. 727). Não dar estes medicamentos, se suspeitar de uma doença física. Também dar os medicamentos para tratar a causa, se indicada.

Esquizofrenia

A esquizofrenia é uma doença mental crónica que impede o doente de pensar claramente e de se relacionar de forma adequada com os outros.

Sintomas e sinais:

Os sinais de alerta podem ser:

- Comportamento estranho
- Falar de forma estranha, pouco clara
- Ouvir ou ver coisas que não existem (alucinações)
- Isolamento social (fugir das pessoas, querer ficar sozinho)
- Alteração dos hábitos de higiene (recusa tomar banho, mudar de roupa)
- Desconfiança em relação a familiares e amigos (pensa que lhe querem fazer mal)

Embora raramente, estes doentes podem ter pensamentos estranhos, como, por exemplo, que os outros os perseguem ou lhes querem fazer mal, e defendem-se de forma violenta desta ameaça. **A maioria dos doentes com esquizofrenia não são perigosos.**

A esquizofrenia pode surgir gradualmente ou iniciar subitamente, em qualquer altura da vida adulta, e geralmente dura muitos anos. A doença evolui com crises, havendo períodos em que o doente fica melhor e outros de recaídas. Há doentes que têm apenas uma crise, enquanto outros as têm durante toda a vida.

A esquizofrenia NÃO É UMA DOENÇA CONTAGIOSA – não é provocada por feitiço, ou por influência dos espíritos.

Tratamento:

A presença dos sinais de alerta não significa uma esquizofrenia. Mas um doente que tem estes sinais deve ser enviado para avaliação clínica.

Existem medicamentos que permitem tratar esta doença de forma eficaz e segura. Estes são prescritos, em princípio, só por médicos ou outro pessoal especializado.

Os medicamentos para tratar a esquizofrenia devem ser tomados regularmente, para manter o doente controlado, e o doente necessita de controlo regular nas consultas.

Apesar de não haver cura para esta doença, a medicação pode ajudar a tratar os sintomas, permitindo aos doentes uma vida produtiva e estável.

Obviamente, devido à confusão mental, tem de receber muito apoio para se lembrar de tomar os medicamentos diariamente. Muitos doentes com esquizofrenia recebem cuidados em casa. Outros são abandonados e vivem na rua. As famílias que escolhem cuidar dos seus familiares em casa devem entender a natureza da doença. Para diminuir a estigmatização, o trabalhador de saúde deve educar os vizinhos e a comunidade em geral.

Conselhos para cuidados ao doente em casa

Pode ser difícil para a família gerir um doente com confusão, por isso ela vai precisar de apoio. Deve-se manter o doente num lugar familiar, na presença de pessoas conhecidas, calmas e simpáticas.

Nestes doentes:

- Tentar não deixar a doente sem atendimento por muito tempo;
- Falar com o doente usando frases simples e voz calma;
- Evitar discussões, agressões ou conflitos. Evitar dizer coisas que poderiam fazer o doente sentir-se ameaçado ou nervoso;
- Se o doente se zangar, tentar mudar de tópico, deixar o quarto por uns minutos ou dar-lhe uma tarefa simples;
- Criar um programa diário simples e rotineiro e manter o padrão, explicando ao doente o que vai acontecer: "Agora vamos jantar. Depois vamos visitar a tia Ana";
- Evitar acidentes (manter a pessoa longe do fogo, água quente, medicamentos, substâncias e objectos perigosos);
- Quando o doente tem falta de sono deve-se reduzir o barulho, escutar as suas preocupações, tratar a dor, e evitar café ou chá forte antes de dormir;
- Ser simpático, dar conforto e apoio emocional.

NÃO ESCONDER O DOENTE!

DAR OPORTUNIDADE PARA QUE TENHA UMA VIDA O MAIS NORMAL POSSÍVEL.

Com o tratamento, o doente não precisa de ficar trancado no hospital ou em qualquer outro lugar.

TRANCAR NÃO É TRATAR

Demência

Esta é uma doença que afecta principalmente as pessoas mais velhas, em especial as que têm mais de 65 anos de idade.

Sintomas e sinais:

O sinal mais precoce é o esquecimento de coisas recentes, actuais. Isto vai se agravando progressivamente e a pessoa pode tornar-se confusa. A pessoa pode vaguear fora de casa, ter alterações do sono e perder a capacidade de cuidar de si própria. Mais tarde, a pessoa já não consegue reconhecer os familiares e amigos.

A demência pode ocorrer também em doentes com o HIV ou pelagra (ver pág. 523), bem como com outras doenças.

Se suspeitar de outra doença, em particular numa pessoa jovem, transferir o doente para uma unidade sanitária com mais recursos.

Tratamento:

Educar a família sobre o que vai acontecer. Embora não haja cura, muito pode ser feito para que a pessoa se sinta mais confortável e a vida gere menos preocupações aos outros.

Tratar o doente com amor e afecto. Deixar a pessoa fazer as actividades possíveis que consiga por si própria.

Ver, na página anterior, Conselhos para Cuidados ao Doente com esquizofrenia em casa.

Perturbações do sono

As alterações do sono são muito frequentes nos doentes com problemas mentais.

Algumas doenças físicas também podem causar insónias, por exemplo, devido às dores, o doente tem dificuldade em adormecer. A insónia provoca maior sensibilidade à dor, cansaço, irritabilidade, diminuição da atenção e ansiedade, o que por sua vez mantém ou piora a insónia.

Problemas provocados por perda e violência

Um acontecimento traumático pode fazer com que a pessoa receie pela sua vida ou provocar-lhe uma extrema angústia (receio, medo).

Os acontecimentos traumáticos podem ser: trauma pessoal, como, por exemplo, violação, falecimento de familiar ou amigo, crime, acidente de viação, ou a guerra e desastres naturais como as cheias, ciclones e tremores de terra.

Sintomas e sinais:

Muitas pessoas afectadas pelo trauma desenvolverão reacções emocionais. Estas incluem o medo, alterações no sono, pesadelos, lembranças repetidas do acontecimento, irritabilidade e dificuldade de concentração.

Uma criança tem mais dificuldades em falar do que a preocupa e poderá ter os seguintes problemas de comportamento: ficar nervosa, agressiva, triste, indisciplinada, desconfiada, desanimada, e isolar-se.

Esta é uma resposta normal a um acontecimento traumático e dura normalmente pouco tempo, dependendo da gravidade do trauma.

Em algumas pessoas, estes sintomas continuam durante meses ou mesmo anos após o trauma e interferem com a vida diária da pessoa. Este é o chamado *stress* pós-traumático.

As pessoas com este problema precisam de apoio da sua família e da comunidade.

Uma pessoa que viveu experiências horríveis precisa de exprimir os seus sentimentos, de compreender a origem da situação, e adquirir experiências positivas.

É frequente a violência contra as mulheres pelos seus parceiros. Este é um dos tipos de violência doméstica. Encorajar as mulheres a partilharem as suas experiências com os familiares ou amigos em quem confiam. Encorajá-las também a conversar com o grupo local de apoio às mulheres, se existir.

Estas mulheres aproveitam a oportunidade do trabalho para trocarem experiências sobre soluções às suas preocupações.

A **violação** é um dos actos mais graves de violência contra as mulheres. A violação pode levar a gravidez indesejada, infecções de transmissão sexual, incluindo o HIV e SIDA, e graves lesões. A depressão, pensamentos suicidas, e o *stress* pós-traumático são consequências frequentes da violação.

É importante **transferir as vítimas de violação, urgentemente, para receberem tratamento de prevenção do HIV e SIDA, outras infecções de transmissão sexual e gravidez indesejada** (ver pág. 596).

Registar cuidadosamente a violação e encorajar a mulher a apresentar queixa policial.

Deve-se também encorajá-la a conversar com o grupo local de apoio às mulheres.

Alcoolismo

O alcoolismo é uma grave doença de comportamento, que ocorre em homens, mulheres, e infelizmente, cada vez com mais frequência, nos jovens. Contudo, é uma doença tratável, desde que a pessoa esteja motivada a reconhecer o seu problema.

Alguns sinais podem ajudar a reconhecer que o problema com o álcool já está fora de controle:

● Compulsão para beber (significa "ter de beber")

● Necessidade de aumentar as quantidades iniciais

● Necessidade de beber ao longo do dia

● Esconder bebidas alcoólicas em locais acessíveis

A bebida em excesso faz mal à saúde, causando muitos problemas de saúde, incluindo cirrose do fígado (ver pág. 497), e danos no sistema nervoso.

Nas mulheres grávidas, o abuso de álcool pode causar doenças no bebé.

O abuso de bebidas alcoólicas prejudica também a família e a comunidade de muitas maneiras. O comportamento anti-social quando se está bêbado leva à violência e infelicidade.

Os motoristas bêbados causam muitos acidentes de viação por falta de controlo. **É melhor não beber quando se tem que conduzir ou não conduzir quando se bebeu.**

A falta de controlo sexual quando se bebe em excesso pode levar ao SIDA e outras infecções de transmissão sexual.

Uma vez que uma pessoa compreenda que está a beber demais, o que é que ela pode fazer? Primeiro, deve reconhecer que o vício da bebida é um problema. Deve ser honesta para consigo mesma e para com os outros. Alguns indivíduos são capazes de resolver simplesmente não tornar a beber mais bebidas alcoólicas. Mais frequentemente, as pessoas necessitam de ajuda e apoio – da família, dos amigos, e de outros que compreendam como é difícil largar o hábito. As pessoas que foram alcoólicas e deixaram de beber são muitas vezes as melhores pessoas para ajudarem os outros a fazer o mesmo.

As pessoas que bebem devem ser encorajadas a procurar apoio junto dos Alcoólicos Anónimos, se existirem.

Delirium tremens

É uma condição rara, provocada pelo sindroma de abstinência, que surge nos alcoólatras quando subitamente deixam de beber álcool. É caracterizada por tremores graves, insónia, confusão, alucinações e agitação.

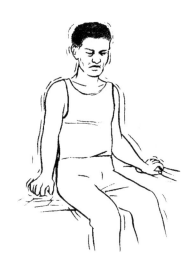

Transferir o doente para uma unidade sanitária com mais recursos. Antes de transferir, pode dar:

◆ diazepam E.V. (ver pág. 727)

◆ tiamina I.M., se disponível (ver pág. 724)

Consumo de drogas

O consumo de drogas ilícitas que provocam dependência é um problema que está a aumentar em todo o mundo.

Muitas pessoas em diversas partes do mundo consomem "drogas ilícitas". Estas variam de país para país, e incluem a *cannabis* (marijuana, haxixe, soruma), ópio (heroína, morfina, *smack*), cocaína (*crack, neve, rock*), e, cada vez mais, as drogas fabricadas, por exemplo, o *ecstasy*.

Um problema crescente nas cidades, no meio de crianças pobres, é a inalação de solventes (o vício de *snifar*), principalmente cola, mas algumas vezes diluentes de tinta, pomada de sapatos, gasolina, acetona. Algumas pessoas também abusam de medicamentos – por exemplo, comprimidos "que controlam o apetite" ou medicamentos para dormir.

As drogas podem ser engolidas, injectadas, fumadas, mastigadas ou inaladas. Cada droga faz o seu efeito específico no corpo e na mente. Algumas drogas, como a morfina e a heroína, no início podem fazer a pessoa sentir-se calma e relaxada, mas algum tempo depois podem levar a pessoa a perder o controlo, ou mesmo a consciência. Outras drogas, tais como a marijuana, fazem as pessoas imaginar coisas que não existem, ou ter sonhos e fantasias.

Aviso: Injectar drogas e usar a mesma agulha em mais de uma pessoa também transmite infecções perigosas como o HIV e a hepatite.

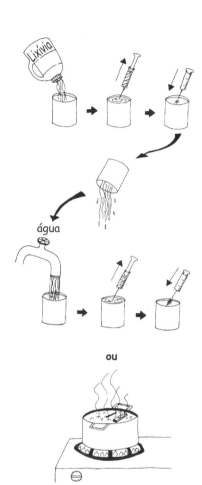

ou

Ferver o equipamento em água durante 30 minutos.

Desinfectar seringas

Os utilizadores de drogas injectáveis devem sempre esterilizar ou desinfectar o seu equipamento de injecção e nunca pedir agulhas e seringas emprestadas.

A figura ao lado mostra como desinfectar ou esterilizar o equipamento.

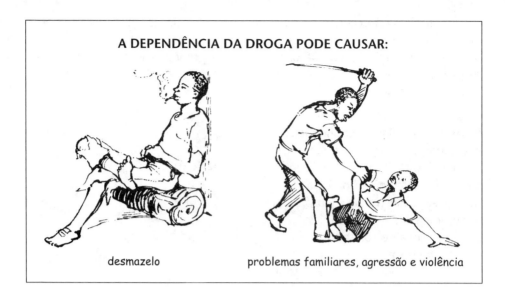

A DEPENDÊNCIA DA DROGA PODE CAUSAR:

desmazelo   problemas familiares, agressão e violência

Normalmente, as pessoas começam a consumir drogas para escaparem das preocupações, esquecerem a fome ou aliviarem as dores do seu dia-a-dia. Mas uma vez que começam, ficam muitas vezes "viciadas" ou dependentes. Se tentam deixar de as tomar, ficam tristes, doentes, ou violentas. Para alimentar o vício, muitas vezes cometem crimes, passam fome, ou não se importam com a família. É por isso que o consumo de drogas se torna um problema para famílias e comunidades inteiras.

Algumas drogas, tais como a cocaína e heroína, provocam muita dependência. Uma pessoa pode experimentar a droga só uma vez e sentir a necessidade de continuar a tomá-la. Outras drogas dão dependência depois de períodos mais longos. O vício é uma ratoeira perigosa que pode levar a problemas de saúde ou mesmo à morte. Mas, com decisão, força de vontade e apoio, os vícios podem ser vencidos.

Quando, pela primeira vez, uma pessoa deixa de tomar uma droga da qual está dependente, geralmente sente-se triste e terá um comportamento estranho. Chama-se a isto "desabituação" ou "síndroma de abstinência". A pessoa pode ficar extremamente nervosa, deprimida, ou zangada. Pode sentir que não consegue viver sem a droga.

Com algumas drogas, tais como a heroína ou a cocaína, a desabituação pode ser tão grave que a pessoa pode tornar-se violenta e ferir-se a si própria ou aos outros. Pode necessitar de ajuda especializada. Para outros tipos de drogas, tais como a marijuana, normalmente não são necessários cuidados médicos, mas os cuidados e apoio da família e amigos são muito importantes.

Aqui tem algumas sugestões para ajudar a resolver o problema do consumo de drogas e da dependência:

◆ Dar ajuda e apoiar, tanto quanto puder, alguém que esteja a desabituar-se da droga. Lembre-se que o mau humor que a pessoa manifesta é por causa da dependência, não por sua causa.

◆ Os membros da comunidade que foram tóxico-dependentes e venceram o hábito podem formar "um grupo de apoio" para ajudar os outros a livrarem-se do vício das drogas.

◆ As famílias, escolas, e trabalhadores de saúde podem avisar os jovens e as crianças acerca dos perigos das drogas. Ajudar os jovens e as crianças a aprender que existem outras maneiras saudáveis de "curtir", de "serem grandes", ou de "revolta".

◆ Fazer tudo para corrigir alguns dos problemas na comunidade que podem levar as pessoas ao consumo das drogas.

◆ As acções que dão apoio e carinho funcionam melhor do que aquelas que castigam e são cruéis.

Tratamento de problemas de saúde mental:

ACONSELHAMENTO

Dar apoio psicológico, através de aconselhamento:

◆ Organizar a consulta destes doentes nos momentos de calma, por exemplo, no período da tarde, quando o ambiente está mais tranquilo e confortável.

◆ Mostrar um atitude carinhosa e segura, de forma a inspirar confiança.

◆ Respeitar a experiência do doente, mesmo quando não se sabe compreendê-la.

◆ Saber escutar o doente, falando pouco e usando palavras simples.

◆ Identificar (e remover, se possível) os problemas que estão na origem da doença (familiares, de trabalho, da comunidade).

◆ Ajudar no tratamento duma doença física pode também melhorar a saúde mental da pessoa afectada.

Relaxamento

Os doentes com ansiedade podem beneficiar de exercícios de relaxamento.

Para relaxar, experimentar o seguinte exercício de respiração. Os passos a seguir são:

1. Deitar-se no chão de um quarto que esteja silencioso e em que não se seja perturbado.

2. Fechar os olhos e concentrar-se no ritmo respiratório.

3. Concentrar-se em respirar devagar, de forma regular, inspirando pelo nariz e com uma inspiração profunda.

4. Depois deixar sair o ar pelo nariz devagar.

Tentar fazer este exercício 10 minutos por dia.

Podemos também fazer este exercício para relaxar quando nos sentimos *stressados*.

As massagens também podem ajudar a relaxar.

Como dormir melhor	
• Assegurar o conforto na cama e no ambiente: temperatura, barulho, cheiros.	• Evitar o álcool no fim do dia.
	• Cuidado com os medicamentos que provocam insónia.
• Fazer exercícios, mas não no fim do dia.	
• Evitar o chá e o café depois das 14 horas.	• Exercícios de relaxamento (ver atrás) antes de ir para a cama.

Apoio

Os trabalhadores de saúde devem encorajar as famílias e comunidades a apoiarem os doentes mentais, e a combaterem o uso de ameaças e tratamentos cruéis. Devem encorajar também o tratamento humano das pessoas com problemas de saúde mental que são molestadas, gozadas, e inclusive atingidas por pedras pelas crianças, ou deixadas amarradas ao calor todo o dia.

É especialmente importante explicar as várias causas de problemas de saúde mental e combater as crenças que envolvam feitiçarias, espíritos, ou segundo as quais são os próprios doentes mentais que causam o problema mental através do seu comportamento.

O apoio e carinho que os doentes recebem da família e comunidade são cruciais para os ajudar a sobreviver e a melhorar.

Aconselhar a família a cuidar do doente, por exemplo fornecendo água e comida adequadas e tratamento humano. Encorajar as famílias a integrarem os doentes nas actividades de rotina.

O apoio às pessoas com um problema de saúde mental e às suas famílias é muitas vezes dado por uma pessoa mais velha, que é de confiança ou familiar, ou por praticantes de medicina tradicional. A ajuda destes pode ser particularmente útil sempre que houver tensão familiar ou desacordo, ou suspeita de feitiçaria. Eles podem estar aptos a identificar as tensões que causam o problema e, com conselhos e cerimónias tradicionais, aliviar o sofrimento e resolver as questões na família.

É importante reconhecer que estas formas tradicionais de ajuda nem sempre são apropriadas ou têm sucesso. Por exemplo, os praticantes de medicina tradicional poderão não ser neutros e favorecer injustamente um dos sectores da família, apontando a feitiçaria ou a falta de respeito pelos antepassados como causa da doença, e assim aumentarem a tensão na família. Estas formas de ajuda tradicional poderão não encontrar as causas físicas de alguns problemas mentais que, se tratados, poderiam ajudar muito o doente, por exemplo o SIDA.

As acções de apoio que envolvem carinho e simpatia funcionam melhor do que aquelas que castigam e são cruéis.

Apoio aos alcoólicos e tóxico-dependentes

O alcoolismo e a tóxico-dependência não são apenas problemas das pessoas que bebem e se drogam mas também de toda a comunidade. A comunidade que reconhece isto pode fazer muito para encorajar aqueles que têm vontade de mudar de hábitos.

As famílias, escolas, e trabalhadores de saúde podem avisar os jovens e as crianças dos perigos das drogas ilícitas e do álcool.

Grupos de apoio formados por membros da comunidade que foram tóxico-dependentes ou alcoólicos e venceram o hábito podem ajudar os outros a libertarem-se do vício das drogas ilícitas ou do álcool.

Medicamentos

Os medicamentos para tratar os problemas de saúde mental são fortes e podem criar dependência, tornando-se difícil para o doente deixar de tomá-los.

Estes medicamentos só podem ser prescritos por trabalhadores de saúde treinados no seu uso.

Transferência

Transferir os doentes com sintomas graves para uma unidade sanitária com mais recursos, pois podem precisar de medicamentos.

Nalguns casos a transferência não é possível. Nestes casos, e nos que têm problemas de longa duração, encorajar o apoio familiar. A medicina tradicional poderá também ajudar.

Transferir sempre o doente que possa ter uma doença física, particularmente os que têm confusão e agitação.

Os problemas de saúde mental não dizem respeito apenas às pessoas que deles sofrem nem às suas famílias, mas a toda a sociedade. Para ter sucesso, a sua prevenção e abordagem deve ser, portanto, uma tarefa conjunta, que envolva os trabalhadores de saúde e as comunidades.

Páginas verdes

A utilidade, doses, precauções e manejo dos medicamentos mencionados no livro

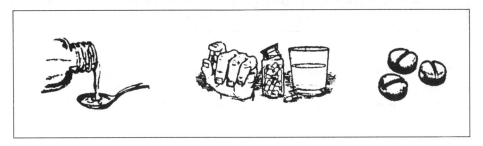

Os medicamentos são muito importantes para a prevenção, alívio e tratamento das doenças, contribuindo assim para a melhoria da saúde das comunidades.

Apesar de constituírem um bem precioso para a saúde dos povos, poucas são as comunidades que têm acesso a medicamentos essenciais de boa qualidade devido a variadas causas, entre elas a pobreza, a guerra e o mau funcionamento dos sistemas de saúde.

Para as comunidades que têm acesso aos medicamentos, é importante que os usem quando eles são realmente necessários e nas doses recomendadas para cada doente em particular (uso racional).

O uso irracional de medicamentos (uso quando não são necessários ou em doses incorrectas) pode ter consequências graves para os doentes, como por exemplo, o surgimento de reacções adversas aos medicamentos e de resistência aos antibióticos.

O uso irracional também pode prejudicar uma comunidade porque, ao serem usados de forma incorrecta, privam as pessoas que realmente necessitam de um tratamento adequado e desperdiçam dinheiro que poderia ser usado na compra de outros medicamentos essenciais que iriam beneficiar muitas outras pessoas.

Com a informação contida nas páginas verdes poderá tratar os doentes de forma correcta, contribuindo para a melhoria da saúde deles.

Neste livro, os medicamentos estão agrupados e descritos de acordo com a sua utilidade. Por exemplo, todos os medicamentos usados no tratamento da malária estão agrupados sob o título MEDICAMENTOS PARA A MALÁRIA.

Se pretende informação sobre um medicamento, procure-o pelo nome na Lista de Medicamentos, na pág. 687. Assim que encontrar o nome do medicamento, procure a página pelo número indicado.

Os medicamentos estão descritos sob o nome **genérico** (designação comum internacional) em vez do nome **comercial** (dado pelo empresa que produz o medicamento).

O nome genérico dos medicamentos é igual em todos os países mas o nome comercial é diferente e muda de país para país, dependendo do fabricante.

> **Os medicamentos com nome genérico são muito mais baratos do que aqueles com nome comercial.**

Nem todos os medicamentos mencionados nas páginas verdes são necessários ou estão disponíveis ao nível primário. A sua descrição permitir-lhe-á conhecer os medicamentos que podem ter sido prescritos pelo médico ou outro clínico, mas este é que deverá fazer a monitorização do seu uso pelo doente.

No livro serão apresentadas algumas abreviaturas das formas sob as quais os medicamentos são usados, a via pela qual são administrados e as unidades em que se apresentam. As abreviaturas mais usadas são:

Ampola	**Amp.**	Endovenosa	**E.V.**
Cápsula	**Cáps.**	Intramuscular	**I.M.**
Comprimido	**Comp.**	Subcutânea	**S.C.**
Solução	**Sol.**	Unidades internacionais	**U.I.**
Suspensão oral	**Susp. oral**	Quilograma	**kg**
Xarope	**Xpe.**	Grama	**g**
Supositório	**Sup.**	Miligrama	**mg**
Frasco	**Fr.**	Mililitro	**ml**
Injectável	**Inj.**		

Indicação de dosagem

Os medicamentos são fabricados com diferentes dosagens (gramas ou miligramas que contém o comprimido, xarope, ou cápsula), tamanhos, e formas farmacêuticas (formas de apresentação: comprimidos, xarope, cápsulas, etc.). Nem sempre vai encontrar as doses, tamanhos e formas descritas nas páginas verdes.

É preciso ter sempre o cuidado de verificar a forma de apresentação do medicamento e dar apenas a quantidade (dose) recomendada.

É muito importante verificar quantos gramas ou miligramas contém o medicamento (dosagem) antes de o administrar. Isto é muito importante, principalmente nas crianças, pois ajuda a calcular a quantidade de medicamento (dose) a dar, de acordo com o peso e/ou idade da criança.

É preciso ter muito cuidado quando se utiliza medicamentos em crianças. É preciso cumprir **rigorosamente** com a dose recomendada e ter a certeza de que não se está a dar medicamento a mais.

Os recém-nascidos são muito mais sensíveis aos medicamentos. Verifique sempre se há uma dose própria para o recém-nascido.

COMO SÃO DESCRITAS AS DOSES (QUANTIDADES A ADMINISTRAR)

Em geral, as doses a administrar ou recomendar ao doente estão descritas da seguinte forma:

1 comprimido = um comprimido inteiro

½ comprimido = meio comprimido

¼ comprimido = um quarto ou quarta parte do comprimido

Calcular a dose de acordo com o peso do doente

Nas páginas verdes, as indicações sobre a dose são apresentadas de acordo com o peso e/ou a idade do doente. Geralmente, nas crianças, a quantidade de medicamento a administrar é recomendada em mg/kg (miligramas por quilograma) de peso.

Quando não se sabe o peso (quando não é possível pesar a criança), este pode ser estimado pela idade da criança. Ver tabela de correspondência entre a idade e o peso mais adiante.

Só se deve utilizar a idade da criança quando não se conhece o seu peso. Nas crianças, é mais seguro pesar antes de administrar qualquer medicamento.

Se vier escrito: 50 mg/kg/dia,

isso significa que se deve administrar 50 mg por cada kg de peso corporal por dia. Em outras palavras, durante o período de 24 horas, se deve dar 50 mg do medicamento por cada kg que o doente pesa.

Por exemplo, suponha que quer dar amoxicilina a uma criança com infecção no ouvido que pesa 20 kg. A dose recomendada de amoxicilina é 20-40 mg/kg/dia, em 3 tomas, ou seja, 3 vezes por dia.

Para saber a dose a administrar deve-se primeiro multiplicar a quantidade pelo peso da criança:

20 mg x 20 = 400 mg

40 mg x 20 = 800 mg

A criança deve receber entre 400 a 800 mg de amoxicilina por dia. Esta quantidade deve ser dividida em 3 doses:

400 mg : 3 = 133 mg

800 mg : 3 = 267 mg

Isso significa que a criança deve receber entre 133 mg e 267 mg em cada toma.

A suspensão oral de amoxicilina tem 250 mg/5 ml, ou seja, em cada 5 ml de suspensão existem 250 mg de amoxicilina. **Por isso,** deve dar à criança 250 mg (5 ml = 1 colher de chá) em cada toma.

Este é um dos métodos para calcular a dose dos diversos medicamentos existentes no mercado.

No capítulo 8 encontram-se mais instruções sobre como administrar medicamentos.

Correspondência entre a idade e o peso

Idade	Peso (kg)
Nascimento a 1 mês	2,5 - 3
1-3 meses	3 - 6
4-11 meses	6 - 10
12-23 meses (1-<2 anos)	10 - 12
2-3 anos	13 - 15
4-5 anos	15 - 19
6-9 anos	20 - 25
10-12 anos	26 - 30
13-14 anos	30 - 40
Adultos	~ 60 kg

Em geral, a partir dos 15 anos, usa-se a dose do adulto.

Precauções

São descritas nas páginas verdes as precauções a ter no uso de cada medicamento. Além disso, são descritas as contra-indicações (situações em que o medicamento não deve ser usado) e os principais efeitos adversos que podem surgir com a utilização de cada medicamento.

Como cuidar dos medicamentos (manejo)

Os medicamentos são constituídos por substâncias que, com o passar do tempo, perdem as suas propriedades curativas e podem tornar-se tóxicas.

Para conservar bem os medicamentos deve-se fechar bem todas as latas e frascos após o seu uso. Os medicamentos injectáveis, quando não estão bem selados e estão contaminados, são muito perigosos, podendo levar à morte.

Nunca use medicamentos com sinais de contaminação ou de deterioração.

Guarde os medicamentos num lugar limpo, seco e fresco, livre de baratas e ratos. Proteja-os da luz solar.

Rotular cada embalagem de medicamentos com:

- nome
- dose
- forma (xarope, comprimidos, etc.)
- prazo de validade

AVISO: Mantenha todos os medicamentos fora do alcance das crianças.
Qualquer medicamento tomado em doses altas pode ser venenoso.

Mantenha os medicamentos
fora do alcance das crianças.

Uso de medicamentos dentro do prazo

Observe o PRAZO DE VALIDADE em cada medicamento. Se já passou a data de validade ou se o medicamento parece estragado, não use e substitua por outro.

Para prevenir que os medicamentos fiquem fora de prazo, os que foram recebidos primeiro são utilizados primeiro. Este é o princípio "os primeiros a entrar – os primeiros a sair." Arrume sempre os medicamentos recém-chegados por trás dos que já estão nas prateleiras.

Não confie apenas no prazo de validade (data em que expira), pois os medicamentos podem deteriorar-se antes desta data.

Não usar os medicamentos nos seguintes casos:

- Se a cor mudou ou tem cheiro estranho.
- Se os comprimidos estão partidos, ou se esmigalham, tornam-se farinhentos ou aparecem diferentes dentro da mesma embalagem.
- Se as cápsulas estão abertas ou se tornam pegajosas e colam entre elas.
- Se os medicamentos injectáveis não estão bem selados, estão turvos, e apresentam sedimentos e depósitos no fundo, quando normalmente são claros.
- Se as bisnagas contendo pomadas e cremes estão esmagadas, partidas, abertas ou o conteúdo se derrete como água.
- Se os pacotes de SRO estão numa massa compacta e acastanhada.

Controlo de *stock*

O controlo de *stock* é importante porque a falta de medicamentos destrói a confiança das populações nos serviços de saúde.

O excesso de medicamentos pode provocar problemas como gasto excessivo e expiração dos prazos de validade.

Para evitar a acumulação ou carência dos medicamentos, cada unidade sanitária deve calcular as suas necessidades e fazer as requisições com a devida antecedência.

Siga as normas do seu país para o controlo de *stocks*.

Muitas vezes os medicamentos vêm em *kits*. Quando um medicamento se acumula ou se esgota precocemente, procure a razão e procure corrigir.

ESTEJA PREPARADO PARA EMERGÊNCIAS! MANTENHA O ESTOJO DOS MEDICAMENTOS SEMPRE BEM APETRECHADO!

Lista de medicamentos

Nesta lista, os medicamentos estão na ordem em que aparecem nas páginas verdes.

índice de medicamentos

Antibióticos

Quando usados correctamente, os antibióticos são medicamentos extremamente úteis e importantes no combate às infecções.

Contudo, todos os antibióticos têm os seus riscos. Alguns são muito mais perigosos do que outros. É preciso ter muito cuidado na escolha e no uso de antibióticos. Para além dos efeitos adversos, o uso indiscriminado de antibióticos pode levar ao surgimento de bactérias resistentes (ver pág. 115).

O uso dos antibióticos depende também da sua disponibilidade. Os antibióticos mais adequados para tratar pequenas infecções estarão disponíveis ao nível das unidades sanitárias mais periféricas, mas os trabalhadores de saúde são muitas vezes confrontados com a decisão de saber qual o antibiótico a dar ao doente que está grave e necessita de uma primeira dose antes de ser transferido. Ao longo do livro refere-se o antibiótico ideal que, em princípio, deve estar disponível, mas sabemos que, muitas vezes, há falta destes nas unidades sanitárias. Tentou-se por isso dar alternativas com base na disponibilidade.

A escolha da via de administração a utilizar em cada doente depende do tipo e gravidade da doença, da disponibilidade de antibiótico e do treino do profissional de saúde. Em geral, a via endovenosa é a melhor via da administração para os doentes graves mas, muitas vezes, não é factível a nível primário, por isso se recomenda, como alternativa, a via intramuscular. Se os antibióticos para administração por estas vias não estão disponíveis ou não é possível a sua utilização, use a via oral.

Para os doentes menos graves, são preferíveis antibióticos orais, pois estes são menos perigosos do que as injecções e combatem as infecções da mesma forma.

Deve-se administrar o antibiótico durante o período recomendado. Tomar o antibiótico menos dias do que o recomendado pode causar resistência das bactérias. O período mínimo recomendado para tratar a maior parte das infecções ligeiras é de 5 dias e, para as infecções graves, é de 7-10 dias, vigiando sempre o doente. Excepcionalmente, alguns medicamentos podem ser administrados durante um período mais curto ou em dose única. Para algumas doenças, a duração do tratamento é mais longa. As doses são indicadas nas páginas que se seguem. Se não existe indicação, dê um curso de 5 dias para infecções ligeiras e 7-10 dias para infecções graves.

As penicilinas: antibióticos muito importantes

As penicilinas incluem: fenoximetilpenicilina, penicilina G sódica, penicilina procaína, penicilina benzatínica, amoxicilina e ampicilina.

A penicilina é um dos antibióticos mais úteis, mas não é boa para a diarreia, constipação vulgar, ou outras infecções por vírus (ver págs. 352 e 57).

A penicilina oral é medida em miligramas (mg) e a penicilina injectável é medida em Unidades Internacionais (U.I).

Para a maioria das pessoas a penicilina é um dos medicamentos mais seguros (baixo risco). Mas, em certas pessoas, a penicilina provoca reacções alérgicas (ver pág. 128). Muitas vezes isso surge algumas horas ou vários dias depois de se tomar a penicilina e pode durar dias. Os anti-histamínicos (ver pág. 722) ajudam a aliviar a comichão que pode acompanhar os casos de alergia.

Em casos raros, a penicilina causa uma reacção grave chamada choque alérgico (ver pág. 128). Nestes casos, deve-se aplicar imediatamente uma injecção de adrenalina (ver pág. 721).

Quando administrar penicilina injectável tenha sempre à mão adrenalina.

Uma pessoa que já teve qualquer reacção alérgica à penicilina nunca mais deve tomar nenhum tipo de penicilina, seja por via oral, seja por injecção. Isto porque a reacção nas próximas vezes pode ser muito mais grave e o doente pode morrer. (Uma indisposição de estômago após ter tomado penicilina não é uma reacção alérgica e não é razão para deixar de tomar penicilina).

As pessoas que não podem tomar penicilina porque são alérgicas podem ser tratadas com eritromicina (ver pág. 698).

Muitas infecções ligeiras podem ser tratadas com a penicilina oral. A penicilina em forma de injecção é mais perigosa do que a oral.

Utilize penicilina injectável apenas nas infecções graves ou perigosas.

Antes de administrar a penicilina injectável ou qualquer medicamento que a contenha, tome as precauções indicadas na pág. 129.

Algumas vezes, as bactérias tornam-se resistentes às penicilinas e estas deixam de fazer efeito contra as infecções que normalmente combateriam. Nestes casos, transfira o doente.

A amoxicilina e ampicilina são antibióticos de largo espectro que matam muitos mais tipos de bactérias do que qualquer outra penicilina.

A amoxicilina é muito eficaz quando tomada por via oral. As injecções de ampicilina só devem ser utilizadas para doenças graves, tais como a meningite, peritonite, ou quando o doente vomita ou não pode engolir o medicamento.

Penicilinas orais

Fenoximetilpenicilina

Comp. 500 mg

Susp. oral 250 mg/5 ml

Usos

Faringite e amigdalite estreptocócica
Infecções da pele
Infecções da boca
Profilaxia da febre reumática
Profilaxia do tétano

Dose

25-50 mg/kg/dia, dividida em 4 tomas

Tratamento das infecções

Adultos e crianças com mais de 12 anos: 1-2 comp. (500-1000 mg) 4 vezes por dia

Crianças de 6 a 12 anos: ½ comp. ou 1 colher de chá (250 mg) 4 vezes por dia

Crianças de 1 a 5 anos: ¼ comp. ou ½ colher de chá (125 mg) 4 vezes por dia

Crianças com menos de 1 ano: 62,5 mg (1,25 ml medido com uma seringa) 4 vezes por dia

Profilaxia da febre reumática

Adultos e crianças com mais de 12 anos: 1 comp. (500 mg) 2 vezes por dia

Crianças de 6 a12 anos: ½ comp. ou 1 colher de chá (250 mg) 2 vezes por dia

Crianças de 1 a 5 anos: ¼ comp. ou ½ colher de chá (125 mg) 2 vezes por dia

Notas e precauções

1. Para que o medicamento faça mais efeito, tome-se a penicilina com o estômago vazio, 30 minutos antes das refeições.

2. Quando usada para o tratamento da infecção, deve-se tomar a penicilina durante pelo menos 5 dias ou prolongar o tratamento por mais 2 ou 3 dias após o desaparecimento da febre e outros sinais de infecção. No caso de faringite por estreptococo, deve-se tomar durante 10 dias, para prevenir a febre reumática.

3. Ter em atenção o surgimento de reacções alérgicas graves (ver pág. 292).

Penicilina injectável

A penicilina injectável existe em diversos preparados. Antes de injectar qualquer penicilina, deve-se verificar a dosagem e o tipo.

Como escolher penicilina adequada para administrar por injecção

Algumas penicilinas actuam com rapidez, mas o efeito dura menos tempo. Outras actuam mais lentamente, mas o efeito é mais prolongado. Há situações em que uma penicilina é melhor do que outra.

Penicilinas de curta acção: Estas são conhecidas por muitos nomes, incluindo penicilina cristalina, benzilpenicilina e penicilina G. Estas penicilinas actuam rapidamente mas ficam pouco tempo no corpo e por isso deve-se aplicar uma injecção E.V. ou I.M. profunda de 6/6 horas (4 vezes por dia). Uma penicilina de curta acção é a melhor escolha para as infecções muito graves que requerem doses altas de penicilina, como por exemplo, a meningite.

Penicilina de acção intermédia: penicilina procaína. Esta actua mais lentamente e fica durante quase 1 dia no corpo e por isso se pode aplicar uma injecção I.M. profunda por dia.

Penicilina de acção prolongada: penicilina benzatínica. Esta penicilina penetra no sangue muito lentamente e dura mais dias. É aplicada por injecção I.M. profunda. A penicilina de acção prolongada é usada principalmente para o tratamento da infecção na garganta e sífilis e na prevenção da febre reumática. É muito útil quando o doente vive longe da unidade sanitária ou quando não se pode ter a certeza de que o doente tomará o medicamento por via oral.

Penicilina G sódica

Inj. 1.000.000 U. I. (600 mg) – Amp.

Usos

Pneumonia

Meningite

Septicemia (bactéria no sangue)

Infecção puerperal

Tétano

Feridas infectadas ou graves

Gangrena gasosa

Outras infecções graves, antes de transferir o doente

Dose

Por via E.V. ou I.M. (antes de transferir)

Adultos e crianças com mais de 12 anos: 4.000.000 U.I.

Crianças com menos de 12 anos: 100.000 U.I./kg

Recém-nascidos: 75.000 U.I./kg

Se não consegue transferir o doente, continuar o tratamento com:

Adultos e crianças com mais de 12 anos: 4.000.000 U.I. de 6/6 ou 4/4 horas

Crianças com menos de 12 anos: 300.000-500.000 U.I./kg/dia, divididas em 4 ou 6 tomas (6/6 ou 4/4 horas)

Recém-nascidos: 150.000 U.I./kg/dia, divididas em 2 tomas (12/12 horas).

Notas e precauções

1. É preferível administrar por via E.V., porque a injecção intramuscular é muito dolorosa.

2. Podem surgir reacções alérgicas graves (ver pág. 292), tenha sempre adrenalina à mão.

3. Precisa de ser diluída – siga as instruções do fabricante.

Penicilina procaína

Inj. 3.000.000 U.I. – Amp.

Usos

Infecções menos graves e que não requerem tratamento muito agressivo

Alternativa à penicilina G sódica se não houver possibilidade de administrar esta.

Dose

Por via I.M. profunda

Adultos e crianças com mais de 12 anos: 600.000-1.200.000 U.I. 1 vez por dia

Crianças com menos de 12 anos: 50.000-100.000 U.I./kg uma vez por dia

Em situações mais graves (ferimentos no intestino, apendicite, peritonite)

Adultos: 2.000.000 U.I. de 12/12 horas

Crianças: 100.000 U.I./kg de 12/12 horas

Notas e precauções

1. Podem surgir reacções alérgicas graves (ver pág. 292), tenha sempre adrenalina à mão.

2. Precisa de ser diluída – siga as instruções do fabricante.

Penicilina benzatínica

Inj. 2.400.000 U.I. – Amp

Usos

Úlcera genital e sífilis

Mulher grávida com teste de sífilis positivo

Profilaxia da febre reumática

Profilaxia das ITS após violação

Dose

Por via I.M. profunda

Úlcera genital e sífilis recente

Adultos: 2.400.000 U.I. em dose única, administrando metade da dose em cada nádega.

Sífilis tardia e mulher grávida com teste positivo

Adultos: 2.400.000 U.I. 1 vez por semana durante 3 semanas, administrando metade da dose em cada nádega

Profilaxia da febre reumática

Adultos e crianças com 30 kg ou mais: 1.200.000 U.I. cada 3 ou 4 semanas

Crianças com menos de 30 kg: 600.000 U.I. cada 3 ou 4 semanas

Profilaxia das ITS após violação

Adultos e crianças com 30 kg ou mais: 2.400.000 U.I., dose única, administrando metade da dose em cada nádega.

Crianças com menos de 30 kg: 1.200.000 U.I. dose única, administrando metade da dose em cada nádega.

Notas e precauções

1. Podem surgir reacções alérgicas graves (ver pág. 292), tenha sempre adrenalina à mão.
2. Precisa de ser diluída – siga as instruções do fabricante.

Amoxicilina e ampicilina: penicilinas de largo espectro

Amoxicilina
Cáps. 500 mg

Susp. oral 250 mg/5 ml

Usos

Pneumonia, bronquite

Infecção do ouvido, sinusite

Infecções da boca

Infecções urinárias

Infecção puerperal, aborto

Dose

Adultos e crianças com mais de 10 anos: 1-2 cáps. (500-1000 mg) 3 vezes por dia (máx. 3 g por dia)

Crianças de 3 meses a 10 anos: ½-1 colher de chá (125-250 mg) 3 vezes por dia

Crianças com menos de 3 meses: 30 mg/kg/dia, divididos em 2 tomas

Infecções urinárias

Não complicadas, em mulheres não grávidas de 20-40 anos: 6 cáps (3 g) em dose única, repetida 1 vez 10-12 horas depois.

Nos outros casos: 7 dias das doses habituais.

Notas e precauções

1. A dose única não deve ser administrada: nos homens, grávidas, crianças, nas doentes cujos sintomas tenham iniciado há mais de 7 dias, nos doentes com história de infecções recorrentes, na diabetes, insuficiência renal e nos casos graves. Nestes casos, fazer um tratamento de 7 dias a 14 dias com as doses usuais.
2. Os doentes com insuficiência renal e os casos graves deverão ser transferidos para uma unidade sanitária com mais recursos.
3. As pessoas alérgicas à penicilina não devem tomar amoxicilina.
4. Evitar na amigdalite e faringite por causa do risco de erupção cutânea generalizada.
5. Deve-se aconselhar os doentes a ingerir muitos líquidos.

Ampicilina

Inj. 500 mg – Amp.

Usos

Septicemia ou doença grave no recém-nascido

Meningite

Peritonite e apendicite, ferimentos no intestino

Infecção puerperal

Dose

Por via E.V. lenta ou I.M. (antes de transferir)

Adultos: 2 g

Crianças: 50 mg/kg/dia

Se não consegue transferir o doente, continuar o tratamento com:

Adultos: 1-2 g de 3/3 ou 6/6 horas, máximo 14 g/dia

Crianças: 150-200 mg/kg/dia, divididos em 4 tomas (6/6 horas)

Recém-nascidos: 100 mg/kg/dia, divididos em 2 tomas (12/12 horas)

Notas e precauções

As pessoas alérgicas à penicilina não devem tomar ampicilina.

Eritromicina

Uma alternativa à penicilina oral ou doxiciclina

Eritromicina

Comp. 500 mg

Susp. oral 250 mg/5 ml

Usos

Infecções da pele

Difteria

Prevenção e tratamento da tosse convulsa

Conjuntivite neonatal

Alternativa à penicilina (pessoas alérgicas) ou doxiciclina (grávidas, crianças)

Linfadenopatia reactiva nos HIV-positivos

Dose

Adultos e crianças com mais de 8 anos: ½-1 comp. ou 1-2 colheres de chá (250-500 mg) 4 vezes por dia

Crianças de 2 a 8 anos: ½ comp. ou 1 colher de chá (250 mg) 4 vezes por dia

Crianças com menos de 2 anos: ¼ comp. ou ½ colher de chá (125 mg) 4 vezes por dia

Linfogranuloma venéreo (bubão), corrimento vaginal, úlcera genital, linfadenopatia reactiva nos HIV-positivos

1 comp. (500 mg) 4 vezes por dia

Conjuntivite neonatal

50 mg/kg de peso, divididos em 4 tomas (6/6 horas)

Duração do tratamento

Linfadenopatia reactiva nos HIV-positivos: 10 dias

Tosse convulsa, úlcera genital, conjuntivite neonatal: 14 dias

Linfogranuloma venéreo (bubão): 21 dias

Notas e precauções

Produz náusea, vómitos, diarreia.

Cotrimoxazol

Medicamento barato de largo espectro.

Eficaz nas infecções comuns.

Cotrimoxazol (sulfametoxazol com trimetoprim)

Comp. 400 mg de sulfametoxazol e 80 mg de trimetoprim

Susp. oral 200 mg de sulfametoxazol e 40 mg de trimetoprim/5 ml

Usos

Pneumonia, bronquite
Infecções urinárias
Nos HIV-positivos:
Prevenção de infecções
Diarreia persistente
Tosse persistente
Febre tifóide
Prevenção da peste

Dose

Adultos e crianças com mais de 12 anos: 2 comp. ou 4 colheres de chá 12/12 horas

Crianças de 6 a 12 anos: 1 comp. ou 2 colheres de chá 12/12 horas

Crianças de 6 meses a 5 anos: ½ comp. ou 1 colher de chá 12/12 horas

Crianças de 6 semanas a 5 meses: ¼ comp. ou ½ colher de chá 12/12 horas

Prevenção de infecções nos HIV-positivos

Adultos: 1 comp. por dia ou 2 comp. 3 vezes por semana

Crianças: 25 mg/kg de sulfametoxazol 1 vez por dia. Esta dose também pode ser administrada em dias alternados.

Notas e precauções

1. A duração do tratamento nas infecções urinárias não complicadas, nas mulheres não grávidas de 20-40 anos, é de 3 dias. A duração do tratamento nos casos pouco comuns pode variar.

2. Interrogar sempre o doente ou familiares sobre antecedentes de alergia às sulfamidas e se fez algum tratamento com sulfamidas (p. ex., fansidar) nas 3 semanas anteriores. Em caso afirmativo não dar cotrimoxazol.

3. Suspender o tratamento se surgir erupção cutânea (borbulhas).

4. Não dar cotrimoxazol a crianças com menos de 6 semanas de idade e grávidas (excepto profilaxia das HIV-positivas).

5. Aconselhar o doente a ingerir mais líquidos.

Cloranfenicol

Um antibiótico para infecções graves

Cloranfenicol

Cáps. 250 mg
Susp. oral 250 mg/5 ml
Inj. 1000 mg/10 ml – Amp.

Usos

Infecções graves
Meningite
Febre tifóide
Peritonite
Peste
Infecções graves em crianças que estão a
    ser transferidas
Febre-da-carraça quando a doxiciclina
    está contra-indicada

Dose

Por via oral e E.V.

Adultos e crianças com mais de 1 ano:
50-100 mg/kg/dia, divididos em 4 tomas
(6/6 horas)

Crianças de 2 semanas a 1 ano: 50
mg/kg/dia, divididos em 4 tomas (6/6
horas)

Crianças com menos de 2 semanas:
25 mg/kg/dia, divididos em 4 tomas (6/6
horas)

Por via I.M.

80 mg/kg/dia, divididos em 2 tomas
(12/12 horas)

Nos casos de peste em que o doente
não consegue tomar por via oral:

Adultos e crianças de 1 ano e mais: 50
mg/kg/dia em 4 tomas (6/6 horas) durante 10 dias.

Cloranfenicol oleoso

Inj. 400 mg/ml – Amp. 2 ml

Usos

Meningite nas epidemias

Dose

Por via I.M.

Adultos e crianças com mais de 14 anos:
3 g

Crianças de 10 a 14 anos: 2,5 g
Crianças de 6 a 9 anos: 2 g
Crianças de 3 a 5 anos: 1,5 g
Crianças de 1 a 2 anos: 1 g
Crianças de 2 a 11 meses: 500 mg
Crianças de 1 a 8 semanas: 250 mg

A dose é única, e pode ser repetida
48 horas depois se for necessário

Notas e precauções

1. O cloranfenicol por via intramuscular
   deve ser utilizado em doentes graves
   antes de serem transferidos, naqueles
   que não conseguem tomar o antibiótico por via oral, ou em que haja dificuldade para transferir.

2. Pode prejudicar o sangue (anemia grave), por isso só deve ser usado quando
   estritamente necessário.

3. Não dê doses mais altas do que as recomendadas. Deve-se reduzir a dose
   do cloranfenicol logo que o doente
   começa a melhorar. Evite o uso prolongado e repetido.

4. É muito perigoso para os recém-nascidos, principalmente os prematuros,
   por isso, quando estes têm infecções
   graves, é preferível usar ampicilina.
   Não dar cloranfenicol às crianças com
   menos de 1 mês de vida.

5. Não usar a forma oleosa por via E.V.

Gentamicina e kanamicina

Gentamicina

Inj. 80 mg/2 ml – Amp.

Usos

Infecções graves, em associação com penicilina ou ampicilina

Ferimentos no intestino, peritonite

Meningite no recém-nascido

Infecção puerperal

Pneumonia

Peste

Dose

Por via I.M. ou E.V.

Adultos e crianças com mais de 12 anos: 1,0-1,5 mg/kg de 8/8 horas

Crianças de 4 semanas a 12 anos: 6 mg/kg/dia em dose única ou divididos em 2 a 3 tomas (12/12 ou 8/8 horas).

Recém-nascidos: 3-5 mg/kg/dia em dose única ou divididos em 2 tomas (12/12 horas): nos prematuros, administrar doses menores e espaçar a administração para 36-48 horas)

Notas e precauções

1. A gentamicina não deve ser administrada em doentes com problemas nos rins.

2. Na peste, a duração do tratamento é de 10 dias, ou mais 3 dias depois de a febre baixar.

Kanamicina

Inj. 1 g/3 ml – Amp.

Usos

Dor no baixo-ventre

Corrimento uretral e vaginal

Conjuntivite neonatal

Alternativa à gentamicina (excepcionalmente)

Dose

Por via I.M.

Dor no baixo-ventre, corrimento uretral e vaginal:

2 g em dose única

Conjuntivite neonatal

25 mg/kg de peso em dose única

Alternativa à gentamicina

15 mg/kg/dia até ao máximo de 1,5 g/dia, divididos em 2 a 3 tomas (12/12 ou 8/8 horas).

Notas e precauções

1. A kanamicina não deve ser administrada em doentes com problemas nos rins.

2. Pode ser usada como alternativa à gentamicina, nos doentes graves quando esta não está disponível.

Antibióticos com usos específicos

Doxiciclina

Cáps. 100 mg

Usos

Dor no baixo-ventre

Bubão (linfogranuloma venéreo)

Febre-da-carraça

Brucelose

Peste

Dose

Adultos e crianças com mais de 12 anos: 1 cáps. (100 mg) 12/12 horas

Crianças de 8 a 12 anos: 1 cáps./dia

Crianças com menos de 8 anos: não dar doxiciclina

Febre-da-carraça

Adultos e crianças com mais de 12 anos: 2 cáps. (200 mg) em dose única

Crianças de 8 a 12 anos: 1 cáps. (100 mg) em dose única

Duração do tratamento

Peste:

Prevenção: 7 dias

Tratamento: 10 dias

Dor no baixo-ventre: 14 dias

Bubão: 21 dias

Notas e precauções

1. As mulheres grávidas não devem tomar doxiciclina, porque pode prejudicar os ossos ou manchar os dentes do bebé. E, pela mesma razão, não se deve dar às crianças com menos de 8 anos de idade.

2. A doxiciclina pode causar dor no estômago, náusea e vómitos. Pode-se administrar após a refeição para diminuir a irritação gástrica.

3. Administrar doxiciclina com bastantes líquidos e de preferência com o doente em pé ou sentado.

4. Em algumas pessoas que estão a tomar a doxiciclina pode surgir uma erupção na pele (borbulhas) se ficarem expostas ao sol.

Ácido nalidíxico

Comp. 500 mg

Susp. oral 300 mg/5ml

Usos

Disenteria

Infecções urinárias

Dose

Disenteria

Adultos: 2 comp. (1 g) 4 vezes por dia

Crianças com mais de 3 meses: 60 mg/kg/dia divididos em 4 tomas durante 7 dias

Infecções urinárias

Adultos: 2 comp. (1 g) 4 vezes por dia durante 7 dias.

Crianças com mais de 3 meses: 50 mg/kg/dia divididos em 4 tomas durante 7 dias

Notas e precauções

1. Em algumas pessoas que estão a tomar o ácido nalidíxico pode surgir uma erupção na pele (borbulhas) se ficarem expostas ao sol.

2. Evitar em doentes com epilepsia.

Metronidazol

Comp. 250 mg

Susp. oral 200 mg/5 ml

Inj. 500 mg/100 ml

Usos

Corrimento vaginal

Profilaxia das ITS após violação

Dor no baixo-ventre

Diarreia persistente

Parasitoses intestinais, incluindo amebas e giardias

Infecções nos HIV-positivos

Antes de transferir os doentes com:

Infecções graves

Febre puerperal, aborto

Ferimentos no intestino

Infecções/úlceras graves da boca

Tétano

Dose

Por via oral

Corrimento vaginal

8 comp. (2 g) em dose única, ao deitar

Profilaxia das ITS após violação

8 comp. (2 g) em dose única

Dor no baixo-ventre

2 comp. (500 mg) 2 vezes por dia durante 14 dias

Infecções graves

Adultos: 2-3 comp. (500-750 mg) 8/8 horas durante 7 dias

Crianças: 7,5 mg/kg 8/8 horas durante 7 dias

Recém-nascidos: 7,5 mg/kg 12/12 horas durante 7 dias

Infecções/úlceras graves de boca

Adultos: 1 comp. (250 mg) 3 vezes por dia durante 7 dias

Diarreia persistente

Adultos: 8 comp. (2 g) 1 vez por dia durante 3 dias **ou** 2 comp. (500 mg) 3 vezes por dia durante 5 dias

Crianças: 15 mg/kg/dia divididos em 3 tomas (8/8 horas) durante 5-10 dias **ou** crianças de 8 a 10 anos: 1 comp. (250 mg) 4 vezes por dia durante 3 dias

Crianças de 4 a 7 anos: 1 comp. (250 mg) 3 vezes por dia durante 3 dias

Crianças de 1 a 3 anos: 1 comp. (250 mg) 2 vezes por dia durante 3 dias ou 15 mg/kg/dia divididos em 3 tomas (8/8 horas) durante 5-10 dias

Amebíase

Adultos: 3 comp. (750 mg) 8/8 horas durante 5-10 dias

Crianças de 8 a 10 anos: 1-2 comp (250-500 mg) 8/8 horas durante 5-10 dias

Crianças de 4 a 7 anos: ½ a 1 comp. (125-250 mg) 6/6 horas ou ½ a 1 colher de chá (100-200 mg) 6/6 horas durante 5-10 dias

Crianças de 1 a 3 anos: ½ a 1 comp. (125-250 mg) 8/8 horas ou ½ a 1 colher de chá (100-200 mg) 8/8 horas durante 5-10 dias

Giardíase

Adultos: 8 comp. (2 g) em dose única ou 2 comp. (500 mg) 8/8 horas durante 5 dias

Crianças: 15 mg/kg/dia divididos em 3 tomas (8/8 horas) durante 5-10 dias

Como alternativa, pode-se administrar durante 3 dias:

Crianças de 8 a 10 anos: 1 comp. (250 mg) 6/6 horas

Crianças de 4 a 7 anos: 1 comp. (250 mg) 8/8 horas

Crianças de 1 a 3 anos: 1 comp. (250 mg) 12/12 horas

Infecção puerperal, aborto, infecções graves, tétano, ferimentos no intestino antes de transferir o doente

Por via E.V. em perfusão (20 minutos)

Adultos: 500 mg 8/8 horas

Crianças: 7,5 mg/kg 8/8 horas

1. Pode ocorrer dor de cabeça, vertigens, dor do estômago, azia, náusea, vómitos, sabor estranho.

2. Não tomar bebidas alcoólicas quando está a tomar metronidazol e até 1 a 2 dias após o fim do tratamento.

3. As mulheres grávidas devem evitar tomar o metronidazol, especialmente nos 3 primeiros meses da gravidez.

4. Para o tratamento de infecções em doentes HIV-positivos considerar as doses para infecções graves ou transferir para o clínico.

Ciprofloxacina
Comp. 500 mg

Usos

Corrimento vaginal e uretral
Profilaxia das ITS após violação
Disenteria
Infecções urinárias
Profilaxia de meningite meningocócica

Dose

Corrimento vaginal e uretral

1 comp. (500 mg) em dose única

Profilaxia das ITS após violação

1 comp. (500 mg) em dose única

Disenteria

1 comp. (500 mg) 12/12 horas

Infecções urinárias

1 comp. (500 mg) 12/12 horas durante 3 a 5 dias

Profilaxia de meningite meningocócica

1 comp. (500 mg) em dose única.

Notas e precauções

1. É um novo antibiótico cujo abuso pode causar resistência.

2. Não dar às mulheres grávidas e a amamentar, às crianças e adolescentes com menos de 16 anos. Usar cefixima como alternativa para tratar o corrimento vaginal na mulher grávida e a amamentar e nas adolescentes com menos de 16 anos.

3. Aconselhar o doente a ingerir mais líquidos.

Azitromicina
Comp. 500 mg

Usos

Corrimento vaginal e uretral
Profilaxia das ITS após violação
Úlcera genital

Dose

2 comp. (1 g) em dose única

Notas e precauções

É um novo antibiótico cujo abuso pode causar resistência. A azitromicina só deve ser usada nas indicações mencionadas quando as outras alternativas não surtirem efeito ou houver contra-indicação para o seu uso.

Cefixima
Comp. 200 mg

Usos

Corrimento vaginal nas grávidas e adolescentes com menos de 16 anos.

Profilaxia de ITS em substituição de ciprofloxacina nas grávidas.

Dose

Adultos e crianças com mais de 14 anos: 2 comp. (400 mg) em dose única

Crianças dos 5 a 14 anos: 1 comp. (200 mg) em dose única

Notas e precauções

Não administrar em doentes alérgicos à penicilina ou cefalosporina.

Anti-viral

Para o tratamento do herpes

Aciclovir

Comp. 400 mg

Usos

Úlcera genital
Úlceras na boca nos HIV-positivos
Herpes labial
Herpes Zoster

Dose

Adultos: 1 comp. (400 mg) 8/8 horas durante 7 dias. Para o herpes Zoster administrar 2 comp. (800 mg) de 4/4 horas antes de transferir o doente.

Notas e precauções

O tratamento deve ser começado precocemente.

Infecções por fungos

É muito difícil fazer desaparecer as infecções provocadas por fungos. Para as controlar completamente, o tratamento deve ser continuado após os sinais terem desaparecido. A limpeza e a lavagem são muito importantes.

As pomadas com ácido benzóico ou ácido salicílico podem ser utilizadas para o tratamento de micoses, tínea do couro cabeludo e outras infecções da pele provocadas por fungos. Frequentemente estas pomadas são (ou podem ser) combinadas com enxofre.

Pomada de Whitfield

Pomada 100 g (ácido salicílico e ácido benzóico)

Usos

Infecções por fungos, incluindo pitiríase versicolor

Dose

Aplicar nas áreas afectadas 2 vezes por dia durante 4 semanas.

Enxofre e ácido salicílico

Pomada 100 g (enxofre 3 g e ácido salicílico 3 g)

Usos

Infecções por fungos, incluindo tíneas
Crosta na cabeça do bebé (seborreia)

Dose

Infecções por fungos

Aplicar nas áreas afectadas, 2 vezes por dia, até as lesões desaparecerem, e mais 2 semanas.

Seborreia

Aplicar à noite e remover na manhã seguinte, com água morna e sabão, até controlo da descamação e mais 5-7 dias.

Notas e precauções

1. O enxofre pode ser mal tolerado.
2. Não usar nas lesões das pregas cutâneas.

Iodo e ácido salicílico

Sol. alcoólica 100 g (iodo 1 g e ácido salicílico 3 g)

Usos

Pitiríase versicolor e outras infecções por fungos

Dose

Aplicar na área afectada 2 vezes por dia até as lesões desaparecerem e mais 2 semanas.

Violeta de genciana

Sol. aquosa a 1% – Fr. 100 ml

Usos

Infecções por fungos (Candida) na boca (sapinho)

Úlceras na boca devido ao sarampo

Dose

Aplicar na área afectada 1-2 vezes por dia, até as lesões desaparecerem e mais 5 dias.

Nistatina

Susp. oral 100.000 U.I./ml
Comp. vaginais 100.000 U.I.
Creme dérmico 100.000 U.I./g

Usos

Infecções por fungos (Candida) na:
boca (sapinho)
vagina
pele

Dose

Sapinho na boca

Aplicar 1 ml de solução na boca após as refeições. Manter a solução na boca, durante cerca de 1 minuto, antes de engolir. Repetir o tratamento, 4 vezes por dia. Continuar o tratamento por 48 horas após as lesões desaparecerem.

Infecção por fungos na vulva ou vagina

Aplicar 1-2 comp. vaginais no interior da vagina todas as noites durante pelo menos 14 dias.

Infecção por fungos na pele

Aplicar o creme 2-3 vezes por dia até à cura e mais 7 dias.

Notas e precauções

1. Nas infecções da pele, manter a área afectada o mais seca possível e aplicar o creme.
2. A nistatina não faz efeito nas tíneas.

Clotrimazol

Creme vaginal a 1% (50 mg/5 g)

Óvulo vaginal 100 e 500 mg

Creme dérmico a 1%

Usos

Infecções por fungos (Candida) na vagina

Balanite

Dose

Corrimento vaginal

Aplicar no interior da vagina:

Óvulos de 100 mg: 1 óvulo à noite durante 6 dias. Se necessário, pode-se aplicar 2 vezes por dia, durante 6 a 12 dias

Óvulos de 500 mg: 1 óvulo em dose única.

Creme vaginal: 1 aplicador cheio (5 g) à noite durante 6 dias. Se necessário, pode-se aplicar 2 vezes por dia, durante 6 a 12 dias.

Balanite

Aplicar o creme dérmico 2 vezes por dia durante 7 dias

Medicamentos para a tuberculose

No tratamento da tuberculose é muito importante utilizar sempre 2, 3, ou até mesmo 4 medicamentos antituberculosos ao mesmo tempo. Estes medicamentos podem ser combinados num único comprimido (dose fixa combinada – DFC). Se for apenas utilizado 1 medicamento, a bactéria da tuberculose fica resistente e torna-se mais difícil tratar a doença.

A tuberculose deve ser tratada por um longo período. O período do tratamento depende da combinação dos medicamentos utilizados. Para evitar que a tuberculose volte a aparecer, é necessário um tratamento completo a longo prazo.

É importante seguir sempre as normas nacionais, porque os tratamentos são diversos, a bactéria pode ficar resistente e podem estar disponíveis novos medicamentos ou novas combinações.

As mulheres grávidas com tuberculose devem procurar aconselhamento médico especializado.

O tratamento da tuberculose é feito em 2 fases: a fase intensiva inicial, que dura 2 meses, e a fase de manutenção, que dura 4 meses (ver capítulo 20).

Dose fixa combinada: isoniazida, rifampicina, pirazinamida e etambutol

Comp. isoniazida (75 mg), rifampicina (150 mg), pirazinamida (400 mg) e etambutol (275 mg)

Usos

Casos novos de tuberculose

Dose

Dose diária durante 2 meses (fase intensiva inicial):

As doses são calculadas de acordo com o peso antes do doente iniciar o tratamento:

< 30 kg   1 comp.

30-37 kg 2 comp.

38-54 kg 3 comp.

55-70 kg 4 comp.

≥ 71 kg   5 comp.

Dose fixa combinada de isoniazida e rifampicina

Comp. isoniazida (75 mg) e rifampicina (150 mg)

Dose diária durante 4 meses (fase de manutenção):

<30 kg   1 comp.
30-37 kg   2 comp.
38-54 kg   3 comp.
55-70 kg   4 comp.
≥ 71 kg   5 comp.

Notas e precauções

1. Há situações em que o tratamento tem que ser adaptado pelo clínico, por exemplo:

   meningite tuberculosa, tuberculose da coluna, doenças do fígado e dos rins, reacção adversa aos medicamentos.

2. A rifampicina pode diminuir o efeito dos contraceptivos (medicamentos usados para evitar a gravidez). Por isso, as mulheres que estejam a tomar a pílula ou injectáveis devem aconselhar-se junto do clínico para utilizar outro método contraceptivo.

3. Veja abaixo as medidas a tomar em caso de efeitos adversos.

Isoniazida (INH)

Comp. 100 e 300 mg

Usos

Prevenção de tuberculose nos HIV-positivos

Prevenção de tuberculose em crianças em contacto com casos de TP

Recém-nascido de mãe com tuberculose

Dose

5 mg/kg em toma diária ou

10 mg/kg 3 vezes por semana durante 6 meses

Notas e precauções

1. Nas crianças, recomenda-se a toma diária.

2. Deve associar com piridoxina (ver pág. 724), particularmente nos doentes HIV-positivos e nos malnutridos.

Efeitos adversos dos medicamentos para tuberculose

REACÇÃO	RESPOSTA
Menores (não perigosas)	Tranquilizar o doente
Náusea, falta de apetite, dor de barriga, gases	Tranquilizar o doente e administrar os medicamentos com alimentos
Lágrimas e urina de cor alaranjada	Tranquilizar o doente
Dor nas articulações	Transferir o doente para o clínico
Sensação de queimadura, formigueiro nos pés	Transferir o doente para o clínico
Maiores (perigosas) Comichão, erupção na pele Pele e olhos amarelados Vómitos repetidos Problemas de audição Vertigens Problemas da vista	Suspender o tratamento e transferir imediatamente o doente para uma unidade sanitária

Medicamentos para a lepra

Quando se está a tratar a lepra é importante seguir as normas das autoridades sanitárias de cada país.

O tratamento da lepra deve continuar por 6 ou 12 meses, dependendo da gravidade da lepra. A lepra com poucas lesões (1 a 5), é chamada paucibacilar (PB). O tratamento deve continuar por 6 meses. A lepra com muitas lesões (>5), é chamada multibacilar (MB) e o seu tratamento deve continuar por 12 meses.

Para evitar que a bactéria (bacilo) que provoca a lepra fique resistente ao medicamento, é importante continuar a tomar os medicamentos com regularidade, sem interrupção. É necessário tomar sempre mais de um medicamento.

Uma vez por mês, os medicamentos devem ser tomados sob observação directa do trabalhador de saúde ou do agente de saúde comunitária, designado para o efeito.

Para o tratamento da lepra, os medicamentos (clofazimina, dapsona e rifampicina) apresentam-se em carteiras contendo as doses necessárias para 1 mês.

Existem 4 tipos diferentes de carteiras para uso nas seguintes situações:

1. Adultos com lepra paucibacilar (PB)

2. Crianças de 10 a 14 anos com lepra (PB)

3. Adultos com lepra multibacilar (MB)

4. Crianças de 10 a 14 anos com lepra (MB)

Carteira para adultos, paucibacilar (PB)

6 carteiras contendo: 2 cáps. de **rifampicina** (300 mg cada) e 28 comp. de **dapsona** (100 mg)

Usos

Lepra paucibacilar em adultos

Carteira para crianças de 10 a 14 anos, paucibacilar (PB)

6 carteiras contendo: 2 cáps. de **rifampicina** (300 e 150 mg) e 28 comp. de **dapsona** (50 mg)

Usos

Lepra paucibacilar em crianças de 10 a 14 anos

Carteira para adultos, multibacilar (MB)

12 carteiras contendo: 2 cáps. de **rifampicina** (300 mg) e 28 comp. de **dapsona** (100 mg) e 27 cáps. de **clofazimina** (50 mg) e 3 cáps. de **clofazimina** (100 mg)

Usos

Lepra multibacilar em adultos

Carteira para crianças de 10 a 14 anos, multibacilar (MB)

12 carteiras contendo: 2 cáps. de **rifampicina** (300 e 150 mg) e 28 comp. de **dapsona** (50 mg) e 27 cáps. de **clofazimina** (50 mg) e 1 cáps. de **clofazimina** (100 mg)

Usos

Lepra multibacilar em crianças de 10 a 14 anos

Dose

Lepra paucibacilar (PB)

Adultos:

- 2 cáps de 300 mg de rifampicina (600 mg) 1 vez por mês, sob observação directa, durante 6 meses.

- 1 comp. de dapsona (100 mg) 1 vez por dia, incluindo 1 dose mensal sob observação directa durante 6 meses.

Crianças de 10 a 14 anos:

- 2 cáps (1 de 300 mg e 1 de 150 mg) de rifampicina (450 mg) 1 vez por mês, sob observação directa durante 6 meses.

- 1 comp. (50 mg) de dapsona 1 vez por dia, incluindo 1 dose mensal sob observação directa durante 6 meses.

Lepra multibacilar (MB)

Adultos:

- 2 cáps de 300 mg de rifampicina (600 mg) 1 vez por mês, sob observação directa durante 12 meses.

- 1 comp (100 mg) de dapsona 1 vez por dia, incluindo 1 dose mensal, sob observação directa durante 12 meses.

- 1 cáps. (50 mg) de clofazimina 1 vez por dia. Uma vez por mês, substituir a cáps. de 50 mg de clofazimina por 3 cáps. de 100 mg (300 mg), sob observação directa durante 12 meses.

Crianças de 10 a 14 anos:

- 1 cáps. (450 mg) de rifampicina 1 vez por mês, sob observação directa durante 12 meses.

- 1 comp. (50 mg) de dapsona 1 vez por dia, incluindo 1 dose mensal sob observação directa durante 12 meses.

- 1 cáps. (50 mg) de clofazimina em dias alternados. Uma vez por mês, substituir a cáps. de 50 mg de clofazimina por 3 cáps. de 50 mg (150 mg) sob observação directa durante 12 meses.

Crianças com menos de 10 anos

Nestas crianças a dose dos medicamentos a administrar deverá ser ajustada e calculada de acordo com o peso corporal. Ver a seguir as doses e associações recomendadas.

Dapsona (DDS)
Comp. 50 e 100 mg

Usos

Lepra paucibacilar, em associação com rifampicina

Lepra multibacilar, em associação com rifampicina e clofazimina

Rifampicina
Cáps.150 mg e 300 mg

Usos

Lepra paucibacilar, em associação com dapsona

Lepra multibacilar, em associação com dapsona e clofazimina

Clofazimina
Cáps. 50 mg e 100 mg

Usos

Lepra multibacilar, em associação com dapsona e rifampicina

Dose

Lepra paucibacilar

Dapsona: 1-2 mg/kg 1 vez por dia ou 25 mg/dia; 1 vez por mês rifampicina 10 mg/kg ou 300 mg sob observação directa durante 6 meses.

Lepra multibacilar

Dapsona: 1-2 mg/kg 1 vez por dia ou 25 mg/dia; clofazimina: 50 mg 2 vezes por semana. Uma vez por mês clofazimina 100 mg e rifampicina 10 mg/kg ou 300 mg sob observação directa durante 12 meses.

Notas e precauções

1. A dapsona pode, por vezes, provocar anemia (corrigir antes de iniciar o tratamento e avaliar o doente durante o mesmo) ou erupções (borbulhas) na pele que podem ser graves.

2. A dapsona deve ser usada com muita precaução na gravidez (pesar o risco entre piorar a lepra durante a gravidez e a anemia e icterícia no recém-nascido).

3. A rifampicina pode provocar falta de apetite, náusea, vómitos, diarreia, cansaço e coloração avermelhada ou alaranjada da urina e outras secreções.

4. A rifampicina diminui o efeito da pílula (risco de gravidez indesejada). Aconselhar a mulher a usar outro método contraceptivo.

5. A clofazimina pode provocar coloração avermelhada ou arroxeada da pele, dor do estômago e azia.

6. Por vezes pode ocorrer a chamada "reacção à lepra" quando se está a tomar os medicamentos para a lepra. Para mais detalhes, ver pág. 390.

Medicamentos para a malária

Existem vários medicamentos antimaláricos. Infelizmente, em muitas partes do mundo, os parasitas da malária tornaram-se resistentes aos antimaláricos mais efi cazes.

É importante informar-se junto do Ministério da Saúde sobre quais os medicamentos mais eficazes na sua região e seguir as normas recomendadas no seu país. Vão sendo formulados novos medicamentos, mas é provável que estes sejam eficazes por pouco tempo, até que apareça resistência a eles. Para retardar o surgimento de resistência, recomenda-se a combinação de medicamentos para o tratamento da malária.

Os medicamentos para a malária podem ser utilizados de 3 modos:

1. **TRATAMENTO** para a pessoa doente com malária.

2. **TRATAMENTO INTERMITENTE PREVENTIVO** para prevenir malária nas grávidas.

3. **PROFILAXIA:** a profilaxia é usada nos locais onde a malária é frequente, principalmente por pessoas que visitam estas áreas e que não têm defesas contra a doença.

Sulfadoxina e pirimetamina (SP, fansidar)

Comp. 500 mg de sulfadoxina e 25 mg de pirimetamina

Usos

Malária não complicada, em associação com artesunato ou outro antimalárico.

Tratamento intermitente preventivo de malária nas grávidas.

Dose

Para o tratamento da malária não complicada, ver tabela na pág. 333.

Tratamento intermitente preventivo da malária nas grávidas:

3 comp. em dose única.

A primeira dose é administrada por volta das 20 semanas, ou quando a grávida refere movimentos fetais activos, ou quando confirmado pela auscultação do foco fetal.

As doses subsequentes são administradas com um intervalo de 4 semanas. Recomenda-se a administração de, pelo menos, 3 doses durante a gravidez.

Notas e precauções

1. Não usar na malária grave, crianças com menos de 2 meses ou menos de 5 kg de peso.

2. Não usar em pessoas com alergia a sulfamidas (SP, cotrimoxazol), ou em tratamento com cotrimoxazol ou niverapina.

3. Pode provocar erupção cutânea grave (tipo queimadura com bolhas), problemas do sangue, dor de cabeça, cansaço, nervosismo, sonolência, dor de estômago, náusea e choque alérgico (ver pág. 128).

4. Para o uso nas grávidas, ver pág. 711.

Artesunato (AS)

Comp. 50 e 100 mg

Existe uma combinação de dose fixa contendo artesunato e amodiaquina (ver pág. 714).

Usos

Malária não complicada, em associação com outro antimalárico (sulfadoxina-pirimetamina ou amodiaquina)

Dose

AS e SP

Use sempre que possível o peso do doente:

25 mg/kg de sulfadoxina e 1,25 mg/kg de pirimetamina em dose única no primeiro dia

4 mg/kg de artesunato/dia durante 3 dias. Ver tabela seguinte

Nas situações em que não é possível pesar a criança, usar a idade para calcular a dose e saber o número de comprimidos a administrar em cada toma.

Dose de AS* e SP

Peso (kg)	Idade	Dia 1		Dia 2	Dia 3
		SP	AS	AS	AS
05 - 09	5-11 meses	½	¼	¼	¼
10 - 20	1-6 anos	1	½	½	½
21 - 35	7-13 anos	2	1	1	1
> 35	> 13 anos	3	2	2	2

*Comprimidos de 100 mg.

Dose de AS* e SP

Peso (kg)	Idade	Dia 1		Dia 2	Dia 3
		SP	AS	AS	AS
05-09	5-11 meses	½	½	½	½
10-20	1-6 anos	1	1	1	1
21-35	7-13 anos	2	2	2	2
> 35	> 13 anos	3	4	4	4

*Comprimidos de 50 mg.

Recomenda-se a administração de SP juntamente com a primeira dose de artesunato no primeiro dia do tratamento, em toma única, imediatamente após o diagnóstico. Depois, artesunato diariamente em cada 1 dos 2 dias que se seguem.

Notas e precauções

1. Não usar na malária grave, crianças com menos de 1 ano ou com menos de 10 kg de peso. Excepcionalmente, pode ser usado em crianças com 5 meses e mais de 5 kg, se não houver alternativa.

2. As crianças com menos de 5 meses e menos de 5 kg devem ser transferidas. Antes de transferir, deve-se aplicar a primeira dose de quinino por via intramuscular (ver pág. 716).

3. Verificar sempre a dosagem dos comprimidos (50 ou 100 mg) antes de prescrever, para evitar erros de dose.

4. Não usar em doentes com alergia a derivados da artemisinina (artesunato, arteméter, etc.), nas crianças com menos de 5 meses ou peso inferior a 5 kg.

5. Pode causar dor abdominal e diarreia.

6. Não usar no 1.º trimestre da gravidez.

Amodiaquina, hidrocloreto (AQ)

Comp. 261 mg (200 mg de amodiaquina base) ou comp. 200 mg (153 mg de amodiaquina base)

Existe uma combinação de dose fixa contendo artesunato e amodiaquina (ver pág. 714).

Usos

Malária não complicada, em associação com outro antimalárico.

Dose

10 mg/kg de amodiaquina base durante 3 dias.

Use sempre que possível o peso. Nas situações em que não é possível pesar a criança, usar a idade para calcular a dose em comprimidos:

Dose de amodiaquina (usando comp. contendo 200 mg de amodiaquina base)

Peso (kg)	Idade	N° de comprimidos (200 mg)		
		Dia 1	Dia 2	Dia 3
05-06	< 4 meses	½	½	½
07-10	4-11 meses	½	½	½
11-14	1-2 anos	1	1	1
15-18	3-4 anos	1	1	1
19-24	5-7 anos	1+½	1+½	1+½
25-35	8-10 anos	2	2	2
36-50	11-13 anos	3	3	3
50 e +	14 anos e +	3	3	3

Dose de amodiaquina (usando comp. contendo 153 mg de amodiaquina base)

Peso (kg)	Idade	N° de comprimidos (153 mg)		
		Dia 1	Dia 2	Dia 3
05-09	05-11 meses	½	½	½
10-20	1- 6 anos	1	1	1
21-35	7- 13 anos	2	2	2
> 35	>13 anos	4	4	4

Notas e precauções

1. A amodiaquina pode provocar falta de apetite, náusea, vómitos, dor abdominal, diarreia, coloração escura da pele e comichão. Doses altas de amodiaquina podem provocar problemas da visão e do coração, baixar a tensão arterial, desmaio e convulsões.

2. Não usar na malária grave, em pessoas alérgicas à amodiaquina, com epilepsia e com problemas de sangue e da vista.

Artesunato e amodiaquina (AS+AQ)

Comp. 25 mg artesunato/67,5 mg amodiaquina base

Comp. 50 mg artesunato/135 mg amodiaquina base

Comp. 100 mg artesunato/270 mg amodiaquina base

Usos

Malária não complicada.

Dose

A ser administrada em 3 dias

Dose de artesunato-amodiaquina a ser administrada em 3 dias.

Peso (kg)	Idade	AS+AQ (mg)	N° de comp./dose[1]	N° total de comp.[2]
>4,5 - <9	2-11 meses	25/67,5	1	3
≥9 - <18	1-5 anos	50/135	1	3
≥18 - <36	6-13 anos	100/270	1	3
≥36	≥14 anos	100/270	2	6

[1] Número de comprimidos por dose administrados 1 vez por dia durante 3 dias

[2] Número total de comprimidos administrados durante os 3 dias

Arteméter e lumefantrina (AL)

Comp. 20 mg de arteméter e 120 mg de lumefantrina

Usos

Malária não complicada.

Dose

A ser administrada em 3 dias

Dose de arteméter-lumefantrina à ser administrada em 3 dias.

Peso (kg)	Idade	N° de comp./dose[1]	N° total de comp.[2]
5-14	<3 anos	1	6
15-24	3-8 anos	2	12
25-34	9-14 anos	3	18
>34	>14 anos	4	24

[1] Número de comprimidos por dose administrados 2 vezes por dia durante 3 dias

[2] Número total de comprimidos administrados durante os 3 dias

A dose deve ser repetida 8 horas depois e, depois, em 2 tomas diárias (12/12 horas) em cada 1 dos 2 dias que se seguem. É importante que o doente complete os 3 dias do tratamento.

Notas e precauções

1. Não usar na malária grave, gravidez, doente com alergia a derivados da artemisinina (artesunato, arteméter, etc.) ou à combinação arteméter+lumefantrina e crianças com menos de 1 ano ou com menos de 10 kg de peso. Excepcionalmente, pode ser usado em crianças com 6 meses e mais de 5 kg, se não houver alternativa.

2. Pode provocar dor abdominal, falta de apetite, náusea, vómitos, diarreia, dor de cabeça, tonturas, falta de sono e cansaço.

3. O AL não deve ser repetido dentro de 2 semanas.

Precauções gerais no tratamento da malária não complicada

1. A primeira dose do tratamento antimalárico deve ser administrada em dose única logo após o diagnóstico, sob supervisão do trabalhador de saúde, na unidade sanitária.

2. Os doentes devem ficar em observação durante 1 hora após a toma dos medicamentos, para verificar se vomitam ou reagem mal.

3. Se o doente vomitar durante a primeira hora após a ingestão dos comprimidos, deve-se repetir a dose. Se vomitar em casa, deve tomar a dose seguinte e voltar à unidade sanitária para obter os comprimidos para completar o tratamento.

4. É melhor tomar os medicamentos com os alimentos.

5. A combinação artesunato-SP não deve ser repetida dentro de 1 mês por causa dos efeitos adversos do SP.

Quinino

Inj. 600 mg/2 ml – Amp.
Inj. 300 mg/ml – Amp.

Usos

Antes de transferir os doentes com:
Malária grave
Doença febril muito grave

Dose

Por via I.M.

É aconselhável diluir a ampola de quinino para administrar em crianças:

No caso de ampolas de 600 mg/2 ml, adicionar 8 ml de soro fisiológico para fazer uma concentração final de 600 mg/10 ml (60 mg/ml).

No caso de ampolas de 300 mg/ml, adicionar 4 ml de soro fisiológico para fazer uma concentração final de 300 mg/5 ml (60 mg/ml).

Use sempre que possível o peso para calcular a dose a administrar:

A dose inicial, também chamada de dose de ataque, é de 20 mg/kg. Nas situações em que não é possível pesar a criança, usar a idade para calcular a dose.

Dose inicial (20 mg/kg) com quinino diluído

Idade	Peso (kg)	Quinino (ml) 60 mg/ml
0-3 meses	3 – <6	2,0
4-12 meses	6 – < 10	3,0
1-2 anos	10 – 12	4,0
2-3 anos	13 – <15	5,0
3-5 anos	15 – <20	6,0
6-9 anos	20 – <30	10,0
10-14 anos	30 – <40	13,0

Adultos: pode-se administrar 4,0 ml (1200 mg), sem diluir.

Se não for mesmo possível transferir o doente, repita a injecção de quinino I.M., com metade da dose, de 8/8 horas, até que o doente esteja em condições de tomar um antimalárico oral (dose de manutenção). Não continuar a administrar injecções de quinino por mais de 1 semana.

Dose de manutenção (10 mg/kg) com quinino diluído

Idade	Peso (kg)	Quinino (ml) 60 mg/ml
0-3 meses	3 – <6	1,0
4-12 meses	6 – < 10	1,5
1-2 anos	10 – 12	2,0
2-3 anos	13 – <15	2,5
3-5 anos	15 – <20	3,0
6-9 anos	20 – <30	5,0
10-14 anos	30 – <40	6,5

Adultos: pode-se administrar 2,0 ml (600 mg), sem diluir.

Notas e precauções

1. Antes de dar quinino I.M., confirmar sempre a concentração nas ampolas, para se evitarem erros de dose.

2. O quinino deve ser administrado por via I.M. profunda para evitar a formação de abcessos. Administre na parte superior e exterior da coxa, não nas nádegas. Para volumes maiores, administre metade da dose num lado e a outra noutro. O doente deve ficar deitado por 1 hora após a injecção.

3. O quinino pode provocar hipoglicemia (baixa do açúcar no sangue), dor de cabeça, tonturas, náusea, vómitos, dor abdominal, problemas da vista e dos ouvidos e confusão mental. Em doses altas pode provocar surdez e cegueira.

4. Para prevenir a hipoglicemia, aconselhar o doente a alimentar-se ou tomar líquidos açucarados. Se surgir hipoglicemia, tratar como indicado na pág. 89.

5. Usar com precaução em doentes com problemas do fígado ou rins.

6. Não esquecer de reduzir a dose para metade após a primeira dose ou dose inicial (dose de ataque).

Vermes (parasitas) intestinais

Os medicamentos por si sós não são suficientes para eliminar as infecções provocadas pelos vermes. As medidas de higiene pessoal, da água e alimentos, e o saneamento do meio também devem ser seguidas. Quando uma pessoa da família está infectada com parasitas, é melhor tratar toda a família.

Mebendazol
Comp. 100 mg

Usos

Infecções por parasitas ou vermes intestinais

Dose

Adultos e crianças com mais de 1 ano: 5 comp. (500 mg) em dose única, ou 1 comp. (100 mg) 2 vezes por dia durante 3 dias.

Notas e precauções

1. Administrar no intervalo das refeições.
2. Não usar nas grávidas e crianças com menos de 1 ano.
3. O mebendazol pode provocar dor abdominal ou diarreia, cefaleia e tonturas.

Albendazol
Comp. 400 mg

Usos

Infecções por parasitas ou vermes intestinais
Dermatite serpiginosa
Filaríase

Dose

Parasitoses intestinais e dermatite serpiginosa

Adultos e crianças com mais de 2 anos: 1 comp. (400 mg) em dose única.

Crianças de 12 a 23 meses: ½ comp. (200 mg) em dose única.

Filaríase

1 comp. (400 mg) em dose única, associada com dietilcarbamazina (ver pág. 718) ou ivermectina (ver pág. 718).

Notas e precauções

1. Este medicamento é semelhante ao mebendazol, mas é mais caro.
2. Não usar nas grávidas e crianças com menos de 1 ano.

Tiabendazol
Pomada

Usos

Dermatite serpiginosa

Dose

Aplicar com fricção suave sobre o trajecto das larvas e 1 centímetro à volta, 4 vezes por dia, até cessar o avanço das larvas.

Praziquantel
Comp. 600 mg

Usos

Bilharziose
Ténia

Dose

Bilharziose: 40-60 mg/kg

Em dose única:

Adultos: 4-6 comp. (2400-3600 mg)

Crianças de 8 a 12 anos: 2-3 comp. (1200-1800 mg)

Crianças de 4 a 7 anos: 1-2 comp. (600-1200 mg)

Crianças de 1 a 4 anos: ½-1 comp. (300-600 mg)

Teníase intestinal: 5 a 10 mg/kg

Em dose única:

Adultos: 1 comp. (600mg)

Crianças de 8 a 12 anos: ½ comp. (300 mg)

Crianças de 4 a 7 anos: ¼ comp. (150 mg)

Notas e precauções

Pode provocar dor abdominal, cansaço, tonturas, dor de cabeça e falta de apetite.

Filaríase

Dietilcarbamazina
Comp. 50 mg

Usos

Filaríase

Dose

Adultos e crianças com mais de 10 anos: 6 mg/kg/dia divididos em 2 tomas (12/12 horas), durante 12 dias.

Crianças com menos de 10 anos: 3 mg/kg/dia divididos em 2 tomas (12/12 horas), durante 12 dias.

Notas e precauções

1. Não usar nas grávidas. Adiar o tratamento para depois do parto.
2. A dietilcarbamazina deve ser tomada depois das refeições.
3. A morte das microfilárias pode provocar uma reacção com febre, dor de cabeça, tonturas, dores nas articulações, urticária e vómitos algumas horas após a primeira dose
4. A dietilcarbamazina pode ser usada em combinação com albendazol e ivermectina no tratamento em massa da filaríase.

Oncocercose

O melhor medicamento para tratar a cegueira do rio (oncocercose) é a ivermectina.

Ivermectina
Comp. 6 mg

Usos

Cegueira do rio (oncocercose)

Dose

0,15 mg/kg

Para determinar a dose correcta, pese a pessoa primeiro.

Em dose única:

Adultos com mais de 64 kg: 2 comp. (12 mg)

Adultos de 45 a 63 kg: 1½ comp. (9 mg)

Adultos e jovens de 26 a 44 kg: 1 comp. (6 mg)

Crianças de 15 a 25 kg: ½ comp. (3 mg)

Notas e precauções

1. Não usar em crianças com menos de 5 anos ou menos de 15 kg, mulheres grávidas ou a amamentar até a criança ter 1 semana de idade.

3. Evitar alimentos e álcool pelo menos 2 horas antes e após a toma do medicamento.

4. Por vezes é necessário administrar mais 1 dose, 1 ano depois do tratamento.

5. Para uso no tratamento combinado da filaríase, siga as normas do seu país.

Dores: analgésicos

Existem muitos medicamentos para as dores, alguns dos quais são perigosos. Utilize só aqueles que tem a certeza de que são seguros.

O AAS é um analgésico muito útil, que alivia as dores e é barato. Ajuda a baixar a febre e reduz a inflamação. Não deve ser utilizado nas crianças e adolescentes com menos de 16 anos e nas grávidas.

Muitos medicamentos que são vendidos para as dores, artrite, ou constipações contêm AAS, mas são mais caros e muitas vezes não fazem melhor efeito do que o AAS sem outro medicamento.

O paracetamol é um analgésico muito útil, que alivia as dores e é barato. O paracetamol é mais seguro para as crianças e mulheres grávidas.

Ácido acetilsalicílico (AAS)

Comp. 500 mg

Usos

Dores
Febre

Dose

Adultos ou adolescentes com mais de 16 anos: 1-2 comp. (500-1000 mg) 3-4 vezes por dia

Notas e precauções

1. Não usar em grávidas, crianças e adolescentes com menos de 16 anos. O paracetamol é mais seguro nestes casos.

2. Não usar AAS para tratar dor de estômago, azia ou indigestão. O AAS contém ácido e pode piorar o problema. Por isso, as pessoas com azia, gastrite e úlceras de estômago não devem tomar AAS.

3. O AAS provoca dor de estômago ou azia. Para evitar isso, é melhor tomar AAS com as refeições.

4. Não usar AAS em pessoas desidratadas até que comecem a urinar bem.

5. Não usar em pessoas que sofrem de asma (pode provocar um ataque).

6. Mantenha o AAS fora do alcance das crianças. Uma dose alta pode envená-las.

Paracetamol (acetaminofeno)

Comp. 500 mg
Susp. oral 120 e 250 mg/5ml
Sup. 125 e 250 mg

Usos

Dores
Febre

Dose

Adultos e crianças com mais de 14 anos: 1-2 comp. (500-1000 mg) 3 a 4 vezes por dia (máximo 6 g por dia)

Crianças de 6 a 14 anos: 1 comp. (500 mg) 3 a 4 vezes por dia

Crianças de 2 a 5 anos: ½ comp. ou 1 supositório de 250 mg ou 1 colher de chá de susp. oral de 250 mg/5 ml (250 mg) 3 a 4 vezes por dia

Crianças de 2 meses a 2 anos: ¼ comp.ou

1 supositório de 125 mg ou 1 colher de chá de susp. oral de 120 mg/5 ml (125 mg) 3 a 4 vezes por dia

Crianças com menos de 2 meses: 10 mg/kg 3 a 4 vezes por dia

Notas e precauções

1. Evitar o uso prolongado.

2. O tratamento com xarope e supositórios é mais caro do que com os comprimidos.

3. Os supositórios só devem ser utilizados quando não é possível usar a via oral (vómitos, inconsciência).

4. Os supositórios devem ser conservados em lugar fresco, de preferência na geleira.

Ibuprofeno

Comp. 200 mg

Usos

Dores:
Musculares
Articulares
Menstruais
Cabeça
Febre

Dose

Adultos e crianças com mais de 12 anos: 1 comp. (200 mg) 3 a 4 vezes por dia

Crianças com menos de 12 anos: 20 mg/kg/dia divididos em 3 a 4 tomas

Notas e precauções

1. Usar o ibuprofeno junto com ou após as refeições.

2. As pessoas que têm dor de estômago, gastrite ou úlceras de estômago não devem tomar ibuprofeno.

3. Evitar na grávida e doentes com asma (pode provocar um ataque).

4. No adulto, se 1 comprimido não aliviar a dor ou febre, pode-se utilizar 2 comprimidos. Não tomar mais de 6 comprimidos em 24 horas.

5. O ibuprofeno pode causar náusea, vómitos, diarreia, dor de estômago, gastrite.

6. É mais caro que o paracetamol e o AAS. Usar para baixar a febre se esta não baixa com aqueles medicamentos.

Diclofenac

Comp. 25 mg

Usos

Dores:
Musculares
Articulares
Menstruais

Dose

Adultos e crianças com mais de 12 anos: 1 comp. (25 mg) 3 a 4 vezes por dia

Notas e precauções

1. Usar o diclofenac junto com ou após as refeições.

2. As pessoas que têm dor de estômago, gastrite ou úlceras de estômago não devem tomar diclofenac.

3. Evitar na grávida e doentes com asma (pode provocar um ataque).

4. No adulto, se 1 comprimido não aliviar a dor, pode-se utilizar 2 comprimidos.

Não tomar mais de 6 comprimidos em 24 horas.

5. O diclofenac pode provocar náusea, vómitos, diarreia, dor de estômago, gastrite.

Dor muscular

Mentol e salicilato de metilo

Pomada 20 g

Usos

Dor muscular

Dose

Friccionar 1-2 vezes por dia.

Anestésicos locais

Cloreto de etilo

Aerossol – 100 ml

Usos

Anestesia local para drenagem de abcessos

Dermatite serpiginosa

Dose

Anestesia local para drenagem de abcessos

Aplicar imediatamente antes da drenagem

Dermatite serpiginosa

Aplicar 2-3 vezes por dia

Notas e precauções

Não usar próximo da cara, particularmente nas crianças, pelo perigo de inalação.

Reacções alérgicas

Adrenalina

Inj. 1 mg/1 ml (1:1000) – Amp.

Usos

Reacção alérgica grave ou choque alérgico (ver pág. 293)

Ataques graves de asma (quando os outros medicamentos não estão disponíveis, antes de transferir o doente)

Dose

Choque alérgico

Por via I.M.

Adultos e crianças com mais de 12 anos: 0,5 ml (0,5 mg)

Crianças de 6 a 12 anos: 0,25 ml (0,25 mg)

Crianças de 6 meses a 6 anos: 0,12 ml (0,12 mg)

Crianças com menos de 6 meses: 0,05 ml (0,05 mg)

Esta dose pode ser repetida 2 vezes, se for necessário, com intervalo de 5 minutos, tendo em atenção o pulso, a tensão arterial e a respiração

Asma grave

Por via subcutânea

Administrar as mesmas doses. Repetir a cada 15 minutos se for necessário, até 3 vezes.

Notas e precauções

1. Não dar mais do que 3 doses.
2. Se o pulso acelerar para mais de 30 pulsações/minuto depois de primeira injecção, não dê outra dose.

Anti-histamínicos

Os anti-histamínicos são úteis no controlo e prevenção de reacções alérgicas (urticária, comichão, febre de feno e choque alérgico). Também podem ser utilizados no controlo e prevenção do enjoo e vómitos.

A prometazina e a difenidramina são anti-histamínicos muito fortes e provocam muito sono. A clorfeniramina é mais barata e provoca menos sonolência. Por isso, é melhor para aliviar a comichão durante o dia. A prometazina é útil à noite, porque ajuda o doente a dormir e ao mesmo tempo acalma a comichão.

Não existe nenhuma prova de que os anti-histamínicos sejam úteis para a constipação. Frequentemente, os anti-histamínicos são usados mais do que se devia.

Os anti-histamínicos não devem ser usados no tratamento da asma porque tornam as secreções (muco) mais espessas e podem tornar a respiração mais difícil.

Como regra geral, é melhor dar os anti-histamínicos por via oral. As injecções devem ser utilizadas somente no caso de choque alérgico ou para controlar vómitos persistentes.

Clorfeniramina

Comp. 4 mg
Xpe. 2 mg/5 ml

Usos

Alergia (comichão, urticária, febre-dos-fenos)

Dose

Adultos e crianças com mais de 12 anos: 1 comp. (4 mg) 3 a 6 vezes por dia (máximo 24 mg em 24 horas)

Crianças de 6 a 12 anos: ½ comp. ou 5 ml (2 mg) 3 a 6 vezes por dia (máximo 12 mg em 24 horas)

Crianças de 2 a 5 anos: ¼ comp. ou 2,5 ml (1 mg) 3 a 6 vezes por dia (máximo 6 mg em 24 horas)

Crianças de 1 a 2 anos: ¼ comp. ou 2,5 ml (1 mg) 2 vezes por dia

Notas e precauções

1. Não usar em crianças com menos de 1 ano, mulheres grávidas ou que estejam a amamentar.
2. Pode provocar sonolência, tonturas, boca seca, e dificuldade na visão.
3. Evitar trabalhos com máquinas pesadas e conduzir veículos.
4. Não ingerir bebidas alcoólicas porque aumentam a sonolência.

Prometazina

Comp. 10 mg

Inj. 50 mg/2 ml

Usos

Enjoos de viagem, vertigens e vómitos persistentes (ver pág. 730)

Reacções alérgicas graves, quando os outros medicamentos não estão disponíveis

Agitação grave

Dose

Reacções alérgicas graves, agitação grave

Por via I.M. (antes de transferir)

Adultos e crianças maiores de 16 anos: 1-2 ml (25-50 mg)

Crianças de 10 a 16 anos: 0,5-1 ml (12,5-25 mg)

Crianças de 5 a 10 anos: 0,25-0,5 ml (6,25-12,5 mg)

   Repetir, se necessário, de 4/4 horas (máximo, no adulto, 100 mg/24 horas)

Enjoos de viagem, vertigens e vómitos persistentes (ver pág. 730)

Notas e precauções (ver pág. 731)

Difenidramina

Inj. 50 mg/5 ml – Amp.

Usos

Choque alérgico

Dose

Por via I.M. ou E.V. lenta (antes de transferir)

Adultos e crianças maiores de 12 anos: 2,5 a 5 ml (25-50 mg)

Crianças de 6 a 12 anos: 2,5 ml (25 mg)

Crianças de 2 a 5 anos: 1,25 ml (12,5 mg)

Repetir depois de 2 a 4 horas, se for necessário.

Notas e precauções

1. Mulheres grávidas ou que estejam a amamentar só devem usar difenidramina se for absolutamente necessário.

2. Evitar ou usar com muita precaução em crianças com menos de 1 ano e não usar no recém-nascido.

3. Pode provocar sonolência, tonturas, boca seca, e dificuldade para ver. É melhor evitar em doentes ambulatórios.

4. Evite trabalhos com máquinas pesadas e conduzir veículos.

5. Não ingerir bebidas alcoólicas porque aumenta a sonolência

Malnutrição e anemia

As multivitaminas apresentam-se sob diversas formas, mas as mais baratas e eficazes são, em geral, os comprimidos. As vitaminas em forma de injecção raramente são necessárias, e a sua utilização em situações mal definidas é dinheiro deitado fora e a sua aplicação provoca dor e por vezes complicações graves, como os abcessos. Os tónicos e fortificantes na maioria das vezes não contêm as vitaminas mais importantes e geralmente são muito caros.

   Os alimentos nutritivos são a melhor fonte de vitaminas. Se o doente necessita de um suplemento de vitaminas, utilize de preferência vitaminas em comprimidos.

Multivitaminas

Comp.
Xpe.

Usos

Malnutrição
Diarreia persistente

Dose

Adultos: 1 comp. ou 2 colheres de chá (10 ml) por dia

Crianças: ½ comp. ou 1 colher de chá (5 ml) por dia

Complexo B
Comp.

Usos

Falta de vitamina B

Pelagra

Dose

1 comp. 2 vezes por dia

Piridoxina (vitamina B6)
Comp. 10 e 50 mg

Usos

Prevenção e tratamento da deficiência de vitamina B6

Prevenção de neuropatia nos doentes que tomam isoniaziada

Neuropatia por isoniazida

Dose

Prevenção e tratamento da deficiência de vitamina B6

½ (25 mg) ou 1 comp. (50 mg) 3 vezes por dia

Prevenção da neuropatia

1 comp. (10 mg) por dia

Neuropatia por isoniazida

1 comp. (50 mg) 3 vezes por dia.

Notas e precauções

1. Os doentes que tomam isoniazida para a prevenção ou tratamento da tuberculose algumas vezes ficam com um défice (falta) de vitamina B6. Estes doentes devem tomar piridoxina para prevenir o surgimento da neuropatia, que se pode manifestar com sensação de queimadura nos pés, formigueiro e perda de sensibilidade.

2. Na prevenção da neuropatia podem ser administrados ½ comp. de 50 mg (25 mg)/dia (quando os comprimidos de 10 mg não estão disponíveis).

Nicotinamida (vitamina PP)
Comp. 100 mg

Usos

Pelagra (falta de vitamina PP)

Dose

Adultos: 3-5 comp. (300-500 mg) por dia, divididos em 3 a 4 tomas

Crianças: ½ comp. (50 mg) por dia em crianças pequenas até 1 comp. (100 mg) 3 vezes por dia nas crianças mais velhas.

Tiamina (vitamina B1)
Inj. 100 mg/2 ml – Amp.

Usos

Síndroma de privação alcoólica (delirium tremens)

Dose

Por via I.M.

1 amp. (100 mg) 1 a 2 vezes por dia durante 1 semana.

Vitamina A

Cáps. 200.000 U.I., contendo 8 gotas

Nas áreas onde as crianças não recebem vitamina A suficiente com os alimentos, um suplemento destes pode ajudar a prevenir as doenças e a sobreviver.

Usos

Suplemento nutricional

Sarampo, xeroftalmia e malnutrição grave

Dose

Adultos e crianças com 1 ano e mais: 200.000 U.I. (8 gotas)

Crianças de 6 a 11 meses: 100.000 U.I. (4 gotas)

Sarampo: administre imediatamente, no dia seguinte, e 1 mês depois.

Malnutrição grave e xeroftalmia: administre imediatamente, antes de transferir.

Notas e precauções

1. Corte a ponta da cápsula e aperte-a para pingar o líquido na boca da criança. Se as gotas falharem a boca ou se a criança cuspir imediatamente, dê outra cápsula. Não entregar a cápsula à mãe para administração em casa.

2. Não usar vitamina A em crianças com menos de 6 meses e em grávidas.

3. Para o tratamento das mulheres em idade fértil, consulte o clínico.

4. As mães devem receber 1 dose de vitamina A logo após o parto e 1 dose adicional 6 semanas após o parto.

5. Os suplementos de vitamina A são administrados a todas as crianças dos 6 aos 59 meses. Esta administração é feita de 6/6 meses.

6. Registar no Cartão de Saúde da Criança, cada vez que administrar vitamina A. É importante que o faça, pois há o risco de intoxicação quando o intervalo entre as doses é inferior a 4 meses.

Sal ferroso e ácido fólico

Comp. sulfato ferroso 325 mg (105 mg de ferro elementar) e 350 microgramas de ácido fólico

Usos

Prevenção e tratamento da anemia nas mulheres grávidas

Anemia

Dose

Prevenção da anemia na gravidez

1 comp. por dia durante toda a gravidez e continuar por mais 3 meses após o parto, se tiver anemia.

Tratamento da anemia

Adultos: 1 comp. 3 vezes por dia

Crianças de 3 a 5 anos (14-19 kg): 1 comp. por dia

Crianças de 1 a 3 anos (10-<14 kg):½ comp. por dia

Crianças de 4 a 12 meses (6-<10 kg): ¼ comp. por dia

Notas e precauções

1. No tratamento da anemia, administrar sal ferroso com ácido fólico durante 3 meses.

2. Quando a criança está recebendo sulfadoxina-pirimetamina (fansidar) para o tratamento da malária, não dê sal ferroso com ácido fólico até à consulta de controlo, após 2 semanas.

3. O ácido fólico pode interferir com o efeito da sulfadoxina-pirimetamina. Se é necessário administrar sal ferroso porque a criança está anémica, prefira o xarope ou comprimido de sal ferroso, que não contêm ácido fólico.

4. As mulheres grávidas devem receber sal ferroso com ácido fólico, porque este ajuda a prevenir defeitos congénitos no bebé.

Sal ferroso

Comp. 200 mg de sulfato ferroso (65 mg de ferro elementar)

Xpe. 30 mg/5ml e 60 mg/5 ml

Usos

Anemia por falta de ferro

Dose

Adultos e crianças com mais de 12 anos: 1 comp. 3 vezes por dia

Crianças de 6 a 12 anos: 1 comp. 2 vezes por dia

Crianças de 3 a 5 anos: 1 comp. por dia

Crianças de 1 a 3 anos: ½ comp. por dia

Crianças de 4 a 12 meses: ¼ comp. ou 2,5 ml de xpe. de 60 mg/5 ml ou 5 ml de xpe. de 30 mg/5 ml

Crianças de 2 a 4 meses: 2 ml de xpe. de 60 mg/5 ml ou 4 ml de xpe. de 30 mg/5 ml

Notas e precauções

1. No tratamento da anemia, administrar sal ferroso durante 3 meses.

2. É preferível o xarope de sal ferroso nas crianças com menos de 12 meses.

3. Não dar sal ferroso a pessoas com malnutrição grave até que estejam recuperadas.

4. O sal ferroso pode provocar mal-estar e dor do estômago, por isso é melhor tomá-lo com as refeições. Também pode provocar obstipação (prisão de ventre) e fazer as fezes ficarem pretas.

Convulsões/epilepsia

O fenobarbital é um medicamento utilizado para a prevenção de ataques e convulsões epilépticas. Os medicamentos usados para a epilepsia devem ser tomados regularmente durante toda a vida. A dose deve ser suficientemente alta para prevenir ataques, mas não mais alta do que o necessário, pois podem surgir efeitos adversos.

Durante a gravidez deve-se tomar precauções especiais, por isso é importante aconselhar a doente a consultar o médico.

O diazepam é administrado apenas para tratar os ataques, e não deve ser usado para a sua prevenção.

Fenobarbital

Comp. 15 e 100 mg

Usos

Prevenção dos ataques epilépticos

Dose

Adultos: 50-200 mg à noite
Crianças: 3 a 8 mg/kg à noite.

Notas e precauções

1. A mesma dose pode ser utilizada nas convulsões febris e ataques epilépticos que não melhoram com diazepam, antes de transferir o doente.

2. Iniciar o tratamento com uma dose pequena. Se os ataques continuam a ocorrer, a dose pode ser aumentada, ou o fenobarbital pode ser administrado em combinação com outros medicamentos.

3. O fenobarbital em excesso pode diminuir ou parar a respiração. A sua acção começa lentamente e dura muito tempo. Tenha cuidado em não dar doses muito altas!

4. Não interrompa bruscamente o tratamento, porque há o risco de convulsões repetidas.

5. O fenobarbital pode provocar sonolência e tonturas, evite trabalhos com máquinas pesadas e conduzir veículos.

6. É útil no controlo das convulsões nas crianças, mas é pouco indicado nas crianças em idade escolar ou adolescentes devido à sonolência, que pode interferir com a aprendizagem.

7. Evitar ou usar com muita precaução nas mulheres grávidas ou que estão a amamentar.

8. Não ingerir bebidas alcoólicas porque estas aumentam a sonolência e podem parar a respiração.

Diazepam

Inj. 10 mg/2 ml – Amp.

Usos

Convulsões febris, ataques epilépticos
Agitação não controlável
Delirium tremens
Tétano
Raiva

Dose

Convulsões febris, ataques epilépticos

Por via rectal (antes de transferir)

Adultos: 10-20 mg

Crianças: 0,5 mg/kg

Crianças de 6 a 9 anos: 2 ml (10 mg)

Crianças de 3 a 6 anos: 1,7 ml (8,5 mg)

Crianças de 1 a 3 anos: 1,2 ml (6 mg)

Crianças de 4 a 11 meses: 0,75 ml (3,75 mg)

Crianças de 1 a 3 meses: 0,4 ml (2 mg)

Por via E.V. muito lenta (antes de transferir)

1 ml (5 mg)/minuto

Adultos: 10-20 mg

Crianças de 6 a 9 anos: 1,25 ml (6,25 mg)

Crianças de 3 a 6 anos: 0,75 ml (3,75 mg)

Crianças de 1 a 3 anos: 0,6 ml (3 mg)

Crianças de 4 a 11 meses: 0,4 ml (2 mg)

Crianças de 1 a 3 meses: 0,2 ml (1 mg)

O efeito do diazepam surge em poucos minutos. Se as convulsões persistem, repita a dose após 5 minutos. Esta dose pode ser repetida 2 vezes.

Tétano

Por via E.V. muito lenta (antes de transferir)

0,1-0,3 mg/kg

Adultos : 4 ml (20 mg)

Crianças com 5 anos e mais: 1-2 ml (5-10 mg)

Crianças de 1 mês a 5 anos: 0,2-0,6 ml (1-3 mg)

Por via I.M.

Recém-nascido: 0,5 ml (2,5 mg)

Pode ser necessário repetir as doses em intervalos de 1-4 horas para controlar os espasmos. A dose máxima é 40 mg/kg/dia.

Agitação, síndroma de privação alcoólica *(delirium tremens)*

Por via E.V. muito lenta

10 mg. Podem ser necessárias doses mais altas.

Notas e precauções

1. No adulto, administrar diazepam por via E.V. muito lenta, se for possível. Se não houver condições, pode-se administrar diazepam por via rectal (recomendada particularmente nas crianças).

2. Utilizar a via I.M. só se não for possível a via E.V. ou rectal.

3. O excesso de diazepam pode diminuir ou parar a respiração. Tenha cuidado em não dar doses altas! Reduzir a dose e usar com muita precaução em doentes idosos e debilitados.

4. O diazepam pode ser útil nos casos extremos de agitação, mas o seu uso nesta situação deve ser limitado. É melhor usar a prometazina.

5. O diazepam é um medicamento que provoca dependência (habituação).

6. O diazepam pode provocar sonolência e tonturas, evite trabalhos com máquinas pesadas e conduzir veículos.

7. Não ingerir bebidas alcoólicas porque aumentam a sonolência e podem parar a respiração.

Sais de rehidratação oral (SRO) e soros para diarreia e desidratação

SRO

Pó, pacote contendo:

Cloreto de sódio 2,6 g

Cloreto de potássio 1,5 g

Citrato trissódico, dihidrato 2,9 g

Glicose 13,5 g

Usos

Prevenção e tratamento da desidratação ligeira ou moderada

Dose

Para a preparação de SRO e doses, ver págs. 351 e 350.

Soros

Existe uma variedade de soros para administração endovenosa. Estes soros só devem ser usados nos casos de urgência (desidratação grave, choque) por pessoas treinadas no seu uso. Os soros disponíveis ao nível primário são: lactato de Ringer, soro fisiológico (cloreto de sódio a 0,9%), e dextrose (glicose) a 5%. Também podemos encontrar dextrose (glicose) a 10% ou 30% para tratar a hipoglicemia (falta de açúcar no sangue).

Lactato de Ringer

Inj. Fr. 1000 ml

Usos

Desidratação grave por diarreia, incluindo cólera

Tratamento do choque

Dose

Variável conforme a situação.

Notas e precauções

1. A administração excessiva pode levar ao aumento de sódio no sangue, edemas e problemas pulmonares.
2. Utilizar com muita precaução nos doentes idosos, com doenças do coração, insuficiência renal e hipertensão arterial.

Cloreto de sódio a 0,9% (soro fisiológico)

Fr. 1000 ml

Usos

Reposição de líquidos na desidratação grave

Tratamento do choque

Administração de medicamentos injectáveis

Dose

Variável conforme a situação.

Notas e precauções

1. A administração excessiva pode levar ao aumento de sódio no sangue, edemas e problemas pulmonares.
2. Utilizar com muita precaução nos doentes idosos, com doenças do coração, insuficiência renal e hipertensão arterial.

Dextrose (glicose) a 5%

Inj. Fr. 1000 ml

Usos

Reposição simples de líquidos quando não há lactato de Ringer ou soro fisiológico.

Administração de medicamentos injectáveis.

Dose:

Variável segundo a situação (necessidades básicas aproximadas de água no adulto: 1,5-2,5 l/dia).

Notas e precauções

1. Se administrado em doses excessivas pode levar a baixa do sódio no sangue.
2. Não adequado para a desidratação grave.
3. A administração de doses elevadas pode levar ao aparecimento de edemas.

Dextrose (glicose) a 10%

Fr. 250 ml

Usos

Correcção da hipoglicemia na criança

Tratamento de manutenção da hipoglicemia no adulto.

Dose

Criança: iniciar com 5 ml/kg por via E.V. lenta, seguidos de 1 dose de manutenção de 6 mg/kg/min (86,4 ml/kg/dia).

Adulto: 80 ml/kg/dia até que o doente possa retomar a alimentação oral.

Notas e precauções

Se administrado em doses excessivas pode levar a baixa do sódio e de potássio e ao aumento do açúcar no sangue (hiperglicemia).

Dextrose (glicose) a 30%

Inj. 20 ml – Amp.

Usos

Correcção da hipoglicemia no adulto

Convulsões por hipoglicemia no adulto

Dose

60 ml (3 amp.) por via E.V. lenta, seguidos de 80 ml/kg/dia de dextrose (glicose) a 10%, até que o doente possa retomar a alimentação oral

Notas e precauções

1. Não usar nunca numa veia periférica (risco de trombose). Deve ser administrada em veia de grande calibre. Pode ser administrada directamente na borracha do sistema de perfusão colocado numa veia de bom calibre.

2. Nos casos ligeiros de hipoglicemia sem perda de consciência, dar água com açúcar por via oral.

3. Evitar suspensão brusca da infusão após tratamento prolongado.

4. Se administrada em doses excessivas pode levar a baixa do sódio e de potássio e ao aumento do açúcar no sangue (hiperglicemia).

Vómitos

Metoclopramida
Comp. 10 mg

Usos

Náusea e vómitos

Soluços

Dose

Adultos: 1 comp. (10 mg) 3 vezes por dia 15 a 30 minutos antes das refeições

Crianças: 0,5 mg/kg/dia divididos em 3 a 4 tomas

Notas e precauções

1. Pode provocar sonolência, fraqueza, dor de cabeça, movimentos estranhos involuntários (torcicolo). Se os movimentos estranhos forem graves, pode-se controlar com difenidramina.

2. Nos doentes com menos de 20 anos, só usar se for absolutamente necessário. Não usar em crianças com menos de 7 anos e no primeiro trimestre da gravidez.

Prometazina
Comp. 10 mg

Inj. 50 mg/2 ml – Amp.

Usos

Vómitos persistentes

Enjoos de viagem

Reacções alérgicas graves, quando os outros medicamentos não estão disponíveis (ver pág. 723)

Agitação grave (ver pág. 723)

Dose

Vómitos persistentes

Por via oral

Adultos: 2 ½ comp. (25 mg) 2 vezes por dia. Se o doente ficar sonolento, 1 comp. (10 mg) 3 vezes por dia

Crianças de 5 a 10 anos: 1 comp. (10 mg) 1-2 vezes por dia

Crianças de 2 a 5 anos: ¼ comp. (2,5 mg) até ¾ comp. (7,5 mg) 1-2 vezes por dia

Por via I.M.

Em dose única, e repetir, se necessário, de 6/6 horas

Adultos: 1-2 ml (25-50 mg – máximo 100 mg/24 horas)

Crianças de 10 a 16 anos: 0,5-1 ml (12,5-25 mg)

Crianças de 5 a 10 anos: 0,25-0,5 ml (6,25-12,5 mg)

Enjoos de viagem

Administrar na noite antes da viagem, administrar ao deitar e repetir de manhã.

Adultos: 2 ½ comp. (25 mg)

Crianças: (0,5 mg/kg)

Crianças de 5 a 10 anos: 1 comp. (10 mg)

Crianças de 2 a 5 anos: ½ comp. (5 mg)

Reacções alérgicas graves e agitação grave (ver pág. 723)

Notas e precauções

1. Mulheres grávidas ou que estejam a amamentar só devem usar prometazina quando é absolutamente necessário.

2. Evitar ou usar com muita precaução em crianças com menos de 2 anos. Não usar no recém-nascido.

3. Pode provocar sonolência, tonturas, boca seca, e dificuldade na visão. É melhor evitar em doentes ambulatórios.

4. Evitar trabalhos com máquinas pesadas e conduzir veículos.

5. Não ingerir bebidas alcoólicas porque aumentam a sonolência.

Cólica intestinal: antiespasmódicos

Butilescopolamina, brometo

Comp. 10 mg

Inj. 20 mg/ml – Amp.

Usos

Cólica intestinal e menstrual

Dose

Por via oral

Adultos e crianças com mais de 12 anos: 1-2 comp. (10-20 mg) 3-4 vezes por dia

Crianças de 6 a12 anos: 1-2 comp. (10-20 mg) 3 vezes por dia

Por via I.M. profunda

Adultos: 1 amp. (20 mg) em dose única. Repetir se necessário

Notas e precauções

1. Não usar em crianças com menos de 5 anos.

2. Não usar injecções nas crianças.

3. Não usar com frequência.

4. As pessoas que sofrem de glaucoma (aumento da pressão no olho) ou aumento da próstata ou obstrução intestinal não devem tomar este medicamento.

5. A injecção pode ser repetida, se necessário, a intervalos convenientes (cada 30 minutos) ou até ao alívio da dor. Não usar mais do que 100 mg (5 ampolas) num dia.

6. As ampolas podem ser usadas nas cólicas intestinais agudas ou graves em que não se pode utilizar a via oral.

Indigestão, gastrite, azia

Hidróxido de alumínio

Comp. 500 mg

Usos

Indigestão, gastrite, azia

Úlcera do estômago (geralmente associado a outros medicamentos)

Dose

1-2 comp. (500-1000 mg) 1 hora antes das refeições e ao deitar-se.

Notas e precauções

1. Os comprimidos devem ser mastigados ou chupados.

2. O hidróxido de alumínio diminui a absorção de alguns medicamentos. Aconselhe o doente a tomar hidróxido de alumínio 2-4 horas antes ou depois de tomar outros medicamentos.

3. Pode provocar prisão de ventre.

Obstipação (prisão de ventre)

Laxantes

Glicerina

Sup. 1,5 g (crianças) e 3 g (adultos)

Usos

Obstipação (prisão de ventre)

Dose

1-2 sup. quando necessário

Notas e precauções

1. Introduzir bem no ânus e deixar ficar durante 15 a 30 minutos (é mais fácil se o doente estiver deitado). Quanto mais tempo o supositório ficar dentro do ânus, mais efeito faz.

2. Os laxantes são utilizados em excesso. Eles devem ser usados de vez em quando para ajudar a amolecer as fezes (prisão de ventre). Os métodos naturais (ver pág. 297) são melhores.

3. Não usar quando se suspeita de apendicite ou quadro abdominal agudo.

4. O uso prolongado pode provocar paralisia do intestino.

Bisacodil

Comp. 5 mg

Usos

Obstipação (prisão de ventre)

Dose

1-2 comp. (5-10 mg), de preferência ao deitar.

Notas e precauções

1. Os laxantes são utilizados em excesso e só devem ser usados de vez em quando, para ajudar a amolecer as fezes (prisão de ventre). Os métodos naturais (ver pág. 297) são melhores.

2. O efeito surge em geral 6-8 horas após a toma.

3. Não usar quando se suspeita de apendicite ou quadro abdominal agudo.

4. O uso prolongado pode provocar paralisia do intestino.

Parafina líquida

Emulsão 100 g

Usos

Obstipação (prisão de ventre)

Dose

Adultos e crianças com mais de 12 anos: 1 colher de sopa (15 ml) 3 vezes por dia

Notas e precauções

1. Não usar em crianças com menos de 12 anos, mulheres grávidas ou a amamentar, pessoas acamadas, ou com dificuldade em engolir.

2. Usar por períodos curtos.

3. Os laxantes são utilizados em excesso e só devem ser usados de vez em quando, para ajudar a amolecer as fezes (prisão de ventre). Os métodos naturais (ver pág. 297) são melhores.

4. Não usar quando se suspeita de apendicite ou quadro abdominal agudo.

5. O uso prolongado pode provocar paralisia do intestino.

6. Às vezes é usada por pessoas que têm hemorróidas, fezes duras ou dor quando evacuam (a parafina não amolece as fezes, só as torna oleosas).

Hemorróidas

Anti-hemorroidal

Creme – bisnagas de 30 g
Sup.

Dose

Creme

Massagem suave da zona afectada depois da defecação, repetir se necessário algumas horas depois.

Sup.

Aplicar 1 supositório depois da defecação.

Notas e precauções

1. A ingestão de líquidos e dieta com muita fibra são muito importantes (ver pág. 297).

2. Por vezes aparecem no mercado anti-hemorroidais com corticóides. Evitar estas formas.

Obstrução nasal (nariz entupido)

Para desentupir o nariz, é melhor fazer uma inalação de vapor de água ou aplicar água e sal, conforme indicado na pág. 304. Nas crianças, o uso do soro fisiológico em gotas nasais pode ajudar. Em algumas situações (sinusite), podem ser usados descongestionantes nasais como a fenilefrina.

Soro fisiológico

Gotas nasais – Fr. 10 ml

Usos

Obstrução nasal

Dose

1-2 gotas em cada narina 3 vezes por dia.

Fenilefrina, hidrocloreto

Gotas nasais a 0,25% (crianças) – Fr. 10 ml

Gotas nasais a 0,5% (adultos) – Fr. 10 ml

Usos

Sinusite

Dose

1-2 gotas em cada narina 3 vezes por dia.

Notas e precauções

1. Não usar por mais de 3 dias. Não habituar a usar as gotas.
2. Não usar em crianças com menos de 3 meses.

Tosse

A tosse é um método que o corpo tem para limpar as vias respiratórias e impedir que as secreções (muco) e os micróbios entrem nos pulmões. Porque faz parte da defesa do corpo, os medicamentos que param ou aliviam a tosse às vezes fazem mais mal do que bem. Esses antitússicos (ou supressores da tosse) só devem ser utilizados quando a tosse é seca e irritante e não deixa a pessoa dormir. Existem outros medicamentos, chamados expectorantes, que facilitam a saída do muco.

Na realidade, estes xaropes (para a supressão de tosse e expectorantes) são utilizados muito mais do que é necessário, mas trazem pouco ou nenhum benefício e são uma perda de dinheiro.

O melhor medicamento para a tosse é a água. Beber muita água e respirar vapor de água quente (inalação) solta o muco e ajuda a aliviar a tosse e é muito melhor do que a maioria dos xaropes. Para instruções sobre como preparar as inalações e xaropes caseiros, ver págs. 301 e 304.

Benzoato de sódio

Xpe. 3g/100 ml

Usos

Tosse seca e irritativa

Dose

Adultos e crianças com mais de 6 anos de idade: 1 colher de sopa (15 ml) 3 vezes por dia

Crianças de 3 a 6 anos: 2 colheres de chá (10 ml) 3 vezes por dia

Crianças de 1 a 3 anos: 1 colher de chá (5 ml) 3 vezes por dia

Asma

Para evitar e controlar a asma correctamente, ver pág. 482. As pessoas que sofrem de asma devem manter os medicamentos em casa e começar a utilizá-los ao primeiro sinal de pieira ou opressão no peito.

Aminofilina

Comp. 100 mg

Usos

Asma

Dose

5 a 10 mg/kg por dia divididos em 3 a 4 tomas

Adultos e crianças com mais de 12 anos: 1-2 comp. (100-200 mg) 6/6 horas

Crianças de 7 a 12 anos: 1 comp. (100 mg) 6/6 horas

Crianças com menos de 7 anos: ½ comp. (50 mg) 6/6 horas, ou conforme o peso

Notas e precauções

Se não puder controlar a asma com a dose acima indicada, transferir o doente.

Salbutamol

Comp. 2 mg

Xpe. 2 mg/5 ml

Aerossol pressurizado 100 µg/jacto Fr. 10 ml

Solução para nebulizador 5 mg/ml Fr. 20 ml

Usos

Tratamento do ataque asmático (crise asmática)

Controlo e prevenção do ataque asmático (crise asmática)

Falta de ar e pieira em crianças

Bronquite crónica e pieira em adultos

Dose

Por via oral

0,1 mg/kg

Adultos e crianças com mais de 12 anos: 1-2 comp. (2-4 mg) ou 1-2 colheres de chá (5-10 ml) 6/6 ou 8/8 horas

Crianças de 7 a 12 anos: 1 comp. (2 mg) ou 1 colher de chá (5 ml) 6/6 ou 8/8 horas

Crianças de 2 a 6 anos: ½ -1 comp. (1-2 mg) ou ½-1 colher de chá (2,5-5ml) 6/6 ou 8/8 horas

Crianças com menos de 2 anos: 0,1 mg/kg 6/6 ou 8/8 horas

Por aerossol

Asma aguda (crise asmática, ataque asmático), pieira

1-2 jactos em dose única, a repetir, se necessário, em intervalos de 2 a 4 horas, por períodos não superiores a 8 horas.

Quando o doente melhorar, reduzir progressivamente até se obter a dose de manutenção.

Prevenção (manutenção) na asma crónica, bronquite crónica

Adultos: 2 jactos 3-4 vezes por dia

Crianças: 1 jacto 3-4 vezes por dia

Por nebulizador

Tratamento da asma aguda (crise asmática, ataque asmático), pieira

Adultos: 0,5-1 ml (2,5-5 mg) em 2-4 ml de soro fisiológico ou água esterilizada.

Inalar até terminar.

Repetir em intervalos de 30 minutos a 1 hora inicialmente. Quando o doente melhorar, dar em intervalos de 2-4 horas até à cura.

Crianças: 0.03 ml/kg, em 4 ml de soro fisiológico. Inalar até terminar. Pode-se repetir estas doses 4 vezes /dia.

Notas e precauções

1. O aerossol e nebulizador actuam de forma mais rápida e possuem menos efeitos adversos do que os comprimidos e o xarope.

2. Deve-se educar o doente no uso correcto do aerossol ("bombinha", ver pág. 482).

3. Quando se fizerem 2 inalações, convém deixar um intervalo de 2 a 3 minutos entre elas.

4. Aconselhar o doente a ir à unidade sanitária, se as doses habituais já não produzem alívio.

5. Evitar em doentes com problemas do coração ou tensão alta.

Prednisolona

Comp. 5 mg

Inj. 50 mg/10 ml – Amp.

Usos

Ataques graves de asma.

Choque alérgico (quando adrenalina não está disponível)

Reacção da lepra

Dose

Por via oral (antes de transferir)

Asma grave

Adultos: 6 a 12 comp. (30 a 60 mg)

Crianças: 1-2 mg/kg

Crianças de 5 a 15 anos: máximo 8 comp. (40 mg)

Crianças de 1 a 4 anos: máximo 4 comp. (20 mg)

Reacção da lepra

Os comprimidos vêm em pacotes, com a dose correcta, que é:

40 mg por dia durante 14 dias, seguida de

30 mg por dia durante 14 dias, seguida de

20 mg por dia durante 14 dias, seguida de

15 mg por dia durante 14 dias, seguida de

10 mg por dia durante 14 dias, seguida de

5 mg por dia durante 14 dias.

Por via I.M.

Asma grave ou choque alérgico (antes de transferir)

Adultos: 5-20 ml (25-100 mg)

Crianças: 1-2 mg/kg (máx. 10 ml-50 mg)

Repetir as doses conforme a evolução clínica. Pode ser necessário repetir a dose até 2/2 horas durante a transferência.

Notas e precauções

1. Usar com cuidado em pessoas com problemas do estômago (gastrite, úlcera) porque pode fazer com que haja hemorragia (sangramento).

2. Usar com cuidado em pessoas com tensão alta porque pode levar ao aumento da tensão arterial.

3. Nos casos de choque alérgico ou asma grave, transfira o doente para o hospital depois de aplicar a primeira dose.

4. A prednisolona diminui as defesas do organismo contra a infecção. Pode ainda agravar a tuberculose.

5. A prednisolona pode enfraquecer os ossos fazendo com que os doentes tenham fracturas (os ossos podem partir-se facilmente).

Hipertensão arterial (tensão alta)

Hidroclorotiazida

Comp. 50 mg

Usos

Tensão alta

Dose

¼ comp. (12,5 mg) por dia

Notas e precauções

O doente deverá ser referido ao clínico para seguimento e controlo após a administração da primeira dose.

Doenças da pele

Permanganato de potássio
Comp. 500 mg

Usos

Banhos de desinfecção

Aplicação de compressas em crostas

Dose

Diluir 1 comp. em 5 litros de água ou 2 comp. em 10 litros de água para dar uma solução de 0,01% e usar no banho 1-2 vezes por dia.

Calamina
Loção – Fr. 200 ml

Usos

Comichão de causa diversa, incluindo a picada de insectos.

Dose

Aplicar 2-3 vezes por dia nas áreas afectadas.

Notas e precauções

Evitar o contacto com os olhos, os genitais e outras mucosas.

Vaselina
Pomada

Usos

Pensos para o tratamento de queimaduras

Míase

Eczema

Dose

Queimaduras

Aplicar com o penso 1 vez por dia

Miase, eczema

Aplicar nas áreas afectadas 2-3 vezes por dia.

Sarna e piolhos

Hexacloreto de benzeno
Loção 600 mg/60 ml

Usos

Sarna
Piolhos

Dose

Sarna

Depois do banho:

Espalhar a loção pelo corpo todo, excepto no rosto e deixar ficar durante 24 horas. Tomar banho depois.

Repetir o tratamento após 1 semana.

Piolhos

Aplicar no couro cabeludo, na região púbica ou em outras áreas afectadas. Lavar passadas 12 a 24 horas.

Repetir o tratamento após 1 semana.

Notas e precauções

1. Na sarna, mudar a roupa do corpo e da cama; esta roupa deve ser muito bem lavada e passada a ferro.
2. O hexacloreto de benzeno é um veneno e pode provocar efeitos adversos perigosos, incluindo ataques, principalmente em bebés.
3. Não usar dose maior do que a recomendada. Usar de preferência benzoato de benzilo.

Benzoato de benzilo

Loção a 25%

Usos

Sarna

Piolhos

Dose

Use do mesmo modo que o hexacloreto de benzeno.

Notas e precauções

1. Na sarna, mudar a roupa do corpo e da cama; esta roupa deve ser muito bem lavada e passada a ferro.
2. Usar com cuidado nas crianças, porque pode irritar a pele.

Doenças dos olhos

Tetraciclina

Pomada oftálmica a 1%

Usos

Conjuntivite

Tracoma

Prevenção de gonorreia e clamídia no recém-nascido

Dose

Conjuntivite

Aplicar 3 vezes por dia até a vermelhidão desaparecer. Na conjuntivite do recém-nascido, continuar o tratamento até 14 dias.

Tracoma

Aplicar 2 vezes por dia durante 6 semanas.

Protecção dos olhos do recém-nascido

Logo que os olhos estejam abertos, aplicar 1 dose única em cada olho.

Desinfectantes/anti-sépticos

Os desinfectantes e anti-sépticos são produtos que destroem os microrganismos, mas não o fazem totalmente.

Álcool a 70%

Fr. 1000 ml

Usos

Desinfecção da pele sem lesões.

Desinfecção das feridas após mordedura de animais.

Dose

Variável conforme a situação

Notas e precauções:

1. Não aplicar na pele lesionada, excepto nas feridas após mordedura de animais.
2. Pode irritar a pele se utilizado repetidamente.

Cetrimida e clorexidina

Cetrimida 15 g e clorexidina 1,5 g/100 ml – Fr. 5 l

Usos

Lavagem de instrumentos antes da esterilização

Desinfecção de instrumentos

Limpeza de feridas e queimaduras

Limpeza dos genitais antes da observação ginecológica, durante e após o parto

Doses

Lavagem de instrumentos antes da esterilização e desinfecção de instrumentos: diluir 1 ml em 200 ml de água destilada.

Limpeza de feridas e queimaduras: diluir 1 ml em 30 ml de água destilada.

Limpeza dos genitais antes da observação ginecológica, durante e após o parto: diluir 1 ml em 100 ml de água destilada.

Notas e precauções

1. Não usar na desinfecção de instrumentos compostos de vidro e metal.
2. Na desinfecção de instrumentos, mantê-los em imersão durante 30 minutos.
3. Consultar as instruções do fabricante para fazer as diluições.

Clorexidina

Sol. a 5% – Fr. 500 ml

Usos

Limpeza de feridas

Limpeza da boca (prevenção e tratamento das placas dentárias, gengivites, aftas)

Desinfecção de instrumentos

Doses

Limpeza das feridas: diluir 10 ml da solução em 990 ml de água (solução de clorexidina a 0,05%).

Limpeza da boca: diluir 5 ml da solução em 95 ml de água (solução de clorexidina a 0,25%).

Desinfecção normal de instrumentos: manter em imersão durante 30 minutos numa solução de clorexidina a 0,05% (10 ml de clorexidina a 5% + 990 ml de água).

Desinfecção urgente de instrumentos: manter em imersão durante 2 minutos em solução alcoólica de clorexidina a 0,5% (10 ml de clorexidina a 5% + 90 ml de álcool a 70°).

Notas e precauções

1. Pode provocar irritação da pele e mucosas. A aplicação na boca pode provocar coloração acastanhada da língua e dentes e ardor na boca.
2. Incompatível com sabão e pastas dentífricas. Se se usarem estas, fazer lavagem abundante com água antes da aplicação da clorexidina.
3. Lavar o material esterilizado com clorexidina em soro fisiológico, antes de o utilizar.
4. Usar rolha de borracha nos frascos; rotular os frascos indicando a solução e sua concentração e data da preparação;

5. Conservar as soluções preparadas em garrafas de vidro, à temperatura ambiente e não usar depois de 1 semana após a sua preparação.

Água oxigenada

Sol. a 3% – Fr. 500 ml

Usos

Limpeza de escaras e feridas infectadas

Gangrena gasosa

Hipoclorito de sódio (lixívia, javel)

Hipoclorito a 70% cloro activo ("high-test hipoclorito" – HTH) – tambor)

Lixívia a 5% cloro activo – Fr. 1000 ml

Usos

Desinfecção de materiais, pele

Limpeza hospitalar (camas, chão, roupa)

Desinfecção de água para beber

Dose

Mãos, roupa

Solução a 0,05%

Utensílios da enfermaria e cozinha, chão, camas

Solução a 0,1%

Equipamento hospitalar, descontaminação

Solução a 0,5%

Desinfecção do corpo, fezes, vómitos

Solução a 2%

Desinfecção de água para beber

Para preparar água para beber, misture as seguintes quantidades:

Quantidade de água a ser tratada (litros)	Quantidade de lixívia
1	3 gotas
2	6 gotas
10	1,75 ml
15	2,5 ml
20	3,5 ml
30	5,0 ml ou 1 colher de chá

Notas e precauções

1. A concentração de hipoclorito pode variar nos diversos produtos comerciais que se encontram no mercado. Consulte sempre as instruções nas embalagens para fazer as diluições.

2. As diluições aqui apresentadas referem-se a pó de hipoclorito a 70% cloro activo ("high-test hipoclorito" – HTH), a solução-mãe (hipoclorito a 1%) e a lixívia ou javel (hipoclorito a 5%).

3. Evitar o contacto com a pele e mucosas excepto no uso específico na enfermaria de cólera. Proteger as mãos com luvas de borracha.

4. Não usar material metálico na preparação das soluções devido ao risco de corrosão.

5. Evitar a inalação de vapores das soluções concentradas.

6. As soluções são instáveis, pelo que não devem ficar armazenadas, devendo ser preparadas diariamente e protegidas da luz e do calor.

7. Depois de desinfectar a água para beber deve-se esperar meia hora antes de beber.

Preparação da solução-mãe

Misturar 1 colher de sopa (15 ml) de pó de hipoclorito a 70% cloro activo ("high-test hipoclorito" – HTH) num litro de água (para dar uma solução de 1%).

Preparação das soluções diluídas

Preparação da solução a 0,05%

Em 10 litros de água, misturar:

500 ml da solução-mãe ou

½ colher de sopa de pó de hipoclorito a 70% cloro activo ou

7 colheres de sopa (100 ml) de lixívia.

Preparação da solução a 0,1%

Em 10 litros de água, misturar:

250 ml da solução-mãe ou

1 colher de sopa de pó de hipoclorito a 70% cloro activo ou

13 colheres de sopa (200 ml) de lixívia

Preparação da solução a 0,5%

Em 1 litro de água, misturar 500 ml da solução-mãe ou

½ colher de sopa de pó de hipoclorito a 70% cloro activo ou

7 colheres de sopa (100 ml) de lixívia.

Preparação da solução a 2%

Em 1 litro de água, misturar:

2 litros da solução-mãe ou

2 colheres de sopa de pó de hipoclorito a 70% cloro activo ou

27 colheres de sopa (400 ml) de lixívia.

Iodopovidona

Sol. – Fr. 100 ml

Usos

Furúnculos, impetigo

Infecções por fungos: pé de atleta

Desinfecção da pele e das mucosas, incluindo a das mordeduras

Limpeza de feridas e abcessos

Desinfecção de queimaduras

Lavagens do couro cabeludo (30 gotas em ½ litro de água).

Doses:

Aplicar localmente a solução pura, tantas vezes quanto necessário.

Limpeza de feridas e abcessos: diluir 1 ml de iodopovidona em 10 ml de água destilada ou soro fisiológico.

Notas e precauções

1. Administrações repetidas e prolongadas podem irritar os tecidos.

2. Não utilizar em indivíduos com história de alergia, durante a gravidez e em recém-nascido até aos 30 dias.

3. Não utilizar ao mesmo tempo que sabões, soluções ou pomadas contendo sais mercuriais.

Antitoxinas

As antitoxinas, como o soro antitetânico e os antivenenos para a mordedura de cobra, são feitos de soro de cavalo. Por isso, existe o risco de provocar uma reacção alérgica grave (choque alérgico). Deve-se sempre tomar as precauções indicadas adiante.

Soro antitetânico (SAT)

Inj. 20.000 U.I./5 ml – Amp.

Usos

Prevenção do tétano em doentes que apresentam:

Feridas médias e grandes ou contaminadas e

Que nunca fizeram a vacina antitetânica (VAT), ou

Têm vacinação incompleta (< 3 doses), ou

Cujo estado vacinal se desconhece (ver pág. 262)

Dose

Prevenção do tétano

Por via I.M.
3000 U.I. (0,7 ml)

Tratamento do tétano

Por via I.M. ou E.V. muito lenta (antes de transferir)

Adultos e crianças: 10.000 U.I.

Recém-nascido: 5.000 U.I.

Notas e precauções

1. Antes de aplicar o SAT, deve-se perguntar ao doente se teve comichão ou outras reacções após uma injecção parecida. Se o doente disser que sim, não administrar.

2. Se o doente tem história de alergia, asma ou já tomou SAT ou antiveneno antes, deve-se fazer primeiro um teste intradérmico (ver pág. 129).

3. Tenha sempre à mão 2 ampolas de adrenalina, para o caso de surgir choque alérgico.

4. Depois duma injecção de SAT, todo o doente deve permanecer sob observação pelo menos 30 minutos.

Intoxicação por venenos

Carvão activado

Pó – sacos de 300 g

Usos

Intoxicação por ingestão de venenos

Dose

Adultos: 50 a 100 g em dose única (2-4 colheres de sopa), o mais cedo possível após a ingestão do veneno. Pode ser repetida (25 g de 4/4 horas)

Crianças até 1 ano: 1 g/kg em dose única.

Crianças de 1 a 12 anos: 25 g em dose única (50 g nas intoxicações graves).

Notas e precauções

1. O carvão activado é mais eficaz se administrado na primeira hora após a ingestão do veneno. Por isso deve-se administrar o mais precocemente possível (nas primeiras 4 horas).

2. A dose pode ser repetida 4 a 6 horas mais tarde.

3. O carvão activado não é útil nas intoxicações por petróleo, ácidos fortes e sais de ferro.

Hemorragia grave após parto ou aborto

A hemorragia grave após o parto ou aborto é uma das causas frequentes de morte de muitas mulheres, principalmente nos países em desenvolvimento, onde o acesso aos cuidados obstétricos básicos é difícil. O que fazer?

Depois do nascimento do bebé deve-se aplicar à mãe uma injecção I.M. de oxitocina e tomar as medidas referidas na pág. 629.

Na hemorragia grave (mais do que 2 chávenas de sangue), aplique oxitocina por via E.V.

Em geral, os oxitócicos só devem ser utilizados para controlar o sangramento depois de o bebé ter nascido. A sua utilização para acelerar o trabalho do parto ou dar força à mãe pode ser perigosa para a mãe e para o bebé.

Oxitocina

Inj. 5 U.I./ml – Amp.

Usos

Prevenção e tratamento de sangramento forte após aborto ou parto.

Ajudar a expulsar a placenta se houver hemorragia forte ou atraso na sua expulsão.

Dose

1-2 ampolas (5-10 U.I.) por via I.M. após a saída da placenta.

Na hemorragia grave (mais do que 2 chávenas de sangue), aplique 5 U.I. por via E.V. lenta. Esta dose inicial pode ser repetida, se necessário, após meia hora, ou aplique 20-40 U.I. diluídas em 1000 ml de dextrose 5% ou soro fisiológico por via E.V. lenta.

Notas e precauções

1. A oxitocina deve ser administrada na unidade sanitária e sob supervisão.

2. A dose pode ser repetida de meia em meia hora se o sangramento forte continua.

3. Usar com cuidado nos casos de cesariana anterior, multíparas, gravidez gemelar e em doentes com problemas cardíacos.

4. Pode provocar náusea, vómitos e contracções fortes do útero.

Métodos de planeamento familiar

Contracepção oral (pílula)

A informação sobre os contraceptivos orais (pílula), sua utilidade, riscos e precauções encontra-se na pág. 744. A informação que segue é para ajudar a escolher a pílula mais adequada para cada mulher individualmente.

A maioria das pílulas contraceptivas contém 2 substâncias chamadas hormonas que são semelhantes às produzidas pelo corpo da mulher para controlar a menstruação. Estas hormonas chamam-se estrogénio e progesterona. Existem à venda pílulas com nomes comerciais diferentes e cada uma contém combinações diferentes destas 2 hormonas.

Geralmente, as pílulas que contêm quantidades pequenas destas hormonas são as mais seguras e eficazes para a maioria das mulheres. Um exemplo destas é a que contém 150 μg de levonorgestrel e 30 μg de etinilestradiol.

Para assegurar a sua eficácia e minimizar as pequenas perdas de sangue, é importante que as pílulas sejam tomadas sempre à mesma hora do dia, todos os dias. Existe o risco e maior possibilidade de engravidar se a mulher se esquecer de tomar uma pílula.

Em geral, a mulher que toma pílula contraceptiva perde menos sangue com a menstruação. Isto pode ser benéfico, principalmente nas mulheres que são anémicas.

As mulheres que estão a amamentar, que sofrem de dor de cabeça frequente (enxaqueca), de hipertensão arterial ou têm mais de 35 anos de idade, podem tomar uma pílula que contém apenas progesterona. A esta pílula dá-se o nome de "minipílula".

Etinilestradiol e levonorgestrel

Comp. 30 µg de etinilestradiol + 150 µg de levonorgestrel

Usos

Contracepção (evitar a gravidez).

Dose

Uma pílula diária, iniciando-se no primeiro ou quinto dia do ciclo menstrual, durante 21 dias, seguidos de uma pausa de 7 dias.

Notas e precauções

1. Como provoca menos efeitos adversos, deve ser a pílula de primeira escolha, desde que não haja contra-indicações para o seu uso

2. Provoca retenção de líquidos com aumento de peso, edemas e agravamento da hipertensão arterial, dor de cabeça, náusea, vómitos, depressão, corrimento vaginal, aumento do tamanho das mamas, alterações da libido (desejo sexual), comichão e acne.

3. Está contra-indicada na gravidez, mulheres a amamentar, doentes com hipertensão arterial, doença do fígado, enxaqueca, hemorragia vaginal.

4. Evitar em mulheres com mais de 35 anos, fumadoras, obesas ou com diabetes.

5. Pode agravar a epilepsia, asma, insuficiência cardíaca ou renal.

6. Deve-se suspender a administração se surgir perda de visão, icterícia, enxaqueca e aumento da tensão arterial.

7. O uso simultâneo de fenobarbital, carbamazepina, fenitoína e rifampicina pode reduzir o efeito contraceptivo. Nestes casos, deve-se escolher outro método de planeamento familiar ou usar uma pílula com dosagem mais elevada de hormonas.

Etinilestradiol e levonorgestrel

Comp. 50 µg de etinilestradiol + 250 µg de levonorgestrel

Usos

Contracepção (evitar a gravidez).

Dose

Uma pílula diária, iniciando-se no primeiro dia do ciclo menstrual, durante 21 dias, seguidos de uma pausa de 7 dias.

Notas e precauções

1. Alternativa às outras pílulas nas situações em que haja possibilidade de haver diminuição do efeito destas (tratamento simultâneo com fenobarbital, carbamazepina, rifampicina).

2. Pode provocar retenção de líquidos com aumento de peso, edemas e agravamento da hipertensão arterial, dor de cabeça, náusea, vómitos, depressão, corrimento vaginal, aumento do tamanho das mamas, alterações da libido (desejo sexual), comichão e acne.

3. Pode agravar a epilepsia, asma, insuficiência cardíaca ou renal.

4. Está contra-indicada na gravidez, mulheres a amamentar, doentes com hipertensão arterial, doença do fígado, enxaqueca, hemorragia vaginal.

5. Evitar em mulheres com mais de 35 anos, fumadoras, obesas ou com diabetes.

6. Deve-se suspender a administração se surgir perda de visão, icterícia, enxaqueca e aumento da tensão arterial.

Etinilestradiol e levonorgestrel

Comp. (pílula faseada) em: 30 µg + 50 µg/40 µg + 75 µg / 30 µg + 125 µg de etinilestradiol e levonorgestrel, respectivamente

Usos

Contracepção (evitar a gravidez).

Dose

Uma pílula diária. Iniciar no primeiro dia do ciclo menstrual, tomando a pílula contida no canto superior esquerdo e seguindo depois a ordem da seta.

Notas e precauções

1. Pílula cara, de uso mais complexo do que as outras.

2. Deve ser prescrita por especialistas familiarizados com o seu uso.

3. Pode provocar retenção de líquidos com aumento de peso, edemas e agravamento da hipertensão arterial, dor de cabeça, náusea, vómitos, depressão, corrimento vaginal, aumento do tamanho das mamas, alterações da libido (desejo sexual), comichão e acne.

4. Pode agravar a epilepsia, asma, insuficiência cardíaca ou renal.

5. Está contra-indicada na gravidez, mulheres a amamentar, mulheres com hipertensão arterial, doença do fígado, enxaqueca, hemorragia vaginal.

6. Evitar em mulheres com mais de 35 anos, fumadoras, obesas ou com diabetes.

7. Deve-se suspender a administração se surgir perda de visão, icterícia, enxaqueca e aumento da tensão arterial.

8. O uso simultâneo de fenobarbital, carbamazepina, fenitoína e rifampicina pode reduzir o efeito contraceptivo.

Ciproterona + etinilestradiol

Comp. 2 mg de ciproterona (acetato) + 35 µg de etinilestradiol

Usos

Contracepção (evitar a gravidez)

Dose

Uma pílula diária, iniciando-se no primeiro dia do ciclo menstrual e depois, continuamente, sem interrupção.

Notas e precauções

1. Pode provocar aumento do peso corporal, náusea, dor de cabeça, alterações do humor e da libido (desejo sexual).

2. Está contra-indicada na gravidez, mulheres com hipertensão arterial, doença do coração ou do fígado.

3. Evitar em mulheres com mais de 35 anos, fumadoras, obesas ou com diabetes.

4. O uso simultâneo de fenobarbital, carbamazepina, fenitoína e rifampicina pode reduzir o efeito contraceptivo. Nestes casos, deve-se escolher outro método de planeamento familiar ou usar uma pílula com dosagem mais elevada de hormonas.

Etinilestradiol e gestodeno

Comp. 20 µg de etinilestradiol + 75 µg de gestodeno

Usos

Contracepção (evitar a gravidez).

Dose

Uma pílula diária, iniciando-se no primeiro dia do ciclo menstrual, durante 21 dias, seguidos de uma pausa de 7 dias.

Notas e precauções

1. Pode provocar retenção de líquidos com aumento de peso, edemas e agravamento da hipertensão arterial, dor de cabeça, náusea, vómitos, depressão, corrimento vaginal, aumento de tamanho das mamas, alterações da libido (desejo sexual), comichão e acne.

2. Está contra-indicada na gravidez, mulheres a amamentar, mulheres com hipertensão arterial, doença do fígado, enxaqueca, hemorragia vaginal.

3. Evitar em mulheres com mais de 35 anos, fumadoras, obesas ou com diabetes.

4. Pode agravar a epilepsia, asma, insuficiência cardíaca ou renal.

5. Deve-se suspender a administração se surgir perda de visão, icterícia, enxaqueca e aumento da tensão arterial.

6. O uso simultâneo de fenobarbital, carbamazepina, fenitoína e rifampicina pode reduzir o efeito contraceptivo. Nestes casos, deve-se escolher outro método de planeamento familiar ou usar uma pílula com dosagem mais elevada de hormonas.

Levonorgestrel (minipílula)

Comp. de 30 µg

Usos

Contracepção (evitar a gravidez) em mulheres com mais de 35 anos, obesas, fumadoras ou que estão a amamentar.

Dose

1 comp. por dia à mesma hora, (de preferência à tarde), iniciando-se no primeiro dia do ciclo e depois, continuamente, sem interrupção.

Notas e precauções

1. Pode provocar ciclos menstruais irregulares, dor de cabeça, náusea, vómitos, dor nas mamas, aumento do peso e depressão.

2. Está contra-indicada na gravidez, hemorragia vaginal e hipertensão arterial.

3. Usar com precaução em doentes com diabetes, doença renal, do fígado ou do coração, hipertensão arterial, asma, epilepsia e enxaqueca.

Contracepção de emergência

Qualquer das pílulas combinadas pode ser usada para contracepção de emergência: prevenção da gravidez após relações sexuais não protegidas ou acidente contraceptivo (esquecimento da pílula, ruptura de preservativo) ou violação.

Levonorgestrel e etinilestradiol

Comp. 250 µg de levonorgestrel + 50 µg de etinilestradiol

Dose

2 comp. 2 vezes por dia (12/12 horas), 2 doses, a iniciar o mais cedo possível (até 72 horas) após relação não protegida.

Etinilestradiol e levonorgestrel

Comp. 30 µg de etinilestradiol + 150 µg de levonorgestrel

Dose

4 comp. 2 vezes por dia (12/12 horas), 2 doses, a iniciar o mais cedo possível (até 72 horas) após relação não protegida.

Contraceptivos injectáveis

Os contraceptivos injectáveis estão a ser utilizados em muitos países, mas ainda continuam a existir discussões sobre a sua segurança. Eles podem ser usados, excepto nas mulheres que por razões médicas não podem utilizar o contraceptivo oral (pílula)

Medroxiprogesterona

Inj. 150 mg/ml – Amp.

Usos

Contracepção (evitar a gravidez) de longa duração.

Dose

150 mg por via I.M. de 3/3 meses na região nadegueira ou no braço. Iniciar nos 5 primeiros dias do ciclo ou após a sexta semana pós-parto.

Notas e precauções

1. Contraceptivo reservado para uso em mulheres com muitos filhos. Não utilizar em mulheres que nunca tiveram ou têm poucos filhos, com sangramento vaginal, doença do fígado.

2. Pode provocar aumento da mama, alterações na menstruação, aumento do peso, náusea, dor de cabeça, tonturas, insónia, depressão e alterações do humor.

3. Pode provocar reacção na pele (urticária, comichão, borbulhas e acne).

4. Usar com precaução em doentes com epilepsia, hipertensão arterial, asma, enxaqueca, insuficiência cardíaca ou renal e diabéticas.

5. No puerpério, devido ao risco de hemorragia grave, adiar a administração da medroxiprogesterona até à sexta ou sétima semana após o parto.

Aqui se resumem os conselhos para a escolha do método de planeamento familiar:

1. A maioria das mulheres, desde que não tenham contra-indicação (mais de 35 anos, diabetes, hipertensão arterial, obesidade, hábitos tabágicos, gravidez) podem fazer a pílula contendo 30 µg de etinilestradiol e 150 µg de levonorgestrel, pois esta produz menos efeitos adversos.

2. As mulheres que estão em tratamento com certos medicamentos, por exemplo fenobarbital, carbamazepina, fenitoína, rifampicina, metronidazol, tetraciclina, devem tomar a pílula contendo maior quantidade de hormonas, 50 µg de etinilestradiol e 250 µg de levonorgestre, pois aqueles medicamentos podem diminuir o efeito das pílulas e originar gravidez indesejada.

3. As mulheres com mais de 35 anos de idade, as obesas, as que fumam, e as que estão a amamentar podem tomar a pílula que contém apenas levonorgestrel (minipílula).

4. As mulheres que têm muitos filhos, as que têm dificuldade para se lembrar de tomar a pílula ou que têm problemas com outras pílulas, podem tomar

medroxiprogesterona injectável desde que não apresentem contra-indicação para o seu uso.

5. As mulheres que têm muitos filhos e as que têm dificuldade para se lembrar de tomar a pílula também podem usar o DIU, desde que não apresentem contra-indicação para o seu uso.

6. Os casais que não desejam ter mais filhos podem optar pela laqueação das trompas ou a vasectomia.

Medicamentos para reduzir a transmissão vertical (da mãe para o filho) do HIV e profilaxia pós-exposição ao HIV

É uma preocupação grande para as mulheres HIV-positivas a possibilidade de transmitirem a infecção aos seus filhos. Esta transmissão pode ocorrer durante a gravidez, o parto ou a amamentação.

Existem alguns medicamentos que podem ser usados para reduzir a transmissão do HIV da mãe para o filho. Apesar de eficazes, eles não reduzem essa possibilidade a zero ou seja, existe ainda o risco de, mesmo fazendo o tratamento correcto, a criança ficar infectada pelo HIV.

Profilaxia pós-exposição ao HIV (PPE) Lamivudina (3TC).

Comp. 150 mg

Usos

Profilaxia da transmissão vertical em associação com zidovudina (AZT). Profilaxia pós-exposição ao HIV.

Dose

Profilaxia da transmissão vertical: 1 comp. (150 mg) de 12/12 horas a partir das 28 semanas de gravidez. Continuar até 1 semana após o parto.

Profilaxia pós-exposição ao HIV: 1 comp (150 mg) de lamivudina, associada a 1 comp. (300 mg) de zidovudina, de 12/12 horas durante 30 dias.

Notas e precauções

1. Pode provocar neuropatia periférica (perda de sensibilidade, formigueiro ou dor nas mãos e nos pés).

2. Outros efeitos adversos são: cefaleia, náusea, vómitos, dor abdominal, febre, fadiga, erupção cutânea, prurido, sudação, anemia.

3. Pode provocar problemas do fígado que obrigam à suspensão imediata do tratamento.

4. Está contra-indicada nos doentes com história de alergia ao medicamento, neuropatia periférica, insuficiência renal e hepática.

Zidovudina (AZT)

Comp. 300 mg

Usos

Profilaxia da transmissão vertical em associação com lamivudina.

Profilaxia pós-exposição ao HIV, incluindo acidentes de trabalho nas unidades sanitárias, e violação.

Dose

Profilaxia da transmissão vertical: 1 comp. (300 mg) de 12/12 horas a partir das 28 semanas de gravidez. Continuar o tratamento durante 1 semana após o parto. Deve ser associada 1 dose única de 200 mg (1 comp.) de nevirapina no início do trabalho de parto.

Profilaxia pós-exposição ao HIV, incluindo acidentes de trabalho nas unidades sanitárias e violação: 1 comp. (300 mg) associado a 150 mg de lamivudina de 12/12 horas durante 30 dias.

Notas e precauções

1. Pode provocar anemia, cefaleia, náusea, vómitos, diarreia, dores abdominais, flatulência, alterações no gosto, e problemas do fígado.

2. A anemia ocorre 4-6 semanas após o início do tratamento; a dose deve ser reduzida se a hemoglobina for menor que 8 g/dl e suspensa se a hemoglobina baixar para menos de 6,5 g/dl.

3. Outros efeitos adversos: dor no peito, dificuldade respiratória, tosse, febre, formigueiro, convulsões, ansiedade, depressão, confusão mental, erupção cutânea, prurido.

4. Está contra-indicada nos doentes com anemia grave ou hemoglobina inferior a 7 g/dl e recém-nascidos com icterícia.

5. A doente deve ser aconselhada a beber muita água para prevenir úlceras no esófago.

Zidovudina (AZT)

Susp. 50 mg/5ml

Usos

Prevenção da transmissão vertical do HIV no recém-nascido.

Doses

4 mg/kg de peso de 12/12 horas a iniciar nas primeiras 12 horas após o nascimento e continuar durante 7 dias.

Notas e precauções

Ver as notas e precauções da AZT em comprimidos.

Nevirapina (NVP)

Comp. 200 mg

Usos

Prevenção da transmissão vertical do HIV.

Dose

1 comp. (200 mg) em dose única no início do trabalho de parto.

Notas e precauções

1. Após o parto, continuar o AZT (300 mg de 12/12 horas) durante 1 semana.

2. É frequente surgir erupção cutânea no início do tratamento. Pode provocar uma reacção grave que obriga à suspensão do medicamento.

3. Pode provocar também problemas do fígado, cefaleia, náusea, vómitos, diarreia, dores abdominais e neuropatia periférica.

4. Está contra-indicado nos doentes com doença grave do fígado.

Nevirapina (NVP)

Susp. 50 mg/5ml

Usos

Prevenção da transmissão vertical do HIV.

Dose

2 mg/kg de peso em dose única a iniciar após o nascimento.

Notas e precauções

Ver as notas e precauções da nevirapina em comprimidos.

Zidovudina + lamivudina (AZT + 3TC)

Comp. 300 mg de AZT + 150 mg de 3TC

Usos

Prevenção da transmissão vertical do HIV.

Profilaxia pós-exposição ao HIV, incluindo acidentes de trabalho nas unidades sanitárias e violação.

Dose

Prevenção da transmissão vertical do HIV: 1 comp. (300 mg de AZT + 150 mg de 3TC) de 12/12 horas, a partir das 28 semanas de gravidez. Continuar após o parto durante 1 semana.

Profilaxia pós-exposição ao HIV:1

comp. de 12/12 horas durante 30 dias.

Notas e precauções

Ver notas e precauções da AZT e 3TC.

Estavudina + lamivudina (D4T + 3TC)

Comp. 30 mg de D4T + 150 mg de 3TC.

Usos

Prevenção da transmissão vertical do HIV em substituição da zidovudina + lamivudina (AZT + 3TC) quando a mãe tem anemia grave ou Hgb menor que 7 g/dl.

Dose

1 comp. (30 mg de D4T + 150 mg de 3TC) de 12/12 horas durante o parto e continuar durante 7 dias.

Notas e precauções

1. Pode provocar neuropatia periférica (perda de sensibilidade, formigueiro ou dor nas mãos e nos pés).

2. Pode provocar náusea, vómitos, diarreia, cefaleia, dor no peito, dificuldade respiratória, tonturas, insónia, dor muscular, erupção cutânea e outras reacções alérgicas.

3. Está contra-indicada nos doentes com história de alergia ao medicamento, neuropatia periférica, insufiência renal e hepática.

4. Suspender o tratamento se houver sinal de neuropatia periférica, problemas do fígado.

5. Ver também notas e precauções do 3TC.

Indinavir (IDV)

Cáps. 400 mg

Usos

Profilaxia de HIV após violação e acidentes de trabalho nas unidades sanitárias.

Dose

2 cáps. (800 mg.) de 8/8 horas 1 hora antes ou 2 horas depois da refeição durante 30 dias.

Notas e precauções

1. Podem ocorrer náusea, vómitos, diarreia, dores abdominais; queda de cabelo, pele e boca secas, alteração no gosto, reacção alérgica, anemia, dores musculares.

2. Está contra-indicado na gravidez e nos doentes com história de alergia ao medicamento, e doença do fígado grave. Usar com cuidado nos diabéticos.

3. O doente deve beber muitos líquidos.

Siglas e abreviaturas

3TC	Lamiduvina	**DDS**	Dapsona
4DFC	4 medicamentos em Doses Fixas Combinadas	**DFC**	Doses Fixas Combinadas
4DT	Estavudina	**DIP**	Doença Inflamatória Pélvica
AAS	Acido acetilsalicílico	**DIU**	Dispositivo intra-uterino
AD	Autodestrutível	**DOTS**	Directa Observação do Tratamento
AE	Atenção Especial	**DPT**	Difteria, Pertussis, Tétano
AIDI	Atenção Integrada às Doenças da Infância	**E**	Etambutol
AIT	Acidente Isquémico Transitório	**EAPV**	Eventos Adversos Pós-vacinação
AL	Arteméter e lumefantrina	**ENL**	Eritema nodoso leprótico
Amp.	Ampola	**EPI**	Equipamento de Protecção Individual
APE	Agente Polivalente Elementar	**E.V.**	Endovenosa
AQ	Amodiaquina	**FNM**	Formulário nacional de medicamentos
ARO	Alto risco obstétrico	**g**	Grama
ARV	Anti-retroviral	**H**	Isoniazida
AS	Artesunato	**Hb**	Hemoglobina
AVC	Acidente vascular cerebral	**HIV**	Vírus de Imunodeficiência Humana
AZT	Zidovudina	**HTA**	Hipertensão arterial
BCG	Bacilo de Calmette-Guérin	**I.D.**	Intradérmica
BES	Boletim Epidemiológico Semanal	**IDV**	Indinavir
BH	Bacilo de Hansen (bacilo da lepra)	**I.M.**	Intramuscular
BK	Bacilo de Koch	**INH**	Isoniazida
COEB	Cuidados Obstétricos de Emergência Básicos	**Inj.**	Injecção, injectável
COEC	Cuidados Obstétricos de Emergência Completos	**IRA**	Infecção Respiratória Aguda
Comp.	Comprimido	**ITS**	Infecções de Transmissão Sexual
CTC	Centro de Tratamento de Cólera	**kg**	Quilograma
D4T	Estavudina	**LCR**	Líquido cefaloraquidiano
		MB	Multibacilar

mg	Miligrama	**SIS**	Sistema de Informação para a Saúde
MIF	Mulher em Idade Fértil		
MISAU	Ministério da Saúde	**SMI**	Saúde Materno-Infantil
ml	Mililitro	**SNS**	Sistema Nacional de Saúde
NVP	Nevirapina	**SP**	Sulfadoxina e pirimetamina
OMS	Organização Mundial de Saúde	**SRO**	Sais de rehidratação oral
ONG	Organização Não Governamental	**Sup.**	Supositório
PAV	Programa Alargado de Vacinação	**TA**	Tensão arterial
		TARV	Tratamento anti-retroviral
PB	Paucibacilar	**TB**	Tuberculose
PF	Planeamento Familiar	**TIO**	Tratamento de infecções oportunistas
PFA	Paralisia Flácida Aguda		
PFM	Parto Fora da Maternidade	**TNN**	Tétano Neonatal
PIDOM	Pulverização Intradomiciliar	**TNR**	Teste não reactivo (negativo)
PPE	Profilaxia Pós-exposição	**TP**	Tuberculose pulmonar
PTV	Prevenção de Transmissão Vertical	**TR**	Teste reactivo (positivo)
		TRO	Terapêutica de Rehidratação Oral
R	Rifampicina		
RAM	Reacções Adversas aos Medicamentos	**TV**	Transmissão Vertical
		U.I.	Unidade Internacional
Rh	Rhesus	**US**	Unidade Sanitária
RN	Recém-nascido	**VAP**	Vacina Antipólio
RPR	Rapid plasma reagent (teste para sífilis)	**VAS**	Vacina Anti-Sarampo
		VAT	Vacina Antitetânica
SAT	Soro antitetânico	**VIA**	Inspecção vaginal com ácido acético
S.C.	Subcutânea		
SIDA	Síndroma de Imunodeficiência Adquirida	**VIP**	Latrina Ventilada Melhorada
		Z	Pirazinamida

Vocabulário

Este vocabulário está disposto por ordem alfabética

A maioria das doenças descritas no livro não foram incluídas no vocabulário. Veja o Índice de assuntos (págs. 769 a 790) e informe-se sobre cada doença nas páginas indicadas.

A

Abcesso Bolsa de pus causada por infecção bacteriana (ou amebiana, no caso do fígado).

Abdómen Barriga. A parte do corpo onde estão o estômago, fígado e o intestino.

Abdómen agudo Emergência que geralmente precisa de cirurgia para se salvar a vida da pessoa. Uma dor forte na barriga pode indicar um abdómen agudo.

Aborto espontâneo Quando um feto morre no útero e é expulso espontaneamente.

Abstinência sexual Não ter relações sexuais.

Acidente vascular cerebral, AVC Ver Trombose.

Aconselhamento. Processo através do qual se ajuda alguém a clarificar ou resolver os seus problemas.

Adequado Correcto ou apropriado numa situação específica.

Aderência, ver Adesão.

Adesão Conhecimento da necessidade de seguir rigorosamente o aconselhamento ou tratamento.

Agente comunitário de saúde Membro da comunidade que recebe formação em cuidados de saúde.

Aguda Condição súbita, de início, e de curta duração. Aguda é o contrário de "crónica".

Albumina Proteína do sangue que aparece na urina em algumas doenças.

Adolescência Período de vida entre a puberdade e o estado adulto. Compreende as idades de 13 a 19 anos.

Adquirida Condição contraída e não hereditária.

Água potável Água limpa para beber.

Alergia, reacção alérgica É uma sensibilidade ou reacção anormal, que afecta certas pessoas quando tomam, comem, inalam, ou tocam certas substâncias (medicamentos, alimentos, etc.).

Pode manifestar-se acompanhada de borbulhas, comichão, espirros, dificuldade respiratória ou choque.

Algália Tubo flexível utilizado para retirar urina da bexiga.

Alimentos básicos (ou de base)
Alimentos de baixo custo que servem como base da refeição, por exemplo o arroz, o milho, o trigo, a mandioca, a mapira, a mexoeira, o inhame, a batata-doce ou a batata.

Alimentos complementares Alimentos nutritivos que complementam os alimentos básicos.

Alimentos construtores (proteínas) Alimentos diversos que contêm substâncias que ajudam o corpo a crescer.

Alimentos energéticos Alimentos que contêm energia concentrada (muito energia em pouca quantidade).

Alimentos nutritivos Alimentos diversos que contêm substâncias de que o corpo necessita para crescer, ser forte e saudável, e combater doenças.

Alimentos processados Alimentos frescos que foram transformados para serem conservados ou para se lhes alterar as características.

Alimentos protectores Alimentos que contêm substâncias que protegem o corpo das doenças.

Amamentação exclusiva Alimentar a criança ao peito, apenas com leite materno, sem nenhum outro tipo de comida, água ou outros líquidos.

Amebas (ou amibas) Micróbios (parasitas) que podem causar diarreia, disenteria e abcesso do fígado.

Amputação Remoção de uma parte do corpo.

Analgésico Medicamento usado para aliviar a dor.

Anemia (falta de sangue) É um estado em que o sangue fica fraco por falta de glóbulos vermelhos.

Anomalia congénita, Ver Defeito congénito.

Anopheles O mosquito que transmite a malária.

Ansiedade A sensação de nos sentirmos nervosos.

Antiácido Medicamento usado para controlar a acidez e aliviar a azia e a indigestão.

Antibiótico Medicamento usado para combater infecções causadas por bactérias.

Antibiótico de largo espectro Medicamento que actua contra vários tipos de bactérias.

Anticorpo Substância produzida pelo corpo que actua contra os micróbios. Cada anticorpo protege contra um determinado micróbio.

Antiemético Medicamento que controla o vómito e as náuseas.

Anti-histamínico Medicamento para tratar alergias.

Anti-retroviral Medicamento que actua contra o vírus HIV, que causa SIDA.

Anti-séptico ver Desinfectante.

Antiespasmódico Medicamento usado para aliviar as cólicas abdominais.

Antitoxina Medicamento que actua contra, ou neutraliza, um veneno ou toxina.

Antiveneno Medicamento usado para tratar intoxicação por veneno, tal como veneno de cobra.

Ânus Orifício na parte terminal do intestino por onde saem as fezes.

Aparelho Órgãos e partes de órgãos que funcionam juntos para fazer um trabalho específico.

Apresentação cefálica Posição em que o bebé ao nascer sai com a cabeça primeiro.

Apresentação pélvica Posição em que o bebé ao nascer sai com as nádegas ou pernas primeiro.

Arrefecimento corporal Diminuição da temperatura do corpo, usando panos ou capulanas embebidos em água fresca.

Artéria Vaso sanguíneo que transporta o sangue para as diferentes partes do corpo.

Assintomática Sem sintomas

Ataque Ver Convulsões.

Autodestrutível Material feito de maneira que seja impossível usá-lo mais do que uma vez.

Avaliação Estudo para verificar uma situação, ou avaliar o que já foi feito. Frequentemente é feito para comparar causas ou condições diferentes, antes e depois de começar um programa.

B

Bacilo Tipo de bactéria que causa tuberculose e lepra.

Baciloscopia Exame com microscópio para detectar o bacilo de Koch, que causa tuberculose.

Baço Um órgão situado debaixo das costelas no lado esquerdo.

Bactéria Micróbio que provoca infecções.

Baixo peso à nascença Peso ao nascer menor que 2,5 kg.

Bolsa de águas Saco dentro do útero que contém um líquido e protege o bebé.

Bílis Líquido verde e amargo produzido pelo fígado e armazenado na vesícula biliar. Ajuda na digestão da gordura.

Brônquios Tubos que levam o ar para os pulmões quando a pessoa respira.

Bubão Um gânglio linfático muito inchado.

C

Cãibra Contracção do músculo que causa dor.

Cálculos Pedras que se formam nos rins e na vesícula.

Calmante Medicamento para manter a pessoa calma.

Cancro Tumor que pode crescer até causar a morte.

Carga viral Quantidade de vírus a circular no sangue.

Cartão de Saúde da Criança Ficha onde se anota o peso e outra informação de saúde da criança.

Cefaleia Dor de cabeça

Centígrado (Cº) Medida ou escala para medir calor ou frio. A temperatura normal de uma pessoa é de 37ºC.

Célula CD4 Célula do sangue que defende o corpo contra infecções.

Cérvix Colo do útero, na parte superior da vagina.

Cesariana Operação para extracção do bebé através do abdómen (barriga).

Choque Condição grave caracterizada por "suores frios", pele fria e húmida, palidez, pulso fraco e rápido, tensão arterial baixa, confusão mental, fraqueza, ou perda de consciência.

Choque anafiláctico ou alérgico Ver Alergia.

Circulação Corrente de sangue pelas artérias e veias produzida pelo bombear do coração.

Cólica Dor aguda no abdómen causada por espasmos.

Colostro O primeiro leite que a mãe produz. Pode parecer aguado ou amarelado, mas é rico em proteínas e protege o bebé de infecções.

Coma Estado inconsciente do qual a pessoa não consegue acordar e no qual não responde aos estímulos (picadas, beliscões).

Complicações Problemas de saúde que surgem como consequência de uma doença. Por exemplo, a pneumonia pode ocorrer como complicação do sarampo.

Compressa Um pano ou um penso feito com gaze para ser colocado sobre uma parte do corpo. Pode ser molhado em água quente ou fria.

Comunidade Grupo de pessoas que vive na mesma vila, ou aldeia e que têm condições de vida semelhantes e estão ligadas pela mesma cultura, interesses e problemas.

Consciência Estado em que a pessoa está acordada, alerta.

Contacto Toque. Há doenças que podem ser transmitidas por se tocar ou aproximar de uma pessoa doente.

Contagiosa Diz-se da doença que se transmite facilmente duma pessoa para outra.

Contaminar Sujar, ou passar uma infecção através do contacto.

Contracções Movimentos dos músculos devidos a estímulos produzidos pelos nervos.

Contracepção Método para evitar a gravidez.

Contractura Encurtamento permanente do músculo devido a trauma ou falta de uso. Limita o movimento.

Contra-indicação Uma situação ou condição na qual não se deve utilizar um certo procedimento, medicamento ou vacina.

Convulsões Movimentos súbitos e sacudidelas involuntárias do corpo. Podem ser associados a perda de consciência.

Coriza Nariz a pingar.

Corrimento Perda de líquido, muco ou pus.

Criadouro Local onde um insecto nasce e se reproduz.

Crónica Diz-se de uma condição de longa duração ou que volta frequentemente. Uma doença é crónica quando dura muito tempo.

Cuidados obstétricos de emergência básicos (COEB) Diz-se das unidades sanitárias capazes de administrar medicamentos E.V., fazer a remoção manual da placenta, realizar remoção de produtos retidos e parto vaginal assistido.

Cuidados obstétricos de emergência completos (COEC) Diz-se das unidades sanitárias capazes de prestar COEB, fazer cirurgia e transfusão de sangue.

D

Dados vitais Os sinais vitais que permitem avaliar rapidamente a gravidade da doença e/ou o risco de vida: temperatura, pulso, frequência respiratória, tensão arterial.

Defecar Expelir naturalmente as fezes.

Defeito congénito Defeito físico ou mental com que a criança nasce.

Deficiente Que tem falta de algo.

Deformado Que tem forma anormal.

Delírio Estado de confusão mental.

Depressão Alteração do humor acompanhada de tristeza, pouca vontade, ou interesse, em qualquer actividade.

Dermatite Inflamação da pele.

Dérmico Relativo à pele.

Desidratação Falta de água no corpo, que ocorre quando este perde mais líquido do que recebe.

Descartável Material que é deitado fora depois de usado.

Descongestionante Medicamento que ajuda a aliviar o nariz entupido ou a sinusite.

Descontaminação O processo de diminuição do número de micróbios presentes no material e superfícies, antes de se proceder à sua lavagem.

Desinfecção Destruição de quase todos os micróbios vivos.

Desinfectante Produto que destrói os micróbios, mas não o faz totalmente.

Desinfestação Remoção de parasitas, por exemplo, piolhos e pulgas, da pele.

Deslocação Ossos fora do sítio numa articulação.

Desnutrição Ver Malnutrição.

Diagnóstico Identificação da doença através da história clínica e exame do doente.

Diarreia persistente A diarreia que se prolonga por mais de 14 dias.

Dieta Regime alimentar.

Disenteria Diarreia com sangue e muco.

Dispneia Dificuldade em respirar, falta de ar.

Dispositivo intra-uterino Aparelho colocado dentro do útero para evitar a gravidez.

Doenças infecciosas Doenças causadas por micróbios. Muitas doenças infecciosas podem passar de uma pessoa para outra.

E

Eclampsia Ataques que ocorrem durante a gravidez ou durante o parto. É causada pela toxemia da gravidez.

Edema Inchaço por excesso de líquido debaixo da pele.

Efeito adverso, efeito secundário Problema causado pelo uso de um medicamento, o qual, por outro lado, pode produzir o efeito pretendido por quem o administra.

Endémica A presença constante duma doença numa comunidade ou região.

Endovenosa Injecção aplicada na veia.

Enfarte do miocárdio Ataque cardíaco.

Enjoos matinais Náuseas matinais que surgem geralmente nos primeiros meses de gravidez.

Entorse Estiramento ou rotura de ligamentos numa articulação.

Enurese Emissão involuntária de urina à noite.

Epidemia Aparecimento ou aumento do número de casos de uma doença numa comunidade ou região.

Epitaxe Hemorragia nasal.

Equipamento de protecção individual Luvas, aventais, máscaras, protectores oculares e botas que protegem de salpicos e derrames de líquidos corporais.

Escara de decúbito Ferida crónica que aparece quando o doente permanece muito tempo na mesma posição na cama.

Escroto Bolsa que aloja os testículos do homem.

Esfigmomanómetro Aparelho usado para avaliar (medir) a tensão arterial.

Espasmos Contracções musculares involuntárias.

Espástico Diz-se dum membro cujos músculos se apresentam contraídos e rígidos e do qual os reflexos estão aumentados.

Estadio Classificação da gravidade duma doença que permite a decisão sobre o tratamento.

Estéril (1) Completamente limpo e livre de micróbios vivos.

(2)Também se diz de uma incapacidade permanente de ter filhos.

Esterilização (1) Destruição de todos os micróbios vivos.

(2) Também significa a realização de operações simples em pessoas que não querem ter mais filhos.

Estetoscópio Instrumento utilizado para escutar os sons produzidos no interior do corpo, por exemplo os batimentos do coração.

Estetoscópio de Pinard Instrumento usado para auscultar os batimentos do coração do bebé (foco).

Estigma Rejeição pela comunidade de um indivíduo devida a uma característica ou doença de que padece.

Estrabismo Olhos vesgos, ou tortos.

Estridor Um som áspero produzido quando se inspira, principalmente em crianças.

Exame especular Exame com um instrumento que permite ver o interior da vagina e o colo do útero.

Expectoração (escarro) Muco que se forma em quantidades anormais nos pulmões e que é expelido com a tosse.

Expectorante Medicamento que ajuda a pessoa com tosse a tirar o muco para fora das vias respiratórias.

Exposição ocupacional Ser exposto a uma doença no trabalho.

F

Falência terapêutica Falta de efeito dum medicamento.

Farmacovigilância Um conjunto de actividades que permite identificar os efeitos adversos e outros problemas relacionados com os medicamentos.

Febre Temperatura do corpo mais alta do que o normal.

Febre puerperal Febre devida a infecção após o parto. Também é chamada infecção puerperal.

Feto Bebé que está a desenvolver-se dentro do útero.

Fidelidade mútua Ter relações sexuais apenas com um/a parceiro/a.

Fígado Órgão grande situado do lado direito, debaixo das costelas inferiores. Ajuda a limpar o sangue e a eliminar as substâncias prejudiciais ao corpo.

Flácido Diz-se dum membro cujos músculos se apresentam moles e do qual os reflexos estão ausentes.

Foco Batimentos do coração do bebé.

Fontanela (ou moleirinha) Parte mole no cimo da cabeça do recém-nascido.

Fractura Osso partido.

Furúnculo Caroço inflamado e inchado, que forma uma bolsa de pus debaixo da pele.

G

Gânglios linfáticos Pequenos caroços, debaixo da pele, em diferentes partes do corpo, que são armadilhas para os micróbios.

Gaze Um tipo de tecido de algodão branco macio que serve para fazer ligaduras, pensos, compressas.

Gemido Sons leves e curtos ao expirar-se o ar.

Genitais Órgãos sexuais.

Gesso Material usado para imobilizar os ossos partidos, facilitando a cura.

Glicemia Nível do açúcar no sangue.

Glóbulos vermelhos Células que dão cor ao sangue.

Gripe Constipação; resfriado forte, frequentemente acompanhado de febre e dores nas articulações.

Grupo sanguíneo Classificação do tipo de sangue baseada na presença ou ausência de substâncias herdadas (A, B, O, Rh). Essencial antes de transfusão de sangue.

H

Hálito Expiração de ar pela boca que num doente pode cheirar mal.

Hematúria Sangue na urina.

Hemoglobina Substância que dá cor ao sangue e cujo nível permite detectar a presença da anemia.

Hemoptise Expectoração com sangue.

Hemorragia Sangramento ou perda de sangue.

Hereditário Que passa de pai ou mãe, ou de ambos, para filho.

Higiene Limpeza e asseio.

Hipertensão Tensão arterial alta.

Hipoglicemia Açúcar baixo no sangue.

Hiperglicemia Excesso de açúcar no sangue.

HIV Vírus que causa o SIDA.

HIV-positivo Indivíduo infectado pelo HIV.

Hormona Substância química produzida pelo corpo que regula o funcionamento do organismo.

Infecções de transmissão sexual Infecção transmitida pelo contacto sexual.

Infertilidade Incapacidade de ter filhos.

Inflamação Resposta do corpo à infecção ou trauma. Às vezes, a parte lesada fica vermelha, quente e dorida.

Insecticida Veneno que mata insectos.

Insónia Falta de sono ou dificuldade em dormir.

Intestino O tubo que leva os alimentos do estômago ao ânus.

Intramuscular Injecção aplicada no músculo.

I

Icterícia Cor amarelada dos olhos e da pele.

Idade gestacional Tempo de gravidez expressa em semanas ou meses.

Imunidade Quando o corpo tem resistência a uma determinada infecção.

Imunização, ver Vacinação.

Imunodeficiência Falha do sistema que protege o corpo contra infecções.

Incineração Queimar até reduzir a cinzas.

Inconsciência, ver Coma.

Infecção Invasão do corpo por micróbios que provocam doença.

Infecções oportunistas Infecções que ocorrem nas pessoas com imunodeficiência, como no caso do HIV e SIDA.

K

Kwashiorkor Malnutrição caracterizada por pés inchados. Pode também caracterizar-se pelo rosto e as mãos inchados, e a pele esfolada.

L

Larva Forma parecida com um verme que muitos insectos e parasitas têm quando saem do ovo.

Laxante Medicamento usado para a prisão de ventre, para tornar as fezes moles e mais frequentes.

Ligamentos Tiras resistentes nas articulações que mantêm os ossos no lugar.

Linfadenopatia Aumento dos gânglios linfáticos.

Linfadenopatia reactiva Aumento dos gânglios linfáticos devido a infecção.

Líquido amniótico Líquido que envolve o bebé no útero.

Líquido cefalorraquidiano Líquido que envolve o cérebro e a medula espinal.

Líquidos corporais Líquidos do corpo, por exemplo, sangue, suor, muco, saliva, vómitos. Neste livro as fezes também são consideradas líquido corporal.

Lubrificante Óleo ou creme para tornar as superfícies escorregadias.

M

Malformação congénita, ver Defeito congénito.

Malnutrição Problema de saúde causado por se comer menos do que o corpo precisa.

Marasmo Malnutrição caracterizada por magreza.

Mastóide Osso atrás da orelha.

Medicamento de marca, ver Nome comercial.

Medula espinal Parte do sistema nervoso que se encontra no interior da coluna vertebral.

Meio-ambiente Tudo o que nos rodeia. Fazem parte do meio ambiente os elementos da natureza e os elementos que nós próprios construímos.

Membrana Camada fina e macia que forra ou protege alguma parte de um animal ou planta.

Meninges Membrana que envolve o cérebro e a medula espinal.

Meningite Inflamação das meninges devida a infecção.

Menopausa Período em que a mulher naturalmente pára de menstruar; geralmente entre os 40 e os 50 anos.

Menstruação, período menstrual Sangramento normal periódico da mulher.

Micróbio Organismo muito pequeno que só pode ser visto com a ajuda de um microscópio. Pode causar doenças infecciosas.

Microrganismo, ver Micróbio.

Microscópio Um instrumento com lentes que é utilizado para ver coisas e organismos muito pequenos que não se podem ver a olho nu.

Mineral Substância como ferro, cálcio, iodo, de que o organismo precisa.

Mongolismo, ver Síndroma de Down.

Mucosa Membrana que reveste o interior da boca, nariz, garganta, estômago, intestinos e vagina.

Muco Líquido do interior do nariz, garganta, estômago, intestinos e vagina.

Mulher em idade fértil Mulher entre os 15 e os 49 anos de idade.

Multibacilar Diz-se de doente com lepra com mais do que 5 manchas e vários nervos engrossados.

N

Nado-morto Bebé que nasce sem vida.

Náusea Enjoo, vontade de vomitar.

Nervos Fios que vão do cérebro ou da medula espinal para as diferentes partes do corpo. Os nervos transmitem sensações e provocam movimentos.

Neuropatia Doença que afecta os nervos.

Nódulo Pequeno caroço em baixo da pele.

Nome comercial (nome da marca) Nome que a empresa que o produz dá a um medicamento.

Nome genérico Nome por que um medicamento é conhecido internacionalmente.

Notificação Transmissão às autoridades sanitárias de informação sobre a ocorrência duma doença.

O

Obstipação Prisão de ventre.

Oftálmico Relativo aos olhos.

Oral Que se toma pela boca.

Órgão Parte do corpo que exerce uma função específica. Por exemplo, os pulmões são órgãos para respirar.

P

Palato Céu da boca.

Pâncreas Órgão que produz insulina.

Pápula Mancha saliente.

Paralisia Perda da capacidade de se mover uma parte do corpo.

Paralisia flácida aguda Paralisia de início súbito em que os músculos estão moles.

Parasita Verme ou pequeno animal que vive dentro ou sobre outro animal ou pessoa e lhe causa dano.

Pasteurização O processo de aquecer leite ou outro líquido até à temperatura de 60° durante 30 minutos para matar os micróbios.

Paucibacilar Diz-se de doente com lepra com 1 a 5 manchas e 1 nervo engrossado

Pélvis Ossos da bacia.

Perda da consciência, ver Coma.

Período de incubação O período que decorre entre a infecção e o aparecimento dos sintomas.

Período de janela O período durante o qual o teste do HIV dá um resultado negativo, apesar de a pessoa já estar infectada com o HIV.

Peritonite Inflamação do peritoneu, a membrana fina entre os intestinos e a parede do abdómen.

Pieira Um som de tipo "assobio" durante a expiração.

Placebo Substância sem propriedades terapêuticas que aquele a quem é administrada supõe ser-lhe benéfica e, assim, acaba tendo efeito.

Placenta Órgão esponjoso dentro do útero que nutre o feto e que será expulso depois do parto.

Planeamento familiar Planear quando se deseja ter filhos ou não.

Plasmódio Parasita que causa a malária.

Pólen Pó fino produzido na flor de certas plantas. Há pessoas que são **alérgicas** ao pólen.

Poliartrite Inflamação de várias articulações.

Porta de entrada Local de entrada dos micróbios no corpo da pessoa.

Portador Pessoa com infecção, que pode infectar outras pessoas.

Portador são Pessoa com infecção, que não apresenta sintomas, mas que pode infectar outras pessoas.

Prazo de validade Data que indica até quando um medicamento pode ser usado.

Precauções padrão (Também chamadas universais ou *standard*) são o conjunto de normas destinadas a diminuir o risco de transmissão de micróbios no ambiente hospitalar.

Prematuro Bebé que nasce cedo, antes da 37ª semana de gravidez (pesa menos de 2,5 kg).

Prevenção Diz-se da acção que deve ser desencadeada para impedir que as doenças surjam.

Primeiros socorros Cuidados de urgência que se prestam a uma pessoa que está doente ou ferida.

Primigesta Mulher que está grávida pela primeira vez.

Profilaxia Tratamento para prevenir doenças.

Profilaxia pós-exposição Tratamento preventivo após exposição à doença, por exemplo, o HIV.

Prolapso Descida dum órgão da sua posição normal, por exemplo, a descida do útero ou do recto.

Prostração Cansaço extremo.

Proteínas Substâncias necessárias para a construção do corpo. Elas permitem o crescimento e fortalecimento do corpo.

Prurido Comichão.

Puerpério Primeiro mês depois do parto.

Pulverização intradomiciliária Aplicação de insecticida nas paredes internas da casa para matar mosquitos.

Punção lombar Uma técnica para extrair o líquido cefalorraquidiano (LCR).

Purgante Remédio utilizado para provocar a diarreia.

Q

Quimioprofilaxia Uso de medicamentos para prevenir doenças.

Quisto Um saco cheio de líquido.

R

Reacções adversas aos medicamentos, ver Efeito adverso.

Recém-nascido Bebé que acabou de nascer.

Rede mosquiteira impregnada Rede embebida com insecticida usada para a prevenção da malária.

Reflexo Reacção ou movimento automático que ocorre independentemente da vontade da pessoa.

Regime ambulatório Tratamento no qual o doente toma os medicamentos sem estar internado.

Rehidratação Reposição de líquidos.

Remoção manual da placenta Extracção da placenta por meio da introdução da mão dentro do útero.

Respiração boca-a-boca Respiração artificial. Método usado para ajudar uma pessoa que parou de respirar.

Resistência Mecanismo de defesa dos micróbios, que os torna "mais fortes", impedindo o medicamento de fazer efeito.

Retrovírus Tipo de vírus que causa SIDA.

Rinite Inflamação da mucosa do nariz, muitas vezes causada por alergias.

Risco Possibilidade de perigo, de dano, de ferimento.

S

Saneamento do meio Limpeza da comunidade em que vivemos.

Secreção Líquido produzido pelo corpo.

Sepsis ver Septicemia.

Septicemia Infecção do sangue.

Serpiginoso Que tem a forma da cobra ou serpente.

Sexo seco Acto sexual com vagina seca devido à introdução de panos ou outras substâncias.

Sexo seguro Práticas sexuais que evitam que os líquidos do parceiro/a penetrem no organismo através das relações sexuais.

Sibilo, ver Pieira.

Sinal Anormalidade indicativa de problema de saúde observado no exame físico.

Sinal de perigo Sinal de gravidade que significa que o doente deve ser transferido ou internado.

Síndroma Conjunto de sintomas e sinais.

Síndroma de Down (mongolismo) Doença em que a criança nasce com atraso mental, com olhos oblíquos, rosto redondo.

Síndroma de Imunodeficiência Adquirida (SIDA) A fase mais grave da infecção pelo HIV.

Sintoma Anormalidade indicativa do problema de saúde referido pelo doente. O que a pessoa sente quando tem um problema de saúde.

Sistema imunitário O sistema de defesa do organismo humano contra infecções.

Sistema nervoso Uma rede de células especializadas para transportar a informação dentro do corpo (impulsos nervosos), que permite que o corpo sinta e se movimente.

Sonda nasogástrica Um tubo que se insere pelo nariz do doente até ao estômago, e que pode ser utilizado para administrar SRO.

Surto, ver Epidemia.

Supositório Medicamento em forma de bala que se introduz no ânus ou na vagina.

T

Tabu Restrição ou proibição imposta pela tradição ou religião.

Tendões Cordões que unem os músculos aos ossos.

Tensão arterial Pressão ou força do sangue sobre a parede interna das artérias.

Toxina Uma substância que actua como um veneno, que pode prejudicar o organismo.

Trabalho de parto Contracções do útero que significam que o bebé está para nascer.

Tradições Costumes, práticas, lendas e hábitos passados de geração para geração.

Transfusão Dar sangue a um doente para tratar anemia grave ou choque devido a perda de sangue.

Transmissão Passagem ou transferência de micróbios de uma pessoa para outra.

Transmissão fecal-oral Transmissão de micróbios das fezes para a boca, através da comida, bebida, ou dos dedos.

Transmissão vertical Transmissão de mãe para filho.

Trombose (acidente vascular cerebral) Perda súbita de consciência, sensibilidade ou a incapacidade de se mover, provocada por uma hemorragia ou um coágulo de sangue no cérebro.

Tumefacção Inchaço que surge geralmente como consequência de trauma ou infecção.

Tumor Massa anormal de tecido. Alguns tumores são devidos a cancro.

U

Úlcera Lesão aberta na pele, nas mucosas, no olho, estômago ou intestino.

Unidade sanitária Hospital, centro ou posto de saúde.

Urticária Placas na pele inchadas, elevadas, vermelhas e acompanhadas de muita comichão. É uma forma de reacção alérgica.

V

Vacina Substância administrada para proteger as pessoas contra uma determinada doença transmissível.

Vacinação Administração de vacinas.

Vaporização Inalação de vapores de água.

Vasos sanguíneos As veias e artérias que transportam o sangue pelo corpo.

Vector Insecto ou outro animal que passa a doença duma pessoa para outra.

Ventosa Aparelho usado para tirar o bebé num parto difícil.

Vigilância epidemiológica Sistema de notificação de doenças que permite que as autoridades sanitárias tomem conhecimento rápido do aparecimento de epidemias.

Vírus Micróbios menores do que as bactérias.

Vitaminas Substâncias que protegem o nosso corpo de doenças e que são necessárias para que ele funcione bem.

índice de assuntos

com infecções de vermes, 472

de sarna, 511

de varicela, 590

medicamentos para a, 420

no ânus (verme em linha), 319

nos órgãos sexuais, 441, 444, 451, 490

Comissão de Combate à Cólera, 358, 359

Compressas, 252, 282, 284, 285, 305, 306, 325, 501, 502, 503, 521, 643

frias, 518

quentes, 503, 516, 540, 541

Compressão nervosa, 287

Condiloma acuminado, 438, 450

Confidencialidade, 440

Conforto para uma pessoa doente, 91, 92, 93, 282, 412, 670, 671, 674

Confusao mental, 100, 243, 276, 283, 334, 376, 423, 428, 463, 465, 495, 497, 662, 663, 667, 669, 670

Conjuntivite, 184, 239, 535, 536, 585, 586, 588

em recém-nascido, 439, 536, 578, 616

Consciência,

perda de, 245, 246, 247, 248, 249, 290, 291,

(ver também **Desmaio, Inconsciência**))

Constipações e gripes, 299, 304, 329, 330, 368, 369, 371, 374, 418, 419, 585, 588, 591

Consulta da criança em risco, 308, 333, 347, 354, 373, 377, 385, 432, 563, 564, 565, 570, 586, 589

Consulta móvel, 572

Consulta pré-natal, 439, 602

Contracções, 619, 631

Contracepção, 596, 650, 652, 653, 654, 655, 656

(ver também **Pílula contraceptiva, Planeamento familiar e Preservativo**)

Contracepção de emergência, 596, 657

Controle de natalidade (ver **Planeamento familiar**)

Convulsões, 228, 276, 283, 291, 292, 331, 334, 339, 376, 377, 423, 459, 478, 479, 480, 574, 576, 582, 586, 589, 608

(ver também **Ataques, Espasmos**)

Coqueluche (ver **Tosse convulsa**)

Coração, 448, 663, 665, 666

ataques de, 487

problemas de, 299, 448, 485, 487, 488, 494

Cordão umbilical, 628

como cortar o, 458, 624, 626

enrolado ao pescoço do bébé, 633

e o tétano, 456, 458, 626

infecção do, 635

Córnea, 533, 534, 537, 586

Corrimento, 441

uretral, 309, 443, 446, 448, 451, 452, 578

vaginal, 439, 443, 446, 578, 616, 617

nasal, 283, 304, 330, 368

Costelas partidas, 271

Cravo (ver **Verruga**)

Crenças, 597

(ver também **Medicina tradicional**)

(ver também **Remédios caseiros**)

Cretinismo, 59, 160, 579, 598

(ver também **Atraso mental**)

Crianças, 558

alimentação para, 384, 434, 558, 561, 563, 570, 572, 586

com SIDA, 431, 432, 433, 434, 435, 436, 566, 569

crescimento de, 381, 433, 545, 558, 560, 567, 568, 583

dar injecções a,

doenças infecciosas de, 376, 585

doentes, 572

e diarreia, 585

malnutridas, 562

problemas com que nascem, 439, 565

protecção de, 571

retardadas, surdas, deformadas, 568, 569

mamas, 648, 649

pessoa doente, 60, 66, 441, 442

Exercício físico, 220, 285, 290, 297, 384, 414, 477, 481, 486, 487, 488, 489, 491, 493, 598, 601

Expectoração, 300, 301, 302, 369, 371, 373, 381, 382, 384

F

Face, 81

Fadiga, 99, 333, 381, 430, 471, 592

(ver também **Cansaço, Fraqueza**)

Falar, dificuldade em, 489, 490

Falência terapêutica, 337, 338

Febre, 219, 282, 296, 306, 308, 311, 317, 324, 327, 329, 330, 331, 338, 339, 349, 356, 368, 370, 371, 376, 381, 385, 406, 407, 416, 445, 446, 574, 576

alta, 228, 229, 291, 329, 332, 333, 372, 374, 462, 463, 469, 478, 484, 502, 512, 574, 583, 588, 591, 592, 646

Febre após o parto (febre puerperal), 641

Febre-da-carraça, 326, 467

Febre de *chikungunya,* 462

Febre de Malta (ver **Brucelose**)

Febre dos-três-dias, do corpo partido (ver **Dengue**)

Febre reumática, 285, 329, 370, 467, 487

Febre tifóide, 182, 329, 464, 466

Febre-dos-Fenos (ver **Rinite alérgica**)

Febres virais, 462, 463

Fecalismo, 198

Feitiçaria, Feitiço, 41, 662, 669, 679

Fémur, 271

Feridas, 244, 252, 387, 395, 439, 501, 511, 553

Ferimentos

como fazer curativos de, 252, 256, 257

controlo de hemorragia de, 252

da cabeça, 258

de bala, 258, 455

de faca e bala, 258, 455

de um osso fracturado, 269

do abdómen, 259, 260

do peito, 258

infectados, 254, 256

por minas, 260

profundos, 256, 289, 455

que podem causar o tétano, 253, 455

Ferro, 160, 289, 318

alimentos ricos em, 160, 290

Feto, 106

Fezes, 85, 289, 297, 298, 316, 317, 318, 320, 323, 357, 361, 362

com diarreia, 341, 342, 357, 417

com sangue, 295, 342, 349, 367, 417

com úlcera (pretas, cor de alcatrão), 295

esbranquiçadas, 357

na boca e nariz de recém-nascidos, 633

(ver também **Obstipação, Prisão de ventre**),

Ficha de planeamento familiar, 659, 660, 661

Ficha pré-natal, 232, 602, 608

Fidelidade, 400, 453, 454

Fígado, 296, 323, 326, 335, 367, 654

abcessos do, 367

infecção do, 583

(ver também **Cirrose, Hepatite**)

Filaríase, 313, 315, 324, 471, 529, 546

Fístulas, 635

Flatulência, 294

Flebite, 654

Flúor, 549

Foco (Frequência cardíaca fetal), 610, 611

Fogo (fogueira), 478, 479

Fome, 478, 495

Fontanela (moleirinha, sítio tenro), 45

abaulada, 376, 574, 575

afundada, 343, 574, 575

(ver também **Desidratação**)

Hemorragia (perda de sangue, sangramento), 242, 243, 252, 257, 295, 298, 462, 463, 464, 465, 488, 646

após o parto, 627, 628, 629, 630

como controlar a, 252, 257, 640

durante a gravidez, 445, 597, 599, 607, 611

e anemia, 289

grave, 296, 646

na parte branca dos olhos, 589

numa pessoa inconsciente, 244

(ver também **Sangue**)

Hemorragia nasal (ver **Epistaxe**)

Hepatite, 234, 326, 327, 329, 356, 497, 654

Hepatite A, 182, 326, 327

Hepatite B, 228, 326, 327, 498

Hepatite C, 326, 327

Hérnia, 265, 313, 314

e obstrução intestinal, 265, 314

na virilha de um recém-nascido, 313

umbibical, 580

Herpes genital, 438, 447, 448

Herpes labial, 556

Herpes Zoster (zona), 406, 407, 420, 510, 519

Hidrocelo, 313, 314, 324, 452, 581

Hidrofobia, 459, 460

(ver também **Raiva**)

Hifema, 543

Higiene, 181, 496

da água, 184, 191, 341, 354, 357, 358, 359, 360, 466

da boca e dentes, 185, 548, 553

da roupa, 186, 188, 512, 513, 516, 521, 666, 669

do doente, 91, 412, 500

do lar, 186, 190, 359, 363, 513

dos alimentos, 188, 354, 355, 466

em crianças, 205, 558

para evitar infecções, 451

pessoal, 185, 354, 359, 363, 415, 466, 496, 499, 512, 513, 516, 521, 538, 595, 598, 640, 666, 669

pública, 354, 357, 358, 359, 363, 466

Hiperglicemia, 494, 495

Hipertensão , 220, 305, 477, 488, 485, 599, 611, 655

Hiperventilação, 666

Hipoglicemia, 89, 245, 292, 339, 493, 494, 495, 616, 631, 667

Hipópion, 543

História clínica, 61, 565

História sexual de ITS, 441

HIV, 149, 234, 243, 329, 347, 353, 354, 371, 372, 376, 382, 384, 392, 393, 394, 395, 400, 406, 408, 411, 425, 438, 439, 440, 451, 500, 511, 519, 520, 522, 546, 550, 553, 554, 555, 556, 566, 570, 585, 596, 608, 614, 615, 617, 622, 623, 624, 627, 637, 639, 652, 657, 667, 671, 673

profilaxia pós-exposição (PPE) ao, 150, 243

(ver também **SIDA**)

Hordeólo (ver **Terçolho**)

I

Icterícia, 68, 296, 327, 334, 497, 574, 583

Idosos, 61, 477, 662, 671

Imobilização, 269, 270, 272

Impetigo, 504, 515, 531

Impotência sexual, 222, 313, 490, 494

Incapacidade de mamar, 456, 457, 482

Inchaço (edema), 279, 280, 315, 390

com infecção na pele, 324, 326, 501

de braços e pernas fracturados, 269

de entorses, 272, 273

de mãos e cara, 599, 600, 611

dos membros inferiores, 315, 324, 485, 487

dos olhos, 540

dos pés, 497, 498, 599, 600

no escroto ou testículos, 313, 314, 441, 591

(ver também **Gânglios linfáticos**)

L

Lábio leporino, 582

Lábios vaginais, 450

Lâminas, 400

Laqueação das trompas, 658

(ver também **Esterilização**)

Laranjeira, 49

Laringe, 368

Laringite, 299, 303, 373

Latrinas, 187, 199, 200, 201, 318, 341, 355

manutençao de, 204

Latrina melhorada, 202

Latrina VIP, 202, 203

Laxantes e purgantes, 52, 111, 352

Laxativos, 297

Leite, 347

artificial, 565

do peito, 166, 171, 173, 174, 177, 178, 179, 347, 377, 457

e brucelose, 470

e diarreia, 347

e úlceras, 296

(ver também **Amamentar ao peito**)

Lepra, 380, 386, 387, 388, 389, 500, 505, 506, 508, 509, 522

(ver também **Bacilo de Hansen**)

Letargia, 99, 343, 586

Ligaduras, 253, 273

Limpeza (ver **Higiene**)

Linfogranuloma venéreo, 447, 449, 506

(ver também **Bubão**)

Linfoma de Burkitt, 499

Língua, 244, 249, 554

Líquen, 511

Líquido amniótico, 619

Líquidos, 96, 99, 244, 268, 284, 296, 297, 301, 306, 308, 311, 331, 339, 345, 346, 349, 350, 351, 353, 354, 361, 365, 369, 372, 377, 414, 417, 430, 457, 463, 464, 466, 481, 527, 586, 601, 621, 631, 641

Lixívia, 274

Lixo doméstico, 187, 206, 362

Lixo hospitalar, 146, 362

Lombriga (ver **Áscarides**)

Luvas de borracha ou plástico, 140, 443, 464

Luxação, 272, 580, 582

M

Maca, 248

Maheu, 347

Malária (paludismo), 210, 241, 282, 329, 330, 332, 333, 334, 339, 341, 356, 415, 423, 424, 566, 583, 601, 615

crónica, 335

medicamentos para a, 337

na gravidez, 601, 615, 616

Malária cerebral, 245, 291, 569, 663

Malformações congénitas, 106, 565, 569

Malnutrição, 152, 162, 341, 508, 564

causas de, 333

durante a gravidez, 153, 597

e diarreia, 7, 340, 345, 355, 523,

em crianças, 152, 315, 333, 373, 562, 564, 565, 566, 569, 570, 571, 586

grave (marasmo), 164, 334

ligeira, 163

prevenção e tratamento da, 155

problemas causados por, 289, 380, 523, 546, 552, 647

sinais de, 315, 508, 595, 609

Mamas, 597, 608, 641, 648, 654

cuidados com as, 641, 643, 655

inchaço das, 591, 653

(ver também **Amamentação ao Peito**)

Mamilos, 642, 643, 648

Manchas de Bitot, 544

Mandioca amarga, 167, 168

(ver também **Cianeto**)

Mandioqueira, 50

Mãos, 84, 96, 139, 185, 252, 253, 268, 276, 355, 387

Marasmo (ver **Malnutrição**)

Marburg, 463

Massagem, 282

uterina, 624, 625, 628

Mastite (Abcesso na mama), 505, 643

U

Úlcera

    crónica, 455, 505

    do duodeno, 294, 296

    do estômago, 222, 294, 296

    genital, 439, 443, 447, 449, 450, 452, 616, 617

    na boca, 406, 407, 408, 422, 553, 555, 585, 586

    na córnea (olho), 533, 535, 542, 585

    na pele, 529

    nas pernas, 583

    péptica, 289

    tropical, 505, 529

    varicosa, 316, 529

Umbigo, 574, 575, 626

    (ver também **Cordão umbilical**)

Unhas, corte das, 185, 319

Ureter, 307

Uretra, 307, 312

Urgência, 277, 293, 295, 330, 331, 334, 338, 374, 377, 378, 390, 452, 570, 591, 644

Urina, 85, 276, 307, 322, 331, 490, 530, 613

    amarela escura, 334, 343

    de cor acastanhada, 308

    mais do que o normal ou muito frequente, 490, 495, 597, 618, 621

    menos do que o normal, 342, 343

    sangue na, 308, 311

Urinar, 268, 308

    dificuldades em, 307, 309, 311, 439, 445, 446, 631

Urinar na cama (enurese), 308, 312

Urticária, 292, 517, 532

Útero, 594, 610

    cancro do, 595

    colo do, 594, 608, 647

    contracções do,

    infecções do, 595

    massagens do, 628, 629

    posição do bébé no, 609, 610

V

Vacina antipoliomielite, VAP, 227, 230, 235, 475, 593, 638

Vacina anti-rábica, 462

Vacina anti-sarampo, VAS, 228, 230, 235, 545, 587

Vacina antitetânica, VAT, 231, 235, 262, 458, 575, 614

Vacina B.C.G., 226, 230, 235, 285, 385, 386, 433, 638

Vacina D.P.T./ Hepatite B, 228, 230, 231, 235

Vacina D.T.P., 591

Vacina segura, 234, 237

Vacinas, 225, 328, 379, 567, 572, 584, 587, 589

    calendário de vacinação, 230, 567

    conservação de, 235

    contra-indicações às, 229, 237

    efeitos adversos pós-vacinação – EAPV, 233

    e SIDA, 227

    reacção a, 226

    reconstituição de, 226, 229, 237

    stock de, 240

Vagina, 307, 395, 396, 443, 450, 594, 608, 634

    ruptura durante o parto, 634

Validade dos medicamentos, 237

Vapor de água quente (inalação), 301, 302, 304, 306, 371, 373, 481, 484

Varicela, 510, 519, 579, 590, 598

Varizes, 316

    durante a gravidez, 316, 600

    feridas crónicas, 316

Vasecotomia, 658

Veneno, 274, 277, 341

Venenosas, plantas, 274, 341

Ventre em tábua, 264

Verme em linha (ver **Oxiúros**)

Vermes

    a causar obstrução da tripa, 265

    sensação de, 662, 663

Vermes intestinais, 316

Contactos para obter informação, materiais ou apoio

Em Moçambique

ADEMO - Associação dos Deficientes Moçambicanos

R. da Resistência, N.º 1141,

Maputo, MOÇAMBIQUE

Tel.: 21-419 886; 21-419 889

Celular: 82 624 9600

Email: ademosede2@yahoo.com.br

Alcoólicos Anónimos

Igreja Santo António da Polana, Sala 22,

Maputo, MOÇAMBIQUE

Celular: 82 651 9190; 82 469 0210

AMODIA - Associação Moçambicana de Diabetes

Av. Agostinho Neto, HCM,

Maputo, MOÇAMBIQUE

Tel.: 21-325 002; 21-325 003

APOSEMO – Associação dos Aposentados de Moçambique

R. Dr. Egas Moniz, N.º 62 - Centro

Infantil Pomba Branca - Polana

Maputo, Moçambique

Celular: 82 320 2800

Email: aposemo@gmail.com

CIMED - Centro de Informação sobre Medicamentos

Av. Salvador Allende, N.º 702 r/c

Faculdade de Medicina – UEM –Serviço de Farmacologia,

Maputo, MOÇAMBIQUE

Tel.: 21-328 076

Celular: 82 988 4930; 82 448 7470

Email: cimed@health.uem.mz/ anasofiaarminda@gmail.com

Fornece informação sobre medicamentos dirigida aos profissionais de saúde.

CNCS - Conselho Nacional de Combate ao HIV/SIDA

R. António Bocarro, N.º 106,
Maputo, MOÇAMBIQUE
Tel.: 21-495 039
Celular: 82 313 3930; 82 308 9430
Email: cncs@cncs.org.mz
Website: www.cncs.org.mz

HELP AGE INTERNATIONAL

R. Valentim Siti, N.º 410,
Maputo, MOÇAMBIQUE
Tel.: 21 415 816
Email: haimoz@tvcabo.co.mz
Website: www.helpage.org

Fornece material sobre a saúde dos velhos.

KULAIA

Av. Salvador Allende, N.º 702 r/c
Faculdade de Medicina - UEM,
Maputo, MOÇAMBIQUE
Tel.: 21-328 076

Apoia a mulher vítima de violência.

MINISTÉRIO DA SAÚDE - Centro de Documentação

Av. Eduardo Mondlane, N.º 1008,
Maputo, MOÇAMBIQUE
Tel.: 21-431 103; 21-311 038
Website: www.misau.gov.mz

MONASO- Rede Moçambicana de Organizações contra o SIDA

R. Comandante Augusto Cardoso, N.º 345,
Maputo, MOÇAMBIQUE
Tel.: 21-325 260
Celular: 82 308 3600
Email: monasosede@monaso.co.mz

NAIMA + A NETWORK OF ONGS working in Health and HIV/AIDS

Av: Salvador Allende, N.º 275, 1º A Flat 2,
Maputo, MOÇAMBIQUE
Tel. : 21-310 348
Celular: 82 301 3902
E-mail: naima@tvcabo.co.mz
Website: www.naima.org.mz

OMS ORGANIZAÇÃO MUNDIAL DE SAÚDE - Centro de Documentação

Representação da OMS em Moçambique

R. Pereira Marinho, N.º 280,

Maputo, MOÇAMBIQUE

Tel.: 21-492 732

Email: omsdoc@mz.afro.who.int

vilanculosf@mz.afro.who.int

RENSIDA- Rede Nacional de Associações de Pessoas Vivendo com HIV/SIDA

Av. Vladimir Lenine N.º 1424,

Maputo, MOÇAMBIQUE

Tel. : 21-301 014

Celular: 82 401 0160

Email: rensida@tvcabo.co.mz/

cathacamal@yahoo.com.br

SAAJ- Serviços Amigos do Adolescente e Jovem

Av. Tomás Nduda, N.º 1164,

Maputo, MOÇAMBIQUE

Celular: 82 322 5950

Regionais e Internacionais

AFRICAN MEDICAL AND RESEARCH FOUNDATION (AMREF)

AMREF Headquarters

Langata Road

PO Box 27691-00506

Nairobi, KENYA

Tel.: +254 20 699 3000

Fax: +254 20 609 518

Email: info@amref.org

Website: www.amref.org

Vasta gama de livros e manuais práticos, de preço baixo, sobre cuidados primários de saúde.

CHILD TO CHILD

Institute of Education, 20 Bedford Way, London, WC14 0AL, UNITED KINGDOM

Email: ccenquiries@ioe.ac.uk

Website: www.child-to-child.org

Boletim de notícias das iniciativas da "CRIANÇA PARA CRIANÇA" com uma lista de publicações actualizadas.

CHRISTIAN CONNECTIONS FOR INTERNATIONAL HEALTH CARE (CCIH)

1817 Rupert Street, McLean,
VA 22101, USA

Tel.: +1 703 556 0123

Fax: +1 703 917 4251

Email: CCIHdirector@aol.com

Website: www.ccih.org

Recursos para prevenir a malária, a tuberculose e o HIV/SIDA.

DEMOTECH – Designs for Self-Reliance
P.O. Box 303, 6750 A H Dieren, The Netherlands, Biesenwal 3
6211 AD Maastricht, THE NETHERLANDS

Tel.: +31 617 4771 77

Website: www.demotech.org

Material de ensino sobre água e saneamento.

HESPERIAN FOUNDATION

1919 Addison Street, Suite 304, Berkeley, CA 94704, USA

Tel: +1 510 845 1447

Fax: +1 510 845 9141

E-mail: hesperian@hesperian.org

Website: www.hesperian.org

Livros de saúde em inglês e espanhol, em linguagem simples, incluindo:

Onde Não Há Médico; Ajudar os Técnicos de Saúde a Aprender; Onde Não Há Dentista; Crianças Incapacitadas na Aldeia.

Outros materiais para mostrar como utilizar o material de ensino e o teatro popular para promover a saúde; folhetos sobre o trabalho de saúde comunitária, a política de saúde, etc. Livros e outros materiais a baixar no site, em formato PDF.

INTERNATIONAL DEVELOPMENT RESEARCH CENTRE (IDRC), Regional Office for Eastern and Southern Africa
PO Box 62084 00200,
Nairobi, KENYA,

Tel.: +254 20 2713160/61
Fax: +254 20 2711063
Email: vngugi@idrc.or.ke
Website: www.idrc.ca/esaro

Regional Office for West and Central Africa
BP 11007, Peytavin,
Dakar, SENEGAL
Tel.: +221 33 864 0000
Fax: +221 33 825 3255
Email: jgerard@idrc.org.sn
Website: www.idrc.ca/braco

Impressos, revistas, folhetos, catálogos e filmes sobre a agricultura, a saúde e o desenvolvimento. Materiais em inglês, francês, espanhol e árabe; alguns são gratuitos.

INTERNATIONAL PLANNED PARENTHOOD FEDERATION (IPPF)

4 Newhams Row,
London, SE1 3UZ, UNITED KINGDOM

Tel.: +44 20 7939 8200
Fax: +44 20 7939 8300
Email: info@ippf.org

Website: www.ippf.org

IPPF AFRICA REGION

Madison Insurance House, Upper Hill
Road/Ngong Road, PO BOX 30234
Nairobi, KENYA
Tel: +254 20 2720280/1/2
Fax: +254 20 2714 968
Email: info@ippfaro.org
Website:www.ippfar.org

Informações sobre aspectos do planeamento familiar, aborto, contracepção, e também o HIV/SIDA. Contacte-os para obter ligações para Associações de Planeamento Familiar filiadas em mais de 180 países.

MEDIA/MATERIALS CLEARINGHOUSE (M/MC)

M/MC Librarian, John Hopkins Center for
Communication Programs,

111 Market Place, Suite 310, Baltimore,
Maryland 21202, USA

Tel.: +1 410 659 6300

Fax: +1 410 659 6266

Website: www.m-mc.org

Um recurso internacional para os que têm interesse nos materiais de comunicação sobre a saúde: brochuras, cartazes, cassetes áudio, vídeos, materiais de formação, meios electrónicos e outros meios de comunicação social / materiais destinados a promover a saúde pública.

PAN AMERICAN HEALTH ORGANIZATION (PAHO)

525 23rd Street, NW,
Washington DC 20037, USA

Tel.: +1 202 974-3000

Fax: +1 202 974-3663

Website: www.paho.org
publications.paho.org/home.php

Ampla variedade de informações e materiais sobre saúde e educação sanitária em inglês e espanhol.

PRACTICAL ACTION

The Schumacher Centre for Technology
and Development

Bourton Hall, Bourton-on-Dunsmore,
Rugby, CV23 9QZ, UNITED KINGDOM

Tel.: +44 1926 634 400

Fax: +44 1926 634 401

E-mail: practicalaction@practicalaction.org.uk

Website: www.practicalaction.org

Informação técnica para o desenvolvimento local. Impressos e materiais multimédia. Contactos para ligações aos centros de recursos em outros países.

SAVE THE CHILDREN UK
1 St John's Lane,
London EC1M 4AR, UNITED KINGDOM
Tel: + 44 20 7012 6400
Email: info@savechildren.org.uk
Website: www.savethechildren.org

Publicações abrangendo os seguintes temas: Trabalho infantil, Participação infantil, Direitos das crianças, Conflito, Discriminações, Educação, Emergências, a Governação, HIV e SIDA, Saúde, Fome e nutrição, Pobreza, Sector privado, Proteção das crianças, Refugiados e Migração.

TEACHING AIDS AT LOW COST (TALC)
P O Box 49, St. Albans, Herts.,
AL1 5TX, UNITED KINGDOM
Tel: +44 1727 853 869
Fax: +44 1727 846 852
E-mail: info@talcuk.org
Website: www.talcuk.org

Livros, materiais e acessórios a preços baixos em inglês, francês, espanhol e português sobre os cuidados de saúde e o desenvolvimento, para uso em comunidades pobres. Lista de livros grátis.

TEARFUND
100 Church Road, Teddington,
TW11 8QE, UNITED KINGDOM
Tel.: + 44 845 355 8355
Email: enquiry@tearfund.org
Website: www.tearfund.org

Editora de "Passo a Passo" em inglês, português, francês e espanhol.

UNICEF
UNICEF House 3 United Nations Plaza
New York,
New York 10017, U.S.A
Tel.:1.212.326.7000
Fax: 1.212.887.7465
Website: http://www.unicef.org

Vasta gama de materiais e publicações sobre questões da saúde materna e infantil.

Outros sites úteis na Internet

BIREME
Website: www.bireme.br

Website brasileiro que fornece material em português.

CENTERS FOR DISEASE CONTROL AND PREVENTION
Website: www.cdc.gov

Fornece informação sobre recursos e cuidados de saúde.

ESSENTIAL HEALTH LINKS
Website: www.healthnet.org/essential-links

Mais de 700 websites úteis para os profissionais de saúde, comunidades e bibliotecas médicas, editores e ONGs nos países emergentes e em desenvolvimento.

FAMILY HEALTH INTERNATIONAL
Website: www.fhi.org

Fornece informação e recursos sobre HIV/SIDA e saúde reprodutiva.

INTERNATIONAL HIV/AIDS ALLIANCE
Website: www.aidsalliance.org

Fornece informação e recursos sobre HIV/SIDA e saúde reprodutiva.

MEDLINE PLUS
Website: www.nlm.nih.gov/medlineplus

Fornece informação sobre doenças, incluindo em português.

ORGANIZAÇÃO MUNDIAL DE SAÚDE
Website: www.who.int